武汉研究院文库
文库主编/杨卫东

武汉城市历史丛书　丛书主编/涂文学

近代汉口市政研究
(1861—1949)

On the Municipal Administration of Modern Hankow, 1861–1949

方秋梅　著

中国社会科学出版社

图书在版编目（CIP）数据

近代汉口市政研究：1861—1949 / 方秋梅著. —北京：中国社会科学出版社，2017.11

ISBN 978-7-5203-0506-8

Ⅰ.①近… Ⅱ.①方… Ⅲ.①城市管理—城市史—研究—汉口—1861-1949 Ⅳ.①K296.33

中国版本图书馆 CIP 数据核字（2017）第 135672 号

出 版 人	赵剑英
责任编辑	安 芳
责任校对	张爱华
责任印制	李寡寡

出　　版	中国社会科学出版社
社　　址	北京鼓楼西大街甲 158 号
邮　　编	100720
网　　址	http://www.csspw.cn
发 行 部	010-84083685
门 市 部	010-84029450
经　　销	新华书店及其他书店

印刷装订	北京君升印刷有限公司
版　　次	2017 年 11 月第 1 版
印　　次	2017 年 11 月第 1 次印刷

开　　本	710×1000 1/16
印　　张	42.25
字　　数	625 千字
定　　价	168.00 元

凡购买中国社会科学出版社图书，如有质量问题请与本社营销中心联系调换
电话：010-84083683
版权所有　侵权必究

《武汉研究院文库》编辑委员会

主　任　杨卫东
副主任　周建民
委　员　（按音序排列）
　　　　陈　韦　甘德安　李卫东　彭开勤　邵　红
　　　　沈少兰　涂文学　王汗吾　夏宏武　邹德清

《武汉研究院文库》编辑部

主　任　沈少兰
成　员　（按音序排列）
　　　　高　路　汤　蕾　王　鹏　王肇磊　徐艳飞
　　　　余利丰

总　序

两年前，我们提出了创建文库的设想。文库的书名我曾一度为之纠结，原拟名为《武汉研究文库》，虽然言简意赅，却给人非常学究、过于阳春白雪的感觉，而且未能概括建设文库的全部创意。文库中或许有一些文字以记录为主，或许有的文字只是今天或明天的史料而不是研究文章。我们希望更多的学者和武汉学的爱好者来关心武汉，研究和收集武汉昨天和今天的辉煌、光荣、艰辛、奋斗与梦想。经同仁们再三斟酌，定名为《武汉研究院文库》。名副其实者有三：其一，文库出版的书籍之主体是由武汉研究院发布立项的各类课题的研究成果；其二，文库所出版的书籍皆为武汉研究院资助；其三，文库的所有文稿均由两级编委会审定通过。

武汉研究院既是高校服务社会的产物，也是协同创新的产物。研究院以"武汉"名之，体现了其立足武汉，研究武汉，为武汉发展服务的初心与宗旨。它以学术影响力、决策影响力、公众影响力和自身成长力为目标，定位于理论性、国际化的学术中心，开放式、独立型的高端智库，以对策性、应用性为特色的评价咨询平台。

武汉研究院围绕武汉经济、社会、文化、历史、生态文明、城市建设等领域，主要从五大方面开展工作。一是设计发布武汉研究院开放性课题，吸引更多高水平的校内外专家承接课题，组织和动员专家研究武汉。二是举办武汉研究院论坛，以武汉发展为主题，邀请国内外知名专家和政府相关部门来校开展学术讨论与专题讲座。三是刊印《专家观点》，编辑整理专家对武汉经济社会发展的观点、思考和建议，以内参形式送市领导及相关职能部门，为武汉市的决策提供服务。四是与武汉企业联合会、武汉企业家协会携手合作出版武汉企业发展报告（企业发展蓝皮书），采用多视角的方法分类研究武汉企业，为政府部门和企业提供参考。这些工作，武汉研究院在前两年便已逐步展开，唯有第五项工作还在探索，这就是策划出版《武汉研究院文库》（以下简称《文库》）。《文库》以武汉城市建设与发展为研究对象，包含《武汉经济建设丛书》《武汉社会发展丛书》《武汉城市建设丛书》《武汉生态文明建设丛书》《武汉文化发展丛书》《武汉城市历史丛书》，力图成为一个全面宣传武汉的窗口和集中、系统、全面展示武汉研究优秀成果的学术平台。

为此，我们希望将"开放性、影响力、创新性、规范性"作为《文库》的基本追求。

开放性。首先是对校内外作者的开放，凡研究武汉、推介武汉的海内外优秀著作均予以资助出版；其次是成果形式的开放性，专著、研究报告、论文集、图册、资料汇编等多种形式均可收录；第三是时间上的开放性，《文库》不设截止期，书稿成熟一本出版一本。

影响力。《文库》要求具有较高的学术影响力和社会影响力。学术影响力不仅表现为有较高的研究水平，而且独特的见解能得到学术界认可和传播。社会影响力包括决策影响力和公众影响力，表现为研究成果能在促进社会经济与文化发展、提供政策与决策参考等层面产生广泛影响。

创新性是对学术研究最基本、最核心的要求。凡入选的学术研究成果都应在"新"字上做文章，或有新材料，或有新视角，或有新方法，或有新结论。

规范性。《文库》作者须秉承严谨治学、实事求是的学风，恪守学术规范。我们尊重知识产权，坚决抵制各种学术不端行为，自觉维护哲学社会科学工作者的良好形象。

经过两年多的准备，《文库》的第一批书籍终于面世了。这首先应

总　序

归功于周建民兄的辛勤操劳与协调组织。他从《文库》的整体设计、编委会的组织建设到作者的联络、书稿的审定都付出了大量心血。其次应感谢武汉出版社的领导和编辑，从《文库》还处在设想的萌芽状态时，他们便开始积极地跟踪服务，克服了许多困难，努力打造出版的高质量。当然还应感谢武汉研究院办公室的沈少兰、汤蕾等同志和设计学院魏坤老师，正是他们默默无闻、任劳任怨的工作才保证了《文库》的顺利出版。

《文库》第一批著作的出版既具有开创性也必然存在不完美性，我们衷心希望《文库》能得到更多人士、更多部门和机构的关心、指导和支持，我们将不断地改进《文库》的入选机制和编撰工作。

《文库》的价值重在品质，我们追求严谨科学，精益求精，不唯书、不唯上、只为实、只求是的精神，努力使更多的成果能在时间的长河中经得起风浪的洗涤与冲刷，历久弥新。

《文库》不可能一蹴而就，它需要积淀。不仅需要武汉研究院的持之以恒，而且需要一大批关心武汉、热爱武汉的志士仁人、专家学者的不懈努力。

我对《文库》充满着期待，我对《文库》充满着希望！

2017.11.16

序

城市是人类历史发展到一定阶段的产物，城市化是历史发展到一定阶段的一种社会现象。与历史的发展相一致，学界对市镇的研究起步较早，对近代城市的研究相对滞后。在城市化进程逐步加快的今天，学界对中国城市发展的历史越来越关注，对中国城市史的研究特别是对近代以来城市的研究日趋深入，城市史研究因之成为中国史研究领域中的一大热门。相对于历史上的市镇研究，近代城市史研究的内涵与外延大为扩展，有关近代市政的研究无疑是城市史研究中一个不可或缺的重要课题。

从近代中国城市的发展历程来看，市政建设的发展、演变，在城市社会发展进程中起着至关重要的作用。可以说，在近代中国城市史研究领域中，市政研究具有举足轻重的地位。国外史学界比国内史学界更早地认识到这一点，在20世纪90年代国内近代中国城市史研究兴起之前，国外学者就已关注近代中国的市政，并有成果刊布，如伊懋可的博士学位论文《1905—1914年上海的士绅民主》（剑桥大学，1967年），玛丽露丝·科尔曼的博士学位论文《民国政府时期中国的市政纲领：1927—1937年的南京》（哈佛大学，1984年），罗威廉的专著《汉口：一个中国城市的商业与社会（1796—1889）》（斯坦福大学出版社1984年版）等。这些论著，或多或少地都会对后续研究提供启迪和借鉴。其中，罗威廉有关19世纪汉口市政管理达到了自治程度的论述，引起了较大的争议，魏斐德、杨念群等国内外学者提出了质疑。从学理上讲，相关论述和质疑，都会加深问题的认识。但我们注意到，前此学者的论述和质疑，在很大程度上缺乏深入系统的实证分析，大多流于表象。令人感到欣喜的是，方秋梅的这部由博士论文改定的专著——《近代汉口市政研究（1861—1949）》，正是以实证的方法，积极回应了这一具有争议性的论题，进而将研究对象扩展为整个近代汉口市政。因此，这是一部有着明确问题意识的史学论著，也是一部着力于实证研究，非常有特色的市政研究专著。

在博士论文的评阅和答辩时，赫治清先生、吴剑杰教授、严昌洪教授、朱英教授、张建民教授、王日根教授、谢贵安教授等已经给予了很高的评价，并提出一些好的意见和建议。历经数年，作者在博士论文的基础上进行了修改，笔者在阅读修改后的文稿后有一些体会，认为该著的特色主要表现在下述几个方面：

第一，在大量占有资料的基础上展开论述，史料运用的广度和深度在相似领域前所未有。

除了大量利用历史档案、方志、文集、笔记外，报刊资料的运用非常全面。近代报刊产生于城市社会，报刊资料很自然地成为反映近代中国城市社会的广角镜。近代汉口市政史乃至近代中国城市史研究的深入展开，自然少不得报刊资料的滋养。粗略统计，该著所网罗的近代报刊资料，总计在50余种。其存在形态有的是纸档，有的是电子档，有的是缩微胶卷。其中，对《汉口中西报》《国民新报》等具有全国影响或重要地方影响的报刊资料的空前深入的发掘，大大地丰富了清末民初汉口城市史乃至近代武汉城市史研究的史料。

也正是基于大量报刊资料的发掘与运用，该著得以编制出富有参考价值的图表。例如，《民国中后期汉口建制变动一览表》，就是在大量梳理近代报刊等资料的基础上编制出来的。其中，涉及的报纸有：《汉口民国日报》《武汉中山日报》《湖北中山日报》《武汉日报》《汉口中西报》《大楚报》《武汉报》，涉及的期刊有：《市政周刊》《汉口市政府建设概况》（1929.4—1930.4）、《汉口市政府概况》（1932.10—1933.12）、《汉市市政公报》《武汉特别市市政月刊》《湖北省政府公报》《武汉特别市政府周年纪念特刊》《汉口市政府公报》。同时又参阅了相关研究成果,如《武汉国民政府史料》《沦陷时期武汉的社会与文化》《湖北通史·民国卷》《武汉市志·总类志》《武汉通史·中华民国卷》《湖北文献》。检阅该表,对1926年10月至1949年5月间汉口市政建制的变化,一目了然。针对该表的分析说明性文字达2000余字,展现出著者的史料功底和研究功力。再如,《清末民初汉口商会领袖人物表》,是通过爬梳近代报刊、地方志及相关档案等资料编制出来的,它在时间上接续民国《夏口县志》,在内容上亦补充了地方志。《民初主要汉口重建机构和马路修筑机构变迁图》,也是在大量梳理报刊资料的基础上编制出来的,其反映出来的信息简要而明确。这些图表的编制,不但为我们了解近代汉口市政与城市社会提供了便利,也是实证研究和统计计量分析的有机结合。

第二,对近代汉口不同时段的市政研究多有创新。

前此学者对近代汉口市政的研究成果最集中的时段是晚清和民国中期,尤其是晚清时段的研究较为深入。即便如此,该著还是在清末汉口市政研究方面取得了突破:一是通过梳理清末新政以前汉口官办市政与民办市政的基本情况,反驳了罗威廉有关19世纪汉口实质性自治的观点,认为那只是基于西方中心史观而描绘的历史虚像。二是认为在清末新政时期,张之洞对于汉口市政不是没有规划,而是制定有一个整体性的规划,只不过它还是框架性的。这显然有别于前辈学者的观点。三是认为在清末新政时期汉口市政革新的过程中,张之洞个人对湖北省府主导汉口市政的格局形成具有决定性影响,湖北新政对近代汉口市政发展具有导向性作用。而对清末市政建设给汉口城市环境带来的影响的探讨,则是目前有关该问题的最为全面而深入的研究。

学界有关民初汉口城市重建等市政问题的论述,多表现为政治史(主要指辛亥革命史、辛亥首义史)论述之后的简单点缀,缺少深入的专门性研究成果。相关研究的寥落,与汉口城市重建问题在民初的喧嚣一时,两种镜像之间,存在着巨大的反差,显示出史学研究的缺失和加强对民初汉口城市重建研究的必要性。该著对民初汉口官办市政机构,城市重建的经过与结果以及城市重建良机错失的原因，均进行了细致梳理与考察。对民初警政的发展，商人自治型市政的进步，商界变革市政体制的努力及其失败的原因，亦进行了深入探讨。对商营型市政各主要方面的发展及其在城市现代化进程中的作用，进行了论述，强调了商人主体意识觉醒对民初汉口民办市政的影响。这些不乏新见的探讨，很好地弥补了既有研究的不足，丰富了民初汉口市政研究的内容。

有关民国中期的汉口市政，已经有专著予以论述。在研究时要想创新，就有必要转换视角，开掘新史料。该著在发掘档案、报刊资料的基础上，用图、文、表相结合的方式，论述了汉口市制创建、演变及其大背景——市制在全国范围内的确立，探讨了法制保障在汉口市制建立及市政府主导市政格局形成中的作用，以及汉口商人自治型市政如何在政府（或国家）的社会治理的强势下，逐渐发生蜕变，沦为官治的附庸，从而再次回应了罗威廉有关汉口自治的论述，理清了民国中后期汉口市政发展的基本格局与总体走势。

第三，对近代汉口市政体制发展演进的系统梳理，展现出较好的理论与方法。

该著对近代汉口市政进行了长时段的纵向动态考察，认为近代汉口市政体制经历了这样的演变：由湖北新政前夕的传统官绅商协作共治，到湖北新政时期的湖北省府主导市政，再到民初的官治与商人自治并存，最终演变为市政府主导市政。在这一演变进程中，民间力量尤其是商界，曾经在某个或某几个市政领域取得过主导权，但始终未能取得对整个汉口市政的绝对主导权。这样的论述大体符合近代汉口城市发展的历史实际。朱英教授曾经这样评阅其博士学位论文《近代汉口市政研究（1861—1949）》："本文是迄今为止从长时段系统梳理汉口市政体制演进，全面研究近代汉口市政发展演变最为翔实的成果。"现在，该博士论文变成了专著，我认为这种评价依然非常恰当。而透过该著对近代汉口市政体制的梳理，我们实际上就可以窥见近代中国市政体制演进之大概。

该著对近代汉口市政发展与社会转型过程中国家与社会之间的关

序

系，进行了比较合理的处理，相关论述深化了我们的认识。首先，在对近代汉口市政展开论述时，该著没有将市政等同于官办市政，而是将市政大体分为官办市政和民办市政两个方面。其中，民办市政又包括商人自治型市政和商营型市政——前者具有自治性和公益性，后者侧重于营利性而兼具公益性。其次，作者没有把官府与民间、国家与社会置于对立或对等的地位，而是在爬梳民初市政史实的基础上，探求在近代汉口城市社会发展进程中官府与民间（或国家与社会）之间微妙的共生关系，认为民初汉口商人自治型市政与官办市政之间、官治与民治之间，既互补共存、协作共生，又低度争锋。这种有关近代汉口官办市政与民办市政之间、官府与商界之间的关系的论述，既吸收了"国家—社会"研究范式中的国家（或官府）与社会（或民间）两分法中的合理方面，又避免了陷入国家（或官府）与社会（或民间）二元对立的思维定式，从而使我们对近代中国国家（或官府）与城市社会（或民间）之间的关系有更切合历史实际的认识。

该著还对市政在城市社会变迁与社会转型中的作用进行了理论提升，认为"市政自始至终是影响近代汉口城市社会变迁的一个重要因素，市政的现代化既是近代汉口城市社会发展的需要和城市社会转型的结果，又是进一步促进城市社会转型的关键因素。因此，市政发展是近代汉口城市社会转型的必要环节"。

相信该著的出版，会引起相关学者的关注，并推动相关领域的研究。

陈　锋
2016 年 12 月 20 日

目　录

第一章　引论 …………………………………………………（1）
　　一　选题缘由与意义 …………………………………………（1）
　　二　"市政"概念辨析 …………………………………………（3）
　　三　近代汉口市政史研究回顾 ………………………………（17）
　　四　研究思路 …………………………………………………（55）

第二章　湖北新政前的汉口市政 ……………………………（58）
　　一　湖北新政前汉口的商业化与城市化 ……………………（58）
　　二　罗威廉的"19世纪汉口城市自治说" ……………………（65）
　　三　湖北新政前的官办市政 …………………………………（67）
　　四　湖北新政前的民办市政 …………………………………（88）
　　五　虚像：19世纪汉口城市自治 ……………………………（98）

第三章　湖北新政时期汉口官办市政体制的革新与市政发展 …（104）
　　一　张之洞督鄂与湖北省府主导汉口市政格局的形成 ……（104）
　　二　张公堤与后城马路的兴筑及其对汉口市政发展的导向
　　　　作用 ………………………………………………………（114）
　　三　后张之洞时代汉口市政的革新 …………………………（153）
　　四　湖北新政时期汉口官办市政的特点 ……………………（163）

第四章　湖北新政时期汉口的民办市政 ……………………（174）
  一　城市工商业的发展与商人主体意识的初步觉醒 …………（174）
  二　商人社团组织的丕变与商人自治型市政的初步展开 ……（180）
  三　商营型市政的发展 …………………………………………（203）

第五章　民初汉口官办市政体制及其对城市自治进程的阻遏 …（238）
  一　官办市政展开的政治、经济背景 …………………………（238）
  二　多头管理的官办市政体制 …………………………………（243）
  三　从警政看民初汉口官办市政体制的发展状况 ……………（252）
  四　官办市政体制对汉口城市自治进程的阻遏 ………………（262）
  五　过渡形态：民初汉口官办市政体制的历史定位 …………（270）

第六章　民初汉口官办路政与城市重建问题 …………………（274）
  一　城市重建良机的错失（1912—1915）………………………（275）
  二　缓慢推进的路政（1916—1926）……………………………（327）
  三　从日本东京灾后重建看民初汉口灾后重建良机错失的症结 ………………………………………………………………（345）

第七章　民初汉口商人自治型市政的发展及商界变革市政体制的努力 …………………………………………………（352）
  一　城市社会经济的进一步发展与商人主体意识的空前强化 …………………………………………………………（352）
  二　商人社团组织的长足发展 …………………………………（358）
  三　商人自治型市政的主要作为 ………………………………（370）
  四　商人自治型市政经费的筹措和承担者 ……………………（399）
  五　商界变革市政体制的努力 …………………………………（403）
  六　民初汉口商人自治型市政的特点 …………………………（420）
  七　阻碍民初汉口商人自治迈向城市自治的内在因素 ………（427）

第八章 民初汉口商营型市政的积极展开与城市现代化进程 …(440)
  一 既济水电事业的恢复、发展与汉口城市社会的进步 ………(440)
  二 兴建街道街区与汉口城市化进程的加速 ……………(488)
  三 商营水陆交通事业的快速发展与汉口城市公共交通的现代化进程 …………………(496)
  四 兴建大型综合性公共游艺场与大众娱乐休闲生活的现代化 …………………(539)

第九章 民国中后期市政府市政主导权的确立与汉口商人自治型市政的蜕变 ……………(545)
  一 市政府市政主导权的确立 ……………(545)
  二 汉口商人社团组织的重组与商人自治型市政的蜕变 ……(578)

第十章 结语 ………………(614)
  一 近代汉口市政并未超越中外城市发展常轨而实现城市自治 …………………(614)
  二 商人有限市政主导和市政府主导市政均不表明近代汉口实现了城市自治 …………………(616)
  三 市政是影响近代汉口城市社会变迁的重要因素,市政发展是近代汉口城市社会转型的必要环节 ……………(618)

参考文献 ………………(628)
  一 基本史料和文献 ……………(628)
  二 著作 ……………(637)
  三 论文 ……………(643)

后 记 ………………(653)

图表目次

一 地图

图 3-2-1 汉口堡修筑后汉口市区及其周边水域水系图 ………（118）

图 3-2-2 民初汉口环周堤防图 ………（122）

图 3-2-3 明末汉口市区及其周边水域水系图 ………（131）

图 3-2-4 1901 年汉口周边水域水系图 ………（133）

图 3-2-5 1915 年汉口市区堤防与市区内外水域水系图 ……（134）

图 3-2-6 张公堤修筑后不久（1911 年）汉口市区内外水域
水系图 ………（135）

图 3-2-7 1908 年汉口市与各国租界图 ………（144）

图 6-1-1 1912 年建筑汉口全镇街道规划图 ………（287）

图 6-2-1 1916 年汉口市区图 ………（330）

图 6-2-2 1917 年改良汉口市街略图 ………（331）

二 结构图、示意图

图 5-2-1 民初主要汉口重建主管机构与马路建设机构
变动图 ………（251）

图 6-3-1 日本东京市役所组织图 ………（349）

图 7-2-1 1920 年改变会章后的汉口各团联合会组织
结构图 ………（367）

图7-2-2 1923年改变会章后的汉口各团联合会组织
　　　　结构图……………………………………………（368）
图8-1-1 民初汉口既济水电公司水、电两厂生产管理
　　　　体系图……………………………………………（448）
图8-1-2 民初汉口既济水电公司日常经营管理主要组织
　　　　简图………………………………………………（449）
图9-1-1 汉口市政府（1926.10—1927.3）组织结构图………（550）
图9-1-2 1921年广州市政厅组织结构图………………………（550）
图9-1-3 武汉特别市政府（1929.4—1929.6.30）组织
　　　　结构图……………………………………………（553）
图9-1-4 汉口特别市政府（1929.7.1—1929.12.31）组织
　　　　结构图……………………………………………（554）
图9-1-5 汉口特别市政府（1930.1.1—1931.6.30）组织
　　　　结构图……………………………………………（554）
图9-1-6 1933年汉口市政府主干组织图………………………（556）
图9-1-7 1933年汉口市政府附属机关系统图…………………（557）
图9-1-8 市在南京国民政府组织层级中的地位图……………（567）

三　表格

表2-4-1 清初至民初汉口会馆、公所创建年代表……………（88）
表2-4-2 道光至民初汉口善堂创建年代表……………………（89）
表3-2-1 1861—1901年汉口租界堤防概况表…………………（115）
表4-1-1 1890—1926年汉口间接贸易额在全国四大港口中的
　　　　位次表……………………………………………（175）
表4-2-1 清末汉口各保安会及汉口各团联合会情况
　　　　一览表……………………………………………（184）
表4-2-2 辛亥革命前夕演说自治戒烟会与汉口各保安会
　　　　组织及其自治活动概况表………………………（187）

表 4-2-3	光绪朝后期汉口铺户水龙救火情形表	(199)
表 6-3-1	1923年大地震后东京、横滨复兴计划中道路宽度设计表	(347)
表 7-3-1	民初汉口各团联合会消防股消防游行会议情况表	(373)
表 7-7-1	清末民初汉口商会领袖人物表	(430)
表 7-7-2	民初汉口商会办理统一商团的态度表	(432)
表 8-1-1	1912—1916年汉口既济水电公司电力最高负荷表	(452)
表 8-1-2	1908—1923年汉口既济水电公司电费收入表	(452)
表 8-1-3	1916—1926年汉口既济水电公司电力最高负荷表	(455)
表 8-1-4	1918—1926年部分年份汉口既济水电公司用电户数统计表	(457)
表 8-1-5	1919—1923年汉口既济水电公司营业盈余表	(458)
表 8-2-1	民初汉口商人部分建房表	(489)
表 8-3-1	1922年汉口租界人力车行及人力车数量表	(497)
表 8-3-2	1924年汉口华、租两界人力车指定地点价目约定表	(505)
表 8-3-3	1926年汉口过江轮渡航线及营运公司情况简表	(521)
表 9-1-1	1927—1936年特别市市政府建置沿革简表	(548)
表 9-1-2	1926年10月—1949年5月汉口城市建制变动一览表	(558)
表 9-2-1	汉口市(含汉阳)慈善团体种类及数量表(1929.4—1930.6)	(607)

第一章

引 论

一 选题缘由与意义

笔者在考虑博士论文选题的时候，导师陈锋教授根据他对武汉城市史档案资料的了解，提出了选题建议——研究近代汉口城市史相关问题，或者研究（近代）汉口既济水电公司。于是，笔者花了一段时间查阅1949年以前汉口既济水电公司的档案，翻阅了部分武汉近代报刊，明显感觉到有关汉口既济水电公司的资料在时间段上分布很不均衡，有的时段或某些年份非常丰富（如民国中期），有的时段则较少（如晚清、沦陷时期），研究者很难从纵向上把握汉口既济水电公司在近代的发展历程。相比之下，有关近代汉口城市史方面的资料则丰富得多，也均衡得多，研究者可以从报刊上获得大量相关信息。于是，笔者决定以近代汉口城市史作为研究方向，并最终确定以近代汉口市政作为论文选题，具体时段为从1861年汉口开埠至1949年5月人民解放军攻占汉口之前的这段时间。

目前，有关近代汉口市政研究的成果，数量上并不少，其中也不乏有分量的论文和著作，这些成果为我们进一步研究汉口市政打下了较好的基础。不过，令人遗憾的是，这些研究成果主要集中于晚清和民国中期两个时段，且均未将整个近代汉口市政作为对象，进行贯通性的长时段（用"整时段"表述可能更准确）研究。这种情形显然不利于我们从整体性上认识和把握近代汉口市政，因而也难以对近代汉口各时段市政进行准确的评价。

　　事实上，近代汉口独特的城市地位，足以令我们对其市政另眼相看，并以其市政作为对象，进行长时段研究。近代汉口原本是汉阳县下的一个市镇，张之洞督鄂之后，鉴于汉口城市地位的重要，将它从汉阳县下划分出来。这样，拥有单立行政区域的夏口厅才得以建立。此后，汉口的城市地位进一步凸显。近代汉口也曾几次从"武汉市"独立出来，成为与武昌并立的市或全国为数不多的直辖市之一。即便是在"武汉市"的建制之下，近代汉口也未失其重要性，它在中外人士的心目中，仍然是极具影响的市政实体。在今人看来，"武汉"的名头比"汉口"大。然而在进入近代以后的较长时段内，"武汉"并不是一个单体城市，而是一个城市组团的名称——武昌与汉口或武昌与汉口、汉阳的合称。直到民国中后期，尤其是在抗战时期，人们才真正视"武汉"为一个中心城市，开始将武昌与汉口、汉阳一起视为单立的市政实体而美其名曰"大武汉"。更为重要的是，在整个近代，汉口与武昌、汉阳有着不同的发展节奏，其市政发展有着自身的特点。因此，对整个近代汉口市政进行研究，有助于彰显近代汉口的城市个性，更好地展现武汉三镇一体化进程，促进近代武汉城市史和武汉近代史研究。

　　近代汉口曾是世人公认的中国内陆最大的商业中心，也曾是西方人心中的"东方芝加哥"——近代汉口所拥有的国际声誉和在海内外人士心中的城市地位，今天的汉口是不能与之等量齐观的。如果我们将近代汉口作为一个相对独立的市政实体进行研究，并放宽历史的视野，将其市政还原到历史的场景中去，置于近代中国城市史和近代中国变动不居的大背景之中，并兼顾国际形势的变化对中国市政发展的影响，必将深化近代汉口市政史研究。

　　市政发展是近代汉口乃至近代武汉城市现代化的重要内容，也是近代中国城市现代化的重要组成部分，深入研究近代汉口市政，将更加丰满地展示汉口乃至近代武汉城市现代化的发展历程，更好地揭示近代中国城市现代化的共性、复杂性与多样性。近代汉口市政的演变涉及城市社会变迁的方方面面，当然也关乎近代汉口城市社会转型。因此，对近代汉口市政进行长时段研究,是展示近代汉口城市社会变迁和城市社会转型的绝好视阈,必将深化近代汉口城市社会史研究,丰富近代中国城市史研究。

二 "市政"概念辨析

"市政"概念关乎本书宏旨,故有必要予以辨析。

近代意义上的市政源自欧洲,并由欧洲流播至世界其他国家或地区。近代中国市政就曾深受欧美等西方国家市政的影响。不过,如果从历史演进的角度来看,市政在西方有着自身的当然主要是西欧的传统,在中国亦有着自身的发展历程。故笔者认为,对"市政"概念的界定,应基于中西历史基础而取中西市政的"最大公约数"。

(一) 西方历史上的城市与市政

追溯西方近代市政的源头,则言必称古希腊、古罗马。在古希腊的城邦时代,单个城市即单个国家,是独立的行政实体,市政即国政。雅典是繁荣的希腊城邦的代表,奴隶主民主政治发达,"或许有理由说,雅典民主比其现代形式运用得更充分"[1]。雅典城邦时代的市政深受城邦奴隶主政治民主的影响,是毫无疑问的。

在古罗马,城市趋于繁荣,"除罗马市外,所有其他各城市……既为自治团体,又属于帝国行政分区,对于办理地方自治事业,各城市除受罗马京都中央政府之监督外,尚有自主之权……各城市系效仿罗马市之办法"[2]。从《尤里乌斯自治城法令》的内容来看,自治城的官员均参与了城市道路、交通、公共工程等方面的建设与管理。[3] 由于城市平

---

[1] [美] 菲利普·李·拉尔夫等:《世界文明史》上卷,赵丰等译,商务印书馆2001年版,第230页。
[2] 董修甲:《各国市行政之发达史》,见陆丹林主编《市政全书》,全国道路建设协会民国十七年(1928)版,"第一编 论著",第83—84页。
[3] 范秀林、张楠:《〈尤里乌斯自治城法令〉译注》,载《古代文明》2007年第4期。

民通过斗争取得了参政权，其权利还以法律的形式得到承认，城市民主在有限定范围内得以发展。因此，古罗马时期的市政也体现出一定程度的民主。在西罗马帝国时代，城市衰落了，西欧市政亦由此衰落。

进入中世纪后的10—11世纪，西欧工商业中心城市迅速兴起，"市民争取城市自治运动一浪高一浪地前进"，城市的权益日渐扩大，一部分城市取得了自治权，一部分城市成为脱离君权支配的"自由市"——独立的城市共和国，市民选举产生市议会、法官等管理人员，行使行政、司法、财政大权。其中，有的城市建立了"市政厅"，有的城市只取得了不完全的自治权，还有的城市仍处于封建领主的直接统治之下。[①] 到中世纪晚期以后，王权逐渐加强，国王又以自治权作为交换条件，联合市民以削弱封建领主的权利，城市成为所谓"独立市"。及至17、18世纪封建制度彻底衰落，君主中央集权制强化，城市又逐渐丧失了独立地位。之后，由于自由民主思想的影响，资产阶级革命的兴起，城市自治在欧洲再度成为现实，以英国、普鲁士、法国为首的欧洲国家纷纷以法律形式承认城市自治，城市自治在欧洲逐渐确立了下来，并影响到美国。[②] 作为一级拥有自治权的行政机构，城市政府内部形成分权制衡的权力格局，市政府成为市政的主导力量。而且，这种由自治的城市政府主导市政的城市管理体制，逐渐成为欧美国家的一种普遍的市政管理体制。

由此可见，古代和中世纪欧洲城市自治权和城市政府机构分权，作为一份丰厚的城市遗产被继承了下来，而近代欧美市政就是在这样的民主传统下不断地发展进步的。[③]

---

① 刘明翰主编：《世界史·中世纪史》，人民出版社1986年版，第47页。
② 黄哲真：《地方自治纲要》，中华书局民国二十四年（1935）版，第2—3页。
③ 近代欧美各国由于城市政府的具体组织形式的差异，故同在近代城市自治的市政体制下，又形成了不同的市政组织形式，民国中期有学者将其归纳为五种：市议会制、分权市长制、集权市长制、市政委员会制、市经理制。（贺幼吾：《市自治问题》，载《中国建设》第2卷第5期，1930年11月1日，第101页。）美国在19世纪至20世纪初，主要有三大市政模式：市长暨议会制、市政委员会制、市经理制。其中市长暨议会制又可以分为权力集中于议会的"弱市长型"市长暨议会制、权力集中于市长的"强市长型"市长暨议会制。前一种形式在19世纪末以前普遍实行，后一种形式在19世纪末以后逐渐普遍。（王旭：《美国城市发展模式：从城市化到大都市化》，清华大学出版社2006年版，第118—119、356—359页。）

（二）中国古代的城市与市政

据《周礼》所载，西周城市建筑布局为"前朝后市"，并设有专官管理"市"——"凡会同师役，市司帅贾师而从，治其市政，掌其买儥之事"①，此所谓"市政"，就是对城中集市的管理。秦汉以后，市仍旧作为城中单列的区域被管理。汉代对城市商业场所——市不仅有一定的区划，而且在市中设有市吏、市长、市丞、市啬夫等管理人员，由他们来完成"市政"。魏晋南北朝时期，城市规划一直实行里（住宅区）市（商业区）分设制度，各城市中的市均设有专职的主管官员，诸如市长、市丞、市魁等。② 隋唐时期不仅规定 1 县 1 市，市须设在县城（大的城市有设 2 市如长安，甚至 3 市如洛阳），而且对城市实行坊市分离制。唐制，"凡有市之地皆置市令，下有丞、佐、史、帅，掌管市廛交易，禁斥非违之事"。③ 在坊市隔离的情况下，市区依然只是城市的一部分。唐朝中期之后，一方面，城市不断地商业化——城内的非市之区的市（场）化加速发展，甚至城郊也开始市（场）化，城市的非市区尤其是居民区开始与市混一；另一方面，新兴的市因不断发展壮大而城镇化，由市而镇而城，形成新的城市。因此，唐中期以后，市区开始超越早先的范围，城区逐渐市区化或市场化，城与市逐渐趋向一体化。两宋时期，随着商品经济繁荣，城市坊市制度彻底崩溃，同时，市、镇经济得到迅速发展，城市化进程呈现出加速发展态势。明清时期的城市发展在此基础上进一步"扩大和强化"④。

从中国古代城市发展的历程来看，它们一直没有成为单立的行政

---

① 《辞源》，商务印书馆 1980 年版，第 968 页。陈成国点校的《周礼·仪礼·礼记》（岳麓书社 1989 年版，第 39 页）对此语的点断有所不同："凡会同师役，市司帅贾师而从，治其市政，掌其买儥之事。"

② 陈智永：《中国古代社会治安管理史》，郑州大学出版社 2003 年版，第 39、100—101、131—132 页。

③ 张岂之总主编，张国刚、杨树森主编：《中国历史·隋唐辽宋金卷》，高等教育出版社 2001 年版，第 95 页。

④ ［美］施坚雅：《中华帝国晚期的城市》，叶光庭等译，陈桥驿校，中华书局 2000 年版，第 23—27 页。

区，一直处于政府行政的直接管理之下，从未取得西欧古代城市那样的自治权，市政管理缺乏民主。

（三）国语"市政"含义的演变及近代以来中国学术界对"市政"的探讨

晚清以降，"市政"的词义发生了演变。民国以后至今，中国学术界对于市政问题均进行了探讨，均涉及"市政"的界定问题。

1. 晚清以后"市政"词义的演变

中国传统之"市政"概念，仅指对城中集市的管理或对在城市固定区域内市场的管理。故民国市政专家张锐指出，元末马端林所撰《文献通考》，"言市政，亦仅曰均输，曰市易，曰和买，而于肆舍之整饬，道路之建筑，疫疠之预防，医院之提倡各事，均无只字道及。是市政者，仅一取市商之财政而已"①。不过，古代文献在"言市政"时，"于肆舍之整饬，道路之建筑，疫疠之预防，医院之提倡各事，均无只字道及"，并不等于古代文献未记载"肆舍之整饬，道路之建筑，疫疠之预防，医院之提倡各事"——张锐所认为属于"市政"之事，只是不在古人认定的"市政"之列而已。事实上，晚清以前的中国城市已经有了救火、慈善等相关机构，它们履行着管理城市公共事务的职能。可见，中国传统"市政"概念的内涵十分单一，其功能所指尚不足以概括当时业已存在的城市的全部公共事务管理功能。

到了晚清，城市的工商业地位更被看重，城市的经济功能空前强化。同时，随着西方地方自治思想及市政发展情况被介绍到国内，加之租界市政的示范以及清末宪政运动的发展，许多城市为实践地方自治而开展市政建设，"自治会""市政会""市政研究会"等机构或组织成立了起来，"市政"一词的内涵发生了重大变化。在1909—1910年的《湖北官报》上，我们可以发现，基于地方自治意义上的西方市政概念，如匈牙利、俄罗斯和德国等国的市政已经介绍到中国内陆城市。

---

① 张锐：《中国市政史》，载《中国建设》第2卷第5期，1930年11月1日，第74页。

"市政"所指,既指市政制度、市政机构如市会、市政厅,又指诸如对城市建筑、公园、街道、饮水、电灯、电车、卫生、济贫、教育、公墓等具体的市政设施或事业进行的建设与管理,远远超出了古义"市政"——对城中特定区域内市场的管理。当时的论者甚至认为,"地方自治尤莫先于市政"①,将市政视为实践地方自治的先著。

进入民国以后,城市更为政府所倚重,而"市政"作为一个富有新意的名词,进一步随着城市建设与地方自治运动的展开,借助于蓬勃发展的报刊等现代传媒,很快成为报章上热词。如:汉口的市政建设问题在民初不时成为时人关注的热点,当1912年汉口面临城市重建问题时,仅《申报》和《国民新报》有关汉口城市建设状况的报道中,标题和内容里就多次出现"市政""市政问题""市政改良"等词语。②此后,报刊更不乏有关市政的报道,有时一篇报道中频频使用"市政"一词,如:"**市政之制**,东西各国行之已久,现在内务部对于各大埠已有建设**市政厅**之计划。汉口为中国第一商场,**市政厅**之组织当指顾间。"③从这样的载述可以看出,民初国语中"市政"一词的内涵,不

---

① 《匈牙利地方自治概论》《俄罗斯地方自治概论》《德国之市政》,分别载《湖北官报》第149、152、153期。

② 如1912年2月,一篇名为《汉口市政谈》的报道转载的夏口(即汉口)知事的通告中说,"从前汉口全镇大小街巷,毂击肩摩,时行拥挤,然旧制窳败,久应改良。现遭兵燹,全镇俱焚。此后房屋正宜精求建筑,道路尤当规画扩充……是以市政问题亟应提前解决"(载《申报》1912年2月11日第6版)。1912年3月一篇报道中说,"日本留学生颜寅亮……复以汉口自经兵燹,改良市政非开办电车无以利交通而惠行旅……徐兰如知事以电车为交通之利器,自属可行,惟汉口市政问题尚未解决,一切手续不便预定,仰即具禀交通部与建筑筹办处商酌办理"(《汉口创办电车之议复活》,《申报》1912年3月4日第6版)。1912年5月一篇名为《汉口市政新谈》的报道说,湖北省临时议会议员张国溶等,"联络总商会著名诸董事及商团联合会,创办市政筹备会"(载《申报》1912年5月13日第6版)。1912年7月的一篇报道中说汉口各团联合会请汉口商务总会会商汉口各团体研究维持市面的办法,"翼助市政之进行"(《汉口各团联合会移商务总会文》,《国民新报》1912年7月28日第4页)。同月,汉口各团联合会因水门的管理问题与汉口既济水电公司发生矛盾,当时的舆论评议这件事情时称"汉口各团联合会握市政之权衡"(《时评》,《国民新报》1912年7月7日第1页)。另一篇报道中说,"各国市政,电光路灯,通宵达旦"(《举办十家牌灯之示谕》,《国民新报》1912年7月31日第4页)。还有一篇报道说湖北省军政领导人柬请汉口总商会"在都督府开会讨论市政改良办法"(《建筑市街之新猷》,《国民新报》1912年8月28日第4页)。

③ 《汉车站迁移之希望》,《申报》1917年10月1日第6版。黑体为笔者所加。

仅涵盖了其古典义，还包括了城市规划、城市公共设施、城市公共事务及与之相关的组织、管理机构和制度等方面的内容，且市政主体也不单指官府，还包括民间力量。

随着城市社会的发展，国人对市政问题的关注越来越由具体的市政建设转向城市的自治权和市政体制革新。民初之末，上海、汉口等大城市要求成立特别市（——结果未能如愿），这一变革城市管理体制的诉求活动，把清末新政以来的城市自治运动推进到前所未有的水平，它表明中国的城市已经不满足于在官治体制之下发展市政了，"市政"的民主内涵更加丰富。

从20世纪20年代开始，全面、系统的西方市政学知识和市政理念已通过留学生和相关译著输入中国，并深刻影响着中国市政。中国的城市产生了具有一定自主权和自治权的城市政府，它们主导着市政，中国市政一方面显现出追随西方市政的发展趋势；另一方面又因城市没有成为西式的自治的公法人团体——"市自治团体"（Municipal Government)[①]，而呈现出不同于西方的发展逻辑，"市政"的含义因之与西方城市自治话语体系下的"市政"的含义有所不同。

总之，进入近代以后，国语中"市政"的内涵大大丰富，它既与中国古代"市政"有着质的不同，又有别于西方城市自治话语体系下的"市政"。

2. 民国学术界对于"市政"的探讨

从20世纪20年代以后尤其是在20年代至30年代，中国学术界出于研究的兴趣及对当时国内市政的关注，就市政问题展开了讨论。有关民国学术界对于市政问题的探讨，赵可已经进行了较好的论述，他认为，民国"学者们对市政的了解不太一致，但他们讨论市政问题所关注的焦点却是相同的，主要集中于城市的自治权限、城市政府的组织模式、城市基础设施和公共事务的管理与建设三个方面"，又都深受西方

[①] 臧启芳：《市政和促进市政之方法》，见陆丹林主编《市政全书》，全国道路建设协会民国十七年（1928）版，"第一编 论著"，第43页。

近代市政学的影响。① 对此，笔者深表赞同。当时，学者们对于历史上中国市政的认识存在严重分歧，而根本分歧在于对城市与自治之间的关系、城市与市政之间的关系的认识。总的来说，他们的观点大致可以分为以下四种：

第一种认为，中国历史上很早就既存在城市自治又存在市政。如：学者贺幼吾认为，中国从周代开始就存在市自治和市政，只是到后来"重帝制而忽民治"，市自治没有得到发展而衰落了，而要"改良市政，则市自治其首务也"②。显然，他认为市自治发育的程度，是影响市政兴衰的关键因素。

第二种认为，市政在中国的产生是有关市自治的法规产生之后的事情，而此前中国根本就不存在市政。如：著名市政专家董修甲就认为，"素无市政可言"③，全中国市政的创兴"始于前清光绪三十四年十二月二十七日"④，因为这一天清政府颁布了标志地方自治运动开始的法规——《城镇乡地方自治章程》，这一法规是中国市行政制度的发端。在他看来，市政就是城市政权所行之政。有的学者虽然没有像董修甲那样直接指出中国历史上根本就不存在市政，但是其对市政问题认识的实质是一致的。如陆丹林认为"市政原为地方自治事业"⑤。

第三种认为，中国历史上虽然没有市自治，但存在市政，只不过市政是由官办的，隶属于国家行政之下，史书记载市政的范围仅限于政府对市税的征收罢了，也就是说，市自治不是市政存在与否的必要条件。如：学者张锐反对"中国素无市政"的观点，认为中国"自来有市有政而无市自治"，市自治是从光绪末年颁布《城镇乡地方自治章程》以

---

① 赵可：《市政改革与城市发展》，中国大百科全书出版社 2004 年版，第 11、12 页。
② 贺幼吾：《市自治问题》，见《中国建设》第 2 卷第 5 期，1930 年 11 月 1 日，第 92 页。
③ 董修甲：《市政新论》，上海商务印书馆民国十三年（1924）版。亦见张锐《中国市政史》，载《中国建设》第 2 卷第 5 期，1930 年 11 月 1 日，第 59 页。
④ 董修甲：《各国市行政之发达史》，见陆丹林主编《市政全书》，全国道路建设协会民国十七年（1928）版，"第一编 论著"，第 97 页。
⑤ 陆丹林主编：《市政全书》，全国道路建设协会民国十七年（1928）版，"序文"，第 9 页。

后才有的,"中国历代都市为缺乏市自治的都市。欧洲各国都市,多从自由市展扩而成。及国土既恢,而市政常保持其独立。故制度可纪者多。中国都市向隶属于国家行政之下。其特征可载者极稀。……是则市政者仅一取市商之财政而已"。① 在他看来,"中国素无市政"的观点是无视中国自身历史及其发展特点的结果。不过,张锐也认为,倡导市自治对于促进中国市政发展是很必要的。② 学者顾敦鍒的观点与张锐的观点比较一致,他在《中国市制概观》一文中,开篇这样说:"我国向来重乡治而忽市政……虽然在历史的记载上,也可以找出几个大城市及很有规模的市政来,但以与乡及乡治比较,则其地理的区域,以及政治的成绩,都觉得渺乎其小了。"③ 他希望中央政府与市政当局注意提倡自治,发挥民权,完善市制。

还有一种看似矛盾实则比较折中的观点。这种观点一方面认为市政是城市自治政府所办之事;另一方面又认为中国在清末以前就存在市政。市政学家臧启芳认为,市政是市自治团体所办的事务,研究市政的程序大概可分为两层:一层是市政府或是自治团体组织的问题;一层是市任务或各项市政设施的问题。即自治法当归何方制定,市选民当怎样发表意见,市政府应该如何组织,市政府各机关的权限应如何分配,市政府与中央政府或省政府的关系应如何处理等;同时,对于中国历史上的市政状况,"仅能从市任务一方面来叙述",并且将中国历史上的市政划分为三期,即清末未设立警察学校以前为第一期,但是不能将时间向前追溯太远(至于为什么不能向前追溯太远和究竟应追溯多远,他没有说明),此后至民国成立之间为第二期,民国时期为

---

① 张锐:《中国市政史》,载《中国建设》第 2 卷第 5 期,1930 年 11 月 1 日,第 76、71 页。
② 张锐:《促进市政的基本方策》,载《中国建设》第 2 卷第 5 期,1930 年 11 月 1 日,第 203 页。
③ 王云五、李圣五主编:《市政问题》(东方杂志三十周年纪念刊),商务印书馆民国二十二年(1933)版,第 37—38 页。

第三期。① 朱月波的观点与臧启芳的观点完全一致。②

民国时期学术界对历史时期中国市政问题的探讨，对于我们今天探讨"市政"概念和研究中国近代市政史不无启发。学者们对历史时期中国"市政"探讨的分歧与共识，均显示出他们对于中国城市民主进程与市政发展之间的关系的一致关注，启示我们在研究中国近代市政史的时候，不能撇开城市的民主化进程，同时还必须考虑中国前近代城市管理与近代市政之间的关系。

3. 当代学术界对于"市政"的探讨

近些年来，随着市政（管理）学、城市学等学科的兴起，以及行政学、决策学等相关学科研究的展开，市政和中国市政发展变革的历史越来越多地纳入学者们的研究视野，人们又开始对"市政"概念进行探讨。但学术界对于"市政"概念的认识很不一致，如：有的市政管理学研究者认为，"市政是伴随城市的兴起而产生、与城市政府职能相联系的范畴"③。这一界定将市政视为城市的伴生物，注重（广义的）城市政府在市政中的作用。有的市政学研究者认为，市政是市政主体作用于市政客体及其过程，它有广义与狭义之分，广义的市政是城市的政党和国家机关为实现城市自身利益和国家的政治、经济、文化和社会发展而展开的各项管理活动及其过程。狭义的市政是指城市的行政机关对市辖区域内的各类行政事务和社会公共事务所进行的行政管理活动。这样的界定实际上将市政视为近代社会才有的现象，强调政府的行政管理职能。还有其他相同或不同学科的研究者也对市政的概念进行了厘定，诸如：把市政看作城市政权，即国家地方政权的组成部分；把市政理解

---

① 在民国时期，学者们通常将城市政府称为"市自治团体"。如臧启芳指出："在近世的国家，市是一种地方自治政府，通常叫作市自治团体（Municipal Government）。地方政府（Local Government）不限于市政府（Municipal Government）一种，大于市的有省政府和县政府，小于市的有乡政府。因此，自治就有省自治、县自治、市自治和乡自治的区别，统名这些自治叫作地方自治。"见臧启芳《市政和促进市政之方法》，载陆丹林主编《市政全书》，全国道路建设协会民国十七年（1928）版，"第一编 论著"，第43页。

② 朱月波：《市政问题之研究》，载《中国建设》第2卷第5期，1930年11月1日，第71页。

③ 王雅莉主编：《市政管理学》，中国财政经济出版社2002年版，第17页。

> 近代汉口市政研究（1861—1949）

为城市的行政管理；把市政界定为城市中的政治决策和行政执行活动；把市政简单地理解为道路交通等市政工程、市政建设、城市公益事业及其管理，如此等等。① 不同学科的研究者对市政的理解如此歧异，故有人说，"'市政'一词在近代已经成为一个内容丰富、用途广泛的概念……相关学科都可以从各自的学科角度对它进行解读和界定，不同学科背景之下使用'市政'概念，会有不同的意义；即使在同一学科背景之下使用'市政'概念，也会有不同的含义"②。

前述除史学之外的当代诸学科对"市政"概念的不同理解，既反映出市政涉及众多学科和领域，又反映出"市政"概念内涵的丰富性。从各自学科的角度上讲，这些理解自有其合理性。不过，它们对于"市政"概念更多的是"学"的界定——现实的关照，而较少"史"的关照。

当代中国史学界对于市政的研究也越来越关注，但是相关研究成果多不注重"市政"概念的厘定；③ 而对"市政"概念进行深入探讨的学者，主要有赵可。赵可认为《周礼》所载"市政"与近代市政的含义已大相径庭，基本没有历史渊源关系，他着重从市政学角度结合近代城市发展历程探讨了"市政"的含义，并从行政学的角度界定"市政"，认为

---

① 张永桃主编：《市政学》，高等教育出版社2000年版，第1—3页。

② 赵可：《市政改革与城市发展》，中国大百科全书出版社2004年版，第8、9页。

③ 这一点从20世纪80年代后期以来的城市史研究论著就可以得知，诸如：苏云峰《中国现代化的区域研究1860—1916湖北省》（台湾"中央研究院"近代史研究所1987年版），皮明庥主编《近代武汉城市史》（中国社会科学出版社1993年版），隗瀛涛主编《中国近代不同类型城市综合研究》（四川大学出版社1998年版）、张海林《苏州早期城市现代化研究》（南京大学出版社1999年版），党明德、熊月之主编《上海通史》（上海人民出版社1999年版），王守中、郭大松《近代山东城市变迁史》（山东教育出版社2001年版），张仲礼、熊月之、沈祖炜主编《长江沿岸城市与中国近代化》（上海人民出版社2002年版），党明德、林吉玲主编《济南百年城市发展史》（齐鲁书社2004年版），何一民主编《近代中国城市发展与社会变迁》（科学出版社2004年版），皮明庥等著或主编《武汉通史》（武汉出版社2006年版），涂文学《城市早期现代化的黄金时代——1930年代汉口的市政改革》（中国社会科学出版社2009年版），等等。这些著作的内容中都关注到不同时期市政的情况，它们中的绝大多数，有的纲目标题中有"市政"两字，然后将认为属于市政的内容置于其下；有的则内容关注市政，而标题中没有"市政"两字；有的虽试图对"市政"进行界定，但不过是以说明、解析来取代概念的界定，实际上回避了概念界定问题。

"市政是指具有一定自治权或自主权的城市公共权力机关,根据法律所赋予的职权对城市公共事务进行管理的组织活动",其内容主要包括三个方面:对城市公共事务进行管理是市政的最基本内容;城市公共事务的主体是城市公共权力机关,主要是指城市政府,其职能由法律赋予;一定程度的自治权或自主权是市政的前提。他进而指出,"市政仅仅是近代以来城市成为单立的行政区域或自治区域后出现的事情。它也兼顾了近代欧美国家的城市有自治权利,是一个实行自治的政治实体的历史事实"。他还曾强调,对"市政"的界定应该充分考虑当时人士的认知情况。① 因此,赵可所界定的"市政"较前述诸种界定更具"史"的关照。赵可所研究的市政范围是中国近代市政,他这样界定"市政"自有其道理。不过,赵可对"市政"的界定也有值得商榷的地方:

其一,将市政主体限定在城市公共权力机关的范围之内,未必恰当。

从中国历史的发展进程来看,近代市政的主体就不局限于城市公共权力机关。

从清末地方自治运动在全国展开之后直至民初的这段时间里,中国的一些城市里产生了相当数量的以商人为核心力量、以居民区为组织单位的商人地方自治社团组织及其联合组织。这些民间社团组织出于稳定城市社会秩序、发展城市工商业的需要以及参与城市管理的自觉,在市政管理中的作用日益凸现,它们或是通过言论干预市政,或是在政府的指导下辅助市政,或是独立自主地办理市政的某个或某些方面,成为与官方市政机构相对的市政主体。当时汉口、上海、苏州等地的商人地方自治团体都曾主导过各自城市的消防事业,修理所在街区街道,参与维护城市公共安全,而其他民间社团组织如商会等、商办企业如水电公司等也曾积极地参与市政。尤其是在民初,城市里的公共权力机关虽然也主导着城市事务的某些方面,如制定城市建设规划,制定市政管理法规,但是,它们并没有能够绝对主导整个市政建设。即便是在城市成为

---

① 赵可:《市政改革与城市发展》,中国大百科全书出版社2004年版,第10—13页。

单立的行政区域（中国近代城市自始至终都没有成为自治区域）的民国中期以后，市政府也没有包揽所有的市政事务，城市社团组织和部分企业也参与了诸如消防、水电、防水、公共卫生、公共交通、公共娱乐等市政建设和管理的某些方面。

而清代督抚等机构尤其是晚清一批实力派官员如袁世凯、张之洞等，他们在天津、武汉等地就曾直接办理市政，这些市政主体也不是"城市公共权力机关"所能够囊括的。

由此可见，中国历史上的市政并不等于城市政府所办市政，也不等于城市公共权力机关所办市政，市政主体还包括其他公共权力机关和城市社团、企业等民间组织。

其二，将市政产生的时间限定在城市作为单立的行政区域或自治区域之后的近代，未必合理。

首先，从中国历史的实际来看，租界在中国的一些城市出现后，有的租界开辟国相继宣布在华租界为"自治区域"（有的人视租界为"国中之国"，有的人认为租界并没有完全处于中国的版图之外，它们只是中国境内具有高度自治权利的行政区），其中英国就将英国式的"自治"制度引入上海公共租界，并"按照西方城市自治的模式，成立了市政委员会（Municipal Council）"——中国居民称为"工部局"，使上海公共租界成为"拥有独立的市政机构及警察武装，在行政体系方面近似西方自治城市"。其后，各地英租界采取的行政体制与此为同一模式。[①] 故上海公共租界、各英租界实际上早在中国的城市成为单立的行政区域或自治区域之先，就存在现代意义上的市政。而"租界发挥西方文明的示范作用，集中体现在将西方城市模式移置过来，成为现代都会文明的标本"[②]。因此，市政在中国的产生是先于城市作为单立的行政区域或自治区域的。

其次，从逻辑上看，如果将市政仅仅视为近代以来城市成为单立的

---

① 费成康：《中国租界史》，上海社会科学院出版社1991年版，第20、161—168页。
② 武汉地方志《汉口租界志》编纂委员会编纂、袁继成主编：《汉口租界志》，武汉出版社2003年版，"序"，第5页。

行政区域或自治区域后出现的事情,那么,西方近代以前就出现了作为单立行政区或自治区域的城市,我们承不承认近代以前的西方就存在市政?如果不承认,我们应该如何指称这些城市的公共事务的管理职能?

就中国而言,在城市成为单立的行政区域之后,市政府所行使的主要城市公共事务管理职能如道路建设、公用事业管理、公共安全维护等,与城市成为单立的行政区域之前的清末新政至民初时期政府所行使的主要城市公共事务管理职能,并没有本质差异,它们都朝着市政的现代化方向发展,所不同的只是政府对城市公共事务管理的现代化程度强弱有别而已。但是我们并不能因此说,中国城市在成为单立的行政区域之后所进行的道路建设、公共事业管理、公共安全维护等就属于市政,在此之前的就全不属于市政了。

市政不论是作为一种管理行为,还是作为管理行为背后体现国家意志或城市社会公意的制度或体制,说到底,其实质还是城市基本管理功能的体现。尽管城市管理功能会随着时代的变迁而发生变化,但只要是城市(不是单纯的军事堡垒的城),就会存在城市公共事务,城市就会具有管理公共事务的基本功能,就会有市政。同时,市政作为国家行政的一部分,其功能的实现还受制于整个国家的行政体制。历史上中西城市尽管都具有管理城市公共事务的功能,但是因其在国家行政体制中的地位存在着巨大的差异,中西城市实现市政功能的模式自然有所不同。如果因为近代西方市政产生于城市成为单立的行政区域或自治区域之后,就认为近代中国市政的产生也应该产生于城市成为单立的行政区域或自治区域之后,那显然是以西方城市发展来衡量中国城市发展,无视中国城市的实际。

总的来说,民国以来中国学术界有关"市政"的探讨仍然没有很好地解决"市政"概念的界定问题。如何从历史与逻辑相统一的角度来认识"市政",这是我们今天必须解决的问题。

(四)从历史与逻辑相统一的角度界定"市政"

我们对于"市政"概念的界定,应该从城市作为人类文明载体的基本需要和所具有的最基本的管理功能出发，同时结合中西城市的历史实际来看待，而不应该建立在某一区域或国度在某一时期所具有的特性之上，对于市政的认识应该本着历史与逻辑相结合的方法，把历史时期的市政作为一个整体来看待，同时将某一历史时段的市政置于市政史的整体中去考察，既不脱离历史的实际，又不能拘泥于某一历史时期文献所载"市政"的范围。

笔者认为，市政是组织主体针对城市公共事务而进行的管理。其中，市政主体既包括城市公共权力机关，又包括城市社团、企业等组织，还包括承担相同管理职能的其他公共权力机关；市政主体对城市公共事务进行的管理，既包括具体的市政工程建设及其管理，又包括与之相关的市政组织与市政管理体制。

随着时代的变化，城市本身在不断发生变化：城市公共设施规模的大小、公共事务的繁简在变化，城市主体在变动，其精神面貌在变化，城市的基本管理职能也在延续中发生着变化，如此等等。故市政研究应该以研究城市公共事务为基础，以研究市政主体、市政组织、市政体制的发生、发展、演变为核心内容，注意市政演进的时代性，揭示不同时期市政的特点。

就近代市政而言，近代城市与古代城市相比，其政治和经济地位有了很大的变化，城市及其市民的主体意识日益彰显，市政主体亦发生变化，市政展开的形式和内容自然也有了很大的变化和发展，市政建设和管理又面临着新的问题，新的市政理念、新的市政建设和管理方式产生并得以应用，新的市政团体或职能机构等产生，城市面貌亦大为改观，等等。这些变化大大丰富了近代市政的内容，促使市政体制的转换。因此，近代市政研究在关照市政承续的同时，应该着眼于市政的"转变"，研究近代城市公共设施的建设、公共事务的管理是如何发展变化的，与之相关的行为主体是如何演化的，尤应注重近代市政体制的民主化进程，尽可能多地寻求近代市政与城市环境变化、经济兴衰、社会演进之间的关联度，看它们之间是如何互动的。另外，由于中央与地方之间、国家与社会之间的关系发生了改变，近代市政研究也应该关照市政主体与国家政权之间是如何调适或互动的。故而,从史的角度而言,研究近代市政应该立足于城市史,着眼于城市文明的进步和城市社会的近代转型,在追溯近代市政发展轨迹的同时,揭示近代市政发展的历史逻辑与特点。

除了"市政"以外,本书的探讨还涉及另外几个重要概念,现分别界定如下:

市政体制,广义的市政体制是指市政主体对城市公共事务进行管理的组织形式、制度、机制和体系的总称。狭义的市政体制是指城市政府对城市公共事务进行管理的组织制度。本书论述时选用广义的市政体制。

地方自治,自治的本义是指主体自己管理自己。通常,自治可以分为一般团体自治和地方自治两种。地方自治是指在一定的区域之内由本地居民根据法律或中央政府授权,选举自治团体或自治机关自主决定和处理本地公共事务的一种管理形式和管理制度。它是相对于由国家委任官吏直接处理地方事务的官治而言的,是一种间接处理国家事务的管理体制。地方自治包含三大要素,即区域、居民和自治权。[①] 地方自治有多个层级,省、州、市、县、乡等都可以成为地方自治的一个层级,省自治、州自治、市自治、县自治、乡自治都属于地方自治。

城市自治,城市自治是指城市作为自治团体相对独立地处理城市公共事务的一种管理制度或体制,它是地方自治的一种。城市自治包括三大要素,即城市区域、城市居民和城市自治权。城市自治权是由产生于城市内部的有着共同目的而形成的组合体,以城市为施治范围,以城市全体居民为施治对象,代表城市利益而行使的最高统治权。城市自治是城市管理体制民主化的高级表现形式。

三 近代汉口市政史研究回顾

近代汉口市政研究揭橥于19世纪后期,由此至今,大致可以划分

---

① 冷隽:《地方自治述要》,中正书局印行民国二十四年(1935)第3版,第17页。

为以下几个阶段：

（一）起始阶段：晚清（1860年代末—1911年）

汉口于1861年开埠后，在商业、市政各方面获得了长足的发展，其城市战略地位也日益引起列强的瞩目。其中，尤以英、日两国为甚。[①] 它们都很重视对汉口情报的收集和研究，其中就不乏有关汉口市政的调研成果。穆和德的江汉关《海关十年报告》（1882—1911），明显地表现出对汉口市政十分关注，对每个10年中汉口市政诸多方面的情况都做了说明、统计和论评，有关租界市政和由市政建设、管理导致的汉口城市变迁载述尤为详细。这样的报告，当然属于调研性质的报告。清末日本有关汉口市政的调研成果有：《清国通商总览》（根津一编纂，1892年）、《支那经济全书》（东亚同文书院编，日本外务省通商局，1907年）、《清国事情》（日本外务省通商局，1907年）[②]，以及《汉口：中央支那事情》[③]。《清国事情》第1辑第4卷《在汉口帝国领事馆管辖区域内的事情》长达400页，包括汉口卫生、境内铁路、航运、公共团体、公益设施等在内，资料很是详细。《汉口：中央支那事情》对汉口的卫生状况、水电的营办、水上交通及港口设施、境内铁路、公益组织和公共机关、邮政都做了较详细的介绍和统计。

国内有关近代汉口市政的重要成果有《同治汉阳县志》（黄式度修、王柏心纂，同治七年[1868]刻本），其中《营建志》对晚清汉口城堡的修筑、渡口、公益救火团体有专门介绍，为我们提供了前近代汉

[①] 日本驻汉口领事水野幸吉曾经这样说过："汉口为长江之眼目，清国之中枢，可制中央支那死命之地也。"载[日]水野幸吉《汉口：中央支那事情》，刘鸿枢、唐殿熏、袁青选译，上海昌明公司光绪三十四年（1908）发行，自序第1页。在江汉关税务司工作过的英国人穆和德曾经这样说过："从战略上看，汉口似乎是清帝国最重要的港口。"载[英]穆和德《海关十年报告——汉口江汉关（1882—1931）》，李策译，香港天马图书有限公司1993年版，第2页。

[②] 参见陈锋《清末民国年间日本对华调查报告中的财政与经济资料》，载《近代史研究》2004年第3期。

[③] [日]水野幸吉：《汉口：中央支那事情》，刘鸿枢、唐殿熏、袁青选译，上海昌明公司光绪三十四年（1908）发行。

口市政方面的资料。

由上述可知，此期国内外有关汉口市政的成果不多，还谈不上专门研究，表明近代汉口市政研究刚刚起步。

（二）初步发展阶段：民初（1912—1926年）

1911年，汉口经历了惨烈的辛亥战火，租界以外原有的繁华市街及有关市政设施惨遭破坏。20世纪20年代初，一些大中城市和重要商埠相继开展市政改革。在这样的背景之下，汉口掀起了城市重建与市政革新的声浪。因此，在民国初期这一时段里，如何重建汉口、如何改善汉口华界市政成为当时市政研究的热点。①

1. 规划汉口市政

民国建立后，国内外人士都参与了汉口市政建设规划的研究。至1926年，产生了多个有关汉口市政建设规划，诸如：1912年年初汉口商会和湖北军政府各自制定的汉口重建计划及之后容覲彤撰写的《经营汉口大略书》，1913年由英国工程师葛雷武撰写的《建筑汉口商场计划书》，1921年美国工程师瓦德受中国交通部请托完成的《汉口扬子江铁桥建筑计划书》，1923年12月由汉口地亩清查局刊印、由该局督办孙武署名的《汉口市政建筑计划书》，1924年汤震龙编撰的《建筑汉口商场计划书》。除了瓦德的规划之外，其他规划均为有关汉口市政的整体性规划。此外，孙中山先生在《建国方略》（1917—1919年著就）一书中对汉口的市政规划曾经有过建设性的探索。②

2. 研究汉口市政现状及市政改良

汉口华界市政与租界市政仍然存在巨大的反差，刺激国人探求改善汉口市政的方法。

《汉口市之卫生（内地与租界之比较）》一文通过对比汉口华洋卫生状况，揭示了汉口华界市政的现实及弊病，期望汉口市政当局和士绅

---

① 民国时期的汉口市辖域是不包括外国人控制的租界的；改善汉口华界市政，是指改善中国政府所控制的汉口城区。其他有租界的城市如上海等，也是如此。

② 《孙中山全集》第6卷，中华书局1985年版，第294—295页。

能够有所作为，在卫生方面进行改良，促进华界市政的进步。① 《汉口的市政》一文直指汉口华界市政之弊端，认为现有的警察局、保安会等机构或组织，都没有办理市政的资格和能力，呼吁市民发动建设市政的运动，组织市议会，选举产生市委员会去改革市政。② 《武汉三镇之现在及其将来》一文也通过华洋对比来揭示汉口租界、华界在市政方面存在的差距，批评华界缺少正式的市政机关及警察在交通管理方面的失职；探求华界卫生、交通状况不如租界的原因；还指出武汉三镇市政方面的另一大缺憾是缺少公园这样的公众游艺场。文中还主张大力发展武汉三镇的对内、对外交通，建议修筑跨越长江和汉水的铁桥，以沟通汉口与汉阳、武昌的交通，突破三镇间旧有的局限。③

3. 探讨市政建设经费问题

汉口市政建设经费的筹措一直是困扰民初市政当局的重大问题，时人对此亦有探讨。

《汉口商场借款详论》一文对中英汉口商场借款合同进行了深入解析，认为正确筹措汉口市政建设经费的办法不是举借外债，而应该是设立市政银行，发行市债，分年分段，逐渐建筑，这样既有水到渠成之便利，又有利用外债之余地。④ 《武阳夏市政计划与财源问题（其一）募债问题》和《武阳夏市政计划与财源问题（其二）征税问题》两篇文章，分别从市政公债和市税征收两个方面，探讨了武汉三镇市政规划与市政经费的筹措问题，指出国人对于武汉三镇城市战略地位的认识多只停留在口头上，而未设法充分利用；汉口商场督办署之设未免限于局部，汉口市政建设应该注意三镇市政的平衡发展。三镇市政的中心问题是财政问题。市政公债应募集外债，且应先用于生产方面，其数额不可

---

① 陈方之：《汉口市之卫生（内地与租界之比较）》（续前期），载《市声周刊》第 2 期，1923 年 9 月 23 日第 4 面。
② 记者：《汉口的市政》，载《市声周刊》第 2 期，1923 年 9 月 23 日第 1 面。
③ 周以让：《武汉三镇之现在及其将来》，载《东方杂志》第 21 卷第 5 号，1924 年 3 月 10 日，第 78 页。
④ 蔡天祚：《汉口商场借款详论》，载《汉口中西报》1921 年 11 月 6—9 日，各日的第 1 版连载。

超过事业上所需之资金，但募集内、外债均只系权宜之计，解决市政建设经费问题的根本之图应依靠市税如土地税、娱乐税等。①

4. 编纂史志

民初相关史志之作，对汉口市政进行了记载。

《汉口小志》②一书对晚清民初汉口城墙及堤防的修筑、街道修建及市政机构、公益社团等方面的情况进行了介绍。《夏口县志》③对晚清民初汉口警察捐、铁路、轮渡、电讯事业的产生、堤防变化都有所载述，对参与市政的民间团体及其市政活动、马路修筑、市政建设中的矛盾以及华界水电事业的记述较为详细。该书是我们研究汉口市政早期现代化的珍贵资料。《湖北全省实业志》（1920年）卷3的"汉口既济水电公司"专目，简介了该公司的概况。

国外相关史志成果有《支那省别全志·湖北卷》④。该志卷对民初汉口的水陆交通、市街状况、水电、电话、公益团体有较详细的介绍。

5. 其他著述

国外有关近代汉口市政的著述有《在汉口帝国总领事馆管辖区域内事情》和江汉关《海关十年报告》（1912—1921）。前者专门介绍了汉口水电、卫生、道路交通等方面的情况，还罗列有官办市政机构、民间社团及运动场、医院、公园等各种公共设施。⑤后者对汉口的交通设施、警政、租界的市政建设、华界的卫生状况的改善等方面的情况，进行了介绍和评论。⑥

---

① 两文作者为润华，分载于《银行杂志》第1卷第14号（1924年5月16日）、15号（1924年6月1日）。
② 徐焕斗修、王夔清纂：《汉口小志》，民国四年（1915）铅印本。
③ 侯祖畲、吕寅东纂：《夏口县志》，民国九年（1920）刻本。
④ ［日］东亚同文会编纂：《支那省别全志·湖北卷》，大正六年（1917）发行。
⑤ 日本外务省：《在汉口帝国总领事馆管辖区域内事情》，日本外务省通商局大正十三年（1924）版。
⑥ ［英］穆和德：《海关十年报告——汉口江汉关（1882—1931）》，李策译，香港天马图书有限公司1993年版。

国内有关汉口市政的论著有《武汉指南》和《武汉快览》①,两书内均有对当时汉口的市政机关、武汉水陆交通、邮政、民间市政团体、公共设施等方面的介绍。

该阶段有关汉口市政研究的成果,有整体性的市政规划,有地方志,有专题报告,而对汉口市政的专论,既有短小精悍的,又有长篇大论,此外还有通俗性编研著作。应该说,该阶段有关汉口市政研究的内容比晚清要丰富得多,成果形式也趋于多样化,近代汉口市政研究取得了初步的进展。但是,仍然缺乏综合性的研究近代汉口市政的专精之作。随着民国中期汉口市政改革的深入发展,近代汉口市政研究面貌也大为改观。

(三) 大发展阶段:民国中期(1927—1937年)

武汉国民政府成立以后,新的市政势力登上历史舞台,汉口市政建设进入了一个崭新的历史时期,此后直至全面抗战爆发之前,有关汉口市政的研究趋向深广,由此形成了汉口市政研究的第一个高潮期,相关研究成果主要集中在以下几个方面:

1. 阐述市政建设理念,探讨市政改良方法

孙科是此期最早阐述建设汉口市政理念并对汉口市政建设产生过深刻影响的人物之一,他根据自己在广州办理市政的经验,结合汉口市政的现状,认为应该集中汉口市行政权力,效法广州,以市政收益来拓展汉口市政;市行政费不能超过市收入的 1/5;汉口市政的当务之急是开辟马路,不必从旧马路翻造,可就荒地新建马路以减少破坏。② 他还曾主张对部分武汉三镇市行政机关进行归并统一。③ 希荣

---

① 李继曾、施葆瑛编辑:《武汉指南》,汉口行市日刊报馆民国十年(1921)版;刘再苏编:《武汉快览》,世界书局民国十五年(1926)版。
② 孙科:《市政问题》,载《市政周刊》第1卷第2期,1927年1月,第5—7页。亦见武汉地方志编纂委员办公室编《武汉国民政府史料》,武汉出版社2005年版,第357—359页。
③ 孙科:《计划武汉三镇市政报告》(1927年1月),武汉地方志编纂委员办公室编《武汉国民政府史料》,武汉出版社2005年版,第356—357页。

则指出一般市民对市政存有极大误解；市政的内容应该包括市政的设计与建筑、市政管理和公共事业的经营。① 茂石也强调了市政机构集中、交通和公共设施在汉口市政建设中的重要性，认为集中汉口市政机关可节省经费，建小菜场可方便市民，将来开办电车为振兴汉市的必要之举，修造马路刻不容缓，公园、图书馆等公共设施也应在短时间内建设一部分。② 方逖生认为办理汉口市政需要政府与市民上下一心；汉口即使不能开办电车也应开办公共汽车；应开办地方税以增强市政财力。③ 唐应长强调市政体制对汉口市政建设的重要意义，指出汉口等城市收回租界后，市政方面今不如昔，政府没有重视市政，是其中一个很大的原因。市政往往因人因事而变迁，政令朝更夕改，使从事市政的人不能安心为市民工作，不能实现其整个市政建设的计划。④ 刘文岛总结了1929年4月—1930年6月期间（按：刘时任市长）汉口市政改革各方面的情况，提出了汉口市政改进计划，主张市政建设方针应物质建设与精神建设兼顾，并对人事制度、采购制度及工务、卫生、公安（包括警察教育、治安设施、消防）、财政、社会及教育分别做出了十分有针对性的改进计划，强调市政计划的目的在于建设事业，市政收入，均以增加事业经费为标准。⑤ 刘文岛市长对汉口市政改革实绩的总结和前瞻性探讨，是我们研究20世纪二三十年代汉口市政的重要参考资料。

---

① 希荣：《市民对于市政应有的认识》，载《市政周刊》第1卷第1期，1927年1月，第4页。
② 茂石：《改良汉口市之各问题》，载《市政周刊》第1卷第4、5合期，1927年1月，第7—8页。
③ 方逖生：《理想之大汉口如何实现》，载《市政周刊》第1卷第8期，1927年2月，第1—4页。
④ 唐应长：《租界制度与市政建设》，载《市政评论》第4卷第6期，1936年6月16日，第25—28页。非在《武汉篷户区巡礼》中指出了上海的贫民区称"棚户"，而武汉的贫民区其贫困程度更甚，是以称为"篷户"，汉口的篷户区，零零星星的数不清，脏、易发火灾、缺乏教育，呼吁重视"篷教"事业（载《市政评论》第4卷第2期，1936年2月16日，第20页）。
⑤ 刘文岛：《汉市之现在与将来》，载《中国建设》第2卷第5期，1930年11月1日，第1—57页。

2. 开展市政调查

20世纪20年代末至30年代中期，因市政建设的需要，也由于学者们（有的学者本身就是市政官员）对市政的关注，有关汉口市政调研成果很多。

著名的市政专家董修甲曾任汉口市公用局长和工务局长，他受市长刘文岛之命，分赴京、杭、沪调查市政，以探求改进汉口市政之方。他撰写的《调查京杭沪三市市政报告书》，内容主要包括市之总务、工务、公安、财政、土地、教育、卫生、港务、公用、社会，既有对于京、杭、沪三市市政的报告，又有针对汉口市政建设的亟应采用实行的详细意见。[1] 该书不仅是一部建立在实地调查基础上研究汉口市政优长与不足的专门之作和比较市政研究的佳作，而且是第一部全面研究汉口市政的学术专著，也是我们今天研究近代汉口市政、评估近代汉口市政的不可缺的依据之一。其实证和比较的研究方法，至今仍然是我们研究汉口近代市政所必需的。

有关汉口市政的调查在20世纪30年代还有很多，《汉口市土地发照所实习报告》专列有"市政建设"一目，对汉口市街道建设进行了比较详细的调查报告。《武昌汉口汉阳实地调查日记》《汉口市实习调查日记》《汉口市住宅问题》都是同一时期有关汉口市政的调查报告。这些报告书对于我们今天了解当时汉口市政建设的区域环境和建设的实际情形都有重要意义。[2]《汉口特别区市政调查》是有关汉口旧俄租界概况的调查报告。[3]《汉口各街市行道树报告书》调查了汉口市区行道树的情况，并成为后来制订汉口市植树造林计划的依据。[4]《湖北省政

---

[1] 该报告书后来出版，名为《京杭沪汉四大都市之市政》（上海大东书局民国二十年[1931]版），第1章至第5章分别刊载于《新汉口市政公报》第1卷第12期（1930年6月）、第2卷第1期（1930年7月）及后续诸期上。

[2] 以上4份调查报告书，原件均藏于台北"中央研究院"郭廷以图书馆。

[3] 陆丹林主编：《市政全书》，全国道路建设协会民国十七年（1928）版，"第三编 各省市政概况"，第62—71页。

[4]《汉口各街市行道树报告书》，《汉市市政公报》第1卷第2期，1929年8月，第95—111页。

府建设厅航政处二十二年度总报告》①《湖北全省航轮统计》② 均涉及汉口过江轮渡。此外，还有汉口路灯、码头、清道夫等方面的调查，均载于当时的市政公报上。以上调研成果为规划当时汉口市政准备了资料。此外，《中央政治学校对汉口市政考察总体报告》一书对汉口市行政体制的演变有较详细的阐述。③

3. 规划汉口市政

良好的市政规划是市政建设顺利进行的必要条件。在1927—1937年间，整体和局部的汉口市政建设方案，纷纷产生。

1927年，汉口市工务局拟定的《汉口市工务局行政计划大纲草案》，是武汉国民政府时期一个全面的汉口市政规划。④ 1930年该局编撰了《汉口旧市区街道改良计划》⑤ 和《汉口市都市计划概说》⑥。该局以《汉口市都市计划概说》为蓝本，于1936年编制了《汉口市都市计划书》⑦，它们多是关于汉口市政建设的整体计划。

1927年，武汉市政委员会的《武汉市政府行政概况——武汉市政委员会报告》⑧，1929年的《武汉市之工程计划》⑨ 和《武汉特别市制

---

① 《湖北省政府建设厅航政处二十二年度总报告》，《汉口商业月刊》第1卷第2期，1934年2月10日，第37—43页。

② 《湖北全省航轮统计》，《中国建设》（《湖北省建设专号》上）第3卷第5期，1931年11月1日，第21—42页。

③ 笔者仅见该书"第一篇　概论"的复印件，未见出版标志。从内容上看，该书应在1930年代出版。

④ 原文刊载于《市政周刊》第1卷第8、9（1927年2月）两期上。

⑤ 原计划刊载于《新汉口市政公报》第1卷第12期（1930年6月）上，详细内容介绍参见武汉城市规划管理局主编《武汉城市规划志》，武汉出版社1999年版，第46—47页。《汉口旧市区街道规划》刊载于该公报前1期上。

⑥ 该文署名高凌美，为该局局正，此人后来在武汉沦陷时期充任伪工务局长。

⑦ 详细内容介绍参见武汉城市规划管理局主编《武汉城市规划志》，武汉出版社1999年版，第61—75页。

⑧ 原文刊载于《长江流域商民代表大会日刊》，见武汉地方志编纂委员会办公室编《武汉国民政府史料》，武汉出版社2005年版，第359—363页。

⑨ 计划原文刊载于1929年4月5日武汉市市政秘书处编辑出版的《武汉市政公报》第1卷第5号的武汉市建设计划栏目内，详细内容简介见武汉城市规划管理局主编《武汉城市规划志》，武汉出版社1999年版，第33—40页。

设计方针》①，都将汉口市政建设计划纳入整个武汉市政建设计划中，体现的是三镇一体的市政建设理念，这是与当时市制的变化相应的。

《武汉市政建设意见书》指出凡武汉现有之各机关团体概宜归并，或直属于市政委员会，以便统一指挥和改造，该报告对于市政经费的筹措、工程的建筑、卫生行政都有详细的建议性计划，其中专门论及汉口市政工程建设、市政经费筹措等。该报告有关汉口市政建设区分轻重缓急、重视堤防及市郊建设的论述，显示了一种大汉口市政建设理念。②

另外，还有一些关于汉口市政建设的局部或方面计划，如卫生、轮渡、堤防、路灯、某条马路、码头、整理清道夫等方面的计划，于相关市政刊物上屡见不鲜，兹不一一列举。

4. 探讨汉口市政建设其他方面的某具体问题

探讨汉口市政建设经费问题。陈绍博的《二十三年度汉口市财政之回顾》一文，实际上论述了1931—1934年间汉口市财政的演变经过，用具体的数据、比较的方法，分析了此间市财政赢缩的原因和市政建设经费分配的合理性，为我们今天研究20世纪30年代的市政经费提供了有益的参考。③此外，刘永耀的《城市发达之趋势及建设武汉财政问题》一文，也论及汉口市政建设中的财政问题。④

探求汉口交通的改进。谢宅山《汉口电车路商榷书》一文，认为人力车和汽车都不是汉口交通的最好方式，汉口应大力发展电车这种交通方式，文中设计了3条电车线路并做了营业预算。⑤《武汉轮渡改进概要》

---

① 由武汉市政府总工程师张斐然撰写，原文刊载于《武汉市政月刊》第1卷第2号（1929年6月）上。详细内容介绍参见《武汉城市规划志》，武汉出版社1999年版，第40—46页。
② 吴宝春：《武汉市政建设意见书》，《湖北建设月刊》第1卷第3号，1928年8月20日，第12—25页。
③ 陈绍博：《二十三年度汉口市财政之回顾》，《汉口商业月刊》第2卷第9期，1935年9月10日，第1—9页。
④ 刘永耀：《城市发达之趋势及建设武汉财政问题》，《汉市市政公报》第1卷第1期，1929年7月，第14—21页。
⑤ 陆丹林主编：《市政全书》，全国道路建设协会民国十七年（1928）版，第109—115页。

一文指出政府应该扩充轮渡、增设渡船和轮渡航线，改进渡轮质量。①

研究汉口水电事业。钱慕宁的《汉口既济水电公司自来水概况》一文，简介了汉口既济水电公司自来水厂的沿革、水源、公司组织系统、资产方面的情况，详细介绍了汉口既济水电公司自来水厂运营的情况，并附有一些图表。②朱有骞的《中国自来水状况》③《湖北民营电气事业状况概要》④，也论及汉口既济水电公司电业方面的情况。

其他重要相关研究。郑元龙的《武汉市防水工程之进步》述及1935年遭受洪灾以后汉口防水工程的修筑、改进的情况。⑤葛之荃的《武汉市民死亡统计与救济办法》一文论及武汉的公共卫生。⑥《中国都市交通警察》一书论及汉口交通警察及交通规则。⑦《中国消防警察》一书论及汉口的消防组织。⑧

5. 编研市政资料

民国中期，由于政府重视市政建设，故而产生了一批反映汉口市政建设现状和成绩的编研性成果。

市级编研成果主要有5种：1930年汉口市政府编纂的《汉口市建设概况》，1933年度、1934年1月—1935年6月、1935年7月—1936年6月的《汉口市政概况》和1933年《武汉指南》⑨。前4种都是有关

---

① 《武汉轮渡改进概要》（未冠名），《中国建设》（《湖北省建设专号》上）第3卷第5期，1931年11月，第49—50页。
② 钱慕宁：《汉口既济水电公司自来水概况》，《中国建设》（《自来水专号》上）第3卷第1期，1931年7月，第84—93页。
③ 朱有骞：《中国自来水状况》，《中国建设》（《自来水专号》上）第3卷第1期，1931年7月，第216页。
④ 朱有骞：《湖北民营电气事业状况概要》，《中国建设》（《湖北省建设专号》上）第3卷第5期，1931年11月，第57—59页。
⑤ 郑元龙：《武汉市防水工程之进步》，《市政评论》第4卷第8期，1936年8月16日，第34—35页。
⑥ 葛之荃：《武汉市民死亡统计与救济办法》，《新汉口》（《汉市市政公报》）第1卷第3期，1929年9月，第9—18页。
⑦ 刘垚、谈凤池编：《中国都市交通警察》，商务印书馆民国二十四年（1935）版。
⑧ 包明芳编：《中国消防警察》，商务印书馆民国二十四年（1935）版。
⑨ 周亚荣、王书常等编：《武汉指南》，民国二十二年（1933），出版社不详。

汉口市政建设的综合性编研成果，它们反映了20世纪30年代前中期汉口市政建设、改革的成就。后1种载述了汉口市场开拓、市区变迁、道路建设、交通、邮电、市政机关、民间团体等方面的情况，资料丰富。外交部汉口第三特别区管理局编印的《中华民国二十一年市政报告》，是有关已收回的英租界区市政方面的资料。① 它们都是研究20世纪30年代汉口市政的必读之作。

省级编研成果有：《湖北省建设最近概况》（湖北省建设厅编纂，1933年），载有武汉轮渡机构的沿革、武汉轮渡改革的情况。《湖北省统计年鉴》（1936年），载有汉口水电厂、邮政、市区电话、医院、诊所、武汉轮渡航线、1936年武汉轮渡船只、1935年武汉轮渡营业方面的资料，以及1929—1936年汉口市政府市政公债本息表。《湖北省概况十种》（湖北省政府秘书处统计室编制，1936年），亦载有1935年武汉轮渡营业方面的数据，以及1936年汉口市电厂统计数据。《湖北省概况》（1931年）一书，对汉口市行政体制的演变也有十分详细的阐述。② 此外涉及汉口市政的还有《湖北建设概况（民国十七年四月至十八年五月）》（熊亨灵编辑，1929年）。这些省级编研资料，对于我们今天了解此期汉口市政建设在区域市政建设中的地位与影响大有帮助。

全国性编研成果有：《十年来之中国经济建设（1927—1937）》，该书中载有关于1927—1937年间汉口市户口交通、通讯、堤防、电气事业等方面的资料；③《申报年鉴》（1933年）所载《六大都市·汉口市》一文，介绍了汉口市地理沿革，列有汉口历任市长一览表、户口总数、历年经费表（1929—1932）、卫生表（1931.7—1932.6）、1932年度财政岁入、岁出预算表，以及1931年度市政建设表；《申

---

① 外交部汉口第三特别区管理局编印：《中华民国二十一年市政报告》，上海市档案馆藏，档号 wi-OA-116。
② 笔者所见为该书复印件，未见出版标识。
③ 中国国民党"中央"委员会党史委员会藏本，1976年影印版。

报年鉴》(1936年) 载有汉口市政公债、汉口电气事业方面的情况。① 这些全国性的编研资料，为比较同时期汉口与全国其他大城市的市政建设提供了方便。

总的来看，在1927—1937年间，汉口市政研究或者是对汉口市政做出的对策性规划、探讨，或者是反映当时汉口市政建设的成果，显示出强烈的针对性、探索性和现实性；相关市政文、著的数量及论述的深、广度，均远远超过前期。这表明汉口市政研究在此期处于繁荣发展中。

（四）缓慢—停滞期：20世纪30年代末期—70年代

从20世纪30年代末期至1949年中华人民共和国成立的这段时间里，时局急剧变化，汉口市制因之几经变更，社会关注的重心在政治与军事方面，汉口市政的建设与研究因之呈现出今不如昔的景象。此后直至60年代前半期，汉口因属武汉市而无单独为市的建制，受重视的程度降低，近代汉口市政基本上未作为独立的研究对象而出现。故从20世纪40年代末至60年代前半期，近代汉口市政研究的步伐明显放慢。

沦陷时期，日伪武汉当局编辑了《武汉特别市成立周年纪念刊》(1940年)、《武汉特别市成立两周年纪念刊》(1941年)、《武汉特别市成立三周年纪念刊》(1942年)，它们均为研究沦陷时期汉口市政的必读资料。《武汉巷史》一书在介绍武汉历史时，述及汉口市政街（即阜昌街）、一元路、中山大道的变迁及与娼妓有关的街道的历史，及其市政设施、市容市貌。②

抗战胜利至中华人民共和国诞生期间，政府机构对于汉口的市政规划研究仍在继续，其中，1947年汉口市工务科拟订的《新汉口建设计划》，是专门性的汉口市政建设的整体规划。③ 而1942年《大武

---

① 见该著之G之第123页；I之第89—90页；I之第90—100页。
② [日] 内田佐和吉：《武汉巷史》，1944年中日文化协会武汉分会委托思明堂发行。
③ 参见武汉城市规划管理局主编《武汉城市规划志》，武汉出版社1999年版，第90—93页。

汉市建设计划草案》①、1946年《武汉区域规划报告》②、1947年《武汉三镇土地使用交通系统计划纲要》③，则均涉及汉口的市政建设。

《新武汉指南》④和《武汉快览》⑤，通俗地介绍了汉口的市政机关、武汉间的轮渡交通、汉口陆上交通、邮政、民间市政团体、公共设施等方面的情况。《汉口市政统计要览》（汉口市政府统计室1947年编印），对汉口市1947年年度市政府的组织系统、市政建设、市政经费、公共设施、公益市政团体等进行了统计。

1949年，中国共产党为了迎接武汉解放，由中共中央中原局组织调查，并先后由该局组织部城工科负责汇编、中原新华书店印行了《武汉调查》和《武汉调查补编》，社会部编印了《武汉调查初步汇集》《武汉调查初步汇集（补充材料之一）》《武汉调查初步汇集（补充材料之二）》，书报简讯社编印了《武汉概况》（1949年），它们都对武汉解放前夕汉口市政有所涉及。

20世纪50年代后期至60年代，产生了一些有关汉口市政的著述。《武汉沿革考》《武汉沿革史略》《武汉经济略》《汉口今昔考》诸文对汉口市制沿革、近代汉口市政建设及由此带来的城市面貌的变迁有所论述。⑥《武汉市制沿革》对汉口市制沿革略有论述。⑦《汉口地皮大王刘歆

---

① 该计划由陈诚主持拟订，原计划内容可见于《鄂省纪要》第34—74页。计划内容简介参见《武汉城市规划志》的相关介绍，武汉出版社1999年版，第75—83页。该规划拟定的时间为1942年，1944年1月又湖北省政府编印。1958年，台湾国民党当局假想反攻大陆成功后建都武汉，由陈诚主持、汉口市重建方案专题小组研拟，在《大武汉市建设计划草案》基础上拟定了《汉口市重建方案草案》（光复大陆设计研究委员会秘书处1958年印，原件藏台湾中国国民党党史会）。

② 米展成：《武汉区域规划报告》，载《市政评论》第8卷第10期，1946年12月1日，第10—11页。

③ 相关内容介绍参见武汉城市规划管理局主编《武汉城市规划志》，武汉出版社1999年版，第83—91页。

④ 《新武汉指南》，武汉文化出版社民国三十五年（1946）版。未见编者信息。

⑤ 《武汉快览》，汉口社会服务处民国三十六年（1947）编印。

⑥ 诸文均录入扬铎编著、中国档案出版社2004年出版的《武汉沿革考》一书中。

⑦ 潘新藻：《武汉市制沿革》，湖北人民出版社1956年版。

生》论及刘歆生对近代汉口市政的影响①,《汉口市改制特别市的经过》论述了民国末期汉口市制性质由普通变为特别的经过②。还有部分回忆或口述之类的文章,涉及汉口市政(见此时段的《武汉文史资料》相关辑次)。此后直至70年代中期,近代汉口市政研究基本上陷入停滞。

要而言之,从20世纪30年代末期至70年代中期,近代汉口市政研究进展缓慢乃至停滞。

(五)繁荣发展时期:20世纪80年代至今

20世纪70年代末,中国开始改革开放,城乡社会呈现出日益发展进步的景象,中国大陆的学术文化发展渐趋活跃,与海外的学术文化交流也日趋频繁,国外城市史、城市学、现代化、社会史等方面的理论和学术成果不断引入,促进了国内城市史、城市学、现代化、社会史等方面的研究,中国近代城市史研究在不断地深化、拓展,近代武汉城市史研究就是在这样的背景下重新起步、发展和不断深化的,近代汉口市政研究因此渐趋繁荣。而20世纪80年代初,海外有关汉口城市史的研究成果,在国内一度引起学术争鸣,也在一定程度上激发了近代汉口市政研究,武汉地区的一批专家、学者及硕士、博士研究生,投入近代武汉城市史研究中来,倡导近代汉口市政研究③,有关近代汉口市政研究的学术成果迭出,标志着近代汉口市政研究进入了又一个繁荣发展阶段。

本阶段海内外有关近代汉口市政研究的成果,大致可以归纳为以下几个方面:

1. 城市史研究中的近代汉口市政

本阶段从城市史的角度研究近代汉口市政的重要成果首先产生于海外。美国学者罗威廉教授所著《汉口:一个中国城市的商业和社会

---

① 董明藏:《汉口地皮大王刘歆生》,载政协武汉市委员会文史学习委员会编《武汉文史资料文库》第7卷《历史人物卷》,武汉出版社1999年版,第8—15页。
② 吕烺芬:《汉口市改制特别市的经过》,载《武汉文史资料》1985年总第22辑。
③ 涂文学:《开展中国近代市政史研究的思考——以1930年代的汉口为中心》,载《城市史研究》2010年第28辑。

（1796—1889）》一书，运用"公共领域"理论，探讨了1796—1889年期间汉口商贸发展与社会变迁尤其是城市公共领域扩张问题，认为行会的发展及其参与慈善、公益活动（诸如济贫、修筑道路、举办消防、维护地方治安等）的结果，是汉口形成了一个以行会为中心的、实质层面上的市政管理机构，汉口"靠近自治这一极了"。① 罗威廉有关19世纪汉口公共领域的扩张及城市自治的观点，在其另一著作《汉口：一个中国的城市冲突和社区（1796—1895）》中进行了进一步论述。②

罗威廉的论述随即引起了国内外学术界的争鸣。魏斐德质疑其有关地方性认同感与政府干预程度的表述，以及19世纪汉口存在着一种以行会为中心的隐性的市政管理机构的判断；杨念群则批评罗威廉的研究以反"韦伯式圈套"的面目出现，却不免仍给人以仍在其套中的感觉，同时肯定其方法论的启示意义。③ 方秋梅认为汉口日趋积极的民间市政参与未必导致城市自治取代官治，19世纪汉口乃至中国根本就不存在实质性城市自治，罗威廉并未从根本上摆脱西方中心史观，国内学者应关注城市史研究理论的本土化问题。④ 王笛和朱英则据罗威廉所论，论及汉口与成都包括市政建设在内的公共领域的扩张存在动力差异问题。⑤

国内城市史研究中有关近代汉口市政研究成果很多，大致可以从以下几个主要方面分述之：

其一，有关近代汉口市政的综合性论述。

《近代武汉城市史》是一部"以近代城市文明和现代化的发展为主

---

① [美]罗威廉：《汉口：一个中国城市的商业和社会（1796—1889）》，江溶、鲁西奇译，彭雨新、鲁西奇校，中国人民大学出版社2005年版。该著在美国由斯坦福大学出版社出版于1984年。

② [美]罗威廉：《汉口：一个中国的城市冲突和社区（1796—1895）》，鲁西奇、罗杜芳译，马钊、萧致治审校，中国人民大学出版社2008年版。该著在美国由斯坦福大学出版社出版于1989年。

③ 杨念群：《中层理论：中西方思想会通下的中国史研究》，江西教育出版社2001年版，第120—129页。

④ 方秋梅：《湖北新政前夕汉口的民间市政参与问题研究——兼论罗威廉的"19世纪汉口自治说"》，载《江汉大学学报》（人文科学版）2011年第5期。

⑤ 王笛：《晚清长江上游地区公共领域的发展》，载《历史研究》1996年第1期；朱英：《关于晚清社会研究的思考》，载《历史研究》1996年第4期。

第一章 引论

线"的单体城市史研究专著，也是20世纪90年代有关近代汉口市政研究的最重要的一部学术著作。该著论述的重点内容之一就是近代汉口市政，它以大量的笔墨论述了晚清武汉租界的市政机构和市政建设，认为"租界的管理和建设的确是现代化的，但文明和罪恶又是交织在一起的"，体现了平允的学术态度和辩证的历史观；探讨了武汉三镇近代警察、监狱的产生和城市的管理制度变化，华界的市政管理体制，城市公用事业——水电的产生和发展简况，城市消防治安系统的建立，堤防修筑和街道修建，轮渡的产生发展和近代港口建设，并注重市政建设导致的城市格局、城市风貌的发展变化；其对晚清武汉三镇市政建设的综合论述，是以汉口为主体进行的；它以汉口为例，论证民国中期武汉市政机构比较健全，市政规划具有一定的超前性；同时又注意近代汉口市政与武昌、汉阳市政发展一体化进程。① 该著对于近代武汉市政的论述，为我们进一步深入研究近代汉口市政打下了坚实的基础。

《汉口五百年》是一部汉口通史，书中吸收了此前有关近代汉口市政的研究成果，在晚清阶段汉口市政的发展方面重点论述了汉口堤防建设、市政机构的变动、华界水电事业的发展，及由此带来的城市环境的变迁；在民国阶段汉口市政的发展方面主要论述了20世纪20—30年代汉口市政建设与管理，重点为市政建制的变化，堤防、公园、卫生建设和交通的发展。书中还论及沦陷时期市政基础设施遭破坏的情形。②

《简明武汉史》一书对晚清——张之洞时代汉口市政建设的论述，落脚于汉口城市功能的拓展，将晚清汉口市政建设的历史影响进行了归纳，其对民国时期汉口市政的论述，则一仍《武汉史稿》之旧。③《武汉通史·晚清卷》中有关近代汉口市政的论述没有超出既往研究的内容。④《武汉通史·民国卷》（下）以专题的形式，从不同层面切入了近代汉口市政，纵向地阐述了近代武汉的区划和汉口城市建制的演变；

---

① 皮明庥主编：《近代武汉城市史》，中国社会科学出版社1993年版。
② 皮明庥主编：《汉口五百年》，湖北教育出版社1999年版。
③ 皮明庥主编：《简明武汉史》，武汉出版社2005年版。
④ 皮明庥、邹进文：《武汉通史·晚清卷》，武汉出版社2006年版。

近代汉口市政研究（1861—1949）

详细论述了汉口建市以后市政体制的变动，分析了市政府的组织架构和运行机制，指出市政府机制在运行过程中存在的不可克服的矛盾——集权专制与专家治市之间的矛盾，以及其对市政建设的双重影响；论述了现代方式的城市空间重组时汉口市政府的现代市政建设理念，汉口市政建设与城市功能分区，认为当时的市政建设以道路建设为主，市政建设以培养现代城市生活为主旨；近代汉口的市内外交通的发展，初步建构了城市立体交通网络。该著大量运用档案资料，融入了市政管理学等学科的理论与方法。[1]

《近代武汉城市发展轨迹——武汉城市史专论集》，对近代汉口的城市建制、码头形成、城市交通、公用事业等均有所论述。[2]《中国城市建设史》一书论及近代汉口租界的市政建设、中国政府辖区内汉口的市政规划、道路、水电等市政工程建设及市政机构，认为1905年汉镇马路局成立，标志着武汉近代城市规划进入了发展期。[3]

其二，有关近代汉口市政体制及具体的市政建设、管理问题。

有关近代汉口市政体制及具体的市政建设、管理问题的综合性论述有：《长江沿岸城市与中国近代化》一书，在论述沿江城市市政工程建设与公用事业发展时，将近代汉口市政建设，置于区域城市的大背景之下进行的，指出武汉建制多变，市政工程经费严重不足，租界模式具有示范作用。[4]《晚清汉口城市发展与空间形态研究》一书在论述汉口城市建设和城市发展的保障体系的时候，论及城市交通、道路、堤防、水电、消防、社会保障及与之相关的管理机构、民间组织等，这些均与市政建设与市政管理直接相关或就是汉口市政方面的内容。不过，论述过

---

[1] 涂文学主编：《武汉通史·民国卷》（下），武汉出版社2006年版。
[2] 杨浦林、皮明庥主编：《近代武汉城市发展轨迹——武汉城市史专论集》，天津社会科学院出版社1990年版。
[3] 董鉴泓主编：《中国城市建设史》，中国建筑工业出版社2004年版，第295页。书中有关论述值得商榷，如：认为"既济水电公司是武汉官商合营最早的企业之一"，"发电厂主要为有中国钢铁工业摇篮之称的汉冶萍煤铁厂矿有限公司服务"。
[4] 张仲礼、熊月之、沈祖炜主编：《长江沿岸城市与中国近代化》，上海人民出版社2002年版。

程中，将市政建设与市政管理与交通建设、道路建设、堤防建设等相提并论，则未免失当。①

市建制是城市具有单立行政区域的开始，也是汉口市政现代化的重要标志之一。《武汉建市的历史考察》② 和《武汉三镇统一建市的历史意义——纪念武汉三镇统一建市和国民政府建都武汉80周年》③，考察了武汉建市的历史和意义，对历史时期汉口市的建制问题进行了论述。《1927年武汉市政府级位与特点辨析》④ 一文，认为1927年武汉市政府其级位为直属于武汉国民政府而兼受湖北省政府指挥，其特点为委员制形式的国共合作的国民党"党治"民主政府，也是集权制的市民代表政府。这样的定位与分析是比较精当的。

近代汉口市政体制的演变受到了较多关注。《晚清汉口城市控制系统的演变》一文，论及晚清市政机构的演变和民间社团组织在汉口城市消防、卫生等市政建设与管理中的作用，认为晚清汉口城市管理体制演迁经历了由官方主体控制，到由以行帮为中心的民间社会组织承担城市控制功能的过程，而民间社团组织在演变的过程中由于其天然的松散性只能担当一种过渡者的角色。⑤《湖北新政前夕的汉口官办市政研究——兼论罗威廉的"国家间接领导作用说"》⑥ 一文考察了湖北新政前夕汉口官办市政的作为，否定了罗威廉的"国家间接领导作用说"——不认为当时的汉口已经实质上实行了城市自治。《从传统到近代：汉口城市管理体制变迁的历史考察》一文认为，汉口城市管理体制从传统到近代的变迁，主要经历了传统封建统治时期，近代汉口开埠到清末新政的地方自治时期和20世纪二三十年代的市政改革运动时期。

---

① 刘凯：《晚清汉口城市发展与空间形态研究》，中国建筑工业出版社2010年版。
② 皮明庥：《武汉建市的历史考察》，载《江汉大学学报》1994年第5期。
③ 袁继成：《武汉三镇统一建市的历史意义——纪念汉口三镇统一建市和国民政府建都武汉80周年》，载《世纪行》2007年第5期。
④ 宋晓丹：《1927年武汉市政府级位与特点辨析》，载《城市发展与中华民族复兴暨中国城市史研究会首届年会论文集》，2013年6月。
⑤ 郭莹：《晚清汉口城市控制系统的演变》，载《江汉论坛》1994年第1期。
⑥ 方秋梅：《湖北新政前夕的汉口官办市政研究——兼论罗威廉的"国家间接领导作用说"》，载《江汉论坛》2010年第10期。

其变迁的背后是不同利益主体之间的博弈。① 《辛亥革命与近代汉口市政体制转型》一文，认为西方市政体制被引入租界，市制在华界萌生，汉口市政体制的现代转型开始起步，而辛亥革命促进了民初汉口市政体制现代转型的进一步发展，形成官治与商人自治双轨并行的二元化过渡性市政管理体制，革命所造就的政治与市政管理格局成为民国中期汉口市政体制现代转型的大背景，所奉行的三民主义转化为民国中期汉口市政体制转型的精神动力。②

《汉口的租界：一项历史社会学的考察》③ 一书，以专章论述了汉口租界市政体制，认为它既是文明的体现，也是野蛮侵略的见证。这显然吸收了《汉口租界志》和《近代武汉城市史》的研究成果。《汉口日本租界研究》④ 论及汉口日租界市政建设及市政管理体制。

有关近代汉口市政管理与建设的专门性的研究成果比较丰富，主要集中于警政、消防、卫生、公用事业、公共场所管理等方面。

《由上海、汉口与青岛三都市的形成论近代我国通商口岸的都市化作用》⑤ 一文，可能是本阶段最早论及近代汉口市政建设的成果。《中国近代不同类型城市综合研究》一书，论及汉口开埠以后市政建设对城市扩展和人口增加的影响，并将晚清民初汉口市政改造工程归纳为三点，即拆除汉口城墙、就城基筑路和填高铁路与旧市区之间的低地。还论及近代汉口邮电事业的发展概况和交通尤其是京汉铁路通车后对汉口市政建设的影响。⑥ 这是较早研究近代汉口市政建设的著作。《论晚清汉口城市的发展和演变》⑦ 一文认为，包括城市交通、公用事业等方面在内的市政建设的发展，是晚清汉口城市新的主要变化之一。这是较早

---

① 龚喜林、邱红梅：《从传统到近代：汉口城市管理体制变迁的历史考察》，载《九江学院学报》（哲学社会科学版）2010年第4期。
② 方秋梅：《辛亥革命与近代汉口市政体制转型》，载《江汉论坛》2011年第11期。
③ 周德钧：《汉口的租界：一项历史社会学的考察》，天津教育出版社2009年版。
④ 黄欣：《汉口日本租界研究》，湖北大学硕士学位论文2012年。
⑤ 李国祁：《由上海、汉口与青岛三都市的形成论近代我国通商口岸的都市化作用》，载《台湾师大历史学报》1981年第10期。
⑥ 隗瀛涛主编：《中国近代不同类型城市综合研究》，四川大学出版社1998年版。
⑦ 王永年：《论晚清汉口城市的发展和演变》，载《江汉论坛》1988年第4期。

研究近代汉口市政建设的论文。

《民国武汉城市警政研究（1927—1937）》一文，论述了1927—1937年间武汉三镇警政建设的过程及其对武汉三镇市政建设与管理乃至城市现代化的影响，强调了警察制度对于改造城市生活模式的重要意义：警察的出现把城市中主要依靠风俗、礼仪来维持的传统社会，转换成由武装的科层式官僚监管的公共空间，将城市生活的方方面面纳入警察监管的统一规章制度之下。[1]《南京国民政府时期的武汉警政改革》论述了南京国民政府时期，武汉警政进行了一系列改革：改革警察机构、训练专业化、军纪现代化，不断完善武器装备和通讯体系，引入西方和日本的巡警制度，增强了对武汉城市社会的控制能力。[2]《抗战胜利后汉口警察研究（1945—1949）》[3]一文梳理了抗战胜利后警政接收、警察的人事管理等情况。《民国警察群体与警政建设研究：武汉：1945—1949》[4]一书，吸收了前述警政研究成果，对近代都市警察的群体构成、职能嬗变、制度建设、警政改革及制约因素等问题进行了论述，探讨了警察在社会文化变迁中扮演的复杂角色，警察与警政运作的关系、警察与政治、经济、文化等因素的相互作用，力图多角度、多层次地呈现了近代警政发展的艰难性、复杂性与不平衡性。

与警政关系密切的是消防问题。《清代汉口的火灾研究》一文，在研究清代汉口火灾，梳理了清代官府和民间消防的情况，对罗威廉过高评价民间力量在市政管理中的作用表示质疑。[5]《民国时期的汉口火灾与城市消防（1927—1937）》[6]一文，着重论述了汉口城市消防中民办

---

[1] 徐胜：《民国武汉城市警政研究（1927—1937）》，湖北大学硕士学位论文2006年。
[2] 邹俊杰：《南京国民政府时期的武汉警政改革》，载《湖北警官学院学报》2010年第3期。
[3] 李玉炜：《抗战胜利后汉口警察研究（1945—1949）》，华中师范大学硕士学位论文2009年。
[4] 孙静：《民国警察群体与警政建设研究：武汉：1945—1949》，人民日报出版社2015年版。
[5] 陈新立：《清代汉口的火灾研究》，武汉大学硕士学位论文2006年。
[6] 胡启扬：《民国时期的汉口火灾与城市消防（1927—1937）》，华中师范大学博士学位论文2012年。

和官办并存的双轨体制、民间消防组织的运作方式与特点、官办消防机构的演进及其消防管理、官民在消防中的互动、火灾应对,并力图通过对比国内外代表性城市消防进一步凸显汉口城市消防的时代特点,认为民办消防的作用日趋重要,市政离不开官民力量的共同参与,官方力量是城市事务的主导,民间组织则是参与的主要力量,两者都需要制度规范并且更需要为彼此留有合理的活动空间,维系城市市政中官民力量的动态平衡对城市市政管理的完善与发展具有重要意义。《1945年8月—1949年5月武汉消防事业研究》[①] 一文,对1945年8月—1949年5月期间武汉的消防事业(包括消防队伍、组织、设施、法规、活动等)进行了梳理,认为它由官办消防警察和民间消防组织共同承担的,在二者互相配合与协作中,前者起着主导的作用,后者充当了主力。上述三文注重运用档案、报刊资料,均注意到官民双方在近代汉口城市消防中所起的作用。

《论转型中的武汉公共卫生建设(1927—1937)》[②] 一文,梳理了开埠以来武汉公共卫生的发展情况,总结了1927—1937年间武汉市公共卫生建设取得的成就与存在的不足,并分析了其中的原因。《近代武汉环境卫生管理研究(1900—1938)》[③] 一文,从机构设置、法规制定方面考察了近代武汉卫生管理制度进步的轨迹,梳理了地方政府治理武汉环境卫生的具体情形,探讨了武汉环境卫生的发展和不足、政府的努力和现实的困境以及武汉早期现代化历程的曲折,从政府和社会层面考察了制约其发展的因素。《时局变动下的清末民国汉口卫生管理(1900—1949)》[④] 一文,对清末民国各阶段汉口卫生管理的情况进行了梳理和

---

① 刘琼:《1945年8月—1949年5月武汉消防事业研究》,华中师范大学硕士学位论文2009年。
② 周启明:《论转型中的武汉公共卫生建设(1927—1937)》,华中师范大学硕士学位论文2006年。
③ 黄冬英:《近代武汉环境卫生管理研究(1900—1938)》,华中师范大学硕士学位论文2007年。
④ 路彩霞:《时局变动下的清末民国汉口卫生管理(1900—1949)》,武汉大学博士后出站报告2009年。

评论，并解析了时局变动下卫生的政治意义和多重属性。《辛亥革命前后的湖北经济与社会》①一书，以有限的篇幅概略论述了辛亥革命前后汉口和武昌的市政建设与卫生管理。

《民国地方政府对文化娱乐场所的管理——以汉口民众乐园为中心(1919—1949)》②一文，以汉口民众乐园为中心，梳理了民国地方政府极力强化对文化娱乐场所的管理，诸如力图掌握文娱场所产权，控制演出时空，审核演出内容，调控从业人员，规范游客言行，极力彰显其促进公众利益的诉求，同时又在很大程度上排斥非官方力量的参与，使市政公权向市民日常生活领域不断延伸，试图实现市民生活与市政公权的"共谋"。《近代市政设施中的公共管理之难——以汉口中山公园(1929—1949)为表述对象》③《公益与私利：近代城市公用事业发展的历史困境——以汉口水电事业为例》④两文，均论述了政府在城市公共管理中存在的困境。《近代中国城市的底层民生与市政冲突——1908年汉口摊户风潮探析》⑤一文，1908年汉口摊户风潮是底层民生与市政冲突的结果，曲意误解和匪徒煽惑是此次摊户风潮发生的重要原因，而其根本还是市政当局内部管理不善所致。

此外，《公共汽车：近代城市交通演变的一个标尺——以1929年到1931年的汉口为例》⑥一文，介绍了汉口公共汽车的创办和初步发展，论述了公共汽车与汉口城市社会生活的关系，并对相关问题进行了总结。

---

① 宋亚平等：《辛亥革命前后的湖北经济与社会》，中国社会科学出版社2011年版。
② 胡俊修、钟爱萍：《民国地方政府对文化娱乐场所的管理——以汉口民众乐园为中心(1919—1949)》，载《湖北行政学院学报》2011年第6期。
③ 汪志强、胡俊修、闵春：《近代市政设施中的公共管理之难——以汉口中山公园(1929—1949)为表述对象》，载《湖北行政学院学报》2007年第6期。
④ 向明亮：《公益与私利：近代城市公用事业发展的历史困境——以汉口水电事业为例》，载《江汉大学学报》(人文版)2012年第6期。
⑤ 胡俊修：《近代中国城市的底层民生与市政冲突——1908年汉口摊户风潮探析》，载《湖北社会科学》2011年第1期。
⑥ 艾智科：《公共汽车：近代城市交通演变的一个标尺——以1929年到1931年的汉口为例》，四川大学硕士学位论文2007年。

《长江轮渡与近代武汉市民生活》①《自来水与清末民初汉口城市社会发展》②等文,论述了轮渡、水电事业对近代汉口城市社会生活与城市现代化的影响。任放的《汉口模式与中国商业近代化》一文,论及近代汉口公用事业发展与汉口市镇近代化的关系,认为汉口服务业尤其是近代公用事业(电灯、自来水)等的发达是汉口市镇近代化的显著标志。③

《堤防弊制、市政偏失与1931年汉口大水灾》④一文认为,堤防管理体制存在的弊端与市政建设中存在的重路轻堤偏失是导致1931年汉口大水灾的社会原因。《强化与异化:沦陷时期的汉口堤防》⑤一文,则解释了沦陷时期日伪强化堤防的重要目的在于巩固城防,堤防管理很大程度上异化为侵略性的军事策略。《论晚清汉口堤防建设对城市环境变迁的影响》⑥论述了清末张公堤、租界堤防、铁路堤的建设导致市内及周边水域、水系发生变迁;市区内外陆地面积自然增加;城市气候和卫生环境发生巨大变化;为汉口城市土地开发、城市空间拓展以及近代汉口市政的进一步展开与勃兴奠定了基础,从而为城市环境的后续变迁准备了条件。

其三,有关近代汉口市政改革问题。

《市政改革与城市发展》⑦一书认为,20世纪20年代末30年代初,汉口等大中城市在城市政府的主持下,城市建设与城市管理工作逐步步入正轨,开始了较为系统、正规的都市建设,城市政府在城市

---

① 胡俊修、曹野:《长江轮渡与近代武汉市民生活》,载《湖北社会科学》2008年第7期。

② 方秋梅:《自来水与清末民初汉口城市社会发展》,载《武汉大学学报》(人文版)2009年第2期。

③ 任放:《汉口模式与中国商业近代化》,冯天瑜、陈锋主编《武汉现代化进程研究》,武汉大学出版社2002年版。

④ 方秋梅:《堤防弊制、市政偏失与1931年汉口大水灾》,载冯天瑜主编《人文论丛》2008年卷,中国社会科学出版社2009年4月版。

⑤ 方秋梅:《强化与异化:沦陷时期的汉口堤防》,载吕一群、于丽主编《海峡两岸纪念武汉抗战七十周年学术研讨会论文集》,长江出版社2009年版。

⑥ 方秋梅:《论晚清汉口堤防建设对城市环境变迁的影响》,载《江汉论坛》2009年第8期。

⑦ 赵可:《市政改革与城市发展》,中国大百科全书出版社2004年版。

第一章 引论

发展中扮演着越来越重要的角色。一些大中城市的发展特色与优势因城市政府的决策引导和政策扶持而日益凸现，城市个性和城市功能得到强化。该著有助于我们了解近代汉口市政变革的国际国内背景。

近代汉口市政改革的研究成果集中地体现在涂文学的论文[①]和专著《城市早期现代化的黄金时代——1930年代汉口的市政改革》[②]中，该专著体现了论述的精华，集中论述了民国中期汉口市政改革的情况，是目前有关民国中期汉口市政改革的奠基性成果。它以市政改革与城市现代化为主线，将20世纪二三十年代汉口市政的发展变化置于近代中国早期城市现代化的宏大背景之下，运用市政学、现代化的理论对当时汉口市政进行了不同断面的架构，诸如汉口城市建制的现代化的过程，城市空间的重组与拓展，市政管理的进步，谋求市政统一的历程，而运用城市史学、法学、市政管理学的方法进行解析。其中，对市政运作的体制性矛盾的考察，对专家治市的深入分析等，均可圈可点。继而借用"公共领域"的理论方法，纵向梳理汉口城市早期现代化过程中官商关系的发展演变。最后，以中国城市早期现代化为坐标，力图给20世纪二三十年代市政改革以历史定位，抽绎出中国城市早期现代化所具有的共性，认为市政改革使城市早期现代化结下了最丰硕的果实，现代城市体系的雏形开始形成，至少在形式上完成城市从传统到近代的转型，但并未实现建立现代化城市和现代化国家的愿望。该著在史料开拓、跨学科方法运用上均有创新，它将近代汉口市政史研究推升到一个新的高度，进一步夯实了近代汉口市政史研究的基础。

其四，有关近代汉口市政规划。

近代城市规划史是近代城市史与城市规划学的交叉领域，近代汉口

---

① 主要有《民国时期汉口市政改革概说》，载《武汉文史资料》2007年第4期；《集权政治与专家治市：近代中国市政独立的艰难旅程——1930年代汉口个案剖析》，载《近代史研究》2009年第3期；《上世纪三十年代的市政改革人文价值与历史启示》，载《光明日报》2009年3月31日第12版；《近代汉口市政改革对租界的效法与超越》，载《江汉大学学报》（社科版）2009年第4期；等等。

② 涂文学：《城市早期现代化的黄金时代——1930年代汉口的市政改革》，中国社会科学出版社2009年版。

市政规划受到城市规划学界和城市史学界的关注。

论文《武汉近代城市规划研究》①《武汉近代城市规划小史》② 和《图析武汉市近代城市规划（1861—1949）》③ 等论文，论及近代武汉各个时期的市政发展规划，并分析了各规划的特征，对于我们了解、分析近代汉口市政建设的总体情况、把握近代汉口市政建设的节奏大有裨益。《交通与武汉城市空间形态变迁》论及近代汉口交通发展与城市空间的变迁。④《近代武汉城市空间形态的演变》一书，在探讨近代武汉城市空间形态的演变时，论及有关近代汉口的市政规划和道路建设。⑤《按照"现代方式"重组城市空间——1930年代汉口城市规划理念评析》⑥ 一文，论述了20世纪30年代汉口市政当局学习欧美的市政规划经验，数易规划，制定并初步实施的汉口分区规划，使汉口城市空间布局按照"现代方式"得以重组，从而奠定整个20世纪汉口城市现代化基本格局和发展走向。《战后武汉区域规划研究》⑦ 一文则探讨了抗战胜利后武汉的区域规划。

此外，相关研究成果还有近代武汉或近代汉口城市规划机构、规划制度、规划法规方面的研究成果，如：《武汉近代城市规划管理机构的形成及其特点》⑧《近代武汉城市规划制度研究》⑨《汉口租界时期城市

---

① 向威：《武汉近代城市规划研究》，武汉理工大学硕士学位论文2000年。
② 李百浩、王西波、薛春莹：《武汉近代城市规划小史》，载《规划师》2002年第5期。
③ 李百浩、薛春莹、王西波、赵彬：《图析武汉市近代城市规划（1861—1949）》，载《城市规划汇刊》2002年第6期。
④ 伍新木、罗琦：《交通与武汉城市空间形态变迁》，载《现代城市研究》2003年第4期。
⑤ 李军编著：《近代武汉城市空间形态的演变》，长江出版社2005年版。
⑥ 涂文学：《按照"现代方式"重组城市空间——1930年代汉口城市规划理念评析》，载《湖北大学学报》（哲学社会科学版）2011年第5期。
⑦ 郭明：《战后武汉区域规划研究》，武汉理工大学硕士学位论文2010年。
⑧ 郭建、李彩、李百浩：《武汉近代城市规划管理机构的形成及其特点》，载《武汉理工大学学报》2010年第1期。
⑨ 喻婷：《近代武汉城市规划制度研究》，武汉理工大学硕士学位论文2011年。

的规划法规与建设实施》①等。

其五，有关近代汉口民间市政参与问题。

随着市政史研究的趋向深入，民间市政参与问题越来越受到重视。前述罗威廉的研究成果，实际上开了民间市政参与研究的先河，只是他对于民间市政参与对晚清汉口市政管理体制的影响评估过高。前述有关消防、卫生管理的研究成果中，多有关于民间社团组织参与消防和卫生管理，兹不赘述。

目前对近代汉口民间市政参与着墨最多的是《近代中国民间市政参与研究（1900—1949）——以上海、汉口为中心》②一文，该文以汉口和上海为中心，论述了近代中国民间市政参与的社会背景和认识基础，梳理了体制层面之外的各个方面的民间市政参与和体制层面争取城市自治的民间市政参与，在此基础上总结了近代中国民间市政参与的特点，对近代中国民间市政参与进行了反思，进一步否定了罗威廉的"19世纪汉口自治说"。

《从民间市政参与看辛亥革命对民初汉口商界的积极影响》③一文，透过城市重建过程中的民间市政参与，考察辛亥革命对民初汉口商界的多方面积极影响。《试论近代汉口市民的市政主体性意识》一文④，认为市民市政的主体性意识是汉口市政建设的基石，在汉口的市政建设中发挥巨大的推进作用。市民市政主体性意识的觉醒，是政治民主化和城市现代化的表现。

2. 地方志研究中的近代汉口市政研究

20 世纪 80 年代以来，产生了一批反映武汉市政建设历程的方志著

---

① 朱滢：《汉口租界时期城市的规划法规与建设实施》，清华大学工学硕士学位论文 2014 年。

② 方秋梅：《近代中国民间市政参与研究（1900—1949）——以上海、汉口为中心》，华中师范大学博士后出站报告 2014 年。

③ 方秋梅：《从民间市政参与看辛亥革命对民初汉口商界的积极影响》，载《湖北大学学报》（哲学社会科学版）2011 年第 2 期。

④ 邱红梅：《试论近代汉口市民的市政主体性意识》，载《湖北社会科学》2007 年第 8 期。

作，也是有关近代汉口市政研究的成果，它们成为了当代的近代汉口市政研究成果的重要组成部分。

《汉口租界志》是当代有关汉口租界最大部头的著述，它载述了租界市政管理机构、市政建设经费、公共设施、公用事业诸方面的发展变化，市政体制的变更，以及与前述相关的市政人物、重大市政事件，附录部分有关租界市政组织章程、条例和有关市政管理规章等方面的中英文资料。① 该著是有关汉口租界市政研究最重要的成果。

《武汉市市政建设志》，从城市道路、城市桥梁、城市排水、市政建设管理四个方面论述了武汉市政建设的发展历程。② 《武汉市城市规划志》介绍1949年前武汉三镇主要城市规划轨迹并附列与之相关的大事。③ 《武汉公用事业志》论列了近代武汉三镇交通工具的发展概况，对公共汽车、轮渡、城市供水及相关管理机构的情况论述较详。志文之首还列有相关大事表。④ 《武汉堤防志》⑤ 和《武汉排水》⑥ 两书中则涉及近代汉口堤防和排水。《武汉市容环境卫生志（1900—1995）》，论及近代汉口的环境卫生的发展变化，涉及环卫人员、机构、法规、清洁卫生环境与市容变化方面的情况。⑦ 而《武汉市志·卫生志》则主要论及近代汉口卫生防疫、卫生事业及其管理、医学教育等方面内容。⑧ 《武汉市志·城市建设志》是一部全面反映武汉三镇城市诸方面建设情况的方志著作，也是20世纪以来研究近代汉口市政建设的最重要的一部方志。⑨ 《武汉市志·工业志》是收集近代汉口水电资料较多的当代著

---

① 武汉地方志《汉口租界志》编纂委员会编纂、袁继成主编：《汉口租界志》，武汉出版社2003年版。
② 武汉市政建设管理局编：《武汉市市政建设志》，1988年版。
③ 武汉市城市规划管理局主编：《武汉市城市规划志》，武汉出版社1999年版。
④ 武汉公用事业志编纂委员会编：《武汉公用事业志》，武汉出版社1990年版。
⑤ 邹宗莫主编：《武汉堤防志》，武汉防汛指挥部办公室1986年印。
⑥ 武汉排水编辑委员会编：《武汉排水》，武汉市市政建设管理局1990年版。
⑦ 《武汉市容环境卫生志（1900—1995）》，武汉市市容环境卫生管理局1997年编印。
⑧ 武汉地方志编纂委员会编：《武汉市志·卫生志》，武汉大学出版社1993年版。
⑨ 武汉地方志编纂委员会编：《武汉市志·城市建设志》，武汉大学出版社1999年版。

作。① 《武汉市志·交通邮电志》论及近代汉口交通概貌、港口及码头建设和航政、邮政、电信发展。② 《武汉市志·总类志》③ 和《武汉市志·政权政协志》④ 论述了近代汉口建制沿革。《武汉市志·大事记》对近代汉口市政相关事件有所载列。⑤ 《武汉公安志》论及近代汉口警察机构的沿革、交通管理、水陆消防、码头管理，并附较丰富的图表。⑥ 《武汉市水上公安志》一书中论及近代汉口的码头管理、水上消防、武汉之间轮渡公司及武汉之间水上管理机构。⑦ 《武汉港口志》⑧ 和《武汉港史》⑨ 两书，论及近代汉口码头建设及沿革。《武汉地名志》中包括大量有关近代汉口市政建设的条目，对于我们研究近代汉口市政时寻找市政建设的足迹提供了方便。⑩ 《汉正街市场志》⑪ 述及近代汉正街市政。《湖北省志·城乡建设志》⑫ 《湖北省志·卫生志》⑬ 《湖北省志·交通邮电志》⑭ 等虽然也对近代汉口市政的论述，但没有超出《武汉市志》论述的范围。

此外，《武汉春秋》《武汉文史资料》《江岸文史资料》《江汉文史资料》诸刊，发表了为数不少的有关近代汉口市政的文章，有较强的史志性。

以上诸书已经从各个方面触及近代汉口市政，为近代汉口市政研究积累了丰富的资料。不过，由于受著述体例的限制，它们还没有能够建构起一个整体的近代汉口市政史。

---

① 武汉地方志编纂委员会编：《武汉市志·工业志》，武汉大学出版社1996年版。
② 武汉地方志编纂委员会编：《武汉市志·交通邮电志》，武汉大学出版社1998年版。
③ 武汉地方志编纂委员会编：《武汉市志·总类志》，武汉大学出版社1998年版。
④ 武汉地方志编纂委员会编：《武汉市志·政权政协志》，武汉大学出版社1998年版。
⑤ 武汉地方志编纂委员会编：《武汉市志·大事记》，武汉大学出版社1990年版。
⑥ 武汉市公安局史志办公室编：《武汉公安志》，1988年印。
⑦ 武汉市水上公安志编纂委员会编：《武汉市水上公安志》，1997年版。
⑧ 武汉港口志编纂委员会编：《武汉港口志》，武汉出版社1990年版。
⑨ 武汉港史编纂委员会：《武汉港史》，人民交通出版社1994年版。
⑩ 武汉地名委员会编：《武汉地名志》，武汉出版社1990年版。
⑪ 朱文尧主编：《汉正街市场志》，武汉出版社1997年版。
⑫ 湖北省地方志编纂委员会编：《湖北省志·城乡建设志》，湖北人民出版社1999年版。
⑬ 湖北省地方志编纂委员会编：《湖北省志·卫生志》，武汉出版社2000年版。
⑭ 湖北省地方志编纂委员会编：《湖北省志·交通邮电志》，武汉出版社1995年版。

3. 人物和社团研究中涉及的近代汉口市政

一些有关近代汉口人物、社团组织的著作和论文中，也涉及近代汉口市政。

（1）张之洞与近代汉口市政研究。《一位总督·一座城市·一场革命　张之洞与武汉》一书论及张之洞时代汉口筑堤、拆城筑路、交通、水电公用事业等诸项市政建设，汉口市政机构的变化及其对城市管理机制近代转型的影响，还论述了辛亥革命后汉口的重建和城市建制的变迁。①《儒家心态与近代追求——张之洞经济思想论析》一书论及张之洞时代汉口堤防、马路、街道、水电等方面的建设情况，认为张之洞兴办市政的主要动机是为了拱卫市区、发展城内交通以兴商业，是为了抵御列强势力的扩张和解决社会问题，张之洞的市政建设途径是符合时势要求的，他的市政建设项目超越了传统观念，其市政思想具有浓厚的近代色彩。②《世纪末的兴衰——张之洞与晚清湖北经济》一书对晚清汉口市政也进行了论述。③《张之洞"湖北新政"遗产的历史命运》一文，主要运用档案和报刊资料，对与张之洞相关联的近代汉口市政事项着墨尤多，诸如既济水电公司在近代的命运、汉口总商会在市政建设中的作用，民初汉口市政建设机构的沿革——此点在此前有关近代汉口市政研究的成果中尚未见及。④ 王永年《论晚清汉口城市的发展和演变》一文论及张之洞与近代汉口市政建设的关系，但不是一味讴歌张之洞对汉口市政建设的贡献，还论及他对汉口市政建设的负面影响。⑤

（2）董修甲与近代汉口市政研究。《董修甲的市政思想及其在汉口

---

① 皮明庥：《一位总督·一座城市·一场革命　张之洞与武汉》，武汉出版社2001年版。
② 陈钧：《儒家心态与近代追求——张之洞经济思想论析》，湖北人民出版社1990年版。
③ 陈钧、任放：《世纪末的兴衰——张之洞与晚清湖北经济》，中国文史出版社1991年版。
④ 陈锋、张笃勤主编：《张之洞与武汉早期现代化》，中国社会科学出版社2003年版。
⑤ 王永年：《论晚清汉口城市的发展和演变》，载《江汉论坛》1988年第4期。

的实践》①一文，论述了市政专家董修甲在工务、公共事业、市政管理方面的实践，探讨了其学术研究与市政实践之间的良性互动，认为董修甲在汉口的市政改革活动是我国城市近代化的缩影。《董修甲的城市规划思想及其学术贡献研究》《中国近代城市规划的"实验者"——董修甲与武汉的近代城市规划实践》两文，论述了董修甲对汉口城市发展的构想——他的汉口规划。②

此外，《梦想，还是理想？——从孙中山关于武汉近代化建设蓝图看〈实业计划〉的可行性》③一文论证了孙中山《实业计划》中的汉口过江隧道建设等构想的可行性，《汉口城市化建设的先行者——忆吴国柄先生》④一文载述了吴国柄在汉口公园等市政建设方面的贡献。《刘歆生的人生和经营研究》⑤等有关刘歆生与汉口城市发展的论文，或多或少地涉及刘歆生与汉口市政发展的关系。而有关刘文岛、宋炜臣、吴国桢、黎元洪等曾经为官或经商于武汉的人物生平事迹的文、著，也或多或少地述及他们与近代汉口市政的关系，因少有专论，故不赘述。

（3）商会与近代汉口市政研究。《近代汉口总商会研究（1916—1931）》⑥一文，辟有专章，论述汉口总商会如何推动汉口市政建设，参与城市社会管理。但其中汉口总商会主导辛亥革命后的汉口重建的论断值得商榷。《汉口市商会研究（1931—1938）》⑦，论述了1931年汉口遭受空前水灾后，汉口市商会在灾后赈济、堤防修筑中的作用。《武昌

---

① 邱红梅：《董修甲的市政思想及其在汉口的实践》，华中师范大学硕士学位论文2002年。
② 王欣：《董修甲的城市规划思想及其学术贡献研究》，武汉理工大学硕士学位论文2013年；张天洁、李百浩、李泽：《中国近代城市规划的"实验者"——董修甲与武汉的近代城市规划实践》，载《新建筑》2012年第3期。
③ 严昌洪：《梦想，还是理想？——从孙中山关于武汉近代化建设蓝图看〈实业计划〉的可行性》，载《近代史研究》1997年第2期。
④ 吴娜：《汉口城市化建设的先行者——忆吴国柄先生》，华中师范大学硕士学位论文2013年。
⑤ 童乔慧、卫薇：《刘歆生的人生和经营研究》，载《新建筑》2011年第2期。
⑥ 邓晶：《近代汉口总商会研究（1916—1931）》，华中师范大学硕士学位论文2012年。
⑦ 杨宁：《汉口市商会研究（1931—1938）》，华中科技大学硕士学位论文，时间不详。

首义中的武汉商会商团》①《辛亥革命时期的汉口商会》②《清末武汉地区的地方自治》③ 等论文，也论及汉口商会在辛亥革命前后汉口市政建设、管理和汉口重建中的影响。

（4）善堂等慈善组织与近代汉口市政。《汉口：近代前夜的社会保障》一文，论及晚清汉口善堂商会的社会救济和消防。④《试论武汉善堂的发展：1888—1938》⑤《近代（1888—1938）武汉善堂发展与慈善事业述略》⑥ 两文，对武汉善堂参与城市社会救济事业的情况进行了梳理，前者注重考察善堂社会地位的升降与地方社会变迁的互动关系，后者对善堂参与社会救济事业的特点进行了总结。《战后武汉社会救济事业研究（1945—1949年）》⑦ 一文中，以专章论述了民间组织在战前战后参与城市社会救济以及政府与民间合作办理城市社会救济的情况。《汉口培心善堂与武汉社会慈善事业》⑧ 一文则论述了汉口培心善堂办理武汉善政的情况。

4. 地方史、区域史研究中的近代汉口市政

20世纪80年代以来，一些涉及近代汉口市政的地方史、区域史研究成果的产生，也丰富了近代汉口市政史研究。

《中国现代化的区域研究 1860—1916 湖北省》⑨ 一书，专辟一节

---

① 《武昌首义中的武汉商会商团》，载皮明庥《辛亥革命与近代思想》，陕西师范大学出版社1986年版，第253—290页。
② 湖北省历史学会编：《辛亥革命论文集》，湖北人民出版社1981年版，第60—76页。
③ 郭莹：《清末武汉地区的地方自治》，载《湖北大学学报》（哲学社会科学版）1985年第5期。
④ 张建民、周荣：《汉口：近代前夜的社会保障》，载冯天瑜、陈锋主编《武汉现代化进程研究》，武汉大学出版社2002年版。
⑤ 方文：《试论武汉善堂的发展：1888—1938》，湖北大学硕士学位论文2007年。
⑥ 刘元：《近代（1888—1938）武汉善堂发展与慈善事业述略》，载《重庆文理学院学报》（社会科学版）2012年第5期。
⑦ 王栋剑：《战后武汉社会救济事业研究（1945—1949年）》，华中师范大学硕士学位论文2011年。
⑧ 刘宝生、张友海：《汉口培心善堂与武汉社会慈善事业》，载《武汉文博》2013年第3期。
⑨ 苏云峰：《中国现代化的区域研究 1860—1916 湖北省》，台湾"中央研究院"近代史研究所，1987年版。

"从汉口市的发展看湖北都市现代化的症结"（按：此部分内容曾以同名发表在台湾《史学评论》1981年第3期上），注重论述汉口开埠以后至民初城市化——城市人口的集中尤其是市政的进展，指出人口集中引起的许多现代市政应该解决的问题，诸如市区扩展、街道重整、公共设施、医疗卫生、治安维持与社会救济等，汉口在这一方面虽略有成绩，但缺乏独立而有效的市政机构使汉口的财税不能自主，市政建设资金缺乏，市政建设无法充分展开。市政的缺失进而导致汉口市区环境不能得到有效的改善，灾民大量而长期存在，城市社会两极分化加剧，城市形象恶劣。就探讨晚清民初汉口市政得失及其影响方面而言，该著的论述是深入且成功的。

《武汉国民政府史》是较早论及武汉国民政府时期汉口市政建设的专著。该著在"经济设施"一节中论及汉口市行政体制的变动、汉口的市政规划与马路建设和武汉之间轮渡交通。[①] 《武汉史稿》一书，以汉口、武昌为主，全面地论述了南京国民政府时期武汉市政建设的概况。[②] 《新编武昌起义史》则是较早论及辛亥革命汉口被焚后汉口城市重建的著作，其中论述了重建汉口的市政规划、市政机构的变动、城市建制的变化。[③] 这些成果后来都被归纳到《近代武汉城市史》一书中。此外，《湖北通史·晚清卷》[④]《湖北通史·民国卷》[⑤] 等著作，对近代汉口市政也有所论述。

5. 相关编研资料

资料的编研既是学术发展的基础，也是学术发展状况的一种反映。《武汉国民政府史料》收集了部分武汉国民政府时期汉口市政的档案

[①] 刘继增、毛磊、袁继成：《武汉国民政府史》，湖北人民出版社1986年版。
[②] 皮明庥、欧阳植梁主编：《武汉史稿》，中国文史出版社1992年版。
[③] 皮明庥主编：《新编武昌起义史》，中国文史出版社1991年版。
[④] 罗福惠：《湖北通史·晚清卷》，章开沅、张正明、罗福惠主编，华中师范大学出版社1999年版。
[⑤] 田子渝、黄华文：《湖北通史·民国卷》，章开沅、张正明、罗福惠主编，华中师范大学出版社1999年版。

和报刊资料。① 《武汉临时联席会议资料选编》，比较集中地反映了武汉国民政府时期有关汉口市政决策方面情况。② 《武汉国共联合政府法制文献选编》③，辑录了一些武汉国民政府时期汉口市政组织、市政管理方面的法规。《武汉印记》④ 汇编了档案中有关历史时期施治汉口的政府机构或参与治理汉口民间组织的印章，并配以该机构或组织的演变的文字解说，是一部高质量的档案资料编研成果，对于我们研究武汉市政很有帮助。《沦陷时期武汉的政治与军事》和《沦陷时期武汉的经济与市政》，汇集了一些沦陷时期汉口市政机构和市政发展方面的报刊资料和档案。⑤《武汉老新闻》，从《申报》《汉口中西报》等数十种报刊上，摘录了1906—1949年间近代汉口市政方面的资料。⑥《武汉近代（辛亥革命前）经济史料》，从海内外书刊杂志等刊物中摘录了一些反映近代（辛亥革命前）汉口水电事业发展情况的资料。⑦《湖北咨议局文献资料汇编》，收录了有关清末地方当局与汉口绅商讨论汉口市政建设规划的史料。⑧《湖北军政府文献资料汇编》中收录了有关于辛亥革命后汉口重建的文献。⑨

《武汉通览》对近代汉口市政建制、市政建设方面的具体情况多有介绍，还辑录了一些与近代汉口市政建设有关史籍和著作。⑩《武汉

---

① 武汉地方志编纂委员会办公室编纂、田子渝主编：《武汉国民政府史料》，武汉出版社2005年版。
② 郑自来、徐莉君主编：《武汉临时联席会议资料选编》，武汉出版社2004年版。
③ 湖北政法史志编纂委员会编辑：《武汉国共联合政府法制文献选编》，农村读物出版社1987年版。
④ 武汉市档案馆编，宋晓丹、张嵩主编：《武汉印记》，武汉出版社2015年版。
⑤ 涂文学主编：《沦陷时期武汉的政治与军事》、《沦陷时期武汉的经济与市政》，武汉出版社2007年版。
⑥ 涂文学主编：《武汉老新闻》，武汉出版社2001年版。
⑦ 皮明庥、冯天瑜等编：《武汉近代（辛亥革命前）经济史料》，武汉地方志编纂办公室印行，未标出版时间。但据了解时间在1980年代初。
⑧ 吴剑杰主编：《湖北咨议局文献资料汇编》，武汉大学出版社1991年版。
⑨ 辛亥革命武昌起义纪念馆、政协湖北省委员会文史资料委员会合编：《湖北军政府文献资料汇编》，武汉大学出版社1986年版。
⑩ 皮明庥、李权时主编：《武汉通览》，武汉出版社1988年版。

文史资料文库》收集了一些有关汉口市政的回忆性和研究性的文章。①《武汉历史地图集》中的一些地图,则是一部能够直观反映近代汉口市政建设状况的图籍资料,为我们评估近代汉口市政提供了必要的参考。②

《武汉史料篇名索引》③《武汉历史研究论著目录》④《武汉志参考资料草目》⑤ 为我们检索近代汉口市政方面的部分文章和著作提供了方便。

6. 与近代汉口市政研究相关的通俗性作品

20世纪90年代末以来,出现了一些值得一读的与汉口市政研究相关的成果,那就是通俗性文史作品和图影作品。《老武汉:永远的浪漫》⑥ 和《汉口的沧桑往事》⑦,这两部作品不是一般的文学读物,而是两部以文学的手法生动透视武汉近代史的雅俗共赏的佳作,其中就不乏近代汉口市政方面的内容。《大武汉旧影》⑧ 和《武汉旧影》⑨ 则以图文并茂的形式展现了近代汉口市政建设和市容变迁的历程。《武汉史话丛书》⑩《武汉旧日风情》⑪《武汉掌故》⑫《武汉地名丛谈》⑬《城市

---

① 政协武汉市委员会文史学习委员会编:《武汉文史资料文库》,武汉出版社1999年版。
② 武汉历史地图集编纂委员会编:《武汉历史地图集》,中国地图出版社1998年版。
③ 韩兆海主编:《武汉史料篇名索引》,湖北辞书出版社2003年版。
④ 宋传银编著:《武汉历史研究论著目录》,武汉出版社2014年版。
⑤ 武汉地方志编纂委员会办公室、武汉图书馆藏合编:《武汉志参考资料草目》,1983年内部编印。
⑥ 池莉著文、中国第二历史档案馆、武汉档案馆供稿:《老武汉:永远的浪漫》,江苏美术出版社1999年版。
⑦ 方方:《汉口的沧桑往事》,湖北人民出版社2004年版。
⑧ 武汉档案馆编:《大武汉旧影》,湖北人民出版社1999年版。
⑨ 武汉档案馆、武汉市博物馆:《武汉旧影》,人民美术出版社1999年版。
⑩ 涂文学主编:《武汉史话丛书》,武汉出版社2003年版。
⑪ 方明、陈章华编:《武汉旧日风情》,长江文艺出版社1992年版。
⑫ 肖志华、严昌洪主编:《武汉掌故》,武汉出版社2000年版。
⑬ 徐明庭等:《武汉地名丛谈》,中国档案出版社2004年版。

记忆——记者镜头里的武汉》①　《国际视野下的大武汉影像（1838—1938）》②，均为可读性较强的有关近代汉口市政著述。

（六）近代汉口市政研究的总体评价

总的来看，近代汉口市政研究既取得了显著的进步，同时也存在十分明显的缺憾。具体而言，可以归纳为以下几点：

第一，在历史观方面，已经突破了线性的革命史观，近现代化史观成为主流。

第二，在理论方法方面，除了运用城市史的理论方法外，逐渐运用近现代化理论、国家—社会互动理论、公共领域理论、市民社会理论，运用跨学科的研究方法，如城市学、市政管理学、社会学、法学等学科的方法，还有比较的方法，诸多研究成果因之突破了方志型和传统地方史式的研究模式。

从国内方面的研究成果来看，跨学科的方法运用得越来越多，也越来越好，但是在理论上多受欧美城市史学研究的影响，没有很好地实现理论上的本土化。如：运用近代化理论，在形式上摆脱了革命史观一样的线性模式，但是在论述时还停留在线性的现代化层面，模式化，对城市社会本身缺乏深度的解析。而国外的研究——主要是罗威廉的研究，则不仅将汉口置于西方城市史学的理论框架之下，并视汉口为中国城市的特例，将汉口的发展情形比附于西方城市的发展情形，其论证实则隐含和预设了这样的逻辑前提，即在汉口城市公共领域扩张的过程中，官府（国家）对城市的控制能力与民间（社会）力量之间是一种相互博弈式的此消彼长的关系，城市自治有时是不需要权威（尤其是法律）认可的，从而在根本上脱离了中国城市社会控制的实际。所以，罗威廉的研究，尽管展示了湖北新政前的近代汉口市政乃至整个城市社会发展演进的丰富图景，并大大拓深、拓宽了汉口城市史的研究，却难以使中国的

---

① 韩少林主编：《城市记忆——记者镜头里的武汉》，武汉出版社2005年版。
② 冯天瑜、陈勇编：《国际视野下的大武汉影像（1838—1938）》，人民出版社2017年版。

第一章 引论

学者信服，甚至连美国学者魏斐德也禁不住发出强烈的批评之声。①

第三，就研究的具体内容而言，在诸多方面存在着欠缺。

就近代汉口市政主体的研究而言，既有的研究对近代汉口市政主体的解析还很不充分：一方面，对于有的时段（如民初、沦陷时期）的官方市政机构的研究很是欠缺——这显然不利于该时段官办市政研究的展开。另一方面，虽然近年来也比较注意对于非官方主体在近代汉口市政建设和管理中所起的作用，但是关注的对象主要局限于少数社团——商会、善堂、街区性自治组织及其联合会，且很少将参与市政的其他性质的社团或民间组织纳入市政研究的视野，因而对于近代汉口民间市政参与的基本模式和整体特色缺少探究；同时，对于这些参与市政的主要社团组织的演变缺乏贯通性考察，对其各自参与的特点缺少探究，对于各组织之间的关联性也缺乏探讨，从而使本来丰富多彩的近代汉口民间市政参与，在研究内容上平面化，在研究形式上模式化，民间组织在近代汉口市政发展中的作用因之未能得到合理展示，进而影响了近代汉口市政发展进程的合理展示、近代汉口市政发展进程中国家与社会关系的总体特点的揭示，也制约了近代汉口市政体制研究及近代汉口市政转型研究的深入展开。

就研究的时段而言，有关晚清汉口市政的研究不少，但有关湖北新政时期的汉口市政研究，多系于人物——张之洞研究之中，缺少宏观审视，同时，在一些方面有待深入。对于后张之洞时代的汉口市政研究则很不够。对于民初、沦陷期、民国末期市政的研究也需要加强。因此，在近代汉口市政的贯通性和宏观把握方面，我们还有大量的研究要做。

就研究的区域而言，有关汉口租界市政的研究，自《近代武汉城市史》面世以后，虽然产生了《汉口租界志》这样的大部头编研成果和其他个别著作及少量论文，但是在研究内容上有很多重复，在研究深度上鲜有实质性的进展。随着近代汉口华界市政研究的逐渐深入，租界

---

① 《清末与近代中国的公民社会》，载梁禾主编《魏斐德〈讲述中国历史〉》下卷，东方出版社 2008 年版。

区市政研究的在广度和深度上均有待拓展。

就研究的领域而言，在以下方面需要加强或开拓：

其一，对于近代汉口市政体制的演进需要进行梳理。

其二，对民国时期重要人物对近代汉口市政的影响研究不够。如孙科、蒋介石、宋子文、吴国桢等重量级的政要，他们的言行、决策等均曾影响过汉口市政，但很少有人关注他们与近代汉口市政的关系，或者关注的还很不够。

其三，对于影响汉口市政发展的国内国际重大事件（如：辛亥革命、四国银行团的产生与发展、国民义务劳动运动、新生活运动等），重要政策（如：废除厘金、中央政府限制地方政府借外债等），研究很不够。这说明，我们研究的视野需要进一步开阔。我们朝着跳出汉口来研究汉口的目标做出过艰苦的努力，但我们还要付出更多的努力。

其四，在资料方面，有分量的编研成果不多，对于档案、实物等方面的资料发掘和利用远远不够，对报刊资料的发掘亦存在很大空间，对外文资料的发掘利用十分欠缺，这种状况对于深入开拓近代汉口市政研究十分不利。例如，有关汉口租界的资料很多是英文、日文、法文等，它们分散在国内外档案馆、图书馆中，有待发掘。其中，日本方面曾经为了收集有关汉口城市诸方面的情报而保留了大量有关汉口市政方面的资料。但是，到目前为止，我们发掘得还很不够，使用得不多。

其五，在国内外学术互动方面，国内学者研究对国外学者的研究回应不够。目前，国内对于罗威廉有关近代汉口市政研究论说的公开回应，基本上停留在逻辑层面。然而，逻辑层面的雄辩不能替代实证层面的论析。要积极回应国外相关研究成果，我们不仅应该在理论上进行宏观审视，还应该将历史的考察与逻辑的辨析相结合。只有秉持这样的学术理念，我们才有可能逐渐实现近代汉口市政史研究乃至中国城市史研究的本土化。

此外，研究近代汉口市政的专著尚只凤毛麟角，近代汉口市政通史尚付阙如，有分量的专论文章并不算多。

当然，换一个角度讲，近代汉口市政研究仍然存有很大的开拓空间。

四　研究思路

基于前面相关论述，笔者确定本书研究的主要内容为以下四个方面：

其一，近代汉口官办市政的演进，包括：官办市政的背景；官办市政主体、市政体制的变化；不同时段官办市政建设和管理的其他重要方面、重大问题及其关联性；官办市政对商办市政的影响；各阶段官办市政的地位、特点评估。其二，近代汉口民办市政的演进，包括：以商人为主体的民间市政力量的发展演变；商办市政的类型及其主要市政活动；商办市政与市政体制变革之间的关系；制约商人自治转化为城市自治的因素；不同时段民办市政的历史地位评价。其三，官办市政和商办市政对近代汉口城市环境、经济乃至城市社会变迁、社会转型诸方面的影响。其四，近代汉口各阶段市政发展与城市自治之间的关系。

鉴于既有的研究对近代不同时期的汉口市政着力很不均衡——晚清段研究仍欠深入，民初段十分薄弱，而民国中后期至20世纪二三十年代官办市政研究比较成熟但商办市政研究欠缺，本书将重点着力于清末民初汉口市政，尽可能深化已有研究方面，弥补研究欠缺；对于民国中后期汉口市政，则主要通过论述市政府市政主导权的确立，商人社团组织的重组及其市政角色的转换，对汉口市政体制的变化进行探讨。尽管租界市政也是近代汉口市政的重要组成部分，沦陷时期及民国末期的汉口市政，也是近代汉口市政史上不可忽视的两个阶段，而且需要探讨之处甚多，但因限于学力、资料和精力诸方面的原因，笔者当下只能量力而行。缺憾之处，只有在日后的研究中尽量予以弥补。

本书研究在总体取向上将特别注意以下几点：

第一，将国家与社会、官与民置于相对位（而不是对立或对等）

和互动的地位，采取双线并进的形式，对近代汉口官办市政与民办（商办）市政的演进进行纵向动态考察。近代汉口市政是处于前近代市政向近代市政转型的阶段，在转型过程中，官办市政处于显要地位，而民办市政是近代汉口市政的另一半，两者休戚相关。故本书对于近代汉口官民两个方面市政的考察兼顾两边，关注互动，以便更好地权衡它们各自的作用，动态地考察近代汉口市政。

第二，关注商办市政的发展演变及其作用。近代汉口市政发展演进的核心内容是市政体制的民主化，而民众的市政参与（包括主办、承办和协办等形式）是衡量市政体制民主化的重要指标，因此，探讨近代汉口市政体制的演进，理应探讨民众的市政作为。但既有研究总体说来对近代汉口官办市政研究较深入，而对湖北新政之后民办市政的研究停留在比较表浅的层次，对民办市政团体尤其缺乏细化研析，对民众的市政参与问题自然难以深入。这种研究上的严重不对称，使本应内容丰富多彩的近代汉口市政单薄化、片面化，其演进历程得不到充分合理的展现。商办市政是近代汉口民众参与市政的最重要形式，着力探讨商办市政的发展演变及其作用，对于进一步深入研究近代汉口市政研究是必不可少的。

第三，注意考察近代汉口市政演进所产生的综合效应。市政建设和管理牵涉面很广，与城市社会、环境、经济、文化诸方面息息相关，近代汉口市政的展开既受制于这些方面，又深刻地改变或影响着这些方面。笔者期待对近代汉口市政演进所产生的综合效应的考察，能够较好地促进近代汉口市政及城市社会变迁、社会转型的研究深入。

第四，将近代汉口市政建设置于近代中国政治、经济、军事、外交的大环境中进行研究，寻找近代汉口市政建设小环境与近代中国大环境间的关联。

第五，对近代汉口市政在不同时期市政得失或发展特点的分析总结。

笔者希望通过对近代汉口市政发展历程的考察，能对以下问题的解决有所帮助：

第一，近代汉口市政发展与城市自治的关系问题。在近代汉口市政发展过程中，官办市政与民办市政、国家与社会是如何互动的？从市政体制上讲，近代汉口市政发展有没有像罗威廉所说的那样超越中外城市发展的常轨——可以不经过权威认可就实现城市自治，以及最终是否实现了城市自治？在近代汉口市政发展的过程中，民间的市政主导及市政府主导市政与城市自治之间关系如何？笔者试图回答或解决这样的问题，既是试图对国外汉口城市史的相关研究予以回应，同时也是尝试以个案城市市政史研究的形式，对民国时期以来中国学术界有关历史时期中国市政与城市自治之间的关系问题，作一个历史性的回应，或将有助于揭示近代汉口的城市个性及其与中国其他城市的共性。

第二，近代汉口市政发展与城市兴衰之间的关系问题。

第三，从市政的角度展示出近代汉口城市社会变迁的一些侧面，揭示出近代汉口市政发展与城市社会转型之间的关系。

由于市政涉及的众多学科，诸如城市史学、市政管理学、历史地理学、法学、经济学、政治学、社会学、城市生态学、城市规划学等，这决定了市政研究必须进行跨学科，故本书对于近代汉口市政的研究立足于汉口城市史，着眼于近代汉口城市社会的转型和城市文明的进步，论证时以实证的方法为主，并尽可能运用跨学科研究的方法及比较等方法。

第二章

湖北新政前的汉口市政

1861年开埠通商给汉口城市现代化带来了历史契机，但开埠之初的汉口在整体上多少显得有些迟钝，它在其后的20余年里，虽然在商业方面有了较快的发展，但华界市政的现代化几乎还没有迈开步子。直至1889年年底，一位勇于任事、热心新政、试图在地方大展宏图的封疆大吏——张之洞的到来，近代汉口的城市命运才由此出现了新的转机。张之洞督鄂之后，在湖北大刀阔斧地实施新政，汉口市政的现代化才全面展开。因此，从近代汉口市政发展的历史进程来看，张之洞督鄂可以看作清代或近代汉口市政由古典向现代全面转进的界标。不过，在论述湖北新政时期汉口市政主体演变及市政模式转换之前，我们有必要了解张之洞督鄂之前汉口城市社会的发展情况及市政状况。

一 湖北新政前汉口的商业化与城市化

两宋以后，商业化市镇的不断发展成为中国城市化进程中的主旋律，明清时期的汉口成为它那个时代商业化市镇的代表，汉口城市发展所显示出的特征，也正是它那个时代城市发展的显著特征——商业化及"商业化所产生的城市化"[①]。

[①] ［美］施坚雅：《中华帝国晚期的城市》，叶光庭等译，陈桥驿校，中华书局2000年版，第27页。

第二章 湖北新政前的汉口市政

明清时期的汉口，是一个典型的商业城市。它以其商业之盛，忝列"天下四大聚"之首①，被誉为"九州名镇"②"天下四大名镇"③，成为那个时代商业城市的重要代表之一。明宪宗成化（1464—1487）年间，汉水改道，汉口由是逐渐发展为商贸之区。天启崇祯之际，汉口商业渐趋繁盛。

由于水上交通便利，清初汉口成为淮盐分销口岸，汉口的商业从明末丧乱中得以较快恢复，成为众多商品的集散中心和发达的内陆转运贸易口岸。乾隆初年，汉口已是"居民填溢，商贾辐辏"，推为"楚中第一繁盛"④。及至嘉道年间，汉口更呈现出一派商业巨镇的繁荣景象，"人烟数十里，贾户数千家，鹾商典库，咸数十处，千樯万舶之所归，宝货齐珍之所聚"⑤。咸丰年间，"百货山积，万商云辏"⑥，繁盛不减既往。

开埠（1861年）以后的汉口，从其1867—1889年间在中国对外贸易中所占的比重来看，商业在总体上呈现出一派蒸蒸日上的发展态势。在1867年、1868年、1869年这3年，汉口直接对外贸易额分别占全国进出口总额的0.41%、0.89%、0.83%，在全国四大商埠（其他3个为上海、天津、广州）中，位列第4。从1870—1889年，汉口直接对外贸易额占全国进出口总额的比重，最低为1.69%（1870年），最高为5.32%（1885年），在全国的排位除了1875年、1887—1889年这4年仍为第4外，其他年份均位列第3。而1865—1889年间汉口间接对外贸易额，则占四大商埠总份额的21.71%—30.79%，基

---

① 刘献廷：《广阳杂记》（中华书局1957年版）卷4载："天下四大聚，北则京师，南则佛山，东则苏州，西则汉口。"（见该书第193页）
② 范锴著，江浦等校释：《汉口丛谈校释》，湖北人民出版社1999年版，第138页。
③ 天下四大镇即河南朱仙镇、江西景德镇、广东佛山镇、湖北汉口镇，见王葆心著，陈志平等校点：《续汉口丛谈 再续汉口丛谈》，湖北人民出版社2002年版，第5页。
④ 乾隆《大清一统志》，转引自王葆心著，陈志平等校点《续汉口丛谈 再续汉口丛谈》，湖北人民出版社2002年版，第15页。
⑤ 范锴著，江浦等校释：《汉口丛谈校释》，湖北人民出版社1999年版，第138页。
⑥ 王葆心著，陈志平等校点：《续汉口丛谈 再续汉口丛谈》，湖北人民出版社2002年版，第64页。

本上位列第2，仅次于上海。① 稳居中国城市商贸前列的突出地位，从一个侧面反映了汉口的商业化水平。

汉口自明代孝宗弘治（1487—1505年）时起，整个街区就划分为4坊，由西向东分别为居仁坊、由义坊、循礼坊、大智坊。4坊又分为上、下两路，居仁、由义二坊为上路，自艾家嘴至金庭公店，属仁义司汛地。循礼、大智二坊为下路，自金庭公店下至额公祠，属礼智司汛地。② 自西向东看，汉口市区的整体形状很像一把扫帚，故叶调元《汉口竹枝词》云："上街路少下街稠，卧帚一枝水面浮。扫得财来旋归去，几人骑鹤上扬州。"又云："四坊为界市廛稠，生意都为获利谋。只为工商帮口异，强分上下八码头。"叶氏还自注曰："自桥口（即今硚口）至金庭公店，立居仁、由义二坊，属仁义司。自此以下至茶庵，立循礼、大智二坊，属礼智司。银钱、典当、铜铅、油烛、绸缎布匹、杂货、药材、纸张位上八行头，齐行敬神在沈家庙；手艺作坊为下八行头，齐行敬神在三义殿。"坊只不过是划分整个汉口市街的管理单位，对于汉口而言，坊就是市。这种依顺自然形势依次划分整个市街并进行市场管理的方式，一方面反映出明清时期汉口市场自然生成发展的特点；另一方面也说明汉口早已是一个高度商业化的城市。

商业人口在城市居民中所占的比例，商民主与客的比例，以及城市生活中浓厚的商业气息，同样反映出湖北新政之前汉口城市的高度商业化。生活在清雍乾之际的文人徐志有诗云："石填街道土填坡，八码头临一带河，瓦屋竹楼千万户，本乡人少异乡多"，道出汉口商民客多土少的特点。叶调元《汉口竹枝词》所述汉口上路居民的情况，则更为明确地反映了嘉道时期汉口居民客多土少、商人居多的情形："茶庵直上通桥口，后市前街屋似鳞。此地从来无土著，九分商贾一分民。"③

---

① 参见武汉地方志编纂委员会主编：《武汉市志·对外贸易志》，武汉大学出版社1996年版，第86—87、94—95页。
② 范锴著，江浦等校释：《汉口丛谈校释》，湖北人民出版社1999年版，第37—38、138页。王葆心著，陈志平等点校：《续汉口丛谈　再续汉口丛谈》，湖北人民出版社2002年版，第26页。
③ 徐明庭辑校：《武汉竹枝词》，湖北人民出版社1999年版，第4、30页。

晚清张之洞曾上奏说，"汉口之商，外省人多，本省人少"①，也反映出汉口商人客多土少的特点。

与商民土少客多相应的是，汉口的会馆、公所日益增多。汉口的会馆、公所出现于明末清初。清中叶以后，汉口的客商商业行帮，纷纷兴建公馆、会所。②乾隆初年，汉口"盐、当、米、木、花布、药材六行最大，各省会馆亦多，商有商总，客有客长，皆能经营各行各省之事"。③至嘉道时期，汉口依然商帮众多，会馆如林，其中以江浙帮的绍兴会馆和江西帮的万寿宫最气派，"一镇商人各省通，各帮会馆竞豪雄。石梁透白阳明院，瓷瓦描青万寿宫"（阳明院即绍兴会馆，万寿宫即江西帮的会馆）④。江汉关《海关十年报告》（1882—1891）这样记述汉口的会馆说："在汉口，多达十一个省在这里设有会馆，这些省份是湖南、陕西、山西、浙江、江苏、江西、河南、广东、福建、安徽。其中一些省如安徽、广东、江西的会馆都超过了三个，山西和陕西两省只有一个。"⑤而据民国《夏口县志》载，清代自顺治至民国年间，未详创设年代的会馆和公所56所，而有确切创设年代的或知道大致创设时代的达123所，其中光绪十五年（1889）之前创设的达80余所，光绪十五年以后创设的约40所。⑥商业行帮以及公所、公馆等商业组织的广泛存在及对外广泛的商业联系，从另一个方面反映了清代汉口城市商业化的高水平。

商民众多的汉口，其城市生活也富有浓厚的商业气息。有关这方面

---

① 《汉口试办商务局酌议办法折》，苑书义等主编：《张之洞全集》，河北人民出版社1998年版，总第1329页。

② 张建民、周荣：《汉口近代前夜的社会保障》，载冯天瑜、陈锋主编《武汉现代化进程研究》，武汉大学出版社2002年版，第29页。

③ 晏斯盛：《请设商社疏》，载贺长龄、魏源等编《皇朝经世文编》卷40"户政"15，中华书局1992年版，第991页。

④ 徐明庭辑校：《武汉竹枝词》，湖北人民出版社1999年版，第35页。

⑤ [英]穆和德：《海关十年报告——汉口江汉关（1882—1931）》，李策译，香港天马图书有限公司1993年版，第27页。原文记述11个省，实际只列举了10个省。

⑥ 《各会馆公所》，侯祖畲修、吕寅东纂：《夏口县志》，民国九年（1920）刻本，卷五"建置志"，第31—33页。

的情形，叶调元《汉口竹枝词》反映得淋漓尽致。满街充斥着琳琅满目来自各地的商品，"京苏洋广巧妆排，错彩排金色色佳，夹道高檐相对出，整齐第一是新街"。夜市兴隆，人们享受着夜生活，"十月初交夜市开，游人簇拥一条街"（注曰："冬令三月，大街夜市灯光夺目，列货如山"，"无数茶坊列市阛，早晨开店深夜关。粗茶莫怪人争嗑，半是丝弦半局班"）。① 钱业异常兴盛，嘉道年间钱店达百余家，商家们往往不惜为蝇头小利而锱铢必较，"银钱生意一毫争，钱店尤居虮子名"，如此等等，无不洋溢着商业气息。

高度商业化导致汉口居住人口的高度集中。在文人的眼中，汉口"人烟数十里，贾户数千家"②"瓦屋竹楼千万户""四坊为界市廛稠""后市前街屋似鳞""华居陋室密如林"③，是市场繁荣而人居密集的诸般景象。在学者笔下，汉口"廛市鳞集，惟限于地势，凡细民无力居肆者，咸于肆旁设摊交易，不下千余家，由来已久"④。由于居室市廛过于密集，行人在汉口街市中每每迷失了路向，居室市宅因之缺少日照而显得阴暗。⑤ 这繁华之中不无遗憾的生活镜像，都极为生动地反映出汉口当时的商业繁荣与人口高度集中。

据地方志记载，乾隆年间，汉口仁义巡检辖区居民14189户，47732名；礼智巡检辖区居民18020户，51649人，全镇共计32219户，99381人。⑥ 至张之洞督鄂前夕的光绪十四年（1888），保甲册载汉口户数为26685户，人口为180908人。⑦ 研究者普遍认为这个数字是有误

---

① 徐明庭辑校：《武汉竹枝词》，湖北人民出版社1999年版，第38—39、55、82页。
② 范锴著，江浦等校释：《汉口丛谈校释》，湖北人民出版社1999年版，第138页。
③ 徐明庭辑校：《武汉竹枝词》，湖北人民出版社1999年版，第30、4、32页。
④ 王葆心著，陈志平等点校：《续汉口丛谈 再续汉口丛谈》，湖北人民出版社2002年版，第95页。
⑤ 徐明庭辑校：《武汉竹枝词》，湖北人民出版社1999年版，第31页。
⑥ 《保甲烟民丁口》，（清）陶士偰、刘湘煃纂：乾隆《汉阳县志》，《湖北省府县志辑》①，江苏古籍出版社2001年版，第264页。
⑦ （清）濮文昶修、张行简纂：《汉阳县识》，光绪十年（1884）刻本，卷一"地理略"，第15页。亦见侯祖畲修、吕寅东纂《夏口县志》，民国九年（1920）刻本，卷三"丁赋志"，第1页。

第二章 湖北新政前的汉口市政

的，它与汉口实际人口数量可能相差悬殊。有的学者认为，当时汉口的人口远远超过了这个数字，已达到 60 万、70 万。① 有的学者认为，汉口在 19 世纪初人口就已接近 100 万，其依据的是西方人士的观察而不是实际统计，显然有夸大之嫌。② 总之，明清时期的汉口——这个直到清末甚至民国时期一直被屈称为"镇"的城市，其人户数量不仅远远超过两宋时期市镇最多不过数千户的水平，就是与同时代的被列为"城"的城市相比，也堪称一个大城市了。

"廿里长街八码头，陆多车轿水多舟。"③ 方便的水陆交通和众多的水陆交通工具，为城市人口的快速流动准备了条件。而"九州名镇"日益增强的经济吸附力，则成为城市人口加速流动的驱动力，商业城市的富庶吸引了外地人口不断流入汉口，使汉口成为一个人口流动频繁的城市。除了为生意奔忙而必须在汉口出出进进的大大小小的商人之外，棚户与难民应当是在汉口出入最频繁的人群。每当发生水旱灾害的时候，汉口便成为众多灾民和流民的流栖之所。顺治十五年（1658）大水后，"潜、沔、景、川难民移往甚众，奉上编入户口，名'外五甲'"。④《续汉口丛谈》载曰："自（道光）二十九年九月始，筹捐收养江汉等处被水棚民。棚民者，皆江汉上游灾民流入武汉，以芦棚栖止，沿江汉两岸者，尔后习以为常。每秋冬后，棚民罔不充塞省会汉市矣。"⑤ 1889 年秋汉口大水后，很多商人侨迁上海。处于半饥饿状态的难民潮水般涌入⑥，"难民就赈者，咸集于汉口"⑦。城市棚户与难民的

---

① 任放：《明清长江中游市镇经济研究》，武汉大学出版社 2003 年版，第 332 页。
② [美] 罗威廉：《汉口：一个中国城市的商业和社会（1796—1889）》，江溶、鲁西奇译，彭雨新、鲁西奇校，中国人民大学出版社 2005 年版，第 50 页。
③ 徐明庭辑校：《武汉竹枝词》，湖北人民出版社 1999 年版，第 28 页。
④ 《地舆志·汉阳县》，(清) 陶士偰、刘湘煃纂：乾隆《汉阳县志》，《湖北省府县志辑》①，江苏古籍出版社 2001 年版，第 128 页。
⑤ 王葆心著，陈志平等点校：《续汉口丛谈 再续汉口丛谈》，湖北人民出版社 2002 年版，第 52 页。
⑥ [英] 穆和德：《海关十年报告——汉口江汉关（1882—1931）》，李策译，香港天马图书有限公司 1993 年版，第 18 页。
⑦ 《蓬厂失火》，《申报》1890 年 2 月 8 日第 2 版。

存在，是城市化过程中普遍存在的现象，它既是汉口城市化的伴生物，也是汉口城市化的一个突出表征。

城市社会学认为，土地价格能够反映出人口流动的状况，因而可以作为衡量人口流动的最敏锐的指标之一。① 清代汉口地价总体上来说是渐趋高昂的。乾隆年间，"汉镇人烟稠密，地基价贵，多构楼居。小民租赁以为栖止，单瓦楼房一间一岁可得租价数金"②。嘉道时期，汉口已是"华居陋室密如林，寸地相传值寸金"③。到了清末，小商小贩因无钱租屋而不得不退而求其次，将就着在别人的店铺旁设摊做生意了。④

穆和德的江汉关海关报告记述了19世纪60年代至张之洞督鄂之初汉口华界地价变动的情形：

> 从中国人的观点看，汉口正稳步地发展成为一个巨大的商业都会。老城厢的土地越来越昂贵。太平天国失败后，土地购买十分容易且价格便宜，以后价格不断上升，中国人确信，现在汉口的地价已经达到了反叛（指太平天国）以前的水平。城区人口毫无疑问在增加，但在这方面还没有得到可靠的资料。人口的构成、特征及其职业没有什么太大的变化。总督区工厂的兴办，为城区市民开辟了新的就业门路，也为吸引外省有才学之士提供了重要手段。⑤

这从一个侧面反映出，在张之洞督鄂之前，导致汉口城市人口的流动主要原因，不是工业化，而是商业化。

清代汉口商业化水平不断提高，居住人口趋向高度集中，人口流动

---

① [美] R.E. 帕克等：《城市社会学》，宋峻岭等译，华夏出版社1987年版，第61页。
② 《地舆志·汉阳县》，（清）陶士僙、刘湘焜纂：乾隆《汉阳县志》，《湖北省府县志辑》①，江苏古籍出版社2001年版，第165页。
③ 徐明庭辑校：《武汉竹枝词》，湖北人民出版社1999年版，第31页。
④ 王葆心著，陈志平等点校：《续汉口丛谈 再续汉口丛谈》，湖北人民出版社2002年版，第95页。
⑤ [英] 穆和德：《海关十年报告——汉口江汉关（1882—1931）》，李策译，香港天马图书有限公司1993年版，第16页。

第二章　湖北新政前的汉口市政

速率日益加快，城区地价日益高昂，说明高度商业化推动着汉口城市化的快速发展。

随着开埠和沿江租界的建立，汉口商业化和城市化的进程进一步加快，这给配套性基础设施建设和市政管理提出了新的要求。那么，在张之洞督鄂之前，汉口市政建设的具体情形到底是怎样？市政管理又达到了怎样的水平呢？对于这两个问题，美国学者罗威廉已经进行过见解独到的论述。

二　罗威廉的"19世纪汉口城市自治说"

罗威廉在《汉口：一个中国城市的商业和社会（1796—1889）》一书中，对19世纪尤其是湖北新政实施以前汉口城市的商业与行会，进行了深入的探讨，认为"最具近代性的变化进程在19世纪的汉口也已开始起步"，"明确的城市意识兴起，自我觉醒的阶级差别出现，经济领域中商人集体自治不断增加"，"商人自治全面取代了政府在汉口商业领域的控制"，并且这种集体自治由经济领域向经济以外的领域扩展，商人在非经济事务方面越来越多地承担起官方或半官方性质的责任，譬如说消防、道路建设、治安、福利、教育等。19世纪汉口城市社会组织发展，其结果是汉口"形成了一个以行会为中心的、实质层面上的市政管理机构，它在1911年的这种危机中得到了全面的发展"，"一个实质层面上的自治已经出现，它拥有了真正的权力"，这是汉口这个"中国城市的本土化发展达到最高水平的地方"其社会内部生长的结果，这也表明"19世纪的中国已出现实质上的城市自治"。19世纪汉口城市社会由内在发展因素而不是外来因素与外在的干预所带来的这些变化，在紧接其后的社会变动中起着决定性作用，最终导致它直接进入19世纪90年代的工业革命和1911年的政治革命，成为中国工业革命与政治革命的全国性领袖。[①]

---

① 见罗威廉该著之绪论、第9章、第10章、结语及相关章节。

罗威廉在其另一著作《汉口：一个中国的城市冲突和社区（1796—1895）》中，深入阐述了汉口的善堂、水龙局等民间慈善、公益组织的发展演变，还探讨了它们所发挥的社会功能，诸如参与或主导了汉口城市消防、道路建设、治安、社会福利、公共渡口等公益活动或市政改良活动，认为"在19世纪的汉口，可以清楚地看出，城市服务与社会福利领域，也可以说是非官方的'市民'或'公共'领域，正在逐步扩展"；"城市社会能动主义的范围一直在不断扩展。起初是以诸如水龙局、善堂之类的街区或亚社区为基础的项目，随着时间的推移，逐渐出现了全城范围内系统性的综合项目"；在社会能动主义兴起的过程中，形成了"大众福利领域中全城范围内的社会自治体系"，"中央政府所起的作用实际上是间接的"。这样的论述，进一步论证了有关汉口已经实现了城市自治的观点。

罗威廉对19世纪汉口城市社会组织——行会、善堂发展演变的深入考察，揭示了19世纪汉口城市社会发展与清末商人组织之间的关联性。其有关商业社会的发展对汉口城市管理体制影响的论证，对于我们进一步考察清末民初汉口城市管理体制的发展变化、国家与汉口城市社会关系的演变以及近代汉口市政模式的演变，都极具启发意义。

罗威廉的论述侧重从民间社会发育的角度，揭示了作为中国内陆城市的汉口，其内部社会组织的发展对城市社会发展进程所产生的影响，并认为19世纪汉口就已经出现了城市自治。对于他的这一观点，我们可以称为"19世纪汉口城市自治说"。

不过，笔者认为，罗威廉的观点值得商榷，也有进一步讨论的价值。19世纪汉口城市社会的发展进程，不过是历史时期汉口城市社会发展整体进程中的一个阶段，它甚至在很大程度上是我们探讨汉口城市社会由传统向近代转型的逻辑起点，如何准确地定位19世纪汉口城市社会发展的水平，实际上是一个关系到我们如何定位此后汉口城市社会发展进程的一个必须解决的关键性问题，也是一个关乎中国城市的个性与共性的问题，即汉口究竟是中国城市发展中的一个例外？抑或不过是在中国城市发展大方向上的一个有着独特个性的城市个体。为此，我们有必要分别考察张之洞督鄂以前汉口官办市政和民办市政具体情形，尤其是要考察官方到底是如何作用于汉口市政的：国家在城市社会诸多方面所起的作用，是否真如罗威廉所言的那样是一种"间接领导作用"？当然，也应探讨19世纪民办市政的积极展开，是否真的意味着汉口达到城市自治的高度？

三　湖北新政前的官办市政

在探讨湖北新政前汉口官办市政的具体情形之前，我们有必要对官方在汉口派设的行政机构进行一番梳理。

（一）官方行政机构的派设概况

汉口在阳夏分治、夏口厅建立（1899年）[①]以前，一直不是独立的行政区，而是汉阳县辖区的一部分。清廷出于控制税源重地和应付日益繁多的地方事务的需要，曾在阳夏分治以前不断地向这个享誉全国的商业城市派设官员。

清初沿袭明制，在汉口设巡检司1个。此后，汉阳府通判也一度由府城移驻汉口，又于雍正二年（1724）移归府城，再于同治年间移驻汉口。[②] 雍正五年（1727），在上路添设仁义司，改汉口巡检为礼智巡检。[③] 雍正八年（1730），增设水师外委千把总署和水师额外外委署。雍正十年（1732），汉阳府同知移驻汉口，就礼智巡检署改同知署。对于雍正年间汉口军、政员司的频频变动和添设，王葆心断言："此可见

[①] 关于夏口厅设置的时间，有的论著说是在1898年，误。有的论著则一面称设置的时间为1899年，一面又称是光绪二十五年奏准的，也存在问题，因为光绪二十五年对应为阳历，是跨1899年和1890年两个年份的。实际上张之洞奏请设置夏口厅的时间是光绪二十四年十二月初八日（见苑书义等主编《张之洞全集》，河北人民出版社1998年版，总第1333页），即阳历的1899年1月19日。

[②] 王葆心：《续汉口丛谈》卷1载："其通判一官，亦移汉口，旋于雍正二年移归府城。同治中，复移居仁坊倚堤后街。"见陈志平等点校《续汉口丛谈　再续汉口丛谈》，湖北人民出版社2002年版，第15页。

[③] 徐明庭辑校：《武汉竹枝词》，湖北人民出版社1999年版，第30页。

自雍正时市政繁剧,故设官因时而备也。"

乾隆三年(1738),将水师守备署移驻大智坊,并将武昌水师守备1员,千总1员,把总2员,经制兵281名归并汉阳营,移驻汉口,以资"巡缉警虞"。①

咸丰十一年(1861),汉口正式开埠通商。1862年1月1日,海关机构江汉关正式设立。②为了管理海关,又将汉黄德道移驻汉口,兼江汉关监督并兼理华洋交涉事务,以处理汉口开埠之后关税、外交方面的事务。故此后江汉关监督也称为江汉关道。

此外,政府还在汉口设有保甲局、官渡局、电报局、堡工局等官方、半官方行政管理机构。

上述所有驻设汉口的这些机构和官员,它(他)们共同管理着汉口,对汉口市政发展产生影响。

(二) 官办市政概况

在张之洞督鄂之前,各级地方政府对汉口市政的管理涉及方方面面,其中,以下几个方面尤其值得注意,即修理火政,严密冬防、管理路灯,赈灾恤民,筑城与防水,创设官渡,修筑街道。

1. 不断"修理火政"

在传统时代,政府对城市进行的消防管理,被称为"火政"。自周代以来,火政就一直是中国官办市政的最重要的内容之一。在张之洞督鄂以前,火政是汉口的官办市政中组织得最成熟、管理得最完备的一个方面。

由于火政直接关系到城市治安和社会稳定,故各级地方官一直都十分注重汉口的火政。每年天干物燥之时,就是官府强化汉口火政的时候。尤其是到每年冬天,他们就必定委派员属,谕令"修理火政",并

---

① 范锴著,江浦等校释:《汉口丛谈校释》,湖北人民出版社1999年版,第37页。
② 武汉地方志《汉口租界志》编纂委员会编纂、袁继成主编:《汉口租界志》,武汉出版社2003年版,第56页。

第二章　湖北新政前的汉口市政

对汉口火政执行的情况进行稽查。①

出于对城市治安的重视，各级官员采取各种措施预防汉口发生火灾：

以强制手段消除火灾隐患。如清初汉口四官殿发生火灾，省府大员布政使、按察使等，共同决定下令将茅草房改造成砖瓦屋，而改造事宜由汉阳知府、知县及汉口镇巡检等负责具体执行。②

设置消防水桶储水以备消防应急使用。如乾隆年间，官府曾在汉口的主要街道两旁设有消防水桶300多只。当它们被发现大部分并未储水的时候，巡抚陈宏谋下令，将旧水桶维修好并注满水，地方军事人员要经常性地检查水桶是否装满水。③ 直到同光年间，以消防水桶蓄水防火的制度还保留着。这些水桶"大者或容数十担，小者或容一、二担不等"，它们分别排列在街道上。不过，由于年深日久，雨淋日曝，到光绪初年已损毁严重。光绪五年（1879），汉口同治张藕芳特地为此刊出告示，要求"一律补置"。④ 此外，官府还支持民间建造消防用的太平池。在今天看来，这样原始的消防应急举措，其效率是十分有限的。但是，对于那时火灾频发、取水不易的汉口而言，却是预防火灾的必要之举。即使在先进的消防洋龙引进之后，消防水桶等传统消防设施，仍旧在汉口城市消防中发挥着作用，尤其是在那些洋龙难以进入的狭窄街巷。

重视对易燃易爆危险品的管理。如：由于鞭炮作坊多且经常引发火灾，光绪前期，汉阳府同知和汉阳知县多次发布告示，命令此类铺户一律迁往后街较为偏僻之地。这样的告示是经由"地方绅士议请"而发布的。1881年年初，汉阳知府、同知、知县见上年应绅士之请发布的禁令没有得到很好的执行，就再次颁布禁令，限令违章爆竹作坊一个月

---

① 《武汉丛谈》，《申报》1889年11月27日第2版。
② 范锴著，江浦等校释：《汉口丛谈校释》，湖北人民出版社1999年版，第94—96页。
③ 参见陈新立《清代汉口火灾研究》，武汉大学硕士学位论文2006年，第37页。
④ 《添设水桶》，《申报》1879年8月7日第2版。

内迁至后街宽敞处或僻静处。① 1882年汉阳府同知和汉阳知县甚至还召集四坊保甲，令各坊保甲通知各铺户，只许此类铺户在白日赶制鞭炮，掌灯后必须一律停工。② 1880年，汉阳知县命令汉口四坊保正督促居民拆除临街搭盖的如芦席、雨板、阴篷等易燃物。如不按规定执行，则处罚店主和保正。③ 江汉关道甚至还照会外国领事查禁洋商的违禁行为。

19世纪80年代之后，由于煤油（时称"火油"）越来越多地输入汉口市场，汉口储存煤油的油栈和以煤油照明的人户逐渐增多，这种情形对于火灾频发的汉口来说，无异于火上浇油，消防形势更为严峻。汉阳知县下令不准居民通宵燃用煤油灯。1881年冬，江汉关道何维键鉴于几起大火均因油栈失火引起，加之商家恳请，遂下令规定油栈应设在偏街僻巷里。④ 此后仍不乏应商家之请而发布此类禁令的情形。⑤ 穆和德的江汉关《海关十年报告》（1882—1901年）指出，鉴于1888年、1889年汉口、汉阳、武昌因使用煤油引起火灾，"很长一段时间当地官方发布一个又一个文告禁止使用煤油，但不久禁令又取消，进口再度回升"，但在这两个年份，恰恰是汉口进口煤油的低谷期。⑥ 这说明起码在这两年里，地方官的禁令实实在在地产生了效力。

不言而喻，官府通过行政强制和外交手段、控制汉口商品进口等手段在火灾防控领域发挥的调控功能，是民间消防组织所不可能具有的和替代的。

加强对火灾隐患重点场所的巡查。如：1877年秋，汉阳知县鉴于汉口两次失火，令示责成保甲、邻里认真稽查无人居住的空闲房屋，以防匪徒纵火；同时命令各鸦片烟馆必须在黄昏时分收灯歇业。⑦ 1880年

---

① 《预防火患》，《申报》1881年2月14日第2页。
② 《禁作夜工》，《申报》1882年2月28日第3页。
③ 《火灾叠见》，《申报》1880年11月5日第2页。
④ 《防灾请示》，《申报》1881年12月8日第2页。
⑤ 《禁囤火油示》，《申报》1887年1月30日第2页。
⑥ [英]穆和德：《海关十年报告——汉口江汉关（1882—1931）》，李策译，香港天马图书有限公司1993年版，第11页。
⑦ 《严防火患告示》，《申报》1877年11月30日第2、3页。

第二章 湖北新政前的汉口市政

冬防期间，堤口某烟馆馆主违令在深夜营业，结果官府稽查人员动用民间组织所未能具有的司法手段，将其当街笞责100大板。此举显系杀鸡给猴看，因为官方还申令所有酒馆、茶坊、妓院在冬防期间均必须遵守规定的营业时间。①

以上这些措施一定程度上起到防控汉口火灾的作用。

组织和参与汉口防火、灭火的官方力量，有救火兵及分驻武汉三镇的守军，还有各级文武官员与保甲。

我们虽未见有文献记载汉口驻有救火兵，但武昌的兵丁（包括救火兵和普通兵）肯定是参加过汉口救火的。1810年的一个夏夜，汉口发生大火，湖广总督汪志伊闻报后，于"黎明率兵弁飞辑渡江，指麾扑救"。汪志伊所率兵弁，可能既有救火兵，也有普通镇守兵，因为督抚衙门所在地的武昌是有官龙的。雍正六年（1728），朝廷下令各省督抚必须在省会备设消防灭火器具，令文武官员派定人役兵丁，遇有火警则齐集救火。② 1838年汉阳江口失火，湖广总督就曾派武昌"水龙"前往扑救。③

陈新立有关清代汉口火灾研究表明，保甲因必须依律参与防火救火而成为地方官赖以防火、救火的重要力量。对于防火，官府沿用宋明以来的火政十牌法，1保甲内10家派出1人，轮流在街巷巡逻，防止纵火，捕抓纵火匪徒。对于失火，火警发生后，地保必须鸣锣报警，以便官民参与救火；保甲闻警后，要不分畛域，及时组织甲内人员灭火。④

在民间水龙救火的时候，文武官员及兵丁还积极协助救火，维持火场秩序。1810年，湖广总督汪志伊由武昌带兵至汉口救火，鉴于有人趁火打劫，遂令示抢火者斩。结果，"奸民敛迹，且反从扑救"⑤。在

---

① 《严查街市》，《申报》1880年11月1日第2页。
② （清）乾隆敕纂：《清朝文献通考》卷180，"兵考"2，浙江古籍出版社1988年版，第6406页。
③ 范锴著，江浦等校释：《汉口丛谈校释》，湖北人民出版社1999年版，第39、277页。
④ 参见陈新立《清代汉口火灾研究》（武汉大学硕士学位论文2006年）之第二章"清代官府对汉口火灾的控制与救济"、第三章"清代汉口民众对火灾的控制与救济"。
⑤ 范锴著，江浦等校释：《汉口丛谈校释》，湖北人民出版社1999年版，第277页。

1887年的汉口一次火灾中，各善堂公所水龙接踵而至，开展救火，"本镇文武官员亦陆续驰到，分布巷口要路，俾资弹压"。① 此次弹压不可能只有文武官员独自分布路口维持秩序，兵丁肯定也在其中。1888年夏，鲍家巷失火，江汉关道、汉阳府同知及通判、汉口巡检及城头兵等陆续赶到火场维持秩序，防止抢火。②

此外，官府还会利用民间力量进行防火、救火。如：1883年秋，汉口同知与各善堂首士商定，水龙局水勇由官方调用查街防火，沿街喷洗降燥，官方给每名水勇酬劳费钱150文，所需经费由江汉关道处筹垫支付。③ 当时，查街水龙局共40家，每晚派5家巡查，8日1轮。④ 这是利用民间人力、物力防火。官方还利用民间的财力防火。如：将盐商的献金（也就是规费）发商生息，以其利息收益作为防火经费。

有的官员还捐廉设置水会，如湖北盐法道武震，鉴于"汉口市廛鳞次，素多火灾"，个人"捐廉设水会防之"⑤。但这样的水会在建立以后可能还是由民间来管理，也就是说，官员个人捐廉设置的水会，实际上也成为了官府利用民间力量进行防火、救火的一种形式。

综上所述，参与火政的官方力量，有军兵，包括救火兵与城防兵。有文武官员，上至总督、巡抚、提督、布政使、按察使等大员，下至道台、知府、同知、知县、巡检等中下级官员，他们都曾参与有关汉口的防火、救火工作。在这些官员中，汉阳知府、同知、知县乃至后来设置的江汉关道，在官方的消防管理中所起的作用最为突出。半官方性质的保甲也在官方的消防管理中起到不可小视的作用。此外，官方还利用民间消防力量防灾救灾。

官府在实施火政的过程中，广泛地运用公权力——利用中央政府颁

---

① 《火警类志》，《申报》1887年7月31日第1、2版。
② 《汉口火灾》，《申报》1888年6月30日第2版。
③ 《严密稽查》，《申报》1883年9月21日第2版。
④ 《武汉所闻》，《申报》1883年10月4日第2版。
⑤ 王葆心著、陈志平等点校：《续汉口丛谈　再续汉口丛谈》，湖北人民出版社2002年版，第283页。

布的消防律令，纠集保甲参与消防，发布地方性消防法规（多为禁令）、对外照会、动用军事力量，通过行政强制改造、拆迁建筑，稽查相关处所，以及动用司法手段惩处违章者等方式，预防火灾，维持火场秩序，消除火灾。尽管正规的消防救火力量——救火兵所起的作用有限，但是由于官府拥有颇具影响力的军、政资源，其对汉口城市消防的影响仍然是不可低估的。同时，官府颁布消防的禁令，因为有公权力的威慑，它们对于广大的城市居民起着或大或小的制约作用。这也正是士绅、商家出于保护身家利益及街区安全考虑，要求官府出示禁令的根本原因。而各种直接预防火灾的具体措施的出台及付诸实行，毫无疑问降低了城市火灾发生的频率。

官方在火政方面的所作所为，是当时汉口城市消防重要组成部分。因此，官方在汉口城市消防中的作用，绝不是像罗威廉所说的那样——"其实是可以忽略不计的"[1]，而是相当重要的；官方对整个城市消防所起的领导作用，不仅包括间接性的，还包括直接性的。

2. 组织冬防，管理路灯

与火政紧密相关的官办市政，是一年一度的冬季强化治安活动——冬防。"每岁冬，各宪必加委稽查，谕令修整栏栅，修理火政。"[2] 与此同时，路灯管理也随着冬防而强化。

1877年报载，"汉口为九省通衢，烟户稠密，宵小最易潜滋，故年例冬防，尤为严密。现闻宪谕各街市，宜逐段派勇轮流守夜；保甲支更，亦须格外认真；铺户出十家牌灯，挨次轮换。设有草木之警，即鸣锣齐心协捕"。汉阳知府还添派文委员2名，每夜稽察各段巡街兵勇值勤的情况，又派遣武委员2名，绿营兵12名，加强防控力量，并命令汉口所设各相关栅门全部关锁，非紧急事件不许擅自打开。知府与提督、江汉关道也不时出巡视察汉口。[3] 次年，官府向各段街道卡防分别

---

[1] ［美］罗威廉：《汉口：一个中国的城市冲突和社区（1796—1895）》，鲁西奇、罗杜芳译，马钊、萧致治审校，中国人民大学出版社2008年版，第197页。
[2] 《武汉丛谈》，《申报》1889年11月27日第2版。
[3] 《冬防严密》，《申报》1877年12月5日第1版。

派设巡查兵勇10人。① 显然，地方官在如临大敌般地实施冬防的过程中，除了派遣文武委员和绿营兵之外，也利用了基层保甲组织支更及负责路灯照明。这样的安排，与府、道、提这样的中高级官员的巡视一起表明：官方对此次例行性冬防是郑重其事、花了一番心思组织的。

1883年，汉阳同知张藕芳对于汉口冬防进行了一次全面的强化。此前，他出示要求商民自行集资在偏街小巷增修栅栏，添设更夫，结果未见执行。故此张藕芳再次下令，由各善堂绅首负责分段勘估，集资建修栅栏。为了动员"士商军民等"一起参与冬防，他再次申明冬防意在"查防奸宄，保卫闾阎"，居民不应吝惜所费而因小失大。他还对此次冬防事宜进行了细致的要求：四坊首士要因地制宜地整修或添设栅栏，以确保各处道口"无隙漏"，所需经费由贫户之外的住户负担；栅栏建成后，居民在本巷内"公举老成士商"1人，专司稽查有无匪类容留在内，每晚十点钟督令更夫关锁栅门，非紧急事件及查夜委员经过，不得擅自开启，违者枷责斥革；栅内每晚必须有更夫击柝梭巡，遇警鸣锣，如果是正街，则应另雇更夫专管栅门启闭；巷内原有栅栏仍归官府修整，应将其上铁环改钉在栅栏内侧，责成新添更夫关锁。② 可见，官府仍然具体地组织了这次冬防，但规定用于冬防的部分经费（如用于添设栅栏、雇用新更夫），由居民负担。

1889年12月，张之洞即将抵鄂履任湖广总督的前夕，江汉关道鉴于本年汉口市面萧条，谕示"本年应派冬防栅桶等捐，悉由本邑捐资，不须摊派。现已交冬令，除旧有之卡栅勇丁、保甲更夫外，复添派委员，按日由五显庙、沈家庙、下码头、四官殿会集，分段梭巡。晚间则路灯一律通明，击柝之声闻於遐迩，俾居民得以高枕无忧"。③ 可见，冬防设施所需经费以"摊派"的形式由民间承担，早已经成为惯例；此次冬防设施所需经费由江汉关道捐资，只是特例。

---

① 《冬防加严》，《申报》1878年11月29日第3版。
② 《号令森严》，《申报》1883年10月19日第3版。
③ 《武汉丛谈》，《申报》1889年11月27日第2版。

第二章 湖北新政前的汉口市政

以上情形表明，政府每年都要官方和民间组织力量在汉口开展冬防，参与冬防的政府官员有汉阳知府、同知、提督、江汉关道、文武委员。冬防的具体组织形式以及冬防设施所需经费的筹措，均由官方明确限定。这足以说明，张之洞督鄂之前的湖北各级地方政府，其对汉口的管理与控制并不是间接的，而是直接的。

路灯照明与城市治安息息相关，官府在冬防中对路灯的重视就很好地反映了这一点。汉口街道夜间照明很早就使用了路灯，嘉道时期《汉口竹枝词》云，"四通八达巷如塍，路窄墙高脚响腾。行客不须愁夜路，纵无月色有天灯"，意即有了路灯，行人可以安心地走夜路；又云，"上街宅宇住胡同，堂匾门灯气象雄。乞食人稀行路绝，头门人守后门封"①。这是说住户门前悬有路灯，胡同出入口均有人负责看守。从竹枝词所反映的内容来看，路灯的设置显然也是为了行旅安全的需要，关乎城市治安。而且，当时路灯管理的情况较好。

如前所述，路灯的管理是由保甲来管理的。那么，保甲职能行使的好与坏，就直接关系到路灯管理的好与坏，也能够从一个侧面反映出城市平时治安及冬防情况的好与坏。

1883年，张藕芳要求汉口添设和全面修整栅栏，似乎已经反映出保甲职司的懈怠，冬防已较此前松懈，路灯的管理也可能已大不如前了。张藕芳之后，汉口的保甲组织日趋松弛，路灯管理废弛。前述报载1889年汉口冬防情形，除了冬防经费的筹措较常年有所不同之外，在路灯管理等冬防事宜的处置上并没有什么特别之处，似乎一切如常。但光绪十六年（1890）的一则报道则透露出此前有关保甲组织、路灯管理与冬防情况的不同信息，该报道云：

> 汉口游民最多，冬防固宜严密。前经地方官加意整顿，刻下复经保甲局设牌灯若干盏，按坊给发各店铺，轮流加油点挂门前，务使一律通明，俾肱筐之流有所顾忌，不敢独往独来。沿街之灯，从

---

① 徐明庭辑校：《武汉竹枝词》，湖北人民出版社1999年版，第34、31页。

前责成保甲更夫，终至弃如敝屣。今责成铺面，想能实力奉行，历久不懈，弭盗安良。此为先务，乌得忽视之哉？①

这则报道表明，在此前至少有数年的时段里，汉口保甲没有发挥其应有的管理功能，保甲更夫对路灯的管理废弛至"弃如敝屣"的程度，足见"固宜严密"的年度性冬防，虽曾几经强化，但至张之洞督鄂前夕已不免流于形式了，这说明官府对城市社会的影响在张之洞督鄂的前夕再度弱化。

3. 主持筑城、防水

筑城应该是近代汉口市政史上的一桩大事，汉口城垣在它建成后的40余年的时间里，曾对城市的公共安全——包括御敌、防洪——发挥了重要的作用。

同治三年（1864），鉴于汉口因无城垣防护而惨遭太平军的焚毁，也为了抵御捻军的侵扰，汉阳知府钟谦钧及当地绅士孙福海、胡兆春等，在后湖一带筑堡开濠，修筑了一道城垣，它上起桥口（今硚口），下至沙包（今一元路口），环抱汉镇，长达1992.2丈（约11里），且"外浚深沟，内培坚土"，共费银20余万两。② 不过，筑城经费皆由商民筹捐。③ 可见，此次行动系由官府主持，民间筹资。

汉口官绅筑城的最直接动因是想免除捻军对于汉口市区的侵扰，但他们压根就没有想到要将汉口军事化——把它变成一个军事堡垒。变乱结束后，政府也没有因为汉口筑了城就大幅增加驻军力量。况且，汉口城垣并不是环市而筑的，它只是在背靠后湖的缘市低处筑城，由此自然而然地成为防范洪水侵袭的屏障。所以，筑城是一个兼具军事功能与市政功能的行为，而不是单纯性的军事举措。1878年秋，汉口城垣因襄河（即汉江）泛涨，有的地方被冲倒了。次年，城垣自玉带门起，次

---

① 《汉上题襟》，《申报》1890年12月28日第2版。
② 侯祖畲修、吕寅东纂：《夏口县志》，民国九年（1920）刻本，卷五"建置志"，第1页；徐焕斗修、王夔清纂：《汉口小志》，民国四年（1915）铅印本，"建置志"，第3页。
③ 徐焕斗修、王夔清纂：《汉口小志》，民国四年（1915）铅印本，"建置志"，第3页。

第二章 湖北新政前的汉口市政

第得到重修。① 但具体修筑情况未见记载。

襄河靠汉口一侧的河岸，由于江口积久形成的一个大沙洲而遭受江水日益猛烈的冲刷，经常发生岸崩，滨江街区频遭崩毁。有竹枝词云，"大码头连米厂台，沿江白石砌成阶。桑田容易成沧海，卅载崩将两道街"②，就是这种情形的反映。此后，繁忙的接驾嘴码头（今集家嘴）一带，也面临急流冲刷的威胁。于是，商界形成共识，认为有必要请官府出面主持，否则商界付出的代价太大。许多重量级的商人强烈要求官府采取措施，进行整治。1872年，湖广总督李瀚章视察了该处，指示汉阳知府和知县负责此事，并授权动用3个营的兵力充当修筑工程的劳力。官员与商界一起会议了整治方案，工程管理由汉阳知县与"委绅"共同负责。该工程有关汉口河岸的部分，一是在受侵蚀的江岸地带修筑堤防；二是在江岸开掘一条穿越老官庙与新码头间凸出部分的渠道，以杀减襄河水势，保护汉口河岸。由于挖取必然征用土地，涉及拆迁问题，故知县利用行政强制，命令相关居民拆迁，并给予了一定的经济补偿。工程从1873年2月12日开始，至4月2日竣工。参与修筑的除了军兵以外，还雇用了三四千名民工。整个工程（还包括汉阳部分）耗费超过20万两白银，其中大部分是由八大行承担的，其余的经费是知县与街区的头面人物协商后，以政府的名义规定接驾嘴码头至龙王庙之间滨江的店铺必须缴纳20%的租赁税，而实际上如何负担这一税收，则由业主与租赁人协商解决。③ 这条新开的渠道在报章上称为"新开河"④。据《续汉口丛谈》载，"咸丰兵燹后，官府修筑了汉口的河岸"⑤，至于修筑的范围、规模及耗资的多少，均未见载记，故不知文中所指"官府修筑了汉口的河岸"，是否就是1873年的这次整治河岸。

---

① 《重修土城》，《申报》1879年3月22日第2版。
② 徐明庭辑校：《武汉竹枝词》，湖北人民出版社1999年版，第110页。
③ [美] 罗威廉：《汉口：一个中国城市的冲突与社区（1796—1895）》，鲁西奇、罗杜芳译，马钊、萧致治审校，中国人民大学出版社2008年版，第197页。
④ 《新河火灾》，《申报》1879年2月11日第2版。
⑤ 王葆心著，陈志平等点校：《续汉口丛谈 再续汉口丛谈》，湖北人民出版社2002年版，第24页。

· 77 ·

1873年的这次筑堤与开河，其倡议者和推动者以及经费的主要承担者，都是以八大行为首的汉口商界，但是，工程的实际主持者却是汉阳知县。形成这种官方主持、官商协力举办的运作方式的一个重要原因，固然是商界为了在人力、物力方面得到官方的支持，以减轻商界的负担，均衡受益者的经济负担，但另一个可能更为重要的原因则是：以八大行为首的汉口商界虽然拥有相当的经济实力，但是他们没有公权力，无法强制被占用土地上的众多居民迁移，非请官府出面主持不可。这一点可由以下事实得到印证：

1889年，龙王庙一带江岸又遭到由江水冲刷带来的类似威胁，但这次以八大行为首的汉口商界决定采取的解决办法，不是穿过汉口江岸凸出部位修渠，而是在凸出部位的顶端，修筑一块西式的石头堤岸，以使河流偏离汉口市区方向。这项工程实施基本上是由八大行自主进行的。[1] 比较上次由官方主持的情形可知，这次工程中修筑堤岸的规模远不及上次大，并且无须挖渠，故工程的耗费较上次大幅减少。与此相应，此次工程也不涉及较大规模的居民拆迁问题。既然如此，也就无须借用官府的行政强制力了。在这种情形之下，有能力承办此次工程的商界，自然就不必敦请地方政府出面主持修筑工程了。

上述情形表明，汉口商界由于缺乏公权力所具有的行政强制能力，他们在面对规模较大的市政工程的时候，还很需要官方对城市事务的直接介入，从而不能抛开官府的直接领导；即使在他们无须官府出面的时候，也不是什么有意识的"去官方化"的表现了。

4. 创设官渡

在官渡创设以前，汉口人民渡江主要依靠数量众多的民间渡船。19世纪70年代，仅汉江沿岸的大小渡船不下数千只。渡划本来载客量小——中号渡船正常的载客量只有6人，加上船主贪载，易于发生事故。[2] 尤其是每当风大浪急之时，人民乘坐渡划过江，"冒险而行，恒

---

[1] ［美］罗威廉：《汉口：一个中国的城市冲突和社区（1796—1895）》，鲁西奇、罗杜芳译，马钊、萧致治审校，中国人民大学出版社2008年版，第186页。

[2] 《渡江覆舟》，《申报》1878年5月28日第2版。

虞倾覆"；即使乘坐摆江，"而人数拥挤，每年遭风失事，亦不可胜计"①。此外，民间善堂的少量红船可以济渡，但其功能主要在江中行船发生不测时实施救助。因此，民船虽多，三镇渡江乘客不能免于覆舟之祸，水上公共交通急需改进。

其实，在官渡创设以前，江汉关道曾经设有红船两只，由衡善堂派拨绅士两人驻关经理，江汉关按月酌给薪资。但是，区区两只官渡红船，对于三镇水上公共交通及其安全而言，显然于事无补。

光绪三年（1877），江汉关道何维键决定仿照红船式样，建造官渡船10只，往来于武汉三镇之间，并制定了官渡章程13条，其内容大致包括7个方面：

其一，官渡数量及行船人员配置：

官渡10只发给江面熟悉之船户，具呈保结承领驾驶。每船须用舵工1名，水手4名。舵工每名月给工食钱4串500文，水手每名月给工食钱3串文。舵工、水手应择年在16—50岁的强而有力者充当，并均应具结。

其二，官渡在三镇的数量分配及行驶范围：

官渡10只应于汉口之龙王庙停泊4只，武昌之汉阳门停泊2只，草湖门、大堤口停泊2只，平湖门1只，汉阳之东门1只，听候渡济。但在长江只能行驶在鹦鹉洲、鲇鱼套至红关、通济门这一区段，也不准进入襄河，违者重究。

其三，设立官渡局：

江汉关原有的2只红船，一并归入，设立官渡局，由关派拨委

---

① 《湖北汉黄德道何告示》，《申报》1877年8月9日第2页。

员1员，并酌派殷实绅士1名，驻局经理。所筹红船经费暨此次所筹官渡经费，一并由该委员等核实收支，按月开折呈报。

其四，官渡载客量及渡资：

每船至多只准装20人，倘船上有10余人久候而无续至者，亦可开行，每人取钱2文，挑担加倍，以贴补舵工、水手添补篙桨之用。如有需索情弊，重究不贷。

其五，官渡的修整：

此项官渡1年油舱1次，隔年修理1次，并对油舱及设备添补作了具体规定。

其六，官渡行驶时间：

每日黎明开渡，至日暮而止，不准夜渡。惟除夕准渡至2鼓。

其七，官渡设置的目的、业务范围、营业纪律：

此项官渡原为普济贫民而设，不准拨运货物，供应差使，并不准官绅擅自借用；如违，定将水手人等究办。

江中如有行船、木簰遭遇不测，应即赶往救援；倘见有小船乘危抢物，准其拿获送究。

此种船只若在江面救援活人，捞获尸身，一律给赏。倘乘险抢夺，应比民船加重惩究。

江面如有风浪，水手人等应格外小心，禁江之时应停渡。

民间如遇大风，有迎婚、搬柩等事，须用此项官渡者，必赴局报名，不准与船上私议。过渡之后，由事主酌给酒资，不准舵工人等勒索。

> 官船水手等概归本船舵工约束，倘有不按本分及不遵约束等弊，准舵工禀明，历时更换。①

官渡局建立后，汉口的官渡实际上有6只。据载，官渡局设在汉口龙王庙渡口。② 由于官渡局系江汉关道创设，管理人员亦由江汉关道派定，因此，官渡局是直属于江汉关道的三镇水上公共交通机构。

官渡由于"身大而且坚阔稳固……免挂风帆，仅用多桨划渡"，风大时亦如履平地，渡资只须2文钱，十分便宜。③ 于是，官渡大受欢迎，并被全国性的媒体称为中国各地官渡的模范。④ 直到1891年，乘官渡每人应付的渡资还是钱2文，不过乘客要载至50人足数之后才开船。光绪七年（1881），升任武昌盐法道武震，鉴于汉口与武昌对峙，中隔大江，"猝遇风浪恒有覆舟之险"，又捐廉"制官渡巨舟，商民利涉"。⑤ 至于制造了几只，不得而知。但官渡的数量肯定因此增加了。此后，官渡的数量不断地上升。到1907年，仅汉口官渡就有40余只。⑥

1877年官渡的设置，不是政府委托民间举办的，而是江汉关道一手操办的，它是地方政府机构直接管理汉口市政的又一重要表现。官渡局的设置，官渡的不断添置，说明地方政府和官员持续关注着并直接管理着汉口的水上公共交通。

---

① 《湖北汉黄德道何告示》，《申报》1877年8月9日第2页。
② 王葆心著，陈志平等点校：《续汉口丛谈 再续汉口丛谈》，湖北人民出版社2002年版，第145页。
③ 《汉江济渡》，《申报》1877年12月27日第1、2页。该报道中称渡资为钱5文，显系错误。
④ 《考试水手》，《申报》1879年10月27日第1、2页；《论考试水手》，《申报》1879年10月30日第1页。
⑤ 王葆心著，陈志平等点校：《续汉口丛谈 再续汉口丛谈》，湖北人民出版社2002年版，第283、241页。
⑥ ［日］水野幸吉：《汉口：中央支那事情》，刘鸿枢等译，上海昌明公司光绪三十四年（1908）版，第179页。

5. 修筑街道，整顿路政

咸丰兵燹后，官府两次大规模修理街道。同治三年（1864）汉阳知府钟谦钧建修了"米厂、新码头、沈家庙、万安巷、武圣庙各圈"街道。① 可惜记载不详，我们无法得知官府当时为此到底付出了怎样巨额的代价。从涉及的街域来看，此次修建街道的范围不小，耗资自然不在少数。"兵燹以后，各业户所造房屋，任意侵占官街，由是街道遂隘，前任张司马捐集巨资，将正、夹、河等街道，概铺长石条，履道坦坦，人沾其惠。"② 其实，此次工程由江汉关道何维键主动倡议、由汉阳同知张藕芳监修的。具体修筑的情形，是从光绪七年（1881）阴历六月初开始，分两路填筑，两路约计长数百丈；官府付给工匠（石匠）每工"百数十文"。另外，工匠们还"自向街上各铺索取酒钱，每过一家，或得数百文，或一串文，或八百文不等，工食与酒钱并算，所获亦属不菲"。工匠们还不以此为满足，要求张藕芳增加工钱。结果，张藕芳以其贪婪，停用此批工匠，更用另外的工匠继续修筑。③ 从修筑街道的长度"约计长数百丈"——至少有几里长来看，此次修理街道显然是一次规模浩大的工程。从修筑的经费来看，工匠工资是由官方出资支付的。④ 从倡议监修，到工匠工资的支付，种种情形均表明，这次修理街道是由官方主导并主持，而民间在其中充其量扮演着协助者的角色。这两次大规模修理街道说明，在咸丰兵燹以后，官府办理路政的规模和力度还是很大的，且官办路政不是临时性的凑合之举，而是历经变乱之后的有计划的整治城市的慎重举措。

---

① 徐焕斗修、王夔清纂：《汉口小志》，民国四年（1915）铅印本，"建置志"，第1页。
② 《清理街道》，《申报》1890年5月16日第2版。
③ 《砌街换匠》，《申报》1881年9月11日第2版。
④ 罗威廉将工匠向居民索取、居民自愿付出的那笔经费解读为"铺户特捐"，并推断它"理论上由店铺所有人与承租人对等分摊"，见［美］罗威廉《汉口：一个中国的城市冲突和社区（1796—1895）》，鲁西奇、罗杜芳译，马钊、萧致治审校，中国人民大学出版社2008年版，第172页。笔者认为，这是缺乏事实依据的对资料的过度解释。

为了防止新砌街道为往来车辆碾坏，江汉关道在该工程未竟的时候，要求各车行的大车、小车一律走市区边围的河街或堤街，而不得在新修的大街上通行。① 不料，该禁令被车行行主和小车夫视为具文，小车夫仍旧只图快捷，在大街上推行。为此，地方官宪秘密饬差巡查，拿获违禁小车夫数名，并讯知出租小车行行主。结果，将2车行行主分别处以罚款，而没有行主的3名小车夫，则被判处在沈家庙前荷枷示众，还在墙壁上书写告示，以便使民众"尽知趋避"，遵守市区交通规则。② 如此维持道路交通的强制举措，显系官府直接管理市政的表现。

6. 赈灾恤民

官府的赈恤活动也与冬防有关，但并不限于冬防时期。其赈恤的方式一般有两种：

第一，财政拨款赈济。道光二十年（1840），湖北大水，流民四出，湖广总督裕泰在"汉口设厂收养，秋冬间，全活十余万人"。③ 可见当时官方赈济规模之大。光绪十三年（1887）七月十四日晚，汉口大码头茶馆失火。结果，延烧襄河两岸陆上货栈、篷屋及停泊河中的无数船只，灾情严重。江汉关道受督、抚之命，从海关经费中拨款银1000两，发交汉阳县勘察灾情，据情抚恤。无人认领的尸首，则由善堂代为掩埋。④ 而在此前后不久，四官殿码头失火，灾后官府统计受灾贫民有250户，汉阳同知委派礼智司巡检赈济受灾贫户，每家给钱1串，共计花费250余串钱。⑤

19世纪80年代后期，官府每年推行了一项政策，即在每年春节庆典时，从藩库中拿出小部分盈余粮食，分发出去。其操作程序是首先借助保甲组织，调查街坊里需要赈济的大人和孩子，再通过善堂网

---

① 《示禁述略》，《申报》1881年10月29日第2版。
② 《车夫违禁》，《申报》1882年2月10日第1、2版。
③ 王葆心著，陈志平等点校：《续汉口丛谈 再续汉口丛谈》，湖北人民出版社2002年版，第52页。
④ 《光绪十三年十月初五日京报全录》，《申报》1887年11月12日第12版。
⑤ 《汉皋琐语》，《申报》1887年9月7日第2版。

络分发。① 也就是说，官府一直在动用国库直接办理城市赈务，尽管这些盈余的粮食可能只是整个城市赈济财物中的一小部分。

第二，筹捐赈济，其方式之一是官员捐廉赈济。嘉庆十五年（1810），汉口大智坊一药店失火，延烧共计431户，烧死6人。其中，严重受灾的有100余户，官府决定"先行捐廉"，分发口粮，赈济灾民。② 道光二十九年（1849）九月时，湖北遭大水，官府开始筹捐收养江汉等处受灾棚民。此后，在每年的秋冬时节，武昌汉口两地"棚民罔不充塞"，他们成为两地赈济的主要对象。③ 光绪三年（1877）四月，凤麟街失火，延烧100余家，江汉关道捐廉5000【串】文，按户赈恤灾民。④ 光绪十一年（1885）初，江西会馆万寿宫失火，后又有大通巷一处草篷失火，烧死4人。汉阳知县与仁义司巡检分别捐廉2万钱，用以安葬死者，给灾民搭建篷屋暂住。⑤ 当地官员捐廉赈灾，显系官府对汉口城市事务的直接管理。

筹捐赈济的另一种方式，是动员或协助善堂开展赈济。光绪十四年（1888），鄂省自春至冬，迭遭雪灾、水灾、旱灾、火灾、风灾，不少地方闹饥荒，加上当年汉口市面萧条，乡民因旱灾不能耕种而麇集汉口。地方官鉴于此种情形，担心滋生事故，频催诸善堂早日开厂售粥。善堂开赈后，每日除善堂司事照料外，地方官及诸委员又不时到堂弹压，维持赈济秩序。⑥ 不言而喻，在地方政府财政日趋困窘的情形下，这种赈恤的方式越来越多地被官府使用。

尽管罗威廉有关汉口的研究表明，汉口民间慈善组织越来越多地承

---

① 《益闻录》1889年1月10日，转引自［美］罗威廉《汉口：一个中国的城市冲突和社区（1796—1895）》，鲁西奇、罗杜芳译，马钊、萧致治审校，中国人民大学出版社2008年版，第144页。

② （清）黄式度修、王柏心纂：《同治汉阳县志》，同治七年（1868）刻本，卷四"祥异"，第13页。

③ 王葆心著，陈志平等点校：《续汉口丛谈 再续汉口丛谈》，湖北人民出版社2002年版，第52页。

④ 《火灾》，《申报》1877年6月15日第2页。

⑤ 《火灾纪余》，《申报》1885年3月31日第2版。

⑥ 《粥厂齐开》，《申报》1888年1月5日第2版。

第二章　湖北新政前的汉口市政

担着城市赈恤事务,然而前述情形表明,湖北地方政府一直都没有退出汉口公共事务中的赈恤领域,或大或小地保持着其对于汉口城市社会福利的直接作用和影响。

(三) 官办市政的特点

通过前面的论述,我们不难发现,张之洞督鄂之前的官办市政具有如下特点:

其一,从社会控制的角度看,尽管各级政府对汉口的管理与控制处于一种时强时弱的不稳定状态之中,它们在认为必要或者财力具备的时候,就表现出"周期性爆发""官方主动性"①,加大对汉口市政管理和建设的力度;否则,就维持现状,对于民间力量办理市政,或者明确允许,或默许。但是,官府从未放弃对汉口的直接管理与控制,汉口仍然处于地方政府的直接管理和控制之下。

其二,从市政体制的角度看,官办市政在体制上尚未出现近代意义上突破。官办主要市政机构变动很小,而且在19世纪后半期,汉阳府县级官员(包括知府、同知、知县)以及江汉关道,成为汉口官办市政的核心机构。

尽管汉口在市政管理上被视为一个相对独立的区域,但是汉口始终没有建立起相对独立于前述地方政府机构的作为城市利益代表的行政控制实体,它不过是官治体系下的控制区域之一,一个被地方政府掌控的大市场而已。

其三,从市政着眼点看,官办市政指导思想传统,市政举措保守,缺乏开拓性,不能满足城市社会经济日益发展的需要。

汉口的官办市政关注的核心是城市安全与社会稳定,城市治安被置于市政管理的首要位置;同时,地方政府的市政视野也基本上被局限于维护公共安全,力图确保城市社会稳定。无论是例行性的修理火政,一

---

① [美]罗威廉:《汉口:一个中国的城市冲突和社区(1796—1895)》,鲁西奇、罗杜芳译,马钊、萧致治审校,中国人民大学出版社2008年版,第188页。

年一度的冬防，间断性地强化路灯管理，还是创设官渡，临时性或例行性的赈灾恤民，以及筑城、防水，无一不是以维护城市公共安全为指向。它们构成了官办市政的主体，并显示出官办市政仍然没有摆脱传统市政以维护城市安全为核心的指导思想。

同时，无论是修理火政、组织冬防、强化路灯管理，还是创设官渡、赈灾恤民、筑城、防水、修理街道，要么致力于防控，要么是进行事后补苴，缺乏着眼于城市社会经济长远发展的宏观市政规划甚至是一个简单的整体构想，市政建设未能积极应对汉口开埠后城市发展面临的新形势。

张之洞督鄂前夕，不断发展的汉口市场已经迫切要求城市管理者，放宽市政管理的眼光，将市政基础建设拓向城外。如汉口土垱关（按：在汉口城垣内侧巡礼门与大智门之间居中的地方）往城垣外通往黄陂县的道路，是黄陂与汉口商贸往来的要道，原来是土路，每值雨雪天气，途人寸步难行，自然妨碍了两地的商贸往来，但官府从不过问。直到1877年冬，才因一寡妇大发善心，特解腰囊，独力修筑了一条自土垱起至河沿止，长约30里，宽5.5尺的青石路。[①] 频频为史志、报章等载述和张扬的汉口绅、商、士、民的善举，固然反映了汉口民众的好善之德，但这也从一个侧面反映出，在张之洞督鄂之前，汉口官府办理市政的力度严重不足，并远远落后于城市发展的需要。

对于任何城市而言，道路建设与管理的好坏都是评判其市政好坏的一把尺子，对于汉口也不例外。官办市政尽管在路政和交通方面有过较大规模展开，但是终究建设有限，不尽如人意，从而制约了城市的发展。

首先，既有街道管理废弛，房屋建造缺少约束，以致街道越来越窄，易招火灾，也导致交通不便，城市生态恶化。汉口街道狭窄得连轿子通过都感到拥挤，轿夫须"吆喝行人避路边"[②]。光绪初年报载，"北

[①] 《修路纪闻》，《申报》1878年2月22日第2页。
[②] 徐明庭辑校：《武汉竹枝词》，湖北人民出版社1999年版，第84页。

省官街宽计四丈有余,以汉上较之,窄一半矣……汉上之街,昔日未尝不宽,其后人民盖房,由渐侵占,迄今街变为巷,巷不可以丈尺计。至于人家住宅,昔年固不知如何盖造,其后人心乖巧,总图省费……诚使地方官饬居民各退出侵占官地,令遵旧制,则街宽足以泄火势"①,"汉镇街道上通桥口,下抵花楼,约长十里,人烟稠密,市房联络,惟街道甚为狭窄,渣草堆积,一经雨泽,油滑难行,若逢溽暑之时,臭不可向迩,人若遭之,定染痧疫诸病,是清街除道亦不可缓之举也"②。光绪中期,报载"汉口街道昔时本属宽阔,兵燹以后,各业户所造房屋,任意侵占官街,由是街道遂隘,前任张司马捐集巨资,将正、夹、河等街道,概铺长石条,履道坦坦,人沾其惠。现在已交夏令,街头巷口,堆积渣滓粪草,乡民检拾不尽"③,由此不难想见张之洞督鄂前夕汉口路政与交通、卫生管理的松懈与腐败的情形了。

由于街道缺乏有效的管理,官办消防不论如何强化都未能使汉口摆脱火灾频发的状态,公共卫生的根本改良也无从谈起。而河岸失修,水灾的频发,疫病的不时流行,更将汉口城市置于恶劣的生态之下。

其次,码头、道路等城市基础设施建设不足。叶调元《汉口竹枝词》对此有生动反映。"江潮汉汛到冬干,独跳凌空一尺宽。后客面挨前客踵,上坡更比下坡难","路途高下势偏颇,冰滑泥脂可奈何。险道陡然成坦道,一条草荐值钱多"(原注:各码头上坡亦然)④。由于码头、道路缺乏建设,汉口的码头因之显得拥挤难行。也正是由于官办市政在道路、码头等基础设施建设的欠缺,以及城市社会的日益发展,才有民间社团组织越来越多地参与城市基础设施建设。

市政体制陈旧、市政观念传统、市政举措保守、市政规划欠缺,各级地方政府缺少发展城市经济的主动意识和开拓精神,这一切都表明:

---

① 《汉上避火说》,《申报》1875 年 8 月 23 日第 3 页。
② 《街道宜清》,《申报》1878 年 3 月 4 日第 2 页。
③ 《清理街道》,《申报》1890 年 5 月 16 日第 2 版。
④ 徐明庭辑校:《武汉竹枝词》,湖北人民出版社 1999 年版,第 33、35 页。

张之洞督鄂之前，汉口的官办市政仍未超出以控制——维系城市社会安全与稳定为主旨的古典市政的范畴。

四 湖北新政前的民办市政

在张之洞督鄂之前，民间力量对汉口市政的参与呈现出越来越积极的态势，他们在配合官办市政的同时，还开展了一些自主性的市政管理与建设活动。这些民间市政力量除了作为个体的士绅、商及商铺之外，主要有会馆、公所、善堂、水龙局这样的民间组织。

（一）民办市政组织概况

据民国《夏口县志》载，清代自顺治至民国年间，未详创设年代的会馆和公所有56所，有确切创设年代或知道大致创设时代的达123所。在有确切创设年代的会馆、公所中，创设于光绪十五年（1889）之前的达80余所，光绪十五年以后创设的约40所，以康乾时期尤其是同光年间创建最多，同治和光绪两朝共计创建58所。汉口会馆、公所创建的具体情况见表2-4-1：

表2-4-1　　　清初至民初汉口会馆、公所创建年代表

创建年代	顺治	康熙	雍正	乾隆	嘉庆	道光	咸丰	同治	光绪十五年以前	光绪十六年以后	宣统	民初	共计	时间不详	说明：乾隆和嘉庆年间，道光和咸丰年间，及光绪十五年前后均有1所归属含糊
数量	1	16	1	12或11	1或2	6或5	8或9	20	17或16	21或22	3	17	123	56	

资料来源：侯祖畲修、吕寅东纂：《夏口县志》，民国九年（1920）刻本，卷五"建置志"，第22—31页。

至于汉口的善堂，以同治朝及光绪前期创建最多，其创建的年代及大致数量分布如表2-4-2：

表2-4-2　　　　　　道光至民初汉口善堂创建年代表

创建年代	道光	咸丰	同治	光绪		宣统	民初	共计	年代不详	所有善堂数量
				十五年以前	十六年以后（含年代不确）					
数量	2	2	14	10	6	1	3	38	7	45

资料来源：
1. 侯祖畬修、吕寅东纂：《夏口县志》，民国九年（1920）刻本，卷五"建置志"，第14—15页；2.《汉口善堂的建立（1895年前）》表，见[美]罗威廉《汉口：一个中国的城市冲突和社区（1796—1895）》，鲁西奇、罗杜芳译，马钊、萧致治审校，中国人民大学出版社2008年版，第140—141页。

与善堂密切相关的另一民办市政组织是水龙局。《同治汉阳县志》载称：咸丰兵燹后，"城镇各善堂以数十计，而水龙局又以百计"。① 毫无疑问，其中一部分是设在汉口的。

至于这些善堂和水龙是如何筹设的，史志记载与善堂方面的陈述有所不同。据方志载，汉口从嘉庆年间便创设了水龙。这些水龙在咸丰年间遭到巨大破坏。不过，其后在地方官"倡率绅商集资"②的情形下又纷纷涌现出水龙局。方志所载，强调了官府在水龙筹设中的激励作用。而据民国时期汉口市善堂方面载述，"汉口市各善堂之设立，多半在清季咸同年间，时值洪杨劫后，市廛复兴，居民麕集，房屋毗连，街道狭窄，火灾时常发见，当地绅商，为防患未然计，发起捐资，筹设善堂，

---

① （清）黄式度修，王柏心纂：《同治汉阳县志》，同治七年（1868）刻本，卷六"营建"，第20页。
② 《水龙局》，侯祖畬修、吕寅东纂：《夏口县志》，民国九年（1920）刻本，卷五"建置志"，第15页。《善局　附水龙局纪略》，（清）黄式度修，王柏心纂：《同治汉阳县志》，同治七年（1868）刻本，卷六"营建"，第14页。

备置广龙（一种老式的消防水龙——笔者注），以救火患"①。依据这一说法，善堂和水龙的筹设是民间社会自发的行为；同时水龙局很多是善堂的下属组织；汉口善堂和水龙局是随着咸丰兵燹之后汉口城市社会的发展而形影相随地趋于兴盛的。

另外，不论是善堂还是水龙局，它们中的相当一部分事实上与会馆、公所有从属关系。善堂往往是会馆、公所的"一个分支机构，其经费也主要是来自商人的捐款"②；很多水龙局也是由汉口各帮会馆创设的。《汉口竹枝词》载，各帮会馆水龙一闻失火警报，就争先恐后地赶赴火场救火。③

会馆、公所的创办者和领导者有商人、士绅，大部分大型的会馆、公所的组织领导者具有绅士身份④；善堂的创办者和领导者有绅（如培德堂）、商（如安善堂）、绅商（如敦实堂）、士民（如自新堂）⑤。

值得注意的是，罗威廉对《申报》所载汉口自新堂创建的情形特别关注。《申报》载，自新堂系道光年间"为通镇商民捐创"⑥。罗威廉据此认为，自新堂第一次将服务的范围固定在汉口，仅把汉口作为社团活动的正式单元，而不是汉阳县或范围更广的武汉地区，"因此，自新堂的出现，是对城市整体意义上的常规化自治机构之形成的一次进一步突破"⑦。事实上，有关自新堂创办者的记载，除《申报》之外还有 1 个版本。《同治汉阳县志》载，自新堂由"士民捐建"，并且也未言是"通

---

① 汉口市善堂联合会整理委员会刊印：《汉口市善堂联合会暨各善堂成立沿革及事业情况》（1946 年 9 月），武汉档案馆藏，档号 bC15/13，第 1 页。
② ［美］罗威廉：《汉口：一个中国城市的商业和社会（1796—1889）》，江溶、鲁西奇译，彭雨新、鲁西奇校，中国人民大学出版社 2005 年版，第 386 页。
③ 徐明庭辑校：《武汉竹枝词》，湖北人民出版社 1999 年版，第 118 页。
④ ［美］罗威廉：《汉口：一个中国城市的商业和社会（1796—1889）》，江溶、鲁西奇译，彭雨新、鲁西奇校，中国人民大学出版社 2005 年版，第 394 页。
⑤ 《遭险遇救》，《申报》1876 年 5 月 15 日第 2 版；《善局》，（清）黄式度修，王柏心纂：《同治汉阳县志》，同治七年（1868）刻本，卷六"营建"，第 11—15 页。
⑥ 《遭险遇救》，《申报》1876 年 5 月 15 日第 2 版。
⑦ ［美］罗威廉：《汉口：一个中国的城市冲突和社区（1796—1895）》，鲁西奇、罗杜芳译，马钊、萧致治审校，中国人民大学出版社 2008 年版，第 136 页。

镇""士民";该堂经费出自捐置田宅的租课,它"向归绅首经理"。①

在两说之中,前说中的"商民"是相对于"士"而言的,而后说中的"士民"实际上包括了绅士和商人,但头面人物是绅士。既然经费所自的租课系于捐置的田宅,说明捐建自新堂的并非"通镇商民",因为一般的城市民众是无力捐置田宅的。故笔者倾向于"士民捐建"说,并且也不认为该堂的出现,较其他善堂的出现具有非同寻常的"突破"性意义。

综前所述,我们可以得出以下结论:

其一,清代汉口的会馆、公所与善堂、水龙局的创办者有绅亦有商,还有二者兼具的绅商;这些组织在咸丰、同治和光绪年间都得到了较快的发展,此后发展又迅速减速,而此间新善堂如自新堂的出现并不意味着城市整体意义上的常规化自治机构的形成取得了进一步突破。

其二,在咸丰、同治、光绪年间,汉口的会馆和公所数量的增减与善堂及水龙局数量的增减之间存在着正相关关系;善堂及水龙局数量的增加既是汉口城市社会发展的结果,也是国家在慈善、消防领域管治衰退的结果,还是国家鼓励的结果。故咸丰兵燹之后汉口的善堂和水龙局的兴起,不能仅仅视为民间社会主动的产物,而应视为官府与民间互动的结果。

(二)民间市政活动

为了更深入地了解民间市政参与活动对19世纪汉口城市社会发展进程产生的影响,我们有必要在罗威廉论述的基础上对湖北新政前夕汉口的民办市政进行重新梳理。下面将按照官府与民间相对待(不是相对立——笔者注)的形式,以及民办市政或民间市政参与自主性程度的高低,分三类对湖北新政前夕汉口的民间市政参与活动与民办市政展开论述:

---

① 《善局》,(清)黄式度修,王柏心纂:《同治汉阳县志》,同治七年(1868)刻本,卷六"营建",第11—13页。

第一类，民间与官府同时参与办理的市政。

这类民间市政活动可以按官民互动的程度分为三个层次，即民间主动或受命参与——协助官府所主持、组织办理的市政；民间与官府共同参与并分工办理市政；民间在官府参与性干预下或切实支持下主办市政。

基于城市公共安全的需要，民间与官府往往会在维护城市安全问题上表现出高度的一致性并建立良好的协作关系，主动或受命参与官府主持办理或组织办理的市政。为了抵御捻军的侵扰，汉阳知府钟谦钧、知县孙福海及绅士胡兆春等于同治三年（1864）共同倡议，并由汉口商民筹捐银20余万两修筑了汉口城垣。[①] 为了保证居民生命和财产的安全及商业活动的正常开展，当19世纪70年代初重要而繁忙的接驾嘴（今集家嘴）码头河岸严重崩塌的时候，以八大行为首的汉口商界敦请官府出面主持整修河岸。汉口商界还承担了大部分工程费用。[②] 尽管绅士参与到工程管理中，然而他们毕竟只是受官府委派的，工程的实际主导者是官府，主持者是汉阳知县。形成这种官方主持、官商协力办理形式的一个重要原因，固然是商界为了得到官方在人力、物力方面的支持以均衡受益者的经济负担——罗威廉所说的"代价"问题，而另一个更为重要的原因则是：以八大行为首的汉口商界虽然拥有相当的经济实力，但是他们并不拥有公权力，无法强制被占用土地上的众多居民迁移，非请官府出面主持不可。也就是说，汉口商界由于缺乏公权力所具

---

① 《水龙局》，侯祖畬修、吕寅东纂：《夏口县志》，民国九年（1920）刻本，卷五"建置志"，第1页；徐焕斗修，王夔清纂：《汉口小志》，民国四年（1915）铅印本，"建置志"，第3页；《善局 附水龙局纪略》，（清）黄式度修，王柏心纂：《同治汉阳县志》，同治七年（1868）刻本，卷六"营建略"，第3—4页。

② 整修工程于1873年开工并完工（《字林西报》1873年3月12日，转见［美］罗威廉《汉口：一个中国的城市冲突和社区（1796—1895）》，鲁西奇、罗杜芳译，马钊、萧致治审校，中国人民大学出版社2008年版，第183—186页），这条新开的渠道在报章上称为"新开河"（《新河火灾》，《申报》1879年2月11日第2版）。另据载，"咸丰兵燹后，官府修筑了汉口的河岸"（王葆心著，陈志平等点校：《续汉口丛谈 再续汉口丛谈》，湖北人民出版社2002年版，第24页）。至于修筑的范围、规模及耗资的多少，均未见记载，故不知文中所指"官府修筑了汉口的河岸"，是否就是1873年的这次整治河岸。

第二章　湖北新政前的汉口市政

有的行政强制能力，他们在面对规模较大的市政工程的时候，还很需要官方对城市事务的直接介入，他们不能抛开官府的直接领导。故工程动议所表现出的汉口民间主动——罗威廉所说的"社会能动主义的兴起"，以及经费担当上表现出的商界经济实力，均不意味着民间主导汉口市政——出现了罗威廉所说的城市社会的"去官方化"。

民间还在特定时期协助官府维持城市治安。1883年红灯教教案发生，地方文武官员带兵巡查汉口街市，汉口水龙局局勇也临时性地担负起巡查责任。[①] 后来，汉阳同知设立了汉镇保甲局以执行巡查任务，水龙局遂停止了巡查。不过，地方官对各水龙局进行了酬劳。[②] 这说明水龙局充当的是协助者的角色。同时，官方的酬劳还让水龙局的协助行动带有雇用性质。光绪十五年（1889）又届冬防之期时，地方文武官员包括汉阳知府、知县、"协台都守"率领兵役昼夜巡查汉口，并打算"按照上年章程，派通镇水龙会局夫，各执器械，岁关巡查，以联络声气而资守御"。[③] 这表明汉口的水龙局在此前也曾充当过受命者与协助者的角色，它们在组织上还不是全面负责城市治安的居支配地位的主导角色，官府还在直接维持城市治安。

民间与官府共同参与并分工办理市政的情况在大规模赈济灾民、饥民时比较常见。在官府财力不济的情况下，民间参与就变得十分必要。对于受灾饥民或居民，官府通常会给予一定的"赈恤"，即分发给受灾饥民一定的钱物以赈济，而善堂则通常是设厂煮粥济养受灾饥民。[④] 有时，赈济的费用系江汉关道从海关经费中划拨发交汉阳县勘察灾情并据情抚恤，而善堂则代为掩埋无人认领的尸首。[⑤] 在上述市政活动中，民间与官府既协作又有所分工，很难说谁为主角谁为配角，谁居主导地位谁居附从地位。

[①] 《武汉余闻》，《申报》1883年5月20日第2版。
[②] 《武汉近闻》，《申报》1883年6月18日第2版。
[③] 《防范严密》，《申报》1889年10月30日第2版。
[④] 《西士施钱》，《申报》1878年3月6日第2页。
[⑤] 《光绪十三年十月初五日京报全录》，《申报》1887年11月28日第12版。

民间还在官府参与性干预和支持下举办市政。在举办较大规模善务的时候，善堂往往受到官府的强烈干预或切实支持。为了保障掩埋于汉口低洼的萧家垱处的尸骸免于暴露或遭受水淹，公善堂于1883年禀请"堡工局派八大行捐钱"，在该垱之下首数十步处修筑了一道工程规模实在不算小、所费可观的横堤，在城垣外填筑了保舟避浪墩并加高了老墩。① 公善堂此次办理善务的成功，显然得力于汉口堡工局的切实支持——派捐。

善堂例行举办的冬赈施粥活动也是在官府的直接干预下展开并被纳入官方组织的冬防体系之中的。1888年冬，官府鉴于灾民麇集汉口，"频催诸善堂早日开厂售粥。诸善堂上体宪意，竭力筹谋"，结果各善堂依据官府确定的日期相继开厂售粥。在善堂开厂售粥的过程中，官府还要查点善堂施售粥米的碗数，这显然是对善堂冬赈施粥活动进行的直接监控。很可能，官府规定了善堂售粥的大致数量。善堂冬赈施粥活动往往还是在官府切实支持下开展的。在1888年的冬赈施粥活动中，当众多的饥民涌向粥厂接受赈济的时候，地方官及诸委员出面维持秩序。结果，"男女分门而入，老幼残废则在一处"，粥厂施赈秩序很好。

显然，无论是官府的直接干预还是切实支持，官府均参与其中了。故舆论对于1888年的善堂与官府协作进行的赈济活动进行了肯定，断言"从此灾民无饥饿，皆大宪及官绅之助也"。② 善堂处理善务需要官府的直接干预或实力协作，也说明城市事务还不能脱离官府的直接管理，官府并未完全退出城市慈善领域以至于成为慈善事务的间接领导者。

善堂的上述善务活动与1864年的筑城、1873年由八大行首推动的筑堤开河一起表明，在19世纪的汉口"社会能动主义的兴起"的同

---

① 横堤高2丈余、长27丈、脚宽8丈4尺、面宽1丈2尺的横堤，保舟避浪墩2座，长30丈、面宽4丈、底宽10丈，老墩加高8尺。见《汉皋近闻》，《申报》1883年5月3日第2版。

② 《粥厂齐开》，《申报》1888年1月5日第2版。

时,民间社会却并未显示出罗威廉所谓的"去官方化"取向;而凡是在修筑大规模的市政工程和需要动用公权力办理城市事务的时候,官府对于城市事务的直接领导或干预就变得必不可少。可以说,在湖北新政前夕,官府不仅是汉口城市公益事业向前发展的直接而重要的推动力量和领导力量,还是汉口民办市政得以成功开展的直接推助力量。

第二类,官督民办的市政。

湖北新政前夕汉口的官督民办市政主要有两种,即官督商办的经营性市政和官督民(绅商)办的公益性市政。

光绪十一年(1885)由商人组织创办的汉口电报局,其管理形式就是官督商办,由此诞生的商办汉口电报业就属于官督商办的经营性市政。而同治年间民间接替官府经理自新堂的善务,则属于官督民(绅商)办公益性市政的一个典型。

自新堂地处汉口宝林庵,道光十一年(1831)由"士民捐建,收埋路毙,施送棺板,设药具,建粥厂,惟送牛痘尤有功于婴幼","其经费由捐置田宅租课所出,向归绅首经理。如有外来乐输,多寡久暂,均听其便"。它在咸丰年间改归官府经理之后,因有"诸多窒碍",又于同治元年由署理汉阳知府决定"复旧"——仍将自新堂交由民间办理,同时命令汉阳知县将该堂田产"清查造册,钤印备案"。[①] 值得注意的是,在"复旧"后的自新堂与汉阳县的另外两个颇具影响力的善堂——敦本堂、同善堂管理均不善的情况下,知府竟然直接解除了自新堂负责人的职务,任命了另一绅商负责堂务。而敦本堂、同善堂的首士虽然依旧,但是它们与自新堂一起,必须按照官府的规定每月将堂内账目送到汉阳同知衙门去审查。官府还按照县学账簿的形式修订了3个善堂所拥有的"公款"账簿,并于1884年公布了这些账簿。由于官府随时可能通过行政手段直接插手堂务,三大善堂一直处于官府的直如顶头上司般的直接监管之下,故不论是同善堂、敦本堂还是"复旧"后的

[①] (清)黄式度修,王柏心纂:《同治汉阳县志》,同治七年(1868)刻本,卷六"营建",第11—13页。

自新堂，其堂务并未从根本上实现自主，它们的善务活动虽然具有一定的自治性，然而它们绝不是"自治的"组织。故罗威廉所谓的"同善堂事实上的活动中心乃是在汉口的自治方面"① 值得怀疑，"自新堂的出现，是对城市整体意义上的常规化自治机构之形成的一次进一步突破"② 更是无从谈起。

如果说前述官府直接干预善堂设厂售粥施行冬赈的行为是通过直接介入、现场监管式的参与来实现的话，那么，官府对自新堂的直接干预则主要体现在人事控制与账目监管上。这样的直接干预与对商营电报业的督办一样，都是官府对民办市政行使直接监管权，均体现出官府对于城市事务的直接领导。而自新堂的事例与冬赈施粥事例还一致地显示出这样的施政倾向：只要官府觉得有必要，就行使这种直接监管权，发挥直接领导作用。这就决定了民办市政不可能实现城市整体意义上的自主。

第三类，民间自主办理的市政。

湖北新政前夕汉口民间自主办理的市政也可以分为经营性的和公益性的两种。其中，民信局是民间自主办理经营性市政的典型。汉口的民信局产生于同治年间，由全盛泰等11家商号开设，早于1897年创办的官办邮政局。③ 其数量在1891年达27家。④ 这些完全由民间自主经营的书信传递组织，它们的总管由店东担任，而内部组织分工大同小异，按各自的条件和业务状况配备人手⑤。除了民信局之外，举办专供雇用运货或代步的车轿业，也可以归入民间自主办理的经营性市政的范围。

---

① ［美］罗威廉：《汉口：一个中国的城市冲突和社区（1796—1895）》，鲁西奇、罗杜芳译，马钊、萧致治审校，中国人民大学出版社2008年版，第135页。

② ［美］罗威廉：《汉口：一个中国的城市冲突和社区（1796—1895）》，鲁西奇、罗杜芳译，马钊、萧致治审校，中国人民大学出版社2008年版，第136页。

③ 萧敬长：《汉口民信局始末》，《武汉春秋》1983年第5期，第46页。

④ ［英］穆和德：《海关十年报告——汉口江汉关（1882—1931）》，李策译，香港天马图书有限公司1993年版，第23—24页。

⑤ 一般设司账1人，负责受理邮件、收支银钱、记录账簿；上街的若干人，负责招揽业务、收集邮件或配送邮件；下河的1人，负责搬运接送邮件；杂役和厨师若干人。见萧敬长《汉口民信局始末》，《武汉春秋》1983年第5期，第46页。

第二章 湖北新政前的汉口市政

在官办市政尚未积极介入经营性市政的湖北新政前夕，这种以营利为目的的民办市政所体现出的民间社会的自主性，其实质是汉口城市商业领域的自由拓展，对城市固有的市政管理权并未构成实质性的挑战和威胁。

湖北新政前夕汉口民间自主办理的公益性市政，涉及城市消防、社会救济、公共交通、公共设施等市政领域，具体活动诸如救火、济渡救生、修建路桥、码头、安设路灯、施棺送板、夏天施茶、种痘施药，等等，它们大多是由各善堂举办的。其中，最能规模性地体现19世纪汉口民办公益性市政的自主性的，是民办消防事务，更准确地说是民间救火。

善堂、会馆、公所等所办水龙局是汉口民间救火的中坚力量，其活动经费基本上是自筹的，不对地方官府形成经济上的依赖，故自成一体，具有独立出龙救火的能力，一闻火警便"衔尾而来"[1]"齐出赶救"[2]，在城市救火事务中自主地发挥作用。罗威廉断言，汉口水龙救火已突破了帮界、业界和街区地界的局限，原本用于团体自救的行动转化为维持地方消防的公益之举；在19世纪的大部分时间里，"除了在划分权限区域时做出协调一致的表示以及相互支持的承诺之外，各水龙局都是作为完全独立自主的单位运作的"[3]。同时，罗威廉还特别注意到以下事实："汉口诸龙局向来遇汉阳南岸火灾，每置之不理"，直到19世纪80年代后期才开始"不分畛域，或有一二条往救"，而1887年汉阳南岸失火时，汉口水龙局"格外通融"，"过河水龙有八条之多"。[4] 然而，1887年汉口水龙局的"格外通融"是否就印证了罗威廉所强调的汉口行帮会馆的城市认同感——早在19世纪初"汉口虽然在行政区划上不是一个政区，但行会却有意识地把它看作一个非正式的、

---

[1] 《火警类志》，《申报》1887年7月31日第1、2版。
[2] 《武汉火警》，《申报》1883年10月27日第2版。
[3] [美]罗威廉：《汉口：一个中国的城市冲突和社区（1796—1895）》，鲁西奇、罗杜芳译，马钊、萧致治审校，中国人民大学出版社2008年版，第201页。
[4] 《再述汉皋大火》，《申报》1887年9月10日第2版。

由居民自我管理的单元"①呢？

翻阅同治七年（1868）刻本的《同治汉阳县志》，笔者发现该志在载述汉口水龙局时，对本帮水龙局予以一一列载，而对外省客帮水龙局根本就不予列载，仅予一语提及——"凡外省各帮专建例不与焉"②。这种将行帮进行土客界限截然两分的做法，从反面印证了行会对汉口的认同感一直到进入19世纪的后期还是十分有限的。同时，前述的"格外通融"，也很难说是惯于将城市消防事务局限于一定范围内的汉口水龙局的一种基于城市整体观念的自觉超越。事实上，此次火灾不仅给汉口沿岸造成了巨大损失，而且还因汉口河岸房屋起火殃及汉阳并烧及汉水南岸的淮盐验票所和南岸厘卡。③因此在扑灭大火的过程中，官府直接介入了汉口河岸的救火——"地方文武督率各善堂水龙竭力浇救"④。显然，汉口水龙是在官府的介入下才过河救火的。1887年的这次救火事件表明，尽管汉口各水龙局在城市救火事务上的运作方面独立自主程度很高，但是只要官府在它认为必要的时候，就会积极介入城市救火事务，并在其中发挥直接领导作用——这实际上是对城市市政资源的合理调配。

五 虚像：19世纪汉口城市自治

张之洞督鄂之前，汉口市政体制和市政管理模式尚未出现近代意义上突破。19世纪的汉口在多层级地方政府并管体制之下，形成了以府、道、县为管理的核心，以官、绅、商协作办理为主，以绅、商独力自主办理为辅的市政管理模式。官府侧重在宏观的管理、调控层面发挥作用，绅、商两界侧重在具体的操作层面或经济层面发挥作用。

随着19世纪汉口民间社会的发育，民间越来越积极地以各种形式

---

① ［美］罗威廉：《汉口：一个中国城市的商业和社会（1796—1889）》，江溶、鲁西奇译，彭雨新、鲁西奇校，中国人民大学出版社2005年版，第388页。
② 《善局 附水龙局纪略》，（清）黄式度修，王柏心纂：《同治汉阳县志》，同治七年（1868）刻本，卷六"营建"，第15页。
③ 《详述汉口大火情形》，《申报》1887年9月6日第2版。
④ 《光绪十三年十月初五日京报全录》，《申报》1887年11月28日第12版。

参与市政管理，包括与官府合办、在官府支持下办理、独力办理等形式，民间市政力量具有越来越强的自我管理能力和管理城市事务的能力。但是，民间市政力量诸如会馆、公所、善堂等，并不具有独立自主地管理整个汉口市政的能力。

民间一年一度参与的颇具规模和影响的冬防与冬赈，总是由政府出面组织，而民间力量往往被纳入官方既定的政策和制度之下，更多地扮演着政府既定市政方针的执行者的角色，而不是一种"去官方化"的自治角色。

在对城市安全至关重要的消防领域，尽管"汉口官方消防组织受财政经费所制约，力量相对薄弱，火灾的防止大部分依靠民间基层组织"[1]，在灾后赈济中也经常需要商人、士绅的支持，并且，事实上水龙局等民间组织在消防领域的救火事务中发挥着主导作用，但是这并不意味着民间市政力量在消防领域实现了自治，也不意味着国家放弃了它对汉口的直接控制。相反，政府在城市消防中仍然起着重要作用，它有权颁布禁令，或制定全城人必须遵守的具体的消防规则，同时在它认为有必要，就运用公权力，对违反消防法令与法规者进行惩处。并且，它一直保留对失火法律责任的追究权——这一点也很重要，它也是政府显示对城市直接行使统治权的根本形式之一。而19世纪无论是汉口的绅还是汉口的商，他们此时都没有侵夺该项治权的主动意识和自治意识。当20世纪初年汉口商人的主体意识开始觉醒，在他们的自治行为触及这一领域——消防司法领域时，官府与民间社会的根本冲突就产生了，这一点将会在后面的章节中论及。

当大规模修筑城垣及修整码头、堤岸、街道等的市政工程的时候，则更是体现出民间市政力量依赖官府的时候，也是官府使用公权力对汉口市政发挥直接领导作用的时候。

当鼎鼎大名的善堂领导人被官府直接撤换，相关大型善堂必须按照官方规定办法或制度清理和管理账目的时候，当以八大行为代表的会

---

[1] 陈新立：《清代汉口火灾研究》，武汉大学硕士学位论文2006年，第57页。

馆、公所接受市政经费的摊派时，也是国家积极而强烈地直接干预城市事务的时候，如此均表明地方政府还直接地统治着汉口，国家力量还直接地控制着汉口，而作为举办市政的民间核心力量——善堂、八大行或会馆、公所，它们虽然越来越具有办理市政的主动性，并且其市政活动已具有相当程度的自治性，但是从整体上看，它们都还不是自治性的社团组织，自治性的市政还处于萌生之中，尚未构成一种独立的市政形态。

此外，官府在19世纪70—80年代还曾独力办理汉口一部分市政事务，如前所述，涉及的领域有：创办官渡、修整街道、管理部分路灯、修理冬防栅栏和设置消防水桶等。这些市政活动都是国家对汉口市政进行的直接管理。

因此，在19世纪，国家力量对汉口市政的直接控制仍然存在，汉口的市政管理权从根本上看还掌握在官府手中，而不是掌握在绅或商的手中；多层级地方政府并管为主、绅和商参与办理为辅的市政体制的本质是官治，而不是由绅或商主导城市管理的城市自治。19世纪的汉口根本就不存在实质性的城市自治。

罗威廉对汉口城市社会的解析，一方面，他十分注重民间力量的变化，并时时注意将这种变化及基于此变化的汉口城市社会的情形，与西方城市社会的情形进行对比，以此说明汉口城市社会变化的程度与性质。另一方面，他认为国家力量在城市社会的影响与作用仅仅是"有选择性地向地方力量倡议，协调这些倡议，平衡各社会集团的利益。国家在社会服务各方面的这种间接领导作用""象征性的"，有时甚至是"可以忽略不计的"。罗威廉显然过于小视国家力量在汉口城市中的存在与影响——一种民间力量暂时还无法取代且必须依赖的存在与影响。实际上，前述国家或官府对19世纪汉口城市事务发挥直接领导作用的事实，罗威廉也注意到了。但令人奇怪的是，当他在论证汉口民间社会如何发育得越来越具有自治能力的时候，官府的上述直接领导作用就被弱化为"间接领导作用""象征性"的作用。罗威廉似乎在论证的过程中，先验地将统治汉口城市社会的官府定位为控制汉口城市的非直接力量了,我们由此不能不怀疑罗威廉评估汉口民间市政参与时的尺度问题:他是否将未然的东西看成已然的东西?换句话说,罗威廉是否在以同一时期西方官府(国家)对城市的影响与作用为标准,来衡量中国官府(国家)在城市事务中的地位与作用?他的思维逻辑似乎是这样的:汉口民办市政的发展状况与西方自治城市中民办市政的发展是相似的,西方自治城市的市政主体是相对独立于官府(国家)的,官府(国家)是外在于城市的一种力量,所以,中国官府(国家)也是外在于城市的一种象征性的力量,对汉口起着间接领导作用。

罗威廉对汉口城市社会的解析,也过多地强调了城市社会内部官府与民间的分离趋向。在罗威廉看来,19世纪汉口民间力量的兴起,就意味着汉口逐渐形成了一个相对独立的民间市政管理实体,民间社会实质性的"去官方化"运动就开始了。然而,张之洞督鄂之前汉口市政发展的实际情形表明,随着社会的发展,君主专制体制之下的官方控制体系未必就与正在发展之中的民间力量势不两立。

官、绅、商在改良市政的过程中,尽管会因为具体的利益而产生矛盾,但是在主流方面,官、绅、商基本上是利益共同体,他们都认识到解决城市中存在的问题,尤其是保证城市社会的安定,是非常必要的。而且,他们在面临重大市政问题时,官府往往因财力不充而难以单独解决,绅与商在多数时候也因为缺乏执行市政事项所必须的权威性和强制性而难以单独解决。因此,他们在进行市政建设和市政管理时,往往倾向于合作而不是对抗。

并且,绅、商领导的会馆、公所、善堂所举办的城市消防、治安、交通、福利与慈善等公共事务,很大程度上是基于道德力量的激发而为——它们不仅自诩为善举,而且往往也被外界视为"善举""义举",而不是应有的职责。善举往往是没有理由反对的,往往也是政府所乐见并能够受容的。这种受容可以看作为了城市安全和自身利益的需要,而在汉口市政领域向绅、商做出一定的权力让渡;同时,这种让渡是有限度和前提的,即他们必须服从政府的统治而不是脱离政府的控制。国家在财力匮乏的情况下,能够巧妙地将民间市政力量纳入行政管理的框架之下，这既是行政管理针对现实的一种调适，又何尝不是市政管理上的一种转变呢？而这种转变恐怕不能简单地仅仅视为政府社会控制能力的削弱。

也正是因为如此，尽管绅士尤其是商人及其社会组织在汉口的影响越来越大，然而官府并不认为这是对自身统治的严重威胁，而是充分地利用绅、商等拥有的社会资源来协助管理市政，进行市政建设。同时，对于绅界和商界而言，官府对市政的主动是其职司之所在，是理所当然的事情，故在一般情况下，对于旨在促进市政的改良、城市安定的官方主动，民间也是可以接受的，而且被认为是好事、善事而乐见。在他们感到经费不足或威权不够的时候，他们也希望借助官府的威权或得到官府的护持与协助，以便更好地改良市政，改善城市的生活环境和商贸条件。

罗威廉同时又承认"19世纪的'去官方化'趋势既不是连续的，也非不可逆的。它不断地被周期性爆发出来的官方主动性所打断"[①]。

在笔者看来，这种所谓的民间"去官方化"，只是一种民间社会在自然生长发育的过程中，在既有体制下对城市事务进行的有限度的自我管理，并不意味着它对于官府体制的自觉抗拒。而他所说的"周期性爆发出来的官方主动性"，往往表现为官府积极管理城市、开展市政建设，如主持大型防水工程、修整街道、创办官渡、更换腐败的善堂领导人，等等。这样的"主动性"不但没有在根本上引起民间的广泛抵制，而且往往得到了民间的协助和支持。这样的"周期性爆发出来的官方主动性"，其实正是国家力量对汉口直接控制的周期性强化，它不是要将国家的领导作用维持在没有实质意义的"象征"层面，而是实实在在地要保持对汉口的直接管理，重新彰显国家对于城市应有的社会控制职能。

当然，也正是在官方周期性地爆发主动性的时候，民间力量也在进

---

① [美]罗威廉：《汉口：一个中国的城市冲突和社区（1796—1895）》，鲁西奇、罗杜芳译，马钊、萧致治审校，中国人民大学出版社2008年版，第188页。

一步地发展,结果,官方时断时续地强化了它对汉口的控制,消除了从民间社会自然产生公权力的可能;同时,汉口的公共领域也得到了扩张。也许,"周期性爆发出来的官方主动性",正是在中国城市社会转型的过程中出现"未产生公权力的公共领域扩张"现象的最为重要的原因之一,它也充分地显示出中国晚期君主专制集权体制具有令人吃惊的弹力与韧性,最大限度地容允民间自治性的增长,而又保障城市不至于因此脱离官治的轨道而走向自治。

第三章

湖北新政时期汉口官办市政体制的革新与市政发展

1889年12月，新任湖广总督张之洞抵达湖北省府武昌，开始了他在湖北的新政生涯。从此，汉口市政在以总督张之洞为首的省府的直接掌控和指导之下，受益于张之洞开启的湖北新政。到1907年9月10日张之洞离鄂履新时，汉口市政已经幡然改观，一种与古典官办市政不同的新型官办市政模式——省府主导市政的模式——已经确立。继张之洞之后的总督赵尔巽、陈夔龙、瑞澂等，他们继续推行新政，汉口市政革新也得以在张之洞确定的大体框架之下继续向前推进。因此，张之洞是确立汉口新型官办市政模式的关键人物，张之洞督鄂时期是晚清汉口市政的奠基时期，晚清乃至民国汉口市政的诸多方面均与张之洞的湖北新政息息相关。

一 张之洞督鄂与湖北省府主导汉口市政格局的形成

（一）张之洞对商业及汉口城市地位认识的转变

张之洞督鄂之后，便大刀阔斧地实行改革，集中在武汉地区开展新政，诸如：开办汉阳炼铁厂、湖北枪炮厂、湖北布纱丝麻四局，修筑铁路，鼓励发展民营工商业，创办新式教育，编练新军。正是在湖北新政开展的过程中，以总督张之洞为首的湖北省府，成为富有革新精神的领

第三章 湖北新政时期汉口官办市政体制的革新与市政发展

导机构和主导武汉三镇市政革新的总机关。不过，从张之洞督鄂施政的总体情况来看，从开始实行新政起至19世纪90年代初期，张之洞湖北新政的重点在官办军工和民用重、轻工业上，对于武汉市政并未给予太多关注。直至19世纪90年代中后期，张之洞才开始关注市政问题，汉口的市政改革才得以在省府的主导之下大规模展开。也就是说，汉口市政改革开始于张之洞湖北新政的中后期，在实施的时间上滞后于机器工业的创办，后者实施的地点主要集中在汉阳和武昌两地。这种具体改革进程上的时间差和地点差，实际上反映出改革的总指挥张之洞在改革的不同时段，对于商业及汉口城市地位重要性认识的差异。

的确，张之洞对于商业及汉口城市地位重要性的认识，经历了一个发展变化的过程。张之洞督粤时期，以"求强""求富"为目的、以军事机器工业为龙头的洋务运动，在中国已经进行了20余年，李鸿章、左宗棠等举办洋务的中坚分子，因之成为既能镇守一方又能牵动中枢视听的实力派。一心想在地方有所作为的张之洞也不甘落后，他在督粤期间，对于洋务事业已是"小试其端"：建造军舰、筹治水师、编练广胜军、创办军事工业、开设水陆师学堂，并开始筹办民用企业。[①] 而他在督鄂之初的新政作为，基本上只是督粤时期以军工为重点的洋务事业的延续与拓展。对于商业，他虽然"一贯'重商'、'恤商'"，但是"对于商务和商人的重要性基本上没有发表议论"，"他的思想认识还没有越出开明官吏'劝工、恤商'的传统范围"[②]，故而他对于商业重镇汉口城市地位的重要性缺乏足够的认识，对汉口市政也因缺少建设性关注而鲜有作为。中日甲午战争之后，张之洞开始批评传统的商务政策，提出在各省设立商务局等培植商人势力的主张，呼吁朝廷重视商务，以便御侮图强。他甚至认为，"商务为富国第一义，内保利权，外筹抵制，居今更不容缓"[③]。

[①] 冯天瑜、何晓明：《张之洞评传》，南京大学出版社1991年版，第89—94页。
[②] 罗福惠：《张之洞对商人群体的扶持维护》，载陈锋、张笃勤主编《张之洞与武汉早期现代化》（《人文论丛》特辑），中国社会科学出版社2003年版，第322页。
[③] 《致鹿滋轩》，苑书义等主编：《张之洞全集》，河北人民出版社1998年版，总第10229页。

在戊戌变法期间，张之洞已经形成了"新型的'大商务'观念"[1]，提出了"商为主，工为使"[2]的主张。他还将商业的重要性提高到关系国家兴亡的高度，断言"日后中国岂能以兵存，仍是以商存耳"[3]。

随着张之洞对商业重要性认识的加深，他对汉口的商业地位乃至城市地位重要性的认识也越来越深入。1898年，张之洞以陕甘、河南、两广、湖南等地均"不如汉口地势适中四达"为由，奏请在上海设立商务局的同时，在武汉择地设立商务局。[4]他在委员创办汉口商务公所时说，"今日阜民之道，自以通商惠工为要策。汉口为南北水陆交冲之地，华洋商贾荟萃之区，与各省气势易通，与外省声息亦甚易达，自宜设法鼓舞"[5]。1902年10月，张之洞在饬令商务局劝集商款创办商务学堂时又说：

> 商务实富国之基，泰西以商立国……本大臣督办商务，自以开商智、培商力为亟。况汉口东西为长江上下之冲，南北为铁路交会之所，实为中国商务枢纽，是欲讲求商务尤必先自汉口始。[6]

其后，张之洞又鉴于汉口商务和对外交涉事务及城市地位的重要，于光绪二十四年十二月（1899年1月）奏请在汉口设官专治：

> 湖北汉阳县属之汉口镇，古名夏口，为九省通衢，夙称繁剧。

---

[1] 罗福惠：《张之洞对商人群体的扶持维护》，载陈锋、张笃勤主编《张之洞与武汉早期现代化》（《人文论丛》特辑），中国社会科学出版社2003年版，第324页。

[2] 《劝学篇·农工商学第九》，苑书义等主编：《张之洞全集》，河北人民出版社1998年版，总第10328页。

[3] 《致西安樊云门》，苑书义等主编：《张之洞全集》，河北人民出版社1998年版，总第8235页。

[4] 《汉口试办商务局酌议办法折》，苑书义等主编：《张之洞全集》，河北人民出版社1998年版，总第1327—1329页。

[5] 《札委瞿廷昭等总办汉口商务公所》，苑书义等主编：《张之洞全集》，河北人民出版社1998年版，总第3577—3578页。

[6] 《札商务局劝集商款在汉口创办商务学堂、商会公所》，苑书义等主编：《张之洞全集》，河北人民出版社1998年版，总第4233—4234页。

第三章 湖北新政时期汉口官办市政体制的革新与市政发展

> 自咸丰年间创开通商口岸以来华洋杂处,事益纷烦。近年俄、法、英、德、日各国展拓租界,交涉之件愈形棘手。且奉旨开办芦汉、粤汉南北两铁路,现在北路早已兴工,南路亦正勘路,纷杂万端,将来告成,汉口尤为南北各省来往要冲,市面愈盛,即交涉愈多。乃汉阳县与汉口中隔汉水,遇有要事,奔驰不遑。若至通济门外,往返之间,已费一日。且以后铁路由该镇通济门外至黄陂县界之滠口数十里间悉成繁盛之区……自非有正印专官驻扎汉口,不足以重交涉而资治理。……现在通筹熟计,不如将汉口同知改为夏口抚民同知,且品秩视知县为崇,于弹压亦较得力。……①

奏请获准。于是,张之洞在汉口设立了夏口厅,并改汉口同知为夏口抚民同知(简称夏口同知),使其地位高于知县。张之洞还奏请拟定夏口同知官缺为"冲繁疲难"四字最要缺,改汉阳县"冲繁疲难"四字最要缺为"繁疲难"三字要缺,由此不难看出张之洞对汉口商业前景的看好,以及对汉口城市地位的重视。1906年,甚至有报道称张之洞曾奏请将督署移驻汉口②,此事可信度虽不高,但此间透露出的信息是重视汉口城市地位已成官民共识。

随着张之洞对汉口商业、商务及汉口城市地位的日益重视,汉口的市政建设也日益受到他的关注。19世纪90年代末期,张之洞开始大刀阔斧地在汉口开展市政建设,近代汉口市政改革才开始正式启动,并成为清末湖北新政的重要组成部分,以张之洞为首的湖北省府由此成为汉口市政改革的主导机构。

(二)湖北省府主导汉口市政改革

张之洞督鄂时期湖北省府在汉口市政改革中的主导作用,主要表现在以下四个方面:

---

① 《汉口请设专官折》,苑书义等主编:《张之洞全集》,河北人民出版社1998年版,总第1333—1334页。
② 《两湖督署奏请移驻汉口》,《申报》1906年4月13日第4版。

第一，在市政体制层面，设立新的管理机构，强化省府对汉口市政的管理。

1899年设立的夏口厅，就是新的汉口市政管理机构之一。在夏口厅设立之前，汉口附属于汉阳县，城市管理没有专官，而是由汉阳县、汉阳府、江汉关道、湖北省府等上级机构及其官员兼理，以及由巡检司、堡工局、官渡局等机构及官员辅助管理。夏口厅设立后，原驻汉口的汉阳通判撤离，汉口同知改为夏口抚民同知，汉口的行政地位较此前相对独立，加之分治后又划得襄河以北原属汉阳县的1000平方公里作为辖域，城市发展可能拓展的空间广阔。夏口厅的建立，"为日后汉口市的建立架好了阶梯"[1]，是对汉口城市建制的一次里程碑式的重大变革，因而在汉口市政史上具有重要意义。

不过，夏口厅脱离汉阳县属而设，其名虽为"专治"[2]，实则并不能独断汉口政务。因为事实上许多设于汉口的新、旧市政机构如官渡局、堡工局、保甲局、江汉关道等，并不听命于夏口厅，而是多直接听命于省府大员尤其是总督。即便是汉阳县仍旧可以管理部分汉口事务。例如：1905年《申报》载："汉口各业商捐现归汉阳府汪荃台太守总其大成，而承收诸事则系县尊李耕石大令主持，至催缴一差，仍旧吴瑞甫二尹办理。"[3]

从此，夏口厅与这些机构一起，在省府的领导之下，在汉口开展市政建设，进行市政管理。故而在很大程度上，夏口厅的设立，是张之洞出于方便省府处理汉口事务、加强汉口市政管理的考量，而进行的市政建制调整。

汉口警察局是省府为加强汉口市政管理而新置的又一重要市政机构。汉口警察局之设，系鉴于原有社会控制体系——保甲制的败坏。汉

---

[1] 涂文学、宋晓丹：《张之洞"湖北新政"遗产的历史命运》，载陈锋、张笃勤主编《张之洞与武汉早期现代化》（《人文论丛》特辑），中国社会科学出版社2003年版，第220页。

[2] 《汉口请设专官折》，苑书义等主编：《张之洞全集》，河北人民出版社1998年版，总第1335页。

[3] 《统收汉口商捐改良情形》，《申报》1905年5月16日第4版。

第三章　湖北新政时期汉口官办市政体制的革新与市政发展

口的保甲制至张之洞莅鄂时已经徒具形式，"奉行日久，已成具文，夫役日疲，已成积习，吸食洋烟者十之八九，认真办事者百无几人。于是人人要钱，事事有弊，敛百姓之财不能办百姓之事，治盗不足，扰民而有余"，"索贿争先，捕贼则落后"。①负责实行保甲的保甲局"积习相沿，有名无实"②。保甲制这种病民扰民、效率低下的半官办形式的社会管控体系，早已不能满足汉口城市发展的需要，亟待变革。武汉三镇的警察制就是在这样的情形之下因省府的积极推动才逐渐建立的。

武汉三镇警察之设，系仿照日本警察制而行，在创办的时间上以武昌最早——在1902年；汉口次之，在1904年。不过，两地的创办过程有所不同。武昌的做法是设立警察总局，将保甲总局归并其中，也就是通过废改保甲局，创设警察局。而汉口在废改保甲局后，并没有马上创设警察局，而是先于1903年改保甲局为清道局，再于1904年9月改清道局为汉口警察局。汉口警察局创立时，设总办1人，下设5区，每区设区长1人，区官3人。③

汉口警察局的基本职能主要是什么呢？笔者未见有专门的介绍。武昌警察局章程倒是有案可查，该章程规定武昌警察局负责办理下列诸项事务：清查户口；编列门牌号；办理铺户迁移手续；疏通沟渠；防火；清理招牌；清理街棚；安设路灯；整理货摊；整理摊贩；清理店铺馆肆占街炉灶；整理肉案和限制生猪喂养；约束鸡鸭买卖地点；管理僧道；管理相命；监管茶馆；管理乞丐；管理街车；管理房屋建造；清理渣草；监督挑粪；禁止瓦木放置侵占街道；禁止随地大小便，要求居民建造厕所等。④以上事务涵盖了户口清查和管理、治安、消防、道路交通管理、路灯管理、公共卫生管理等市政管理方面的诸多职能。汉口警察局继武昌警察总局之后并以其为模范而推广设置的，其职能当与武昌警

---

① 《鄂垣创行警察》，《申报》1902年6月9日第2版。
② 《委办警察》，《申报》1902年4月13日第2版。
③ 武汉市公安局史志办公室编：《武汉市公安志》，1988年印，第5页。
④ 《鄂垣警察章程》，《申报》1902年6月10日第2版，总第71—277页；《续录鄂垣警察章程》，《申报》1902年6月11日第2版。

察总局的行政职能相仿。故警察局的设立，标志着一个新的综合性的市政管理机构在汉口诞生了。

警察局的创设，是张之洞深化湖北新政的重要举措，在很大程度上，也可以看作张之洞正式启动武汉三镇市政改革的阶段性成果。张之洞很重视警察的创设。在创办湖北警察之前，他对国外尤其是日本的警察制已有一定程度的了解，认为日本的警察"以安民防患为主，与保甲局及营兵堆卡略同。然警察系出于学堂，故章程甚严，而用意甚厚。凡一切查户口、清道路、防火患、别良莠、诘盗贼皆此警察局为之"。有鉴于此，张之洞主张，"当于繁盛城镇，采取外国成法，并参酌本地情形，先行试办，依次推行，警察若设，则差役之害可以永除。此尤为吏治之根基，除莠安良之长策"①。显然，张之洞已视创办警察为刷新吏治以提高地方行政效率的根本性措施。基于这样的认识，张之洞很重视警察的创办对新政的影响，他说："警察为推广新政之根基，责任所关，极为重要。"② 湖北警察的创办就是要革新旧有的城市日常管理机构，建立起地方政府能够赖以有效开展日常管理的城市机构。汉口警察局的创办，就是以警察局这一新的日常市政管理机构，取代旧的日常市政管理机构保甲局。与此相应的是，以正式的官办警察制，取代半官办的保甲制。因此，汉口警察局的创设，是湖北省府在汉口推行新政的重要举措，也是清末汉口市政改革的重要内容之一。"具有多功能专门化的城市管理机构——警察的出现，是城市管理和社会控制向现代化转变的产物和标志。"③ 汉口警察局的创设是汉口市政现代转型的重要表征。

汉口警察局在创立时，以汉阳知府为总办。④ 1907年，湖北省府在汉口设立了直属的警政机构——巡警道，作为全省最高警政机关。

---

① 《遵旨筹议变法谨拟整顿中法十二条折》，苑书义等主编：《张之洞全集》，河北人民出版社1998年版，总第1415页。

② 《札委双寿带同两湖书院学生及护军营勇前赴日本学习师范、警察各学附单》，苑书义等主编：《张之洞全集》，河北人民出版社1998年版，总第4195页。

③ 何一民主编：《近代中国城市发展与社会变迁（1840—1949）》，科学出版社2004年版，第264—265页。

④ 武汉市公安局史志办公室编：《武汉市公安志》，1988年印，第5页。

第三章 湖北新政时期汉口官办市政体制的革新与市政发展

此时，直接对汉口行使警权的机构为汉口警察总局。夏口厅则根本无权干预汉口警政。由此可见，汉口警察局的创设及后续警察机构在汉口的设立，同样体现了省府在汉口市政改革和市政管理中的主导作用。

张之洞督鄂时期，湖北省府还根据汉口市政建设的需要，针对某一具体的工程建设，设立具体负责并听命于总督的市政机构。如：为了修筑后湖堤，专设"汉口后湖堤工局"，以江汉关道为总办，常备军第一镇统领张彪为会办，夏口同知和汉口都司协助办理，"总司巡查弹压"。① 汉口后湖堤工局及其官员，均听命于总督，夏口同知也不过是协助办事的官员而已。为了修筑汉口马路，张之洞下令专门设立"汉镇马路工程局"，以湖北候补知府周以翰委充，并由江汉关道"督饬妥筹办理"。② 马路工程局亦直接听命于总督，夏口厅亦无权过问。

从上述市政管理机构革新的情形可知，省府在汉口市政改革中所起的主导作用。

第二，在市政规划层面，整体布局汉口市政建设。

张之洞督鄂时期，对于汉口市政虽然没有十分具体详细的规划，但还是逐步摸索出了一个粗略的革新汉口市政的整体计划。19世纪90年代末，张之洞就筹划修筑汉口后湖长堤，以便拓展市区，繁荣市面。由于经费和技术的原因，暂时搁置。此后（1902年），卢汉铁路汉口段已建成通车，汉口铁路沿线建有刘家庙江岸、大智门、玉带门3个车站，给汉口市场的发展带来了巨大的商机。当时，租界由于距离铁道近、面向大江，而且码头、道路等基础设施远较旧市区完善，其市场发展在铁路通车后比华界明显更具竞争优势。于是，张之洞与幕僚们又开始谋划开辟汉口华界马路，考虑如何沟通铁路与旧市区，开发新市场，以便带

---

① 《札江汉关道委修后湖堤工》，苑书义等主编：《张之洞全集》，河北人民出版社1998年版，总第4269页。
② 《札江汉关道设汉镇马路工程局》，苑书义等主编：《张之洞全集》，河北人民出版社1998年版，总第4272页。

动华界市场的发展。到了20世纪的最初几年,张之洞布局汉口市政建设的整体思路已经形成:修筑后湖长堤,为拓展市区的预备空间;拆除汉口城垣,扫除拓展市区的障碍;并依城基筑路,开拓市区靠近大智门车站一带的马路,以联络铁路,开辟新市区,发展华界市场;展宽旧市区街道,控制市区房屋建造。此外,张之洞还曾计划修筑联络汉口与武昌、汉阳的铁桥,但"因工程浩大,需费至一千余万,难于筹措,遂延搁未办"①。

张之洞督鄂时期的汉口市政建设,就是在这个整体思路的引导下展开的。

第三,在具体市政建设层面,大规模地开展汉口市政工程建设。

汉口从1904年开始大规模地筑堤、拆城、修路。1904年开始修筑后湖长堤,该堤长达30余华里,将汉口市区及其西北广阔的后湖水域囊括其中。1905年该堤基本筑成,耗银100万两左右。这是自明代以来为保护或拓展市区所修筑的最大规模的堤防工程。1905年,张之洞下令拆除汉口城垣,就墙基修筑马路。长达10余华里的汉口城垣,在当初修筑之时,其工程所费之银,高达20余万两,其建筑工程之浩大不难想见,由此我们就不难推知,拆除汉口城垣也是一项浩大的工程。拆城完工后的城垣马路建设,又费时约年余,可见新建马路工程之浩大。同年,张之洞又下令拓展旧市区街道(具体情形见下节论述)。此外,张之洞于督鄂时期,还改良狱政,"仿造西式"扩充全部中式"卡屋"(即监狱中关押囚犯的地方),建成新式监狱②;设置劝业场③,"分地建设"菜亭④——有的菜市场是官府购买被火地段建造的⑤;等

---

① 《鄂督议建二大铁桥》,《申报》1906年7月31日第3版。《武汉三镇将设铁链渡船》,《申报》1910年11月9日第1张后幅第4版。
② 《扩充卡屋》,《申报》1906年7月19日第9版。
③ 《劝业场开办无期》,《申报》1906年8月13日第3、4版。当时,劝业场费银约5万两建成,但一时由于经费困难,尚未正式开办。
④ 张继煦编:《张文襄公治鄂记》,湖北通志馆民国三十六年(1947)版,第511页。
⑤ 《改造菜市场》,《申报》1906年3月11日第17版。

第三章 湖北新政时期汉口官办市政体制的革新与市政发展

等。此外,还可能修筑了集稼(家)嘴驳岸①。

以上大、小规模的市政工程的建设,不但由省府组织展开,而且其建设经费,亦均由省府主持筹措,省府在汉口改革中的主导地位显而易见。

第四,在官商互动层面,鼓励商人参与汉口市政建设。

电话、自来水、电灯既是现代城市必要的基础设施,也是现代城市所必备的公共事业。张之洞在督鄂时期,积极鼓励商人经办汉口的电话、自来水、电灯。1900年,省府在武昌和汉口开设了电话局。1902年,省府计划扩充汉口电话局,但资金不足,张之洞责成商人集股经营。于是由大商人刘歆生出任商办电话公司董事,汉口电话遂由官办转为商营,"这是全国商营电话的开端"②。1905年,湖北省府打算官办汉口水电,亦困于资金,但又不愿由洋商经办,故未能如愿。③ 因此,当华商宋炜臣等集资禀请开办汉口水电时,张之洞核准并给予专利保护,同时申明,"此举前经本部堂饬该商等由官提倡,应即筹拨官款三十万元作为股本,其办事、分利各章程应与商股各股东一律办理"④,以示鼓励商办而不干预公司事务之意。此外,省府还招商办理汉口、武昌间的轮渡。⑤

---

① 《批汉阳府禀汉镇集稼嘴驳岸工程拨款勘估》,苑书义等主编:《张之洞全集》,河北人民出版社1998年版,总第4632—4633页。1904年,江汉关道桑铁珊鉴于江、汉交汇处的龙王庙至花楼(接近英租界)一带江岸"年久失修,时虞崩塌","拟垫巨资兴工修理,俟别筹捐项,然后归还",不知最后是否实行。

② 冯天瑜、何晓明:《张之洞评传》,南京大学出版社1991年版,第135页。汉口电话局在辛亥首义中,以电话为军用之物,由鄂军政府派员经理,即为公家接管。阳夏之战中,该局大受损失。南北统一后,刘歆生迭次在都督府呈请将汉口、汉阳二局发还商办,否则要求赔偿创办成本,迁延年余。1914年,交通部出资十八万元,收归国有。参见《湖北各局厂近况》,《申报》1912年8月8日第6版;《鄂省近事纪要》,《申报》1914年1月7日第6版;《电政》,侯祖畲修、吕寅东纂:《夏口县志》民国九年(1920)刻本,卷九"交通志",第9页。

③ 《议借洋款创办自来水及电灯公司》,《申报》1905年5月11日第4版。

④ 《既济水电公司》,侯祖畲修、吕寅东纂:《夏口县志》,民国九年(1920)刻本,卷十"实业志",第3页。

⑤ 《抱冰堂弟子记》,苑书义等主编:《张之洞全集》,河北人民出版社1998年版,总第10625页。

正是由于省府积极鼓励商办，并坚持由华商集资主办，才从根本上保障了汉口华界市政利权，由此亦可见省府在汉口市政改革中所发挥的主导作用。

二 张公堤与后城马路的兴筑及其对汉口市政发展的导向作用

在中国城市史上，恐怕没有哪一座城市像汉口这样依堤为命，它虽处内陆，却周围皆水，身如孤岛，故堤防建设成为汉口市政建设的一个极其重要的组织部分。而历次大规模的堤防兴筑，均极大地改变了汉口城市环境，给城市发展带来深巨的影响。因此，研究堤防建设是我们探讨近代汉口市政建设和城市发展的一个重要的基础性工作。

近代汉口的主要堤防有租界堤、张公堤及铁路堤，都是在晚清筑成或奠基的，其中，尤以张公堤的修筑对汉口城市环境及市政建设的影响最为深巨。到目前为止，学术界对晚清汉口堤防尤其是张公堤对城市环境变迁所产生的影响，缺乏全面深入探讨，对于堤防修筑给市政发展带来影响的探讨，也存在着诸多的不足，如：基本史实错误或疏漏；忽略堤防修筑本身所体现的市政理念；对堤防筑成后促进市政发展所体现出的政府市政管理职能积极发挥，缺乏足够的认识。

汉口开埠后40余年，华界市区还没有一条像样的大马路，直到张之洞督鄂10余年之后，才有了后城马路这个汉口华界第一马路。目前学术界对于后城马路修筑的认识还十分浮泛，基本上只是在城市交通层面进行粗浅的论述，对于该路筑成后促进市政发展的多种作用，及筑路所体现的政府在市政管理方面所发挥的积极作用，缺乏深入的认识。

修筑张公堤和后城马路是张之洞在推进汉口市政改革的过程中主持的两大市政工程，它们对于汉口城市的发展均产生了积极的导向性影响，强有力地改变了近代汉口城市发展进程。下文将就这两大市政过程的规划、建筑等方面展开论述，希望能够最大限度地弥补既往研究之缺失。

(一) 张公堤修筑前诸堤修筑概况

为了理解张公堤修筑对汉口市政建设的重要性，也为了较全面地理解开埠后汉口的堤防建设，我们不妨对张公堤修筑前拱卫汉口市区的主要堤防尤其是租界堤防的修筑情况略予论述。

汉口开埠后，环市诸堤以租界堤修筑最早。1861 年 4 月，英国驻上海领事单方面公布将汉口辟为商埠。同月，金执尔（W. R. Gingell）抵达汉口，出任英国驻汉领事。以此为标志，汉口正式开埠通商。① 此后，德、俄、法、日诸国也相继在汉口建立租界。英国租界最早开始修筑沿江堤防，德、俄、法、日诸国租界步其后尘，沿江筑堤以巩固本界安全。晚清汉口租界沿江堤防修筑主要集中于开埠至 20 世纪最初的年份里，其兴筑的主要情况见表 3-2-1：

表 3-2-1　　　　1861—1901 年汉口租界堤防概况表

堤防地段		英租界	俄租界	德租界	法租界	日租界
租界初辟时间		1861.4	1896.5	1895.10	1896.5	1898.7
堤防修筑时段（年）	起	—	—	1898	1901	
	止	1865	1896	1899	1901	—
堤 防 长 度		—	772 码	0.75 英里	0.25 英里	400 余码
堤防经费（海关两）	分计	200000	215000	260000	150000	
	合计	825000				
备　　注		\multicolumn{5}{l}{1. 1 英里 = 1760 码，1 码 = 3 英尺 = 0.9144 米 2. 英国人穆和德在《海关十年报告——汉口江汉关（1882—1931）》中并没有具体说明英租界沿江堤防的长度，但却介绍说 1861 年英国政府取得的租界，"占据半英里长的河段"}

资料来源：[英] 穆和德：《海关十年报告——汉口江汉关（1882—1931）》，李策译，香港天马图书有限公司 1993 年版，第 30—32 页。

---

① 武汉地方志《汉口租界志》编纂委员会编纂、袁继成主编：《汉口租界志》，武汉出版社 2003 年版，第 2 页。

不过，表3-2-1所列堤防还不是晚清租界堤防的全部。自1898年至1907年，英、俄、德、法、日诸国又迫使中国政府同意它们扩展租界。在各国扩展的租界中，英租界是沿江向城垣方向扩展的，俄、德、法三国租界本身滨江，又夹在英、日租界之间，没有沿江拓展的余地，只有日租界能够沿江拓展。1907年，日租界沿江向北拓展了150丈（约500码），直至麻阳口。这150丈沿江堤段，日租界如果不筑堤，其安全就得不到保障。就租界范围而言，日租界堤防应该是沿江堤防中完成得最晚的。经过先后修筑，各国租界建立起南至江汉关，北至麻阳口的沿江堤防。

各国租界堤防在1911年之前还被加高。穆和德的江汉关《海关十年报告》载："沿江已有2英里长的堤防加高到46—48英尺高。"值得注意的还有，此前"京汉铁路车站附近长达1235码的堤防工程已经竣工"[①]。京汉铁路诸车站与租界最接近的是大智门车站，它的附近是指哪一地段呢？《汉口租界志》在叙述租界堤防建设的时候，对此语仅予以录载，而无所考论。1902年京汉铁路汉口至河南信阳段就通车了[②]，其汉口段在1901年应基本建成，从而形成铁路堤。这"长达1235码的堤防工程"，约1123米，很可能是沿着租界的边缘而不是穿过租界。如果这段堤是在租界地段内，那么，租界有必要在沿江堤与铁路堤之间这么一个狭长地带另筑一道堤吗？如果它不在租界地段之内，那么，这段堤又是指哪一段堤呢？这是有待发掘新的资料予以考证的。

特别值得一提的是，各国租界堤防的总长度虽然远远不及铁路堤和张公堤，但就其筑堤所耗巨额经费而言，其规模也堪称宏大，不可以道里计。因为后其而成、长达30余华里的张公堤耗费也不过100万两白银左右。租界堤防虽然不像张公堤那样，给汉口市区陆地面积带来那么大的可能的扩展空间，但它也将给近代汉口市区的扩张带来影响；另外，如果从汉口环周堤防在防洪中产生的"水桶效应"来看汉口环周

---

① [英]穆和德：《海关十年报告——汉口江汉关（1882—1931）》，李策译，香港天马图书有限公司1993年版，第101、32页。
② 许同莘：《张文襄公年谱》，商务印书馆民国三十三年（1944）重庆初版，第160页。

第三章　湖北新政时期汉口官办市政体制的革新与市政发展

各堤防的作用，那么，租界堤防作为汉口环市堤防的组成部分，其作用同样应该受到重视。

差不多在英租界堤防修筑的同时，华界修筑的汉口堡（即汉口城垣）成为兼具防水功能的准堤防。同治三年（1864），鉴于汉口此前因无城垣防护而惨遭太平军的焚毁，也为了抵御捻军的侵扰，汉阳知府钟谦钧及绅士孙福海等，就后湖一带筑堡开濠，修筑了一道城垣，它上起桥口（今硚口），下至沙包（今一元路口），环抱汉镇，全长1992.2丈（约11华里），且"外浚深沟，内培坚土"，整个工程共费银20余万两。① 汉口堡将汉口市区与后湖广阔的水域隔离开来，从而形成阻隔城市西北面洪水来袭的一道屏障，兼具军事城防和御水堤防的身份。（参见图3-2-1，图中有多个城门者为汉口堡）汉口堡到底有多高？史志均不见记载。汉口堡筑成不久，汉口于1866年遭大水，于1870年再遭大水而全境沉沦。此时，沿长江租界堤防仅英租界已经完成，这说明汉口堡和英租界堤防还是远远不能胜任捍卫现有市区的任务。

汉口堡因将市区包围起来而局限了市区的发展。城垣之外，"处处是水，一到夏天水涨，就把城门关闭起来，不然，水就要流入城内，一关就是好几个月"②。随着汉口市面的发展，扩展汉口市区势在必行，这种拘束的状况亟待改变。

铁路堤完全建成于1902年。这一年卢汉铁路（后称京汉铁路）汉口至河南信阳段建成通车。因为铁路路基必须具备相当的抗御洪水的能力，所以卢汉铁路路基本身就是防水堤。卢汉铁路路基筑成后就成为路堤，汉口市区由此又多了一道防水屏障，但汉口市区在防水方面仍缺乏安全保障，尤其是急需建筑一道阻挡来自后湖方面的洪水的安全屏障。

---

① 徐焕斗修、王夔清纂：《汉口小志》，民国四年（1915）铅印本，"建置志"，第3页；侯祖畲修、吕寅东纂：《夏口县志》，民国九年（1920）刻本，卷五"建置志"，第1页。
② 胡鸿佐：《汉口张公堤》，政协武汉市委员会文史资料委员会编：《张之洞遗事》《武汉文史资料》1986年第1辑，第120页。

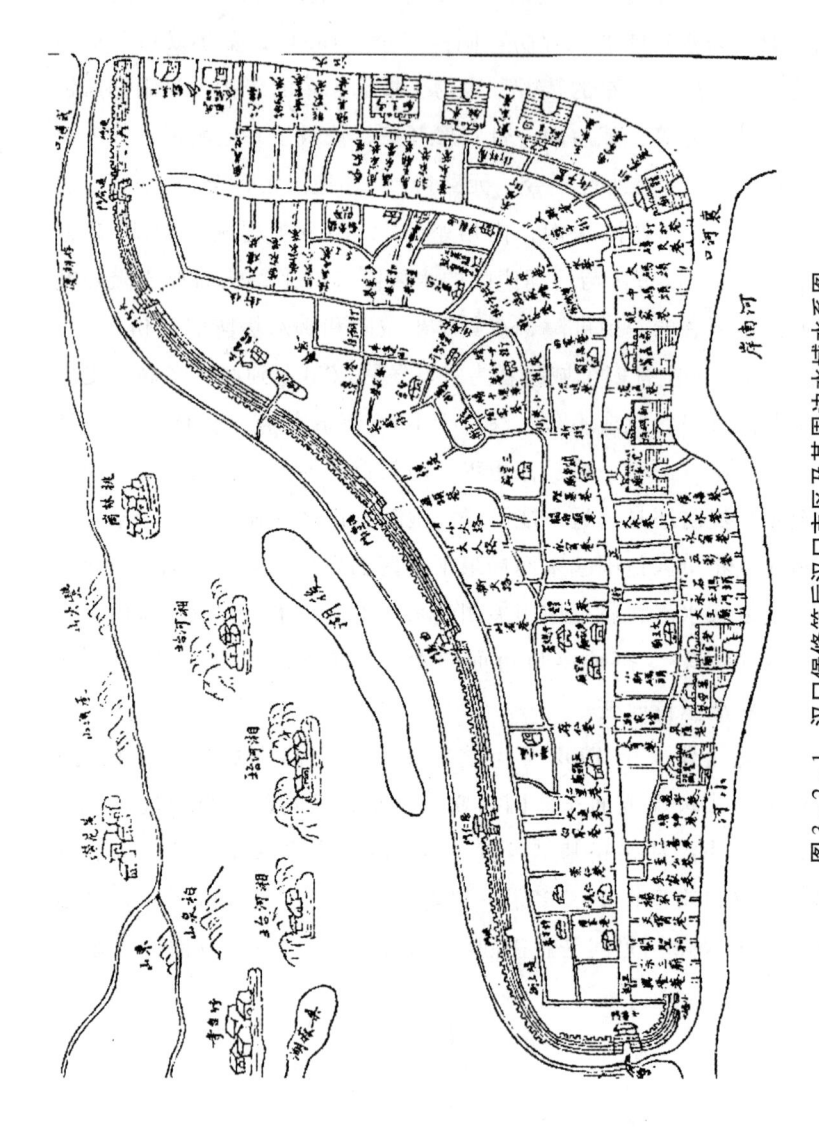

近代汉口市政研究（1861—1949）

图 3-2-1 汉口堡修筑后汉口市区及其周边水域水系图

资料来源：《续辑汉阳县志图》，见《武汉历史地图集》，中国地图出版社1998年版，第19页。

（二）张公堤兴筑与汉口城市规划、环境变迁及市政建设勃兴

1. 张公堤的规划与兴筑——近代汉口城市整体规划及其实施的开端

过去我们论述张公堤（当时称后湖堤）的修筑时，多据文集如《张文襄公全集》《张之洞全集》，以及回忆录如《张文襄公治鄂记》《张之洞遗事》，但它们对于张公堤修筑的具体情况或较少论及，甚至论述失真。《张之洞遗事》中称，"那时办事情简单得很，就是在后湖当中搭了一座很高的台，张之洞站在台上，用望远镜四周一望，他就指定：上到哪里，下到哪里，中间经过哪些地方。就是这样地把堤的路线决定了。工程处根据他所指定的路线，进行勘测，办理购地手续……"[1] 根据这样的记述，长达30余里的后湖堤堤线就如此草率地由长官意志决定了，然后工程处再根据长官的意志开展技术测量工作。事实上，张之洞当初主持修筑张公堤时，不仅颇费踌躇，而且从拟建到建成，并非一帆风顺，其间也曾面临技术难题，在设计和修筑方面历经周折。

整个汉口市区地势本来就很低，后湖地处汉口的西北，地势最低，每每泛滥，殃及市区。但后湖水域面积比日趋繁盛、拥挤不堪的汉口市区面积要大得多。"后湖一带地面宽广，春夏之际，江汉盛涨，动遭漫溢，几同泽国，该处邻近铁路，若筑长堤以御水患，则堤内保全之地，即为商务繁盛之区。"有鉴于此，张之洞于光绪二十七年（1901）就曾派员前往后湖勘丈绘图，"饬议筹款兴筑"[2]。但是后湖堤修筑之事，当时由于"款绌不果"[3]，事情就这样搁置了。

张之洞的后湖筑堤计划虽然因经费问题搁置，但是筑堤一事却引起了外国人的兴趣。1904年10月，"驻汉各国领事官拟在刘家庙、盛家

---

[1] 胡鸿佐：《汉口张公堤》，政协武汉市委员会文史资料研究委员会编：《张之洞遗事》，《武汉文史资料》1986年第1辑，第121页。
[2] 《后湖堤工案》，《申报》1905年7月26日第9版。
[3] 许同莘：《张文襄公年谱》，商务印书馆民国三十三年（1944）重庆初版，第186页。

矶（即谌家矶，两地均在京汉铁路沿线——笔者注）等处建筑长堤两道，保卫租界，以免洪水冲决之虞"，他们还会同夏口同知冯启钧"前往查勘，随即绘图贴说"，打算从北边开河，南边筑堤，河工从韩家墩起，与江河相接。总计经费银100万两左右。并且计划"各国领事承认其半，余华官筹措"。①

在此之前，早有德国商家德和包工局想承包后湖堤工。该局工程师费孝兰早已绘出了两份图纸：一份总图和一份堤工剖面图，并且于光绪二十九年（1903）五月间，"在武昌谒见湖广总督部堂端方，言及此事，奉谕：用意良嘉，须俟张公保来鄂，再行禀明，方可定夺"。②（按：端方此时是以巡抚署理湖广总督一职，张之洞此时署理两江总督。）也就是说，端方当时并没有拒绝费孝兰的请求，只是表明自己不便做主，要等张之洞回鄂后，才能定夺德商承包修筑后湖堤一事。这就为德商继续向中方提出包修后湖堤的要求留有斡旋余地。张之洞直至光绪三十年（1904）二月十三日，才返回武昌总督府。③ 于是，德方由领事汉伦署出面，于光绪三十年（1904）二月二十八日照会张之洞，并递交了德和包工局所绘的两份图和一份说明书，陈明德商的意图：承包后湖堤工，愿将大约需银100万两的堤款借给湖北政府。同时，德国领事汉伦署还转告了德商的申明：如果中方并不立即修筑，那么，该局图样和绘图详细说明，"别人不得仿照办理"，意即中方如果不让德和包工局包修，就不能采用该局的设计方案。张之洞知照后，将该公司的图纸和说明书收下了，并且"发交江汉关道，体察情形，就近妥商办理"。也就是说，张之洞最初既没有拒绝也没有答应德方包修后湖堤工的请求。可是，当德国领事于光绪三十年（1904）六月初七日照会催促张之洞明确回复时，张之洞的态度明确，其回复令德方大失所望："查此项堤工，极关紧要，湖北当自行营办，毋庸由德商干

---

① 《汉皋解佩》，《申报》1904年10月25日第9版。
② 《后湖堤工案》，《申报》1905年5月12日第9、10版。
③ 许同莘：《张文襄公年谱》，商务印书馆民国三十三年（1944）重庆初版，第172—179页。

第三章　湖北新政时期汉口官办市政体制的革新与市政发展

预。"

在拒绝德商承办的同时，张之洞饬令江汉关道详细勘测后湖堤工，估算工程费用后，听候核定，并计划于1904年秋江水下落后兴工。关于经费，"准将新筹赈粜米捐，移缓就急，尽数拨充工用，将来堤内获益田地分平摊还"。①

其后，江汉关道等向张之洞禀复勘定堤线的情况如下：计划筑堤基址自铁路第1号地方皇经堂之裕丰垸旧堤起，计长331.5丈，接筑新堤计441.5丈，至长丰垸民堤。再从长丰垸民堤增高加修至该堤闸口止，计长1100丈。由闸口循东北而上，自杜家湾，经宝莲庵至观音寺止，计长1100丈……由观音寺至戚家墩前，计长820丈……由戚家墩历小金潭、大金潭斜接戴家山西头，计长1290丈……戴家山头……不须筑堤。从该山东尾起，过龙骨沟、藤子冈前，循王家嘴，直抵铁路150号，计长720丈……以上总长6200余丈，34华里有余（按：有关张公堤的实际线路，请参见图3-2-2）。②

江汉关道等还在禀复中建议，在堤线中间与堤外便于水路沟通的桃林冈修筑码头，并由桃林冈修筑马路向堤外延伸。这样，不论堤外水涨水落，民船客货都可以直抵桃林冈起卸，再与汉口市内沟通交易。张之洞对于这个禀复很满意，认为：

> 所拟堤工经由地段，均择地势较高之处，工程较省，既不开通汉水，亦不挑引府河（原计划要挑挖引河的——笔者注），但于大智门外自何家墩起，修一南北马路直通桃林冈之万家墩堤外，筑为马头，再由万家墩堤外接修马路面铺石板直抵大石桥……商货、行旅经年无阻，于地方商民生计利益甚多，洵属稳实可行，应即照此定议。③

---

① 《后湖堤工案》，《申报》1905年5月12日第10版。
② 《札江汉关道委修后湖堤工》，苑书义等主编：《张之洞全集》，河北人民出版社1998年版，总第4268—4269页。
③ 同上书，总第4269页。

· 121 ·

于是，张之洞下令设置后湖堤工局，特派江汉关道桑宝为总办，常备军第一镇统领张彪为会办，夏口同知冯启钧、汉口都司陈士恒负责巡查弹压。分10段，每段各委派1人承修，分头雇夫兴筑。计划当年冬天先修土工，次年冬天再修石工，分段绘图兴工。①

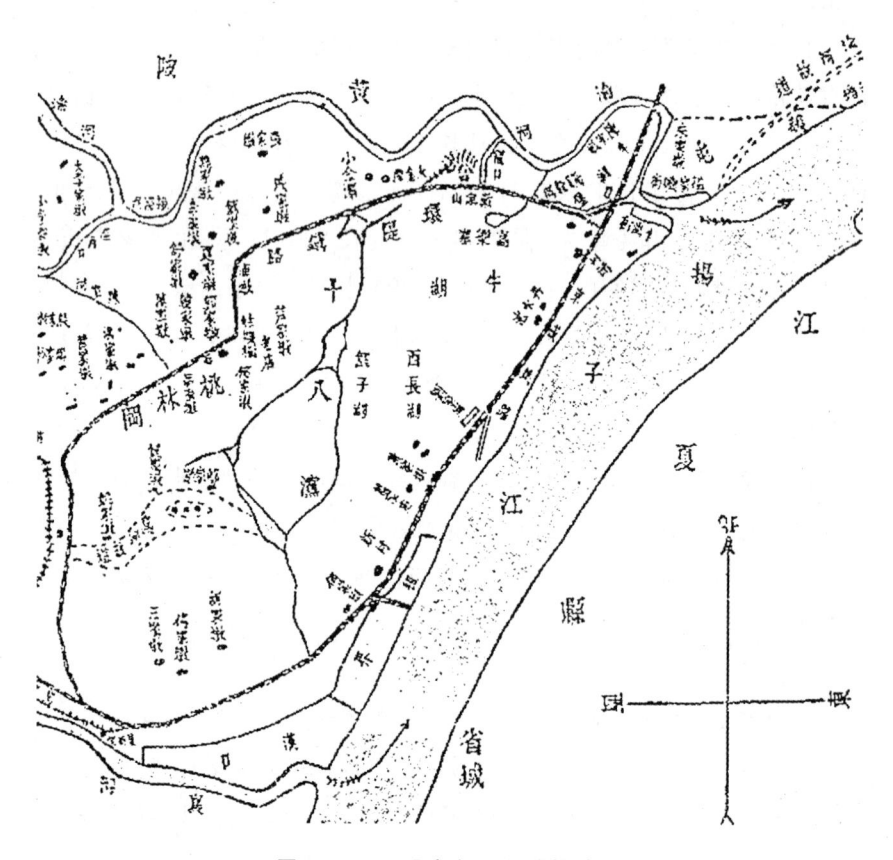

图3-2-2 民初汉口环周堤防图

资料来源：《夏口县志全图》，侯祖畬、吕寅东纂：民国《夏口县志·建置志》（民国九年刻本）。

---

① 苑书义等主编：《张之洞全集》，河北人民出版社1998年版，总第4269页；《后湖堤工案》，《申报》1905年5月8日第3—4版。

第三章　湖北新政时期汉口官办市政体制的革新与市政发展

不过，张公堤直到 1905 年 3 月才开工。同年全堤基本完工，堤高准京汉路路基，堤面宽 2、3 丈不等，堤跟宽 6、7、8 丈不等。① 因为该堤外环后湖，故开始时叫作"后湖堤"或"后湖长堤"，后改称张公堤，以示对张之洞的纪念。② 其中，自皇经堂起由南向北经长丰旧堤直至禁口的那段，长 7 华里余，称为"张公横堤"。③

此次修堤，张之洞是借款修筑，其所用款项据 1906 年 4 月 20 日（光绪三十二年三月二十七日）官方透露的信息是"公家建筑之款已逾百万"④，系"在拨充粤汉铁路购股、买地、专款之赈籴米捐项下借拨应用"⑤，先由官方垫借，再由民间归还。归还的办法是由堤内业主分摊，按地势高下及距离铁路、租界远近，酌分 5 等，按年分摊已用堤款，归还公款。同时还规定将每年防险岁修之款，核定数目，一律摊

---

① 《戴家山石闸》，侯祖畲修、吕寅东纂《夏口县志》，民国九年（1920）刻本，卷五"建置志"，第 9 页。《汉口市政府建设概况》（1930 年），"第一编　总务"，第 10 页。亦见《武汉指南》（1933 年），"第一编　地理"，第 12 页。
② 清末民初报纸如《民立报》《国民新报》《汉口中西报》都这样称呼。不过，笔者所见现存《汉口中西报》从 1922 年开始称为张公堤。
③ 胡鸿佐：《汉口张公堤》，政协武汉市委员会文史资料研究委员会编：《张之洞遗事》，《武汉文史资料》1986 年第 1 辑，第 121 页。
④ 《公牍·酌定后湖地亩验契覆丈分别印税章程》，苑书义等主编：《张之洞全集》，河北人民出版社 1998 年版，总第 4375 页。关于张公堤修筑款项，[英] 穆和德在江汉关海关十年报告中称"耗资 1000000 两"（见 [英] 穆和德《海关十年报告——汉口江汉关（1882—1931）》，李策译，香港天马图书有限公司 1993 年版，第 104 页）。《汉口市政府建设概况》（1930 年）中称"费银八十万两"，其依据是 1905 年江汉关报告）（见该书"第一编　总务"，第 10 页），这个依据应该是可靠。据胡鸿佐《汉口张公堤》一文称"费银八十万两"（见政协武汉市委员会文史资料研究委员会编《张之洞遗事》，《武汉文史资料》1986 年第 1 辑，第 121 页），因为其资料来源可能有两个：一个是 1930 年《汉口市政府建设概况》；一个是文中提到的张南溪（此人曾留学日本，为当时张公堤工程负责人之一，对工程的前后经过和款项请领等手续都很清楚），他传述的数据应比较可靠。不过尽管 1930 年《汉口市政府建设概况》和胡鸿佐《汉口张公堤》依据的资料比较可靠，但是我们应该注意到，1905 年时张公堤只是基本完成，还没有全部竣工，还有堤闸需要修筑，还有紧接其后的补修经费，故张公堤的全部耗费当在 80 万以上。而 [英] 穆和德所说的"耗资 1000000 两"当指最终耗费，不过这也只是一个约数。因此，张公堤的实际耗费最有可能是 100 万两。上也不会超过太多，因为"已逾百万"这个数字虽说出自官定章程，却也并不是一个确定数，其中会不会因催促后湖业主归还垫款，有意给后湖业主听，而在官文中虚开一点？这就不得而知了。总之，张公堤修筑的总耗费不会低于 80 万两，而是在 80 万两以上的 100 万两左右。
⑤ 张继煦编：《张文襄公治鄂记》，湖北通志馆民国三十六年（1947）版，第 46 页。

派。借款是从官钱局支出的，实际上后来"仅由业户凑银六十万两，代还官钱局款，从未清丈补税"①。

德方在得到中方拒绝德商承包、决定官修后湖堤的明确答复之后，仍旧关注后湖堤的修筑情况。1905年4月25日，驻汉德国领事在德商的要求下，谒见张之洞，"谓中国所筑之堤，系照彼所绘之图办理，中国既不包办，断不能窃效"，即认定中方窃用德方设计技术，并首次提出交涉。对此，张之洞断然否认。② 其后，德国领事"屡次照会，谓此堤工既归官办，须津贴德商数万金，以酬其筹划之劳"。实际上，德方就是向中方索要设计费。当时《申报》报道就称：中方筑堤"一切办法仍不能出德商条陈之范围"，所以德方才"屡次照会"中方。③ 从"屡次照会"这样的字眼来看，可知德方曾多次就后湖堤工设计权益问题向中方提出交涉，但多次遭到中方的拒绝。

那么，中方是否采用了德和包工局的设计方案呢？其设计方案究竟是怎样的呢？如果中方真的采用了，那么我们就大致上可以将该方案视为汉口后湖堤修筑的方案。当时，《申报》分两次登载了德和包工局的《造堤工程节略》（即堤工设计图的说明书概略），其内容如下：

> 在京汉铁路之向北地方第一号铁路车站起止十五号车站止，造堤一座（照上现在送呈之图样，该处现处溅口）。
>
> 一、造堤之宗旨，系保全地方，并可造屋耕田，成为有用市面。若在现在情形，毫无用处。
>
> 二、其堤之座处，照第一号图样情形，其工程则照第二号图样情形，首尾均与铁路相连。
>
> 三、造堤应须之泥土，应专在一处掘取，所掘空之地，造小河一道，以便行驶土船。该堤将来造成之后，不但保护水患，且成一

---

① 《设立后湖地捐处》，《汉口中西报》1923年10月17日第3张。
② 《外人干预堤工》，《申报》1905年4月26日第4版。
③ 《德商索后湖堤工之酬劳》，《申报》1905年5月24日第2版。

美观之河岸。该小河应与汉河即现在之小河漤口相接，以便河水吃入而减少汉河口之淘流，驾船者常视为险地也。

四、该堤外面之斜坡，用红沙石起【砌】成，共高华尺四十二尺，即四丈二尺半、一丈四尺半，惟应占宽至四十三尺半为止。此种展宽工程，应责成堤内附近业户，于欲造房屋时，将应用地基填足符限，否则不准起造，或过四十三尺方可。填堤所需之土，应在所拟掘小河地方取用，如挖河通道又放大多多矣。

五、该堤连外面之石头，共洋价例纹九十万两。

六、该堤工程由开工起，能于二十四个月造成。

七、造堤应用地皮，共有九十五方起罗密达或十五万零六百亩。

八、造堤工程之法如下：开工造堤，一面合同订好，随即开工，应请速多无延。法克先生、拿先生将全行应用地皮测好，插标禀请中国大宪履勘核夺该堤地方是否合宜。法君当精细审度，工程务坚。该堤工程照图样而做，应用之地，先填高一尺，全行记出，离三尺远，插木为记，用西门水泥三合土以杂其内，可免水浸入之虞。该堤里面当用合宜物料，令其自生青草，该堤外面当用顶好红沙石砌成，其式及大小均应适宜，其石驳岸至少须十二寸厚，方可永远保守风波及免鱼虾老鼠等物进内损坏。驳岸一尺底用大石砌成，以西水泥做好堤脚。全工应如何掘取之处，当照法君办法。石料应用顶上石头，其他石若有裂损者、长条者，一概不用。石头须妥为载好，置之于干净地方，且须用水冲洗，然后再交工头砌入驳岸。天气冷冻之时，不得做驳岸之工，除非有该管工程司特别之训条，方可动工。夏令工作，泥水须常洒水，等到水气尽干为止，此免裂之故也。驳岸脚基当用西门水泥三合土，三合土内三零碎硬石，大小须过二圆径，用水洗净，不许稍有灰泥冲杂其间。今之共用一层水泥，二层净沙，四层干净碎石，庶免驳岸外面所砌石块有滑倒之虞。碎石子用水洗净后，再与沙及水泥妥为和杂，面于平地之上，即行动用三合土，须分段摆好,每层六寸厚。本行尽心竭力修造合式堤工,最要者细细按照以上章程妥为办理。①

从有限的文字上比较中德双方的筑堤方案,我们不难发现,双方的筑堤方案除了筑堤的宗旨相同,堤线的起点相同——铁路第一号地方,起讫点均与铁路相连外,似乎看不出更多的相同之处,而且中方的筑堤方案还考虑到堤与市内马路勾连的问题,考虑问题更具有整体性。不过,德和包工局设计的对象只是堤防,其设计只是为了承包工程而进行的单纯堤防设计。而中方是将堤防设计作为汉口城市发展整体规划中的一个部分,两者考虑问题的角度有别。所以,堤防是否与马路勾连并不能成为权衡双方堤防设计方案是否有别的尺度。由于我们今天看不到德和包工局设计的筑堤图纸,所以仅从有关堤防设计的有限文字记载,我们还很难判断德和包工局的堤防设计方案是否被中方所窃用。不过,我们从中德交涉的部分结果(按:笔者没有见到交涉的最终结果),还是可以对此案作出判断。

中德双方就后湖堤设计酬劳问题经过多次交涉之后,1905年5月张之洞"已允酬一万金,然德商尚未认可"。② 从这个阶段性的交涉结果来看,张之洞既然同意支付德商一定的酬劳,说明他已经承认官修后湖堤窃用了德方的设计方案。至于酬劳最终是多少,对于我们今天判断汉口后湖堤公案来说,已经并不重要了。

既然如此,我们又怎样看待江汉关道等人的那份勘定堤线的禀报和张之洞得到禀报后对这份禀报的断语呢?笔者认为,江汉关道等人的那份禀报是依据德方设计的图纸和说明书,受张之洞之命进行实地勘测后,对德方的设计进一步细化,并以长远的眼光从整体上考虑汉口城市发展问题,对德商的设计进行了补充,将筑堤与筑路结合起来考虑。

---

① 《汉口后湖堤工案》,《申报》1905年5月10日第4版、第11日第4、5版。
② 《德商索后湖堤工之酬劳》,《申报》1905年5月24日第2版。

第三章 湖北新政时期汉口官办市政体制的革新与市政发展

中方在筑堤的过程中是否完全按照德商的设计行事呢？答案是否定的。因为德和包工局的图纸说明书，说明的只是修筑时的大致方法而不是方法的全部。《造堤工程节略书》陈述堤防修筑的关键方法时含糊其辞，从诸如"堤里面当用合宜物料""全工应如何掘取之处，当照法君办法""该堤外面当用顶好红沙石砌成，其式及大小均应适宜""天气冷冻之时，不得做驳岸之工，除非有该管工程司特别之训条，方可动工"之类的话语，可以看出德商为了争取包修堤工，防止中方完全搬用其设计技术，在一些关键技法上作了保留，因为怎样的物料才算"合宜"，怎样的大小才算"适宜"，"如何掘取"及所谓的"特别之训条"，中方只有在同意德商包修后才会知道。

由于德商保留了有关筑堤的关键技术，中方在筑堤的过程中因技术不过关，加上承修人员营私舞弊，"修筑未尽合法，致屡出险。驻工竭力抢护，縻费不资"。虽经张之洞另寻技术支持，委托驻汉英国领事代中方向英国穆工程师询问"保固无虞"之法。但该堤工程草率，并没有严格按照设计行事，"只将堤面以及斜坡筑平，饰为美观。至于已筑碎石之紧要工程，不到三十分之一"，故堤工在大体完成之后，仍然存在很多隐患，"外面斜坡被水激空之处，仍系填补浮土面砌石块"，堤面"多有坑洼之处……已有崩塌"。[1]加之系"分段修筑的，段与段之间，没有很好地衔接起来，而造成了许多漏洞"[2]，以致后患无穷，每至汛期，张公堤诸险段就成了抗洪抢险的重点。

民国时期汉口后湖堤屡次出险，其根源多可以追溯到清末筑堤技术的欠缺上。1930年12月湖北省水利局呈称，"查汉口张公堤，前因张文襄建筑此堤之初，庚辛两段，即金潭、银潭立基于深潭，积淤未起，而其土质，又多杂螺壳，胶粘性少，以致连年跌矬，险象环生。又其堤身内侧收分不及二收，每遇夏汛水阔浪狂，内脚极虚，大有扑翻之惧。

---

[1] 《札田芸生严查堤工》，苑书义等主编：《张之洞全集》，湖北人民出版社1998年版，总第4372页。
[2] 胡鸿佐：《汉口张公堤》，载政协武汉市委员会文史资料研究委员会编《张之洞遗事》，《武汉文史资料》1986年第1辑，第122页。

每年防汛至少不下二万元，自有堤以来，糜款无算"①。

基于前文的论述，我们可以就张公堤修筑问题得出以下几点结论：

其一，张之洞至迟于1901年就打算修筑汉口后湖堤，但直至1905年才开始修筑。

其二，回忆录中有关张之洞在后湖高台上用望远镜指定堤线的记述，实际上只是张之洞参考了德国工程师费孝兰有关后湖堤修筑的设计方案之后，对汉口后湖筑堤做出指示性的决定。而对于汉口后湖堤线的最终确定，是张之洞得到江汉关道等进行实地履勘的结果和建议之后才完成的。因此，汉口后湖堤堤线的确定，不是张之洞个人意志的产物，而是以总督为领导的各相关机构人员共同规划探讨的结果。

其三，清末官修汉口后湖堤，侵用了西方的堤防设计方案和技术。在没有经过授权的情况下，中方采用了德国德和包工局的设计方案，用我们今天的话来说，就是侵犯了德商的知识产权，最后在德国领事的多次交涉之下，中方对德商做出了一定的酬劳补偿。但是，这种筑堤用洋技术不用洋工程师管理的"中体西用"式的做法，最终致使堤防质量大打折扣，给日后堤防安全留下隐患。这从反面说明了当时筑堤之难。

其四，张公堤的兴筑是近代汉口市政整体规划的开端，体现了张之洞"堤路并重"的市政规划理念和"堤先于路"的市政建设策略。

张之洞因看好汉口商务的发展前景，故能从汉口工商业乃至城市整体发展的长远利益，而不是从农田水利或单一的城市安全角度考虑问题，极具开拓性地规划修筑后湖长堤。虽然他对汉口的城市建设缺少系统的规划，但大体思路还是有的。在规划筑堤的最初，他就将汉口后湖筑堤与修路及堤路与铁路的勾连联系起来考虑，说明他在规划城市发展的方案时，是"堤路并重"的，并且已经有了明晰的整体规划轮廓。

从其后汉口筑堤与修路的实际情况来看，张之洞在筑堤与修路孰先

---

① 《翻修张公堤　省府咨市府助款》，《湖北中山日报》1930年12月11日第3张第2版。

第三章 湖北新政时期汉口官办市政体制的革新与市政发展

孰后的选择上，取向明显，即"堤先于路"。这又是为什么呢？当年筑堤方案中堤路沟通的设想，在汉口城垣以外地势尚未填高、城垣以内的市区尚未开辟马路的情况下，还只能是一个远景规划。而就筑路而言，在相对邻近繁华的旧市区内修筑马路，发展市内交通和工商业，较在尚未填高的城垣以外的后湖涸出地带修筑马路，更为现实而必要。在市区安全比较有保障的情况下，张之洞于1905年下令拆除汉口城墙，依城基修筑马路，这又说明张之洞"堤先于路"的市政建设取向是务实的。而"堤先于路"的市政建设策略，也并未否定"堤路并重"的规划理念，相反，它恰恰是在践行"堤路并重"的规划理念。

张公堤筑成后，张之洞又逐步完善并进一步实施市政规划，如前所述：规划拆掉限制市区发展的城垣，修筑现代化大马路并联络铁路，开辟新市区，拓展改造旧市区，修建过江铁桥以适应商业发展的需要，如此等等的重大市政规划，都是建立在堤防兴筑基础上的。因此，张公堤的规划与兴筑，实际上是近代汉口城市整体规划及其实施的开端。

2. 城市环境的沧桑之变

张公堤筑成后，给汉口城市环境直接带来了多方面的重大变化：

变化之一，导致近代汉口市内及周边水域、水系的变迁。

汉口市区周边水域广阔，大小水系众多。明末至张公堤修筑前汉口周边水系分布的大体情形是：南临汉水（即襄河、汉江，又俗称小河），东濒长江，北临漤水、沦河，西北临捷泾河、金坛河、吕家河、牛湖河。[①] 而西北面广阔的潇湘湖和后湖是与诸水总汇的水域。

自明末以后，汉口市区逐渐拓展，周边水系略有变化。明代修筑袁公堤时（该堤西起大桥口，东至堤口长约11华里），因取土在堤外形成了一条深沟，人称"玉带河"，汉口市区与郊区因之被分隔开来。从此，市区南濒汉水，东临长江，北面和西面环绕玉带河，而大的水系背

---

① 参见侯祖畲修、吕寅东纂《夏口县志》，民国九年（1920）刻本，卷五"建置志"，第10—11页。

景未变。明末玉带河以北是四周被水环绕的弧形长条陆地，这个长条弧形陆地带以北是潇湘湖和后湖——它们是襄河（即汉水）故道淤后的遗存水域，与汉水之间有一个狭长的水道相通，其临汉水的口道称为套河口。我们从图3-2-3可以清楚地了解明末汉口市区及其周边水系、水域的具体情形。

汉口堡（城垣）修筑后，对近代汉口城外水域和水系的变化均没有产生大的影响。如果说有影响的话，那也只是可能改变了汉口市区内、外水域之间的自然沟通状态，如：先前水涨时期可能结为一体的水域，在汉口堡筑成后，其自然沟通断绝，变为依靠闸门启闭而进行的人为控制。另外，非汉口因素却导致了汉口周边水域、水系的较大变化。如果将明末汉口市区及其周边水域水系图，与汉口堡修筑后不久汉口市区及其周边水域水系（见图3-2-1）进行对比，我们看到最大的变化是：汉口市区以外水域的变化——后湖水面向汉口的西部退缩，一些墩台状的陆地在其后凸现出来，说明后湖在进一步淤浅。稍后至光绪初年，汉口周边水系发生了一个大的变化，"襄河分北向东向二支入江"。这些变化显然不可能是因为汉口堡的修筑导致的。所以，至张公堤修筑前夕，汉口周边的水域、水系的大致情形是：东临长江，南面濒临汉水（襄河东道），西北面和北面濒临襄河北道、捷泾河（长江支流沦河的一段）、后湖等。

与此前相比，张公堤的兴筑所导致的汉口市区内外水域、水系变化要显著得多：

其一，襄河北流之道遂淤。在光绪初年襄河分流的东北两道中，据1930年版的市政资料载，1905年张公堤基本筑成后，襄河北流之道遂淤。[①] 民初夏口知事对刘歆生等人的地产案的裁决书中，这样描述道："缘汉口后城马路外，古名闸口，地方西至济生堂上首水沟，东至三分里后歆生路（今江汉路的一段）马路，南至古城壕沟，北至京汉路局地，当张公堤未挽筑前，该地适当闸口，成大湖地后，襄河流域即以此

---

① 《汉口市政府建设概况》（1930年），"第一编 总务"，第2页。

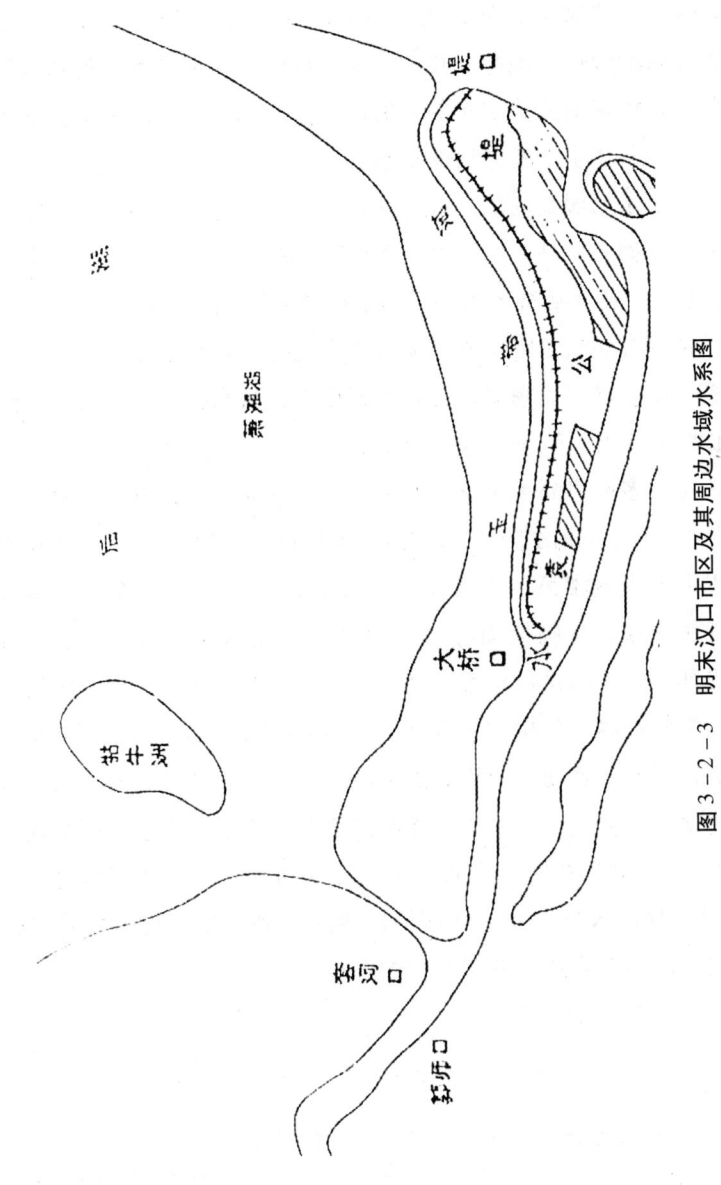

第三章 湖北新政时期汉口官办市政体制的革新与市政发展

图 3-2-3 明末汉口市区及其周边水域水系图

资料来源：《明代江夏汉阳市区示意图》，鸟宗莫主编《武汉堤防志》，武汉防汛指挥部办公室1986年印。

处为终点,往来黄陂、孝感二县船只,均停泊于兹。其内为城壕,与湖河紧相衔接,共计面积数万方,概属官湖河壕范围。至张公堤告成,外水无从浸入闸口,内渍水仍向该地流放,逐年淤积,地势渐高。"① 这段话将涉案区内的地势、地貌变化的来龙去脉讲得一清二楚,确切说明了修筑张公堤致使襄河北流遂淤的事实。(图3-2-4是未淤塞前的襄河北道,图3-2-2是淤塞之后的地形。)

其二,后湖水域明显退缩,高地显露,低洼之处则形成河流、较小的湖泊或水淌。如:牛湖、南尼湖、西长湖、鲤子湖、十八淌、黄孝河(三眼桥跨其上)等(见图3-2-2、图3-2-5、图3-2-6)。

其三,张公堤切断了堤内外水域、水系之间的自然联系。

张公堤未修之前,后湖水域与其北面和西面的水域是相连的,它们共同构成长江流域水系的一部分。而汉口市区以北、以西的水又是往后湖汇集的,它们多汇集到十八淌,再由十八淌外流,与北面、西面的捷泾河(沧河)相接。张之洞曾言,"由戚家墩历小金潭、大金潭(两者均为张公堤沿线内侧深潭,笔者注)斜接戴家山西头……系十八淌众水去路,地势低洼,外临捷泾河"②,描述的就是这种情形。张公堤筑成后,该堤如一堵高墙将汉口市区以北、以西本为一体的水系、水域分隔开来。如果我们将自然中的水系视为人体的经络,那么,张公堤就如同一把利剑,将本来连通的经络截然斩断了。如此一来,堤内外水流的沟通只能依靠人工调节,故修筑控水闸门势所难免了,戴家山石闸就起到这样的作用,"闸口在两山之间,为全堤水利之门户,涨则堵之,内盈则泄之"③。我们从图3-2-6能够清晰地看到,张公堤筑成后对汉口市区以北、以西水系产生的明显切割态势。

---

① 《夏口县知事公署处分书》,《汉口中西报》1923年4月29日第3页。
② (清)范锴著,江浦等校释:《汉口丛谈校释》,湖北人民出版社1999年版,第49页。
③ 《戴家山石闸》,载侯祖畲修、吕寅东纂《夏口县志》,民国九年(1920)刻本,卷五"建置志",第9页。

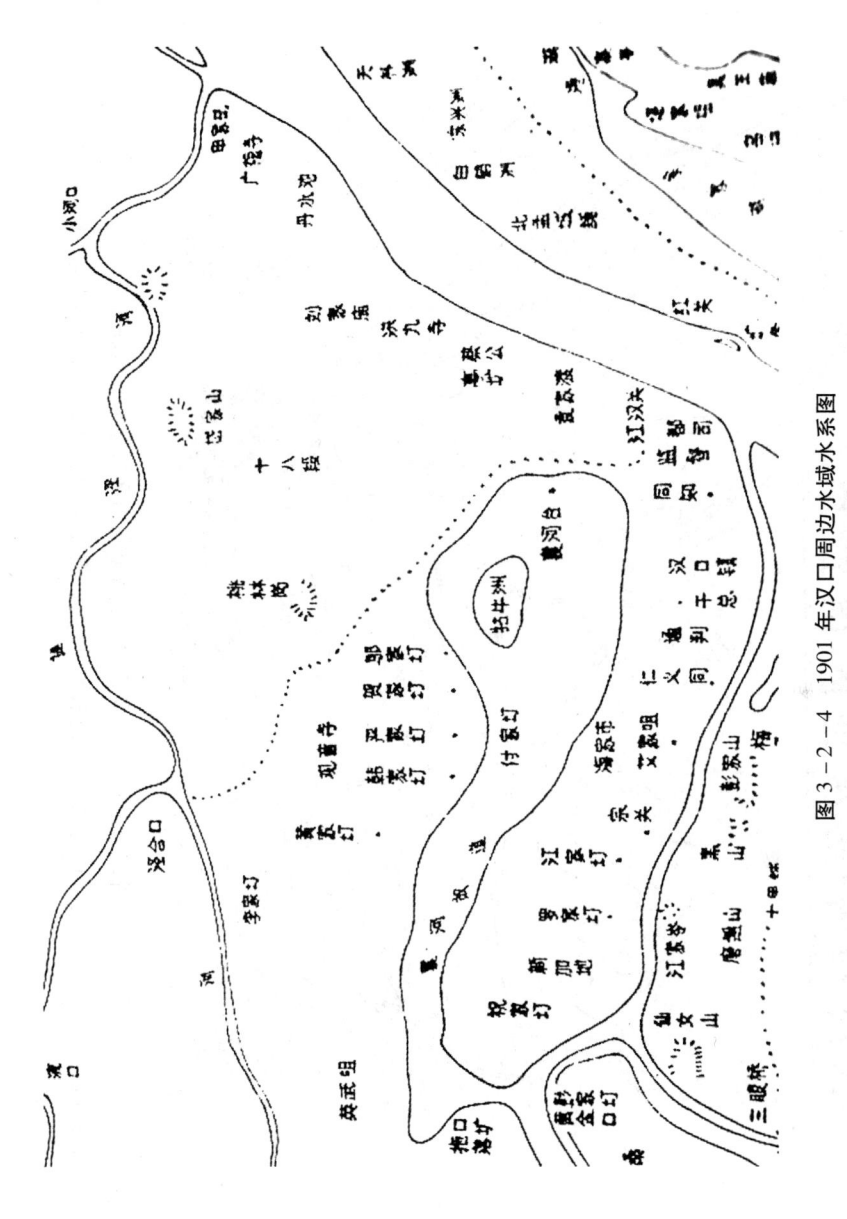

第三章　湖北新政时期汉口官办市政体制的革新与市政发展

图 3-2-4　1901 年汉口周边水域水系图

资料来源：《清代光绪辛丑年间江夏汉阳地区地形略图》，乌宗莫主编《武汉堤防志》，武汉防汛指挥部办公室 1986 年印。

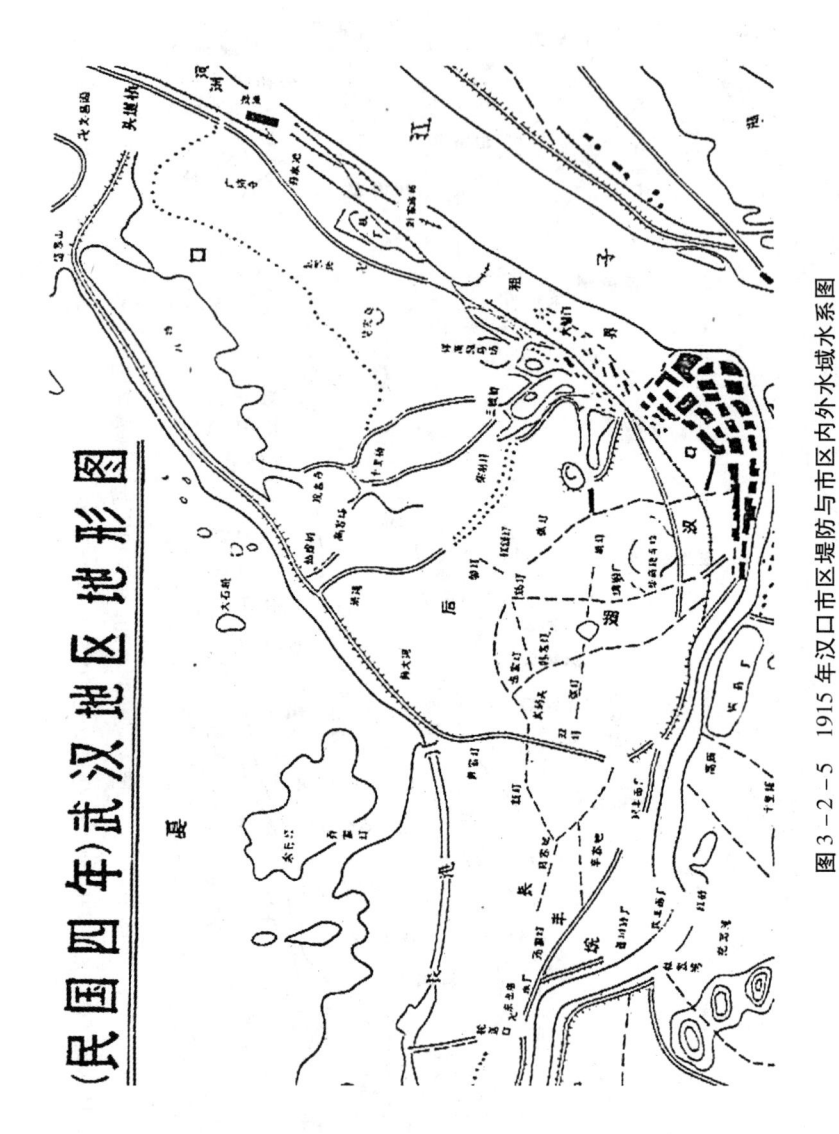

近代汉口市政研究（1861—1949）

图 3-2-5 1915 年汉口市区堤防与市区内外水域水系图

资料来源：《1915 年（民国四年）武汉地区地形图》，乌宗莫主编《武汉堤防志》，武汉防汛指挥部办公室 1986 年印。

第三章　湖北新政时期汉口官办市政体制的革新与市政发展

图 3-2-6　张公堤修筑后不久（1911 年）汉口市区内外水域水系图

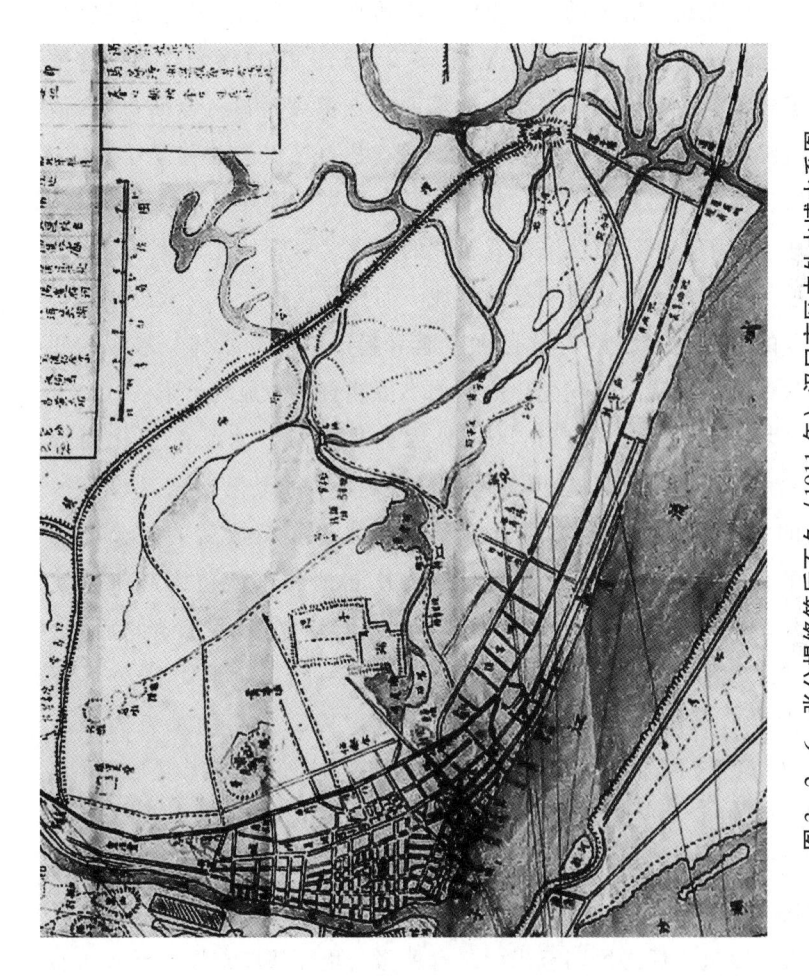

资料来源：武汉历史地图编纂委员会编：《武汉历史地图集》，中国地图出版社 1998 年版，第 59 页。

变化之二，导致汉口市区内外陆地面积的自然增加。

与筑堤导致汉口市内外水域、水系的变化相应，市区内外自然显露出大片陆地，部分地区因自然淤积、地势增高而导致陆地的自然扩展，汉口市区内外的洪灾之害大幅度减轻。

明末被围在袁公堤内的汉口市区，与其西面、北面的陆地及其更北的水域相比，显得是那样狭小（见图3-2-3）。汉口堡修筑后，这种情形有了较大的改变。汉口堡与袁公堤的起点都在桥口（今硚口），但汉口堡的终点沙包（今一元路口）比袁公堤的终点向北移动了许多，这样，汉口堡不仅将袁公堤包在其中，而且将袁公堤外玉带河及其以北大片低地也圈了进来，市区陆地有较大的扩展。尽管如此，就市区内外陆地的总面积而言，并没有明显的增加。而租界堤由于本身就处于汉口地势较高的沿江地带，因为没有直接地引起市区内外水体、水域的变化，其对市区内外陆地面积变化的影响不可能直接地显现出来。

张公堤修筑以后，汉口市区内外因内外水域、水系的变化而导致陆地面积自然大幅增加。张公堤未筑以前，每至汛期，汉口市区外后湖即白浪滔天，市区亦常常不免淹渍之患。筑成后的张公堤像环展着的巨臂，将汉口市区及其后的大片陆地和水域包围起来，使后湖成为内湖并迅速地浅露，京汉铁路以西原来一片汪洋的后湖，逐渐变成了大片旱田和原野了（见图3-2-7）。而且，张公堤还成为近代汉口对抗西、北两面洪水的一大屏障，使后湖水患大幅度减轻，汉口市区内不致频繁被淹。张公堤的修筑对近代汉口市区、市郊的生态作了一次划时代的大改变，张公堤因此在很大程度上成了保障汉口市区安全的生命线，它因之被视为"汉镇屏蔽"[1]"汉口全市民生命线"[2]。

自张公堤筑成后历民国至当代，有关张公堤屏障汉市以及导致水易为陆的城市环境沧桑之变的载述，不绝如缕：

---

[1]《培修张公堤之筹备》，《汉口中西报》1922年3月29日第3张。
[2]《汉口张公堤应妥予培修　汉市党部令当局注意》，《武汉日报》1938年5月4日第4版。

第三章 湖北新政时期汉口官办市政体制的革新与市政发展

张公堤筑成后不久,张之洞的门生就说:

> 汉口后湖每年往往千顷,渺无涯俟。去岁至今,特修筑后湖长堤四十里,涸出田地十余万亩,商民欢呼,以后泽国皆将化为市廛矣。①

1911 年《民立报》载:

> 汉口后湖地皮由河港变为田庐,纠葛甚多。②

清末民初竹枝词中这样写道:

> 后湖万顷雨如烟,放下鱼罾学种田。偶到惠民亭上望,香风渐送稻花田。③

描绘了一幅泽国渔乡顿然变为稻田的沧桑景象。

> 后湖堤岸枕江眉,田海沧桑一瞬移。他日造成新汉口,大家都要感南皮。④

不仅极尽传神地描述了后湖堤成后汉口面貌变化的神速,还预言了张公堤对未来汉口城市发展的深远影响。

《汉口小志》转引《嬾园杂俎》载曰:

---

① 《抱冰堂弟子记》,苑书义等主编:《张之洞全集》,河北人民出版社 1998 年版,总第 10627 页。
② 《后湖地皮风云记》,《民立报》1911 年 4 月 5 日第 4 页。
③ 宦应清:《后城马路竹枝词》,载徐明庭辑校《武汉竹枝词》,湖北人民出版社 1999 年版,第 157 页。
④ 罗汉:《后湖堤》,载徐明庭辑校《武汉竹枝词》,湖北人民出版社 1999 年版,第 200 页。

后湖一片汪洋,今已垦植成畴,号沃壤焉。饮水思源,其亦南皮张文襄公之赐也。①

《夏口县志》载曰:

汉镇后湖,藉铁路轨道堤院,变泽国为沃土……②

1930年出版的《汉口市政府建设概况》载曰:

堤内五十方英里之洼地,昔日每为江水泛滥之区,以有堤故,悉成膏腴……而后湖之患乃免。③

其后更有人则称:

(汉口后湖长堤)涸出田十余万亩,泽国化为市廛。④

今人论及张公堤者,则更有一番沧海桑田之慨,以及更加深切的时空转换感:

在张公堤未建成以前,汉口市区只局限于硚口起沿城堡下至通济门(即今中山大道至一元路)城区。张公堤施工后,上起舵落口、水厂、宗关至丹水池、堤角这一广大地区,具体地说,现在黄

---

① 徐焕斗修、王夔清纂:《汉口小志》,民国四年(1915)铅印本,"建置志",第6—7页。

② 《堤防》,载侯祖畬修、吕寅东纂:《夏口县志》,民国九年(1920)刻本,卷五"建置志",第11页。同书第5页及1933年《武汉指南》("第一编 地理",第12页)载,1918年,丁士源曾经下令在张公堤上铺设铁轨,行驶火车,后来又撤废了。《夏口县志》称这条铁路为"环堤铁路",称张公堤为"铁路轨道堤院"(分别见该志卷九"交通志",第5页和卷五"建置志",第11页)。

③ 《汉口市政府建设概况》(1930年),"第一编 总务",第10页。

④ 张继煦编:《张文襄公治鄂记》,湖北通志馆民国三十六年(1947)版,第46页。

第三章　湖北新政时期汉口官办市政体制的革新与市政发展

浦路、赵家条、惠济路、解放公园、中山公园、武汉商场、宝丰路和古田路水厂的整条解放大道及至整条航空路、新华路、球场路、西马路等繁华地区才露出水面。今天广大市民能有多少人知道，这片高楼大厦、车滚人流之区，曾是夏至白浪滔天、冬来泥泞没胫之地呢！①

……

张公堤的兴筑导致汉口市区外陆地面积的自然增加，为汉口城市空间的拓展、后续市政建设的展开提供了必要的条件。

变化之三，导致近代汉口城市气候和卫生环境发生显著变化。

由于汉口水陆自然环境的巨大变化，水患的减少，近代汉口城市气候和卫生环境也发生了巨大的变化。就在张公堤筑成的当年，因汉口市区内外水陆域地对比的显著变化而导致的气候变化效应，就开始显现了出来：

此堤之成，其效不独为汉口免水患，为市民增良田，盖其影响所及，于地方卫生，尤为显著。当堤成之年，海关医局报告有云"本年气候虽较往年为热，而汉口习惯上之潮霉状况，反不复见，因热至病者，亦大形减少"，则全系水患减少之故，而堤之兴筑，为能改善气候，减少疾病，固已经专家之证明矣。②

张公堤的修筑对于汉口卫生环境的积极影响还突出地表现为，它极大地缩减了血吸虫病危害的区域。张公堤修筑之前，血吸虫病在汉口流行已久。血吸虫病病源的动物载体是钉螺，其生存的自然条件是有水体的地方。由于汉口市区内外水体面积广阔，钉螺得以长期繁衍不绝，盘

---

① 胡鸿佐：《汉口张公堤》，载政协武汉市委员会文史资料研究委员会编《张之洞遗事》，《武汉文史资料》1986 年第 1 辑，第 121—122 页。
② 《汉口市政府建设概况》（1930 年），"第一编　总务"，第 10 页。亦见《武汉指南》（1933 年），"第一编　地理"，第 12 页。

踞汉口，汉口血吸虫病疫区因此难以缩减。并且，每当洪水泛滥的时候，血吸虫病疫区还会扩大。张公堤修筑之后，导致汉口市区内外水体大面积自然退缩和人为缩减，湿地变为陆地。城市生态的空前变化，极大地改变了汉口血吸虫病疫广泛流行的状况：一方面，水陆域地的水减陆增，使"钉螺大面积消亡"[1]；另一方面，钉螺赖以生存的区域也随着水体的大面积退缩而缩小。

不过，张公堤的修筑对汉口城市卫生环境带来的影响并不都是积极，它也给汉口城市环境带来了消极影响。张公堤修筑后，原本连为一体的自然水域、水系被张公堤切断了，堤内堤外之水很难自然地发生联系，也使市区以内的大大小小的水体难以实现自净，再加上城市人口的增加，城市排污的增加，汉口市区内水体的水质日益下降，又无法排出市外，以致市内很多水体成为藏污纳垢之地和新的疫病传播源。20世纪30年代的一篇有关襄河故道的报道说：

> 查汉口旧有水道，谓之古襄河，穿流土垱、三眼桥之间，北通黄孝，东出长江，货船往来，循环不绝，于市面商业，受益良非浅鲜。自城垣开辟马路将此河流阻断，由是船只不通，商务已受极大影响，更苦全市秽污，□泥潜藏□□，竟无出路，每至天热，浊气熏蒸，瘟疫流行，皆由于此。[2]

该报道反映的就是张公堤修筑后，襄河故道淤塞使市内卫生环境大受影响的情况。

汉口城市环境翻天覆地的变化，尤其是使市郊陆地面积的迅猛增加，为日后城市土地开发、空间拓展、市政勃兴创造了条件。

4. 土地开发与市政建设热潮的兴起

晚清堤防尤其是铁路堤、张公堤筑成后，汉口市区地势迅速被人为

---

[1] 皮明庥主编：《简明武汉史》，武汉出版社2005年版，第287—288页。
[2] 《汉口将恢复襄河古道》，《汉口中西报》1934年5月14日第8版。

增高，整个城市掀起了一股土地开发浪潮和市政建设高潮。

汉口租界开辟后，各租界在界内修筑堤防的前后，对界内低地或水塘进行了填土增高。到1902年至1911年期间，即京汉铁路堤尤其是张公堤筑成后约10年的时间里，这种填土增高活动才趋向规模化，甚至有专门的填土公司效力于租界的填土增高活动（关于这一点，后文将予以论述）。据说，"沿江已有2英里长的堤防加高到46—48英尺高……租界水平面为45英尺，界内池塘、稻田、低地，一遇长江洪峰，或夏季雨水季节，就成一片沼泽，而今已填平，平均升高了8英尺"。8英尺相当于2.44米，接近1层楼高。如果单从租界方面来看这种规模不小的地势增高活动，我们似乎还看不出张公堤的修筑与租界地势增高的紧密的因果联系。但是，如果我们将租界的填土增高活动置于整个汉口那更广阔的时空背景中去，那么，我们就会发现，此期租界的填土增高活动较此前规模更大，这显然与华界堤防修筑后汉口市区安全更有保障有关。

穆和德在江汉关《海关十年报告》（1902—1911）中，这样表述张公堤筑成后对市区土地开发及市政建设的影响说：

> 有了这道屏障，就可以填高地基，扩建城区范围。已经有一些马路在高地上修筑，对它们的规划有了一个通盘的考虑，但这一计划的实施对地产主来说是一个沉重的负担。……数以百万计的资金投资在建筑行业和加高地基上，已经构成贸易发展的严重障碍。
>
> ……从汉水绵延至法德租界交汇处的老城墙已拆除抵法租界南端，城墙内侧地基已填到和城墙顶端差不多高，它将被开辟为一条可通达城郊的马路。以这条马路为主干，它的分支遍布城市的各个地区。以大智门为端点的北京路原来是条小路，现在有一段铺设得相当好。在马路的两边盖起了不少洋房和仿洋房。附近的低地已填得和租界差不多高，土方是汽船和吊车从周边平地运来的，这些地方平均上升了20英尺；城外的壕沟和许多水塘需

要填高 40 英尺。填土的代价往往比购置这些地皮的价格高出好几倍。①

也即是说，张公堤筑成后引起的土地开发狂热，致使资金过多地涌向房地产，从而影响贸易投资乃至贸易的正常发展；同时，张公堤的修筑，极大带动了华界市区马路建设，促使人们填低增高，以至于有的地方平均升高了约 6.01 米，相当于 2 层 3 米高的楼房那么高。

原先由堤街至堤外每为玉带河港水积潦阻隔而必须借助"多建木桥，以通往来"的汉口，自从张之洞建修铁路轨道，又废城垣为马路（笔者按：这一点是以张公堤筑成为前提的）以后，"市镇方面，均成高埠……故向时木造桥梁，今淹没者十居五六，石造桥梁重加修整者，不过十居二三"②。这些玉带河上被淹没的桥梁中，除了大桥、万寿桥、广益桥、太和桥、双寿桥、通津桥、宝林桥、多福桥等桥梁外，尚有六度桥。今天"六渡桥"这个地名就是由这个桥名演化而来的，但六渡桥地区早已是不见河迹的繁华商业区了。当然，在没有水流淤积的情形之下，高埠是不会自成的，木桥和石桥也是不会自行淹没的，这些只能是人为填高的结果。这些高埠和被淹没的桥梁，是晚清民初汉口市区填土增高运动的极好见证。

铁路堤尤其是张公堤筑成以后，汉口地价大涨，史载"自后湖筑堤，卢汉通轨，形势一变，环镇寸土寸金"③。地价飞涨激起了富商大贾的投资热情，他们积极地加入汉口的填土增高造陆的运动中来，并极大地促进了汉口市政的发展和城市面貌的改观。极富经商头脑的洋行买办、后被人誉为"地皮大王"的刘歆生，就是其中的佼佼者。刘歆生不惜巨资，不仅购买了汉口堡垣外一大片被称为"淡湖"的

---

① 参见［英］穆和德《海关十年报告——汉口江汉关（1882—1931）》，李策译，香港天马图书有限公司 1993 年版，第 75、101—104 页。
② 《桥梁》，载侯祖畲修、吕寅东纂《夏口县志》，民国九年（1920）刻本，卷五"建置志"，第 5 页。
③ 《上南皮阁督第一禀》，载侯祖畲修、吕寅东纂《夏口县志》，民国九年（1920）刻本，卷九"交通志"，第 6 页。

第三章　湖北新政时期汉口官办市政体制的革新与市政发展

低洼湖地，和城基之内的多为水淌土垱的低洼之地，还成片成片地购买后湖土地。因为张公堤建成后，后湖的这些土地变成了良田。在政府分段清查后湖土地的时候，他又购进了大片土地。1905年汉口堡垣被拆除，城基改建为后城马路以后，刘歆生便开设了一个铁厂，专门安装修配自用的轻便铁轨和运土机车，雇用来自河南等地的廉价劳动力，担任土方的装卸工作，经年累月，有计划地运土填基，将其所有的毗连或接近市区的低洼土地逐步依势填平。达到一定屋基标准后，即大兴土木，并就地区形势，与街道方向的不同，分别建成铺面与住宅，出租予人使用，收取租金。今天江汉路由胜利街口起至铁路两旁的铺屋等建筑，就是由刘歆生投资修造起来的。在他收购的土地上，经由填土并整理经营成铺面的地盘，其范围上自今民意路下至江汉路中山大道外侧再下至大智路。

在那幅绘于1908年日文标识的《汉口市与各国租界图》（见图3-2-7）上，我们能清晰地看到张公堤修筑之后，铁路堤与汉口后城马路之间的那块曾被称为"淡湖"大湖地，被虚线圈了起来，横径长1公里，标明为"清商刘万顺之自辟市街地"，那里已不见湖水的踪迹，显然已经填高了。图中所谓的"清商刘万顺"，就是刘歆生开设的公司或企业的名称——刘曾投资经营了刘万顺牛皮行、刘万顺转运行等工商企业。[①]

刘歆生还承包英租界的填基筑路的土方工程。近代汉口经刘歆生组织填土公司筑成的道路，有歆生路（今江汉路之一段）及歆生一路、二路、三路（分别为今天的江汉一路、二路、三路）、伟雄路（即今天的南京路）等。当时开办专业填土公司的还不止刘歆生一人，据《民立报》载：

> 汉口商务日见繁荣。前张文襄督鄂时，在后湖建筑长堤，开辟马路，建筑商场。故近日后城商店渐成镇市。现张美之巷上首水塘

[①] 董明藏：《汉口地皮大王刘歆生》，载政协武汉市委员会文史学习委员会编《武汉文史资料文库·历史人物卷》，武汉出版社1999年版，第9—12页。

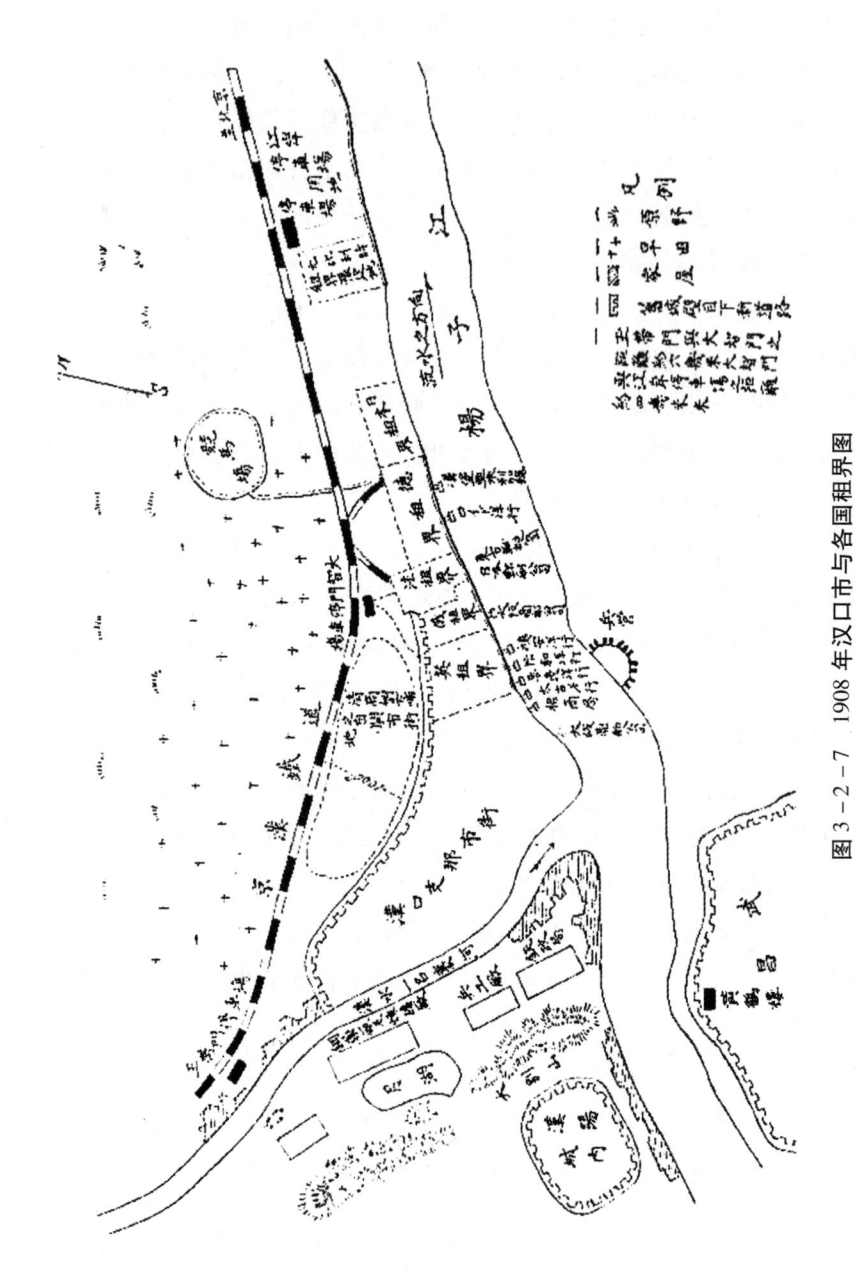

近代汉口市政研究（1861—1949）

图 3-2-7 1908年汉口市与各国租界图

资料来源：武汉历史地图编纂委员会编：《武汉历史地图集》，中国地图出版社1998年版，第38页。

第三章　湖北新政时期汉口官办市政体制的革新与市政发展

复包与瑞华公司填土，新辟商场，一俟工程填满即行兴建市街云。①

这也说明，晚清堤防的修筑，在刺激人为增高汉口地势的同时，极大地促进了近代汉口的市街建设。

张公堤兴筑引发的晚清民初的填土增高运动及随之而起的马路新建、市街开辟等市政建设活动，大大地改变了汉口的市容。刘歆生等的填土及其后续的经营活动，繁荣了汉口市场。罗汉题为《歆生路》的竹枝词，描述该路及其周边的市景曰：

前花楼接后花楼，直出歆生大路头。车马如梭人如织，夜深歌吹未曾休。②

铁路堤和张公堤未筑之前曾经难以引起一般人注意的一片低湿之地，经由填土增高等一系列开发活动之后，民初已然变成夜夜笙歌的繁华之地了。

值得注意的是，民国中期以后，汉口市区内外的填土活动并未停止。为了扩展市区，汉口仍在"填湖作地，大事推广"③。为了新辟马路，将马路沿线的水淌、低地填平，汉口特别市时期，双洞门马路新建工程因经过水淌，故填土甚多④；日伪时期，为修筑武圣路，也填了湖淌，至1944年3月，武圣路北段工程，"由汉正街至中山路一带，所有湖淌、高堆，均已逐一整理平坦"⑤。为了处理垃圾，整理市容，汉口特别市时期和沦陷时期的市政当局，都采取以垃圾填低地和污水淌的形

---

① 《汉口又辟新场》，《民立报》1911年6月3日第4页。
② 罗汉：《歆生路》，载徐明庭辑校《武汉竹枝词》，湖北人民出版社1999年版，第200页。
③ 谢宅山：《汉口电车路商榷书》，载陆丹林主编《市政全书》，全国道路建设协会民国十七年（1928）版，第四编"各省市计划与建议"，第109页。
④ 《汉口市政府建设概况》（1930年），"第二编　工务"，第12页。
⑤ 《武圣路北段即将动工》，《大楚报》1944年3月21日第2版。

· 145 ·

式,指定地点倾倒垃圾。① 如此等等,其实都可以归入因晚清堤防尤其是张公堤修筑而导致的市区地势增高活动之列。

张公堤修筑时总耗费约银 100 万两,这是一笔不小的数目。但这个数目,与张公堤筑成后汉口商人们投资在增高地基和建筑行业上,"数以百万计"②甚至"已达二千万"③的庞大资金相比,又不过是"小巫见大巫"了。但毕竟是张公堤兴筑在前,商界巨额投资在后,没有了以张之洞为首的湖北省府主持修筑张公堤,就不会有清末以后汉口商界对城市房地产业的巨额投资跟进,更不会有张公堤兴筑对近代汉口城市发展产生的前述诸方面的后续积极效应。可见,衡量清末湖北省府是否在城市市政中发挥主导作用,资金投入不是唯一的尺度,政府是否在市政管理和建设中发挥积极的导向性作用,才是关键。

前述张之洞作为堂堂总督,为使市政权益免受侵蚀而实施市政规划,而不惜以并不光彩的手段获取堤防修筑设计方案和技术的事实,充分说明当时市政人才的缺乏和市政建设的艰难。很难想象,如果没有湖北省府的主持,像后湖长堤这样艰巨的市政工程能够由非官方力量来完成;同时,也很难想象,如果当时没有以张之洞为首的湖北省府的宏图

---

① 1930 年《汉口市政府建设概况》载:"本市垃圾之运销,各区均有指定地点,最近则以本市地极低洼,污水易聚成淌,每值夏令,发生恶臭,尤为蚊蝇发生之渊薮。因将全市垃圾,作为污水淌之用,满春堤堤、贫民工厂、及中山路附近,均经填充多处,惟垃圾仍以悉数搬运市外惟合卫生,故拟将公共汽车旧车二辆改充渣车,以便运输。销纳地点,则在张公堤及铁路外一带……"(《汉口市政府建设概况》[1930 年],第四编"卫生",第 3 页。《武汉报》载:"市卫生局为注重公共卫生,保持市容清洁起见,本市人民凡属建筑砖渣及营业灰渣,务须各自搬运指定地点卸却,不得随意倾倒……以保清洁,而重卫生云。并指定倾倒渣滓地点探志如下:第一所辖境(即警察一分局境内):一、桥口汉宜汽车站水淌,二、长寿桥水淌空地,三、长堤街一〇五八号空地,四、操场角水淌。第二所辖境(即警察第二分局内):一、延寿桥空地,二、府西四路。第三所辖境(即警察第三分局境内):府西五路。第四所辖境(即警察第四分局境内):后湖水淌。第五所辖境(即警察第五分局境内):一、唐家墩左侧水淌,二、慎昌洋行后水淌,三、陈家湖惠民桥水淌,四、模范村水淌,五、永清街段四季花园后水淌,六、江岸二道街水淌。"(《整洁街头卫生 指定倒渣地点》,《武汉报》1943 年 8 月 9 日第 3 版。)

② [英]穆和德:《海关十年报告——汉口江汉关(1882—1931)》,李策译,香港天马图书有限公司 1993 年版,第 75 页。

③ 《汉口后湖开河筑路咨询案》,吴剑杰主编:《湖北省咨议局文献资料汇编》,武汉大学出版社 1991 年版,第 636 页。

第三章 湖北新政时期汉口官办市政体制的革新与市政发展

远略、雄大魄力及强势主导，汉口市政与整个城市的发展将以怎样的步伐向前迈进。

（二）后城马路的修筑与城市发展

1. 后城马路修筑概况

湖北新政时期，汉口在马路建设方面主要有两个方面的成就，一方面是拓展了旧市区新建房屋地段的街道——只要是在旧市区新建房屋就必须让基3尺，使街道变宽；另一方面是在城垣（即前述汉口堡）墙基上修筑了一条大马路，即后城马路。

早自阳夏分治（1899年）后，官府就"议撤去城垣，创修马路"①，还打算将此路地皮变价集资，赎还比利时在日租界以北刘家庙购得的地皮价（按：该国欲以此地皮为租界）。对此，汉口绅、商的极力反对，而拆城—筑路之事直至4年后才有了眉目。

1904年，报载江汉关道梁敦彦计划从英租界起，沿城筑马路一条，与硚口相接，并设马路工程局作为负责筑路的机构，将来对行驶于该路的车辆收取车捐，并以其半缴入工程局作经费。但至行将举办时，梁氏调任津海关，筑路一事只好缓办。②另据官方文书记载，梁敦彦在任时，还曾计划修筑大智门至玉带门一带马路，并经批准将火油池报效之款，拨充修路经费，其余不足款项，打算将城壕余地（即新修马路两边的地段）建屋招租，以为补充。这应该也是记载他计划修筑城垣马路一事。

1905年，桑宝继任江汉关监督，他认为如果由官府在城垣两边的余地上建造房屋，填土需费甚巨，遂建议招商租地，令商人自行填土建屋，租金酌量地势繁僻，分别等第，每方租银2—3两，以20年为限，先交第一年租金，作为修路之费，到将来经费充足，再扩展后街马路，直达江岸。而当务之急是须将街道逐渐展宽，凡马路两旁及通镇修建房屋均须报验，方准兴筑，以便展宽。同时，桑保还建议，"其拆卸城垣

---

① 《马路》，载侯祖畬修、吕寅东纂：《夏口县志》，民国九年（1920）刻本，卷九"交通志"，第5页。

② 《汉皋杂志》，《申报》1904年11月2日第9版。

· 147 ·

砖石即以接济堤工，藉省巨费"。张之洞接受了桑宝的建议，下令他负责设立马路工程局，委派候补知府周以翰专门负责拆城、筑路方面的工程事务。①

从上述情形来看，张之洞早在世纪之交（1899—1900年）的时候就有拆除汉口城垣的打算，并且是将汉口城垣的拆卸问题、沿城垣基础马路的修筑问题以及后湖筑堤问题，视为一个整体进行考虑的；而拆城并修筑后城马路（包括拆除城墙）之事之所以迟延几年，主要是由于巨费困难，难以着手。

汉口城垣大约于1905年的3月底4月初开始拆除，马路大约从1905年8月正式开始修筑。②最初，官方预计拆城及筑路的总工程费为银5万两，后来修筑至半时，又估计全部工程费用须银约7万有余。对于马路完工时间，各种载述各不相同。报载该马路大约于1906年5月中旬初步完成。③据20世纪60年代一位曾拉过人力车行的武汉人回忆，该马路最终成于1909年。④而据《夏口县志》载，该路筑成的时间为光绪三十三年，即1907年。笔者认为，县志记载当更为可靠——它记载的应该是全部完工的时间。汉口城垣上起硚口，下迄沙包（即

---

① 《札江汉关道设汉镇马路工程局》，苑书义等主编：《张之洞全集》，河北人民出版社1998年版，总第4272页。

② 1905年3月报载，"后城创设马路，已纪前报，兹经丈见上自硚口，下至花桥【楼】，计长十五里，一切经费须银五万两，当由马路工程局总办周嵩甫太守禀请督宪核夺"（《马路估工》，《申报》1905年3月20日第4版）。同年4月报载，"汉口后城马路长十五里，已经开筑"（《拟兴后城马路》，《申报》1905年4月9日第4版）。同年8月报载，"汉口后城现议修筑马路，其两旁地段早经官中购买一空"（《汉口》，《申报》1905年8月18日第10版）。1906年3月底报载，"汉口后城马路开办以来，已逾八、九月之久，而工程尚未告竣，张香涛札饬周嵩甫太守务于三月底为率，全工俱竣，否则，立予撤参"（《催竣后城马路》，《申报》1906年3月29日第9版）。根据上述诸报道，我们大致可以推定，后城马路大约于1905年8月时正式开始修筑；因为就城基筑路就必须拆墙，所以拆除城墙也可以视为修筑马路之始。故1905年4月报道所称后城马路"已经开筑"，当指开城墙拆除。至于城墙实际开始拆除的具体时间，应在3月下旬或4月初。

③ 《马路估工》，《申报》1905年3月20日第4版；《纪后城马路近情》，《申报》1906年4月7日第10版。

④ 鄢少霖：《武汉市人力车业概况》，武汉市工商联合会编《工商业改造文史资料》，武汉档案馆藏，档号119—130—93。

第三章 湖北新政时期汉口官办市政体制的革新与市政发展

原法租界与德租界分界处,今一元路口),长 1990 余丈(约 11 华里),但实际上修筑的地段为"上起硚口,下迄歆生路(即华界与租界的分界处),长约数里"①。新筑成的马路被称为"后城马路"。由于该马路系就城基修筑,故后城马路也被称"城垣马路"。直到民初,汉口人有时还是习惯地将后来又予以拓宽的后城马路称为"城垣马路"。

后城马路系就城基修筑而成,并未稍加拓宽,故所修之路实际上是简单、毛糙的毛坯样黄泥石渣路。路成之后,官府对其"不时修补,以便行人"②。

后城马路修得不仅毛糙,还很窄。1917 年 4 月报载,江汉关监督兼管理汉口工巡处处长吴仲贤,在批复有关承办汉口电车申请时曾经指出,"城垣马路自六度桥以上马路逼窄,断难安设车轨,必须购地填土方可建筑"③。

由于以上两点,故民初有的汉口人并不认为清末所修的后城马路,是已经修筑完竣的马路。官方亦鉴于该路狭窄,断断续续对其进行拓宽。1916 年之前拓展的后城马路路段有一段被称为"新马路"。所谓的"新",显然就是相对于旧有的城垣马路路段而言。而且,其连着"新马路"靠南的一段,在地图上仍附有城垣标志(见后文载图 6-2-1)。④ 直到民国头 10 年接近尾声时,后城马路才被人们认为修筑完竣。即便如此,拓宽后的后城马路的硚口至六度桥段,其平均宽度亦只有 7.6 米。⑤ 由此更可想见清末后城马路的狭窄。

虽然后城马路既毛糙又狭窄,但是它毕竟是清末官府在汉口修筑的第一条大马路,也是清末汉口华界修筑的最长的一条道路。它的修筑,

---

① 《马路》,侯祖畬修、吕寅东纂:《夏口县志》,民国九年(1920)刻本,卷九"交通志",第 5 页。
② 《西人之行路难》,《国民新报》1912 年 9 月 1 日第 4 页。
③ 《请办电车之波折》,《大汉报》1917 年 4 月 3 日新闻第 3 张第 6 页;《请办电车公司》,《申报》1917 年 4 月 7 日第 6 版。
④ 见《支那省别全志·湖北卷》(日本东亚同文会编纂,1917 年发行)所载 1916 年《汉口市区图》。
⑤ 见涂文学《城市早期现代化的黄金时代——1930 年代汉口的市政改革》,中国社会科学出版社 2009 年版,第 189 页。

标志着华界道路建设新时代的到来。

2. 后城马路对汉口城市发展的影响

后城马路筑成之后，汉口市区的马路规划与建设仍在继续。穆和德在江汉关《海关十年报告》中，这样记述说，在1902—1911年的这10年中，与租界发展的同时，"武汉所取得的进步也令人刮目相看"：张公堤筑成后，"已经有一些马路在高地基上修筑，对它们的规划有了一个通盘的考虑"；老城墙已拆除抵法租界南端，城墙内侧地基已填到和城墙顶端差不多高，它将被开辟为一条可通达城郊的马路。以这条马路为主干，它的分支遍布城市的各个地区。①

清末民初时期，联通后城马路的官筑与商修的马路有多条，如：后城马路至满春茶园（在循礼门下首）及新堤的支路②，为方便张之洞勘察后湖堤工而修筑的马路——在后湖长堤与硚口相连的马路旁另筑一支路③，六度桥马路、居仁门马路、由义门马路、循礼门马路、三新街等。在民初汉口市区图上，我们可以看到，后城马路不仅通过上述马路连接张公堤和旧市区及码头，还通过歆生路连接铁路以外的交通线和沿江码头，通过湖北街、大智门马路沟通火车站。因此，至民初后期，后城马路已经"通达九启，孔道四达，万众麕集，百货攸迁"④，成为汉口市内辐射能力最强的交通枢纽了，以它为主干的大范围沟通江岸码头与市郊铁路、串通华界与租界的市内交通网线才算真正形成。

作为市内公共交通基础设施之一的后城马路，它的兴筑还带动了汉口新式公共交通业——人力车业与马车业的发展。后城马路筑成后，定章只准行驶人力车200辆。1907年，官府又决定添车100辆。⑤ 这样，后城马路上行驶的华界人力车数量达到300辆。到1910年，汉口警察厅准许行驶后城马路的人力车达500辆，出租人力车行达20余家。当

---

① 参见［英］穆和德《海关十年报告——汉口江汉关（1882—1931）》，李策译，香港天马图书有限公司1993年版，第103、104页。
② 《志汉口新开马路情形》，《申报》1906年6月4日第4版。
③ 《鄂督阅堤之先声》，《申报》1906年9月1日第9版。
④ 《后城路商人致商会函》，《汉口中西报》1922年3月20日第3张。
⑤ 《后城马路添车》，《申报》1907年3月16日第10版。

第三章　湖北新政时期汉口官办市政体制的革新与市政发展

时，华界车行多设在居仁门附近，人力车夫亦多数聚居于此。① 至 1917 年，华界人力车停靠点共有 16 处之多，它们主要集中在后城马路沿线——停靠点如玉带门、居仁门、循礼门，及该线内侧靠近旧市区的分支马路或相交接马路线上——停靠点如玉皇阁、观音阁、怡园、六渡（度）桥、满春茶楼、苏湖公所②，即不再局限于居仁门一处，而是集中分布在后城马路沿线。

马车业也因后城马路的修筑而兴起。后城马路至满春茶园及新堤之支路还在刚修筑时，官方就计划马车暂设 6 部，"亦招人承领"③，即计划像管理人力车那样，招商承办在后城马路上行驶马车。汉口首家马车行龙飞马车行，就开设于距离后城马路很近的六度桥。清末民初汉口的马车多行驶于后城马路上及租界内，乘车者多在怡园即后城马路与歆生路（今江汉路之一段）的交叉处附近候车。④

民初兴起的新式交通工具自行车（当时称为脚踏车）和出租汽车，自然也可以在后城马路上行驶。

后城马路的修筑，促进了新式交通业兴起和更多的交通工具投入使用，从而对汉口城市交通发展产生了巨大影响。而新式交通的发展，既丰富了人们的物质生活又逐渐地改变了人们出行的方式，加快了城市人生活的节奏，给汉口城市社会生活带来了新的气息。

后城马路的修筑还极大地促进了汉口的城市化与商业化。相对于旧城区而言，后城马路地处市郊，它的筑成，使汉口市区拓展有了一个新的支撑点，华界市区建设亦因此呈现出新的亮点。从清末至民初，后城马路两侧地价不断地增长，新兴的城市开发浪潮，很大程度上是以后城马路为依托或轴线展开的：在清末，市区的拓展基本上是在旧市区至后

---

① 鄢少霖：《武汉市人力车业概况》，见武汉市工商联合会编《工商业改造文史资料》，武汉档案馆藏，档号 119—130—93。

② [日] 东亚同文会编纂：《支那省别全志·湖北卷》，大正六年（1917）发行，第 50 页。

③ 《志汉口新开马路情形》，《申报》1906 年 6 月 4 日第 4 版。

④ 武汉书业公会编：《汉口商号名录》，武汉书业公会民国九年（1920）发行，"附汉口指南"，第 90 页。

城马路之间进行；到了民初，则主要是沿着后城马路两侧进行，而其靠铁路一侧又成为新的拓展区。与此同时，在靠近后城马路的地方，新的市场纷纷兴起。

早在筹议修筑后城马路的时候，官府为了振兴商务，就将城垣两旁的地段购买一空，并招人承租和建筑房屋。[①] 在后城马路只有部分筑成时，官府就在后湖进行了少量的市场建设，如修建茶楼，招商出租，以期带动后湖一带市场的发展。[②] 至1910年，因为商务日有增长，后城一带的地皮已经成了抢手货，与其他地段相比，"销售尤易"[③]。到1911年，报载：

> 汉口商务日见繁荣。前张文襄督鄂时，在后湖建筑长堤，开辟马路，建筑商场。故近日后城商店渐成镇市。现张美之巷上首水塘复包与瑞华公司填土，新辟商场，一俟工程填满即行兴建市街云。[④]

此语中的"开辟马路"的"马路"，显然主要是指后城马路。这段话透露出的信息是：后城马路对于当时汉口城市经济发展的影响，既是张公堤修筑后的后续效应之一，也是其作为汉口城市化新的发展基础所产生的效应。

到了民初，后城马路附近地段的开发进入了一个新的高潮。张美之巷至后城马路一带，由绅商刘歆生等人发起建筑了汉口历史上最有名的综合性休闲娱乐中心——新市场；[⑤] 六度桥马路靠萧家垸下首水㳻，也被填筑，用于建筑市场；[⑥] 后城马路外至京汉铁路之间的大片地段，也被开发出来，成为华界内的新兴市场。[⑦]

---

① 《汉口》，《申报》1905年8月18日第10版。
② 《志汉口新开马路情形》，《申报》1906年6月4日第4版。
③ 《鄂督整顿财政三策》，《申报》1910年11月10日第1张后幅第2版。
④ 《汉口又辟新场》，《民立报》1911年6月3日第4页。
⑤ 《新市场之工程》，《汉口中西报》1918年10月30日第3张新闻第5页。
⑥ 《新辟闹市》，《汉口中西报》1919年4月10日第3张。
⑦ 《后湖又辟市场》，《汉口中西报》1921年1月14日第3张。

第三章　湖北新政时期汉口官办市政体制的革新与市政发展

经过开发的后城马路邻近区域，逐渐成为华界商业繁华之区。报载，"城垣马路满春至六度桥一带，鱼肉菜摊栉比"①；或谓，后城马路一带"万众麕集，百货攸迁"②。

《夏口县志》则更以惊叹的口吻，描述了后城马路筑成之后汉口华界市区所发生的巨变：

> 此路上起硚口，下迄歆生路，长约数里，创始于光绪三十三年，从前人迹罕到之处，近则轮轨交通，店铺林立，几令人不可思议矣！③

这既是为传承乡邦史迹而对后城马路进行的深情载述，也是身历其境的史志纂修者所抒发的今昔巨变之慨。

到民国中期，改名中山路的后城马路，仍旧是当时最重要的市内主干道。今天，后城马路成为汉口市区内主要干道之一——中山大道的一部分，仍然在城市社会生活中发挥着重要的作用。

总之，后城马路的修筑，对汉口尤其是对近代汉口城市发展起到了"四两拨千斤"的作用。后城马路的兴筑所产生出的多方面良好社会效应，再次证明：尽管新政时期的湖北省府因财政困难，对于汉口华界市政建设的资金投资十分有限，然而，它在当时汉口市政发展与市政改革中所发挥出的积极导向性作用，则是毋庸置疑的。

三　后张之洞时代汉口市政的革新

清末汉口市政在后张之洞时代继续得到发展。张之洞离鄂之后的湖北省府，继续革新市政体制，力图加强市政管理，推进市政建设。

---

① 《警察维持路政新令》，《汉口中西报》1919 年 3 月 30 日第 3 张。
② 《后城路商人致商会函》，《汉口中西报》1922 年 3 月 20 日第 3 张。
③ 《马路·后城马路》，载侯祖畬修、吕寅东纂《夏口县志》，民国九年（1920）刻本，卷九"交通志"，第 5 页。

（一）倡导地方自治

倡导地方自治是后张之洞时代清末汉口市政改革的最重要的内容之一，它在张之洞改革的基础上，将近代汉口市政体制变革向前推进了一大步。

张之洞督鄂时期，在汉口设立市政管理机构，强化省府对汉口市政的管理，实际上已经揭开了近代汉口市政体制变革的序幕，譬如他开创的警政其实就是地方自治的重要内容，他还主张"劝商""自治"①。不过，在张之洞督鄂时代，地方自治还没有作为清廷的既定政策在全国规模性地运动开来。后张之洞时代，汉口市政体制变革是在全国范围内地方自治运动逐渐兴起的大背景下继续展开的。

1906年9月，清廷迫于内外压力，宣布预备立宪。1907年9月又谕令民政部"妥拟自治章程，请旨饬下各省督抚择地依次试办"②。1908年，宪政编查馆拟定了《逐年筹备事宜清单》，计划7年完成地方自治。次年年初，清廷颁布了《城镇乡地方自治章程》和《自治研究所章程》。1910年2月又相继颁布了《京师地方自治章程》和《府厅州县地方自治章程》。

与此相应，湖广总督赵尔巽于1908年成立了湖北全省地方自治局，"派布政使为总办，并曾习法政之员充坐办、参事"③，以首府及首县为正副提调，负责其事。该局下设武汉公民养成所。1909年湖北全省自治局归并谘议局筹备处，附设全省自治筹备处，又于法政学堂附设自治研究班。同年，还将公民养成所改名全省自治研究所。自治研究班和自治研究所均培训各属遴选而来的士绅，作为全省自治人才。④

---

① 冯天瑜、肖川评注：《劝学篇·劝学篇书后》，湖北人民出版社2002年版，第180页。
② （清）朱寿朋编：《光绪朝东华录》五，中华书局1958年版，总第5742页。
③ 《地方自治研究所》，载吕调元、刘承恩修、张仲炘、杨承禧等纂《湖北通志》，民国十年（1921）影印本，上海古籍出版社1990年版，总第1430页。
④ 《地方自治研究所》，载吕调元、刘承恩修、张仲炘、杨承禧等纂《湖北通志》，民国十年（1921）影印本，上海古籍出版社1990年版，总第1430—1431页。

夏口厅与江夏县、汉阳县等5地被作为全省模范自治示范点，在全省率先成立地方自治公所，选派受训的士绅充当地方自治公所的总理，再由总理随同地方官筹办城议事会、城董事会，并筹备选举事宜。"从汉口自治公所及城议事会、董事会的活动情形看，他们至少已初步采用了民主议事程序，与调查事实以了解社会现状的科学精神。"[①] 夏口城议事会下还设有宣讲所至少两所，它们"逐日演说，开通民智"[②]。1911年秋，"汉口市政会"成立了。该会"以警方和商会代表组成，每月常会两次，讨论巡警道职权内有关公益之事，成为官商共商市政的场所"[③]。可惜，这个官商合一的地方自治性质的机构，与夏口城议事会、夏口城董事会一起，很快随着辛亥革命的爆发而丧失活动能力，清末汉口地方自治亦随之终结。尽管如此，清末由官府推动而展开的地方自治运动，还是促进了汉口市政体制的进一步革新，为民初汉口地方自治运动再启打下了基础。

随着地方自治运动的向前推进，地方自治性质的新式商人社团在汉口兴起，它们成为民间市政组织的中坚力量，并且开始挑战官办市政管理体制。有关此点，我们将在以后的章节中进行专门的探讨。

（二）改良警政

在张之洞初创警政的基础上改良警政，也是后张之洞时代汉口市政体制改革的重要内容。

1907年湖北奏设巡警道，统领三镇警务。警政在冯启钧任巡警道时，浪费甚巨，已腐败不堪。后来，冯氏被总督瑞澂参革，继其任者为全兴和黄祖徽。全氏与瑞督不和，难有作为，而黄氏为碌碌庸才，未有作为，湖北警政因之腐败如故。[④] 汉口警察局的清道夫和警察都不能很

---

① 苏云峰：《中国现代化的区域研究1860—1916 湖北省》，（台湾）"中央研究院"近代史研究所1987年修订版，第284页。该结论依据为《时报》（宣统二年十二月十二日）。
② 《宣讲员不开通之笑柄》，《申报》1911年5月26日第2张后幅第4版。
③ 《时报》宣统三年八月十四日，转引自王永年《论晚清汉口城市的发展和演变》，《江汉论坛》1988年第4期。
④ 《鄂省警务之改革》，《民立报》1911年6月20日第4页。

好地履行其职责，致使汉口多数街巷的卫生状况极差：

> 市街除河街、正街尚为清洁外，其余偏巷、夹街，最为污秽，后熊家巷、杨千总巷等，凡清道夫洒扫大街所积之渣滓，莫不以此为收容所，大小便虽有定处，而巷口之积小便成沟渠者，比比皆是，尤以熊家巷为最甚，其居民尝于深夜出视，即站岗之警察亦当街出恭，河街大蔡家巷口亦有岗警于深夜时当街小便，为某救火会夜巡警见，当欲扭送警局，哀求始免。①

可见，警察素质低下也是警政腐败、导致环境卫生管理不良的重要原因。同时，汉口巡警由于经费支绌而被裁减，致使治安状况恶化，窃盗蜂起，拦街劫抢之事时有所闻。② 故当时的报纸讽刺汉口警政改良有名无实，称"汉口警察局总务长历委员弁，而腐败情形日甚一日，经费十余万尚不敷用，误要公，糜巨款，莫此为甚"；警察局对于总督改良汉口警察的命令，也只是敷衍了事。③

祝元书担任巡警道以后，极力整饬，改警区为警路，改警察分区为警察分驻所，以符部章。拟定整顿警务办法，治标六条，治本四条。治标类为："一、添加岗位；二、退缩摊户；三、疏通沟渠；四、加添路灯；五、添用暗巡；六、加添侦探。"治本类为："一、设清道工程局；二、设游民习艺所；三、开通横马路；四、设菜市亭。"只因经费支绌，在在需款，规定先从武汉市房捐入手，"核实厘剔，预算增加若干，以为扩充张本"。④ 不久，辛亥革命就爆发了，上述警政改良遂半途而废。

不过，清末汉口警政在消防方面的进步颇大。

光绪三十四年（1908），湖北巡警道在行政科内设有消防股，专门

---

① 《警界照妖镜·满街屎尿臭》，《民立报》1910年11月29日第4页。
② 《汉口商人妥筹自卫政策》，《申报》1911年1月7日第1张后幅第4版。
③ 《纸上改良之警察》，《民立报》1910年12月22日第4页。
④ 《鄂省警务之改革》，《民立报》1911年6月20日第4页。

第三章 湖北新政时期汉口官办市政体制的革新与市政发展

负责消防事宜。1909年，汉口既济水电公司水厂水塔建成后，一种比传统鸣锣报警更为有效的火灾报警机制产生了——高达7层楼高的水塔被作为火警瞭望台，其上设警钟一具，按照街巷远近，确定敲击警钟的响数，以此传达汉口市区火警信号。其报警方法如下：

洋火厂至华景街	敲钟一响
歆生路至前后花楼	敲钟二响
花楼至堤口	敲钟三响
堤口至四官殿	敲钟四响
四官殿至沈家庙	敲钟五响
沈家庙至大王庙	敲钟六响
大王庙至五显庙	敲钟七响
五显庙至仁义司	敲钟八响
仁义司至桥口	敲钟九响[1]

此外，规定日间有火警悬挂红旗，夜间有火警则燃点红灯。[2]

警钟报警机制的建立，使汉口市区火灾报警机制更趋完备。在板屋普遍、水泥建筑尚未普及、消防信息传达原始的清末汉口，这种报警机制的建立在消防方面所具有的特别意义，恐怕不是我们今天能想象的。

与此同时，汉口警察局还加强了消防力量。至1910年，该局已经有消防警员40名，并从上海购买了一架先进的进口消防汽龙。报警机制的建立，消防设备的改进，以及消防警力的增加，无疑提高了汉口官办消防的能力，大大促进了汉口城市消防管理的专门化与现代化。

警察的公共卫生管理职能，也在防范鼠疫的过程中得到强化。

如前所述，管理汉口卫生的专门机构最早是1903年由汉口保甲局改设的汉口清道局，其后是1904年由汉口清道局改设的汉口警察局，

---

[1] 徐焕斗修、王夔清纂：《汉口小志》，民国四年（1915）铅印本，"建置志"，第6页。
[2] 李继曾、施葆瑛编：《武汉指南》，汉口市日刊报馆民国九年（1920）版，第37页。

该局遂兼理卫生行政。

不过，从1904年江汉关公布的《江汉口防护染疫章程》及1905年江汉关报告夏口地区疫情的情况来看，负责汉口当时防疫卫生工作的应该是江汉关道。1907年，湖北巡警道在汉口设立，其下才开始专设卫生科，该道在汉口的下属机构为汉口警察总局，汉口警方才下设专门的防疫卫生管理机构。

1910年，东三省爆发鼠疫，并波及关内。为了防患未然，鄂督瑞澂示谕捕鼠。1911年正月间，官府在汉口刘家庙火车站设立了验疫公所，负责验疫、防疫事宜。① 同时，由江汉关道和巡警道督办验疫事务。又恐防疫之事未能家喻户晓，瑞澂饬令防疫公所医生将鼠疫防治药方与防范鼠疫的规则研究妥当后，交由各警区随时散发。汉口市区由巡警道督饬各警区动员市民捕鼠，由警局以两枚铜元的价格收买并坑埋。但是，所捕之鼠太少，省府认为原因在于巡警没有做到家喻户晓，瑞澂又督饬巡警道、江汉关道转饬武汉厅、县警区多出白话告示，全民捕鼠，由各区出钱收买，不准稍有留难；还命令巡警道督饬卫生、行政两科长及清道、保安各股员认真清理街道，检查市售食物如有腐鱼、臭肉等项，即行没收入官，随时掩埋，以根绝疫病的传播媒介。结果，汉口防疫工作做得很成功，得以于1911年5月初撤销了防疫所。度支部所拨给的防疫经费只用了1/3，其剩余的经费，经瑞澂奏请留待将来用于创办卫生医院，经费不足部分再由绅商筹捐。② 湖北省府及巡警道在这次防疫中的作为及其后续举措说明，清末汉口的公共防疫卫生已被纳入官办市政的视野，这在近代汉口华界公共卫生史上可能具有开创性意义。当然，警察的公共卫生管理职能因参与和组织防疫而得到强化。

---

① 吕调元、刘承恩修、张仲炘、杨承禧等纂：《湖北通志》，民国十年（1921）影印本，上海古籍出版社1990年版，卷53经政志11新政1，"防疫所办事处"条目称，当时在汉口大智门火车站设立了防疫所办事处，见该著总第1435页。

② 《鄂督饬医研究鼠疫治法》，《申报》1911年2月14日第1张后幅第3版；《武汉防范鼠疫之周密》，《申报》1911年2月17日第2张后幅第2版；《请奖防疫出力人员》，《申报》1911年6月25日第1张后幅第4版。《鄂督电陈停撤防疫所情形》，《申报》1911年5月3日第1张后幅第3版。

第三章 湖北新政时期汉口官办市政体制的革新与市政发展

（三）进一步规划汉口市政

进一步规划汉口市政，计划大规模开拓汉口市场，也是后张之洞时代汉口市政改革的一个重要内容。

后张之洞时代的汉口市政规划与汉口绅商的积极推动密切相关。早在张之洞督鄂时期，"汉口地皮大王"绅商刘歆生曾于1906年拟请在后湖开运河、筑马路，其大致计划是：

> 就旧有沟渠故道，辟一运河，宽十五丈，深六丈；上下建筑二闸；以开渠所得之土，培筑堤身；划分地段建筑马路八条，各以宽广五丈为度；计需垫款三百数十万两；开办以堤内之地七百万方左右酌抽低价，为归清所垫之指款……①

由于规划工程浩大，耗资过巨，未能实行。不过，有关汉口商场建设规划问题并未因此了结。

据民国《湖北通志》载，宣统元年（1909），湖广总督陈夔龙曾经上奏，谓汉口后湖因张公堤修成而涸出之地，其紧接京汉铁路及各国租界的一面，如果不另辟新埠，推展商场，市场管理和卫生等方面的事务均难筹办，"爰即督饬江汉关道齐耀珊妥为经画，招集殷商，联合业主，筹款开辟马路，先就铁路南面一半，上起硚口水电公司，下达刘家庙车站，横长三十余里，计筑横马路五条，直马路三十条，所需费用一百万两，均由各业主按亩摊派，并饬令官钱局借给官款三十万两，分期拨付，按年收回，以兴商业而握利权"②。

而据报载，1909年9月，官钱局、汉口警察局、马路工程局准备在汉口后城一带官有地基上，修筑一条马路。结果，官方与当地棚户发

---

① 《汉口后湖开合筑路咨询案附：湖广总督札复》，吴剑杰主编：《湖北谘议局文献资料汇编》，武汉大学出版社1991年版，第639页。
② 《汉口后湖马路》，载吕调元、刘承恩修、张仲炘、杨承禧等纂《湖北通志》，民国十年（1921）影印本，上海古籍出版社1990年版，总第1435页。

生激烈冲突。① 在这个时候，由汉口商会总协理及诸董事发起，以绅商刘歆生、宋炜臣为首，商界拟定从修筑马路入手，在后湖开辟新市场，上自桥口水电公司上首起，下至刘家庙京汉铁路车站止，修筑直马路26条，横马路5条，在此基础上再营造房屋。商界还拟具章程和意见书，召集后湖业主商讨让地修路规则，禀请当道立案开办。此后，商会主持召开了3次业主全体大会，夏口同知参与了1909年9月19日的第2次大会及同月26日的第3次大会，每次都对商界筑路一事积极予以鼓动，他还表示，商界如果还有意见，就与"工程办事处"（当为官府专为建筑汉口商场建筑而开办的一个机构——笔者注）商议。②

1909年农历九月（该月湖广总督陈夔龙离任、瑞澂上任），宋炜臣和刘歆生"又专请筑路，其规划以上自桥口，下至刘家庙，共开横马路五条，直马路二十六条，约银一百万两零，由各地业主按方供土认费，作为马路建筑费料，仍先由官商各拨三十万两开办，收费缴还"，但日久未能办理。至1910年农历四月，他们又因为担心下雨而请求缓期进行。③ 这表明该规划是由官方认可了的。

综上所述，有关1909年汉口商场建筑计划问题，我们可以得出以下结论：

其一，1909年汉口商场计划不是官府或汉口商界单方面拟订的，而是官商之间互动的结果。

其二，1909年汉口商场建设计划有可能是官府首先主动，招集绅商讨论大致计划，再由绅商以汉口商会的名义召集业主讨论，中经夏口厅参与其事，将大致计划具体化为官商公认的计划。陈夔龙上奏中所提

---

① 《贫民聚众捣毁官地局》，《申报》1909年9月12日第2张第3版；《蓬户聚众毁官局续志》，《申报》1909年9月15日第2张第4版；《后湖贫民闹局案余闻》，《申报》1909年9月20日第2张第4版。

② 《添辟后湖商场之计划》，《申报》1909年9月20日第2张第4版；《汉商会议后湖开辟马路详情》，《申报》1909年9月27日第2张第4版；《后湖开辟马路第三次会议》，《申报》1909年10月3日第2张第4版。

③ 《汉口后湖开合筑路咨询案附：湖广总督札复》，吴剑杰主编：《湖北谘议局文献资料汇编》，武汉大学出版社1991年版，第639页。

第三章　湖北新政时期汉口官办市政体制的革新与市政发展

到的那个计划应是1909年汉口商会招集绅商、董事开会之前拟订的一个大致计划。

其三，1910年农历九月刘歆生、宋炜臣提出的汉口商场建筑计划，应当就是此前官商共商计划的最终结果。该结果与陈夔龙所奏计划略有不同，内中计划修筑直马路的条数为26条，较陈夔龙所奏计划修筑横马路30条少了4条，这种不同应当是官商会商后对原订计划进行微调的结果。

新任总督瑞澂接到刘、宋两绅商的禀请后，认为专修马路而不开挖运河，只是为目前之计，要为汉口商场发展长远计，就应该将开运河与筑马路并办：开运河用刘歆生拟订的计划——宽深丈尺以能够行驶小轮为度，上自宗关起，下至游湖关出江，于襄河口、江口各修建石闸1座；筑马路采用刘、宋计划之大概——筑路分为甲、乙、丙、丁4段，甲段自中国跑马厂以上至桥口止，丁段自洋商跑马厂至刘家庙止，乙、丙两段上自中国跑马厂起，下至洋商跑马厂止，计长1500丈。所需费用或由计地抽费筹集，或借债（包括募公债、借外债）。瑞澂将所拟计划提交湖北省谘议局讨论。[①]

1910年11月下旬，湖北省谘议局讨论该案，认为若要开河谋汉口商业之发达，就要开能够畅行长江大轮船的运河，估计需银约870余万两；修筑道路，估计约需银130万两，但即使修筑了甲、丁两段，也难保汉口商业之必然兴盛。况且总经费达到1000万余两，若借债则湖北财力难堪，若计地抽费集款，实际上并不可行。因此，只有"避难就易、缓步进行"，先筑马路并将范围缩小，只修乙、丙两段，即中国跑马厂至洋商跑马厂之间的马路，仍修筑横马路5条，计需银12万两，此路造成后，以为模范，再议扩充；开河在刘歆生原议的基础上加以收缩，仅开一宽深可以宣泄积水的沟渠就可以，需费10余万元，总计修路、开渠费用不超过银30万两就可举办；对于刘、宋两人拨借官款银

[①] 苏云峰：《中国现代化的区域研究1860—1916湖北省》，（台湾）"中央研究院"近代史研究所1987年修订版，第294页；《汉口后湖开合筑路咨询案　附：湖广总督札复》，载吴剑杰主编：《湖北谘议局文献资料汇编》，武汉大学出版社1991年版，第636页。

· 161 ·

30万两的请求，总督应准予借拨，并饬其另估工程，克日开工。

对于省谘议局的咨复，瑞澂于1911年1月给予了札复。他并没有否认省谘议局提出的"避难就易、缓步进行"实施方略和缩小规模的筑路开渠计划，而是主张，如果总费用只需银30万两，就不用官府借拨给商人经费30万两了，与其全由官借商办，不若直接由官办。如果专用商款兴办，就应取消借拨案；如果商界不能承办，也应尽快回复官府，由总督另外筹设公司招股开办。①

此后，由于农商部决定于宣统七年在武汉开万国博览会，总督瑞澂为了汉口市街筹谋计，再次决定在后湖筑路。鉴于政府"经费支绌，营造非易，拟变通办法，招商建筑，由官定规模，以归划一"，以便速成。②

1911年10月，辛亥革命爆发，瑞澂的汉口市政建设计划没能实现。不过，通过计划的全过程，我们还是可以感受到官府对于汉口市政建设的积极态度，及其对市政建设握有的最终决定权。

后张之洞时代官府的汉口市政计划，除了开河筑路外，还有几项。1909年，江汉关道曾经在中国邮传部的创导下，与京汉铁路南局商定迁移汉口大智门车站，并计划"由后城马路接修一支路，以通江岸之招商局，同轮船码头连成一气"③。该计划涉及拆迁及经费问题，未果。此后直到1917年，迁移大智门火车站一事，才又提上议事日程。④ 1910年，拟设铁链渡船。⑤ 因考虑到与轮船航行不利，且费用浩大，于1911年初改为计划购置渡江轮船。⑥ 官府还曾筹划水上消防。⑦ 可惜，以上这些计划均因经费无着而未能实现。而张之洞时期的武汉铁桥建设

---

① 《汉口后湖开合筑路咨询案　附：湖广总督札复》，吴剑杰主编：《湖北谘议局文献资料汇编》，武汉大学出版社1991年版，第636—640页。《鄂督对于后湖开河筑路之政见》，《申报》1911年1月23日第1张后幅第4版。
② 《建筑商场问题》，《民立报》1911年9月10日第4张。
③ 《京汉铁路站改地之计划》，《申报》1909年4月10日第2张第4版。
④ 《汉车站迁移之希望》，《申报》1917年10月1日第6版。
⑤ 《武汉三镇将设铁链渡船》，《申报》1910年11月9日第1张后幅第4版。
⑥ 《鄂督议购大轮船渡江》，《申报》1911年1月8日第1张后幅第4版。
⑦ 《鄂督水上消防之规划》，《申报》1910年12月19日第1张后幅第3版。

计划，更是因为经费问题被排除在市政计划之外。尽管如此，上述未能辅助实施的市政规划，皆为清末湖北省府谋求汉口发展市政的努力的一个组成部分，则是不可否认的历史事实。

从1907年9月张之洞离任至1911年10月辛亥革命爆发，历时约共4年。在这段时间里，湖北省府一直在谋求革新汉口市政。对于一场艰难的后续性市政改革来说，无疑为时过短。后续改革的时间过短，制约了市政革新展开的幅度，而财政困难又在很大程度上制约了市政革新施展的空间，加上张之洞离任后，走马灯似地更任的3位总督，他们既缺乏张之洞那样的魄力，又缺乏张之洞那样政绩与威权，使湖北省府对汉口市政革新的主导，较张之洞时代显得有心无力。

四 湖北新政时期汉口官办市政的特点

与此前的官办市政相比，湖北新政时期的汉口官办市政是一种新型官办市政，具有以下特点：

（一）湖北省府直接主导汉口市政，市政建设成效显著

在湖北新政时期，汉口市政变革在体制层面上向前迈进了一大步。省府设立了夏口厅和一些专门针对汉口市政建设和管理的近代性市政机构，如：警察局、后湖堤工局、马路工程局等；省府主导的地方自治运动，不仅促使地方自治议事会和董事会在汉口产生，还促进了民间市政组织的发展，保安会、救火会、公益会等街区性的民间自治性市政组织及其集合体汉口各团联合会得以产生。

在湖北省府的主导之下，官办市政有计划地展开，汉口市政建设成效显著：工程浩大的堤防得以修筑，城市环境因此发生翻天覆地的变化，市区安全因之较从前更有保障，城市土地开发热潮亦随即出现，阻碍市区拓展的城垣被拆除，并依城基修筑了大马路，新式的交通工具开始在马路上奔跑，新的市街缘是开辟，城市交通体系由此初步形成，旧市街亦因街道被拓展而得到一定程度的改造，"市政当局正朝着改善排

水设施,加强卫生教育方面努力……老城厢和租界一样,新式西洋建筑使老式建筑黯然失色"①,市政设施和市容有了很大改善。同时,民办市政也在官办市政的积极导向下兴起。所有这些,都使汉口的城市形象被显著刷新。

(二)市政建设开始有了大体的规划

在古典官办市政时期,汉口虽有筑堤、筑城之类的大型工程建设,但未见在市政方面有何整体规划。在清末新政时期,湖北省府在主导汉口市政改革的过程中,产生了整体布局汉口市政的理念。其中,张之洞时期为萌生期,市政布局为框架性的,后张之洞时期为初步细化时期。但总体上讲,规划集中于堤防与道路交通而缺少配套性(如下水道、行道树等建设计划)。不过,多少也为民初汉口市政规划积累了经验。民初汉口的市政规划,就是在清末市政初步规划的基础上进一步展开的。在民国中期,汉口市政建设一度过于偏重道路建设而忽视堤防建设,后来又吸取1931年大水灾的惨痛教训,不得不重新开始重视堤防,重新回到清末以堤防为根本保障,以道路建设为重点的市政建设框架中来,从反面说明,晚清尤其是张之洞督鄂时期所确立的汉口市政建设基本框架——大体规划所具有的重大历史意义。

(三)初步确立了警察在日常市政管理中的基础性地位,市政管理较此前更趋规范化

前文已述及,汉口在古典官办市政时期,负责汉口城市日常管理的是半官方性质的保甲。张之洞督鄂实行新政之后,学习西方城市管理的先进办法,以警察制取代了保甲制。汉口警察涵盖了户口清查和管理、消防、道路交通管理、路灯管理、公共卫生管理等市政管理职能,这些职能都属于城市日常管理职能。随着汉口市政建设的发展,警察在汉口

---

① [英]穆和德:《海关十年报告——汉口江汉关(1882—1931)》,李策译,香港天马图书有限公司1993年版,第103页。

市政管理中的基础性地位不断得到强化。

在市内交通方面,警察局被指定负责官修大马路的管理。汉口后城马路尚未筑成时,官府就计划"后城马路竣工后,所有一切事宜","札警察局办理"①。鉴于汉镇街道异常窄狭,行人往来颇称不便。为了便利交通,防止发生交通事故,规定"只许后城马路行驶人力车,其余各处无论包车、普通车,一律禁止"②。此外,据报载,1908年汉口摊贩罢市闹事的时候,"所有该马路之路灯及所设之警棚全被打毁一空","扰乱最甚者为警察二、三两局地段,专局、分区警棚、路灯被毁,无一存者"③,说明当时后城马路和旧市区街上,都设有路灯。至于具体在哪些街道设置路灯是由警察管理的,尚未见史料记载。不过可以肯定的是,后城马路的路灯是由警察负责管理的,路灯的总数至少有60盏④。

在建筑管理方面,汉口警察也有监督之责权。1906年张之洞下令,"此后遇有失慎地方,但系改造房屋,无论铺面、住宅、公所,亦均应让出官街三尺,务令房主于事前禀报,警察局督同勘明,较原造基址所让官街三尺,确系相符,方许兴作,永为定例。倘有不遵,虽修成后,亦必勒令拆卸"⑤。"永为定例",说明此前汉口尚无这样的具体定例。这条"死"命令初步将汉口市区建筑管理纳入法制化的轨道。比较先前由私人捐建火巷的举措,它对汉口市政具有更广泛范围的影响;同时,对建筑范围的具体规范,使汉口警察在行使城市建筑管理职能时有了更为明确的法律依据。

在日常卫生管理方面,尽管还很不如人意,但在规范化方面还是有

---

① 《马路改归警察局办理》,《申报》1906年2月25日第9版。
② 《禁止当街跑车》,《国民新报》1912年9月14日第4页。
③ 《时报》戊申(1908)四月二十日、二十三日,转引自武汉大学历史系中国近代史教研室编《辛亥革命在湖北史料选辑》,湖北人民出版社1981年版。
④ 报载,1912年,"警视厅长周君以后城马路向有夜灯,去年军兴后,尽遭破坏,今拟规复旧观,添设路灯六十盏"。(《后马路添置夜灯》,《国民新报》1912年11月14日第6页。)
⑤ 《札夏口厅、江汉两县出示展宽街道》,载苑书义等主编《张之洞全集》,湖北人民出版社1998年版,总第4377页。

所改善。除了由警察局清道夫清扫街道外，警察局对于市内粪便挑运的时间也做出了具体的规定。汉口挑粪时间"向来警章，自夜间十一句钟空桶上街，至黎明即须停歇"。后来，粪夫不遵警章，竟然在夏天"有挑至次日两句钟后尚不能毕，于卫生大有妨碍"。警察局因此出示警章予以禁止，规定"至清晨六句钟后，即不准再挑；否即议罚"，并下令粪夫应"一律于空桶上加盖"。①

此外，前文所述及的清末警政的不断改良，也使汉口警察的市政管理职能有所强化。

警察是一种新型的城市管理机构，也是国家机器的组成部分，其对地方事务的管理较半官方性质的保甲更具强制性，故清末以警察取代保甲行使汉口日常市政管理职能，更容易实施市政管理规范，从而加强了市政管理的规范化。

汉口市政管理的规范化还突出表现在以下两个方面：一方面，限定马路上行驶的华界人力车数量，要求缴纳牌照捐，并规定行驶华界的租界车辆向中方纳捐。后城马路尚未筑成时，中方就决定"东洋车暂设二百辆，照会英领事转知英捕房，所有东洋车一律通行"。②后来因马路工程局经费支绌，又决定添车100辆，每辆缴牌照费洋20元，充工程经费。③限定市区道路上行驶车辆的数量，这是汉口古典官办市政时代所没有的事情。

汉口后城马路及其周边马路建成后，官府还加强了对租界车辆的管理，"汉口各国租界内之马车、人力车属于自用者，向来行驶华界后城各马路，均不缴捐，□贸易之马车等欲在华界行驶，每车按月缴解捐二元"，湖北巡警道"以华界居民自置之车均须完捐，通行租界，其捐尤重，今租界之车行驶华界，任其自由，殊欠公允，特拟订租界各车通行华界捐章，晓谕各华洋车户遵守"。经过一番交涉，最后在英国领事的减捐要求下，中方确定：租界各商自置之马车向中国官府缴纳月捐洋2

---

① 《粪担要挟官长》，《民呼报》1909年6月13日第4版。
② 《纪后城马路近情》，《申报》1906年4月7日第10版。
③ 《后城马路添车》，《申报》1907年3月16日第10版。

第三章　湖北新政时期汉口官办市政体制的革新与市政发展

元（原定3元），自置之人力车每季向中方缴纳捐洋1.5元（原定2元），贸易马车则缴纳依旧。①虽然不知最后其他各国租界的反应如何，但我们从中不难看出，中国官府在市政管理过程中，为力求中外缴捐一致而挽回利权，是做出了努力的，而这种努力其实也是管理规范化的一种表现。后城各马路是新政时期的产物，故要求行驶华界后城各马路的租界车辆向中方纳捐，这也是古典官办市政时期所没有的事情。

另一方面，就火灾预防问题对市区各住户提出了规范性的要求。汉口地广人稠，街道窄狭，市场鳞次栉比，一旦失火，难以施救，动辄延烧多处，火灾损失尤其惊人②，有鉴于此，张之洞曾经于1899年初下令，"由各住户，自行广备救火器具，以防不虞……大户购置水枪三枝，中户两枝，小户亦须一枝……仰官户、绅户、商户、民户人等一体遵照……务当将前项水枪赶紧向上海、香港等处照数购备，限三个月一律购齐……届时由保甲局禀请本部堂派员点验，如不照购，或购不如数，定即分别惩罚"③，即令汉口居民购买新式灭火水枪以防火患。这次下令购置灭火器具，通过官方力量强制实施，自属规范消防管理的范畴。1906年，张之洞又下令，"此后遇有失慎地方，凡临街房屋修建时，应让出官街三尺，即非失慎地方，但系改造房屋，无论铺面、住宅、公所，亦均应让出官街三尺，务令房主于事前禀报，警察局督同勘明，较原造基址所让官街三尺，确系相符，方许兴作，永为定例。倘有不遵，虽修成以后，亦必勒令拆卸……俾家喻户晓，以弭火患而卫民

---

① 《华界抽收通行车捐之交涉》，《申报》1910年11月16日第1张后幅第4版。
② 如：1905年11月，汉口古三皇殿堤街地方失火，前烧至陶家巷口夹街，后烧至后堤满春茶楼，上烧至淮堤庵，下烧至福建庵，延烧平屋四五千家，100余人死于灾（见《汉口大火》，《申报》1905年11月8日第3版；《汉口大火续志》，《申报》1905年11月10日第4版）。1906年农历二月，汉口新码头茅屋失火，延烧板屋2000余家，沈家庙河岸、宝庆码头、大水巷河街、永宁巷河街诸处均成灰烬，还烧死两人（见《汉皋火警伤人》，《申报》1906年3月11日第17版）。
③ 《札江夏县等帖令各户购备水枪以防火灾告示》，载苑书义等主编《张之洞全集》，河北人民出版社1998年版，总第3741页。

生"①，这就是通过规范私家或公共房屋的建筑来强化城市消防管理。在汉口古典官办市政时代，官府对市区消防的规范性要求，只能达到保甲的层次，没有具体到个体住户，而张之洞的这条有关消防的命令表明，清末官府借助于市政管理的规范化，强化了对汉口城市居民的管理。

穆和德在江汉关《海关十年报告》中述及清末汉口市政时说，"武汉三镇到处可听到人力车的吆喝"，"城区马路已有警察执勤"，"马路拓宽了，所有新盖建筑比原来的老房子后退了3英尺"。② 这说明清末汉口市政管理的规范化虽然才刚刚起步，但市政管理的总体状况却因此有了较大的改善，也说明清末官府在汉口市政管理中的能力在强化。

（四）以维护城市安全为前提，以发展城市社会经济为核心

在古典官办市政时期，政府在市政方面偏重管理，其关注的核心是城市社会的安全与稳定。清末新型官办市政，在注重市政管理的同时，还注重市政建设；注重城市安全的同时，还注重城市社会经济的发展；政府对市政关注的核心是如何促进城市经济的发展，改善城市社会生活质量，其对城市发展的促进作用也是古典官办市政时期的官府所无法相比的。

卢汉铁路通车给汉口城市发展带来了机遇，张公堤和后城等马路的兴筑就是官府应对汉口城市发展新形势的两大市政举措。张公堤兴筑的目的除了防御汉口水患外，就是期望"堤内保全之地，即为商务繁盛之区"③，"推广市廛，振兴商务"。张公堤筑成后，"颇引起商民兴业之观念"，刺激了商人投资地皮、建设商场的欲望，至宣统二年

---

① 《札夏口厅、江汉两县出示展宽街道》，载苑书义等主编《张之洞全集》，河北人民出版社1998年版，总第4377页。

② ［英］穆和德：《海关十年报告——汉口江汉关（1882—1931）》，李策译，香港天马图书有限公司1993年版，第102—103页。

③ 《札江汉关道兴修后湖长堤》，载苑书义等主编《张之洞全集》，河北人民出版社1998年版，总第4252页；《汉口后湖堤工案》，《申报》1905年7月26日第9版。

第三章　湖北新政时期汉口官办市政体制的革新与市政发展

(1910) 十月的时候，商人投资汉口地皮的资本"其数已达二千万"。[①]由此不难想见清末新型官办市政对汉口城市经济发展的积极驱动作用。

马路的兴筑也是以城市经济发展和追求官方经济利益为指向。官府首先选择在旧市区之外的城垣一带修筑马路，显然是为了开辟新市区，促进华界市场的发展。在修筑后城马路之前官府就将城垣两旁地段，购买一空，并招人承租建筑房屋，就是为了"兴商务"[②]。不仅如此，官钱局还抓住商机，拨款填筑后城马路两旁的低地，准备大做地皮生意，大赚一笔以之抵还旧债，弥补新亏。因为它看好"汉口商务日有增长，后城一带之地，销售尤易"[③]的城市经济发展走势。

1909 年计划迁移汉口大智门车站并修筑铁路支线以联通江岸码头，就是为了尽快改变京汉铁路全线开通以后市面日益繁荣于租界的被动局面，希望最终使"商务移盛于华界"[④]。同年的建筑汉口商场计划也是为了"兴商业"[⑤]。

而市区道路建设，与菜市场的兴建、公共卫生的讲求、公共照明——路灯的推广等，一起为城市生活质量的改善做出了积极的贡献。

上述情形表明，官府在市政建设中注重发展城市经济和改善城市生活质量，表现出积极应对汉口城市发展新局面的开拓精神，而这正是以追求社会稳定为核心目的的古典官办市政时期所欠缺的。

（五）民族主义意识成为左右政府市政改革的重要因素

清末新政是在中国上下激于屈辱的城下盟约、民族主义意识不断强化的情形之下，在全国各地展开的，清末汉口市政改革作为湖北新政的重要组成部分，也被打上民族主义的深深印记。深受民族主义意

[①]《汉口后湖开合筑路咨询案　附：湖广总督札复》，载吴剑杰主编《湖北谘议局文献资料汇编》，武汉大学出版社 1991 年版，第 638—639、636 页。
[②]《汉口》，《申报》1905 年 8 月 18 日第 10 版。
[③]《鄂督整顿财政三策》，《申报》1910 年 11 月 10 日第 1 张后幅第 2 版。
[④]《京汉铁路站改地之计划》，《申报》1909 年 4 月 10 日第 2 张第 4 版。
[⑤]《汉口后湖马路》，载吕调元、刘承恩修、张仲炘、杨承禧等纂《湖北通志》，民国十年（1921）影印本，上海古籍出版社 1990 年版，总第 1435 页。

识的强烈影响,是汉口新型官办市政区别于古典官办市政的显著特征。

湖北地方官府在汉口水电事业创办过程中的主张和态度,就很好地体现了民族主义意识对汉口市政的影响。在汉口市政建设史上,水电事业的创办是前所未有的关乎城市居民生活、日用的一件大事。对于汉口开办水电厂一事,湖北地方官员早在汉口既济水电公司开办以前,就未雨绸缪,考虑如何办理才能切实保护汉口水电利源、保障华界水电利权问题。1899年,湖北地方官员就具禀张之洞曰:

> 通商以来各口利源半为西商所夺,而汉口自来水利更在垂涎无厌之中,此前风气未开,尚可停办。近因租界毗连,凡西商埠头,早经汲食清洁,居民习而艳之,将来侵及全镇,势所必至。故欲收回利权,不得不预占先著,免致他人下手,噬脐莫及。然或筹无的款,邀集洋商,抑或立法未善,妨碍贫民……是以各商禀办,未蒙准行。

为了防止洋商利用中国商人出面办理水电,地方官与申请开办水电的商人订立合同,规定商人须预缴一定的信用担保金;"如查有洋款在内,以及洋人包揽等事",就将担保金充公;如果查明无洋商参股后予以批准,就准予专利,"三十年期内不准他人在汉镇再设,分夺利权",以保障中国商人的利益。① 作为上宪的张之洞,他对于汉口水电事业的开办,也是"深恐利权为外人所握"②。1902年,日商就曾计划在英法租界等处创办自来水③,未果。此后,外商曾多次向张之洞提出开办汉口水电的要求——笔者阅及《申报》所载就有3次:1904年1次、

---

① 《札行批准开办汉口自来水各情形》,载苑书义等主编《张之洞全集》,河北人民出版社1998年版,总第3871—3874页。
② 《汉江放棹》,《申报》1902年7月24日第3版。
③ 《汉书》,《申报》1902年1月11日第3版。

第三章 湖北新政时期汉口官办市政体制的革新与市政发展

1905年2次。对此,张之洞也曾有过犹豫,甚至还曾打算官借外款开办。① 但是,张之洞最终还是以"大利所在","事关中国主权,概行推卸未允"。在"叠经各国洋商恳请揽办"、官府又无力开办的情况下,张之洞最后批准由华商宋炜臣等创办,并准予专利。② 从汉口水电事业最初计划官办,历经拒绝洋商假借华商开办或直接开办,以及只允许华商开办,最终鼓励并批准华商开办的种种情形,我们可以清楚地感受到民族主义意识在清末汉口市政建设中所产生的重要影响。

民族主义意识也影响到汉口市政的其他方面。在张公堤修筑之前,曾经有德国商人想包揽承修,对此,张之洞回复曰,"此项堤工,极关紧要,湖北当自行筹办,毋庸由德商干预",最后拒绝了德商的包办要求。③ 后张之洞时期官府规划建设汉口商场建筑,既为"兴商业",又为"握利权"④。此外,学习西方国家先进城市管理经验而创设城市警察,为了使汉口商业发展的重心转向华界而计划迁移大智门火车站,要求行驶华界马路的租界车辆比照华界车辆缴纳捐费等,都体现了官府在市政管理中的民族主义意识。

(六) 学习西方成为革新汉口市政的重要内容

学习借鉴西方先进的市政理念、市政体制以及具体的市政举措,成为官府革新汉口市政的重要内容,也是湖北新政实施于汉口的重要内容。

清末新政既是政府应对内忧外患的产物,也是以西方为学习对象的一场多层次、广范围的社会变革运动。市政革新是清末新政的一个重要

---

① 《江汉珠光》,《申报》1904年1月30日第3版;《法商议办自来水》,《申报》1905年3月2日第2、3版;《议借洋款创办自来水及电灯公司》,《申报》1905年5月11日第4版。
② 《批职商宋炜臣等禀创办汉口水电公司》,载苑书义等主编《张之洞全集》,河北人民出版社1998年版,总第4839页。
③ 《札江汉关道兴修后湖长堤》,载苑书义等主编《张之洞全集》,河北人民出版社1998年版,总第4252页;《汉口后湖堤工案》,《申报》1905年5月12日第3、4版。
④ 《汉口后湖马路》,载吕调元、刘承恩修、张仲炘、杨承禧等纂《湖北通志》,民国十年(1921)影印本,上海古籍出版社1990年版,总第1435页。

组成部分，向西方学习自然成为湖北省府革新汉口市政的一个重要内容。

就观念层面而言，湖北新政时期省府对汉口市政的革新，很大程度上接受了西方地方自治的观念。在湖北新政的前期——张之洞督鄂时期，张之洞本人就是全国封疆大吏中较早接受并尝试推行地方自治的重要人物之一。对于商务，他主张劝商"自治"，以使商界积极应对国际贸易竞争。对于城市日常管理，他推崇西式警政。张之洞认为，长期实施旧式的保甲法结果是"人人要钱，事事有弊，敛百姓之财不能办百姓之事，治盗不足，扰民而有余"，结果导致吏治败坏。① 故张之洞还说：

> 警察一事，视为吏治之实际，教养之初基，立法甚严而用意甚厚，东西洋各国视为内政之第一大端，凡稽察户口、保卫生民、清理街道、开通沟渠、消除疫防、防救火灾、查缉奸仇、通达民隐、整齐人心诸善政，无不惟警察是赖。姑就最近处征之日本全国、上海租界……明效昭彰，万目共睹。今日讲求新政，采用西法，此举洵为先务。考东西洋各国警察所需经费，皆系出之本处民户，无论商民一律抽捐，盖以本地居民生命产业既受保卫之益，自应输保卫之资。②

显然，张之洞之所以推行西式警政，其根本就在于，他认为推行警政是以地方之钱办地方之事，为改良地方吏治和城市日常管理的最基础的办法。这说明张之洞意识到西方警政的根本精神——地方自治。张之洞在武汉推崇西式警政和实行西式警察制度，显然是想通过学习西方市政管理的经验，来革新汉口市政。

在后张之洞时代，官府依据国策在汉口推行地方自治，则更是湖北

---

① 《鄂垣创行警察》，《申报》1902年6月9日第2版。
② 《省城创办警察折》，载苑书义等主编《张之洞全集》，河北人民出版社1998年版，总第1475页。

省府借助于运动，大张旗鼓地学习西方市政管理经验以革新汉口市政的突出体现。

就体制层面而言，湖北新政时期省府在汉口推行并不断完善警察制度，改良狱政，建立城市地方自治机构，并允许自治性民间社团成立、发展，都是前述地方自治观念指导下进行的，是借鉴西方市政理念实践汉口市政的结果。

就具体的市政举措而言，开办警察局，试图通过警察系统维护城市公共安全，清理街道，开展卫生防疫，整饬消防，规范城市建筑；修筑马路，仿造西式监狱改造中式卡屋；学习西方赋予私人企业以专利权以鼓励其开办城市公用事业（如水电、电话）；聘请外国人充当堤防修筑的技术顾问，甚至侵用西方的堤防修筑技术；规划汉口市政。如此等等，都是官府学习西方革新汉口市政的重要体现。

第四章

湖北新政时期汉口的民办市政

一 城市工商业的发展与商人主体意识的初步觉醒

19世纪60年代初，汉口开埠。不过，新兴的民族资本主义工业直到甲午战争之后，才快速发展起来。据《湖北通史·民国卷》统计，清末湖北民营工厂（不含采矿）共有160余家。而笔者据该书《晚清湖北民营工厂简况一览表》统计，早在1896—1911年，湖北民营工厂中就有85家在汉口，此前有1家是新机器厂，也在汉口，而且该厂被认定为"武汉最早的民族资本主义工厂"[①]。汉口民营工厂的资本在湖北民营工厂总资本中也最多。[②] 到了清末，汉口已不仅仅是商业中心，还是名副其实的工业中心了。进入民初，汉口的民营工业继续发展。尤其是在第一次世界大战前后，汉口形成民营工厂的建设高潮，汉口第一纺织厂、南洋兄弟烟草公司、福新第五面粉厂、申新第四纺织厂、胜新面粉公司等投资以十万元计、百万元计的工厂，相继在汉口落户。汉口工业的进一步得到发展，促进了汉口贸易的繁荣。故史载，"汉口一埠，原为工业中心点，自新厂添设以后，日见重要，钢铁制造品及机器

[①] 皮明庥主编：《近代武汉城市史》，中国社会科学出版社1993年版，第178页。
[②] 罗福惠：《湖北通史·民国卷》，章开沅、张正明、罗福惠主编，华中师范大学出版社1999年版，第347—359页。

第四章　湖北新政时期汉口的民办市政

之输入，从兹更盛，即铁路车辆之输入，其数也增"①。

与民族资本主义工业的发展相比，汉口的商业发展更令人瞩目。汉口的商业贸易在原有的基础上，以惊人的发展速度显示出其更为突出和重要的地位。汉口口岸贸易总值，在"1896—1901年6年间，每年平均7643万海关两，较甲午战争前年均增长1倍多；1902年突破亿两大关并逐年上升"②。"民国前一年（1910年）为16910万两，1926年为41203万两，年平均增长率为7%。"③ 1890—1911年及1912—1926年，汉口的直接对外贸易总值分别占全国直接贸易总值的0.98%—5.55%之间和3.22%—5.80%之间。而1890—1926年，汉口在全国四大港口（其他三大港口为上海、天津、广州）间接对外贸易中，多数年份居于第2位和第3位，具体情况见表4-1-1：

表4-1-1　1890—1926年汉口间接贸易额在全国四大港口中的位次表

年份	1890—1903	1904—1907	1908—1909	1900—1901	1902	1903	1904—1905	1906	1907—1919	1920—1922	1923—1926
位次	3	4	3	2	4	3	2	3	2	3	2

资料来源：《1866—1931年全国四大港间接对外贸易额比较统计表》，曾兆祥主编：《湖北近代经济贸易史资料选辑（1840—1949）》第1辑，湖北省志贸易志编辑室1984年编印，第185—187页。

故清末日本驻汉口总领事水野幸吉断言，汉口"夙超天津，近凌广州，今也位于清国要港之第二，将进而摩上海之垒，使视察者艳称之为东方之芝加哥"④。

---

① 曾兆祥主编：《湖北近代经济贸易史料选辑（1840—1949）》第1辑，湖北省志贸易志编辑室1984年编印，第373页。
② 罗福惠：《湖北通史·民国卷》，章开沅、张正明、罗福惠主编，华中师范大学出版社1999年版，第373页。
③ 田子渝：《武汉五四运动史》，湖北人民出版社1999年版，第45页。
④ ［日］水野幸吉：《汉口：中央支那之事情》，刘鸿枢等译，上海昌明公司发行光绪三十四年（1908）版，第1页。

湖北新政时期汉口商业的发展，还表现为业商队伍的发展壮大。在辛亥革命前，汉口已有茶叶、粮食、布匹、棉纱、棉花、绸缎、华洋百货、绣货、五金、牛皮等商业行业95个，商店总数在7000户。①

随着工商业的发展，汉口商人队伍的发展壮大，商人的经济实力也增强了。清末民初汉口的民族资本主要集中在买办和与官府关系密切、得到官府支持的大商人和绅商的手中，他们是汉口资本家的中上层，刘歆生、刘子敬等是其中的佼佼者。他们通过经商或在外国人开办的洋行做买办，积累了一些资金后，继续经商并投资于一些新式的工矿业和房地产。穆和德在江汉关《海关十年报告》中称，"数以百万计的资金投资在建筑行业和加高地基上"②。而官方文书中说，"汉口后湖自张文襄修堤以后，即以款竭无所建设，然颇引起商民兴业之观念，于是群目所注，知后湖为汉镇拓殖之地，繁盛可必，竟【竞】投资本，群相购地，乃至继长增高，投资于沮洳之中者，其数已达二千万"③。民初《申报》的一篇报道中说，张公堤筑成之后，张之洞想从后湖着手开辟汉口市场，"以故投机家其时已纷购地皮为牟利基础，有刘某者投资将及千万以上，其他各商财产之压滞于此者，合计亦不下数千万"④。报道中的"刘某"显然就是指刘歆生，因为他在清末民初已是远近闻名的"地皮大王"，他几乎购买了后湖涸出土地的1/4。刘歆生还在自己的地皮上筑路，成片地修筑房屋。

随着经济实力的增强和民族危机的日益深重与不断刺激，清末汉口商人的主体意识开始觉醒了，这主要表现在以下两个方面：

其一，自我意识觉醒。

维护权益意识日益增强，是清末汉口商人自我意识觉醒的一个重要

---

① 《农商公报》第33期，转引自皮明庥主编《简明武汉史》，武汉出版社2005年版，第175页。

② ［英］穆和德：《海关十年报告——汉口江汉关（1882—1931）》，李策译，香港天马图书有限公司1993年版，第75页。

③ 《汉口后湖开合筑路咨询案》，载吴剑杰主编《湖北谘议局文献资料汇编》，武汉大学出版社1991年版，第636页。

④ 《将来之汉口》，《申报》1914年11月10日第6版。

第四章 湖北新政时期汉口的民办市政

表现。

传统的通过依附官府获得保护的做法，仍然是清末汉口商人谋取权益保护的重要手段，如宋炜臣、刘歆生等大商人，他们都谋得了官衔或功名，成为绅商，他们仍然利用这些官方头衔取得与官府联络沟通之便，从而争取和保护自身的权益。

罢市作为传统抗争手段也被继续使用。如赵尔巽督鄂时，曾设专局整顿江汉关"九九商捐"。由于此税当时为他省所无，故汉口各商帮不愿如数缴纳。于是，汉口商人商定，每年由各帮公摊银20万两上缴给江汉关，以应付此事。1911年春夏之交，因为市面太不景气，各帮均抗拒不缴，最终"均罢市以资抵抗"。[1]

不过，在湖北新政时期，汉口商人维护自身权益的手段与方式已经超出了传统。

依法申请专利是湖北新政时期汉口商人维护自身权益一种重要的手段，也是此前不曾被商人采用过的新手段。1905年，商人胡德隆、朱益敬开办瑞丰面粉公司，"在商务局禀请专利，批准立案"[2]。宋炜臣等人创办既济水电公司的时候，就申请专利，以防止外商侵蚀汉口华界的水电开办权益，获得批准拥有专利，从而保护了汉口华商权益。宋炜臣开办的另一个公司——燮昌火柴公司也申请过专利保护，结果获得了10年的专利权。当有人想在汉口增办火柴公司与之争利时，该公司遂通过官府出面，以拥有专利权为由成功地进行了制止。利用专利权保护商业利益，这是湖北新政以前汉口华商界所没有过的事情。

当自身利益面临官府的强势侵害而无法在华界内部解决时，汉口商人不惜选择与官府对抗的手段和决绝抗争的方式，来维护自身权益。挂洋旗就是这样一种手段和方式。1905年，官府下令，汉口钱庄必须以五家为单位组织，相互担保。当商人与商家感觉实在没有更好的方式来

---

[1] 该捐系厘金外之一种特捐，与销场税相似，大约交易额每银1000两，须缴捐银10两。《江汉关道添委整顿商捐》，参见《申报》1911年5月5日第1张后幅第4版。

[2] 《工厂》，载皮明庥、冯天瑜等编、武汉地方志编纂办公室印行《武汉近代（辛亥革命前）经济史料》，第197、212页。

· 177 ·

维护自身权益的时候,他们就利用国家主权分割——租界的治外法权,来对抗官府以维护自身的权益,"钱业不遵五家环保之谕,拟挂洋旗以期抵制"。结果,官方被迫变通办理。① 以这种超出经济层面、具有政治内涵的手段和方式,抗拒官府以维护自身权益,成为汉口商人自我意识觉醒的一个标志。

对商业地位的充分肯定,是湖北新政时期汉口商人自我意识觉醒的最显著表现。

1908 年,汉口商人在谈到商人和商业的地位时说:

> 欲言竞争,当从商务下手……商务一道,在中国古代误置之于士农工商之末,乃不知现在列强均借此以应优胜劣败之雄膜。譬如在坐诸君,官界、军界、政界以及农工等均有人,然使无商界□□财政,则诸君之运动必不亨通。②

这表明汉口商人们已经自觉地意识到自身(商人)和己业(商业)对于国家富强的重要性。而这种对自身价值与能力的公开而自豪的肯定,就是建立在对古今中外时势的深刻认识上的自我觉醒,它将商界置于中外竞争的最前沿,意味着汉口商界在长期经受"末位之民"的待遇后,终于得以整体舒张而对自我地位予以重新定位。这种出自商人之口的重新定位与自我认知,在湖北新政之前的汉口,是从来没有过的。

上述情形表明,清末汉口商人群体自我意识已经初步觉醒了。

其二,自治意识得到发展。

与自我意识觉醒相应,汉口商人的自治意识得到发展。其基本表现有二:一是在旧有行帮的基础上建立了新式的自治性社团;一是建立了街区性地方自治组织并对其进行了初步的整合。

随着工商业的发展和商人队伍的壮大,汉口传统的商人自组织——

---

① 《阻止钱业悬挂洋旗》,《申报》1905 年 4 月 12 日第 3 版。
② 《武汉之商团、商会》,见武汉大学历史系中国近代史教研室编《辛亥革命在湖北史料选辑》,湖北人民出版社 1981 年版,第 304 页。

第四章 湖北新政时期汉口的民办市政

按地域或行业组成的会馆和公所仍然存在并继续发展，但汉口的商人组织总体上已呈现出代谢之势。其原因之一就是会馆、公所过于松散，不适应国内外商务竞争尤其是国际商务竞争的需要。清末汉口最早的总理商务的机构为"汉口商务局"，它是官府出于整合汉口商业力量以应对国际商业竞争的需要，于1898年创办的官方机构。当时，湖广总督张之洞还主张商人"自治"，鼓励商人建立自己主持的"合群"组织。①1905年，有汉口商人禀请设立商会。② 到了1907年，汉口商人才正式依据农商部颁布的相关商会法规，组建了"汉口商务总会"。汉口商会是官府提倡、商人自主集结的产物。不过，在官办的商务局与商办的"商务总会"并存的时候，汉口商人对于开办商会一事，"不甚踊跃"。③ 这多少说明了当时汉口商人自觉整合的"合群"意识还不够。不过，在官办的商务局撤销之后，汉口商人们清楚地意识到"合群"的重要以及商会地位的重要，甚至声称"商会为合群之要素"④。汉口商务总会是法定自治性社团组织。

继商会之后，以地方自治为宗旨的街区性商人社团——自治会、保安会、救火会等纷纷建立，它们尝试对各自所在的街区进行自我管理。在此基础上，一个由商人自主组织的、集合各自治性保安会的街区性自治组织集合体——"汉口各团联合会"，于1911年春诞生了。

在清末民初之际所有的汉口商人组织中，"汉口第一商业机关为商务总会，其次为各团联合会"⑤。虽然这两个组织也是以行帮为基础，但却明显不同于早先的会馆、公所，也不同于"八大行"，因为它们是汉口商界基于自主、自治理念而整合的结果。

---

① 《农工商学第九》，见冯天瑜、肖川评注《劝学篇·劝学篇书后》，湖北人民出版社2002年版，第180页。
② 《禀设商会》，《申报》1905年4月11日第10版。
③ 武汉大学历史系中国近代史教研室编：《辛亥革命在湖北史料选辑》，湖北人民出版社1981年版，第305页。
④ 《武汉之商团、商会》，见武汉大学历史系中国近代史教研室编《辛亥革命在湖北史料选辑》，湖北人民出版社1981年版，第304页。
⑤ 徐焕斗修、王夔清纂：《汉口小志》，民国四年（1915）铅印本，"商业志"，第37页。

湖北新政时期的汉口商界无论在经济实力还是在精神面貌方面，均已今非昔比。经济实力的增强，使得汉口商人具备了更多的参与城市事务的资本。主体意识的初步觉醒，又使得汉口商人对城市事务的参与，由自发转变为自觉，他们日益倾向于以独立城市社会主体的姿态参与汉口的市政建设与管理，加之地方自治运动的展开，商人自治型市政由此得以衍生；同时，以盈利为主要目的的商办市政，作为一种市政管理类型——商营型市政，开始确立起来。

二 商人社团组织的丕变与商人自治型市政的初步展开

（一）商人社团组织的丕变

湖北新政时期是近代汉口商人社团组织发展演变的最重要时期。这一时期，以商人为主体的社团组织迅速代谢丕变，自治性社团纷纷产生。

1. 原有会馆、公所、善堂等数量的继续增加

在湖北新政时期，此前曾经积极参与市政的会馆、公所、善堂，在汉口仍继续得到发展，新的会馆、公所、善堂仍在产生。

就会馆、公所而言，它们在1889年之前就"越来越以职业为基础"①。据《夏口县志》载，光绪十六年（1890）以后至1911年，在所有新的会馆、公所中，记载有确切建立年代的一共有21所，包括：7所为不分籍贯同业组织——上埠杂粮斗级公所、中埠杂粮斗级公所、鞭炮师友公所、命理公所（2所）、皮业公所、花布总公会；1所为不分籍贯两业复合组织——汉镇竹烟袋铜伞头两帮公会；1所为专门慈善组织——四明公所；3所为同乡不分业组织——苏湖公所、旌德会馆、平江商业公会；9所为同乡同业组织——商船公所、文昌公所、烟帮公

---

① ［美］罗威廉：《汉口：一个中国城市的商业和社会（1796—1889）》，江溶、鲁西奇译，彭雨新、鲁西奇校，中国人民大学出版社2005年版，第321、339页。

第四章　湖北新政时期汉口的民办市政

所、天平公会、陂邑铁帮公会、木红公会、旅汉棉业公会、钧许公所、营造公所。① 在这些组织中，业缘组织和同乡同业组织的数量，明显比地缘性同乡会的数量多。民国之后建立的有6所，全为不分籍贯同业组织。这说明自光绪十六年（1890）以后，汉口商业性行帮的地缘意识在进一步减弱，业缘意识进一步增强。

旧式的会馆、公所的继续创建，固然与湖北新政时期汉口商业自身的发展相关，同时也与官府的提倡密不可分。例如，茶叶公所就系茶商奉官府之命而设立的，但因开办经费无着，加之茶商内部"有粤帮、徽帮之别，意见未能合一"，以致久无成议。于是，官府"以茶市将开，急宜设法维持，以期抵制漏卮，免为洋商节制，故以竭力筹办"。② 由此可见政府在业缘组织建设中的积极影响。不过，官府的这种积极干预恰恰反映出传统商人组织自身的弱点：组织分散，地缘意识严重影响业缘组织的整合能力，在应对国际性的商务竞争压力时，显得反应迟钝，应对乏力。

值得注意的是，地方自治运动展开以后，传统行帮、同乡会以及以此为基础的会馆、公所，它们在时潮的影响下，也曾试图向新式的自治会靠拢。1911年，绅商戴功灏等着手整顿会馆，改订章程，并呈请警务公所立案。结果，巡警道祝书元批示说：

> 自治会专指地方而言，定章范围广阔，非会馆所能赅括，该职等整顿会馆而以自治立名，殊属不合。且核所拟简章，措词尤多不合，碍难照准。如欲联合团体，应按集会结社之律，另立名称，妥定规章，由地方官酌定转详，再行核夺。③

---

① 侯祖畲修、吕寅东纂：《夏口县志》，民国九年（1920）刻本，卷五"建置志"，第30—33页。
② 《武汉之商团、商会》，见武汉大学历史系中国近代史研究室编：《辛亥革命在湖北史料选辑》，湖北人民出版社1981年版，第305页。
③ 《巡警道解释自治范围》，《申报》1911年6月25日第1张后幅第3版。

该批示否准了该绅商等改造会馆为新式自治会的请求。在官府看来会馆这样的旧式商人组织,与自治会这样的新式商人组织之间,存在着很大的不同,会馆的职能范围远不及自治会。以会馆而趋附自治会,旨在扩大会馆的职能范围,这种做法并不为官府所认可。有趣的是,单一的行帮有的却可以成立自治会,如汉口成衣业的董首,"以同业人心涣散,不免屡滋事端",便"开设自治会以资联络"。①

2. 汉口商务总会与商人地方自治社团的产生

（1）汉口商务总会的产生

尽管在湖北新政以前汉口商界就存在"八大行"这样的行会联盟,而到湖北新政时期,汉口的会馆、公所等传统商人组织,曾试图向新式商人自治组织靠拢却很少成功,然而,自治性的总理汉口商务的组织最终还是产生了。

光绪二十八年（1902）,主张"劝商""自治"②的张之洞,鉴于华商对外贸易"无商会以收同心合力之效"③,命令官办的汉口商务局督同职商黄典训和各帮商人,劝集商款,在汉口创办商务学堂、商会公所。此前,在光绪二十四年（1898）农历三月初,张之洞还曾命令江汉关监督负责创立一个"仿照外洋劝工场办法,既所以兴商业,亦可以勉工艺"的商务机构,并拟定该机构由官方"专派坐办、委员,常川驻局经理其事。并饬各帮大商,公举董事数人,禀派入局协同经理,随时会议",至于应该如何相机推广商务、筹本集股、购制运销、统由商人自筹自办,官不预闻。④ 这个机构就是汉口商务公所,亦名汉口劝工劝商公所（局）。农历七月又下令成立汉口商务局,原设汉口劝工劝商局归并于此局中。虽然汉口各行帮的商董也参与其事,但是它不是商

---

① 《公论新报附刊——汉上消闲录》1910年第1卷,转引自郭莹《清末武汉地区的地方自治》,《湖北大学学报》（哲学社会科学版）1985年第6期。
② 冯天瑜、肖川评注:《劝学篇·劝学篇书后》,湖北人民出版社2002年版,第180页。
③ 《札商务局劝集商款在汉口创办商务学堂、商会公所》,载苑书义等主编《张之洞全集》,河北人民出版社1998年版,总第4234页。
④ 《札委瞿廷昭等总办汉口商务公所》,载苑书义等主编《张之洞全集》,河北人民出版社1998年版,总第3578页。

界主导的总理商务的组织,而是一个官方组织,其任务之一就是办理商报、组织商会、设立商务学堂。1902年,张之洞又下令设立商务学堂和商会公所。已知的信息是,直至1906年,商务学堂(又称商业学堂)堂舍才在汉口建成,但并未开始招考学生。①

光绪二十九年(1903)冬,农工商部奏定《商会简明章程》,规定:"凡前经各行众商公立有商务公所及商务公会者,应一律改为商会,以归划一","汉口属于商业繁富之区,宜设立商务总会"。② 至迟在1905年,汉口商会已在商部立案。③ 当年,也有商人主动要求成立商会。④ 次年,官方鉴于"汉口商会已立,足通商情",开始考虑裁撤商务局。⑤ 1907年,汉口商务局邀集商董遵照部章公举总理、协理、会董,正式成立了汉口商务总会。不久,继任湖广总督赵尔巽主张"有商会即不能有商局,商会者商人之事也。商局者官事也。官事妨碍商事"⑥。于是,汉口商务局被裁撤。⑦ 至此,"所有全镇商务事宜,均归商会办理"⑧。据此,笔者认为,罗威廉有关19世纪汉口"商人自治全面取代了政府在汉口商业领域的控制"⑨ 的断言,高估了当时汉口商人的商务管理能力和城市管理能力。

汉口商务总会虽然仍具有明显的行帮性,组织范围也比较狭小——与会者都是殷实商家,领导权掌握在大商人手中,但该会的成立,标志

---

① 《汉口商务学堂成立》,《申报》1906年6月4日第9版。
② 徐雪轩、丁隆昌、孙明清:《汉口总商会》,载政协武汉市江汉区委员会文史资料工作委员会编《江汉文史资料》1987年第1辑。
③ 武汉大学历史系中国近代史教研室编:《辛亥革命在湖北史料选辑》,湖北人民出版社1981年版,第305页。
④ 《禀设商会》,《申报》1905年4月11日第10版。
⑤ 《商务局裁撤消息》,《申报》1906年6月12日第9版。
⑥ 转引自《武昌首义中的武汉商会商团》,皮明庥《辛亥革命与近代思想——近代历史研录》,陕西师范大学出版社1986年版,第261页。
⑦ 《商务局不收禀费》,《申报》1907年11月3日第11版。
⑧ 《商会》,载侯祖畲修、吕寅东纂《夏口县志》,民国九年(1920)刻本,卷十二"商务志",第14页。
⑨ [美]罗威廉:《汉口:一个中国城市的商业和社会(1796—1889)》,江溶、鲁西奇译,彭雨新、鲁西奇校,中国人民大学出版社2005年版,第416页。

着新式的具有"法人性"① 商人社团组织在汉口正式产生了。

（2）街区性商人自治社团的产生

清末汉口由商人主导的新式社团组织，除了商会外，还有街区性的自治组织及其联合体，它们发展快，并且非常活跃。

1909年，清廷颁布了《城镇乡地方自治章程》和《自治研究所章程》，湖北省也加快了推行地方自治的步伐。汉口既济水电公司水厂建成送水后，消防有了新的水源，加之汉口巡警"因经费支绌，裁减岗位，以致照料不周，盗窃蜂起，拦街劫抢之事时有所闻"②。在这样的背景下，汉口街区性的自治组织相继产生，"各界遂组织救火会以作为商防"③，这些组织或称保安会、商团保安会，或称消防会、自治会、公益会，等等。据报章报道，至1910年年底，汉口的保安会有16个④，甚至可能达到36个之多。⑤ 而在1911年辛亥革命爆发的几个月前出版的一部著述，其中有一个章节就登记有保安会这类街区性商人自治社团的相关信息，据此可知当时汉口该类社团数量达到19个⑥，相关概况见表4-2-1。

表4-2-1　清末汉口各保安会及汉口各团联合会情况一览表

会　名	会　址	会首姓名 正	会首姓名 副	干事员数（人）	会员数（人）	附设组织
公益救患会△	徽州会馆下首	关少尧	陈聘征	40	468	演说部
上段商防保安会*	黄陂街财神庙	陈春堂	陈陪初	40	440	体操部
永宁商防保安会*	黄陂街天符宫	苏宾来	—	40	582	演说部、体操部
堤口下段保安会*	回龙寺	李紫云	吴玉山	40	308	

---

① 虞和平：《近代商会的法人社团性质》，载《历史研究》1990年第5期。
② 《汉口商人妥筹自卫政策》，《申报》1911年1月7日第1张后幅第4版。
③ 《救火会诬人放火》，《民立报》1910年12月6日第4页。
④ 《鄂省剪发之风云种种》，《申报》1910年12月29日第1张后幅第2版。
⑤ 《兵火声中鹦鹉洲》，《民立报》1913年8月4日第8页。
⑥ （清）张寿波：《最近汉口商业一斑》，上海商务印书馆宣统三年（1911）版，"第八章　公共之机关"，第8—16页。

续表

会　名	会　址	会首姓名 正	会首姓名 副	干事员数（人）	会员数（人）	附设组织
下段商防保安会*	小关帝庙	王开庭	徐文波	40	390	体操部
清真社商防保安团*	广益桥	马刚侯	—	40	248	体操部
商防保安会四安社*	三皇殿	刘仁山	卢丹村	80	876	体操部
商防保安会万全社*	半边街	张谷荪	张春峰	40	238	
敦乐保邻社*	苗家码头	彭华廷	姜心田	40	250	
清和保安会*	张美之巷	陈玉峰	陆华亭 李彩廷	—	—	体操部
商团永安社*	大夹街永安堂	蒋沛霖	陈味根	40	470	体操部
商防保安会义成社*	太平会馆	崔世瑞	周秉彝	40	406	体操部
商团永清消防会*	水巷	孙理和	李德孚	40	380	—
商防平安社*	龙王庙下首	任汉臣	陈汉初	40	374	体操部
泰安保安会△	大周家巷	汪炳和	黄志云	40	280	体操部
协益筹办自治会*		周楚臣	熊芝亭	40	520	
水果帮自治会*	龙王庙	张松如	余翰臣	40	184	体操部
中段仁义保安会*	武显庙	金殿卿	冯墨生	40		
下段仁义保安会*	五彩街	陶明卿	罗佑之	40		
汉口各团联合会	清真寺	马刚侯	关少尧	80		
备　注	已有统计数据的各分会干事人数共计760人，会员共计6414人					

说明：1. 商防保安会四安社为清安、济安、平安、同安四段联合体。

2. 汉口各团联合会负责人为正、副干事。

3. 有*者会首为会正、会副；有△者，会首为会长、副会长。

4. 此表依据（清）张寿波《最近汉口工商业一斑》（上海商务印书馆宣统三年［1911］版）所载《新立之社团》制作，见该书"第八章　公共之机关"，第8—16页。

从表4-2-1反映的情况来看，在1909—1911年，汉口保安会之类的街区性商人自治组织在不断增加；各保安会一般设有会正、会副（或正、副会长）各1人，少数只设会正或会长1人，不设会副或副会长，绝大多数保安会设有干事40人，这说明各保安会可能有着差不多的组织模式。各保安会会员自184名至876名不等，人数的多少可能与

· 185 ·

立会时间长短有关，也可能与地段内商号、店铺的多寡有关。一半的分会设有体操会，汉口的商界体育会很可能就是由这些体操部组成的。少数分会还设有演讲部。

各保安会的成员或系店东和店里的伙计①，或系街邻。汉口公益救患会"由大夹街徽州会馆、戏子街各街邻协助而成"，商防义成社为"汉口花布街一带之商民及其附近之居民公共结合之团体"，仁义下段保安会为"该会为五彩巷一带人民所组织"。②如此情形清楚地显示出这样的信息：各保安会与会馆、公所相比，后者的成员是纯粹业缘性的，或业缘性与地缘性混合的，而前者则是街区性的。

各保安会已逐渐商团化，只是没有真正实现武装化。1911年1月，报章报道有关它们的情况说：

> 现在各街巷组织之商防保安会，成立者已十有六处，该会本为救火而设，经费均极充足，刻拟由各会各募巡丁数十人……各商帮现在颇有人倡议，拟将商团极力扩充。③

这说明商办保安会最初就是为了救火，随着城市治安的恶化，它们又部分地承担起维护公共安全的责任。并且，在时人眼中，它们本身就是商团。

汉口各保安会与商团一体化，这在新政时期大城市的街区性商人自治性组织中是十分特别的。清末上海的商团源自新式商人体育组织——"五体育会"，再由"五体育会"发展为商团公会，该会在1907年就实现了武装化。其后，上海各业纷纷效法，组织商团，最后于1911年成立了"全国商团联合会"——实际上只是上海各业联合商团，由上海

---

① 《鄂省剪发之风云种种》，《申报》1910年12月29日第1张后幅第2版。
② 《汉口各团联合会协助民军纪实》，载中国人民政治协商会议湖北省暨武汉市委员会、中国社会科学院近代史研究所、湖北省档案馆、武汉档案馆合编《武昌起义档案资料选编》（上卷），湖北人民出版社1981年版，第251、264、265页。
③ 《汉口商团妥筹自卫政策》，《申报》1911年1月17日后幅第1张第4版。

第四章 湖北新政时期汉口的民办市政

地方自治机构领导和控制。可见,上海的商团与街区性商人自治组织不是一体化的。苏州的商团由苏商体育会改组而来,苏商体育会在苏州商会的支持下,也于1907年实现了武装化。该会于1911年夏秋之间改组为苏州商团,并拥有4个支部。但苏州的商团与商人街区性自治组织是并立的商人社团组织,而不是一体化的组织。[①]

汉口各保安会多由演说自治戒烟会发起,它们平时讲求地方自治,开展救火、治安、修治街道、清道等公益活动。在辛亥革命爆发前,各会一般设有会正(或会长、团长)1人,会副(或副会长、副团长)1—2人。此外,还设有评议、纠察(正)、书记、会计、调查等职。有的保安会在战时既设有正副会长,又设有正副团长,或在正副会长之外设有团领,这正说明保安会是在协助起义时,才真正实现了武装化的(具体情况参见表4-2-2)。

表4-2-2　辛亥革命前夕演说自治戒烟会与汉口各保安会组织及其自治活动概况表

团名	创办时间	正副首领或发起人		籍贯	会址及自治业绩等概况
演说自治戒烟会	宣统元年二月	发起人	戴仲华	江苏	由戴仲华、关少尧首先发起于商务总会,以救正人心,开通民智,演说地方自治,谋国家稳固为宗旨。当斯时,专制淫威禁网甚密,言论自由动辄得咎。该会诸人,阳以演说戒烟为名,其实指摘恶劣政治,鼓吹同胞爱国思想,隐树民权之先声。汉口社会各团之组织,多由该会会员出而发起,该会悉心提倡,演说鼓励,以底于成
			关少尧	广东	
汉口公益救患会	宣统元年六月	会正	关少尧	广东	由大夹街徽州会馆、戏子街各街邻协助而成,以地方自治为宗旨,以救火、卫生(即保安)、演说为入手办法。宣统二年添办冬防,由会员担任义务。宣统三年五月,修治街道
		会副	陈聘征	汉口	

[①] 朱英:《辛亥革命时期新式商人社团研究》,中国人民大学出版社1991年版,第120、121、127、202页。

续表

团名	创办时间	正副首领或发起人		籍贯	会址及自治业绩等概况
商防义成社	清宣统二年春	正会长	崔藙如		汉口花布街一带之商民及其附近之居民公共结合之团体也。平时以救火防患，研究自治，提倡公益为宗旨。宣统二年春，街绅商崔藙如、周秉彝、王琴甫、徐栋臣、邹孔怀、张云陔、刘海澄、毕均堂、琴甫之弟王森虎诸君，拟办商防保安会，比集邻居多数同志组织之。社因以成，定名曰义成社，取其以义成也。……陈设救火器极全，内容完备，章法井然，附设操场，青年人士早晚以时习练
		副会长	周秉彝		
夏口四区公益会	宣统二年				购备水龙水带各项器具，为曲突徙薪之计。迩时立案宗旨，不过救火一部分而已，他如地方交涉，排难解纷，间亦有之
永济消防会	宣统二年				专为研究消防，保卫治安起见
仁义下段保安会		正会长	罗佑之	汉阳	该会为五彩巷一带人民所组织，据汉口之中区，作鲁山之门户。满清末造，以救火自治为宗旨
		副会长	陶明卿		
公立永宁救火社		社正	苏宾来	武昌	该社由群力组合而成，以救火清道为务，讲求体育而保治安，继办演讲，开导愚顽，普及自治，所有公益慈善无不乐从
		社副	熊文斋 韩瑞廷		
清真自治公益会		正会长	马刚侯	湖北	联合各团整顿商团，同时反正，大张义旗
		副会长	伍根麒	陕西	
清和保安会		正团长	陈玉峰		该会原设有商团一部，保卫地方，维持安宁
		副团长	李彩廷 陆华章		
四官殿商防保安会		正会长	李紫云	湖北	在廻龙寺
		副会长	吴玉山	武昌	
四段商团保安会		会长	刘仁山	湖北	
堤口下段商团保安会		团长	汪志安	安徽	

第四章 湖北新政时期汉口的民办市政

续表

团名	创办时间	正副首领或发起人		籍贯	会址及自治业绩等概况
普济商团自卫社		社正	鲍紫铭		
		社副	熊超群 夏宝山		
公善保安会		正会长	戚汉山		
		副会长	张星安 刘仲卿		
水土果帮自治会		正会长	张松如		在龙王庙
		副会长	余翰臣		
黄陂街上段保安会					武昌起义后，该会段内有浙绍帮四大银号均歇业往上海逃避；浙宁帮鼓励本帮人回籍
敦乐保邻会					在后花楼一带，毗连租界

资料来源：1. 中国人民政治协商会议湖北省暨武汉市委员会、中国社会科学院近代史研究所、湖北省档案馆、武汉档案馆合编：《武昌起义档案资料选编》上卷，湖北人民出版社1981年版，第245—266页。

2.《辛亥年汉口大火及其扑灭经过》，载杨铎编《武汉沿革考》，中国档案出版社2005年版，第156页。

3.《汉口各团联合会》《汉口商务总会历届总协理、正副会长表》，分别载侯祖畬修、吕寅东纂《夏口县志》，民国九年（1920）刻本，卷五"建置志"，第18—19页、卷十二"商务志"，第15页。

4.《商会帮董一览表》，《民立报》1912年4月28、29日第8页。

说明：以上组织均曾在辛亥革命中参与协助民军。

值得注意的是，汉口保安会在最初成立时仿照了上海救火会章则。[①]这说明以汉口为代表的中国内陆城市的地方自治运动与沿海先进城市的城市自治运动息息相关，后者扮演着晚清地方自治运动先驱的角色。

不过，汉口各保安会虽然"势力日益膨胀，惟各团各自为谋，不相统属连合，于非常重大事端，仍不能克底于成"，实际上处于分散状态。

正是鉴于这种情况，1911年春，泰安商防保安会的刘少舫等人，

[①] 王新厚：《汉口商团保安会纪略》，武汉档案馆藏，档号119—130—114。

"首先发起,竭力运动联络各团,为进行一致之计,昼夜奔走,苦心擘画,已蒙商界体育会、赛马会、水土果帮自治会、宪政同志会、清真自治会、董家巷自治会、商业补习所、下段保安会、上段保安会、公立永宁社、公益救患会、银行研究会、商防平安会各大团体之赞成",决定组织汉口各团联合会,于1911年4月8日在廻龙寺街各救火会藏器所内开成立大会:

> 首由詹大悲君演说联合之宗旨及各种维持方法,次由马刚侯君演说时局之危迫,端赖民党之维持。演毕,投票选职员,以马刚侯君当选干事长,关少尧副之,张国溶君为评议长,熊焕章为书记长,其余各职员亦皆选定名色,多不备录。选举事终,复议各团捐款,分月捐、特别捐二种,量力助成,以充用费,或有当场认捐者,或有从后捐助者,种种不一,并议定嗣后联合会开议事件,每团至多只准派代表三人入场,以券为凭,以示限制。①

可见,参与汉口各团联合会的人员,既有革命党人(如刘少舫、詹大悲、熊焕章、马刚侯),也有立宪派人士(如张国溶)。当时,有的革命党人也加入了立宪组织——宪政同志会的成员(如熊焕章)。因此,清末的汉口各团联合会并不是简单的民间消防和治安组织联合体,实际上还是立宪党人与革命党人联合一致以应时变的产物。

汉口各团联合会的成立,使得各保安会有了直接统帅机构,它们在具体行动时听命于该联合会。

汉口各团联合会成立后,"设演说而疾专制,重自治以基共和,对于清政府抵抗铁路国有,要求国会速开",庇护改革者,保护革命组织,积极"鼓荡舆情,胚胎革命"。② 实际上,汉口各团联合会已经成

---

① 《汉口各团联合会成立》,《申报》1911年4月15日第1张后幅第3版。
② 《汉口各团联合会协助民军纪实》,载中国人民政治协商会议湖北省暨武汉市委员会、中国社会科学院近代史研究所、湖北省档案馆、武汉档案馆合编《武昌起义档案资料选编》上卷,湖北人民出版社1981年版,第245页。

为一个以地方自治为职志、联系汉口城市社会各阶层力量、比商会具有更广泛群众基础且联合立宪派的革命团体,而不仅仅是"研究消防、联络感情之机关"①。

武昌起义后,为了保卫地方、协助民军,汉口各团联合会曾经召集25个自治团体开会。其中,有17个团体先后参与了协助民军的活动,它们在战时从民军那里领有枪械,主要负责街道治安、消防,打探军情,以及接济民军粮食等。②

(3) 汉口各保安会、各团联合会与商会之间的关系

汉口各保安会与商会的关系究竟如何呢?这是我们必须弄清的问题,因为只有弄清了这个问题,才能弄清当时汉口各团联合会与商会的关系,对于汉口商会的自治特点才会有更深入的认识。

汉口各保安会或各团正副会长等职员,一般都是行帮的帮董或商会的董事。例如:仁义下段保安会的正会长罗佑之是典当帮的帮董和商会的议董,堤口下段商团保安会团长汪志安为商会议董,四官殿商防保安会正会长李紫云为号东、商会议董,公立永宁救火社社正苏宾来为号东、四段商团保安会正会长刘仁山为行东。可见,保安会与商会的关系十分密切。③

---

① 《汉口各团联合会》,载侯祖畲修、吕寅东纂《夏口县志》,民国九年(1920)刻本,卷五"建置志",第18页。

② 这些保安会分别是:堤口下段商团保安会、黄陂街上段商防保安会、公立永宁救火社、义成社商防保安会、平安设商防保安会、永济消防会、四官殿中段商防保安会、四段保安会、小董家巷筹办自治会、公善保安会、敦乐保邻会、清和保安会、永安消防会、公益救患会、仁义下段保安会、仁义上段保安会、仁义中段保安会、普济保安会、同益自治会、水土果帮自治会、泰安商防保安会、华景街商防保安会、清真自治保安会、汉口演说自治戒烟会、万全保安会。见中国人民政治协商会议湖北省暨武汉市委员会、中国社会科学院近代史研究所、湖北省档案馆、武汉档案馆合编《武昌起义档案资料选编》上卷,湖北人民出版社1981年版,第245页。有关战时汉口各团联合会及各分会(团)的活动情况,见该著第245—266页。

③ 参见《汉口各团联合会协助民军纪实》,载中国人民政治协商会议湖北省暨武汉市委员会、中国社会科学院近代史研究所、湖北省档案馆、武汉档案馆合编《武昌起义档案资料选编》上卷,湖北人民出版社1981年版,第251—266页,及《商会·汉口商务总会历届总协理正副会长表》《商会·汉口商务总会历届议、会董表》,见侯祖畲修、吕寅东纂《夏口县志》,民国九年(1920)刻本,卷十二"商务志",第15—19页。

1910年《民立报》的一小则报道，明确指出了汉口各救火会与商会之间的关系。该报道全文如下：

> 汉口商会向来萎靡自安，近日汉上各段救火会联合商团定于二十四日选举总团长及各执事人等，一起独立，咸不欲归商会统辖。商会中人大为寒酸，有某某者，系某救火会之发起人，遂唆使该会人反对，以期抵制。①

"咸不欲归商会统辖"，说明各保安会本来就是受商会统辖的。

另外，我们还发现，官府向各保安会表达自己的政见，要通过"商会转饬各保安会"② 的形式来实现，也表明各保安会是商会的从属性组织。

汉口商人街区自治性社团受汉口商务总会统率，官府并不与各保安会直接打交道，在这两点上与苏州市民公社同苏州商会的关系相似——"苏州各市民公社都是将商务总会视为自己的顶头上司。遇有与地方官府交涉事项，市民公社大多请商会出面代为陈转"③，但与上海商人街区自治性社团同商务总会的关系不同，因为上海街区自治性社团独立于商会之外，不受商会统辖。

汉口各保安会曾试图组织联合商团并脱离商会的控制，说明各保安会试图获得更大的自主权与自治权。而各保安会统辖于商会的既有事实，则又从反面又说明商会也日趋自治化——它不仅自理商务，还统辖有各保安。

那么，各保安会后来是否脱离了商会的控制呢？从辛亥首义时期商会与各保安会的关系来看，答案是否定的。1911年12月，南北合议告成，汉口治安问题严重，"经商会决议，开办临时民团，以辅警

---

① 《救火会亦有暗潮》，《民立报》1910年10月26日第3页。
② 《保安会侵越警权之争执》，《申报》1911年1月14日第1张后幅第3版。
③ 朱英：《辛亥革命时期新式商人社团研究》，中国人民大学出版社1991年版，第202页。

察之不及"①,团丁还是由各保安会领袖"督率",说明各保安会或商团依然受商会统辖。

汉口各保安会统辖于商会,但商会对前者的统辖是通过会员兼充各保安会职员来实现的,商会并没有针对前者的专门管理组织。各保安会仍受辖于商会,故各团联合会一时难以或也来不及脱离商会的控制。在民初,这种错杂的关系仍然存在,但各团联合会的社会作用显著增强,并影响到民初汉口商业社会内部的整合。

汉口各保安会及各团联合会虽然仍受到行帮势力的影响,虽然其成员较会馆、公所、商会均要复杂,不纯系商界人士,但是其领导作用的主要是商界人士或绅商,基本成员也主要是业商人员。因此,将汉口各保安会归为街区性商人自治社团,应该是符合实际的;而汉口各团联合会在当时则主要是这种街区性商人自治社团的联合体,故汉口各保安会及各团联合会的成立,有助于打破汉口原有的行帮的隔膜状态,消解地缘意识,促进城市社会内部的重新整合。同时,各保安会不以行帮而以街区为组织单位,其经费的筹措也就不以行帮为单位而以街区为单位。与此相关联,汉口各团联合会在经费的筹措上,也不能以行帮为单位,而必须依赖于各会(团)的捐助,其经费来源一时不可能稳定,经济实力也不可能与以行帮为基本组织单位的商会相比。两者相较,商会具有更大的影响官府和城市社会的经济资本。这种差别在清季仓促之际难以显示,到了民初就显露无遗了。

4. 其他新式商人社团组织的产生

(1) 具有自治特点的专门性新式商人社团

湖北新政时期,汉口还出现了一些具有自治特点的专门性新式商人社团,诸如银行研究会、商界体育会、卫生公益会、汉口商团赛马会②,以

---

① 《汉口各团联合会协助民军纪实》,中国人民政治协商会议湖北省暨武汉市委员会、中国社会科学院近代史研究所、湖北省档案馆、武汉档案馆合编《武昌起义档案资料选编》上卷,湖北人民出版社1981年版,第260页。

② 《新立之社团》,参见(清)张寿波《最近汉口工商业一斑》,上海商务印书馆宣统三年(1911)版,"第八章 公共之机关",第7、16、17页。

及商余学会、商业补习所、商团益智会等。① 其中，商界体育会会长为王海帆，副会长为汪炳如、马刚侯。该会有干事40人，会员120人。卫生公益会会长为王开庭，副会长为姜心如、刘少舫。汉口商团赛马会会长为刘歆生，副会长为陈九如。商业补习所、银行研究会均为汉口各团联合会成立的支持者。② 汉口商余学会"系各华商所组织，以研究商业进步为宗旨"，发起人李逮闻、叶东川、严诗庵诸人，计划将各会友之意见汇集成篇，编纂为《商业杂志》，每星期发行一册，并公推刘宝余担任编纂事宜。③ 商团益智会系商董宋炜臣、蔡辅卿等"集同志组成，以营业余暇研究各种实学。公举总、协理各一人，书记、会计各二人，理事四人，会董八人，以资督率"。最初会员现暂定额60名，凡入会者，须在汉口有正当营业，由本帮介绍者方能入会，并须年缴会费银18元。每星期日敦请"精于各科学之士讲授一切"。开办之后，要求入会的人异常踊跃，几乎超过定额三倍。④ 结果，经理者不得不计划扩充。由此可见汉口商界集会结社的活跃与社会风气逐渐开通的气象。这些专门性自治社团皆由华商组织建立，为商界人士相互砥砺切磋之所，宗旨都是为了开启民智，促进汉口商业的发展。其中，商界体育会、卫生公益会、汉口商团赛马会、银行研究会与汉口各团联合会及各保安会、自治会、救火会等一起，均被时人称为"新派的""自治团"⑤，说明其所具有的自治特性已为时人所注意。但上述诸专门性商人社团均不对城市居民拥有治权，因而只是在相当程度上具有自治特性的新式商人社团，而不是街区性商人自治社团。

（2）汉口慈善会

1910年，刘宗三、吴干廷、蔡辅卿、汪志安等绅商头面人物，邀

---

① 《民主报》1911年8月9日，转引自郭莹《清末武汉地区的地方自治》，《湖北大学学报》（哲学社会科学版）1985年第6期。
② 《汉口各团联合会成立》，《申报》1911年4月15日第1张后幅第3版。
③ 《商余学会组织杂志》，《申报》1909年1月3日第2张第4版。
④ 《汉商创办商团益智会》，《申报》1910年8月28日第1张后幅第4版。
⑤ （清）张寿波：《最近汉口工商业一斑》，上海商务印书馆宣统三年（1911）版，"第八章　公共之机关"，第5、17页。

集"汉口各善堂董事暨各绅商",并"公举"刘宗三为总理,蔡辅卿、周秉彝为协理,建立了联合性组织——汉口慈善会。汉口慈善会订立有章程,呈准"夏口厅转详汉关、巡警二道立案";当时报章又称汉口慈善会为"商团慈善会",它成立后,创设了残废栖宿所。该所职员拟定由选举产生,开办亦拟议章程,开办该所所需习艺机械器具的经费,均由各善堂提款协助。[①] 根据当时的自治法规,慈善这样的公益事业也属于地方自治的范围。不过,汉口慈善会也不对城市居民拥有治权,虽然它带有自治性,但不属街区性商人自治社团。从组织上看,汉口慈善会既立足于旧式的善堂,同时它又有新式商人社团的特点,具有辞旧布新的过渡色彩,故时人对它既不归入"旧派"的会馆、公所之列,也不归入"新派"的"自治团"之列。

总之,在湖北新政时期,汉口传统的商人社团组织数量在继续增加,同时新式商人社团组织产生并迅速发展,城市社团组织的自治能力日益增强,街区性商人自治组织日益发展,城市社会明显地表现出由传统社会迅速向近代社会转型的迹象。对此,时人张寿波已有敏锐的观察,他在辛亥革命前夕论及晚清汉口商人组织的发展变化时说:

> 从来市府之发达,民族日尔繁庶,团体之机关,遂不期然而发生,此盖人群进化之公例,中外无不然,古今无不然。其文野强弱、盛衰、胜败之别,即视此结合圈限之大小,与精神之固弛,以为断。汉上商团组织之发生最早,其机关之分别亦最多……各行帮皆各随其业,或从其类,而设立会馆、公所,其创始之规模,颇足耀人耳目,所惜者,扩而充之之道,未能发前人之未逮,而与时相应耳。
>
> 今计汉口所有之机关,不下百数十所,而大别之,约可分为两派,即所谓旧派与新派是也。**各行帮之会馆、公所,为前人所创设者,属于旧派,其性质近于自卫的;各地方之社团,为近人所倡始**

[①] 《汉口慈善会》,侯祖畲修、吕寅东纂:《夏口县志》,民国九年(1920)刻本,卷五"建置志",第19页;《是亦慈善事业之一端》,《申报》1910年12月14日;《商团慈善会开会述闻》,《申报》1911年1月2日。

者，属于新派，其性质近于自治的。[①]

此诚识时谙势之论。

（二）商人自治型市政的初步展开

汉口各保安会和汉口各团联合会这样的街区性商人自治社团及其联合体，它们以追求地方自治为职志，独立自主地举办各种城市公益事务，这些公益性事务构成当时汉口市政管理和建设的一部分。随着汉口各保安会和各团联合会市政活动的展开，一种相对独立于官治之外的新型市政——商人自治型市政诞生了。

那些带有不同程度自治的新旧商人社团，它们虽然不属于街区性商人自治团体，但也举办市政活动，而且这些活动已被政府以法律形式归入地方自治事项之列。因此，这些商人自治社团的市政活动，实际上与街区性商人自治社团及其联合体的市政活动一起，同归商人自治型市政之列。

汉口各保安会和汉口各团联合会的市政活动，以举办消防、维持公共安全为核心，它们平时讲求地方自治，开展救火、治安、修治街道、清道、赈济、宣传演说等公益活动。如公益救患会成立于宣统元年（1909）六月，以地方自治为宗旨，以救火、卫生（即保安）、演说为入手办法。宣统二年（1910）添办冬防，由会员担任义务。次年，又修治街道。商防义成社系宣统二年（1910）春由绅商邀集邻居同志组织而成，平时以救火防患，研究自治，提倡公益为宗旨。夏口四区公益会，购备水龙水带各项器具，为曲突徙薪之计。最初立案宗旨，不过救火而已，其他如办理地方交涉，排难解纷，间亦有之。永济消防会专为研究消防，保卫治安起见。仁义下段保安会以救火自治为宗旨。公立永宁救火社以救火清道为务，讲求体育而保治安，继办演讲，开导愚顽，普及自治，所有公益慈善无不乐

---

① （清）张寿波：《最近汉口工商业一斑》，上海商务印书馆宣统三年（1911）版，"第八章　公共之机关"，第1页，黑体为笔者所加。

从。清和保安会设有商团一部,保卫地方,维持安宁。[1]

保安会兴起后,采用新式的消防水袋,大大方便了城市消防。原来善堂、善局、水龙局采用的旧式水龙因落后而被淘汰,会馆、公所、善堂遂逐渐退出城市消防领域,其在汉口城市民办消防中的地位也逐渐为保安会所取代。[2] 至辛亥革命前夕,各保安会不断地改进消防设备,据说,"1910年,汉口警察局从上海购买了一架进口汽龙,消防效果显著。于是,汉口各地段保安会纷纷倡议改进消防设备,募捐筹款,派人到上海等地采购,诸如消防唧筒、药沫灭火机、封蜡灭火桶、救火船、救火梯、运货推车、救助网、消防斧、避电剪、水带、管强、分水机等渐次添办"。[3]

由于资料的限制(包括资料少而难觅),笔者无法就湖北新政时期汉口商人自治组织举办的自治型市政展开充分的论述。尽管如此,我们也可以断定,商人自治型市政在湖北新政时期的汉口已经初步展开。

湖北新政时期汉口商人自治型市政的产生与初步发展,既与近代中国消防设备的改进、汉口城市社会内部的发育有关,又与湖北地方政府的倡导密切相关。尽管前文对此有所论述,但仍有必要进行更深入的论述,以便我们更好地了解旧式的商人社团组织在汉口民办市政中的地位,是如何逐渐被削弱的,商人自治型市政是如何能够逐渐发挥更大的作用和影响的。下面以汉口街区性商人自治组织举办的最有影响的市政项类——消防为例展开论述。

湖北新政时期汉口街区性商人自治组织消防活动的展开,主要得益于以下几个方面:

其一,先进消防设备的引入。

汉口老式的水龙造价昂贵,造价约需银百余两,而将其运用于消防

---

[1] 《汉口各团联合会协助民军纪实》,中国人民政治协商会议湖北省暨武汉市委员会、中国社会科学院近代史研究所、湖北省档案馆、武汉档案馆合编《武昌起义档案资料选编》上卷,湖北人民出版社1981年版,第245—266页。

[2] 《水龙局》,侯祖畲修、吕寅东纂:《夏口县志》,民国九年(1920)刻本,卷五"建置志",第15—16页。

[3] 皮明庥主编:《近代武汉城市史》,中国社会科学出版社1993年版,第107页。

时，还需要耗费相当的人力和财力。例如：汉口山陕会馆所购的广水龙和水枪，耗银140两3钱1分，雇佣水龙夫役46名，其工食费年需钱20万文；① 永安会馆有消防水龙夫22名，年需工食银84两。② 高额的造价与运作费用及规模性的人力需求，决定了利用旧式水龙举办消防，需要众擎共举，集体运作才能发挥其消防效能，单个或少数商家是难以承担其运作旧式消防水龙的重任的。所以，旧式水龙消防多由具有相当财力的会馆、公所这样的旧式商人社团来举办。

香港、上海开埠后，洋式水龙开始引入，并且外商还在当地建厂生产洋式水枪。③ 光绪初年，上海的住宅区里很多已经备有洋式水龙，而且每支所费不过洋银二三角。④ 这个价位比起银100两而言，实在是再便宜不过了。洋龙究竟从何时引进汉口，不得而知，但其在汉口各街区商铺普及的时间，大致在19世纪末20世纪最初的几年里。而这种普及，与湖北省府的督导密切相关。

1899年年初，张之洞下令保甲局负责督促武汉绅首，由各住户——官户、绅户、商户、民户人等一体遵照官府的规定，自行广备救火器具——洋水枪，大户购置洋水枪4支，中户2支，小户亦须1支，由绅首向上海、香港等处照数购备，限3个月一律购齐，届时由保甲局禀请总督派员点验，如不照购或够不足数，就分别惩罚。当时预计武汉应订购水枪数为"数万枝"。⑤ 官府强制性地要求汉口铺户购置洋龙的举措，大大促进了汉口各街区水龙的普及。

其后，有的街区居民开始为预防火灾，"筹集公款，置备水龙。如

---

① 山陕会馆诚敬堂：《汉口山陕会馆志》下册，光绪廿二年仲冬月，汉口景庆义代印，第46页。
② （清）董桂敷：《水龙晓谕示》，《紫阳书院略》卷八，湖北教育出版社2002年版，第313页。
③ 《札江夏县等帖令各户购备水枪以防火灾告示》，苑书义等主编：《张之洞全集》，河北人民出版社1998年版，总第3741页。
④ 《劝置水龙》，《申报》1880年11月1日第2、3版。
⑤ 《札江夏县等帖令各户购备水枪以防火灾告示》，苑书义等主编：《张之洞全集》，河北人民出版社1998年版，总第3741页。

遇他处告灾，亦即随同出救"①。这无疑也提高了汉口街区水龙的普及率。

在汉口新式救火会产生之前，汉口商铺水龙越来越多地参与救火（参见表4-2-3）。从这种情况来看，至迟在光绪朝后期，洋龙在汉口商铺已经普及。

表4-2-3　　　　　光绪朝后期汉口铺户水龙救火情形表

火灾时间（光绪朝）	失火及商铺水龙救火简况	资料来源（《申报》）
二十七年正月初七日	某客栈失火，各铺水龙闻警赶来灌救，扑灭大火	1901年2月25日第2版
二十七年正月二十九日	老官庙河街失火，各铺水龙闻警而至，扑灭大火	1901年3月27日第2版
二十七年四月十二日	白家巷被纵火，各铺水龙闻警赶至吸水狂喷，火熄	1901年6月13日第2版
二十八年正月二十五日	打扣巷河街纸坊失火，各铺水龙闻警齐往救熄	1902年12月11日第2版
二十八年九月二十一日	大智门外某洋油栈失火，各铺水龙闻警飞驰竭力救熄	1902年10月1日第2版
二十八年十一月初六日	宁波会馆附近失火，各铺水龙闻警驰至，竭力救熄	1902年3月17日第2版
三十年九月二十九日	大亨巷正街药店失火，各铺水龙闻警驰援救熄	1904年11月16日第10版
三十年十二月二十一日	鸭蛋巷茅屋失火，各铺水龙闻警齐集竭力援救始熄	1905年1月3日第3版

表4-2-3只反映了汉口街区铺户水龙救火的部分情形，但是从"各铺水龙"这样的描述来看，当时购备新式水龙的铺户不在少数。而且，街区内铺户水龙相互救援的情形，已经比较普遍，闻警驰救已经成为司空见惯的社会行为，这就为街区性的救火会的产生打下了基础，也为街区性商人自治社团举办救火准备了条件。

因此，先进消防设备的引入，使救火水龙变得宜价，沿街商铺自备水龙普及化，为以救火、治安为主旨的商人自治型市政的初步展开，创

---

① 《交甫遗音》，《申报》1902年3月7日第3版。

造了条件。

其二，汉口自来水事业的发展。

消防离不开水，取水便捷的程度在很大程度上决定着消防（灭火）的效率，故而在自来水事业产生后，自来水自然成为汉口城市社会改善消防之资。报载，汉口"自有水电公司以来，各界遂组织救火会以作为商防"[1]，这显然是就既济水电公司自来水的创办而言的。因为在清末，全汉口只有1个自来水公司，那就是商办汉镇既济水电公司。该公司自来水事业正式开始营业的时间，是1909年9月，这与1909年年初保安会、救火会等以消防、维护街区公共安全为主旨的地方自治性质（街区性）的新式商人社团的产生距离很近。汉口自来水事业的发展，为新式救火社团的产生及商人自治型市政的初步展开，提供了物质基础。

其三，官府对地方自治的倡导。

汉口街区自治性商办保安会、救火会等社团出现的时间，正好与湖北省府正式开始推行地方自治的时间相隔很近，并且正是在政府提倡地方自治、鼓励汉口民间办理包括消防在内的地方公益事业之后，各街区性商办保安会、救火会、保安会等会及其总会——汉口各团联合会等新式社团才陆续产生的，商人自治型市政才得以逐渐展开。

总之，湖北新政时期汉口商人自治型市政的初步展开，是汉口城市社会内部发育与政府外部倡导等因素共同作用的结果。

（三）商人主导的基层地方自治与官治的背离与冲突

第一章已经论述到，湖北新政以前官、绅、商在改良汉口市政的过程中，主流上倾向于合作而不是对抗，商界的市政参与还没有发展到与官治发生根本冲突的地步，因为汉口商人及其社团组织还没有具有侵夺城市治权的主动意识和从根本上掌握城市治权的自治意识。

但是到了湖北新政时期，随着汉口地方自治运动的推进，商人主导的基层地方自治的发展，汉口商人的主体意识与自治意识不断增强，商

---

[1] 《救火会诬人放火》，《民立报》1910年12月6日第4页。

人自治与官治之间出现了日趋严重的背离，其间发生的冲突逐渐触及城市根本治权。

1906年夏，汉口各商家鉴于当时抢案迭出，公议筹款办理团练，以资保卫，并由职员冯骥等具禀请示当道，但结果并无下文。这说明地方当局并不想将城市治安管理的主动权交到商人手中。①

当商人主导的街区自治性的救火会等产生之后，它们遂依据法律赋予的地方自治权限，以街区性的商人自治权制约警权。汉口熊家巷地方十分污秽，巷口往往小便成渠，当地居民有时在深夜时"出恭"，即便是站岗之警察亦当街"出恭"。1910年冬的一个深夜，河街大蔡家巷口有岗警在当街小便时，被某救火会夜巡人员逮个正着，"当欲扭送警局，哀求始免"②。警察虽代表着警权，但因有悖街区这个"地方"的利益，也不得不服从救火会的自治权。

不仅如此，汉口的街区性商人自治组织还有意侵蚀警权。1911年1月，四段商团保安会内一商号失火，巡警局依据警章要传讯导致失火的人并予以罚办，但该保安会出面阻止，并自拟罚钱6串交警察局，还声称这样做是维持治安的变通办法，进而提出嗣后传讯火头，应由该会审查。结果，该保安会遭到警察局总办的申斥。该保安会之所以这样做，是因为"巡警罚办火头，每施其鱼肉手段，商民实不堪其扰"③。也就是说，警察局在执法的过程中，侵害了商民的利益。虽然该保安会所为尚未达到与警察局发生严重冲突的地步，但是街区性商人自治组织侵蚀警权的做法，说明商人主导的基层地方自治挑战官治的意图已经十分明显。

1910年秋，汉口各救火会试图自行组织联合商团，借以摆脱商会的控制。④ 也正是在商界内部争夺对救火会的控制权的同时，官府与商界在救火会控制权及城市治安方面，也存在着严重的分歧。报载：

---

① 《汉口拟办团练自卫》，《申报》1906年7月11日第7版。
② 《警界照妖镜·满街屎尿臭》，《民立报》1910年11月29日第4页。
③ 《保安会侵越警权之争执》，《申报》1911年1月14日第1张后幅第3版。
④ 《救火会亦有暗潮》，《民立报》1910年10月26日第3页。

汉口巡警近因经费支绌，裁减岗位，以致照料不周，窃盗蜂起，拦街劫抢之事，时有所闻。日前各帮董会议，以巡警既不能保卫治安，应亟设法自卫。现在各街巷组织之商防保安会，成立者已十有六处，该会本为救火而设，经费均极充足，刻拟由各会各募巡丁数十人，公举都司张朝熙、抱【把】总马正魁带领，长川巡缉护卫，各巨商取兑银钱，遇有火訾【警】时，随同弹压，以辅巡警力所不逮。昨特拟情禀请夏口厅核示，王司马当以该职商等招募巡丁，公举张都司等管带巡缉，原为绥靖地方起见，殊勘嘉许，应准转详立案。惟查张都司等均系职官，既系札委管带，自应移驻厅署，由本厅节制，所有月薪、杂用，该职商等既经筹议致送，仍应如原议办理，候移请汉阳镇协分别札委可也。但各商帮现在颇有人倡议，拟将商团极力扩充，此后即停缴警捐。斯议果行，官商必大起冲突矣。①

从这则报道中，我们可知以下两个重要信息：

其一，官府（夏口厅）试图将商团的控制权掌握在自己手中。

其二，商会内部对于保安商团处置意见不一，其中各商帮内相当多的人，只不过将请官员出面管带保安商团视为权宜之计，其真实意图是欲以不断壮大的商团，取代官办巡警。虽然官商之间此时尚未达到"大起冲突"的地步，但是，相当数量的商人以商团取代警察的企图，显示出汉口商人已经主动将地方自治的目标与政府推行地方自治以"辅佐官治"②的目标分异开来，汉口商人主导的基层地方自治已经朝着与官治相背离的方向发展。汉口商界与官府之间在处置救火会控制权和维持城市治安事务方面存在的分歧，其实质也就是谁控制市政管理权的问题。

商人主导的基层地方自治与官治之间的冲突还表现在：商办社团以

---

① 《汉口商团妥筹自卫政策》，《申报》1911年1月17日后幅第1张第4版。
② 《地方自治章程》，《申报》1909年1月28日后幅第4张第2版。亦见故宫博物院明清档案部编《清末筹备立宪档案史料》下册，中华书局1979年版，第728页。

实践地方自治为名,行批评官治、去官治之实。

1911年4月汉口各团联合会成立以后,"设演说而疾专制,重自治而基共和","鼓荡舆情,胚胎革命",掩护革命者,如此作为,标志着汉口商人主导的地方自治,已经完全背离了官治,在意识形态领域与官治发生了有史以来最严重的对立和冲突。[①]

商人自治与官治的背离与冲突表明,随着汉口基层地方自治的发展和商人自治型市政的初步展开,商界也开始了对法律赋予之外的治权的侵夺、预求,官商之间在市政体制方面的根本性冲突正式展开了。

三 商营型市政的发展

随着汉口城市社会经济的发展,商人经济实力和主体意识的增强,也随着湖北新政之后官办市政的大规模展开,湖北省府在汉口市政中的导向性作用的增强,商人们也较湖北新政之前更为积极主动地投身于汉口城市建设中来,他们除了举办自治型市政之外,还通过颇具规模的市场化的运作方式参与汉口市政,诸如:创办水电事业,运营新式水陆交通业,经营新式公共娱乐业,等等。相对于具有地方治权性质和公益性质的商人自治型市政而言,这几个方面的商办市政虽然也带有公益性,但公益性不是其主要特性,商业性才是其根本的属性,因为商业利益才是商人们举办该各项市政的主要驱动力,获取可观的经济收益才是这种市政行为的最主要的价值取向,谋求公益只是附属性价值取向。这种以追求商业利益为根本目的、以市场化运作为基本形式的商办市政,就是商营型市政。

(一) 创办水电事业

水电设施与水电事业,是近代城市重要的基础设施与公用事业之

[①] 《汉口各团联合会协助民军纪实》,中国人民政治协商会议湖北省暨武汉市委员会、中国社会科学院近代史研究所、湖北省档案馆、武汉档案馆合编:《武昌起义档案资料选编》上卷,湖北人民出版社1981年版,第245、259页。

一。一个城市水电事业发展状况,在很大程度上能够反映出这个城市基础设施的发展程度,以及该城市的社会生活与工业现代化的水平。在清末,汉口华界水电事业是由华商集力主办和经营的,其发展的历史,其实就是一部同期汉口既济水电公司发展史。可以说,汉口既济水电公司经历了一段艰辛曲折的发展历程,为汉口市政发展与城市社会进步、工业乃至整个城市的现代化,写下了浓墨重彩的一笔。

1. 汉口既济水电公司与华界水电事业的开端

源自国外的公司制度,晚清时随着列强炮舰入侵、国门的洞开而被引入。从19世纪60年代末至80年代末,采用公司制作为企业经营管理组织形式的中国民族资本工业还是凤毛麟角。19世纪90年代之后,民族资本企业采用公司制的则日渐增多。20世纪初,尤其是1904年清廷颁布了《公司律》等有关公司制度的法规之后,公司制作为一种新兴经济管理体制很快成为中国的各大城市兴办企业的一种重要管理体制,故人们在1925年讨论公司制度的时候还说,"公司之创办,在中国可以说为最近二十年内之新组织"[①]。

就汉口而言,在19世纪末只有少数民族资本企业采用公司制,如:厚记(轮渡)公司(1896)、燮昌火柴厂(1897)等,它们也是湖北最早采用公司制的少数企业。20世纪初,汉口出现了一股投资建厂的热潮,新兴的民族企业纷纷采用公司制,其中在1900—1911年以公司命名的汉口民用企业(不含采矿)共有17家。在这部分企业中,建于1906年的有:福华烟公司、物华烟公司、亚献公司化炼厂、汉口制革公司、广利公司、既济水电公司;建立于1907年的有:清华实业公司、中立织布公司;建于1908年的有:天孙织布公司;建于1909年的有:肇新染织公司、美仑机制麻袋公司、大成印刷公司、裕隆面粉公司。此外尚有扬子公司炼锑厂、宝兴恒服务公司、世丰机器碾米公司、莫记公司织布厂,它们均建于1911年以前,但具体年份不详。[②] 这部分企业占同期汉口所

---

① 《吾国公司之弊病》,《湖北实业月刊》1925年第2卷第13期,"评论",第52页。
② 参见《晚清湖北民营工厂简况一览表》,载章开沅、张正明、罗福惠主编,罗福惠著《湖北通史·晚清卷》,华中师范大学出版社1999年版,第347—360页。

建企业（不包括采矿，共82家）的20.7%。如果再加上那些不以公司命名而实际上实行了公司制的企业，则所占比例当远远高于此数。

从上述情形可知，汉口既济水电公司正是在20世纪初湖北民族资本建厂热潮中兴建的，它虽然不是汉口最早采用公司制的民族资本企业，但它是汉口及武汉三镇乃至湖北较早采用公司管理体制的民族资本企业之一。同时，该公司还是当时湖北创办资本最多的民营公司。

汉口华界水电公司的申办与初创，一直是在洋商和租界的竞争压力之下，在湖北省府着眼于保护民族工商业的思想的指导下，以及在巨大的资金需求压力之下展开的。该公司从最初筹议创办，到最终建成送电送水，先后历时约10年之久。

汉口华界水电事业的申办，始于19世纪90年代末，终于1906年8月。

据《端方署邸残档》载，早在光绪二十四年（1898）、二十五年（1899），就有职员欧阳萼、知县郭步贤、郎中王庭桢等，先后三次联名禀请承办汉口自来水事业，经过官方调查得知，欧阳萼等"并无真实股本，不过影射洋股，希图渔利"，湖广总督张之洞认为这样办厂将弊多利少，故均不予批准。光绪二十五年（1899）七月，又有商董且有知县衔的张鼎坤等，邀同绅士翰林院庶吉士汪明源等，具禀请办水电公司，声明已有华股款现银40万两，并无丝毫洋股在内，还以股本银7万两作为呈验股本银押金。结果，经张之洞委派道台张煜林查悉，"全是指借洋股"。于是，官府下令停办。[①] 此时，通商"各口利源半为西商所夺，而汉口自来水更在垂涎之中……近因租界毗连，凡西商埠头，早经汲食清洁，居民习而艳之，将来侵及全镇，势所必至"[②]，租界的优势地位，和洋商对华界水电利权的觊觎，给华商和湖北省府造成了不小的压力。

---

① 中国社科院经济研究所藏：《端方署邸残档》，转引自皮明庥、冯天瑜等编《武汉近代（辛亥革命前）经济史料》（内刊），武汉地方志编纂办公室印行，第199—202页。
② 《札行批准开办汉口自来水各情形》，苑书义等主编：《张之洞全集》，河北人民出版社1998年版，总第3871页。

在这种情况下，以张之洞为首的湖北省府，仍然坚持华界自办华界水电事业的原则。1900年2月，《中外日报》载：

> 汉镇创办水火公司［按即既济水电厂］（原文如此，笔者注），议定由华商自办，不准洋商入股。嗣有经手某甲暗招洋股，冒充华商，经张制台［张之洞］访闻，即向总董张观察诘问。观察知为甲所愚，立将甲斥退，所有甲经手股票，亦皆注销。①

该报所载说明，在1900年，"既济水电厂"这个名字早就为时人所知了。

此后，仍不断有华、洋商人乃至湖北省府竞相准备创办汉口水电公司的报道，仅《申报》所载就有多则，诸如：

> 汉上居民所用之水向皆汲自江心，迩有某日商言已集成巨款，拟在英、法租界等处创设自来水，以开风气而辟利源。（《汉书》，《申报》1902年1月11日第3版。）
>
> 日前驻汉某国领事官照会湖广总督张香涛宫保，内开彼国商民现集成巨款，拟在汉口创设自来水公司，应请照准云云。张宫保深恐利权为外人所握，与司道逐日筹议，刻下尚迟迟未复也。（《汉江放棹》，《申报》1902年7月24日第3版。）
>
> 近有中西商人递禀兼督端午帅，欲在汉口创设水电公司，午帅以督宪张香涛回任在即，答以俟香帅返鄂，然后核准施行。（《江汉珠光》，《申报》1904年1月30日第3版。）
>
> 法商公兴洋行柯朗君央法总领事与张香涛议办通镇自来水一事，兹闻柯朗君已备足资本二百五十万元，前日张宫保特饬法文翻译官到汉与柯朗君磋磨其事，未识此中国应办之要政、固有之利权肯拱

---

① 中国社科院经济研究所藏：《端方署邸残档》，转引自皮明庥、冯天瑜等编《武汉近代（辛亥革命前）经济史料》（内刊），武汉地方志编纂办公室印行，第202页。

第四章　湖北新政时期汉口的民办市政

手让人否？(《法商议办自来水》,《申报》1905年3月2日第4版。)

汉口英界工部局董事因各国租界日辟,商务亦逐渐发达,故不惜巨款,首先创办电灯、自来水两项,因为捷足先登之计,现洋匠等均已到汉,日内即可开办矣。(《汉口租界设电灯自来水》,《申报》1905年4月9日第4版。)

汉口创办自来水及电灯两项,鄂督张香涛宫保合计经费非银四百万两不克竣事,然库款支绌,殊难筹画,且如此巨款,商股亦难骤集,是委派法文翻译官辜汤生与法商公兴洋行柯朗君议借洋款若干,按年就所获红利内提出摊还,以二十年为限,本利一并归清。柯朗君则请以三十年为限,想此事不难定议也。(《议借洋款创办自来水及电灯公司》,《申报》1905年5月11日第4版。)

鄂省铜元壅塞,明年势必停铸。惟铜元余利系鄂省财政大宗,骤失此款,新政无从措办,鄂督张香帅现拟创办武汉自来水、电汽灯两事,由官筹款,自行开办,藉为抵制铜元余利之计。所虑资本一时急切难筹,而商家亦多有禀请承办者,因恐或滋流弊,故未批准。(《拟办自来水电汽灯以抵铜元余利》,《申报》1906年1月4日第3—4版。)

汉口创办自来水电灯局,筹议已久,迄未举行,日前鄂督札委候补道钱绍桢为总办,郎中李维格为会办,并饬江汉关道及夏口厅兼管,先行息借商款,从速开办,俟有成效再议集股之法,以纾财力而期久远。(《汉口自来水电灯局人员》,《申报》1906年5月14日第17版。)

鄂督札委钱铭伯观察开办水电公司,筹款已有头绪,端节后先办电灯,俟完工后再办自来水。(《开办自来水公司》,《申报》1906年6月8日第9版。)

汉口创办水电公司已志前报,兹悉此时归燮昌火柴公司代表人宋炜臣君担任,名"既济公司"。鄂督张香帅承认三十万,其三百万已及半数,现正组织集股,大约开办之期当在秋凉时节。(《华界水电公司开办有期》,《申报》1906年8月3日第3—4版。)

· 207 ·

以上报道提供的信息可以归纳为三点：

第一点，1902年之后，华、洋两方面都想在汉口创办水电公司，已经呈现出一种竞争态势，参与竞争的洋商包括有日商、法商和英商，最后洋商在华界区域内创办水电公司的企图，都因为张之洞担心利权外溢、拒绝洋商请求而未能如愿。直到1905年，英国人才率先在租界区域内开办起水电公司（按：实际上英国人当时只在汉口开办了电灯公司，同时英商汉口电灯公司还生产了少量净水，时称清水，并没有开办针对全汉口的自来水厂）。①

第二点，总督张之洞曾经积极筹谋（如先后拟借外债、商款）官办武汉三镇水电事业，但最终均因资金困难，未能实现。

第三点，在官府的维护下，华商燮昌公司代表人宋炜臣最终主持开办了名为"既济公司"的水电公司。

对于洋商未能在华界开办水厂的原因，日本驻汉领事水野幸吉解释说：

> 从来汉口之饮料水，其他一般之用水，由吸取扬子江浊水，过滤而得之者，于卫生上其他诸点，虽大感不便，然由所谓利权上之见地，则支那官宪，常不喜外国人所经营之水道，布设于支那街内。又各国租界，将自主张经营水道事业，而反之其布设，需莫大之费用，收利之预算，尚参疑信。且支那市街之道路颇狭隘，而曲折太甚，故不便布设水道，因此各种阻碍，故至今尚未着手此事业也。②

即，洋商未能在华界开办水厂的原因有三点：一是中国官府的反对；二是在华界铺设自来水管耗费巨大，洋商无盈利把握；三是华界街道不便于铺设自来水设施，洋商畏难。最后一点说明，华、洋商人在汉

---

① 武汉地方志《汉口租界志》编纂委员会编、袁继成主编：《汉口租界志》，武汉出版社2003年版，第376页。
② [日]水野幸吉：《汉口：中央支那事情》，刘鸿枢等译，上海昌明公司光绪三十四年（1908）版，"附录"，第18页。

口的主客之势也在其中产生着影响。

对于华商、华界官府而言，面临的困难显然不是中国官府的反对，而是经费和设施方面的困难。并且，在华界街道铺设自来水设施方面的困难是其次的，毕竟那是属于华界的区域，而资金方面的困难则是主要的，华界绅商每每暗附洋股企图蒙混开办，官府每每为开办资金犯难，以及直至以宋炜臣为首的华界浙、鄂、赣三省巨商联络集股开办事情才获转机，原因均在于此。

宋炜臣（1866—1926），字渭润，浙江镇海人，他于19世纪80年代末至90年代前期，在上海协助宁波富商叶澄衷创办缫丝、火柴等厂，获利100万元。在1896—1905年，他先后在汉口开设有华胜呢绒军装皮件号和汉口燮昌火柴厂，获利颇丰，因之声名鹊起，成为汉口外省籍商人中的新秀。此外，他还在厦门开办了信用银行。正是在此期间，宋炜臣与湖北军、政、商各界建立起广泛的联系，与鄂省高级军官张彪（统制）、黎元洪（协统）过从甚密；并曾以巨金捐得候补道官衔，逐渐引起了湖广总督张之洞的重视，被张之洞视为"有为之士"。[①]

1906年农历六月[②]（此为《夏口县志》所载时间，实际时间当更早——笔者注），宋炜臣、王予坊、朱佩真、叶璋、万撝伯等浙、鄂、赣三省绅商11人，计划在上海筹集资本银100万元，在汉口招集股本银50万元，另由汉镇商民附股150万元，共集资300万元，呈禀总督张之洞批准开办"汉口水电既济公司"。鉴于"该商等资本素称殷实，办事已著成效，所称集股情形当不致别滋流弊。核阅章程，大致尚属妥协"，张之洞于六月初四日（即公历7月24日）批准开办，下令筹拨官款30万元作为股本，以示官府提倡之意，给予在汉口华界开办的专利权，并下令"委派大员一员总司管理该公司弹压、保护、稽查三项

---

① 贺衡夫：《汉口既济水电公司的由来和演变》，载《中华文史资料文库》第12卷"工商经济编"，中华文史出版社1996年版，第232页。
② 贺衡夫回忆称，宋炜臣邀集王予坊等江浙、湖北、江西三帮10余名巨商，"于1906年6月在华盛号内设立筹办处，联名呈请筹办汉口既济公司；当即得到张之洞批准"。见《汉口既济水电公司的由来和演变》，载《中华文史资料文库》第12卷"工商经济编"，中华文史出版社1996年版，第232页。

事务",同时表示"公司内用人、理财诸事,官不干涉,以清事权"。① 汉口华界水电事业的申办终于取得成功!

可见,既济水电公司的最终申办成功,得力于以张之洞为首的湖北省府的大力支持,以及华界绅商的锲而不舍与通力合作。在申办成功之后,既济水电公司在以宋炜臣为首的绅商的艰苦努力之下,才得以创办了起来。

第一,集股筹资。

宋炜臣等人在获得批准创办之后,随即宣布汉口既济水电公司(按:正式名称为商办汉镇既济水电股份有限公司)于1906年7月27日开业,登报集股。一个以宋炜臣为主要组织者的汉口华界水电公司就这样开始正式运作起来了。②

为了助长声势,扩大征股范围,宋炜臣又罗致徐之杰、周鲁等7人为发起人。公司资本,最初预定集股筹资,每股10元,计30万股,300万元,其中100万元由发起人中的6名担任,50万元再由其他发起人上海募集,120万元从汉口市民中募集,剩余30万元由湖北省府担任。③所有股款,于立案后两个月内,全部收足。初次招股的成功,为既济水电厂基础设施建设准备了经费。

第二,建成水电两厂。

既济水电公司的工程计划与设施,当时都由英籍工程师穆尔氏负责策划,他择定水厂地址在襄河上游韩家墩宗关,占地15557英方;电厂地址在大王庙河岸,占地580英方。水电两厂同时筹建,电厂于1908年阴历八月首先落成,开始送电。宗关水厂在1909年年初已初具规模,但整个供水设施迟至1909年阴历六月才完工,正式供水直到当年8月才开始。④水厂供水时间与该厂初步建成的时间相隔半年之久,其根本

---

① 《批职商宋炜臣等禀创办汉口水电公司》,苑书义等主编:《张之洞全集》,河北人民出版社1998年版,总第4838—4839页。

② 《汉口既济水电公司开收股分【份】广告》,《申报》1906年8月21日第1版。

③ [日]水野幸吉:《汉口:中央支那事情》,刘鸿枢等译,上海昌明公司光绪三十四年(1908)版,"附录",第18页。

④ 《既济水电股份有限公司概况》,武汉档案馆藏,档号bN6/13,第1页。

原因在于水塔基址选择的困难及其建设的滞后。

宗关水厂因所在地势低，若直接送水，则水压不够，因而在水厂之外，还必须建立加压水塔以利输送自来水。穆尔氏几经审度，才选定设在后城马路东头路北之处，该处系官钱局属地。宋炜臣据此禀请官钱局拨地300方，作为建设水塔及办公房之用。但当宗关水厂初具规模、通往市区的输水干管开始铺设的时候，水塔基地尚未得到批准。这样，整个送水工程建设随之延缓。几经周折，宋炜臣的申请终于得到省府的批准，总督陈夔龙以水电公司关系公益，决定"轻定地价"——原定地价每方200两，批定地价120两。① 既济水电公司最后置地约3525.6平方米，用银38076两。建筑水塔始于光绪三十四年（1908）四月，至宣统元年（1909）六月告成。水塔占地50方，塔身呈八卦式，主体共6层，高14丈，周身长23丈6尺，塔顶设有火警报警钟。② 人们通常把塔顶也算1层，水塔共7层。水塔容量32.5万加仑。水塔建成，标志着整个送水主要工程告成，也标志着既济水电公司工程建设的完成。

既济电厂最初设备，计有百利斯直流发电机3部，发电容量为1500千瓦，拔柏葛水管式锅炉3座，用3线式供给全市电流。电厂发电容量为1500千瓦。既济水厂最初设备，除水塔之外，计有拔柏葛水管式锅炉3座，压缩空气起水机2部，蒸汽清水送水机3部，沉淀池53座，慢性沙滤池22座，清水池1座，容量500万加仑。输水干管2路，直径20寸，各长2.4万尺。③

第三，排除社会阻力，成功输送自来水。

一如其他现代化事业在开创之初遭遇过困境一样，既济水电公司在筹办的过程中，也遭遇到来自民间社会的强大阻力，这就是挑水夫的反对。

汉口居民用水多依赖挑水夫所挑运之江河水，这些送水苦力担心水

---

① 1907—1908年《两湖官报》卷3，转见潘元运《汉口水塔记》，载《武汉春秋》1982年第3期，第31页。
② 《夏口厅治文牍》（1911年），武汉地方志藏复印件。
③ 《既济水电股份有限公司概况》，武汉档案馆藏，档号bN6/13，第1页。

厂建成后失去生计，于是散布谣言，以抵制自来水供给。1909年5月，水塔建成前夕，"附近居民忽纷起谣言，为该水塔须摄人生魂十名于塔下，始可不倒，且谓须辰、子、戌三时所生之人于本月初五日午时收摄"。结果，"凡此三时所生之人均纷纷迁避"。① 不过，水塔的建设并未因此停止。水塔建成后，于当年8月2日试水，"各街巷水管通行无阻。爰定于二十日开机，先行送用一月，概不收费。所有牌照及卖水章程，业经公司总理朱【宋】炜臣君订定，呈请夏口厅备案出示保护"②。9月4日，既济水电公司正式开始售水，汉口饮用水自此步入机器制水——自来水时代。

水厂的出水售水，使得原先那些以挑运江河饮用水为生的挑水夫如临大敌，于是他们散布流言，说自来水是经过机器打出来的，含有毒质，饮用后将致疾病。这次谣言对既济水电公司刚刚开始的营业产生了严重的消极影响，公司业务的推广，因之大受影响。公司总理宋炜臣为此非常忧心，他于某日断然率领工头带玻璃杯一只，就沿街装设之龙头当众取水，连饮数杯，观众叹服而谣诼不攻自破。③ 至此，筹办之初遭遇到的最大的社会阻力才算解除，既济水电公司才算真正地筹办成功。

在武汉三镇中，汉口既是最早实现水电合办的，也是最早开办自来水事业的。

既济电厂于1908年建成后，其"发电设备容量达1500千瓦，规模居沪、京、穗、汉4大城市民营电厂之首，占全国民营电厂总容量的1/3"④。武昌虽然也曾在1906年就申请开办水电厂，但未能付诸实行。其后，武昌虽然也开办了电厂，而且不止1家，但其容量均不能与既济电厂相比。汉阳的电灯事业直至1925年才有汉阳电气公司的成立，其容量最初仅为20千

---

① 《水塔摄人生魂之迷信》，《申报》1909年5月27日第2张第4版。
② 《汉口既济水电公司开收股分【份】广告》，《申报》1909年8月3日第2张第4版。
③ 《既济水厂的一件掌故》，《水电月刊》第2期（1947年8月1日），《汉口市政府·〈水电月刊〉申请登记》，武汉档案馆藏，档号9—15—198。
④ 武汉地方志编纂委员会主编：《武汉市志·工业志》，武汉大学出版社1993年版，第1514页。

瓦，难望既济电厂之项背。因此，既济电厂是武汉工业近代化的重要标志之一，也是武汉市最早的能源基地和工业文明象征；① 当然，它也是中国民族资本主义电气事业的骄傲。

既济水厂建成于 1909 年，日供水能力为 500 万加仑（约合 22727 吨）。武昌自来水事业的开办，直到 20 世纪 30 年代才得以实现——1931 年，武汉大学建成自用水厂；1934 年 7 月，湖北省建设厅建成武昌水厂。后者日制水能力仅 50 万加仑（约合 2272 吨），日供水能力为 200 吨，其规模实难与既济水厂相较。汉阳则终民国之世，未能建设自来水厂。② 所以，既济水厂也是武汉三镇自来水事业的先行者。

即便就全国范围而言，既济水电公司也是开创中国近代自来水事业的先驱之一。关于此点，早在民国时期就有人认识到了。

《夏口县志》不无自豪地载曰：

> 吾国近时创办电灯之处颇亦不乏，惟自来水数不多见。上海虽亦有此，其规模迥不若也。③

1947 年，《水电月刊》载：

> 谈到中国新式自来水厂，最初的要算旅顺水厂，是前清光绪五年李鸿章为当地驻防海军所创设的，到现在大约有五十余年了。其次是光绪八年上海开港的时候英国人所办的上海自来水公司，到现在还算是国内规模最大的水厂。此外如汉口、广州、北平等大都市在清季均已先后创办水厂，但是全国总计也不过二十余处，与美国

---

① 皮明庥：《曾为沪京穗汉民营电厂之首"百岁"既济电气灯厂将拆除》，《长江日报》2004年6月16日第2版。
② 参见孙葆基、钱仲超《武汉公用水电之今昔》，载《中国工程学会武汉分会复会纪念特刊》，武汉档案馆藏，档号 bN1/17，第 20—21 页。
③ 《工厂·既济水电公司》，侯祖畬修、吕寅东纂：《夏口县志》，民国九年（1920）刻本，卷十"实业志"，第 2 页。

一百多年以前的情形相同,实在是太少了。①

总之,既济水电公司的创立,在武汉乃至中国的水电事业史、民族资本主义工业史上,均具有十分重要的意义。

2. 举步维艰,遭受重挫(1908—1911)

既济水电公司在事业起步之初就面临资金短缺问题。水、电二厂兴工时,工程浩大,电厂所费100万元,水厂所费300万元,超过预算甚多。1909年公司股东会议报告,全部资金除投入必要的基本建设及一切安装设备外,还负债80万—90万余元。② 如果公司不予增资,计划区域之内的业务将无法展开,加之各租界也要求该公司供给自来水,于是股东会决议增股200万元,"由汉镇绅商任便认购,其余一百八十万元,先尽老股东各照原股数六成添认,预期不认,另行招足",但由于社会金融呆滞,这次招股结果很不理想:截至1910年农历五月底,老股添认额内之股份,尚未足额;③ 仅募得股金46.5万余元。④ 于是,公司向日本兴业会社借款150万日元,借款年限3年。借款附加条件有5项:(1)各种水电机器、部件和零件,均须向日方购买,除日方不能供给或不生产者,始可向其他国家采购;(2)水、电二厂所用燃煤,均应向日本采购;(3)工程技术部门,须聘2名日籍工程师负责;(4)财会部门,须聘日籍会计人员核算;(5)专设日本账目1套,便

---

① 载《汉口市政府·〈水电月刊〉申请登记》,《水电月刊》第2期(1947年8月1日)。此段话中除了有关既济水电公司的内容外,值得注意的还有,它指出光绪五年旅顺水厂是中国最早的新式——采用现代化设计、设施——水厂。而笔者所见有关研究往往认为英商在上海创设的自来水公司才是中国最早的自来水厂。

② 参见贺衡夫《汉口既济水电公司的由来和演变》,载《中华文史资料文库》第12卷"工商经济编",中华文史出版社1996年版,第233页;《关于既济水电公司的几点项记》,武汉档案馆藏,档号119—130—117;梁绍栋《汉口既济水电有限股份公司创办和演变概况》(未刊稿),载皮明庥、冯天瑜等编《武汉近代(辛亥革命前)经济史料》(内刊),武汉地方志编纂办公室印行,第201—202页。

③ 《汉口商办既济水电有限公司补招新股广告》,《申报》1911年6月17日第1张第2版。

④ 贺衡夫:《汉口既济水电公司的由来和演变》,《中华文史资料文库》第12卷"工商经济编",中华文史出版社1996年版,第233页。

于日方稽核。公司在借款成立后，就按借款条件聘请日人原口、线木为工程师。① 因此，既济水电公司在创办后不久即在很大程度上受制于日本人及借款合同，从此公司发展更多一块"心病"。既济水电公司的生产和经营因此从一开始就负债进行，不如预计的那样理想。

尽管如此，从1908年电厂开始发电送电，1909年水厂开始出水送水，至1911年辛亥革命爆发止，该公司的生产与营业还是获得了初步的发展。

据载，既济水电公司在筹办之初，为了招集股本，制定了宣传性质的计划书，其中，有关水电收益的计划是：

> 汉口之人口，看做五十万，每人假定每日用四瓦，则总计每日当用二百八十万瓦水。今以千瓦之水，计价七角，则每日总计有一千九百六十元之收入，而每年计有七十万五千六百元之收益也。
>
> 电灯总计为二万五千个，每月每灯收费七角，则每年有二十七万元之收入。故合水道电灯而有九十七万五千六百元之收益也。②

这个收益预计按每人每日用水量来计算水费收入，理论上并不存在问题。但是，在公司开创之初，自来水普及率低。因此，该计划有关水费收益的预计可能偏高。至于电费收益预计，也偏高。因为据汤震龙所编《建筑汉口商场计划书》记载，1913年英国工程师葛雷武制定的《建筑汉口商场计划书》内的电灯预算的最大电量为16支光灯泡2.7万盏，实际使用电量为16支光灯泡1.8万盏。依据常识，汉口市区在1913年时电灯普及率当远较1906年预计的要高。但1906年预计的电灯盏数却接近葛雷武计划中的最大受电盏数少，而较葛雷武计划中的实

---

① 贺衡夫：《汉口既济水电公司的由来和演变》，《中华文史资料文库》第12卷"工商经济编"，中华文史出版社1996年版，第233页；亦见梁绍栋《汉口既济水电有限股份公司创办和演变概况》（未刊稿），皮明庥、冯天瑜等编《武汉近代（辛亥革命前）经济史料》（内刊），武汉地方志编纂办公室印行，第202页。

② [日]水野幸吉：《汉口：中央支那事情》，刘鸿枢等译，上海昌明公司光绪三十四年（1908）版，"附录"，第21页。

际受电盏数却要多出 9000 盏。故该公司 1906 年计划预计的电灯盏数显然偏高，预计电费收益自然也偏高了。因此，可以肯定的是，既济水电公司预计水电收益偏高，这或许是出于鼓动有钱人入股的需要而有意高估的结果。

事实证明，既济水电公司水电营业的实际收益不如预计的理想。1908 年 8 月至 1909 年 8 月，公司电费收入为 10.61 万元。① 这个数目远较计划的 27 万元要低。

不过，到了第 2 个年度，情况就发生了较大的变化。1910 年 11 月《民立报》以不满意的语气报道说，既济水电公司每年进款不过 50 余万（其中，电灯 30 余万，水费 20 余万）。② 需要说明的是，1910 年的电费实际收益数目超过预计数目，很大程度上应归功于电费定价较预计电价高。到 1911 年 6 月，公司在发布的招股广告中称：

> 照本年四月收数计算，内地及租界自来水长年约收洋二十七万元，电灯长年收洋二十八万元，总计岁入已及五十五万元之数，而开支照上年计算，长年二十五万元，股息合新旧股五百万并算，长年三十万元，与收入之数已适相抵，自四月后，水电收费逐有增加，分毫皆为盈利。③

由此可知，至 1911 年，公司营业收入基本上稳定在 50 余万元的水平，电费收益大增，与 1906 年时的预期收益相隔不远；而水费收益在 1911 年虽较理想状态相差甚远，但是公司年收益趋近 30 万元。水电营业额的增加，说明公司水电销售量增长了。

既济水电公司生产与营业的发展还体现在营业区域的拓展方面。公

---

① 《1908—1929 年既济公司用电户统计表》，武汉地方志编纂委员会主编《武汉市志·工业志》，武汉大学出版社 1993 年版，第 1594 页。
② 《鸣呼水电公司》，《民立报》1910 年 11 月 21 日第 4 页。
③ 《汉口商办既济水电有限公司补招新股广告》，《申报》1911 年 6 月 17 日第 1 张第 2 版。

第四章　湖北新政时期汉口的民办市政

司最先计划铺设水管、安装电灯的具体路段为黄陂街、河街及夹街①，它们是旧市区内商业最发达的地段。实际上，自来水在旧市区内设管最早区域为民生路（即原张美之巷至后城马路一线——笔者注）以上至桥口地段。② 1910 年，汉口各国租界要求公司设管供给自来水。于是，既济水电公司的自来水营业于 1911 年就拓展到租界。同年 6 月公司发布的招股广告中显示的信息表明，租界至少从 1911 年 4 月开始使用既济水电公司的自来水。而公司对法租界供水是从 1911 年 7 月开始的。③ 通往租界区的供水管网从水塔引入，经歆生路（今江汉路之一段）、天津街（今天津路）、克勒满沙街（今车站路之一段）、皓街（今一元路）、禄街（今三阳路）、宝街（今五福路），到大正街（今卢沟桥路）止，覆盖全部租界范围。供水管径大的为 660 毫米，小的为 100 毫米不等。④

以上是有关既济水电公司在发展之初生产与营业的发展的大体情势。那么，既济水电公司在创业之初具体的营业情形又是怎样的呢？

（1）电营业在用户电灯与路灯安装、计费、收费方面的具体情形

关于用户电灯安装、计费。既济水电公司在开办时规定，用户之电灯和电器必须由公司派匠安排；用户包灯燃点逾期要议罚，表灯要用火漆印封电表，并编制水电户牌，分挂各户门前，以利检查。电灯安装"按盏数计，每盏收 1—2 元"。公司开灯时，以包灯为主，5 盏起码，用电时间为每天夜起至晚 12 时止，16 支光每月每盏 1 元，25 支光加半，32 支光加倍，燃点全夜者再加倍。10 盏以上装表，每千瓦时 0.1 元，每月表租 0.5 元。临时用电则灯价加倍。而武昌电灯公司开办时，

---

① ［日］水野幸吉：《汉口：中央支那事情》，刘鸿枢等译，上海昌明公司光绪三十四年（1908）版，"附录"，第 19 页。
② 《汉口水电的过去与将来》，见《既济水电公司·一九四七年营业报告及接收英电灯公司》，武汉档案馆藏，档号 117—1—121。
③ 《COPY》（Aug. 22. 38），《既济水电公司·水电增加非常时期》，武汉档案馆藏，档号 117—1—77。
④ 武汉地方志《汉口租界志》编纂委员会编纂、袁继成主编：《汉口租界志》，武汉出版社 2003 年版，第 376 页。

包灯16支光每月每盏1.1元。①

关于路灯安设、计价与收费。华界路灯最初是免费的，由公司在电线杆上安装，每根电杆上装一盏。自各保安会安设（按：安装仍由公司负责，安设之后路灯归保安会管理）路灯之后，路灯才开始半价收费，而原先由公司安设的免费路灯才撤去。②

（2）自来水营业的具体情形

关于自来水销售方式。既济水电公司自来水销售在清末有三种方式：第一种是通过水管输送入户，不装表，按月包售，此即包月售水。第二种是通过水管输送入户，装表，按表计费，此即装表售水。汉口水厂开始无水表计量，1911年始装水表计量，至1917年共计装水表251只。③第三种是设自来水零售点，由挑水夫将零售点的自来水挑送入户，此即水栓售水。顺便提一下，既济水电公司1906年的计划书中，就开列有"挑水夫工钱"一项，计划每年开出的工资为2万元。④这说明零售点挑水夫是由公司雇佣的，并且数量还不少。事实上，"既济水电公司在各段派人安放龙头，售卖零水"⑤。到民国中后期，挑水夫仍然存在，因为公司一直存在水桩售水，只不过他们已不再是挑卖江河水的传统挑水夫，而是自来水挑水夫。

关于自来水安装。水龙头和水管也必须由公司安装入户，且用户必须先缴纳一个月的押款。⑥清末时的具体安装收费情形，不得而知。不过，1912年6月报刊上的一则代邮报道，或许可以为我们提供相关信息。该报道称：

---

① 武汉地方志编纂委员会主编：《武汉市志·工业志》，武汉大学出版社1993年版，第1632、1636、1637页。
② 《各团拟向水电公司交涉》，《汉口中西报》1922年2月12日第3张。
③ 武汉地方志编纂委员会主编：《武汉市志·城市建设志》上卷，武汉大学出版社1999年版，第480页。
④ ［日］水野幸吉：《汉口：中央支那事情》，刘鸿枢等译，上海昌明公司光绪三十四年（1908）版，"附录"，第21页。
⑤ 《议请延时卖水》，《汉口中西报》1916年7月31日第2张新闻第3页。
⑥ 《各团与水电公司之两项交涉》，《汉口中西报》1922年3月28日第3张。

第四章 湖北新政时期汉口的民办市政

既济水电公司：

  舍下安装水管，系与贵公司收费司事面议，据云，每丈水管缴费一元五角，仆即面询龙头等件，渠云悉归公司，不另纳费。既装管英尺八尺五寸，竟索费二元几角。询之，始云有角弯、月弯等名色。未装之前而不云，既装以后仍然索费。但既系贵公司定章，自当照缴……①

这说明公司为用户入户安装水管时，所装水管是要按尺寸收费的，每丈收费1.5元（只是没有说明水管的口径），接装时需用的角弯、月弯等也是要收费的，水龙头则由公司提供，不收费。自来水零售点的自来水安装应该是由公司自己负责的。因为该报道反映的是既济水电公司自来水安装的"定章"，也就反映了1912年以前的自来水安装的大致情形。

关于自来水价格。1909年既济水厂建成初期无水表计量，每月按用户人口收费（但10岁以下的孩子不收费），每人每月收水费银0.20元。由于自来水价格较传统挑水夫运送的水价低廉，故自来水逐渐在居民饮用中推广。② 1911年，公司始装用户总表，每千加仑（4.5吨）收费银元1.00—1.20元。1917年，又开始装用户分表。③ 这是华界用户的自来水价格。至于各国租界，它们在1911年相继与既济水电公司签订了自来水供应合同，每1000加仑收费银0.72元。这个价格一直持续到1938年8月。④ 据报载，租界区"收入水费，既济得其一半，余由租界各工部局均分"⑤。在民初，公司对于租界自来水收费虽然没有改

---

① 《代邮》，《国民新报》1912年6月22日第4页。
② ［日］东亚同文会编纂发行：《支那省别全志·湖北卷》，大正六年（1917）版，第765页。
③ 武汉地方志编纂委员会主编：《武汉市志·城市建设志》上卷，武汉大学出版社1996年版，第480、482页。
④ 《Copy》（Aug. 22. 38）。《既济水电公司·水电增价非常时期》，武汉档案馆藏，档号117—1—77。
⑤ 《武汉水电进行之一斑》，《申报》1910年12月28日第1张后幅第4版。

变单价，但是一度"因时局影响，仅照八折实收"。①

此外，从清末直至1937年，公司对于装表用户，"抄录水电度数及收取水电费向未确定日期"②；个体水电收费均采取入户收费的形式。

1911年，就在既济水电公司水电营业日见进展的时候，武昌起义爆发了，民军与北军在汉口、汉阳两地展开了激烈的交锋。在阳夏之战中，北军自东亚制粉公司至水电公司沿河村落之后，"枪炮交击甚烈"，民军自赫山炮击水电公司之北军，死伤甚众，北军退至水电公司附近；③ 北军以汉口水塔为瞭望台。④ 在交战中，水厂机器间，虽未焚烧，但被弹击损。⑤ 结果，既济水电公司的水电输送设备在战争中损失达70万元之巨。⑥ 这对于事业才起步不久、原本就负债经营的既济水电公司而言，不啻是雪上加霜，处境更加艰难。

既济水电公司的创立与营业，给汉口城市社会生活带来了新的气象，城市居民开始饮用洁净的自来水，华界日用照明也开始出现了新的局面。而辛亥兵燹给公司营业造成的重挫，也将给民初汉口华界水电事业的发展带来很大的影响。有关这些，后文将于第八章中予以详细论述。

（二）营办新式公交事业

城市公共交通是市政的一个重要方面。清末民初汉口市的公共交通，由官府运营的，仅一官渡而已。而以轿子、划子、帆船等，尤其是以新式的人力车、马车、脚踏车（自行车）、汽车、轮渡为运输工具的水陆公共交通，均由商人或半官半商运营。商人不但是清末民初汉口新式公共交通工具的推广者和新式公交事业的营办者，而且至迟在20世纪初年，他们已经成为当时以新式交通工具运营汉口水陆公共交通的主角。

---

① 《水电公司提出之八种议案》（续），《汉口中西报》1923年8月25日第3张。
② 《既济水电公司·暂订抄表日期及收费程序办法》，武汉档案馆藏，档号117—1—436。
③ 《日纸武汉战事谈》，《民立报》1911年11月22日第4页。
④ 《汉口之青磷屑》，《民立报》1911年11月22日第4页。
⑤ 《汉口劫后调查记》，《民立报》1912年1月11日第4页。
⑥ 《既济水电股份有限公司概况》，武汉档案馆藏，档号bN6/13，第1页。

第四章 湖北新政时期汉口的民办市政

1. 经营新式陆上公共交通业

在人力车成为汉口市区大众化的交通工具以前，一种更为原始的使用人力推行的车子——小车，曾经是汉口大众化的公共交通运输工具。1882年《申报》的一份报道显示，那时候汉口市内有专门经营小车的车行，而且车行起码有两家。车行的小车是租给车夫营生的。同时，也有自己拥有小车而不入行的车夫。官府禁止小车在市内新修的大街上"推行"，以免破坏路面。① 这种小车应该就是用手推行的独轮车，因为如果是双轮，一般是"拉行"而不是"推行"，而且不能称为"小车"，而是"大车"或"板车"了。在上海，从苏北传入的木制独轮车（又名"江北车"，旧称"羊角车"），于19世纪50年代开始成为货运交通工具。后来，部分独轮车开展搭客业务，成为上海时新的公共交通工具。② 李天钢指出，该车在上海多行驶于市区的周边。③ 虽然前述报道未指明汉口的这种小车，是用于运输货物还是用于代步，但参照上海市区独轮车运营的情形，笔者认为汉口的小车也一度成为了用于代步的公共交通工具。由于小车的运输危及市区内的街道，故官府才严厉禁止；同时，这也说明当时汉口市内交通运输急需改进。

汉口用于代步的轿子则多为官员和富有者所使用，一般为两人抬，故又称轿舆或肩舆。轿子在20世纪的头几年在汉口仍大行其道。1944年，一个老汉口回忆40年前的汉口时称：

> 是时，汉口之范围至为狭隘，仅花楼及左近之有数马路为新范畴，华景街诸地则荒草寒烟，坟茔垒垒，以是无与焉。关于行，既无流线型之马达卡（指汽车，笔者注）驰驱市区，人力车亦且寥若晨星，故交通工具惟轿子是赖，官僚、绅富靡不乐用。④

---

① 《车夫违禁》，《申报》1882年2月10日第1、2页。
② 薛理勇：《旧上海租界史话》，上海社会科学院出版社2002年版，第117页。
③ 李天钢：《人文上海：市民空间》，上海教育出版社2004年版，第118页。
④ 《四十年前：旧汉口》，《大楚报》1944年3月15日第4版。

· 221 ·

当时，充当公共交通工具的轿子是由商人开办的轿行经营的，这种轿行直到民国时期还有。

因此，在20世纪最初的几年之前，汉口市内的公共交通工具主要是轿子，小车也一度成为重要的市内公共交通工具，它们分别为社会中上层和社会下层所乐用。

随着汉口租界的建立和新式交通工具先后在租界和华界市区内的出现及推广，新式的陆上交通事业在清末民初的汉口发展起来，商营性质的人力车业、马车业、出租汽车业等兴起了，改变了汉口市内陆上公共交通原有的格局。

1873年，一种不同于小车的新式人力交通工具——人力车由日本传入上海，该车时称"东洋车"或"黄包车"。次年，上海便出现了人力车出租车业。[1] 1888年，人力车开始出现在汉口租界。[2] 此后，汉口华界也开始有了人力车。

汉口早期人力车的构造就是车座夹在两根木扶杆中间，两个车轮的主体为木结构，直径1米多，外包以铁轮，所以让人感到坐着不太舒服。[3] 1907年，汉口出现了一种新式人力车，其车轮改成了钢圈、钢丝气胎轮，车轴内有滚珠，两轮之间是较舒适的车厢。[4] 新式人力车的座位宽敞。

汉口的人力车分三种：贸易人力车、自备人力车（也称自备包车）和贸易包车（也称野鸡包车）。贸易人力车就是人力车行用于搭客营生的人力车，不能在内街通行，只能通行于马路上。自备人力车就是作为私家代步工具的人力车，并不用于出租。贸易包车虽然是用于出租营生，但车辆系车夫自有，不入车行，因而其车夫不用如贸易人力车车夫那样每日向车行行商交付租金，所获力资自然较多。自备人力车和贸易包车既可以行驶于马路，又可以行驶于内街。最初使用自备人力车的是买办

---

[1] 薛理勇：《旧上海租界史话》，上海社会科学院出版社2002年版，第117—118页。
[2] 张定国：《旧汉口的公共交通》，《武汉文史资料》1996年第3辑，第152页。
[3] 蔡乙青：《闲话汉口》（续八），《新生月刊》第6卷第3期，第42页。
[4] 龙良超、廖广生：《人力车和轿子》，《武汉春秋》1983年第4辑，第32页。

第四章　湖北新政时期汉口的民办市政

阶层，其后富商大贾和职业医生、律师也纷纷自备包车使用。新式人力车出现后，到清末民初时已经开始作为贸易人力车使用，早先为富商大贾拥有的包车就显得相形见绌了。故1915年有《汉口竹枝词》云："富商巨贾各包车，不若街车更稳些。宽座广轮平似砥，任从牵拽不倾斜。"①

人力车在汉口最初发展并不快，因为直到光绪二十年（1894）或光绪二十七年（1901）时，汉口总共只有人力车14辆。② 对于人口以10万计的汉口而言，这个数目真可谓是寥若晨星了。1901年，租界开始招商承办人力车。据鄢少霖回忆，租界最初承办人力车行的行家有4家，即法商利通洋行（法租界工务局董事梅旎经营），有车500辆；希腊商人飞星洋行，有车320辆；华商容记和富记（英文楚报编辑夏容宇等经营）一共有车180辆，4家共有人力车1000辆。③ 但1912年9月《时报》和《民立报》均报道称，汉口租界原有人力车800乘。④ 同年10月底，《国民新报》载，"今日汉口租界更有令人惊讶者，如人力车增至千余乘，人力车之租价增至八九百文，每日乘车费约四千余串"⑤。不管租界最初有人力车多少乘（辆），都说明人力车行业在那时的租界开始出现，它标志着人力车开始作为汉口市区的一种公共交通工具而存在，出租人力车行业已经作为一种新式的城市公交行业，于20世纪最初的岁月在汉口登台亮相了。

商营出租人力车业不知何时开始出现在汉口华界，但可以肯定的是，随着后城马路的修筑，华界出租人力车行业步租界之后尘而兴起。这一点从报载这样的信息就可以知道——"汉口华界后城自改筑马路后，定章只准行驶东洋车二百辆"。1907年，官府为了增加牌照收入（当时每辆

---

① 罗汉：《人力车》，徐明庭辑校《武汉竹枝词》，湖北人民出版社1999年版，第256页。
② 张定国：《旧汉口的公共交通》，《武汉文史资料》1996年第3辑，第152页。需要说明的是，原文将光绪二十年标注为1901年，显然错误，兹于引用时径直改正。
③ 鄢少霖：《武汉市人力车业概况》，武汉市工商联合会编：《工商业改造文史资料》，武汉档案馆藏，档号119—130—93。
④ 《人力车同盟罢工》，《民立报》1912年9月3日第8页；《汉口车夫同盟罢工之抵制》，《时报》1912年9月2日，转见《中国工人阶级的早期斗争和组织》（刘明逵、唐玉良主编《中国近代工人阶级和工人运动》二），中共中央党校出版社2002年版，第333页。
⑤ 《时评：新汉口之八面观》，《国民新报》1912年10月26日第4页。

人力车牌照费为20元)以充马路工程局经费,决定添车100辆。① 这样,在1907年,后城马路上行驶的华界人力车数量达到300辆。到1910年,汉口警察厅管理下开放行驶后城马路的人力车增至500辆。而华界出租人力车行有20余家,其中行内车辆能全部出租的只有10余家。当时,华界车行多设在居仁门附近,人力车夫亦多数聚居于此。②

马车作为交通运输工具在中国早就存在,但是作为一种城市公共交通工具而存在则是晚清以后的事情。

就汉口而言,马车于光绪末年经过买办的引介,就在市面出现了。开始的时候,马车均为达官富商所用。那时的马车夫,并不算是下贱的行业,他们都穿戴得很整齐。在张之洞时代,马车夫按规定要戴红缨大帽的,因之显得堂而皇之,威风十足。③

作为城市公共交通事业的马车业,它在华界的兴起应是后城马路筑成以后的事情,因为马车对道路宽度有一定的要求,一般的街路是不便行驶马车的。

汉阳蔡甸人龙飞在六渡桥开设了汉口第一家马车行,有10多辆轿式马车出租。此后,独资与合资的马车行陆续出现,车辆也逐年增多,车型逐渐由轿式演变为篷式——用折叠式的油布篷取代门窗,车厢中有正座和倒座,面对面可坐4人;两侧供乘客上下车厢用的踏板上可各站1人;前面高座上和马车夫并排可坐1人。④ 1906年,后城马路正在开辟之中,并且又开始修筑支路,官府决定在支路上暂设马车6部,"亦招人承领"⑤,即商人须从官府那里取得经营马车的牌照——经营权。

此后,马车的数量随着汉口马路的增多而不断增加,马车行也不只

---

① 《后城马路添车》,《申报》1907年3月16日第10版。
② 鄢少霖:《武汉市人力车业概况》,武汉市工商联合会编《工商业改造文史资料》,武汉档案馆藏,档号119—130—93。
③ 《汉马车业的现状》,《正义报》1946年7月16日第4版。
④ 罗汉《马车》之"题解",徐明庭辑校《武汉竹枝词》,湖北人民出版社1999年版,第244页。该"题解"载,龙飞的马车行建于光绪二十九年(1903)。对此,笔者表示怀疑。因为张公堤筑成之前,不但后城马路没有修筑,六度桥一带还没有修筑马路,在这种情形之下,在六度桥开设马车行不大可能。龙飞的车行很可能是后城马路开始修筑之后的事情。
⑤ 《志汉口新开马路情形》,《申报》1906年6月4日第10版。

1家了。独资的马车行商一般经营3—4辆马车，家中雇请6—8个赶马车的和喂马的，这类马车行商属于大户，全行业中为数不多。经营1—2辆马车的，车主自己赶马车，家人帮忙料理相关事务。其中有2辆马车的，需雇请2—3人帮忙赶车和喂马，这类马车行商属于中户，在行业中占多数。此外还有一种经营形式，就是2—4人合伙经营1辆马车，这类属于自营自劳，自食其力的小户，在行业中为少数。①

当时，马车行出租的马车都不很完美，而且多为皮篷式，轿式极少。但车价便宜，不论远近均可乘坐，且随时可以上下车。马车多行驶于汉口后城马路及租界，乘车者多在怡园（即后城马路与歆生路交叉处）附近候车。马车行驶由歆生路至桥口，再至后城马路返回歆生路，形成的路线圈，称为"中国圈子"；由后城马路至日租界沿江岸，再至歆生路返回后城马路，形成的路线圈，称为"外国圈子"。②马车由华界进入租界时，必须有租界的营业执照；否则，不准进入租界。所以，一辆马车须有两个车号。中国车号是蓝底白字的，置于车后面，而租界车号则为豆腐块大的长方形黄底黑字，挂在马车夫胸前。到民国中期，马车才取消了租界车号。③

2. 经营过江轮渡

在1861年汉口开埠以前，汉口与武昌及汉口与汉阳之间的渡江交通工具，只有传统的划子（渡划）、摆江（渡船的一种）、红船（由善堂创办，主要用于救生）。④后来，官府鉴于风大浪急之时，人民乘坐渡划过江，易发事故，才创设了官渡，并大受欢迎。不过，从整个清末民初汉口渡江公共交通发展的历程来看，官渡只是介于传统的过江水上交通工具与机械化的轮渡之间的过渡性过江水上交通工具，因为商营性

---

① 于福生：《旧汉口的马车业》，政协武汉市委员会文史学习委员会编：《武汉文史资料文库·工商经济卷》，武汉出版社1999年版，第532—536页。
② 武汉书业公会编：《汉口商号名录》，武汉书业公会民国九年（1920）发行，"附汉口指南"，第90页。
③ 于福生：《旧汉口的马车业》，政协武汉市委员会文史学习委员会编：《武汉文史资料文库·工商经济卷》，武汉出版社1999年版，第532—536页。
④ 蔡乙青：《闲话汉口》（续十），《新生月刊》第6卷第5期，第41页。

质的轮渡将成为汉口渡江公共交通的"新宠"。

商营汉口过江轮渡始建于何时，尚未见有中文史料确切记载，好在有外文资料可以帮助我们找到答案。据水野幸吉《汉口：中央支那事情》一书记载，1907年，汉口有2家商营轮渡公司运营汉口至武昌之间的轮渡交通，此即利记公司和厚记公司。利记公司系明治三十三年（光绪二十六年，1900年）开业，资本金1.2万两，只有小汽船利江（载重量为7吨）、利源（载重量为6.5吨）2只，它们在春夏时，每艘日往复22回；秋冬时，则为20回。厚记公司系明治二十九年（光绪二十二年，1896年）四月开业，有资本1.3万两，渡船2只：楚裕（载重量为6吨）、楚盛（载重量为6.5吨）。它们在春夏时，每日每艘往复22回；秋冬时，则为21回。以上4只，皆为客船，渡资每人50文。该书还特地指出"厚记公司系继续仁记公司之营业者"，这说明厚记公司并不是汉口最早的商营轮渡。① 厚记和利记两家轮渡公司皆由冯启钧创办。民初《汉口中西报》载，"武汉轮渡系前巡道冯启钧创始"②。可见，仁记轮渡公司亦由冯启钧开办的，但到底开办于何时，未见具体载记。③ 不过，另一日文资料《支那省别全志·湖北卷》载，"民间渡船既颇感危险，又甚费时。直到明治二十九年（光绪二十二年，1896年）设立民营公司，小蒸汽船才开始航行"。④ 据此，我们可以断定汉口或武汉过江轮渡创始于1896年。

---

① [日]水野幸吉：《汉口：中央支那事情》，刘鸿枢等译，上海昌明公司光绪三十四年（1908）版，第173页。

② 《轮渡营业之竞争》，《申报》《汉口中西报》，1917年6月9日第3张新闻第6页。

③ 皮明庥主编《近代武汉城市史》一书载，1896年，仁记轮船局宣告成立，开始以楚裕、楚胜2轮经营武汉三镇之间的轮渡。仁记在更名为厚记轮船公司以后，仍以武汉三镇间的轮渡为主业（见该书第217页）。由冯启钧创办的厚记轮渡公司的轮渡为武汉商办轮渡之始，创办时间为1896年（见该书第221页）。均不知出自何处。武汉港史编委会编纂的《武汉港史》（人民交通出版社1994年版）则认定仁记公司为武汉商办轮渡之始，创办时间为1896年4月（见该书第145页）。其依据是《汉口：中央支那事情》。不过，《汉口：中央支那事情》所载原文为"厚记公司系继续仁记公司之营业者，明治二十九年四月开业"，显然是说厚记公司开业于1896年4月，而不是说仁记公司开业于1896年4月。

④ [日]东亚同文会编纂：《支那省别全志·湖北卷》，大正六年（1917）发行，第289页。

第四章 湖北新政时期汉口的民办市政

　　此后，清末商营汉口过江轮渡有了进一步的发展。1911年6月报载，经营武汉过江轮渡的共有4家：祥通、利记、荣记和两湖，有轮船数艘来往如织，其中祥通、利记、荣记皆系商办。① 1933年的《湖北建设概况》载，武汉轮渡，初由商人和半商人所组织之和春、利济等公司经营。② 另据清末邮传部统计，1901年利记公司有渡轮6只，1907年厚记公司渡轮有6只，荣记公司创办于1908年，有轮渡3只。③《近代武汉城市史》又载列，森记三益公司创办于1903年，有小轮3只。它们都经营武、汉轮渡。④ 只是不知该信息源出何处。综前所述，晚清商营汉口过江轮渡公司前前后后至少有仁记、厚记、利记、祥通、荣记、和春、利济、森记诸家。至于它们共拥有多少只渡轮，就不得而知了。

　　以上为清末商营汉口过江轮渡公司发展的大致情形。这些公司经营的过江轮渡构成了清末汉口商营过江轮渡的主体。

　　除了自置轮渡进行经营以外，商人还通过租赁官有渡轮经营汉口过江轮渡。光绪二十三年（1897），经湖广总督张之洞的批准，湖南湖北两省绅商合办了行驶湘鄂的"鄂湘善后轮船局"，分为长沙和汉口两局，即南局和北局。北局最初只有楚宝、楚威两艘轮船。鄂湘善后轮船局为官督商办企业，最初并不经营轮渡，而是经营汉口至长沙间的中程水运。戊戌变法时期，政府鼓励企业商办，鄂湘善后轮船局脱离官督，并改局名为"两湖轮船局"。此后，两湖轮船局曾经官营。1902年7月31日《申报》载"武汉官渡轮船向只两号"，说明至迟到1902年，该公司将中程水运船只中的两只改为轮渡客运（如果该公司共只有两轮的话，那就意味着该公司改经营中程水运为经营汉口过江轮渡）。然而，该公司经营历年亏损，遂呈准湖广总督陈夔龙，于1909年5月29日"添驶"汉口至武昌之间的轮渡，以便用经营轮渡所得盈余偿还旧

---

① 《武汉官渡又议招商承办》，《申报》1911年6月16日第1张后幅第4版。
② 湖北省政府建设厅编纂：《湖北建设最近概况》，民国二十二年（1933）版，"航政"，第22页。
③ 见杜恂诚《民族资本主义与旧中国政府（1840—1937）》，上海社会科学院出版社1991年版，第481、487页。
④ 皮明庥主编：《近代武汉城市史》，中国社会科学出版社1993年版，第221页。

债，弥补亏损。① 很可能就在这次"添驶"轮渡时，过江营运交由商办。据1911年6月报载，两湖轮船公司的渡轮"本系粤商欧某承办"。后因华洋商人尤其是英商开济公司争租而酿成对外交涉事宜，陈夔龙遂于1909年粤商租期满后，又将该公司轮渡收归官办。不料"官办后营业大退，盖由船少不能与祥通等公司竞争"，湖北布政使遂又于1910年委派属官办理1年，但盈余仅获千余元，还不够支付租金。至1911年，营业更为衰落。这样，布政使又决定完全交由商办，利记公司遂具禀表示愿意租办。② 虽然不知后事如何，但是我们从上述情形可知，清季商人曾经租赁经营汉口过江轮渡；而租赁官轮经营轮渡也属于当时商营汉口过江轮渡的一种形式；官营汉口过江轮渡的不振，说明商营很快就在汉口过江轮渡营运市场中取得主导地位。

商营轮渡公司前后涌现，过江渡轮"往来如织"，官营轮渡不能与商营轮渡竞争被迫改为商营，而商人又争相租赁经营官轮，如此等等，均说明清末商营汉口过江轮渡营业的兴旺发达。那么，清末商营汉口过江轮渡为什么会如此兴旺发达呢？笔者认为，原因至少有以下几个：

其一，清政府解除华商航运禁令，汉口城市社会经济发展加速，为商营汉口过江轮渡业的发展提供了必要的前提条件。

汉口开埠以后，沿长江的租界区发展起来，美英航运势力也从1862年开始，先后在汉口设立航运基地。与此同时，中国商轮也于19世纪70年代初在汉口设立轮船公司，在长江、汉水流域与外商展开航运竞争，轮船招商局汉口分局就是其中的佼佼者。1895年，日本通过《马关条约》攫取了中国的内河航运特权，其航运势力也侵入长江。由于该条约打破了外国轮船不得驶入长江以外内河的限制，引起了更多的外国航运势力对武汉航权的侵蚀。面对外国航运势力不断侵蚀中国航运主权的严峻形势，清政府开始改变《马关条约》之前严厉禁止华商开办轮运的航运政策，尤其是1898年在英国的逼迫之下颁布了全部对外

---

① 《两湖公司添驶武汉轮渡》，《申报》1909年5月30日第2张第4版。
② 《武汉官轮又议招商承办》，《申报》1911年6月16日第1张后幅第4版。

第四章　湖北新政时期汉口的民办市政

开放内河内港航行权的《内港行船章程》之后，清政府逐步解除了先前的华商航运禁令。清政府对华商航运禁令的解除，为商营汉口过江轮渡提供了政策保障。

同时，汉口城市社会经济也在开埠以后，尤其是在张之洞主政湖北之后，得到了快速的发展。京汉铁路的开通，汉口后湖长堤的修筑，城垣的拆除，后城马路的兴筑，城市化进程的加速，工商业经济得到了迅猛的发展。在这种情况下，汉口作为内地最大的商贸中转站的地位进一步加强，汉口与一水之隔的武昌、汉阳之间的物流、人流势必大幅增长，渡江交通的地位也显得越来越重要。尤其值得注意的是，清末汉口已出现了华资小轮船修造业，可以制造和修理小火轮。[①]

以上这些，既为当时华商投资汉口过江轮渡创造了有利的政策条件，也为商营汉口过江轮渡的快速发展提供了商机。

其二，传统渡江交通工具越来越不适应汉口城市社会经济发展的需要，而汉口与武昌、汉阳间的人流往来越来越需要快速、安全的交通工具。

传统的摆江、渡划等过江交通工具，有着共同的缺点，即安全性能既差，运行的速度又慢。水野幸吉在记述汉口与武昌之间的过江渡船的情形时说，汉口与武昌因为长江阻隔，两地交通所受障害不少，且汉水在此地与扬子江交汇，江流处处皆呈漩涡状，强风更增加了水的流速，"民船航渡，颇感危险，虽常时亦横约二里之航程，实不得不费二时间余也。是故武汉两市间渡江汽船，虽为对面之问题，然一般支那人，因感于时间之徒费，与航行之危险，目下以民力营二渡船公司，各有小蒸汽船二只"[②]。也就是说，汉口的过江轮渡正是在乘客们日益感到旧式渡江交通工具既不安全又颇费时的情形之下产生的。

传统的摆江、渡划等过江交通服务质量普遍差，令忙于经商、讲求时效的过江人生厌。汉口大商人蔡辅卿（蔡乙青是其笔名）曾经痛切

---

① 武汉港史编委会编纂：《武汉港史》，人民交通出版社1994年版，第140—146页。
② ［日］水野幸吉：《汉口：中央支那事情》，刘鸿枢等译，上海昌明公司光绪三十四年（1908）版，第172—173页。

地回忆官办渡船产生以前渡江情形道：

> 往来江汉间的，或是划子，或是摆江，或是红船，大都有一定的价格，但是按照规定的价格，他就非多装渡客不可。一则怕船身危险，一则怕耽延时间。那就非多给船资不可。不过，你一上船，就要听他们的摆布，或是加价，或是招揽客人，其结果，钱是白花的，还是得不到理想上是安全与迅速……①

传统的渡江交通越来越不适应快速发展的汉口城市社会经济的需要和人们对快节奏经济生活的要求。在这种情况下，汉口迫切需要开办高时效的、安全性能好的新式渡江交通。这正是商营轮渡产生并能够快速发展的现实基础。

其三，不论是数量可观的人力官渡，还是量少而机械化的官轮，均日趋腐败，不能满足日益发展的汉口社会经济发展的需要。

本来，官渡是比较安全，时速至少不比传统的摆江、划子等慢，在开办之后亦曾颇获好评，到清季时数量也十分可观。然而，官渡日趋腐败。到1907年，洋领事水野幸吉眼中的官渡，抛弃了原先"为普济贫民而设"的宗旨，已然变成"平时为官府用之渡船"了，它们"每只可容四十人，汉口其数有四十余只，皆归官渡局之监督"。② 水野幸吉的记载显然存在偏差，因为这么多官渡不可能全服务于官府，清季报章也不乏武汉官渡载渡民人的报道。但是，水野幸吉的记载至少从一个侧面反映出，官渡当初的那种注重民生民疾的好情势并没有很好地保持下来。

此后，官渡服务日趋恶劣。1910年，报载"武汉官渡除草湖门外，平日无所事事，一遇大风，小船不渡，彼官渡遂恃渡江为专利，每船中仓必装至四五十人无插足之地，至江心即行收钱，每人至少须二十文，

---

① 蔡乙青：《闲话汉口》（续十），《新生月刊》第6卷第5期，第41页。
② ［日］水野幸吉：《汉口：中央支那事情》，刘鸿枢等译，上海昌明公司光绪三十四年（1908）版，第179页。

第四章 湖北新政时期汉口的民办市政

以官渡而又索钱,诚属怪事!"中号官渡竟有"载客几及百人"者。结果,官渡在该年 9 月 30 日于江心失事,导致 68 人葬身鱼腹。① 官渡的严重失事,引起了汉口商界的强烈不满,商会为此出面要求严惩官渡局相关人员。②

武汉官渡"渡资极廉"③,在清季湖北地方政府财政极度困难的情形之下,维持已极为不易。但是,湖北省府并没有及时地加强对官渡的经营管理,比如适当地调整(提高)渡资,以提高官渡舵工、水手的待遇,以保障官渡的正常运营。结果,官渡的服务质量每况愈下。

非但如此,清末官渡即使数量可观,但(至少在 1907 年以前)也没能在过江交通中占据主导地位,因为武昌、汉口"两市民之过半,今犹以民船从事航渡"④。这说明清末官渡的水上公交承载能力还是比较有限的。

官渡尽管单次运载能力比较可观,但因使用的仍旧为人力,时速自然不会太高,日往返次数就受到限制,总运载能力也大受限制,加之服务质量每况愈下,因之也不能满足汉口过江交通的需要。

尽管两湖轮渡公司在官营时期(1902 年前后),就曾运营武汉轮渡并颇受欢迎⑤,但如前所述,官轮数量很少,加上官办轮渡的经营无方,官营轮渡最终毫无起色,于渡江公交也就无甚大补。

官渡的腐败,官轮经营的最终失败,说明武汉过江公共交通需要遵循商业运营原则,汉口至武昌和汉阳间的水上公共交通的运营需要投入更多新式的现代渡江交通工具。清末商营汉口过江轮渡的产生和迅速发展,正是武汉水上公共交通市场呼唤交通工具现代化的反映。

其四,清末商营汉口过江轮渡快速发展还与轮渡本身的运输效能和

---

① 《官渡草菅人命》、《六十条人命》,分别见《民立报》1910 年 12 月 6 日第 4 页、13 日第 4 页。
② 《官渡局委员今始撤差》,《申报》1910 年 12 月 17 日第 1 张后幅第 4 版。
③ 《鄂交通司之罪状》,《申报》1912 年 6 月 2 日第 6 版。
④ [日]水野幸吉:《汉口:中央支那事情》,刘鸿枢等译,上海昌明公司光绪三十四年(1908)版,第 173 页。
⑤ 《双轮飞渡》,《申报》1902 年 7 月 31 日第 2 版。

商营轮渡市场竞争机制的形成有关。

相对于官渡和旧式的摆江等渡江交通工具而言，轮渡有着更高的运输效能。与旧式摆江、划子、红船相比较，轮渡载客运输安全得多，而且不论是比旧式的民渡还是比旧式的官渡（即木渡船）快捷得多。因此，轮渡单客价位虽较旧式的官渡和民渡高，但总体运输效能远较后者高。

从运输量而言，较小的轮渡也远远超过旧式民渡，较大的轮渡则远远超过旧式官渡。1912年7月的一个报道显示，商营轮渡1只"间有载客至二百余名之多者"①，这当然是指超载的情况。但这也说明单只轮渡的运输量一般要较多超过单只的官渡运输量。如果再比较由于运输速度快所带来的往返次数方面的绝对优势，不难推知，就单位时间内的载客数量而言，单只轮渡要远远超过旧式的民渡和官渡。在这种情况下，只要具备适当的市场运营环境和市场竞争机制，轮渡就会快速发展。事实上，清末武汉三镇间的轮渡公交，逐渐具备了这种运营环境和竞争机制。

据说，清政府最初规定，商人开办汉口过江轮渡时，必须有"功过扎【札】"才准许营业。② 这自然是对开办者的一种限制。故最初开办汉口轮渡的是"商人和半商人"③，"半商人"就是指像冯启钧那样的亦官亦商者。但"功过札"似乎并未妨碍汉口过江轮渡竞争机制的形成。官轮由于办理不善，在与祥通等商营轮渡公司的营运竞争中败落下来，就很好的证明。当然，也有可能是政府后来放宽了商办汉口过江轮渡的条件，使汉口的商营轮渡得以与官轮在水上客运市场上展开相对自由的竞争。

不管怎样，商营汉口过江轮渡显然是得益于相对自由的竞争环境而战胜官轮的；同时，又倚仗轮渡比较优良的运输效能而得以战胜旧式民

---

① 《增设武汉小轮》，《国民新报》1912年7月15日第4页。
② 皮明庥主编：《近代武汉城市史》，中国社会科学出版社1993年版，第221页。
③ 湖北省政府建设厅编纂：《湖北建设最近概况》，民国二十二年（1933）版，"航政"，第22页。

渡，立足于充满竞争的汉口过江交通市场，进而迅速发展的。

而且，如果不是湖北地方当局出于维持稳定城市社会秩序的考量，清末商营汉口过江轮渡可能会发展得更好更快。我们从清末洋人对商营汉口过江轮渡运营的观察和评论，就不难知道这一点：

> ……渡江汽船皆老朽不堪，虽每年一回，经官厅之检查，然其不完全之点，实有可惊。邦人某，曾见其以塞门德修补该汽罐之亏裂，而详其危险，乃该邦人者，以蒸汽如此之漏泄，尚辩护汽罐破裂，危险甚少，以是可知一斑也。然则贤明如总督张之洞，何故不图改良乎？曰：业武汉间之渡船者数千，若改良汽船，更招顾客，则是夺数千人民之生业……今日之支那，此种理论，尚为有力，其奈之何也。①

（三）辟建、经营新式公共场馆

在清末的汉口，地方政府无力辟建服务于华界市民的公共场馆和公共娱乐休闲设施。在这种情形之下，商人们主动地替代性地承担起市政建设的任务，辟建、经营新式的用于市民娱乐、休闲的公共场馆和公用设施，如华商跑马场、华商夜总会等。

1. 创建公共体育运动场——华商跑马场

晚清以前，汉口没有公共的体育运动场。直到洋人开设球场、跑马场之后，这种情形才发生了改变。

跑马场也叫马道子。汉口最早的跑马场是英国人于1896年在今兰陵路、黎黄陂路和昌年里之间修建的，后废弃。1905年，英、法、德、俄、日、比六国合作，成立汉口赛马俱乐部（Hankow Race Club and Recreation Ground），在今解放公园地段修建了新的赛马场，通称西商跑马场。西商跑马场平时禁止中国人入内，赛马期间也只有大看台才允许

---

① ［日］水野幸吉：《汉口：中央支那事情》，刘鸿枢等译，上海昌明公司光绪三十四年（1908）发行，第173—174页。

中国人从侧门进入，高级官员也不例外，就连为该马场提供地皮的刘歆生也没能取得会员资格。①

洋人开设、经营公共体育运动场的行为，刺激了华商兴建华界公共体育运动场的欲望。据说有一次，刘歆生企图从西商赛马场正门进入而被阻止，遂愤而邀集华商周星棠、梁俊华、韦紫封等36人，组织了华商赛马会（全称华商商团赛马会）。1908年，该会正式成立，并集资购买由义门铁路外韩家墩（今华中科技大学医学院与万松园路一带）地皮3.3万多方，修建了比西商跑马场更大的跑马场，这就是华商跑马场。该会宗旨是团结华商团体，与西商跑马场竞争。②关于华商跑马场的产生，还有另一个版本，说是1908年一名为张永璋的买办自以为是地往登西商跑马场内的高级看台被阻，还被踢了一脚，怏怏而退后在华商总会向众买办诉说受辱一事，立即引起公愤，买办们相约都不去参加西商赛马会，并提议创建一个华商跑马场，而刘歆生承诺提供地皮。③不管是哪一个版本，民族主义情感成为催生华商跑马场的重要因素，则是无可置疑的。

华商赛马会规定，凡加入华商赛马会者，每名月捐会费洋一元。④1911年，该会会址在汉口英租界一码头，正会长为刘歆生，副会长陈与久。当时，该会被视为民立自治组织。⑤

华商赛马场实际上是近代汉口较早的博彩性公共娱乐场所之一。该马场周长1500米，场内设有门房、停车场、公证处、售票处、巨型看

---

① 武汉地方志《汉口租界志》编纂委员会编纂、袁继成主编：《汉口租界志》，武汉出版社2003年版，第345—346页。

② 《华人跑马场》之"题解"，徐明庭辑校：《武汉竹枝词》，湖北人民出版社1999年版，第202页。

③ 张翼云：《汉口华商总会——买办财主的乐园》，《武汉文史资料》1987年第1辑，第167—168页。

④ 《华商赛马会成立》，《申报》1908年4月7日。

⑤ （清）张寿波：《最近汉口商业一斑》，上海商务印书馆宣统三年（1911）版，"第八章 公共之机关"，第17、5页。

台和马场正厅，正厅建筑为二层西式建筑，前面设有三座看台。① 此外，还有音乐亭（厅）、售卖茶点场所。场内还设有木栏，分为两圈，圈内为赛马处。比赛时7—8人，骑马者各穿彩色衣服，沿着木栏驱驰，以先至者为胜。

华商赛马场每年赛马4次，即春秋二赛、冬赛及上元（按：正月十五为上元）赛。春、秋赛各5日，冬赛4日，上元赛2日。门票每人大洋5角。同时销售大小两种马票（其实质是彩票），其中彩办法并不同。② 而在春、秋、冬三季，每季出售"香宾票"，彩票售价每张6元，可预先在外购买，在每季的最后一天开彩。其开彩办法，与小马票相同。头2、3彩之外，尚有小彩，均视该季参赛各马之多少而定，每马均有1彩。③

无论华洋赛马场，在比赛之日，各大公司均停止办公，"胜负绝巨"。不过，华商赛马场的营业远不及西商赛马场。

在20世纪20年代初，赛马博彩仍被视为"新式游戏之一"。④

2. 建立华商界名流的俱乐部——华商总会

俱乐部（Club）是一种典型西式休闲娱乐形式。19世纪70年代以后，汉口英、德、俄、法、日各国租界的侨民相继建立其俱乐部，名为波罗馆。馆内设施华丽，有酒吧间、大餐房、弹子房、滚木球（保龄

---

① 参见李传义、张复合、[日] 村松伸、寺原让治主编《中国近代建筑总览·武汉篇》，中国建筑工业出版社1992年版，第15页。
② 大马票论买马之先后，以买得头马为赢，每次卖票分3元、5元两种，如果买得头马之票，其利益分配方法视此次各马所售得之票价而定，例如：第一次比赛，共计1、2、3、4、5号5马，5元票共售得5000元，2号马共卖出90张，如果此马为头马，则就以5000元除去赛马会提11成外，剩余4500元，以90份分派，每客得50元。3元票分法与此相同。小马票每赛1趟，发售1次，每日约赛9次。第1、2、9次，每票售洋1元，第3—8次，每票售2元，其输赢系用号码开彩，例如：第一次卖出2000票，得洋2000元，其号子就置2000号于大彩柜，另以此次跑得第2、3名之马名，放入小彩柜，双方一齐摇动，一方所得号码与一方所得马名相符，则该马为头马。该票即为头号彩，其余类推。其利益分派办法也照数由赛马会提取1成，剩余部分以10成分派，头彩得7成，2彩得2成，3彩得1成。
③ 武汉书业公会编：《汉口商号名录》，武汉书业公会民国九年（1920）发行，"附汉口指南"，第118—119页。
④ 李继曾、施葆瑛：《武汉指南》，汉口市日刊报馆民国十年（1921）版，第39页。

球）房、牌房、板球房、陈列室、理发室、浴室等。洋人们在其间欢聚娱乐，交换商情，洽谈商务，传递政治、军事情报，不许华人入内，即便是那些长年服务于外国洋行的大买办也不能例外。

在新式的娱乐和休闲形式的吸引下，同时也是在民族主义情感的激发之下，1907年，由大买办王柏年（美最时洋行买办）、欧阳会昌（瑞记洋行兼住友银行买办）、刘歆生（立兴洋行兼东方汇理银行买办）等发起，在英租界建立了一个属于华人自己的俱乐部——华商总会。当时该会地址在今鄱阳街与江汉路交叉处，1922年迁至"模范区"内今江汉二路处。其后，周星棠（欧阳会昌的助理）及其他买办如蒋沛霖、宋立峰、胡范冰、黄厚卿、刘少岩等人相继加入。① 清末华商总会成为了汉口商界上层休闲娱乐、沟通商情、洽谈生意之地。②

华商总会的娱乐设施均模仿洋商，诸如餐厅、大小会场、会客室、阅览室、理发室、浴室、卫生间、陈列室及球类娱乐设施等，它们"都是当时最新式的、第一流的，说它独步汉皋，确是当之无愧。除了每天供应会员吃喝和侍候赌博两件大事而外，在这里可以假座宴客、打台球、阅报、下棋、品茗、鉴赏古玩，以及沐浴、理发，皆看随心所欲，不假外求"，甚至还提供吸鸦片、宿妓女这样的服务。华商总会成为了"买办财主的乐园"。③ 受会员资格的限制，一般市民所不能享用，华商总会娱乐的公共性因此大打折扣。

不论是经营水电事业，还是经营水陆公共交通、辟建新式的公共娱

---

① 武汉地方志《汉口租界志》编纂委员会编纂、袁继成主编：《汉口租界志》，武汉出版社2003年版，第344—345页。

② 20世纪20年代以后，华商总会开始吸收工商界的头面人物如郑燮卿、黄文植、贺衡夫等人入会，而政界头面人物如湖北省政府主席夏斗寅、财政厅长张贯时、军界名人徐源泉等人也纷至沓来。因此，华商总会的常客除了服务于洋商的汉口大买办之外，还有其他华界工商巨富，以及地方政要。该会的社会功能也趋于多样化，它不仅是汉口上流社会的休闲娱乐、沟通商情、洽谈生意之地，还是解决城市公益事业或商业纠纷的重要处所。武汉地方志《汉口租界志》编纂委员会编纂、袁继成主编：《汉口租界志》，武汉出版社2003年版，第345页。

③ 张翼云：《汉口华商总会——买办财主的乐园》，《武汉文史资料》1987年第1辑，第166页。

乐休闲场馆，种种市政参与活动均表明，在商人主体意识日趋强化的湖北新政时期，汉口商营型市政已经开始构成一种独立的市政管理模式，在城市社会的诸多方面发挥着越来越重要的作用。

商营型市政与官办市政、商人自治型市政一起，共同构成了湖北新政时期汉口市政的三种基本形态，促进了汉口市政现代化和城市现代化，推动着汉口城市文明的进步。

第五章

民初汉口官办市政体制及其对城市自治进程的阻遏

民初的汉口官办市政不论在市政的主体方面,还是在市政的组织形态上,都发生了很大的变化,这些变化与当时国内、国际形势的变化紧密相关。故而我们在考察民初汉口官办市政的发展变化时,有必要对当时时势发展的总体状况,尤其是与市政紧密相关的政治、经济形势,进行一番考察。

一 官办市政展开的政治、经济背景

1911年辛亥革命中,民军与北军在汉口城区展开了激烈的争夺,残暴的北军多次纵火焚烧汉口市区,加之不良民众图财纵火,使得除租界以外的汉口市街损毁严重,或云"汉口全市精华,悉付咸阳一炬",或云"全市烧去十分之九,真是一场大浩劫"。[①] 据江汉关税务司的函件中记述,至1911年11月1日,"汉口市内大约烧去一半,情况很惨"[②]。南北停战之初,《申报》发表了有关汉口市街损毁情况的调查报道,叙述

[①] 《辛亥年汉口大火及其扑灭经过》,杨铎编著:《武汉沿革考》,中国档案出版社2005年版,第156页。

[②] 《1911年11月2日苏古敦致安格联函》,转引自皮明庥《近代武汉城市史》,中国社会科学出版社1993年版,第293页。

第五章 民初汉口官办市政体制及其对城市自治进程的阻遏

汉口市街被焚损失之处甚多，但未对损失所占的比例下断语。① 南北停战后，又报道说，"汉口华界房屋烧毁十之六七"②。《民立报》曾在1911年南北停火（12月2日）之前的一份调查报道中指出，"统计汉口中国地界均烧九成之谱，间有一二间或独立未烧者，则约烧八成之谱"③。1912年《国民新报》载，"所有市房住屋，计已焚去十之七八"④。《1912年江汉关华洋通商贸易年报总册》记述曰，"汉口市区有三分之二左右毁损，大部分成为废墟"⑤。在辛亥革命中协助民军的堤口下段商团保安会，在民初记述该会事迹的报告中说，"迨共和告成，汉口一隅十毁八九"⑥。综合以上情形可知，汉口华界市街在辛亥战火中约损毁了70%左右。

对于战争导致总体损失，汉口商务总会进行了调查统计：各帮商铺报告货物损失银23170099两及续报货物损失银64555两8钱5分，各经商业主报告营造价值损失共银6719515两7钱6分，各业主报告房产损失共银8582246两4钱7分。⑦ 而由此带来的商店、工厂、金融等方面的间接损失尚不在其中。

惨遭辛亥战火蹂躏的汉口，工商业衰败，残破的城市亟待重建和兴建。然而，在整个民初，国内的政局多变，各级政府财政困难，严重地制约着汉口城市的重建和兴建。

就全国而言，皇冠打落后的中国，局势动荡，武人专政，显示出分崩离析的景象。1912年1月1日，孙中山在南京就任临时大总统，宣

---

① 《汉口大遭兵火之调查》，《申报》1911年12月25日第1张后幅第2版。
② 《归复汉口商场之硕画》，《申报》1912年1月26日第6版。
③ 《北军大烧汉口记》，《民立报》1911年11月11日第4页。
④ 《对付加租的办法》，《国民新报》1912年7月9日第4页。
⑤ 曾兆祥主编：《湖北近代经济贸易史料选辑（1840—1949）》第1辑，湖北省志贸易志编辑室，1984年版，第265页。
⑥ 中国人民政治协商会议湖北省暨武汉市委员会、中国社会科学院近代史研究所、湖北省档案馆、武汉档案馆合编：《武昌起义档案资料选编》上卷，湖北人民出版社1981年版，第254页。
⑦ 汉口商务总会：《条陈恤偿汉口商民损失事宜折》，曾兆祥主编：《湖北近代经济贸易史料选辑（1840—1949）》第5辑，湖北省志贸易志编辑室，1987年版，第23页。另据报载，"各商损失共计三千余万两"（见《以公债票救汉口》，载《民立报》1912年12月27日第7页）。

告中华民国建立。然而，政权很快易手，政党纷争，革命党人在与袁世凯的军事、政治、经济较量中败下阵来，袁世凯也终因帝制自为而自取灭亡，北京政府则成为北洋各系军阀争权夺利的角力场，直系、奉系、皖系军阀为扩张地盘和实力，在国内几度点燃战火。南北之间终至剑拔弩张，以孙中山为首的国民党势力屡扑屡起，决定北伐。最后，战争以民军北伐告捷而终。

在政治以军力为后盾、军事支配行政、地方势力膨胀的纷乱情势下，民初中央政府财政极端困难。"袁世凯死后，各种政治力量之间的争夺集中体现在军事上，军费开支猛增，1917 年的军费开支竟占北京政府支出的 64.2%，1918—1920 年也都在 50% 以上"①，而平均每年约占财政收支的 40%。不论是南京临时政府还是北京政府，无不靠借债度日，以致债台高筑，政府财政成为典型的"举债财政"。北京政府时期，每年借债为 1 亿元上下，约占财政收入的 20%，其中，外债至 1925 年积欠余额约为 12.21 亿元，较清政府时期新增积欠余额 5.94 亿元。在整个民初，中央"财政用于教育和经济建设的款项微乎其微。就经济建设费用占财政开支的比重而言，1912 年为 3.5%、1914 年和 1916 年为 1.2%、1919 年为 0.5%。可以说，北京政府的财政对国家经济建设基本上是无所作为的，不仅使其扶植民间经济事业的政策成为纸上谈兵，就是对官办经济事业也维持乏力，不得不大量转为民办，使民间资本日益成为经济发展的主体力量"②。

处此情势之下，汉口非但难得中央政府财政的实质性支持，反而每每因此在经济上付出重大的牺牲，成为中央政府搜刮的对象。1921 年，在南军北伐声浪日高同时又面临奉军强大军事压力的情势下，吴佩孚为了应付扩军等军费开支，竟一次性于是年冬从汉口软借强索现银 780 余万两。结果，导致武汉三镇金融恐慌，市面流通停滞，交易不便，各项经

---

① 赵凌云、屈永华：《随机性宪政及其对北洋政府时期经济发展的制约》，张东刚等主编：《世界经济体制下的民国时期经济》，中国财政经济出版社 2005 年版，第 254 页。
② 虞和平：《民国初年经济发展主导力量民间化的政府原因分析》，张东刚等主编：《世界经济体制下的民国时期经济》，中国财政经济出版社 2005 年版，第 209—215 页。

济活动大受影响。① 中央政府对汉口的经济剥夺可见一斑。与此相应，中央政府财政却由于种种原因，难以拨付经费以用于汉口市政建设。

就湖北省而言，其总体形势是武人专制、政争不断、财政困难。先是黎元洪当政时期，通过政治手腕和军事强势，独揽湖北军政大权。其后袁世凯迫黎北上，先后派令二段（段祺瑞、段芝贵）督鄂，接着是直系军阀王占元长达6年的残暴统治，激起鄂人争取"鄂人治鄂"的政治运动及由此导致湘鄂战争和川鄂战争。战后湖北黄冈人萧耀南当政，而省长问题又成为湖北长期难以解决的政治问题，军人专政之气，较王占元时代有过之而无不及，"王占元用于民政方面之人物皆取半官僚而带军人气味，而现在萧督兼长，所有将尽变为军人"，财政厅、税局人员"皆由军人变化"。② 萧耀南死时，离北伐军抵汉已不过数月时间。在军人专政的时代，湖北财政如中央财政一样是"破落户的财政"。1912年，湖北军队人数达11万余人，"大约视前清旧额增至七倍或八倍不等"，虽逐次裁汰，每月尚需军饷110万之巨。然而，湖北财政岁入总计也不过1000余万。③ 不仅如此，鄂省还背负有前清遗留的中央摊派的外债和本省所借的大笔小笔的外债，且债款"俱分文无着"④。1912年9月，湖北财政预计"全年亏数应有二千七百数十万元"⑤，湖北财政的困窘之状可见一斑。巨额的亏空使湖北财政由此赢得"百孔千疮之财政"⑥ 的"雅誉"和"债台之高筑"⑦ 的"美誉"。而且，民初湖北财政始终没有获得转机，"自经王占元搜刮后，已至山穷水尽之境，重以川、湘两役，军费浩繁，又皆取之于鄂，数月于兹，罗掘俱穷，而驻鄂客军十万余人，每月军饷百余万元，仍须由鄂供给"⑧，使得本已困顿不堪的湖北财政雪上加霜。

---

① 《返汉后之吴佩孚》，天津《大公报》1921年11月10日第2张；《汉口金融之紧迫》，天津《大公报》1922年2月9日第2张。
② 《鄂长易人问题之现状》，天津《大公报》1921年12月18日第2张。
③ 《南北军额之调查》及《湖北财政之困难》，《民立报》1912年7月11日第7页。
④ 《百孔千疮之财政》，《民立报》1913年4月8日第8页。
⑤ 《纪念声中之财政》，《民立报》1912年9月30日第2页。
⑥ 《百孔千疮之财政》，《民立报》1913年4月8日第8页。
⑦ 《鄂中债台之高筑》，《民立报》1913年5月1日第8页。
⑧ 《湖北财政之窘象》，天津《大公报》1922年1月9日第2张。

1923年，鄂省全年度预算收入共计银1030余万元，支出共计银1730余万元，收支两抵，年共不敷700余万元。① 从民国建立直至北洋军阀在湖北的统治结束，湖北财政一直处于极度困乏的窘境之中。如此境况势必制约省府对汉口市政建设经费的投入。

就湖北与中央政府的关系而言，当时也没有形成对汉口有利的城市重建形势。在民国建立之初，南京临时政府与湖北军政府虽然在重建汉口问题上存有共识，但南京临时政府本身靠借债度日，在财政上无力顾及汉口的重建问题。黎元洪督鄂时期，鄂军都督府与北京政府貌合神离，难以就汉口重建的借款问题达成共识，汉口重建因之丧失最佳时机。黎元洪离鄂之后，北洋势力入主湖北。袁世凯时期北京政府虽然曾经以建设汉口商场为名筹谋借款，但借款之意并不全在重建汉口，且借款最终半途而废。同时，北京政府要求湖北竭力"接济中央，以维大局"②，湖北财政遂向中央财政大输血，而中央财政却不肯为汉口市政建设大输血。北洋三系主持北京政府时期，湖北军府要么自雄于地方，无心争取也不可能争取中央财政支持汉口市政建设；要么仰承中央鼻息，搜刮汉口，更遑论争取中央政府在财政上支持汉口市政建设了。此外，民初中央政府为了加强对地方财政的控制，防止地方以外债扩充军力，还曾限制各省自由向外借款，规定不经中央政府允准，地方政府所借外债无效。③ 这更加大了湖北省府解决汉口重建问题的困难。

就国际形势而言，汉口在市政建设方面缺乏良好的国际环境。民国初建，中国还处于条约体系的束缚之下，国际地位低下，西方列强长期保持对华外交的强势地位，于对华进行汉口重建借款之际，还乘人之危，力图攫取更多更大的在华政治、经济、军事等方面的权益。

就汉口自身而言，一方面，汉口在经济上惨遭国内各级政府盘剥和

---

① 《鄂省财政困难之一斑》，《汉口新闻报》1923年5月19日新闻第3张第5页。
② 《徐世昌致段芝贵批令》，1915年1月26日，中国第二历史档案馆藏，转引自田子渝、黄华文《湖北通史·民国卷》，章开沅、张正明、罗福惠主编，华中师范大学出版社1999年版，第21页。
③ 《取缔各省借款》，《民立报》1912年10月4日第7页。

第五章　民初汉口官办市政体制及其对城市自治进程的阻遏

透支。汉口名居夏口县属下而实为湖北省府直辖之地，城市行政难以自主。不仅夏口县财政因捉襟见肘而严重依赖于汉口，在经济上对汉口的市政建设少有作为，而且如前所述，省府和中央政府亦皆以汉口为利薮。因此，汉口迫切需要建立维护城市自身利益的市政机构。另一方面，汉口因实际上处于"完全市场"[①]地位，获得令民国中期的汉口商界留恋不已的经济自由度，其工商业在战火劫难之后顽强地恢复和发展起来，工商业阶层在相当程度上具备了左右汉口市政建设的资本，他们看好汉口城市发展的前景。同时，其政治参与意识在经由民主共和思想的洗礼之后，及时断时续的自治运动催化之下，日益彰显，他们具有了更高的参与汉口市政建设的自觉性，对汉口城市发展给予了越来越多的关注，参与市政建设的积极性亦空前高涨。同时，他们要求在城市政治生活中获得更多的权利，迫切希望提高汉口城市的地位，将汉口从军阀、官僚的掌控之下解放出来。总之，汉口工商业阶层成为官办市政体制之外不可小觑的政治、经济力量，必将深刻地影响民初汉口官办市政。

二　多头管理的官办市政体制

民初汉口官办市政主体多元化，市政组织机构反复多变，统属不一，市政组织形态因之复杂化。

南京临时政府建立之后，对汉口重建问题很重视。当时由内务部致电湖北当局称，"汉口市政问题，为万国所注意。此次被兵燹后，宜规划妥善。房屋若何建筑，道路若何修理，须先行绘图，俾有所准则，人们有所遵守"，还要求湖北省府阻止汉口商人自由建筑房屋，"以重市政而壮观瞻"。南京临时政府还派遣李四光、祝长庆、周汝翼三人来汉调查情况，并会同湖北省府筹办汉口重建相关事宜。[②] 在此前后，还曾

[①] 刘少岩、李荻心：《本季检查偷漏述略》，《水电季刊》1933年第15期，第17页。
[②] 《黎元洪关于汉口市政建设复南京内务部电》，辛亥革命武昌起义纪念馆、政协湖北省委员会文史资料研究委员会合编：《湖北军政府文献资料汇编》，武汉大学出版社1986年版，第703、704页。

饬令湖北督军黎元洪设立汉口建筑筹办处①（按：当时简称建筑筹办处②；有时也称为汉口市街建筑处③、汉口市街建筑筹办处④）。1912年2月2日，南京临时政府还以实业部的名义通告汉口商民，表明中央政府重视汉口重建问题，告示中央政府在汉口重建方面的初步意向。⑤

由于汉口是湖北的重要税源地，故鄂军都督府对汉口的重建问题最初也十分重视，不仅下令成立汉口马路工巡局，专门负责马路建设，积极派员在汉口进行了相关测量，为规划汉口做准备，还照会汉口商务总会公举绅商参议汉口商场重建事宜，告诫汉口商民"断不能因陋就简，坐失良机"，并将汉口建筑筹办处拟定的城市重建计划榜示通衢，以免"各业主误会改良主义，致生疑虑"。⑥

马路工巡局（按：当时的报纸上有时又称为马路工程局、汉口马路局、马路工程总局）建立的时间，应不迟于1912年2月上旬，汉口建筑筹办处建立不迟于1912年2月。⑦ 当时，由都督府稽查陈开文任

---

① 《新汉口建筑章程》，《申报》1912年3月2日第6版；《新汉口之大建筑》，《申报》1912年3月26日第6版。

② 《汉口创办电车之议复活》，《申报》1912年3月4日第6版；《建筑汉口商场种种》，《申报》1912年4月20日第6版。

③ 1913年初的报章中就有"汉口市街建筑处早经取消，另设马路工程专局"一语（见《饬筹马路土地之处置》，《国民新报》1913年1月6日第5页）。

④ 《建筑处之大裁汰》，《国民新报》1912年11月3日第6页。

⑤ 《汉口新市场办法·实业部通告汉口商民建筑市场文》，《申报》1912年2月9日第6版；《孙大总统令饬实业部，通告汉口商民建筑市场》，中华民国史事纪要会编：《中华民国史事纪要（初稿）》（1912年1—6月），台北黎明文化事业股份有限公司1986年版，第172页。

⑥ 辛亥革命武昌起义纪念馆、政协湖北省委员会文史资料研究委员会合编：《湖北军政府文献资料汇编》，武汉大学出版社1986年版，第703、714页；《新汉口之计划》，《民立报》1912年3月27日第8页。

⑦ 《申报》1912年2月9日汉口绅商在给黎元洪的呈文中提出对汉口市政建设"悉照工巡局章程办理"（《汉口新市场办法·汉口绅商宋炜臣等呈请黎副总统文》，《申报》该日第6版），说明此时已有汉口马路工巡处这个机构了。该报同月11日报道指出南京临时政府所派工程师李四光等人已抵鄂（《汉口市政谈》，《申报》1912年2月11日第6版）。《民立报》1912年3月2日报道说，汉口建筑筹办处"刻将马路测绘完毕"（《新汉口之计划》，该报当日第6版）。工程测量是精细而费时的工作，不可能在1—2天内完成，说明汉口建筑筹办处是2月份成立的。该报4月22日报道中有"已于前月设建筑筹办处"之语（《汉口市面建筑谈》，《民立报》该日第6版），应为不确之语。

第五章 民初汉口官办市政体制及其对城市自治进程的阻遏

马路工巡局局长①，张大昕任筹办处总理，都督府下属编制处副处长左德明任协理。其后，张大昕另就他职，由左德明升任总理。② 后来，交通部为节减经费起见，饬令将马路工巡局取消，其所有一切应办事宜，暂归建筑筹办处兼并办理。至于该局裁撤的时间，当在1912年6月上旬之前。③

汉口建筑筹办处有职员81名，仅伙食费就月需620元，总、协理等人每月所耗在300—400元以上，杂役74名。民政长刘心源下令调查该处经费使用情况，湖北临时议会也对该处经费使用提出质疑。10月，审查厅要求裁汰职员35名，杂役50名。④ 至11月，该处在汉口重建方面没有什么值得一提的作为。然而，司员薪俸靡费竟然已达十数万之巨。黎元洪迫于民政方面、议会方面及社会舆论方面的多重压力，于是月下令撤销了该筹办处，只留用总工程师（按：当时为容觐彤）1人。该处所办事宜，均归随即成立的马路工程专局办理，由内务司土木科节制，以陈育武为总理。⑤ 如此作为，实际上又恢复了原来的马路工程（巡）局。

不论是汉口马路工巡局，还是汉口建筑筹办处和马路工程专局，都直辖于湖北省府，直接听命于掌控军政实权的都督黎元洪及鄂军都督府，故湖北省府为当时官办汉口市政的最高统辖主体。

---

① 《规复马路工程局之消息》，《国民新报》1912年11月2日第6页。
② 《湖北编制处建设历史略》，中国人民政治协商会议湖北省暨武汉市委员会、中国社会科学院近代史研究所、湖北省档案馆、武汉档案馆合编：《武昌起义档案资料选编》上卷，湖北人民出版社1981年版，第408页；《武汉要闻汇述》，《申报》1912年4月10日第6版。
③ 参见《规复马路工程局之消息》，《国民新报》1912年11月2日第6页。《饬查马路房屋》，《国民新报》1912年6月6日第4页。
④ 《筹办处人员之恐慌》，《国民新报》1912年7月26日第4页；《审查厅指拨建筑处》，《国民新报》1912年10月8日第1页。
⑤ 《副总统取消汉口建筑筹办处》，《申报》1912年11月21日第6版；《工程司揽权手段之灵活》，《国民新报》1912年11月30日第6页；《饬筹马路土地之处置》，《国民新报》1913年1月6日第6页；《马路办法之会议》，《民立报》1913年5月4日第8页；《杨度督办汉口建筑市场》，《申报》1914年1月3日第6版。

近代汉口市政研究（1861—1949）

  1913年12月24日，北京政府设立督办汉口建筑商场事宜处①（该机构有时亦称为商场建筑处、汉口商场建筑处、汉口商场建筑事宜处②等），袁世凯任命大总统府顾问杨度为督办，该事宜处自然就直属于北京政府了。此时距离12月9日黎元洪被迫离鄂北上不过半月之久，这说明以袁世凯为首的北京政府早就准备插手汉口重建事务。袁世凯还下令湖北省长吕调元准备向杨度移交马路工程专局事务。据说，杨度出任督办系得力于国务总理熊希龄的推介。杨度"拟聘请外国工程师，设督办公所，下设三大局，员司数百人"③。1916年6月，袁世凯以复辟帝制败亡，杨度遂去职，督办汉口建筑商场事宜处督办一职未见有继任者，该处工作遂处于搁置状态。

  1914年5月，马路工巡处成立。该处由江汉关监督兼任，故又称江汉关管理工巡处。④首任工巡处处长为丁士源。⑤丁氏上任后，又强行将原设马路工程专局归并该处，但该处经费却承继马路工程专局经费。⑥丁

---

  ①　《袁世凯任命杨度督办汉口建筑商场事宜》，中华民国史事纪要会编《中华民国史事纪要（初稿）》（1913年7—12月），台北黎明文化事业股份有限公司1986年版，第694页。汤震龙编：《建筑汉口商场计划书》（督办汉口建筑事宜处、督办武阳夏三镇商埠事宜处民国十三年（1924）版，"自序"，第1页）称其"于民国十年九月由美归国，十月就督办汉口建筑商场事宜处之工程师"，文中并有"民国二年杨前督办任内"之语，这说明民国二年（1913）与民国十年（1921）北京政府派设的汉口重建机构都是督办汉口建筑商场事宜处。[英]穆和德《海关十年报告》中的第4个10年（1912—1921年）报告称，"这十年接近尾声时，一个新机构，督办汉口商场建筑事宜处开始活动，汤芗铭作为总监"（见[英]穆和德《海关十年报告——汉口江汉关（1882—1931）》，李策译，香港天马图书有限公司1993年版，第137页），可能是翻译的问题。

  ②　分别见《商场建筑缩小范围》（《汉口中西报》1920年9月30日第3张）、《吕超伯回汉之任务》（《汉口中西报》1921年1月3日第3张）、《商场借款之黑幕谈》（《汉口中西报》1921年1月12日第3张）。

  ③　《杨度建筑汉口之计划》，天津《大公报》1914年1月11日第2张第3版。《汉口新市》，《申报》1914年1月14日第6版。

  ④　《创办后来电车之波折》，《申报》1914年9月30日第9版；《工巡处扩充马路》，《汉口中西报》1916年11月16日第2张新闻第4页。

  ⑤　《汉口建筑街路建议案》（续），《汉口中西报》1917年9月26日第3张新闻第6页。

  ⑥　后来，省议会称："汉口工巡处设立于民国三年五月，有江汉关监督丁士源将本会所议决之马路工程专局归并该处，其一切经费亦由马路工程专局之经费拨给该处，但该处之归并马路工程专局，其合法与否，姑置勿论……"这说明丁士源所为，并未征得议会同意，是越过鄂省的行政行为。见《省议会质问汉口工巡处案》，《大汉报》1917年4月26日新闻第3张第5页。

第五章　民初汉口官办市政体制及其对城市自治进程的阻遏

氏所为，不过是奉承中央政府旨意而为。当时，督办汉口建筑商场事宜处虽经下令成立并已将马路工程专局的工作叫停，但尚未在汉口设立办公处，一时间存在重建组织机构缺位。在这种情况下，欲直接插手汉口重建事务以乘势加强对中国这个最大内陆商埠的控制的袁世凯北京政府，就有必要在重建事务上有所作为——而最紧要的事务就是城市道路建设。于是，遂有了马路工巡处的设立。江汉关作为中国海关的分支机构，同时辖属于中央政府和湖北省府，以江汉关监督的身份，设立马路工巡处，且归并了马路工程专局，如此作为，鄂省方面即使不满，也不好明确表示反对。故马路工巡处具有督办汉口建筑商场事宜处的临时替补机构和辅助机构的性质，同时，它的设立又便于协调和平衡中央政府与湖北省府之间的关系。当然，在督办汉口建筑商场事宜处尚未将汉口重建工作——首先是马路修筑工作推进到能够实施的程度之前。这样的马路工巡处，用着鄂省的钱，却更多地听命于中央政府。但其临时替补和辅助者的角色，决定了它在短期内不可能在汉口重建方面有大的作为。

在1916年杨度弃职、督办汉口建筑商场事宜处事务被搁置后，实际负责汉口马路建设的政府机构只有马路工巡处。这一年吴仲贤出任江汉关监督[①]，他自然就兼江汉关管理工巡处处长了。1917年，湖北省议会建议裁去工巡处，全体通过改设马路工程局案，但直到1920年7月，我们还可以看到有关工巡处办理汉口马路修筑事宜的报告，说明湖北省议会的议案并未变成现实。但从1916年湖北省议会（当时还是临时议会）就汉口马路修筑问题对该处提出质询的做法来看，在袁世凯倒台后不久，鄂省方面加强了对马路工巡处事务的干预，该处应该开始完全归省府统辖而不复受制于中央政府了。

1920年7月初，有报道称"近由湖北军民两长委冯俊□（按：原文不清——笔者注）来汉设局，专司其事"[②]。11月之后，报章开始称负责汉口马路事宜的机构为"马路局"或"汉口马路工程局"，而且当

[①] 《1862—1938年江汉关历任监督一览表》，武汉地方志编纂委员会办公室编、田子渝主编：《武汉国民政府史料》，武汉出版社2005年版，第56页。

[②] 《商务会决议三要案》，《汉口中西报》1920年11月7日第3张。

时筑路经费部分由汉口警察局筹拨，并需经"军民两长"批示。① 这说明湖北省议会改设马路工程局的决议案已开始实行，此时修筑汉口马路事宜，已与江汉关监督无涉，且马路工程局直辖于湖北省府，与中央政府已无直接的辖属关系，而省府重新成为汉口除 1917 年成立的汉口特别区（即原德租界）市政管理局以外的官办市政的最重要的行政主体。

1917 年 3 月，农商部据湖北督军兼省长王占元的要求，派佥事陈承修来汉负责规复督办汉口建筑商场事宜处，并以其为处长，计划将该处名称改为"汉口商场建筑筹备处"，设于江汉关内。② 结果，未见下文。1920 年春，张国淦出任督办汉口建筑商场事宜处督办，却迟迟未能到汉履职。③ 同年，张氏一面请将督办汉口建筑商场事宜处收归部办，一面提出辞职。④ 此后，督办汉口建筑商场事宜处虽归农商部管理，但汉口建筑一事经议决暂行搁置。⑤ 次年，中央政府"为人择事"⑥，不顾汉口商会反对，于 1921 年任命汤芗铭为督办一职。穆和德在江汉关的第四个《海关十年报告》（1912—1921 年）中称，"这十年接近尾声时，一个新机构，督办汉口商场建筑事宜处开始活动，汤芗铭作为总监"⑦。其实，就是说汤芗铭继任督办汉口建筑商场事宜处督办而已。1922 年 2 月，汤氏正式就职，并将汉口马路工程局归并

---

① 《马路开工有期》，《汉口中西报》1920 年 11 月 30 日第 3 张；《翻修马路之警厅布告》，《汉口中西报》1920 年 12 月 6 日第 3 张。

② 《建筑商场问题》《大汉报》，1917 年 3 月 30 日新闻第 3 张第 6 页。《旧事重提之汉口商场建筑案》，《大汉报》1917 年 4 月 26 日新闻第 3 张第 5 页。《建筑市场之急进》，《大汉报》1917 年 5 月 16 日新闻第 3 张第 6 页。

③ 《张国淦关于汉口商场之谈话》，《申报》1920 年 3 月 13 日第 7 版；《建筑商场之消息》，《汉口中西报》1920 年 7 月 1 日第 3 张。

④ 《建筑商场之近讯》，《汉口中西报》1920 年 11 月 15 日第 3 张；《建筑商场与后湖业主会》，《汉口中西报》1920 年 11 月 15 日第 3 张。

⑤ 《商场借款之黑幕谈》，《汉口中西报》1921 年 1 月 12 日第 3 张。

⑥ 《汤芗铭之商场计划》，天津《大公报》1921 年 10 月 7 日第 2 版。

⑦ ［英］穆和德：《海关十年报告——汉口江汉关（1882—1931）》，李策译，香港天马图书有限公司 1993 年版，第 137 页。

第五章 民初汉口官办市政体制及其对城市自治进程的阻遏

督办处。① 由于督办处在建设经费上仰赖于地方，故中央政府此时也只是成为汉口（除汉口特别区市政管理局以外）官办市政名义上的最重要的行政主体。不过，从报章所载来看，马路工程局并入督办处之后，汉口马路修筑事务还是由该局负责。

汤芗铭被任命为湖北省长之后，引发了汤氏与湖北督军萧耀南之间的权力之争，因为萧氏不欲汤氏长鄂，而欲独揽鄂省军政大权。1923年12月，为了调和湖北督军萧耀南与湖北省长汤芗铭之间的矛盾，北京政府将督办汉口建筑商场事宜处扩展为督办武阳夏商埠事宜处，其级别与省府不相上下，并以汤芗铭为督办。② 1924年1月，汤芗铭被免去省长职，萧耀南遂兼署省长，直至1926年2月离世。从稍后萧耀南打算进行市政借款的情况来看，武阳夏商埠事宜处督办其实有名无实。③

在相继收回德、俄租界之后，汉口官办市政区域因而扩大，市政管理主体更趋多元化。1917年3月14日，中国政府宣布与德国断交，收回德国在华特权。15日，汉口警察厅奉令接收德国租界。④ 3月28日，北京政府内务部公布《管理津、汉德国租界暂行章程》，决定在汉口德租界设特别区临时管理局，作为市政管理机构，以汉口警察厅长周际芸为局长。8月14日，中国政府正式对德宣战，特别区临时管理局改为特别区管理局，仍以周际芸为局长。根据内务部《管理敌国租界办法》及《特别区市政管理局简章》的规定，局长由内务部呈请派充，受湖北省长指挥。1919年，特别区改为特别管理区。1924年7月1日，经过中俄双方交涉后，中国政府正式宣布取消俄租界工部局和巡捕房，在俄租界成立以交涉员沈子良为首的收回俄租界临时管理处，接管了俄租界的管理权。1925年3月1日，湖北军务督办兼省长萧耀

---

① 《建筑商场之近讯》，天津《大公报》1921年11月26日第2张；《汤督办实行就职》，《汉口中西报》1922年2月20日第3张；《筹修马路》，《汉口中西报》1922年2月22日第3张。
② 《快电·上海电》，长沙《大公报》1923年12月7日第2版。
③ 《上海晚报·鄂同乡致萧耀南电阻止进行武昌商埠借款》（1924年2月26日），《北洋政府京畿卫戍总司令部档案》（1024）882。此件为田子渝教授手抄档案。
④ 《中德绝交后之汉口》，《申报》1917年3月24日第6版。

南再次宣布收回俄租界。次日，改俄租界为汉口特区，俄租界临时管理处改为特区管理局，以吴蔼宸为局长，吴氏的继任者先后有李藩昌、沈子良。该局仍施行董事制，根据相关规定，特别区管理局长由中国政府任命，并兼董事会董事长。① 实际上，无论是中央政府，还是湖北省府，都未能对两个特区行使实际的或完全的管辖权，特区的存在使得华界市政管理权更趋分散。

除了以上专门的市政机构之外，汉口警察（视）厅、汉口清丈兼阳夏公产清理局及汉口地亩清查专局等，也是民初汉口重要的市政机构，它们辖属于湖北省府。

在市政管理主体与市政组织方面，民初汉口官办市政与清末汉口官办市政相比，有以下显著的区别：

其一，清末汉口官办市政是由湖北省府单独主导的；而民初汉口官办市政是由中央政府与湖北省府共同主持的，即时而由中央政府主导，时而由湖北省府主导。

其二，清末汉口官办市政之下不存在管理权分散的特区；而民初汉口官办市政区域扩大，包括两个原为租界的特区，故市政管理权因之更为分散。

其三，清末汉口主要官办市政管理机构纷杂，层级不一，有厅（如夏口厅），有局（如清道局、后湖堤工局、警察局或警察总局），有道（如江汉关道、巡警道），在组织上分散化，但都统属于湖北省府的麾下，实际上多直接听命于督抚尤其是总督；民初汉口官办市政机构虽然在层级上也不一，有县、有厅、有局、有处——处有的与省平级，有的同时辖属于中央政府和省府，有的虽级别不及省但直辖于中央。所有这些机构，它们既有统属于湖北省府的，又有统属于中央政府的，并且两种统属关系不时发生变化，有时统属于省府或中央政府，有时两种统属关系同时存在，虽然在组织上也表现出分散性，但不论是湖北省府，

---

① 武汉地方志《汉口租界志》编纂委员会编纂、袁继成主编：《汉口租界志》，武汉出版社 2003 年版，第 425、429 页。

第五章 民初汉口官办市政体制及其对城市自治进程的阻遏

还是中央政府,都试图在(租界和特区之外的)汉口建立由自己控制的专门市政机构。由于政局的复杂多变,中央政府与地方政府常常龃龉,官办市政机构未能稳定、统一于一个市政主体之下。尽管中央政府与地方政府最终均未能成为官办市政的统辖性机构,然而政府建立具有统辖性的核心市政职能机构的意图已经开始凸显,则是不争的事实。此外,汉口特别区和汉口特区的先后产生,则使得汉口华界市政管理在组织上更趋复杂化。

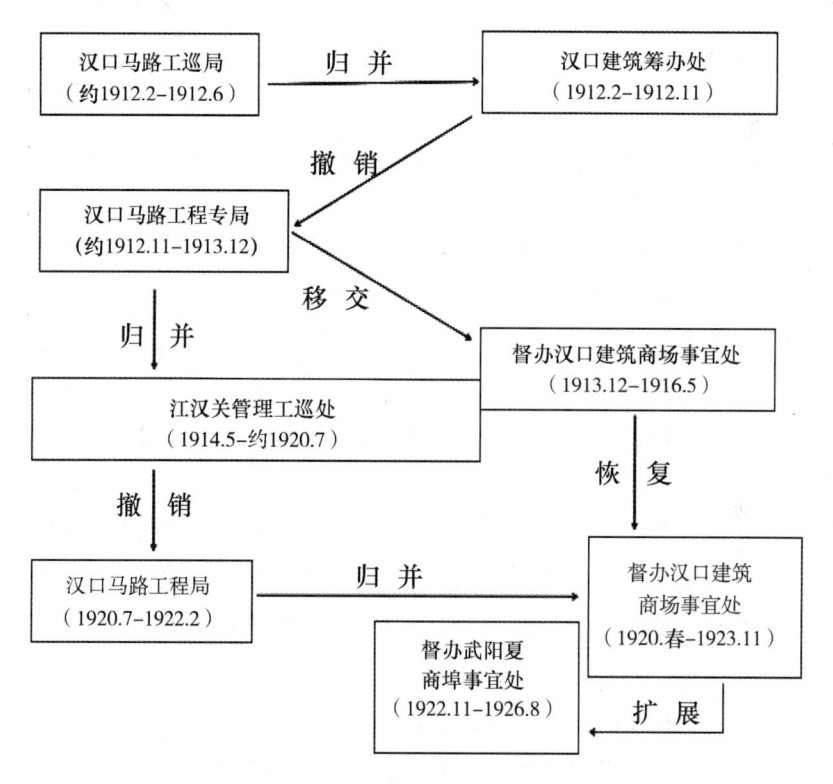

图 5-2-1 民初主要汉口重建主管机构与马路建设机构变动图

总之,与清末汉口官办市政相比,民初汉口官办市政管理主体更加多元化,核心市政管理机构开始出现但变动频繁,各种市政管理机构辖属不一,总体分散。民初湖北省府在整个官办市政体制中的作用,较晚清时期明显削弱。在这种多层级、多元化的繁复的市政体制之下,官办市政的核心管理主体弱化，这势必制约官办市政主导作用的发挥，影响民初汉口官办市政的管理能力和市政建设实绩。

三 从警政看民初汉口官办市政体制的发展状况

民初官府对汉口进行日常管理的总体情形是：虽然不能满足城市发展的需要，但某些地方取得了较大进步。官府对汉口进行的日常管理，主要是通过完善警政，进一步加强警察在市政管理方面的规范化、法制化来实现的。

民初汉口警察机构的名称和统属关系较清末有所变化。清末汉口警察总局隶属于总督下辖的巡警道，与武昌警察总局平行。民国建立后，汉口巡警道改为汉口警视厅。由于湖北省内务司与都督府争夺警察统辖之权，黎元洪为了加强自身的权利，下令改省会警视厅为总厅；改汉口警视厅为专厅，受总厅节制。[①] 夏口县根本就无权节制汉口警视厅。1914年，汉口警视厅改为汉口商埠警察厅。1916年4月，又改为汉口警察厅。[②] 至于内部组织，可能与湖北省会警察厅一样，分为卫生、司法、行政、总务4科。[③]

民初的汉口警察（视）厅，是官办汉口市政体制中湖北省府下属的主要市政机构之一，且仍然是一个多功能的市政管理机构，其市政管理职能的行使偏重于治安管理、卫生管理、道路及交通管理。

（一）力不从心的城市治安管理

民初湖北地方政府机构中，夏口县保卫团虽然曾经介入市区治安并

[①]《警视厅改革谈》，《民立报》1912年6月17日第8页。
[②] 武汉地方志编纂委员会办公室编、田子渝主编：《武汉国民政府史料》，武汉出版社2005年版，第360页。
[③]《湖北省会警察厅组织结构》，韩延龙、苏亦工：《中国近代警察史》，社会科学文献出版社2000年版，第380页。

第五章 民初汉口官办市政体制及其对城市自治进程的阻遏

曾与当地保安会发生冲突①，但是未见其对汉口市区治安发挥什么作用。镇守使下属的军警（即武装警察）和驻汉部队虽然也介入市区治安，但负责市区日常治安的仍然主要是汉口的警厅——先后为汉口警视厅、汉口商埠警察和汉口警察厅。

为了加强汉口治安，民初汉口警厅也曾努力强化警察的治安管理能力，其具体做法就是在特定地段临时添派警力、增加驻警人数和增设警察分支机构。

在城市治安明显恶化的情况下，警方会临时添派警力，尤其是在冬防期间。例如：汉口邻近租界的大智门一带，自铁路开通后，经常有大小摆队（即流氓团伙）结党扰害商旅，汉口警厅为了消除治安隐患，避免酿成华洋交涉巨案，特地于1916年冬防期间，派该处第三警察队，不分昼夜，荷枪实弹，严密梭巡。②

在必要的情况下，警厅会增设警察分驻机构和增加警察人数。1916年，中方在收回德租界当局在华景街的警权之后，就地临时编练武装警察驻防汉口华景街一带。1917年2月，湖北省警务处附设之教练所第八班学生毕业，接替华景街警察防务，使该地驻警常态化。③ 1919年，汉口警厅鉴于汉口市区警察岗位稀松，呈准湖北督军兼省长王占元，每署添设巡警士二十名，增加岗位站岗。④ 1920年，为了加强铁路外一带地方治安，汉口警厅又在桥口至华景街地段添设了派出所五处。⑤

不过，上述努力并未从整体上改变汉口市区治安管理不佳的状况。民初流氓团伙在汉口市区的活动猖獗，市民期盼治安改良。有竹枝词云："连成摆队各披猖，此种嚚风急改良。为语治民贤宰牧，从来隐患在萧蔷。"偷盗之风也很猖獗，故荒货店多销赃，不做正当经营，所收货物"大半来路不明"，警方决定拟定规则，严行稽查，并发给营业执

---

① 《保卫团之迁设》，《大汉报》1917年3月30日新闻第3张第6页。
② 《警政之进行》，《汉口中西报晚报》1916年12月2日第3张。
③ 《武装警察之换防》，《汉口中西报》1917年2月24日第2张新闻第5页。
④ 《推广警察之消息》，《汉口中西报》1919年3月21日第3张。
⑤ 《铁路外增设派出所》，《汉口中西报》1920年12月4日第3张。

· 253 ·

照以示限制。① 然而大大小小的销赃窝点——"架子楼"公然存在,"架子楼中有大王,小喽罗队也称商。一年黑货销多少?合署街头大夜郎"②,可见汉口治安管理之不良。

导致汉口警察治安能力不能令人满意的主要原因,除了警力不足之外,就是警务腐败。1921年报载:"汉口警务,至近年来,腐败已达极点,其他情弊,姑置不论。即站岗巡警,每日在街中闲玩几句钟,就算了事。至于街中摆设赌摊,或大家扰乱秩序诸事,均视若无睹"③,这说明民初警政的腐败,严重影响了城市警察的治安能力。

民初汉口警力不足与警政腐败,均与警费筹措困难有关。报载,汉口警视厅属下的"警察经费,全赖各项捐款以资挹注。自军兴以来,捐款停办已久,近自民国成立,所有行政经费均系就地筹款,奈抽收桌捐、栈房、旅馆捐,均极反对,故经费十分困难"④,这反映的是民国建立最初汉口警政经费的情况。实际上民初不论是省府还是夏口县,财政均极端困难,在经费上对于汉口警察厅一直没有什么补助。汉口警察厅只有竭力就地筹款,经费一概"自收自用",所收经费也只是"按月上报而已"⑤。直至1919年,汉口警察厅才因增设警察岗位,呈准在省公署每年在公款项下,拨给银洋3000元,作为补助经费。⑥ 除此之外,民初湖北地方政府在汉口警费方面基本上无所作为,甚至连晚清地方政府都不致如此。晚清汉口警费也是主要靠"就地筹款,其多数皆捐自商民",但少数由江汉关税款项下划拨,每年银4000两。⑦

经费困难严重制约了汉口警力的扩充。至1919年,相关报道还称,汉口警察"开办虽曰有年,总因经费不足,岗位稀松,终有鞭长莫及

---

① 《汉警厅第七次会议议决事件》,《国民新报》1912年10月28日第6页。
② 《架子楼》,徐明庭:《民初汉口竹枝词今注》,中国档案出版社2001年版,第146页。
③ 《警察见事不管》,《汉口中西报》1921年11月25日第3张。
④ 《警察经费之困难》,《国民新报》1912年11月7日第6页。
⑤ 《警察捐一览表》,侯祖畲修、吕寅东纂:《夏口县志》,民国九年(1920)刻本,卷三"丁赋志",第9页。
⑥ 《推广警察之消息》,《汉口中西报》1919年3月21日第3张。
⑦ 《鄂督请拨武昌警政经费》,《申报》1909年9月25日第2张第2版。

第五章 民初汉口官办市政体制及其对城市自治进程的阻遏

之虞"①。

经费困难还影响警察职业的吸引力、警察人才的培养和警察的素质,最终也对警察的治安管理能力产生极为消极的影响。清末以来,警校毕业生不愿意留在汉口就业,原因之一就是警察的待遇低。而经费困难竟致民初官府一时无力开办警察学校。结果,民初汉口警察"多由招募,并非由学校毕业",致使警察素质很差,警政"腐败不堪,毫无起色",乃至引起汉口商会和业主会的强烈不满,该两会的商人们甚至打算组织警察学校,培养警察人才。②

汉口警政在城市治安管理方面的表现如此,在其他方面的管理表现又如何呢?

(二) 不断改善的公共卫生管理

民初汉口警察还负有管理城市公共卫生的职能。③

警厅比较注重公共卫生宣传,通常会在瘟疫易发时节出示晓谕居民注意公共卫生。如 1917 年夏,汉口警察厅长周际芸,为讲求公共卫生起见,颁布六言《卫生韵示》云:

时当暑热炎天,卫生亟应注意。不可贪食寒凉,不可露宿街市。
行坐须著单衣,勿得袒胸露背。否则冷热失和,极易感受病疾。
或发霍乱痧邪,或发吐泻疟痢。倘若仓猝一时,不免束手待毙。
凡尔商居人民,各宜及早防备。饮食务求新鲜,器具妥为保卫。
地面清洁扫除,莫任堆积污秽。蚊蝇皆为病媒,时焚薰药趋避。
保全身体健康,自然精神百倍。特此告诫谆谆,遵循切勿诿卸。④

---

① 《推广警察之消息》,《汉口中西报》1919 年 3 月 21 日第 3 张。
② 《警政汇述》,《汉口中西报晚报》1917 年 2 月 5 日第 3 张。
③ 民初汉口警察并不是城市公共卫生管理的唯一官方机构,江汉关管理工巡处也负有部分管理之责,报载,1917 年江汉关监督兼管理工巡处处长"吴仲贤因负有公共卫生行政责任,春疫发生,在所多有,昨特召卫生医官商定收鼠、种痘及其他消毒办法,暂拨千元以供开支"。《工巡处防疫政策》,《汉口中西报》1917 年 2 月 25 日第 2 张新闻第 5 页。
④ 《注重卫生之韵示》,《汉口中西报》1917 年 7 月 15 日第 3 张新闻第 6 页。

《卫生韵示》的内容涉及公共卫生（包括环境卫生、食品卫生、防疫卫生）和居民个体卫生；文中有告诫而无惩戒，纯粹卫生宣传的意味。

1922年春，汉口警厅颁布的另一六言《卫生韵示》，内容上有了一些变化：

时值阳春和暖，地气逐渐上升。举凡商店各户，均应讲究卫生。
地面勤加打扫，勿任污浊泥泞。渣滓送到箱内，不可随处泼倾。
尤禁任意便溺，以免臭气熏蒸。粪夫沿街收粪，宜遵规定时辰。
桶面紧密覆盖，粪秽不致外侵。妇女涮洗马桶，莫当街巷漓淋。
贩卖饮食物品，务求清洁新鲜。宰坊销皮剔骨，须备熏药时焚。
病者医院疗治，庶免传染流行。如在自宅调养，亦须离间他人。
大众都知保卫，自然强健精神。本厅谆谆告诫，原为保卫人民。
不惜唇焦舌敝，务各一体凛遵。倘敢漠视抗玩，罚办决不从轻。①

《卫生韵示》的内容所及，不但包括环境卫生、食品卫生、防疫卫生，还包括一点医疗卫生，而且还包含着多方面的明确的卫生规则：渣滓应倾倒在渣箱内，粪夫沿街收粪也有时间规定和具体的挑运要求，倒马桶也有规矩，饮食贩卖、屠宰、制皮等都有一定的要求；对于居民不仅有劝告，还训示对于违抗者要罚办。从这则《卫生韵示》的内容来看，警方显然较以前加强了卫生管理的规范性。

民初警厅对汉口公共卫生的管理，并未停留在宣传层面，它还负责管理街道的环境卫生，雇有清道夫打扫街道和厕所。对于街道清洁卫生，警厅制定有《清道规则》，规定清道夫每日出外清理3次，每次以3小时为限，各署长警对于清道夫有随时督查之责，以防清道夫偷懒和敷衍塞责。对于各保安会雇夫帮忙清理的地点，警厅也要求按照其制定

---

① 《警庭慎重卫生之六言韵示》，《汉口中西报》1922年3月8日第3张。

第五章　民初汉口官办市政体制及其对城市自治进程的阻遏

的《清道规则》进行清理。① 有时，警厅为了强化清洁卫生管理，还要求卫生科长到各署街巷调查清道夫役是否洒扫清洁。② 对于影响道路清洁的摊贩，警厅予以驱逐。1919年，后城马路满春至六度桥一带，鱼肉菜摊栉比，不仅独有碍交通，甚至秽泥堆积，尤其妨害卫生。警察厅长为刷新路政起见，特饬警察四署派警上街，严行驱逐摊贩，限令五日内一律搬迁，如有违反，则从严罚办。③ 在便池的清洁卫生管理方面，警厅曾于1912年规定，各警署应该要求清道夫逐日洗刷便池一次，因为便池污秽不堪，里面常有死老鼠等物。④ 对于妨碍公共卫生的私人厕窖，警厅则以有碍卫生为由，饬令拆卸，改造房屋。⑤

尽管民初汉口警厅在环境卫生管理方面有所作为，然而依旧存在种种不如人意的地方。诸如："偏街僻巷，渣滓堆积，并有路毙遗尸数日无人收敛"⑥；"厕所林立，污秽不堪"⑦；"马勃充地""臭气冲天"⑧；小街屋隅有便迹，行人皆掩鼻而过，酒馆后门有残渣，饮食店内"蝇蚋咕嘬"。甚至于汉口被讥有"藏污纳垢的特色"⑨。时人把批评的矛头首先指向了警方，"虽有警察，大都不知卫生为何事，门口倾泼秽物而不取缔，道上遗矢而视若固然"，认为"警政腐败，不明职责"。⑩

汉口警察厅还加强了食品卫生管理。除了前述卫生告示、禁令之外，警厅对于汽水进行检验之后，会给卫生合格的商家发验证，要求其

---

① 《警察厅注重卫生》，《汉口中西报》1919年7月11日第3张。《海关十年报告之四（1912—1921）中》称："街道有人打扫，垃圾一天倒三次。"见〔英〕穆和德《海关十年报告——汉口江汉关（1882—1931）》，李策译，香港天马图书有限公司1993年版，第136页。
② 《周厅长注重卫生》，《汉口中西报》1919年7月8日第3张。
③ 《警察维持路政新令》，《汉口中西报》1919年3月30日第3张。
④ 《汉警厅第七次会议议决事件》，《国民新报》1912年10月28日第6页。
⑤ 《警厅注意卫生》，《汉口中西报》1917年5月16日第3张新闻第6页。
⑥ 《卫生科所司何事》，《国民新报》1912年8月5日第4页。
⑦ 《联合会临时动议之案件》，《汉口中西报》1919年4月6日第3张。
⑧ 周以让：《武汉三镇之现在及其将来》，《东方杂志》第21卷第5号，1924年3月10日，第78页。
⑨ 陈方之：《汉口市之卫生（内地租界之比较）》（续前期），《市声周刊》第2期，1923年9月23日第3面。
⑩ 周以让：《武汉三镇之现在及其将来》，《东方杂志》第21卷第5号，1924年3月10日，第77、78页。

粘贴在瓶体上，但多数汽水并未粘贴验证。① 在暑天，有时警厅卫生科被要求随时查验各肉店有无病、臭猪牛等肉擅自销售。② 从总体上说，"市政已加强了对销售食品的检测"③——这是长期旅居汉口的外国人观察之所得，只是较少进行像汽水粘贴验证这样的具体规范。还需要指出的是，警方对于食品卫生的管理，多在防疫期间比较注重；并且是"着眼于经营而忽视生产"④。

汉口是中国的商贸中转站，也是个疫病多发的城市，如1917年夏爆发了瘟疫，"连日患此症者不可计数"⑤。1918年春，"肺瘟、鼠疫流行，形势甚为猛烈，遂连日老少丁男染以毙命者到处皆是"⑥。因此，防疫是市政当局的一项十分重要的工作。

对于防疫卫生，汉口警厅制定有《防疫消洁规则》，不仅要求清道夫遵守，还要求各保安会所雇夫役遵守。⑦ 防疫时期，警厅卫生员要往各诊病处所，调查医师之良否，诊方是否适宜，及病症有无传染，还要将每日所诊病人姓名、年龄、籍贯、住址、病名、病状详细开单，送警厅查考。同时，警厅还制定临时防疫办法，要求各警署认真办理，诸如：检查饮食物品；严禁当街露宿；疏通闭塞沟渠；勤加扫除垃圾；逐日调查患病情形，死亡人数，并须列表呈报。⑧ 警厅还会发出防疫禁令，如严禁以下诸项：肉业售卖死病猪畜；饭馆售卖陈腐食物；挑担贩卖腐臭残菜；摊担售卖陈腐果品；摊贩贩卖不良汽水；街巷摊晒羊、牛血和牛皮；街巷倾泼渣滓、污水；行人随地任意便溺；妇女当街洗刷马

---

① 《警厅之取缔声》，《汉口中西报》1919年7月21日第3张。
② 《周厅长注重卫生》，《汉口中西报》1919年7月8日第3张。
③ [英] 穆和德：《海关十年报告——汉口江汉关（1882—1931）》，李策译，香港天马图书有限公司1993年版，第138页。
④ 《卫生警察》，韩延龙、苏亦工：《中国近代警察史》，社会科学文献出版社2000年版，第464页。
⑤ 《疫症盛行》，《汉口中西报》1917年7月31日第3张新闻第6页。
⑥ 《保安会防疫志一班【斑】》，《汉口中西报》1918年3月18日第3张新闻第6页。
⑦ 《各团联合会致各团函》，《汉口中西报》1918年3月12日第3张新闻第6页。
⑧ 《警察厅防疫之种种》，《汉口中西报》1919年7月25日第3张。

桶；粪夫粪桶不加覆盖。① 1919 年夏秋之交，汉口发生霍乱。为此，警方向居民宣示了治疗霍乱的办法 3 条，以便医生到来之前给病人施治。② 穆和德的江汉关《海关十年报告》称，警方除了加强了对销售食品的检测外，"并经常对澡堂和其他公共设施加以检查和监督。医生的活动已引起人民的重视，新发明的药物批量生产前必须经过临床试验……为了防止传染病扩散，还开展了灭鼠工作"。③

总之，在公共卫生管理方面，民初汉口警方进行了一些改善卫生状况的努力，使得汉口城市卫生管理水平较晚清有所提高——尤其是在食品卫生管理和防疫卫生管理方面；同时这些努力还很不够，远未跟上汉口城市发展的步伐。

（三）力图规范的道路交通管理

管理市内道路、交通，是民初汉口警察的又一项重要职能。④

汉口警厅对于马路上行驶的各种车辆，均经厘订取缔规则。⑤ 由于街道异常狭窄，人力车在市内的行驶使行人往来感到不便，警厅遂规定，各街市一概不准行驶人力车辆，但空行人力车不在此限。⑥ 1916 年，警厅重新制定了对于人力车和双轮货车的取缔规则。该规则规定：

> 一、凡人力车、双轮货车，每辆应领照一张，每三个月更换一次，每次每车缴照费银洋六元；
> 一、此项车辆于行车时，应将所请执照携带，以便沿途巡警照章检查，以杜弊混；

---

① 《警察厅之十大禁令》，《国民新报》1920 年 6 月 19 日第 6 页；《警察厅防疫十大禁令》，《汉口中西报》1919 年 7 月 27 日第 3 张。
② 《通告预防瘟疫的办法，霍乱症救急方》，《汉口中西报》1919 年 9 月 1 日第 3 张。
③ ［英］穆和德：《海关十年报告——汉口江汉关（1882—1931）》，李策译，香港天马图书有限公司 1993 年版，第 138 页。
④ 民初汉口水上交通管理不归汉口警厅管理，而主要由湖北省水警厅管理。
⑤ 《警厅取缔双轮货车》，《汉口中西报》1916 年 11 月 20 日第 2 张新闻第 4 页。
⑥ 《禁止当街跑车》，《国民新报》1912 年 9 月 14 日第 4 页。

一、此项车辆执照限本年十一月二十日起,至月终止,由各该车户预备照费,缴由警捐局核收,掣取收据,呈经本厅核发执照,违即不准通行;

一、无此项执照或满三个月尚未换照仍在马路行车者,经警查获,准就近警署罚办;

一、此项车辆只准行驶马路,不得停、行街市,致碍交通;

一、此种车辆载重以一千五百斤为率,不得逾限多装,损坏马路;

一、此种车辆负载既重,车轮必须宽足三寸,否则,不准通行;

一、此种车辆应靠左首进行,如遇行人及其他车马冲繁之处,尤应先行喊叫,俾知稍让而免危险;

一、各车户及力夫有违本规则者,处以相当之罚。①

上述规则的内容包括以下几个方面:其一,规定了车辆登记领照的经费、日期、时限、使用方法;其二,规定了车辆行驶的范围;其三,规定了车辆的载重量;其四,规定了车身部件的形制;其五,规定了车辆驾驶的避险原则。第一项是为了确定车辆数量和保证车捐收入,第二、五两项是为了理顺交通秩序;第三、四两项是为了保护路面。对于车速,该规则并未限制。这可能是因为人力车和双轮货车都是非机动车辆,行驶速度有限的缘故。该规则也没有规定车辆应该停靠的地方,而此前不久,就发生过人力车与马车因停靠地点问题发生纠纷的事情②,这说明警方应该针对不同类车辆的不同使用性质而做出更细致的规定。因此,上述道路交通规则是很不完善的。

为了避免交通拥挤,警方限制路途行驶人力车的数量。而这是通过减少发售车牌照的方式实现的。警方规定,因扩展马路而被要求停驶的

---

① 《警厅取缔双轮货车》,《汉口中西报》1916年11月20日第2张新闻第4页。
② 《警政杂文》,《汉口中西报晚报》1916年11月10日第3张。

第五章　民初汉口官办市政体制及其对城市自治进程的阻遏

车辆,应等到汉口马路扩充后,始准一律开驶。[①] 在道路建修期间,警方规定,马路"一半翻修,一半行车",这是对于人力车而言的。对于马车、汽车,则一概禁绝。[②] 由于人力车是当时数量最多的交通工具[③],警方又没有规定其应停靠的具体位置,人力车便随便停靠,如私人包车"横置要途或以多车排塞路口……妨碍交通,行人裹足"。对此,警方只是作事后补苴之计,由各分管地段内岗逻各警,临时指交地点为停车范围,并不制定规章。[④]

对于妨碍交通的鱼肉菜摊,警方只是治标不治本地强行驱逐,而没有采取有效的疏导、安置措施。所以,因管理不善而导致的交通拥挤问题一直没有得到解决,故而"杂物货摊,填街塞巷,夹道纷陈,不能容身"[⑤]。

为了保护路面,警厅不仅禁止超重的人力车和货车行驶于市街,还要求车商改良人力车设备,将铁轮改为钢丝皮轮,改装后的人力车被称为钢丝汽轮。由于改为皮轮后,乘坐更为舒服,乘客往往添增车价,争坐此项新车而不愿乘坐旧车。[⑥] 至1919年,警方规定各车商必须赶紧更换皮轮,赴局报验;否则,将车照取消。[⑦] 事实上,直到民初之终,铁轮人力车也并未绝迹于汉口。

从上述可知,民初汉口警察在道路交通管理方面,偏重交通管理,而忽视道路管理;其中,对于交通管理又偏重于车辆管理,而忽视对于人的管理,因为从警厅所定规则中,没有对驱车人资格(譬如必须考验驾驶员的资格)的限定。所以,虽然警厅制定了交通规则,但是由

[①]《车商呼吁无效》,《汉口中西报》1917年9月8日第3张新闻第6页。
[②]《翻修马路之车商呼吁》,《汉口中西报》1920年12月15日第3张。
[③] 1920年12月,"汉口华界马路,上自桥口,下至怡园,以人力车一项而论,每日额定车五百六十余乘,每乘日夜行驶,向分五班更换,约计车夫二千八百余名之多"(《翻修马路之车商呼吁》,《汉口中西报》1920年12月15日第3张)。
[④]《取缔人力包车》,《汉口中西报》1919年4月4日第3张。
[⑤] 周以让:《武汉三镇之现在及其将来》,《东方杂志》第21卷第5号,1924年3月10日,第77页。
[⑥]《警厅促进车商改良之文告》,《汉口中西报》1916年11月19日第2张新闻第4页。
[⑦]《警察维持路政新令》,《汉口中西报》1919年3月30日第3张。

· 261 ·

于规则本身不完善，加之警政腐败及道路条件的限制，民初汉口的交通管理状况难以令人满意。

除了制定前述管理法规外，汉口警厅还制定了《违警罚法》《呈报建筑规则》《特许广告规则》《呈报营业规则》《管理旅店规则》，其内容涉及治安、卫生、道路和交通、市内营业和建筑。

此外，民初汉口警察对城市的管理还涉及管理官修大马路（如后城马路）路灯，及参与消防、禁烟、禁娼、查禁淫书、禁止缠足，等等。

作为综合性的市政管理机构，民初汉口警厅在日常市政管理的规范化、法制化方面，较晚清已有明显进步，一定程度上为民国中期汉口市政管理的规范化、法制化、专门化奠定了基础。故1921年穆和德在江汉关《海关十年报告》中写道，"近几年市政管理进步明显"[1]。不过，由于民初汉口警察职能范围过广，决定了它对其中的绝大多数方面不可能进行专门化管理，再加之经费紧张，警政本身的腐败，故其管理并不能满足城市社会发展的需要。在时人看来，民初汉口的警政甚至还赶不上长沙，毛泽东在1916年就注意到张树勋任长沙警察厅厅长时，"长沙一埠，道不拾遗，鸡犬无惊，市政之饬，冠于全国，询之武汉来者，皆言不及长沙百一也"[2]。只是不知道毛泽东的这一看法，能否代表整个民初汉口警政的状况。毕竟，毛泽东所闻的时间，比较穆和德撰文称赞其亲眼所见汉口市政有明显进步的时间，晚了好几年。

四 官办市政体制对汉口城市自治进程的阻遏

民初湖北地方政府始终掌控着汉口市政体制革新的制动权，它力图

---

[1] ［英］穆和德：《海关十年报告——汉口江汉关（1882—1931）》，李策译，香港天马图书有限公司1993年版，第125页。

[2] 中共中央文献研究室、中共湖南省委《毛泽东早期文稿》编辑组：《毛泽东早期文稿（1912.6—1920.11）》，湖南出版社1990年版，第43页，转引自赵可《市政改革与城市发展》，中国大百科全书出版社2004年版，第65页。

第五章 民初汉口官办市政体制及其对城市自治进程的阻遏

将汉口商人的自治控制于体制之内,从而阻遏了民初汉口城市自治的发展进程。

在武人专政的情势下,政府虽然于财政经济上处于十分窘迫的弱势地位,但在政治上却无可置疑地居强势地位。相比之下,民间社会虽然在经济上居于比较强势地位,但在官方的超经济强权下,在政治上只能处弱势地位。政治强势者居经济弱势,而经济强势者反居政治弱势。这种经济与政治势位的错位与政治资源分配的极度不公,既是清末以来汉口城市经济发展、社会流动与社会结构分化及政治震荡的结果,又使民初汉口城市社会产生了改变市政管理体制的内在冲动。

民初汉口城市百废待兴,政府本应沿着清末城市管理体制变革的路线,以更大的步幅往前走,引导民间社团参与市政。令人遗憾的是,地方自治运动虽在全国范围内展开,但无论是湖北省府还是中央政府,都是既有所作为,又始终未能满足汉口商人的城市自治愿望。

民国成立后,政体的变更对市政的影响就显露出来,诚如顾敦鍒所言:

> 市政上亦发生了极大的变化。这个变化就是以前的市自治章程,是由中央政府订定的,而革命以后,则为各省各自处理。因而引起市与中央及省的关系的转移……当时中央军事未定,无暇顾及各省政治,于是各省省政,都由各省自己办理,自治制度,因而由各省自行订定……。①

当时,江苏省积极举办地方自治,因而在地方自治方面走在各省的前列。与江苏省府积极推动地方自治的举动相反,湖北省府不仅总体反应消极,而且出面予以压制。

早在 1911 年南北和议达成(该年 12 月 3 日)之前的 11 月 12 日,

---

① 顾敦鍒:《中国市制概观》,王云五、李圣五主编:《市政问题》(东方杂志三十周年纪念刊),商务印书馆民国二十三年(1934)发行,第 43 页。

湖北军政府以中华民国中央军政府内务部的名义，颁布了鄂省《各府县暂时行政规则》，其中第五章"自治职"（第25条）规定："府县自治行政均暂依旧政府之自治章程存续其效力，但有不适用者得除去之。县自治如有未成立者，须速成立。"第八章附则（第36条）规定："本规则至议会成立、新行政法颁布后，即行废止。"1912年2月15日，湖北省临时议会成立。① 稍后，省临时议会对清末的地方自治章程进行了修订，规定市会就是市自治会。② 1913年1月8日，袁世凯北京政府颁布了《划一现行各省地方行政官厅组织令》，这就是新的行政组织法。根据规定，鄂省《各府县暂时行政规则》应该在1913年1月8日废止，而在此之前清末地方自治法规仍然生效。但因鄂省颁布的《各府县暂时行政规则》，没有明确规定清末地方自治章程中的哪些内容属于"不适用者得除去之"的，这就给当政者掌控地方自治留下较大的操纵空间。

1912年4月，汉口商会各帮董鉴于市内商业日趋发达，会议成立"市政厅"，并且多主张由巨商李紫云担任厅长。③ 显然，商人们希望建立由他们自主管理汉口市政的机构。次月，曾在鄂军都督府政事部下任职的胡瑞霖（时任理财局局长）、张国溶（时任编制局局长；另一身份是湖北省临时议会议员）、徐声金（时任编制部［编制局后改为编制部］副部长）3人④，鉴于汉口商民阻挠建筑汉口商场筹办处建筑马路的行动，"以辅助建筑进行，化导阻挠为目的"，"联络总商会著名董事及商团联合会"，创办了"市政筹备会"，并选定胡瑞霖、张国溶2人为正、副会长，以巨商蔡辅卿、李紫云等4人为评议会【员】。⑤ 从议

---

① 中国人民政治协商会议湖北省暨武汉市委员会、中国社会科学院近代史研究所、湖北省档案馆、武汉档案馆合编：《武昌起义档案资料选编》上卷，湖北人民出版社1981年版，第320、321、429页。
② 《否决筹办市会之议案》，《国民新报》1912年7月14日第4页。
③ 《市政厅之组织》，《民立报》1912年4月16日第8页。
④ 中国人民政治协商会议湖北省暨武汉市委员会、中国社会科学院近代史研究所、湖北省档案馆、武汉档案馆合编：《武昌起义档案资料选编》上卷，湖北人民出版社1981年版，第407、436页。
⑤ 《汉口市政新谈》，《申报》1912年5月13日第6版。

第五章 民初汉口官办市政体制及其对城市自治进程的阻遏

会与黎元洪的辩难可知,市政筹备会一旦正式成立,将具有监督汉口市政建设、参与决策城市事务的权力,这将削弱省府对汉口市区的控制能力,改变现有的由省府直接主导汉口市政的市政管理体制。同年6月,湖北省临时议会提议筹办汉口建筑,应该从筹办市会(即市自治会)入手,并咨请湖北政府实行。但以黎元洪为首的湖北军政府,以市会之组织应在街道建设完备后方能举行为由,予以否决。其后,省临时议会再次复议,认为"汉口市会只问应筹办与否,筹备市会应从速召集商会及自治会,互相协商入手,只问合法与否,不能因市会之成立不利于建筑之独断独行,遂藉口于不完全,致意见不能沟通,有种种窒碍难行之弊,再请军政府酌夺"。对此,黎元洪逐一予以批驳,认为"市会不应组织,必有市场而后有市会";(夏口)"自治会不宜参与",因为省临时议会修改地方自治章程,市会即市自治会;市会不能监督省政府行政,自不待言,省临时议会"是直欲以成立市会监督本军政府之地方行政",都督府只受省议会监督,断无受其他机构监督之理,省临时议会"以防省政府对于汉口建筑独断独行之故"提出成立汉口市会,是缺少法律依据的;"无市会亦无窒碍"——不成立市自治会,对于汉口城市重建而言也没什么窒碍。[①] 黎元洪本来就因汉口建设借款问题与省临时议会龃龉,故而嫌弃该会,这次该会又提议成立用以钳制其在汉口城市事务上的独断独行权力的汉口市自治会,他当然否决。在已经大权独揽的黎元洪看来,都督本来就具有对汉口城市行政独断独行的权力,绝对不能容忍汉口以任何形式脱离或疏离省府的控制。不过,从民初汉口报刊的相关报道来看,汉口还是成立过市自治会,这如果不是指夏口自治会的话,那么它的成立应该是黎元洪离鄂北上之后的事情。[②] 黎元洪的压制使省临时议会等革新汉口市政体制的基础性努力无果

[①] 《否决筹办市会之议案》,《国民新报》1912年7月14日第4页。
[②] 《市自治会进行之一般》(《汉口中西报晚报》1916年11月12日第3张)一文说,"自民国成立,汉口地方原设有市自治会,袁氏在日,摧残省议会,遂至连带取消";《还讲什么自治》(《大汉报》1917年6月17日新闻第3张第6页)一文说,黎元洪"为顾全大局,息事宁人起见,特命令将国会解散。但各省自治会与国会有连带关系,汉口自治会原议早日规复,今国会既遭消灭,故自治会开办之期,遂觉遥遥无定"。既云归复,说明以前就有。

· 265 ·

而终。

　　1914年2月3日，袁世凯出于复辟帝制及扼制国民党势力的需要，下令各省停办自治。其后，又于同年3月29日、4月14日，先后公布内务部重订的《地方自治试行条例》《自治试行条例实施细则》，以掩盖"摧残自治的罪名"，故意拖延实行地方自治。[①] 袁氏所推行的自治，"一切绝对之权都属于县知事，是从清季府厅州县和城镇乡二级制改为区自治的一级制，也不过是一种官治式的地方自治制度"[②]。

　　从1916年到1919年，有关汉口建立市政机构的消息不断，但总是让人觉得华而不实。1916年冬，一度传出湖北督军兼省长王占元"饬设立汉口市政厅"消息。[③] 之后又有报道说，汉口总商会"提议创设市政厅，凡关于商业案件均归市政厅处理"[④]。1917年6月，时任总统的黎元洪在张勋的威逼下，下令解散国会。结果，各省自治会的活动连带受影响，原议早日规复的汉口自治会，复办又变得遥遥无期。[⑤] 1919年春，由俞清澄、何宅诚、时樾皆、孙武、屈佩兰、蔡辅卿、舒用之、李时谙等商人、退职官员等发起并成立了汉口市政促进会，该会以促进"汉口旧市政之改良"和"汉口新市政之建设"为宗旨。[⑥] 稍后，又有报道说孙武创设汉口"市政局"，"业已订定章程呈请省公署转详农商部批准立案，允许设立"。[⑦] 但无论是市政促进会还是市政局，最终都没有成为对汉口具有实质性影响的市政实体。

　　1921年之后，情况似乎又有了转机。这年的7月3日，北京政府颁布了《市自治制》。该制的核心内容是：确定了市的区域和人口规模：市自治团体以固有之城镇区域为其区域，市的人口应在1万人以

[①] 顾敦鍒：《中国市制概观》，王云五、李圣五主编：《市政问题》（东方杂志三十周年纪念刊），商务印书馆民国二十三年（1934）发行，第47页。
[②] 黄哲真：《地方自治纲要》，中华书局民国二十四年（1935）发行，第71页。
[③] 《酝酿中之市政厅消息》，《汉口中西报晚报》1916年11月9日第3张。
[④] 《市政厅之泡影》，《大汉报》1917年5月18日新闻第3张第6页。
[⑤] 《还讲什么自治》，《大汉报》1917年6月17日新闻第3张第6页。
[⑥] 《市政促进会志进行》，《汉口中西报》1919年4月5日第3张。
[⑦] 《设立市政局之先声》，《汉口中西报》1919年4月9日第3张。

第五章　民初汉口官办市政体制及其对城市自治进程的阻遏

上；将市分为普通市和特别市两种；明定市为法人，承监督官署之监督，于法令范围内办理各项事务——确定市为法人，这在中国历史上还是第一次；市有制定市公约（也就是市宪章）和其他法规的权力，但都不得与《市自治制》相抵触；普通市设市自治会，也就是市议会，还设市自治公所——就是市政府，由市公民依法选举会员组成，前者为市立法、监督机构，后者为行政机构，分别设会长和市长，特别市另设参事会作为执行机构，该会设会长1人，由市长兼任；市有相对独立的财政权。①《市自治制》确定的市制属于分权式市制：特别市实行市董事与市议会的分权，普通市则为市议会与市长及其助理员的分权。1921年颁布的"这个市自治制，是民国以来，中央所颁布的第一个正式市制"，但是，因政治关系，各省除青岛特别市于1921年遵用特别市制，其余均未采用。②

《市自治制》颁布以后，湖北省据此成立省自治筹备处，汉口自治事务由此推动。1921年10月，汉口成立了"汉口市区自治筹备处"（后来见于报端的有"汉口市区自治筹备事务所"，两者当为一个机构），萧耀南兼任该处处长。③官府力图掌控汉口地方自治进程的意图显然。该处成立后，着手调查市区人口、市区辖域。1922年3月，湖北省自治筹备处限令汉口市区自治筹备处于2月之内将户口调查完竣，竣事之后就将汉口市区自治筹备处改为市政公所。④可直到1925年2月，负责汉口自治事务的还是自治筹备处。⑤可见，市政公所一直未能成立。不过，汉口市区自治会还是成立了的，因为报刊上有关于该组织活动的报告。⑥

---

① 《法令·市自治制》，《东方杂志》第18卷第14号，1921年7月25日，第129—136页。
② 顾敦鍒：《中国市制概观》，王云五、李圣五主编：《市政问题》（东方杂志三十周年纪念刊），商务印书馆民国二十三年（1934）发行，第50、55页。
③ 《市自治调查之迂缓》，《汉口中西报》1922年11月3日第3张。
④ 《市区自治进行观》，《汉口中西报》1922年2月18日第3张；《市自治行将改组》，《汉口中西报》1922年3月17日第3张。
⑤ 《自治筹备处特别会议》，《江声日刊》1925年2月23日第3张第1版。
⑥ 《自治会催办武装商团》，《汉口中西报》1923年8月27日第3张。

1925年，江苏省指派淞沪特别市筹备会起草了《特别市公约》。该公约规定淞沪特别市设市长及市参事会，但北京政府对该公约不予承认。5月13日，由临时执政下令公布了《淞沪市自治制》，该制规定的市长之地位，不能如《特别市公约》规定的那样可以独裁市政。① 尽管如此，上海方面毕竟有了设市的依据，并且还是特别市。上海方面如此，汉口亦闻风而动。1925年2月中旬之前，汉口方面已经拟定并公开发表了《市自治选举会员规则》。② 随后，汉口各团体拟推代表北上，向段执政请愿，要求"援广州成例，仿上海特别市"，"将汉口商埠，划为特别市区"；③ 汉口商会也要求执政府"明令宣布，准援沪例，将汉口划为特别市之商埠"④。上海方面的市自治制不久因浙奉开战，未能变为现实。汉口的市自治诉求最后根本就没有被理会，汉口商界革新城市管理体制的希望终归落空。

由上述可知，民初湖北省府和中央政府一直掌控着汉口城市体制革新的制动权：先是黎元洪与鄂军都督府不允许成立汉口市自治会，继而袁世凯的北京政府在地方自治问题上一反一复，中央政府对《市自治制》的公布而不实行。省府和中央政府始终将汉口城市自治控制在筹备阶段，以致汉口市政体制革新的步伐显得跌跌撞撞，进程时断时续，终至有花无果。民国时期的市政专家在评论北洋政府统治末期中国市政的状况时说，"当时各市如北京、天津、汉口、沈阳、昆明等处仍多为官办市政，对于市自治之进行，寂然无闻"⑤。从城市管理体制的角度看，就官方对城市管理体制革新的控制性影响而言，此话是比较切合当时汉口的历史实际的。

如果将清末官府与民初官府对待汉口市政管理体制革新的态度进行

---

① 张锐：《中国市政史》，《中国建设》第2卷第5期，1930年11月1日，第77页；顾敦鍒：《中国市制概观》，王云五、李圣五主编：《市政问题》（东方杂志三十周年纪念刊），商务印书馆民国二十三年（1934）发行，第56、57页。
② 《市自治选举会员规则》，《江声日刊》1925年2月21日第3张第1版。
③ 《汉埠划为特区之请愿》，《江声日刊》1925年2月24日第3张第1版。
④ 《汉总商会请划汉口为特别市》，《江声日刊》1925年3月23日第3张第1版。
⑤ 张锐：《中国市政史》，《中国建设》第2卷第5期，1930年11月1日，第77页。

第五章 民初汉口官办市政体制及其对城市自治进程的阻遏

比较，当在同样面临着时势所致的强大政治民主化压力的情况下，似乎清末官府的态度更为积极。

在清末，地方自治作为宪政的基础和强国之策，在中央政府推行和湖北省府积极倡导的过程中，是被置于其控制范围之内的地方自治，而不是脱离政府控制的自治——自治被定格为官治的辅助或补充，而不是政府督导之外的自治。故清末汉口的城市自治活动是在湖北省府的严密而积极的督导下实行的，是开明官治下的地方自治。

相比之下，民初中央政府所颁布的城市自治法律（如《市自治制》），已经在法理上超越了官治的层面，没有像清末那样明确定位为官治的辅助或补充；同时中央政府还因背负着中央集权更趋衰落、地方更趋坐大的政治、经济压力，因而在推行地方自治的过程中要面临着更大的与省分权的压力，进而希望通过地方自治削弱地方军政势力的权利。就地方而言，专制地方的军政势力一方面想利用地方自治从中央取得更多的分权，另一方面又不希望城市置于其控制之外。在这种情况下，民初中央政府与地方政府固然也推行地方自治，但它们在推行的过程中，在很大程度上将地方自治作为斗法的工具，甚至于地方政府中的官员也因争权夺利的需要而以地方自治为旗号[①]。而作为"地方"之一的城市，其自治诉求则并非中央政府和地方政府施政的最急之务。因此，民初中央政府与地方政府在推行地方自治的目标上，往往缺少清末官府那样的一致性，也不会有清末官府那样的积极推行态度和实力推行表现。

更为重要的是，如前所述，民初地方自治运动推行的实效，在很大程度上不是取决于中央或中央政府，而是取决于地方或省府。具体就湖北省府而言，尽管省议会积极推动汉口城市自治，然而在汉口推行地方自治的过程中，湖北省府尤其是军府方面，为了保持对汉口的直接控制，在汉口推行城市自治方面，缺少诚意和实质性的作为：始而阻挠

---

① 夏寿康被任命为民政长之后，湖北督军王占元极为不快，处处为夏氏履职设置障碍。夏寿康为了争取汉口商界支持，就打出了地方自治的旗帜，与王占元斗争。

（如黎元洪主鄂时期），继而消极对待、暗中予以破坏（如王占元主鄂时期），末了虽有较为积极的姿态，但总体上"雷声大雨点小"，缺少根本性的推动（如萧耀南主鄂时期）。

可见，民初官府在汉口城市体制的革新方面既有所作为，但湖北省府又绝不允许产生完全脱离现有体制之外的新的市政体制，让汉口自治。于是，民初汉口的城市自治呈现出"启动—制动—再启动—再制动"的起伏不定的运作轨迹，也就不足为奇了。

综前所述，民初的官办市政体制一方面因市政主体的多元化、分散化以及政府财力的匮乏，呈现核心市政主体弱化状态；另一方面它在逐步得到改善的同时，又面临来自民间社会的压力和挑战。政府为了保持在政治上的强势地位，不但不想放弃对城市管理的主导权，而且始终掌握着汉口市政体制革新的制动权，控遏着汉口的城市自治进程。在这种情况之下，民初汉口不可能实现商界所期待的城市自治。

五 过渡形态：民初汉口官办市政体制的历史定位

民初的汉口官办市政在清末官办市政的基础上有了较大的发展变化，构成了近代汉口市政发展史的又一个时段。那么，它在近代汉口市政体制发展进程中究竟居于怎样的地位呢？民国时期市政专家和学者对于民初中国市政的总体认识，也许可以帮助我们回答这个问题。

对民初市政的官办特点与官办市政的成绩与地位，民国时期著名的市政专家臧启芳和陆丹林以身历者的身份做出了自己的评价。1924年，臧启芳谈到中国城市市政的历史和现状时说：

> 就市政府组织一方面而言，仅是我国将来市政上一个应当首先解决的大问题，并没有可以叙述及批评的历史。然数千年来，我国不是没有城市生活，也不是没有关于城市任务的设施，所不同者，地方自治丝毫未办，一切城市任务不归中央政府直接办理，即归中

第五章 民初汉口官办市政体制及其对城市自治进程的阻遏

央政府之下级行政机关办理,并没有归市自治团体自行办理的罢了。因此,我们仅能从市任务一方面来叙述我国市政的状况。

也就是说,直到民初,尽管有关"城市任务的设施"如市政规划、具体市政建设方面还是有所进步的,还是有值得叙述的东西,但整个中国市政在体制方面还没有从根本上摆脱数千年以来市政官办的旧格局。

臧启芳同时还认为,民初中国"市政幼稚,应当力求促进"[①]。

陆丹林也对民初官办市政提出了严厉的批评,认为官办市政没有办好的一个很大的原因就在于,官办市政体制不能很好地吸纳市政人才,传播市政知识,引导市民参与市政。他说:

> 况且从前负责办市政的,所谓督办、会办、坐办、局长、所长等挂名不做事的大人物,不是官僚,就是绅耆,若聘任市政专家来做政务官和市政官的,实在"寥若晨星"。试查欧美都市发达的主要成分,固然他们的科学设计的周详,同时也因为他们受过市政训练和经验的行政官与开明市民的努力合作,造成社会化民众化的开明市政哩!我们的都市反是,又何怪所举办的多像"纸扎老虎",空有其表啊!
>
> ……或有人说:我国市政专家过于缺乏,所以各都市多没有详密的计划,和宏大的设施。固然,我国市政专家,实在缺乏,可是我所相识的,已有好几位专门研究市政的返国后,无所事事,用非所学,天天过那粉笔黑板教书生活;无怪此前官僚所办的市政毫无具体组织,只把钉门牌、收房捐、收车捐、和修补马路种种枝叶工作,认为根本的计划,成绩又从那里来呢?

同时,陆丹林又积极地评价了民初官办市政,认为民初各省建立了

---

① 臧启芳:《市政好促进市政的方法》,陆丹林主编:《市政全书》,全国道路建设协会民国十七年(1928)版,"第一编 各国市政府制度",第33、42页。

一些市政机构,虽说办事效率低下,但它们多少还搞了点建设,为后来的市政打下了基础。他说:

> 我们知道十余年来各省市政受时潮的激荡,而略事建设;或官僚直接是替军阀做投机事业,来撑场面,所以各地的商埠和市政公所,就如雨后春笋;放宽点说,无论他的效率怎样,都是中国前途的好现象,或者说他是将来建设的胚胎。①

臧启芳和陆丹林两位市政专家对民初中国市政的总体评价,基本上是适合于民初汉口官办市政的。

民初汉口官办市政官气十足,市政有规划而未能按规划进行,具体市政建设成果支离零碎,市政体制方面没有大的突破,从而限制了官办市政的成效。尽管如此,在民初官办市政体制之下,汉口毕竟曾经有过此前没有过的专业的系统的市政规划(后面的章节将对此进行专门的论述),它们中的一些内容就被民国中期的市政规划所吸收;颁布了新的市政管理法规,当然,它们多数没有得到很好的执行。因此,汉口市政的现代化至少在形式上向前迈进了一大步。

市政规划的专业化、系统化,市政管理的专门化,这些都是城市管理规范化的重要表现,也是市政体制进一步完善的重要表现,当然也是市政现代化和城市社会向现代转型的重要表征,它们在民初汉口市政和社会发展中得到了不同程度的体现。因此,民初汉口官办市政体制无疑是继清末之后进一步迈向现代的一个重要阶段,也是此后汉口市政进一步现代化的基础。也就是说,汉口市政体制经过晚清的初步孕育,至民初终于有了一点现代市政的眉目。所以,我们说民初汉口官办市政体制是现代汉口市政体制的"胚胎",一点也不为过。

民初汉口官办市政体制的发展,实际上也是近代中国政治体制整体

---

① 陆丹林主编:《市政全书》,全国道路建设协会民国十七年(1928)版,"序文",第9—11页。

第五章 民初汉口官办市政体制及其对城市自治进程的阻遏

转型在汉口的一种具体化。从中央与地方的关系来看，民初汉口多层级官办市政管理体制，是时局动荡、地方势力膨胀、中央威权下移，以及民主观念日益增强、政治体制民主化要求日益强烈的状态下，中央和地方力量的对立共生格局在汉口市政领域一种体现。在长期中央集权政治理念的支配和追求统一集权的政治惯性下，这种对立共生政治格局将随着政局的演变、中央与地方力量的转化，以及力量对比的大致确定而发生变化。这就决定了民初汉口核心统治主体弱化下的官办市政体制只能是一种过渡形态。

当城市自治运动还不足以促使经济日益发展的城市自身拥有相对独立的自主权的时候，借助于非和平形式的社会运动——国民革命来达到这一目的，便成为更有可能的选择。所以，当国民革命军到达汉口之后，一种新的市政体制——城市政府市政管理体制便立即产生了。这种新的市政体制和模式的建立，是否就意味着汉口实现了"城市自治"呢？这个问题将在第九章中予以讨论。

第六章

民初汉口官办路政
与城市重建问题

民初城市重建问题是近代汉口乃至中国近代史上的一件大事，因而也是我们在探讨汉口近代史乃至中国近代史时，不应回避或遗漏的问题。同时，城市重建问题错综复杂，头绪纷繁，它既是有关民初汉口市政建设的重大问题，又是深刻影响近代汉口城市发展进程的重大问题，不论是从汉口市政史还是从汉口城市现代化、城市社会现代转型的角度上看，我们都有必要将这个问题研究清楚。

从理论上讲，汉口重建关系到汉口城市马路、堤防、公园、市场等一系列城市基础设施的重建、改建与兴建等问题。事实上，政府最初拟定的庞大市政计划，不仅包括马路建设，还包括电车、跨江铁桥、堤岸、运河、水电等方面的重大工程建设。但由于种种原因，民初汉口重建计划很快蜕变为道路建设计划。从整个民初汉口重建的实际情形来看，官方意欲主导的汉口城市重建，其根本乃至于成为唯一的问题是马路建设问题。故从官方的角度来看，民初汉口重建问题与路政问题，表面上看是一大一小的具有从属关系的两个问题，实质上基本上是一个问题。对于此点，民初时论就曾一语道破：

> 汉口市政应行改良，谋之数年，毫无成效，众皆谓为借款不成所致，实则非也。查元年黎黄陂在领鄂督任内，即有筹备建筑处之设立，其规划极为宏远。嗣以事体过大，款项难筹，而以地与业主

交换，又纠葛纷繁，难得其平，乃改为专事开辟马路……①

因此，探讨民初汉口路政问题，很大程度上就意味着探讨民初汉口城市重建问题，而透过民初汉口路政问题，我们可以分析民初官办市政规划、市政工程建设乃至整个民初汉口市政的得与失。

一 城市重建良机的错失（1912—1915）

1911年的辛亥兵燹，一方面使汉口市区惨遭摧残，原先繁华而拥挤的华界市区，如今到处皆是断垣残壁，满目疮痍，城市经济因之遭受重创；另一方面，它又给汉口城市重建带来不可多得的良机。对此，无论是南京临时政府，还是以黎元洪为首的鄂军都督府，以及汉口商界等，均有明确而一致的认识，故当时报刊舆论称，"汉口经北军一炬，识时者咸谓此乃改良市政之绝好机会"②。

1912年2月，临时大总统孙中山饬令实业部就城市重建一事通告汉口市民，并责成内务部筹划汉口重建事宜，以期"首义之区，变成模范之市"③。南京临时政府随即派李四光等人来汉协助筹划汉口重建。鄂军都督黎元洪出示晓谕汉口重建的重要性时说，"盖汉口系通商巨埠，全国中心，稍有知识，莫不企改旧观，求完美之建筑，壮万国之观瞻，全在此举，断不能因陋就简，坐失良机"④。

以商会会董刘歆生、宋炜臣等为代表的汉口商界有识之士，为振兴市面，于1912年1月便计划"将火场直辟马路数条"⑤，主张将旧市街街道放宽⑥，并希望建立市政厅。他们认为灾后诚为改良商场的绝好机会，而当务之急，应当建筑江岸码头，开筑马路，使汉口变成一个完美商场，

---

① 《汉口改良市政谈》，《申报》1916年10月31日第6版。
② 《汉口市政新谈》，《申报》1912年5月13日第6版。
③ 《孙中山全集》第2卷，人民出版社1983年版，第69页。
④ 《新汉口之大建筑》，《申报》1912年3月26日第6版。
⑤ 《归复汉口商场之硕画》，《申报》1912年1月26日第6版。
⑥ 《汉口劫后调查记·绅商筹议修复》，《民立报》1912年1月23日第4页。

·275·

使华洋商务之精华将聚于华街一带。故汉口商会积极采取行动,力图早日实现城市重建。商董们拟出了重建汉口计划,要求政府迅速设立汉口商场工程局和清丈局,出示晓谕全镇商民,被毁之屋暂时不能建造,候马路划定再行兴造,并要求政府早定建筑规范,以便商民遵循。①

在政府和商界对于汉口城市重建的时机有着高度共识的情况下,如果各方面抓住这个历史契机,共同努力,那么,汉口市政与城市的现代化将大大向前迈进。然而,事情最终的结果恰恰是有识之士最初所不愿见到的:"因陋就简,坐失良机。"1912年8月,有报道云汉口"刻已自由建筑,不久即可成闹市"②。同年10月报载,"汉口经去年北兵一炬,二三日间,犹是瓦砾。近来虽渐次建造,然所造房屋多系因陋就简,人有讥为'临时'者③。及至1914年,"城市80%得到重建,在现代原则基础上改造城市的机会丧失了"④。再到1917年,湖北省临时议会称"汉口市房现已逐渐修齐"⑤。因此,实际上至1915年,汉口重建的有利时机已经完全错失。

对于民初汉口重建良机错失的原因,民国时期的有识之士曾进行过反思。曾经积极倡导市政改革的先驱性人物孙科,他在武汉国民政府时期探讨汉口的市政建设问题时,曾有过这样一段评论:

> 以我们汉口来讲,当辛亥革命那年,北军南下,把汉口的华界大部分的地统统付诸一炬,留出一片荒地。当我民国元年来汉口的时候,看见那一片瓦砾场,觉得那时候如要重建汉口市,应该在那一片荒地上,预先定下计划,何处筑马路,何处建公园,何处造工厂,何处辟商场,把计划一一定好了,以后按照计划一步一步的进行,经过十五年之后,到今天恐怕已可以造成理想的汉口市了。可

---

① 《新汉口市场办法》,《申报》1912年2月9日第6版。
② 《自由建筑房屋》,《国民新报》1912年8月26日第4页。
③ 《时评:新汉口之八面观》,《国民新报》1912年10月28日第4页。
④ [英]穆和德:《海关十年报告——汉口江汉关(1882—1931)》,李策译,香港天马图书有限公司1993年版,第137页。
⑤ 《汉口建筑街路建议案(续)》,《汉口中西报》1917年9月26日第3张新闻第6页。

第六章 民初汉口官办路政与城市重建问题

惜当时不知设计,各不相谋的改造房屋,到了今日,华界虽已恢复繁华,可是有许多不好的地方,再要改造,就要来收买很贵的地皮,拆毁很好的房子了。所以我们以后办市政,先要立定大计划。【,】以便将来不至于再蹈覆辙。①

孙科对民初汉口城市重建良机的错失深感痛心,并将其原因归结为当时人不知设计——没有拟定富有远见的大计划。其所言是否得当,我们在此姑且不论。

目前学术界对于民初汉口城市重建问题,虽有所涉及,但对于错失的原因,缺乏全面深入的探讨。为此,本节拟分两个时段探讨民初官办路政问题,即民初前期(1912—1915 年)官办路政问题和民初的中后期(1916—1926 年)汉口官办路政与城市建设问题。对于民初前期的官办路政问题,主要围绕民初汉口城市重建时机的错失问题,从四个方面展开论述,即市政机构方面、市政规划方面、市政经费方面和官商冲突方面。

(一)市政机构:难胜其任,劳而少功甚至无功

从 1912 年至 1915 年,负责汉口城市重建的市政机构更动频繁;1912 年 2 月,最先建立的机构是汉口建筑筹办处和汉口马路工巡局(该局 6 月上旬之前撤销);同年 11 月,汉口建筑筹办处被撤销并成立了汉口马路工程专局;以上机构均听命于湖北省府。1913 年年底,又成立了直属于北京政府的督办汉口建筑商场事宜处。1914 年 5 月,成立了由江汉关监督兼任处长、主要辖属于湖北省府的马路工巡处(即江汉关管理工巡处),且归并了原马路工程专局,而经费仍由马路工程专局之经费拨给。② 如此直至 1916 年杨度去职,都是督办汉口建筑商场事宜处与马路工巡处并存。

---

① 孙科:《市政问题》,《市政周刊》第 1 卷第 2 期,1927 年 1 月,第 7 页。亦见武汉地方志编纂委员会办公室编、田子渝主编《武汉国民政府史料》,武汉出版社 2005 年版,第 358 页。

② 《省议会指纹汉口工巡处案》,《大汉报》1917 年 4 月 26 日新闻第 3 张第 5 页。

· 277 ·

汉口马路工巡局成立后，按其章程规定，它虽负有"建埠、筑路、造屋"① 等责，但是我们很少看到报章报道有关它的情况，可见其于汉口重建影响之微，这与另一个庞大的市政机构——汉口建筑筹办处的存在及该局所办事宜很快并入该处有关。

汉口建筑筹办处共有职员81名，仅伙食费就月需620元，另有杂役74名，共计155名之多。② 1933年，吴国桢执政时期的汉口市政府，其主体机构仅有秘书处及第一、二、三科和技正室、购料委员会，它们的职责范围远较汉口建筑筹办处广泛，但包括市长在内的职员总属只有41名。③ 相比之下，可见汉口建筑筹办处人员之冗滥。该处办事人员未定月薪时，每人每月津贴20元，总、协理等人员租住房屋月需租金银50两，另外还有包车及3人官轿等费，每月所耗在300—400元以上④。后来，该处又聘广东人容觐彤为总工程师，聘金为月薪1000元。⑤ 不久，民政长刘心源责令内务司调查该处开支，审查厅遂要求该处裁员，要求职员裁35名，杂役减去50名。⑥ 结果，裁去职员48名（包括参议官5名，筹办员1名，工程副主任3名，练习生及助手9名，工程材料科员共6名，调查科员7名，清理科员12名，总务科文牍、会计、司事共5名），杂役共50名，总共每月可减费1210元。⑦ 由此亦不难推想该处每月行政靡费之多。

汉口建筑筹办处不但用人冗滥，而且内部矛盾深刻，腐败不堪。第二任总理左德明为鄂军都督黎元洪的亲信，他与工程师金振声因互有意见而大起冲突。金振声遂揭发左德明一系列弊情，诸如：溺职：对于商

---

① 商会在呈请其重建汉口计划时称，"一切建埠筑路造屋捐税卫生巡警各节，悉照工巡局章程办理"，说明马路工巡局在纸面上是负有广泛市政责任和重建汉口之责的市政机构（《汉上议建大商场》，《民立报》1912年2月9日第5页）。
② 《审查厅指拨建筑处》，《国民新报》1912年10月8日第1页。
③ 《汉口市政府组织表》、《汉口市政府及附属机关职员略表》，见《汉口市政府概况》（1932.10—1933.12），"汉口市政府之组织"，第8页及"汉口市政府及附属机关职员略表"，第1—3页。另须说明的是，汉口市参议会与公安局等机构当时都只是附属机构，考虑到他们与市政工程建设关系较小，故比较时未予统计。
④ 《筹办处人员之恐慌》，《国民新报》1912年7月26日第4页。
⑤ 《马路线之更动》，《国民新报》1912年9月19日第4页。
⑥ 《审查厅指拨建筑处》，《国民新报》1912年10月8日第1页。
⑦ 《建筑处之大裁汰》，《国民新报》1912年11月3日第6页。

务业主地皮、拆屋诸问题概不研究，局中人罕见其面，只知花天酒地抛掷金钱；擅权：包工包料不用投标，并且不待总、副工程师签字，私订不合要求建筑石料，从中牟利；舞弊：虚报伙食费、炭费，吃空额等；营私：工程师所荐专门建筑人员一概不用，乃因人设科，巧立名目，位置戚友，竟将调查其作弊的工程员开除了30名，以图报复。黎元洪闻讯大为光火，下令调查。① 经湖北省临时议会决议，撤销该处，改为马路工程专局。黎元洪只好下令撤销了汉口建筑筹办处。而处内原由左德明引用之人虽然极力为左氏辩解，企图挽留，但又对金振声所揭露的有关左氏溺职、贪污、营私舞弊等情，避而不谈。由此观之，金氏揭露左德明溺职、贪污、营私舞弊等情当系属实。建筑汉口商场筹办处撤销后，原处内只继任总工程师容觐彤1人留任马路工程专局。于是又有人在报端公开攻评容觐彤在工程部独揽大权，企图位置私人，排斥鄂省工程人员，架空新任总理。攻评者甚至称马路工程专局为"觐彤之殖民地"②。事实上，容觐彤是有工程专长的归国留学生，他接任总工程师之后，很快重新对市区进行了勘测，并确定新的汉口重建规划；而左德明办事则一派官僚作风，颟顸无能，他排斥视为异己而有专长的工程人员，但其本人又无市政专长。左德明主事时，该处拟定的建筑计划，虽然确定了"马路之宽长，公用之房屋"，但却不能及时提出工程预算。由于提交给省议会的重建计划没有开列预算，省议会对重建计划迟迟不能议决。③ 后来，该处马路工程专局在军政府的硬挺下，不待议会核议而强行开工，然因未处理好官民关系，开工时困难重重，终致没有大的作为。

左德明的专横颟顸与汉口建筑筹办处的腐败、拖沓、无所作为，引起公愤，舆论颇有微词，诸如："市街建筑处开办已六阅月矣，员司近百人，耗费将十万，无实在预算表，有建筑之名号，无建筑之实际

---

① 《汉口建筑处之大风潮》，《国民新报》1912年11月10日第5页。
② 《建筑处全科职员上副总统挽留左总理书》，《国民新报》1912年11月10日第6页；《工程司揽权手段之灵活》，《国民新报》1912年11月30日第6页。
③ 《新汉口建筑种种》，《申报》1912年4月20日第6版。

也"①;"汉口市街建筑处成立已经数月,除绘几个图说、勘几处地段外,无所事事"②,"汉口建筑筹办处阚冗挥霍,地主(指业主,笔者按)商民均甚怨愤"③;"汉口市街筹办建筑处自成立以来,虚耗经费数万金,毫无建树,且每月报销经费其中又多浮滥"④。至1913年1月,舆论又称"汉口马路工程建筑筹办已及一年,不知费去金钱几何,毫无头绪"⑤。1917年湖北省议会在对马路工巡处的质询案中称,"左德明既鲜工程学识,办事又不得要领,开办年余,糜公款已达三十余万元,而于汉口建筑不先事测量,徒为纸上空谈,不体察人情,自作奇幻理想,于街道则拟剖三角形,于田地则主张互让法,自欺欺人,不第失千载一时之好机会,而业主之怨谤同声而起"⑥。可见,当时的舆论在很大程度上将汉口重建良机的错失,归罪于左德明和汉口建筑筹办处。

在马路工程专局时期,该局在实测的基础上制订了汉口重建大体计划,还制定了一些细化的马路建筑计划和各种平面图及横断面。但马路工程专局限于经费、建设范围和时间,"仅于后湖修建马路数段"⑦,这总算是有点成绩,但毕竟与汉口重建的任务相距太远。

继马路工程专局之后的督办汉口建筑商场事宜处最为劳苦而实则无功。杨度出任督办时,就打算聘请外国工程师,设督办公所,下设三大局,招用员工数百人,马路工程局人员照旧供职。⑧他先设立了督办驻京公所,于1915年正月才派员在汉设立办公处,自己则驻京遥控。英国工程师葛雷武受聘负责汉口重建规划等事宜,他早就于1913年就拟定好一个初步的汉口重建计划。杨度曾分别于1914年、1915年先后两次派葛雷武等华洋工程技术人员至汉口进行精确测量,到1915年7月,

---

① 《时评》,《国民新报》1912年7月10日第1页。
② 《建筑处之困难》,《国民新报》1912年10月7日第1页。
③ 《湖北电报》,《民立报》1912年10月31日第5页。
④ 《建筑处之大裁汰》,《国民新报》1912年11月3日第6页。
⑤ 《马路工程之手续》,《国民新报》1913年1月22日第6页。
⑥ 《省议会质问汉口工巡处案》,《大汉报》1917年4月26日新闻第3张第5页。
⑦ 《汉口改良市政谈》,《申报》1916年10月31日第6版。
⑧ 《杨度建筑汉口之计划》,天津《大公报》1914年1月11日第2张第3版。《汉口新市》,《申报》1914年1月14日第9版。

测量完竣。其野测清单为：旧市区及京汉铁路间平面测量，面积有284072方，24处横割面水准测量，旧市区后京汉铁路及计划开辟的运河间平面测量，面积有260278方，租界后平面测量115000方，租界后15横割面水准测量，运河中线水准测量长49000尺，绘成大小各图共30余份。此外，尚有拟办各事，如新河及扬子江桥基钻洞、扬子江及汉水桥位与旧市场各处测量。[1] 从已完成的野测清单可以看出，当时杨度虽然远在北京，但是督办汉口建筑商场事宜处还是为汉口重建规划做了大量的工作。因此，说杨度本人"远在北京，秘图恢复帝制，该办事处月耗巨款"是实，但称该处所耗之款"仅供其营养私党"，则有失公允。[2] 只是督办处机构庞大，杨度本人既非市政专家，又不能亲自坐镇汉口深入实际，也就难免靡费了。

遗憾的是，虽然该处为汉口重建做了大量的甚至比以往任何一次都精细的测量工作，也制定有详细的重建规划，但是其所制定的重建规划，最终因借款未成、袁世凯帝制自为失败以及杨度的去职，而始终停留在纸面上，未能对汉口重建带来实质性的正面影响。非但如此，袁世凯北京政府为了把持汉口重建事务，在设立督办汉口建筑商场事宜处之后，下令马路工程专局"人员照旧供职，惟停工事进行，以俟其接手后重新筹划"[3]。结果，不但新的重建规划未能得到实行，而且原先的重建进程亦由此被打断，汉口重建良机继续坐失。

1914年5月，马路工巡处成立后，汉口重建工程才又开始启动。1916年吴仲贤接任时，该处"另行改组，粗（通）工学者实无一人"[4]，职员"既鲜工程知识，又不悉汉口情形"，正工程师李广成是金陵大学毕业生，曾肄业于日本东京帝国大学工科，后又曾任江苏工业学校教员和汉阳铁厂工程事宜，而副工程师姜德馨则只是天津合利公司的

---

[1] 中华民国史事纪要会编：《中华民国史事纪要》（初稿）（1915年1—12月），（台北）黎明文化事业股份有限公司1986年版，第568页。
[2] 《省议会质问汉口工巡处案》，《大汉报》1917年4月26日新闻第3张第5页。
[3] 《汉口新市》，《申报》1914年1月14日第6版。
[4] 《省议会质问汉口工巡处案》，《大汉报》1917年4月26日新闻第3张第5页。

一名包工头。该处"只是将马路工程专局所绘图依样葫芦,别为摹写,不谙测量",对于实测面、平面、横断面、纵断面各种详图、掘割及盛土土方计算表、工费计算表、计划说明书等,"均付阙如,仅以马路工程专局之平面图及横断面各图以资搪塞"。该处甚至在"议会质问水道、瓦斯、下水道等项时",竟然"误会为水管即地底电话"。[①] 诚然,借款未成影响了马路工巡处的建设成绩,但这样的市政人事与机构,又怎么能够很好地承担起重建汉口的历史重任呢?

如果说汉口建筑筹办处时期已经延误了重建汉口的最佳时机的话,那么,马路工程专局及督办汉口建筑商场事宜处、马路工巡处时期则是误上加误了,使得汉口重建时机再也无可挽回了。

总的来说,实际主持重建事务的人大多缺乏市政专长,故重建机构不堪重任甚或劳而无功。当时即有舆论认为,"民初市政应行改良,谋之数年,毫无成效……数年以来,共糜款约五十万,于市政毫无裨益。究其所以失败之原因,虽由借款不成,无以供其措置,然实由主其事者毫无市政学识之故"[②]。

如果我们将以上机构不堪汉口重建重任甚或劳而无功的根本原因,仅仅归结为该机构本身或机构领导者个人的腐败和无能,那将失之皮相。况且,各机构创建活动的进行都受制于市政经费。姑且撇开经费问题不谈,只就机构与人事问题而言,其中最逢重建汉口良机的汉口建筑筹办处及其负责人左德明,前者不过是当时的湖北都督黎元洪力图把握汉口权利的一个看守处,而后者则不过是黎元洪派驻该处的一个卒子。作为老上司,黎元洪明知左德明不具备市政专门知识,而以之为担负如此重任的机构的总理,并在物议沸腾、左德明第二次提出辞职[③]的情况下,仍将其位置该处,直至该处腐败不堪、省临时议会与商民怨怒不已的情形下,才对该处进行人事更动。故从根本上说,汉口建筑筹办处及

---

① 《汉口建筑街路建议案》及《汉口建筑街路建议案》(续),《汉口中西报》1917 年 9 月 22—27、30 日第 3 张新闻第 6 页。
② 《汉口改良市政谈》,《申报》1916 年 10 月 31 日第 6 版。
③ 《建筑总理左德明第二次辞书》,《国民新报》1912 年 5 月 23 日第 4 页。

左德明的腐败和无能，是黎元洪位置私人、专横揽权的结果，其实质是体制腐败。同样，杨度也不过是袁世凯的一个马前卒，他和督办建筑汉口建筑商场事宜处最终未能积极促进汉口重建，反而打断了原有的重建进程，实质上也是袁世凯位置私人和政府专制的结果。所以，民国时期的市政专家每每将民初市政的腐败，归结为军阀的专横和政府的腐败，这实在是看到了问题的本质。

（二）重建规划：前后纷更，实施困难

到目前为止，所有论及民初汉口重建问题的著述，对于民初尤其是民国建立最初几年产生的市政规划，都没有一个较全面的梳理，也就不可能对民初汉口重建时机错失的问题有深切的论述。因此，我们在探究民初汉口重建良机错失的原因时，也有必要将当初的重建规划进行一番梳理。

民国建立伊始，商会会董刘歆生、宋炜臣、李紫云、韦紫封就曾筹议规复汉口市面的办法：

> 拟先将商业最盛之黄陂街、河街市房修复，然后徐图建筑其他街巷，计河街由招商局起至襄河大、中马【码】头止，黄陂街由大董家巷（今小董家一巷，笔者注）起直至武圣庙止，所毁市房不下三千栋。该处街道本狭，现在应放阔街道，议定设一汉口兴市建筑公司，招集股本二千万……其地主不愿令建筑公司代造者，须先将屋样绘图送市政厅核明方准兴工，以免式样纷歧……各商董均赞成，现正妥筹办法及招股章程，指日发表。其黄陂街接近花楼一段市房……商务最盛，故亟须恢复也。

计划中所说的市政厅当时并不存在，它还只是商会拟定或设想成立的由其主导的汉口市政机构而已。而计划中的"汉口兴市建筑公司"，也是商会设想的由其主导的市政工程负责机构。

汉口商会计划重建汉口的消息一出，就有"某国工程家闻此议，运动垫款包修以上街巷道路房屋，只索价一千八百万金。商会中人，以关系甚巨，尚未许之"①。

其后，宋炜臣等绅商向副大总统黎元洪呈送了一份列有各项预算的汉口重建具体计划。该计划大纲略为：

（一）建筑江岸码头，由花楼起至桥口下首止，共计需银180万两；

（一）开筑马路，由江岸至京汉铁路，开直路22条，由花楼至武圣庙，修横路12条，每路宽约4丈，共计长23200丈。工程包括填路、修阴沟。需银140万两。

（一）抽地筑路，由花楼至武圣庙，每100方抽地10方，除作为修马路用地之外，余地留作各段马路、修造学堂、菜市场及厕所之用。如果还有余地，就出卖抵还政府垫款。

（一）由政府担保借外债1500万两，设立"商办建筑房产公司"，约造市房30000间。3年内完成全镇范围复原。请政府速设汉口商场工程局，出示晓谕商民暂时不要建造房屋，待市区马路线划定后再建造。

（一）请政府速设清丈局，以便检验和换发地契，作为业主建造房屋的依据。

（一）工程局晓谕商民，业主造屋先绘图样，送工程局核准方可建造，以资划一。

此外，一切建埠、筑路、造屋、捐税、卫生、巡警各节，悉照工巡局章程办理。

该计划除了对于建筑江岸码头、抽地筑路有大致的预算之外，对于开筑马路有较为详细具体的预算，如每条马路约长多少，宽多少，填路所需的碎石约多厚，须多少方，方价多少，总价若干，所需黄沙、碎砖若干方，方价若干，耗费若干，总价若干，以及修筑阴沟的长度、工料

---

① 《归复汉口商场之硕画》，《申报》1912年1月26日第6版。

费，均有大致的预算。该计划的根本目标就是要使汉口"成一完美市场。其对于各国租界有高屋建瓴之势"①。在该计划中，代表政府的汉口商场工程局和清丈局实际上被置至于辅助商界的地位，而实际主持重建的仍是商会领导下的商办建筑房产公司，从中我们不难窥见汉口商会希图主导汉口重建的强烈意愿。

然而，事情的发展并不如商会设想的那样，商会的计划遭到了湖北军政府的反对。我们从黎元洪 1912 年 2 月 3 日给南京临时政府内务部的电文中可以看出，他拒绝了汉口商会的要求。该电文称："汉口市镇，已派员测量地盘。就绪后，拟就近觅工程师规划一切，再筹办法。近有汉口奸商，勾引外人，贪图汉市建筑权，弊处已经阻止，并请贵部预防是盼。"②可见，黎元洪军政府也想主导汉口重建。由于黎元洪的反对，商会不得不放弃自己的计划，而所谓的"市政厅""商办建筑房产公司"，也都未能成立。

大约在 1912 年 2、3 月之交，汉口建筑筹办处将马路测绘完竣，并公布了汉口建筑章程 8 条，以便业主建房时有所遵循。③ 3 月，鄂军政府公布了它的汉口重建计划（包括马路图示），此计划应该是汉口商场建筑筹办处奉黎元洪之令，会同商务总会公举的参议刘歆生和宋炜臣等人共同制定的，也是最早的一份官方性质的汉口重建计划。该计划规定：

一、拟定河街马路一条，最窄处宽十二丈，其他马路宽十二丈、十丈、五丈不等。

一、马路拟东自一码头起，西至桥口止，南自河岸起，北至铁道止。将来北须辟至姑嫂树，南须辟至万家庙江岸，东须辟至谌家矶河岸，西须辟至韩家墩。

---

① 《汉口新市场办法》，《申报》1912 年 2 月 9 日第 6 版。
② 《黎元洪关于汉口市政建设复南京内务部电》，辛亥革命武昌起义纪念馆、政协湖北省委员会文史资料研究委员会合编：《湖北军政府文献资料汇编》，武汉大学出版社 1986 年版，第 703、704 页。
③ 《新汉口建筑章程》，《申报》1912 年 3 月 2 日第 6 版。

一、拟仿青岛估价办法，将旧日之繁盛、僻静与将来之繁盛、僻静地段，一律估定价值，以便依次按价掉换，并不折扣（此项办法原图民间便益，公家并不收买）。

一、现所规定铁道以内街道约占地十七万方丈外，不敷之地由公家购地赔偿。

一、街道规定外，公家应留出地方，作建筑夏口县署、警察署、中小学堂、市上议院、建筑公司、小公园等之用。至大公园，可以在僻静之地建设。劝工厂、鱼肉菜市场、厕所等，须照已定图式，于适中处分别设之。

一、汉口建筑筹办处即派专员勘定将来不易之街衢、堤岸，立定界桩，作为公地。凡公地圈内之建设，如电车、电灯、电话、自来水、自来火等项，应由鄂军政府许可之公司举修，无论人民与他公司，均无建筑之权。

一、勘定街道以后，其在两旁界外之地，准人民与公司修造房屋，惟须区为两类，分别办理。

（甲）暂时之房屋　如屋基占地甚小，仅用竹木皮蒿等料造成，专为庇护贫民之用者，准人民暂时修造（只能在偏僻缓修之处）。

（乙）永久之房屋　如屋基占地甚大，须用砖石巨木造成者，则营造该处房屋之人或公司，须将图稿送建筑筹办处核准，当给营造凭单，方可动工。

一、凡人民组织房屋建筑公司，必将该公司一切章程呈内务司暨建筑筹办处批准，方得成立。[①]

《武汉历史地图集》上载有一幅汉口建筑筹办处绘制的《建筑汉口全镇街道图》（见图6-1-1），其图域范围正好也是京汉铁路以内地区。该图应该是上述汉口重建计划图的修订版。[②]

[①] 《新汉口之大建筑》，《申报》1912年3月26日第6版。
[②] 武汉历史地图集编纂委员会编纂：《武汉历史地图集》，中国地图出版社1998年版，第134页。

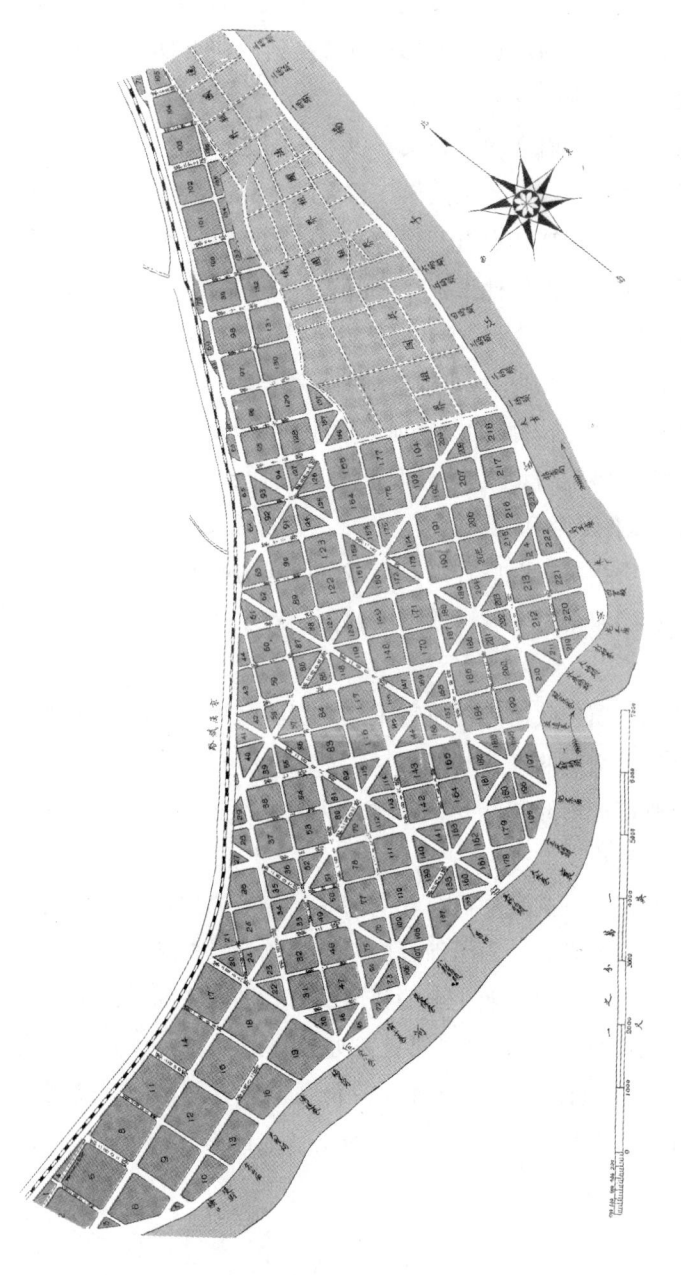

第六章 民初汉口官办路政与城市重建问题

图 6-1-1 1912 年建筑汉口全镇街道规划图

资料来源：1912 年《建筑汉口全镇街道图》，载武汉历史地图编纂委员会编《武汉历史地图集》，中国地图出版社 1998 年版，第 134 页。

政府的这个计划与商会的计划有两个共同点：

其一，它们均将汉口重建的范围规定在京汉铁路以东以南的地区。其二，它们均存在这样的不足，即都没有像民国中期市政府所拟的市政规划那样对汉口城市进行分区。

政府的这个计划与商会的计划又有以下不同之处：

其一，政府的计划对于各项建筑工程尚缺少具体细致的规划，尤其是连各项建设的基本预算都没有开列，原则性大于可操作性；而商会的计划则显得较具体，可操作性更强。

其二，政府计划更多顾及地方政府的办公设施和城市公共设施、公用事业的发展，更多地考虑汉口城市的整体利益和长远发展，因而计划建筑的项目远较商会多，规定马路的宽度远远超过商会规定的马路宽度。政府的计划实际上意味着将全盘重建华界旧市区。而商会的计划则显得相对狭隘，更多顾及商人的利益和有利于商业发展的配套性设施的建设。

其三，与前项相应，政府计划对旧城区改造的幅度很大，执行计划的阻力势必大；而商会对旧城区改造的幅度相对小得多，执行计划的阻力相对较小。

其四，基于前项，政府计划所需重建经费将远远超过商会计划所需经费。在当时官商交困的经济状况下，这更增加了官府执行这一计划的难度。而商会所拟计划经费既少，又侧重从城市商业发展着眼，遭遇商界内部阻力势必较小。

果然，政府在执行其重建汉口计划的时候，遭遇到来自各方面的尤其是汉口商界的强大阻力。由于涉及的换地问题、经费筹措问题和经费预算问题都没有解决，加之业主会的强烈反对，湖北省临时议会对于该计划"迟迟未能议决"[①]，加之"建筑筹办处规画过大，与商民程度相去甚远"[②]，这个建筑计划在1912年4月份强制执行之始，就遭到业主们的强烈反对，政府与商民之间剑拔弩张，"几酿暴动风潮"，工程靠

---

① 《新汉口之大建筑》，《申报》1912年4月20日第6版。
② 《汉口市政新谈》，《申报》1912年5月13日第6版。

军队震慑才勉强进行。① 继而又因"业主会反对争执甚力,延未开工"。在省临时议会的调停之下,官商双方商定,"马路归官建筑,房屋归商自建",马路开工问题才算有了转机。② 不过,因官商在应修马路路线问题上意见分歧,政府马路的修筑工作实际上处于悬置状态。如:1912年6月17日,夏口上级议事会还提议呈请政府早定马路路线。③ 直至次年6月下旬,汉口重建马路详图才完成。④ 1912年7月初,官商双方才商定原定路线不改,但是道路宽窄尺度可随时酌量核减,庙宇、会馆工程浩大者,可以根据其性质,如能设法偏绕则予以通融。⑤ 在商民的压力下,政府不得不修改重建规划。

不久,与鄂军都督黎元洪素有积怨的省民政长刘心源,借业主会对汉口建筑筹办处的强烈不满,下令内务司审查汉口建筑筹办处经费与人事,最后迫使黎元洪对该处进行人事调整,其内容之一就是:以每月1000元的高薪聘请容觐彤任该处总工程师,重新制定汉口重建计划。容氏到差数日,即另绘一份图纸,将从前所勘马路线多行更改。⑥ 容氏在给都督和民政长呈递的《经营汉口大略书》中,阐述了其新订计划的概略、设计理念及执行计划的原则。该书从五个方面进行了阐述:

第一个方面,马路路线方面,将旧日路线改直。旧有街道大概有15英尺宽,道路两边各让宽10尺,共计35尺。另筑一市场专门安置道路两旁占道营业的摊户。允许业主另筑只占空间不占地面面积的吊楼,以使业主乐于让宽路基。

第二个方面,在江边推出10—60尺(即约3.5—21公尺之间)建筑江岸,以节省收购地皮的费用。建筑江岸是建筑中最难的问题,应先从靠江一带动工。建筑经过全镇的铁路支线为各堆栈后路,以节省商务运输费用。汉口紧要之事尚多,仅就交通便利而言,还是其次。所以,

---

① 《汉口市政新谈》,《申报》1912年5月13日第6版。
② 《鄂省之四大问题·建筑问题》,《民立报》1912年6月4日第8页。
③ 《上级议事会纪事》,《国民新报》1912年6月19日第4页。
④ 《汉口马路之规定》,《民立报》1913年6月24日第1页。
⑤ 《路线偏绕会馆之问题》,《国民新报》1912年7月8日第4页。
⑥ 《马路线之更动》,《国民新报》1912年9月19日第4页。

街道的宽度可不必超过 30 英尺或 60 英尺，即宽在 10—20 公尺之间。

第三个方面，新筑马路设计采用放射型，其宽必须能够满足两边车辆、两条电车行驶，道路两旁植树。大马路必须建筑 3 条，必须直且宽，宽度必须 80 尺，其中必须有 1 条直达火车站。

第四个方面，收买、开辟铁路与租界之间的荒地，用来建筑街道；沿铁路新辟的街道，必须设立 400 英尺宽的公园，以供市民游览；新火车站设在公园中，应注意其建筑式样和位置，应像美国纽约那样以火车站为城市门户；在公园建筑之前，政府应先填平低地。

第五个方面，政府公署集中一公园内。

此外，该书还指出，以上五条在执行时，先只应将最紧要的事情办理就可以了，但政府应该预先做整体规划，以期日后将全部计划完成。至于修路、沟渠、水道、电灯、汽车以及种种公共事业，暂未提及。因为上述这五个方面只不过是最紧要的计划罢了，如果街道已经按照图样计划完全，那么以上种种事业可以随时筹办，然而其能否实行，能否取得效果，就要视经费筹措的情况以及维持的方法如何了。其中，有赖于民间团体自行筹办者，关键在于政府必须对其有节制权并随时可以收回办理权。

该计划书最后开列了预算，"其马路必有三合土之旁道，以及扬子江四千五百尺之江岸"，计：购置建筑街道之地皮，计银元 400 万元；购置建筑 3 条马路之街道及公署驻集之公园，计银 30 万元；为建筑现有镇市之街道及四千五百尺之江岸，计银元 300 万元；为购置镇外之地皮，计银 400 万元。共计银元 1130 万元，此外须准备拆迁、赔偿费约 100 万元。总计大概需银 1200 万—1300 万元。这个数目如果不能筹措到，则可以随时缩减工程规模。如能先建成一条优美的街道作为模范，就可以激发人民的投资热情，促进重建工程的进行。[①]

从以上陈述可知，容觐彤设计的旧马路改造后的宽度比商会计划的

[①] 《建筑汉口总工程师容觐彤上湖北都督及民政长经营汉口大略书》，《国民新报》1912 年 10 月 8—10、12 日第 1 页。说明：1 英尺约合 0.3048 公尺。

要窄，新建马路宽度则又较商会计划中的要宽，但总体上不及政府最初计划的宽度。马路采用放射型设计，很可能借鉴了法国巴黎街道设计，因为巴黎是当时世界都市中采用放射型设计的典型。对于火车站建筑的注重，则吸收了美国纽约城市建设的经验。置街道设计为重建计划之首，但注重江岸修筑，不以修筑马路为城市重建的唯一紧要之事，则是既顾及马路在市政建设中的优先地位，又考虑汉口城市地理的实际情况，具有整体规划意识。将政府办公处所集中于一处，则体现了集中办公的市政理念，已经展露出城市分区思想的端倪。将计划事项分为紧急与可缓两部分，市区分为新旧两部分，先改造旧市区，再逐渐改造新市区，操作时可依据政府经济能力进行伸缩，表现出相当的弹性。其修筑下水明沟道、建筑模范马路的想法，也不无可取之处。故容氏设计既融入了现代市政规划的理念，又相当程度上结合了汉口城市的实际，实属难能可贵。

与商会的重建计划和政府的第一个重建计划相比，容氏规划既顾及商人的利益和城市本身的长远利益，又兼顾到政府的利益和权能。不过，如果我们将该规划与民国中期的汉口城市规划进行比较，则又会发现，它存在明显的不足。如民国中期有关汉口市政的整体性规划，都对汉口市区进行了功能分区，而该规划对于市区则缺乏更为细化、明确的功能分区；再如1930年公布的《汉口旧市区马路干线计划》规定主干道宽30—40公尺，次干道宽21—30公尺，而该计划对于市内马路的宽度规定显然过于偏窄。此外，其在江边推展一定之地用以建筑江岸的设想，在沿江某些地段或有实践之可能，但是在沿襄河（即汉水、汉江）地段，这样做则显然是行不通的。因为沿河一带河岸常年遭受水流冲刷而经常发生岸崩，有的地段甚至逼近市街（如龙王庙地段就是典型），在水流状况一时无法控制的情况下，在沿河向湍急的江水中推展地段，根本就是不切实际的做法。故当时就有人指出，容觐彤"拟于小河（即襄河——笔者注）岸添宽六丈，虽五尺童子，亦知其谬"[①]。

---

① 《工程司拟填河之谬妄》，《国民新报》1912年11月30日第6页。

在容觐彤到差（大约在9月）前夕，湖北军、民两府还于8月与汉口商会进行了一次磋商，双方一度就"市政改良办法"达成了以下共识：

第一，后城垣及河岸东西向的2条长路均自桥口起，一至歆生路止，一至招商局止，自蔡家巷、四官殿、五彩巷、邱家垱等处起，通过后城马路筑横马路4条，各横马路均宽8丈，由官拨款修筑。

第二，预算估购地价，计河岸、城垣2长马路约共需银270万两，4横马路共需银100万两，两河边驳岸约需银40万—50万两，各路石块约需银100万两，再合计测量、沟渠及所有杂用，总计需费约1000万元。

第三，自集稼（家）嘴河岸起通过城垣马路筑1条，拟由地方人民筹款修筑。

第四，此外各街道宽度均以汉尺3丈为准，两边各以滴水为界，房屋任人民自行修筑，但不得过为逼窄卑陋，以免妨碍市政规模。①

容氏计划中的街道宽度，与8月官商商定的马路宽度，要么相同，要么十分接近。可见，容氏计划是综合了官商双方意见的结果。

此后，容氏对于自己所订计划书可能还进行了修订，因为报载当时汉口市街建筑处呈请军、民两府交省临时议会议决实行的图说，与前述计划有出入，该图"比原图收缩，而比商会所拟者规模稍大"：

系修长马路两条，均自桥口起，一至歆生路止，一至招商局止。修横马路四条，自蔡家巷、四官殿、五彩巷、邱家垱四处河岸起，各横行通过后城马路。长横各路均宽九丈。各街道又自集稼嘴河岸筑横马路一条（此由地方出款），均以五丈宽为率，因由商民自行建筑，不拘形式，故未绘图。此次改定路线较前宽长，经费约须多出二百余万。兹将各项要用经费调查录下：一、河岸、城垣购地价值共需银三百五十万；一、桥口至歆生路等处四横马路工须银

---

① 《建筑市街之新猷》，《国民新报》1912年8月28日第4页。

一百五十万；一、河边驳岸共需银七十万；一、各路石块约共需银一百五十万；一、各路沟渠、铁板及测量等款共需银三百万。总共需银一千零二十万。建筑经费业已向大莱公司代表磋商就绪，数目较前为少，专备建筑之资，不得移作他项支用。①

容氏计划出台后，舆论认为："汉口市街建筑计划之规模，其始也，理想所及，意在驾乎巴黎、华盛顿之上；继则徒托空言而已；近虽缩小范围，亦须款二千万元以上。款久无着，恐终亦必归于幻想尔。"②

至1912年11月9日，在省临时议会最终确定马路的长度、宽度和马路地皮收购价之前，汉口重建规划已经是"三易其图"③了。这样，从1912年3月政府最初公布重建计划草图，至11月省临时议会最终通过重建计划书，大约8个月的宝贵重建时间就这样逝去了，而马路建设至11月还没有重新动工。

然而，好不容易才产出的正式重建规划，却又因政府绌于经费，重建借款未成（按：后文将就此进行专门论述），而得不到实施。于是，政府又不得不更改重建规划，极力缩小建筑范围，终至专注于马路建设了。

1912年11月马路工程专局成立之后，该局新上任的总理陈育武制订了一个马路分期计划：

> 第一期　汉口旧有街道，无论已烧未烧均就该地段商务繁简情形，详细考察，以定马路加宽之丈尺，并预计该地面将来之繁僻，另辟新路或建设旧路各若干条。
>
> 第二期　查后城马路以外京汉铁路以内地面宽阔，向无市场，此时须极力经营，以图发达，拟于此处多辟支干线路各若干条，俾汉口市场可以直接扩充。
>
> 第三期　查汉口铁路以外所有后湖地面，均极洼下，拟从谌家

---

① 《汉口建筑大计画》，《申报》1912年11月14日第6版。
② 《时评：新汉口之八面观》，《国民新报》1912年10月20日第4页。
③ 《议会改定马路地皮价值》，《国民新报》1912年11月11日第5页。

· 293 ·

矶至襄河上游赫山附近，开新襄河一道，即以掘出之土于后湖修筑马路，俾汉镇间接扩充，此其最要。①

这个马路分期计划，实际上承续了容氏计划中区分近期计划与长远计划的思路和马路优先原则，其近期计划注重旧市区的改良，中期马路计划注重铁路至老城区之间地段的建设，对容氏计划中的马路远期计划部分进行了充实。而在后湖开河筑路的计划，则又吸收了晚清时汉口市政改良计划的内容。

此后，该局还制订了更为详细的马路计划。据《汉口小志》载，马路工程专局规定建筑办法，街分3级，巷分5等，只于原汉口城垣范围以内修筑直马路3条，即城垣马路（笔者按：指拓展）、中间直马路和江岸，宽度分别为10丈、6丈和12丈，横马路7条，即张美之巷至堤口江岸、张美之巷至六度桥、六度桥至龙王庙、满春茶园至集稼嘴、青莲观至大王庙、万寿桥至武圣庙、新码头至大水巷马路，它们均宽6丈。② 计划建设这些位于后城马路至江岸、河岸之间的老城区范围内的马路，其主旨在于打通后城马路至沿江河各码头之间的交通。

事实上，即便是这样的单一马路重建计划，不久也因1913年年底建筑汉口商场事宜处的成立而中止。该处成立后，杨度要求马路工程专局停止工事进行，以待其接收后重新筹划。③ 由杨度遥控的督办汉口建筑商场事宜处，早有1913年英国工程师葛雷武就为之制定了新的汉口重建规划——《建筑汉口商场计划书》（以下简称《计划书》）。该《计划书》的大体思路是既改良旧市区，又开辟新市区，以发展汉口商务，"一面改良旧市区，使规制合于文明；一面开拓新市场，使肆廛得以推展，庶使规模较远，商务日闳"，同时通过重建达到杜绝列强藉口市政问题而提出拓展租界的要求。该规划涵盖的重建区域范围包括：新

---

① 《马路工程之手续》，《国民新报》1913年1月22日第6页。
② 参见徐焕斗修、王夔清纂《汉口小志》，民国四年（1915）铅印本，"建置志"，第6—7页。
③ 《汉口新市》，《申报》1914年1月14日第6版。

河（指将要在后湖新开的一条河，该河可将汉水从后湖导入长江）以南除去租界范围的所有汉口地域。所要经营的工程计划分为"全部经营"和"择要经营"两种，"全部经营须分期办理，择要经营即于现在旧市场毗连地，首先举办"。工程目录包括：1. 开河；2. 沿江汉堤工；3. 码头；4. 开辟新商场马路及改良旧市区马路；5. 阳沟工程；6. 阴沟工程；7. 污水处理场；8. 汉阳汉口间的铁桥；9. 汉阳武昌间铁桥；10. 京汉铁路跨新河铁桥；11. 升高马路跨京汉铁路桥；12. 电车工程、发动机及修理费；13. 填高马路地方土工；14. 电话工程；15. 公共建筑；16. 收买自来水公司；17. 收买电灯公司；18. 收买需要土地；19. 经营各国租界后地方工程；20. 经营日本租界下游地方工程。[①]

不过，该计划也只是一个初步计划。据杨度报告，他"于计划初定之后，于（民国）三年三月遗【遣】派英人葛雷武带同测绘各员，赴汉为初次之测量，并预计工程费用。时经数月，图经数改，始得工事……于四年正月派办事员赴汉设立办公处"。督办建筑汉口商场事宜处的汉口重建计划至1914年年底，趋于成熟。完善后的葛雷武重建规划，其要点有五：

其一，一面改良旧市区，一面开辟后湖以拓展市场；

其二，为避免各国藉口卫生问题拓展租界，应开辟租界后直抵京汉铁路之间土地，且不可缓图；

其三，在后湖开辟新河，将旧市区、后湖和租界包绕其中，既可藉开河之土填高后湖低地以成新市区，又得水运之利，使水运之利不为租界专擅；

其四，建设跨越江汉联络武汉三镇的铁桥，沟通川粤、京汉铁路及武汉三镇交通，促进工商业发展；

其五，剥岸、马路、阴沟、电车、自来水、电灯、公园，以及

[①] 汤震龙编：《建筑汉口商场计划书》，督办汉口建筑事宜处、督办武阳夏三镇商埠事宜处民国十三年（1924）版，第7、72—73、82—87页。

医院、学校等各种公共建筑物,"皆采用最新之组织,以应全国第一商场之需要"。①

这个没有对汉口新旧市区进行功能分区的空前庞大的汉口重建计划,它除了关注马路、堤防和卫生工程之外,明显地注重水运及三镇之间的交通联络对汉口商场的促进作用。而相比较而言,对新市场开辟的关注胜过对旧市场改良的关注。只是因为借款问题和袁世凯的倒台,该计划还没来得及着手实行就被搁置起来了,故而对汉口重建没有起到多大的促进作用。重建规划的一再搁置,与重建计划的迁延不定一样,均导致难得的汉口重建良机进一步错失。

1914年5月,江汉关管理工巡处(简称马路工巡处)成立,同年8月,物理学博士李复几出任该处总工程师。该处"设立之始,计划甚为宏大,以汉口全埠纵横约二十里左右。设立两年,仅奉拨建筑费五万元,只能先其所急,开筑马路"②。这个宏大的计划究竟是怎样的?据穆和德的江汉关《海关十年报告》载:

> 1914年底,一项新的发展汉口的计划再次跃居先要位置,这项计划由海关税务监督丁士源将军具体负责。它包括改造租界区到张公堤间的面貌,在长江大堤、日租界北面到京汉铁路间修建一条林荫大道,这条路从铁路路基处继续延展,经过水塔,穿过汉口老城直抵长江边。汉口城区的公路网络和泄水体系也确定下来了,今后这项计划将扩展到硚口,从经济角度看,这个计划是正确的,也是可行的。由于面临资金筹集方面的困难,组织者又不愿向外国贷款,因此,它有可能重蹈汉口重建方案的覆辙。③

---

① 《督办汉口建筑商场事宜处,呈报汉口商场计划》,中华民国史事纪要编纂委员会编《中华民国史事纪要》(初稿),中华民国四年(1915)一至十二月,(台北)黎明文化实业股份公司1982年版,第567—568页。
② 《汉口建筑街路建议案(续)》,《汉口中西报》1917年9月26日第3张新闻第6页。
③ [英]穆和德:《海关十年报告——汉口江汉关(1882—1931)》,李策译,香港天马图书有限公司1993年版,第137页。

第六章　民初汉口官办路政与城市重建问题

事实上，丁士源于 1914 年 4 月经大总统任命为江汉关监督并兼管汉口马路工巡处。据李复几撰文说，丁士源的汉口重建规划大致分三步展开：

> 第一步，沿租界边缘和老城区修建一条大马路，并沿京汉大道修筑一条林荫大道。建立完整的下水道系统，以靠近法租界的大智门火车站作为两条主要下水道的分流点，其中一条将污水从东北自日租界外排入长江，另一条在西南方向靠近轮船招商局码头处排入长江。这将改善环租界区域的卫生并活跃该区域的商业。
>
> 第二步，扩展马路，并沿着京汉铁路堤以北、刘园以南及城垣马路和京汉铁路堤之间的区域，部分地建设排水沟，这个计划最远将扩展至硚口，那里是著名的张公堤的起点。这将极大地带动城西南沿汉水一带最远的商业点的商业发展，在那里计划建筑一座跨汉水的铁路桥。
>
> 第三步，将张公堤修筑成铁路以便与京汉铁路接轨而发展本地环路客运交通，可谓让汉口人获得更广阔的呼吸空间，促进大汉口的发展。
>
> 整个张公堤与京汉铁路之间的区域均不再有每夏的洪灾之忧，该区域的系统排水将由帮浦取代自然排放。这样，这些地方就无需耗费无数方的既昂贵而又难得的土来增高。当这一计划不折不扣地得到执行时，汉口的发展前景将无可限量。[①]

从内容上看，丁士源的汉口重建计划只是葛雷武汉口重建计划的修订版，并非什么全新的计划。

至于丁士源主管的马路工巡处准备执行的马路计划的具体内容，据后来该处答复省议会质询时称，有如下几项：

[①] 李复几：《重建汉口商埠之计划》(*The Hankow Reconstruction Scheme and Extensions*, by Li Fo Ji)，载《南洋》1915 年第 2 期（1915 年 6 月），参见欧七斤所撰《略述中国第一位物理学博士李复几》一文（载《中国科技史杂志》2007 年第 28 卷第 2 期，第 108 页）。

（1）沿京汉铁路建筑大马路计划；

（2）开张美之巷马路计划；

（3）六度桥开通堤街计划；

（4）满春开通堤街计划；

（5）苏湖公所开通堤街计划；

（6）利济巷自后城马路起开通江岸计划；

（9）建筑四成里直马路及刘歆生铁厂前横马路计划（按：原文所标序号如此）；

（10）沿租界官钱局天字号地段中歆生二路起至大智门马路计划；

（11）拟沿京汉铁路筑大马路总沟一条，自大智门车站沿京汉铁路向东北日本推广租界外流入大江，再由大智门车站沿京汉铁路向西南，终大智门马路及官钱局天字段地内，接城垣马路由张美之巷流入大江。

从以上计划可以看出，汉口城区的道路网络和排水体系的确被确定下来了。

值得注意的是，马路工巡处虽制订了这些马路计划，却"并未从中测量"，其图纸基本上是据"马路工程专局之图依样画葫芦"，"别为摹写"而成，也就是说，马路工巡处制订的马路计划，其实根本也不是什么全新计划，它很大程度上只是对原先被搁置而未能实现的马路工程专局马路计划的旧事重提。只是马路工程专局当初并没有将它们都纳入马路建筑近期计划的范围。故该处交给省议会审议的计划和图纸，后来（1917年9月下旬以前）被省议会斥为"不完全之计划"。这种搪塞的行为也被省议会揭穿：

以上各种图说为建筑市街着手第一要素，工巡处均付阙如，仅以马路工程专局之平面图及横断面各图以资搪塞，殊不知该图说等

第六章 民初汉口官办路政与城市重建问题

项半皆该局曾经咨送审议之件，工巡处接办三年，对于应办图表以"均付阙如"四字敷衍之，溺职之咎，虽百喙莫解。①

如果我们比照马路工程专局准备实施的马路计划，就会发现，马路工巡处准备付诸实施的马路计划中，至少其中的开辟张美之巷马路计划、六度桥开通堤街计划、满春开通堤街计划、利济巷自后城马路起开通江岸计划，与马路工程专局时期的部分马路计划如：张美之巷至堤口江岸、张美之巷至六度桥、六度桥至龙王庙、满春茶园至集稼嘴、青莲观至大王庙诸马路计划存在关联性和对应关系，有的路线重合或部分重合，其中以六度桥开通堤街计划与六度桥至龙王庙计划之间，利济巷自后城马路起开通江岸计划与青莲观至大王庙计划之间，以及满春开通堤街计划与满春茶园至集稼嘴计划之间，对应关系最为明显。这些马路计划有的与民国中期市政府拟定的马路计划相同或一致，多少说明这些计划具有合理性与可行性。②

其实，马路工巡处因袭马路工程专局的马路计划是情理之中的事情。前面的章节已经提到，督办汉口建筑商场事宜处成立后，接收了原先负责马路建设的马路工程专局所办事务，而其后成立的马路工巡处，它不过是承受中央政府命令而临时填补督办汉口建筑商场事宜处职能缺位的一个看守和替补机构，同时具有作为该处辅助机构的性质，这种身份、作用和性质，以及可以运作重建的经费的过于短缺，决定了它不可能又另起炉灶，制定出一个全新的马路建设计划。

综观前述民初种种汉口重建计划及其结局，我们可以得出以下结论：

---

① 《汉口建筑街路建议案》及《汉口建筑街路建议案》（续），《汉口中西报》1917年9月22—27、30日第3张新闻第6页。

② 如1927年武汉市政府工务局制订的马路计划中，开辟张美之巷至河街横马路计划（此路在汉口特别市政府时期修筑为民生路）、满春至河街横马路计划、利济巷经大王庙直达大王庙码头计划等，就明显与该马路计划有相同或一致的地方。见《市政府行政概况》，《汉口民国日报》1927年7月10日第2张新闻第3页。

民初汉口重建良机的错失，原因不是孙科所说的政府不知设计，没有制定"大计划"，而是制定了"大计划"却每每不能按照计划一步一步循序渐进地进行。

市政建设机构的纷更，是导致民初汉口重建计划纷更和原有计划不能循序渐进地进行的重要原因之一。而计划的纷更本身就费时费力，成为汉口重建良机错失的一大原因。

民初汉口重建计划中，凡是宏观的汉口重建计划，它们或是在执行中被搁置，或是很快被新的计划所取代，或是根本没有执行就被搁置，没有一个得到切实的实行。宏观规划所需的巨额经费、广泛占地、偏长的建设周期，以及其中蕴含的对市民牺牲小我的公民意识的要求，与商民基于严峻的经济环境、寸土寸金的城市用地现实而表现出的急于安身立命的生存意识和瞻顾眼前实利的自利意识之间，形成了巨大反差。宏观重建计划的一再流产，决定了汉口重建的屡屡受挫，意味着重建良机的错失。

至于实际上被执行过的汉口重建计划，只有1912年政府制订的首个计划中的马路计划和马路工程专局时期的马路计划，执行的也只是这两个计划的局部，且执行时因经费困难再次被大打折扣。

当宏观汉口重建计划不得不因限于经费问题而降格为单一马路计划，而被十分有限地实行的时候，重建计划固然更具操作性，但实际上已经不是宏观意义上的汉口重建了，而是蜕变为汉口马路建设。民初汉口重建良机就是在这样间歇性的缓慢推进的马路建设中，一次又一次地错失。

政府始终未能很好地处理这样两对关系，即宏观重建计划与微观重建计划之间的关系、远期重建计划与近期重建计划之间关系。政府在试图主导汉口重建的过程中，或是制定了宏观的汉口重建计划，但因规划宏阔又苦于经费无着，而不得不放弃或暂时搁置宏观重建计划；或是想要切实推动汉口重建，但又迫于实际，只能专注于实施马路建设计划，而放弃了宏观重建计划。结果，政府在实施重建规划时，摇摆不定，左右失据，"今日言壮观瞻，则曰巴黎市街如何美观，应施其于汉口；明日言因陋就简，则曰照原街道两边让宽了事"①，始终抓不住历史的机遇。

从政府在实施汉口重建计划中扮演的角色来看，中央政府直接插手制定重建计划，导致重建计划纷更、搁置。而本已在经济上困顿不堪的地方政府，则在制定和执行计划的过程中，对商民一让再让，对计划一改再改，在建筑时间上的一推再推，其威严与信誉也一损再损。政府最初企图包揽汉口重建，完全排斥商民插手城市重建事务，继而被迫允许商民房屋自建，最终无力左右商民是否在既定的马路线之外建筑房屋，以致商民纷纷在原有地基上重建房屋，按照现代规划原则上重建汉口的良机错失。政府自身根本就不具备实行汉口重建计划的经济实力、威权与协调能力，又无法引导民间按照现代规划原则进行城市重建，或与民间形成良好的协作关系以实践重建计划，最终导致汉口重建良机的错失。这依旧表明，汉口市政要实现根本的改良必须突破既有的官办模式，在市政体制方面应予以革新。

（三）重建经费：依赖借款，毫无着落

市政建设不能为无米之炊，必须以财力为后盾，而像民初汉口城市重建这样大规模的市政建设，更是需要强有力的经济后盾。在1912年的容氏重建计划中，仅马路建设费就需1200万—1300万元；1913年估定的新马路建筑费高达1800余万元。② 而1913年葛雷武制定的重建计划中，马路建筑费较少，但也需要470余万元③，更不用说整个汉口重建计划所需要的经费了。

由于重建所需经费巨大，经费问题遂成为始终困扰民初汉口城市重建与市政改良的重大问题，当时，无论是中央政府还是地方政府，在财政方面均极为困难，对于既定汉口重建规划的实行，无不寄希望

---

① 《汉口改良市政谈》，《申报》1916年10月31日第6版。
② 《新马路之建筑费》，《民立报》1913年5月29日第8页。
③ 汤震龙编：《建筑汉口商场计划书》，督办汉口建筑事宜处、督办武阳夏三镇商埠事宜处民国十三年（1924）版，第83页。

于借款。它们先后进行了多次借款努力，包括借外债、借侨债和借内债，但无不归于失败。最终，汉口重建经费毫无着落。在很大程度上可以说，民初汉口重建良机就是在对于获得借款的期盼与失望的反复中错失的。因此，要探究民初汉口重建良机错失的原因，就有必要理清民初政府筹措经费的基本情况，探究汉口重建经费何以始终无着的原因。

1. 举借外债：煮熟的鸭子总是飞了

民初最初提出举借外债重建汉口的是汉口商会。1912年，商会试图主导汉口市政重建，曾经呈请湖北军政府，要求政府出面担保商会举借外债1500万元，被黎元洪军政府拒绝。究其原因有二：其一，从中央政府到湖北省府，均担心汉口重建事权因此而落入外人之手；其二，以黎元洪军政府亦欲主导汉口重建，当然不愿出面为借款做担保。不过，中央政府和湖北省府为了筹措汉口重建经费，还是先后向美商、英商、法商等外商运筹借款。

民初政府最早谋借的外债可能是美债。1911年，美国以大来洋行为首的资本团大来公司①，曾经提议组织中美银行，未果。民国建立后，黎元洪湖北军政府与大来公司就汉口重建借款问题进行磋商。据汉口《英文楚报》载，双方于1912年5月31日就汉口重建借款签订了合同，规定"借款总额须就工程应用之数而定，并随工程之进行交付，统限一年交足"②。这份合同是黎元洪急于促成借款，在未经湖北省临时议会议决的情况下，直接与大来公司签订的。大来借款合同签订后，黎元洪迳直交付中央政府审核，"又恐中央国务、参议两院之驳诘，故托言业经省议会通过"，"意迨欲中央许可，嗣乃商之议会"。③ 当时约定数额为250万磅【镑】——1750万美金，并且要

---

① 民初报章对大来公司还有多种称呼，如大赉公司、大莱公司、达拉公司、达勒公司、达纳公司，这显然是英译汉出现差异的结果。
② 《汉口借款合同签约矣》，《申报》1912年6月6日第6版。
③ 《武昌借款之争执》，《民立报》1912年6月30日第7页。

求中央政府担保。①

其实，黎元洪军政府与大来公司签订的这份合同只是草约，并且签约的时间应该更早。因为此前该草约就已交中央审议，参议院于5月15日就借款应否由中央政府担保一事进行了辩论，一部分议员主张由中央担保，理由有以下几点：汉口遭遇辛亥兵燹是为全国而不是为湖北一省；汉口为中华民国之汉口，非湖北一省之汉口；汉口商务关系全国；汉口重建机构当初就是由中央政府（南京临时政府）派人组织的。反对者认为辛亥首义时，全国受损失的不仅是湖北省和汉口，汉口只是受损失严重些而已，因而借款只能作为地方借款，中央政府不能担保。当日议决结果：交付特别审查。②5月27日，参议员讨论审查借款结果，最后议决：删去草约中"需其担保"4字。③

6月，湖北省临时议会在得知黎元洪违背法定程序签订借款草约，并查悉中央政府审议草约时删去"需其担保"4字以后，否认事先决议通过草约，并致电质问国务、参议两院；同时表示，将迳行封还中央电文，以示拒不承认。④省临时议会不承认大来借款的重要原因还在于，它认为大来公司在该借款中不过是经手债权人，只能得回扣利益，不应有种种债主权利；⑤而本来就主张借款须由中央担任、不能以地方税捐作抵押的汉口业主会，获悉中央政府不予担保借款的时候，遂坚决反对借款。鉴于省临时议会和汉口业主会的反对，大来公司于是也要求中央政府担任借款。⑥大来借款因之一度被悬置数月而未定。

后来，黎元洪与民政长、省议长商议，并应汉口业主之请求，决定

---

① 《军政府咨复汉口借款案》，《国民新报》1912年6月23日第1页；《军政府交议汉口建筑借款合同案》（续），《国民新报》1912年6月23日第1页。
② 《十五日参议院会议记》，《民立报》1912年5月22日第6页。
③ 《念七日参议院会议记》，《民立报》1912年6月2日第6页。
④ 《武昌借款之争执》，《民立报》1912年6月30日第7页。
⑤ 《新汉口建筑近闻》，《申报》1912年7月21日第6版。
⑥ 《新汉口建筑近闻》，《申报》1912年7月21日第6版；亦见《马路又将改革》，《国民新报》1912年8月4日第4页。

向大来公司磋商小借款150万磅【镑】。① 大来借款终于签订了正式合同，时间当在10月底11月初。合同约定签字后过5星期交款30万磅【镑】，其余陆续交付。② 然而，就在鄂省赴上海提款的时候，又枝节陡生，有"谷立嗣浦公司"——六国银行团，以中央借款条约（即"善后大借款"条约——笔者注）中有条款规定"债票未售完不能续借他款"为由，要求取消大来借款，并声称大来借款若不取消，则阻碍中央借款不能顺利进行，明示威胁。③ 该银行团还"以优先权诘责中央政府，并谓此款每百实收八六，尤与彼债票大有妨碍"④。此后，大来公司一直延不交款，汉口马路工程因而不能动工。黎元洪屡次照会催促，声称如果该公司过期不付款，即以北京政府所借六国银行款内拨用。大来公司方面则答复三个星期内即可如数交清。⑤ 但是直到1913年1月中旬，大来公司仍未如约交款。同月18日，该公司代表由美致电鄂省当局，谓此项借款原议"建筑开工六礼拜后交付"，如未开工，则不得以逾期不付为责。黎元洪以其有意狡赖却又无可如何，只好饬令湖北省外交司照会美领事将大来借款合同作废。

向英商、法商借款。1912年4月中旬报载，黎元洪军政府同时与英商和德商磋商借款事宜，准备从中选取一方作为债主，计划借款2500万两为汉口重建之用，其用途以大约1000万两借与商人营业，以1500万两为修理江岸、筑路、造屋之用，指定房捐、路捐为抵押品。⑥ 筹借的结果是，英商借款未成，而德商借款成功。不过，4月的这份报道很可能是不

---

① 《汉口建筑公债票简章》，《申报》1912年10月6日第6版。另据同期《申报》有报道曰，"汉口新市场建筑费业经黎副总统与上海振兴中国实业公司代表美国资本家赫氏卡克君订借美金一百五十万磅【镑】草合同，亦已议就，不日即须正式签押，此款由汉口地方税担负偿还"。由此可推知"上海振兴中国实业公司"就是大来公司在中国的分公司，上海振兴中国实业公司150万镑借款，就是大来借款。见《新汉口即将建筑》，《申报》1912年6月29日第6版。

② 《申报》1912年12月27日（《鄂省金融近况》，该报第6版）载，大来借款合同签字已超过8星期。

③ 《建筑借款之波折》，《国民新报》1912年11月10日第6页。

④ 《汉口建筑借款作废》，《民立报》1913年1月19日第8页。

⑤ 《建筑款限期交清》，《国民新报》1913年1月6日第6页。

⑥ 《武昌电报》，《民立报》1912年4月16日第3页。

第六章　民初汉口官办路政与城市重建问题

准确的，因为此后的报道显示，德商借款其实并非汉口重建借款，只是从德商借款中临时拨用了10万元而已。① 有的著作将德商捷成洋行借款说成是专门为汉口修筑马路而借，款数为10万元，显然是误会。② 此后，北京政府插手汉口重建事务，继续运筹汉口重建借款。

1913年年底1914年年初，北京政府以重建汉口商场名义，向英、法等国谋借外债。

1914年1月3日报载，"近中央政府因汉口系商务总汇之区，未便久荒，业向英国银行议定借款二千万元，以备建筑汉口市场之用"③。这表明中英磋商汉口重建借款一事也在1913年就已进行。1914年9月17日，《中英汉口修建借款合同》在北京签字。中方向英国萨穆尔公司④借款1000万英镑，年息5厘，45年为期，以汉口商场产业及其收入为抵押，不足部分由政府还本付息。⑤ 袁世凯北京政府此次借款是真的想建设汉口吗？对于这一点，曾任国务院秘书厅秘书长和汉口商场督办处督办的张国淦⑥，于1920年接受记者采访时指出，当时"汉口商

---

①　1912年7月报载，湖北政府向德商捷成洋行借3500万两，交临时议会议决，以200万分拨官钱局存储及造币厂铸币以维持市面，以100万兴办实业，而这100万之中又有60万在该洋行购办机器，40万用于开铜矿（《借款之近况》，《国民新报》1912年7月20日第4页）。同月，都督黎元洪与民政长刘心源商议在德商捷成借款内拨银10万两，先将沿河正街之马路动工修造，以便商民于其他地段内遵照式样建造房屋，早日营业。当月，督办建筑汉口商场事宜处已将拨款领到，并购办修造马路机器，招人包办（《新汉口建筑新闻》，《申报》1912年7月21日第6版）。可见，德商捷成洋行借款并非汉口重建专项借款，甚至于其预期用途根本就重建汉口。这笔德商借款之所以与汉口重建发生联系，只是因为湖北省府曾经从中垫付了10万元作为汉口修筑马路的"救急费"而已。正因为如此，湖北省府才仍然急于谋借汉口重建经费。
②　如皮明庥主编的《近代武汉城市史》（中国社会科学出版社1993年版）一书中称，"重建汉口规划无力实现，只得先该修马路。因此，由湖北财政司向德商捷成洋行借款10万两，修筑了沿江正街马路"（见该著第295页）。
③　《杨度督办汉口建筑市场》，《申报》1914年1月3日第6版。
④　有时也音译为三茂尔公司、三妙尔公司、妙尔公司。
⑤　皮明庥主编：《近代武汉城市史》，中国社会科学出版社1993年版，第297页。
⑥　张国淦曾在中央政府担任铨叙局局长、国务院秘书厅秘书长（1912.10.6—1913.10.17、1916.11.22—1917）、印铸局局长、内政部总长、教育部总长、司法部总长、农商部总长、平政院院长、文官高等惩戒委员会委员长（见罗元铮总主编《中华民国实录》第5卷上卷，吉林人民出版社1998年版，第4416、4417、4420、4422、4423、4424、4429、4432、4433页），1920年又出任汉口商场建筑事宜处督办，对民国建立最初汉口重建借款事务应当是知情的，其谈话应该是可信的。其所言3万元当指3万英镑。

· 305 ·

场之开办，系因项城（袁世凯的字——笔者注）时代英国□【以】浦口商场乃借法款所开办，遂援例要求，以扩张其在扬子江一带经济上之势力。项城以急欲称帝之故，方求其援助，遂允之……自履行契约二年后，如不发行公债，则取消其契约。当时政府派杨度督办其事，该款仅交三万元，而洪宪帝制事其，遂停顿至今"①，即英国订约是为了扩张其在长江流域的势力范围，而袁世凯则正好利用汉口商场借款为自己复辟帝制服务。第一次世界大战爆发，该项借款亦随之处于中止状态。

另据《汉口新闻报》1915年3月载，1914年鄂省当局与驻汉英商怡隆洋行签订了建筑汉口马路借款150万镑，定于欧战平息之后，即行交款。该行东因欧战难以平息，该国财政亦极困难，"照会武昌政府前议作废"②。

1914年1月中旬报载，副总统黎元洪与总统袁世凯、国务总理熊希龄议定，以政府名义向法国实业银行贷款300万镑，专以建造汉口新市，并称"日内即签约交款"。如此大规模的借款显然不可能在短期内促成，故中国政府的对法借款，应当在1913年就已经酝酿成熟了。然而，当时汉口各国领事、洋商听说上海各国租界已经中国政府同意拓展，就专门召开联合会议讨论，打算以提供建筑汉口马路借款为条件，要求中国政府同意推广汉口租界；否则，马路借款即不能成。这次会议还公决，此事关系各国公共权利，纵然中国政府不借法国实业银行之款，各国银行之要求也是一样的。由于这个会议的缘故，至1914年2月，法国实业银行已在汉口建筑借款合同上签字，但却不肯交款，致使督办杨度一时不能出京来汉运作汉口重建事宜。③ 法国方面的意图很明显：以拒绝履约来胁迫中国政府同意拓展汉口法租界。然而，中国政府拒绝了各国拓展汉口租界的要求。此后，法商借款一事归于沉寂，说明

---

① 《张国淦关于汉口商场之谈话》，《申报》1920年3月13日第7版。而另有报道称，三妙尔公司借款在杨度时期"用去八十万，该公司历年在农商部取息"（见《汤芗铭返汉后之建筑商场讯》，载《汉口中西报》1921年11月2日第3张）。
② 《借款停止谈》，《汉口新闻报》1915年3月9日新闻第3张第5页。
③ 《推广汉口租界之要挟》，《申报》1914年2月23日第6版。

第六章 民初汉口官办路政与城市重建问题

该借款实际上被废止了。

从英商、法商借款废止后至1916年，第一次世界大战进入酣战状态，再未见报章载及汉口重建对外借款消息。

综前所述，民国建立的最初几年，中国政府前前后后向美商、英商、法商签订过正式的汉口重建借款合同，均中经波折，最终结果都是煮熟的鸭子又飞了——被作废或中止，中国政府依靠外债重建汉口的计划最终落空。而与借款经受波折和废止的相关方面主要有以下几个，即借款担保和抵押问题、汉口城市定位问题、列强在中国的利益之争、中国政府的对外交涉问题以及战争，等等。其中，对借款产生重要影响的因素有如下几种：

第一，湖北省临时议会、汉口商界主要是业主会与湖北省军政府之间的矛盾。省临时议会和汉口业主会本身并不反对借款。省临时议会对于借款，抱定的宗旨是"极力赞成、切实监督"[1]，它之所以抵制美商借款，是因为黎元洪军政府没有接受其监督，就将订立的草合同呈送中央政府审核，加之中央政府又不提供借款担保，美商对利益的要求过甚。汉口业主会坚决要求中央政府担保借款，反对以汉口税捐作为抵押品。它们的反对虽然使得该项借款活动暂时受挫，但并非导致该项借款最终被废止的因素。

第二，中央政府与地方政府之间关系的疏离与亲合。民国建立后，黎元洪不断地加强对鄂控制，掌握了鄂省的军政大权，与袁世凯集团、据有华东和华南的国民党势力，共同成为当时能够左右中国政局的三大政治军事势力。当时，"黎元洪所处的地位，有举足轻重、操纵南北之势，因而成为革命党人和袁世凯争取的对象"[2]。1913年3月"宋案"发生后，黎元洪权衡利弊，最终在政治上倒向了袁世凯一边。而袁世凯则一直关注黎元洪在鄂的一举一动，他利用黎元洪与国民党人之间的矛盾，对黎元洪极尽拉打兼施之能事，实际上对黎元洪时刻存有戒心，千方百

---

[1]《关于汉口建筑马路之卓议》，《国民新报》1912年8月15日第4页。

[2] 田子渝、黄华文：《湖北通史·民国卷》，章开沅、张正明、罗福惠主编，华中师范大学出版社1999年版，第11页。

计向湖北渗透势力，并伺机消除黎元洪驻足两湖对自己形成的潜在威胁。事实上，黎元洪对袁世凯也心存戒心，力图"敬而远之"，迟迟不肯离开湖北，但最终还是被袁世凯再三催"请"北上，在袁世凯的眼皮底下当着失去根基的副总统，其原有的地盘遂成为袁世凯集团的势力范围。因此，在黎元洪主鄂时期，湖北省地方政府与中央政府之间貌合神离。

与此相应，袁世凯北京政府对于汉口重建借款的态度也随着湖北地方政府的势力归属为转移。1912 年，黎元洪对美商借款，袁世凯表面上代表中央对于汉口重建借款表示支持，但在参议院讨论合同草案的时候，并不派政府委员出席会议进行说明。结果，议会决定将该草约交付特别审查。而特别审查又确定该项借款为地方借款，议会据此议决不能由中央政府担保借款。在汉口商界和湖北省临时议会均要求中央政府担保、美商也要求中央政府担保，借款磋商一度陷入僵局的情况下，袁世凯北京政府也没有出面表示支持。对袁世凯而言，他并不希望黎元洪因主持汉口重建借款而从中获利。另外，袁世凯北京政府举借的"善后大借款"的债主——六国银行团，又出面干涉黎元洪军政府举借的美商大来借款，终致大来借款告废，更是说明袁世凯其实并不支持黎元洪军政府举借外债。

从 1913 年年底 1914 年年初之交起，袁世凯北京政府却又开始积极与外商斡旋汉口重建借款事宜。1913 年 10 月，黎元洪当选为副总统，这给袁世凯实行"调虎离山"计划提供了极好的借口，因为要求副总统赴京履职是堂而皇之的事情。1913 年 12 月 8 日，黎元洪被段祺瑞"劝驾"离鄂入京。是月底，杨度即被任命为汉口建筑市场督办处督办。于是，"中央政府因汉口系商务总会之区，未便久荒"[①] 而积极开展汉口重建借款活动。北京政府对汉口重建借款态度的改变，从表面上看，好像是因为中央政府对汉口城市地位的认识发生变化了——由将汉口定位为地方性城市一变而为以汉口为具有全国性影响的商业枢纽城市，而实质上只是因为汉口作为势力范围的归属发生了变化，已由黎元

---

① 《推广汉口租界之要挟》，《申报》1914 年 1 月 3 日第 6 版。

第六章　民初汉口官办路政与城市重建问题

洪的势力范围转变为北京政府的控制范围。

此后，尽管袁世凯北京政府出面与法商、英商签订了汉口重建借款合同，北洋势力之下的湖北地方政府也与英商签订了建筑汉口马路借款合同，然而此时即使有中央政府担保，也对借款的最终结局产生不了根本性的影响。因为随着国际形势的大变，第一次世界大战的爆发，1914年以后的国际资本远较1912年的时候紧张，借款支付能力已今非昔比，英商三妙尔公司借款要"俟欧洲战事毕后交款"①，英商怡隆洋行借款也定于欧战平息之后交款。最后，借款均归于失败。因此，从国际资本的丰裕与匮乏的程度来看，在1912年至1916年期间，1912—1913年这两年是举借外债的最佳时机。而恰恰在这两年里，袁世凯北京政府与湖北地方政府之间貌合神离，明争暗斗或明不争而暗实斗，汉口重建借款因此未能在此期落实，重建时机亦随之悄然错失。

第三，中国政府的弱势外交、与列强的恃强凌弱。从前文的论述可知，无论是美商借款、英商借款还是法商借款，最终的结局都是在借款合同签订之后，外商拒不按月交付应付款项，使既定借款合同失去法定效力，这显然是违背国际法的行径。然而，列强恃强凌弱，中国政府却无力或无法追究其违约责任。

中国自鸦片战争以来，国势衰微，在各种不平等的条约所构成的条约体系下，处于明显不利的外交境地，而随着在华势力的不断扩张，列强又牢牢地把控着中国的经济命脉。民国建立之初，中国政府一时还难以改变在国际政治与外交中的弱势地位。在上下交困的经济形势下，中国政府对于外债的过度依赖，实际上又在一定程度上进一步强化了自身在国际外交中的弱势地位。列强每每倚仗外交强势，公然无视国际交往的基本原则，我行我素，背信弃义。当六国银行团不满美商对华借款时，便从中破坏；当美商在国际银行团的压力之下，公然违背汉口重建借款合同，拒不付款，使汉口重建借款化为泡影的时候，中国政府已经

---

① 《将来之汉口》，《申报》1914年11月10日第6版。

因此"耗损数万"①。然而，中国政府除了被迫宣布废止借款合同之外，对美商却无可奈何。当时舆论谓，"或云此项损失应责成达拉（即大来公司——笔者注）赔偿，然我政府无此魄力也"②。之所以无魄力，很大程度上就是因为中国国力衰弱，政府自身处于外交弱势，孤立无援，无能为力。当法国方面意欲胁迫中国政府推广汉口租界而未能如愿时，法商便拒绝按约交款，而中国政府对此也莫可如何。舆论慨叹："借款之受人要挟如此，言之殊可痛心！"③ 这既表达了国人对列强恃强凌弱的痛恨，也折射出国人对于政府外交无能的愤慨。

同时，中国政府对于借款合同条款欠推敲或屈意接受，更强化了列强把握借款合同存废的主动权。如美商借款第3款规定："此合同签字之后，汉口建筑工程俟款一到即须开工，又于合同签字后之第六星期由乙面须将第一期公债款照第十四款第一条交付。"④ 显然，合同中的"款一到即须开工"并没有明确限定为美方将借款首次按期交付给中方，也没有界定何谓"款一到"。因此，该条款对于美方而言不存在任何实质性的约束，倒是给中方要求美方履约时设下了陷阱，即只要中方工程不开工，美方就无违约之责；而事实上中方只有等到美方按约付款之后，才可能开工。所以，中方无法追究美方的违约负责。后来，美方正是以"此项借款原议建筑开工六礼拜后交付，如未开工，则不得以逾期不付为责"⑤ 为由，来推卸违约责任的。再如，英商三妙尔公司借款规定，"自履行契约二年后，如不发行公债，则取消其契约"⑥，所谓"履行契约"，应该是英方按约交款；而"履行契约二年后，如不发行公债"，这实际上就是违约，而违约后"则取消其契约"，等于是说英方违约无须承担责任。违约却不用承担违约责任，这在法理上显然是有悖合同原则的，等于完全将借款合同存废的主动权交给了英方。当时的

---

① 《汉口建筑借款作废》，《民立报》1913年1月19日第8页。
② 《汉口建筑借款作废》，《民立报》1913年1月19日第8页。
③ 《推广汉口租界之要挟》，《申报》1914年2月23日第6版。
④ 《汉口建筑借款合同》，《申报》1912年11月23日第6版。
⑤ 《汉口建筑借款作废》，《民立报》1913年1月19日第8页。
⑥ 《张国淦关于汉口商场之谈话》，《申报》1920年3月13日第7版。

第六章　民初汉口官办路政与城市重建问题

中国律师对此当不会不知，而合同条文内容之所以如此，除了因为中国处于外交弱势地位之外，只能解释为袁世凯急于称帝而利令智昏，屈意接受，和北京政府的无能了。

第四，借款抵押问题。借款抵押要求是债权方的正当权利要求，在前述各借款合同中，作为债权方的美商、法商、英商，都对中方提出了借款抵押要求。例如：美商大来公司借款第9款第1条规定："此项借款将以下所指定之汉口地面附加税及汉口地方捐作为抵押品：（一）地面附加税；（二）门捐；（三）水电捐；（四）烟酒税捐；（五）竹木捐；（六）人力车及马车捐；（七）码头税。以上各项进款每年约计银四百万两。"[①] 英商三妙尔公司借款抵押品，一说是"汉镇税捐"[②]，一说"商场所办之新企业（如电车等）"[③]。在汉口城市本身破坏严重，经济发展尤其是商业发展大受影响的情况下，不论是以未来开办的企业还是以汉口税捐作抵押，债权方都是要冒很大风险的，而政局的不稳更增加了外商投资汉口的风险。1912年至1914年，湖北地区的局势并不稳定，黎元洪对革命党人的血腥镇压与"倒黎"风潮、"二次革命"对武汉的局势的牵动、白朗起义引起武汉风鹤频惊，等等，都影响了国际资本对汉口的投资信心。对于这一点，中方也心知肚明。1912年9月，武昌南湖马队二标举行"倒黎"兵变，遭到黎元洪残酷镇压，一时间武汉三镇满城风雨，以致鄂省军民两府"恐大来公司借款因兵变中辍"[④]。大来公司拒绝履约后，舆论分析其中原因，认为除了"六国资本团忌我小借款，从中破坏"之外，还有一个原因就是"该借款无相当抵押物质，仅以未征收之市捐、杂税保证，信用力薄，债票难销"。[⑤]

对于以追逐利润为圭旨的国际资本而言，抵押品的信用程度肯定是影响其投资是否付诸实行的重要因素。大来公司最终拒绝履约，应该也

---

① 《汉口建筑借款合同》（续），《申报》1912年11月24日第6版。
② 《杨度督办汉口建筑市场》，《申报》1914年1月3日第6版。
③ 《张国淦关于汉口商场之谈话》，《申报》1920年3月13日第7版。
④ 《建筑公债之简章》，《国民新报》1912年10月2日第1页。
⑤ 《汉口建筑借款作废》，《民立报》1913年1月19日第8页。

受到抵押品因素的影响。但该公司在签订借款合同之初应已考虑到抵押品风险问题，在此情况下，抵押品问题不应是导致其最终拒绝履约的重要原因的全部，甚至可能只是次要的原因。而真正的原因可能是大来公司面对六国银行团的经济强势，不愿因一次对华小借款而牺牲其国家的更大的政治和经济利益。

第五，第一次世界大战。其影响有二：一是使原有可能投资中国的国际资本流动转向；二是大战引起的资本紧张使列强不愿履行已经签订的汉口重建借款合同。最终，借款合同均因大战而搁置。

2. 举借侨债：半途而废

在1912年举借外债不顺利时，黎元洪湖北军政府还曾谋借侨债。汉口建筑筹办处成立后，无钱着手建设。当时，有借外债专修街道而以将来汉口通行税作抵押之说。然而，街道两旁的房屋，一半的业户无力修建，湖北省府又担心利权外溢，不愿承包给外人建筑。大约在4月份，黎元洪派汉口建筑筹办处协理蒋文汉赴上海与华侨联合会磋商举借侨债事宜。① 此前，黎元洪还曾以中华民国副总统名义邀请侨商回国，相度汉口情形，"妥筹善后，以便特别构造"②。

当时，侨商的参与热情很高，华侨联合会随即派代表陈楚楠等赴鄂，还邀集韦紫丰（封）、宋炜臣商议汉口房屋建筑事务，并决定筹组公司。同年5月，侨商与黎元洪军政府初步达成协议：由陈楚楠等侨商负责担负借款2000万元，常年利息3厘，以汉口全市房税为担保，限25年还清。正式合同签订之后，由湖北军政府制发债券2000万，分期交陈楚楠等赴南洋出售，购买对象仅限于华人；如果订期不能交款，即应赔偿损失。③ 应该说，这个借款的利息条件比较大来等外商借款的利息条件要优惠得多。当然，侨商当时也提出了要求，即借款由中央政府

---

① 《汉口市面建筑谈》，《民立报》1912年4月22日第1版；亦见《侨商承借建筑费》，《申报》1912年5月22日第6版。
② 《华侨新汉口建筑公司规则》，《申报》1912年6月8日第6版。
③ 《侨商承借建筑费》，《申报》1912年5月22日第6版。

担保①。当时华侨还制定了《新汉口建筑公司规则》25条，呈黎元洪交省议会审议。② 与此同时，国内也产生了"举华侨为参议员"的呼声。但参议会反对华侨参政。③ 即便如此，华侨还是继续在汉活动，筹划重建汉口商场事宜。④

对于举借侨债重建汉口的做法，当时舆论普遍看好。有的认为其利有五——侨商富于财、集资容易、建筑不难；群策群力、事易办成；侨商熟悉西式建筑、有工程经验；可以工代赈、以苏民困；可以防止利权外溢。⑤ 还有的认为其大利有三："对于外有挽回商权的能力"；"今以华侨巨资扩广市道，预备京制，为日后迁都之便。是汉口建筑，可以挽回外人之商权，且能省去国内之巨资"；"能牵引华侨之输资国内，以补助各种实业之未及"。⑥ 总之，是有利无害的事情。

然而，正当国内舆论对举借侨债重建汉口一片欢呼的时候，在接下来的7、8两个月来，先后传出两则有关举借侨债的矛盾信息：

一则云，华侨代表陈楚楠、庄笑国"以借款至三千万之巨，按期不能交清，须受重罚，深恐一有贻误，何堪负此重累，故不敢担其责成"，因此，黎元洪只好派员另与美商大来公司磋商，业经议定借款250万镑，以汉口税捐为担保品。⑦

一则云，美国旧金山华侨，于8月14日致电黎元洪，情愿助借款200万兴建汉口，此项借款项即作为国家公债，俟国家富足后偿还华侨联合会，作兴办侨民公共事业之用，请黎元洪核办示复，以便汇寄。

此后，还有一则报道，称侨商欲在汉口购买刘家庙上首4万余方官地，价值约计银200余万两。再后来，则未见有关政府斡旋举借侨债和侨商积极在汉活动的报道。

---

① 《筹还新汉口建筑借款问题》，《申报》1912年5月31日第6版。
② 该规则见《华侨新汉口建筑公司规则》，《申报》1912年6月8日第6版。
③ 《十五日参议院会议记》，《民立报》1912年5月22日第6页。
④ 《汉口电报》，《民立报》1912年5月23日第3页。
⑤ 连横：《汉口建筑问题》，《民立报》1912年6月14日第12版。
⑥ 毗舍耶遗民：《论汉口建筑有三大利》，《民立报》1912年6月22日第12版。
⑦ 《新汉口建筑近闻》，《申报》1912年7月21日第6版。

以上三则报道是否说明，黎元洪军政府在举借外债和侨债之间进行选择，最终选择了举借外债呢？如果是，那为什么当初热心举借侨债的黎元洪要做如此选择呢？如果说侨商此时表示不敢承担责任，那当初与黎元洪达成初步协议时，为什么要议定到期不交款就要承担赔偿责任这样的条款呢？举借侨债的最终半途而废，是否与政治因素有更大的关系呢？

从上述资料提供的信息来看，"华侨参政"的呼声及"以华侨巨资扩广市道，预备京制，为日后迁都之便"的舆论，应该牵涉到民国政治中的一些敏感问题。近代以来，国内的变法与革命如维新变法和辛亥革命，它们都与海外华侨的热心支持与积极的政治参与有密切关系。而总的来看，海外华侨与国民党的联系更为密切。在民初政党蜂起、竞争激烈的态势之下，华侨参政自然是一个十分敏感的政治问题。1912年5月，并不反对重建汉口借款的湖北人、共和党骨干之一的汤化龙，他身为参议院副议长，在政治上支持袁世凯和黎元洪，对于"举华侨为参议员"带头表示反对①，就是该问题敏感性的一个反映。恰恰，华侨参政这个敏感的问题又是在侨资试图大规模涌向国内的时候凸现出来的。至于定都问题，这本来就是民国建立最初的一大敏感问题。当时，以孙中山为首的国民党力主定都南京，而袁世凯则坚持定都北京。黎元洪与侨商达成借款协议的时候，迁都之争尘埃方才落定。而就在此前不久，舆论还有主张建都武昌的。因此，如何建设汉口也成为一个较为敏感的问题。"以华侨巨资扩广市道，预备京制，为日后迁都之便"这样的舆论，显然也是当时敏感的都城之争问题的一种余响，但它与举借侨债重建汉口一样，可能触动袁世凯北京政府敏感的政治神经。

基于以上的认识，笔者认为，民国元年湖北军政府举借侨债活动的半途而废，其原因可能是侨商最终在主观上不愿意投资汉口重建的问题，更可能是政治因素导致黎元洪军政府在举借侨债问题上发生了动摇——黎元洪不愿意因为汉口重建借款问题影响他与北京政府之间的政

---

① 《十五日参议院会议记》，《民立报》1912年5月22日第6页。

治关系，从而放弃举借侨债，寄希望于发行公债和举借外债。

3. 举借内债：一无所成

从1912年至1913年，湖北军民两府及议会均曾主张举借内债。1912年3月，就有湖北省临时议会议员高国英提议发行"市债"①。其后民政长及汉口各团联合会决定发售公债券，未果。② 再稍后，黎元洪担心大来公司借款因"南湖兵变"中辍，军民两府会商发行公债票以为补助建筑之用，并且议定了建筑汉口公债简章7条。该简章主要内容为：（省）政府发行公债1000万两，分5两、10两、20两、50两、100两5种，专备建筑处购买地皮之用，使用时四现六票搭配，如果购地需用现银1000两，由建筑处搭付公债票400两，年息6厘；公债票可以转押、买卖，但不得转押和卖给外国人；关税、厘金不得以公债票完纳；公债票自民国元年（1912）起至民国二十年（1931）止陆续收回，在收回期内，汉口地价捐、房（捐）、车捐等项得以此票完纳。至11月份，省临时议会议决通过。③ 当时，汉口商界也无反对之声，如果发行，是有可能筹到相当可观的重建经费的。

然而，湖北省府拟发行的公债，又与中央政府发行的"六厘公债"相矛盾，因为中央政府财政部在计划发行该项公债时，就"咨请各省停发各项公债"④ 且"六厘公债"议案已于1912年12月在参议院通过。⑤

为了安抚湖北地方政府，也为了回应以宋炜臣等为代表的汉口商界对中央政府赔偿辛亥兵燹损失的强烈要求，同时也为了避免他处援例以求，中央政府财政部、工商部与汉口商界代表会商后，达成了一个补偿性方案，其大旨为：以补助发展汉口商务的名义，发行总额为银5000万两的有期定限偿还公债票，前5年只付息不还本，从第6年起每年偿

---

① 《武汉新政种种》，《民立报》1912年3月31日第7页。
② 《新市场分为三事》，《国民新报》1912年8月4日第4页。
③ 《建筑公债之简章》，《国民新报》1912年10月2日第1页；《汉口建筑公债票简章》，《申报》1912年10月6日第6版；《议决建筑公债票》，《国民新报》1912年11月13日第6页。
④ 《财政部阻募内债》，《民立报》1913年6月3日第8页。
⑤ 《专电》，《民报》1912年12月25日第6页。

还本银总额的 1/25，至第 30 年还清，由中央政府在鄂省营业税内指拨应给年息五厘，在汉口房租及过境、落地税内附加等税项议定加筹数目，以足敷还息之数。①但因汉口大多数团体表示反对，这次由中央政府担保发行汉口重建公债票的计划，也归于流产。

此后，湖北省民政长夏寿康曾与马路工程专局于 1913 年 5 月 10 日议定发行"汉口建筑公债票"，办法与 1912 年湖北省军民两府议定发行公债票的办法差不多，只是省府收回（即归还）公债的时间改为自民国五年（1916）起至十五年（1926）止。②但是，这次计划依旧没有结果。原因直接与"二次革命"相关，且中央政府反对地方发行公债。因为差不多就在湖北省打算发行公债的时候，安徽省也计划发行公债 50 万元，但此时正当"二次革命"发生，中央政府亦以已经规定发行"六厘公债"后各省不得发行公债为由，出面阻止安徽省发行内债。③在这种情势下，鄂省发行公债票的计划也不可能得到中央政府的同意，发行公债计划遂再次流产。其后，政府对于筹措汉口重建经费完全寄希望于外债了。

因此，从 1912 年至 1914 年，政府在筹借汉口重建经费时屡屡受挫，且所有以汉口重建名义进行的借款最终均告失败。借款的失败给民初汉口重建带来了严重的影响，它使得政府无法按预定计划着手开展汉口重建工作，从而不得不一再变更重建计划，导致重建良机一再错失。以大来借款和三妙尔借款为例：汉口重建一事因为大来借款的一度悬置，重建计划中的最基本的方面马路修筑也随之迁延未定，政府在未能按计划进行的情况下，又面临着来自民间社会的强大压力，无力树立自身在汉口重建中的威信，所以汉口重建实际上在不久之后就陷入无序状态。1912 年 8 月报载，"汉口市政问题为万国观瞻所系，前议向美国打纳公司（笔者按：大来公司）借款三千五百万磅（笔者按：原文如此，

---

① 《专电》，《民立报》1912 年 12 月 25 日第 6 页；《以公债票救汉口》，《民立报》1912 年 12 月 27 日第 7 页；《五千万抚恤之简章》，《国民新报》1912 年 12 月 28 日第 6 页。
② 《建筑汉口之公债》，《民立报》1913 年 5 月 11 日第 8 页。
③ 《财政部阻募内债》，《民立报》1913 年 6 月 3 日第 8 页。

第六章　民初汉口官办路政与城市重建问题

但此数与合同条款不符），兴筑市街、马路，原议禁止各商民建筑房屋，以免将来暗受亏折。不料迁延至今，尚未实行兴工，各商民意自遭兵燹，损失已巨，何能久延，致误生计，刻已纷纷自由建筑，不久即可成闹市矣"①。至容氏改订重建计划时，"款项不足久为该处（指建筑汉口商场筹办处——笔者注）兴工之一大障碍"②。大来借款活动重新进行后，马路工程专局也调整了重建计划，决定分期建筑，以马路为基础和重点，积极准备着手重建。可怜马路工程专局"因盼望交款，遴员招工、购料，甚为忙碌。现闻借款不成，该局总理焦灼几死，即从此收场已耗损数万"③。此时已是1913年年初，汉口重建由此进一步延误数月的良机。穆和德的江汉关《海关十年报告》这样写道，"按现代原则重建1911年革命期间被大火焚毁的汉口老城区的计划，由于资金短缺陷入流产。这一计划搁置后，一些业主收回原先的承诺，按照老样式建造新建筑。到1914年，城市80%得到重建，在现代原则基础上改造城市的计划丧失了"④。

　　由重建借款的屡屡失败，导致重建计划的屡屡流产。由重建计划的屡屡流产，又直接导致汉口重建良机错失。汉口重建借款失败成为汉口重建良机错失过程中的十分关键的一环，这说明民初政府在筹措汉口重建经费时，其过度依赖（当然是不得已）借款尤其是外债的做法，是值得检讨的：当政府将重建汉口的希望完全寄托于借款的时候，它已经将重建经费问题的解决，局限于一个看似宽广而实则十分狭窄的途径。当中央政府与地方政府之间的政治斗争、国内的党派之争、动乱乃至战争、国际资本集团伺机攫利，甚至世界性战争等多重因素牵涉举借外债活动的时候，举债筹款一途注定荆棘丛生，蜿蜒崎岖，此路难通。而举借侨债和内债也因为国内的政治纷争，城市自身利益得不到应有的重视，最

---

①《自由建筑房屋》，《国民新报》1912年8月26日第4页。
②《马路线之更动》，《国民新报》1912年9月19日第4页。
③《汉口建筑借款作废》，《民立报》1913年1月19日第8页。
④［英］穆和德：《海关十年报告——汉口江汉关（1882—1931）》，李策译，香港天马图书有限公司1993年版，第137页。

终也归于失败。因此，民初汉口重建借款活动的失败还表明，政府的政治利益压倒了城市自身的利益；在城市自身利益不能得到充分表达的情况下，汉口重建总是难以抓住历史机遇而取得成功的。

后观民国中期刘文岛执政时期，汉口城市建设的情形迥然不同。汉口市政当局积极地雷厉风行地开展市政建设，结果成绩斐然，尤其是在马路建设方面，于大约两年的时间内，市政府在汉口旧城区开辟了民生路、民族路、民权路、沿江大道等数条现代化的大马路，使汉口旧城区改造和城市现代化进入了一个新的阶段。其时汉口市政建设和市区改造获得快速发展的原因之一，就是汉口拥有一个相对独立自主的政治经济实体——市政府，它能够相对自主地制定市政发展规划，并利用手中握有的独立的市税征收权，切实开展市政建设。虽然汉口市政府也举借市债，但市政建设的经费主要来自汉口市税捐。

反观民国建立之初的汉口重建，既受制于中央派设机构，又受制于湖北省府；在市政规划、市政经费方面无法自主，在经费上又得不到省政府、中央政府的有力支持，民间力量又无法通过合法渠道上升为城市公权力。结果，市政规划每每不为民间认同，市政机构绝少办事效率，市政经费毫无着落，汉口重建被一误再误，良机错失。两相比较可知：建立能够体现汉口城市自身利益的市政管理体制，是汉口重建可能取得成功的前提。

4. 官商之间：意见分歧，矛盾尖锐

民国建立伊始，汉口商务进入恢复阶段，由于市街破坏严重，汉口商贸大受影响，商务交易或被迫转入租界，或只能在极其简陋的环境——临时搭盖的棚屋中进行。1912年报载：

（1月）汉口荒凉景象目不忍睹，沿马路一带，新盖棚屋鳞次栉比，小贸营生者多系昔日富商大贾。①

（3月）现大局已定，各帮客货纷纷涌到，除洋场及前花楼未

---

① 《汉口劫后调查记·绅商筹议修复》，《民立报》1912年1月23日第4页。

第六章 民初汉口官办路政与城市重建问题

焚外,余均搭盖茅棚为暂时交易地点。钱庄、银楼亦在公所议规开市,市面焕然一新,渐有太平景象。①

(4月)各帮工匠旅汉者约有万余人,颇有望眼欲穿之苦;左右租界外,篷户万象,专以联盟占地为目的。②

回汉商民现几无立足之地,行号群趋租界,铺店支棚为生,也有无屋可栖,泊船傍岸者。

在这种情况下,汉口商界和政府都在积极筹谋城市重建事宜,试图改变现有的商务环境。

在政府试图实施其所制定的汉口重建计划的过程中,汉口商界包括商会、业主会、各团联合会等团体均曾介入其中,扮演着各异的角色。总的说来,汉口商会充当着赞成者与中介者的角色,而业主会主要充当着中坚反对者的角色,各团联合会则主要附和业主会。

以商会为代表的汉口商界上层工商业资本家,如宋炜臣、刘歆生、韦紫封等人,曾经试图主导汉口重建。在争取汉口重建主导权受挫之后,商会转而与政府合作,支持政府主持汉口重建,希望早日繁荣华界商务,维护华界利益。商会呼吁政府尽快进行市街建筑,以改变商务华界日衰而租界益盛的严峻态势:"外溢中虚,实非久策,急宜规定建造,可以镇观望者之心,免致久困,益增商累。"③ 地方市政当局在强制拆屋筑路遭到业主们强烈抵制的时候,转而积极争取商会的支持,主动要求商会公举建筑参议,会同汉口建筑筹办处磋商汉口重建事宜,以保证汉口商界上层的市政参与权,希图以此安抚汉口商界上层,并借其联络商界,共谋汉口重建事宜。此后,汉口商会在政府与业主会之间充当着协调者的角色。当业主会反对政府规定的马路路线的时候,"议请商会转禀都督谕饬建筑处设法偏绕,务求达到目的而后已"④。当业主

---

① 《武汉之风云种种·将睹新汉口》,《民立报》1912年3月15日第8页。
② 《武汉近情汇述》,《申报》1912年4月6日第6版。
③ 《汉商会维持市面策》,《申报》1912年4月13日第6版。
④ 《路线偏绕会馆之问题》,《国民新报》1912年7月8日第4页。

会就汉口建筑办法提出自己的八点建议和要求时，政府"邀集商会及建筑参议开会，研究秉公评议，将原有八条逐一解决"①。在业主会与政府僵持不下时，商会要求政府缩减建筑规模，"仅修直马路三条，横马路三条，街市仍旧，修街酌加展让，早日开工，以顺商情而免久延"②。1912年，容氏重建计划就是在政府与商会磋商的基础上制定并缩减政府原有建筑计划规模的。在筑路让地问题上，商会也主动与业主会磋商，以期业主尽可能让宽街道。③ 中央政府与汉口商界的交涉，也以商会为中介展开。商会代表汉口商界向中央政府提出赔偿汉口辛亥兵燹损失要求，中央政府则要求商会出面担保，发行汉口商务公债票作为辛亥兵燹损失补偿和汉口重建经费。不过，商会的居间协调并没有消除汉口商界与政府之间在汉口重建方面的严重分歧。

民初汉口官商在汉口重建方面的分歧与利权冲突，主要存在于汉口业主会与政府之间，其时段集中在1912—1913年，尤其是在1912年，其事项主要为马路修筑与借款。

1912年年初，汉口建筑筹办处公布了重建汉口方案和马路图示之后，汉口业主会等以道路占地过宽，将来换给官基，难得公允。现在道路未曾兴修，又禁盖房屋，使商务、民业两受其害。因此，业主们群起反对。同年4月，汉口建筑筹办处又宣布，凡未烧之房屋，与马路工程有碍者，亦须拆让，各业主闻之哗然，设法阻挠，理由是建筑筹办处现定街道图多作三角尖形，弃地过多，浪费就多，他们具呈恳请都督饬令建筑筹办处，就汉口原来地势、街道，重新测绘一图，所有的马路依旧由官街展宽，以免与商民在基地调换发生纠葛。此后，业主们又坚持要求，凡调换的官地，位置必须接近其原地；否则，就不予承认。④ 就在这个月下旬，建筑筹办处不顾业主会与议会的反对，在四官殿等处动工修筑马路，令人拆屋让基，几乎引发业主暴动。业主会要求建筑筹办处

---

① 《关于建筑之问答》，《国民新报》1912年7月9日第4页。
② 《马路又将改革》，《国民新报》1912年8月4日第4页。
③ 《汉口之新马路》，《民立报》1912年10月17日第8页。
④ 《新汉口建筑种种》，《申报》1912年4月20日第6版。

第六章　民初汉口官办路政与城市重建问题

停修马路。有鉴于此，该处做出了一些妥协：将建筑规划图中的三角形市街全部改为方格式；路用地皮究竟是采取调换、收买还是推展法，由业主公决；宣布建筑借款由中央政府担任。在业主会的强烈抵制下，该处停工5日。① 其后，业主会还是反对新修马路，他们只允许就路修路，各户最多让地3尺，用以拓宽马路。而该处在军队的协助下，继续在河街一带开工。因为有军队震慑，双方才没有发生暴力冲突。② 于是，业主会于5月时又呈请都督黎元洪要求停工，尽管一时未获允准，然而在业主会的强烈反对下，马路建筑最终还是陷入停顿。③ 6月初，有报道说，建筑筹办处拟修马路，因为业主会反对争执甚力，而迁延未开工。④ 到了8月，又有报道云，"建筑马路数月以来，迄无成议者，一由于业主之不承认，一由借款之难解决"⑤；"建筑汉口市街，业主不愿遵从，迁延半载，迄未实行"⑥。在省临时议会和商会的调处下，业主会同意将街道让宽2丈6尺，但是业主只允让2丈2尺。⑦ 业主及业主会总算是作了较大的让步，但仍使得政府原定马路建筑宽度大打折扣。此后，业主会还曾反对政府借款，不仅影响了大来借款的举借，还使得中央政府发行汉口商务公债的计划流产。业主会也曾反对官府制定的契税章程，要求省府将兵燹毁失房地契纸，援照京津成案豁免，这自然也给政府进行建筑预算造成了障碍。

业主会在汉口重建问题上的种种反对举措，确实曾给政府实施汉口重建计划造成了障碍。不过，我们如果将业主会反对政府的相关行为，仅仅归结为"只为业主私利，不顾城市现代化的大局"⑧，或者将错失汉口重建良机的主要责任归咎于业主会，则是有失公允的。诚然，汉口

---

① 《建筑街市之商榷》，《民立报》1912年5月6日第8页。
② 《汉口市政新谈》，《申报》1912年5月13日第6版。
③ 《业主会行将解散》，《国民新报》1912年5月13日第7页。
④ 《鄂省之四大问题·建筑问题》，《民立报》1912年6月4日第8页。
⑤ 《关于汉口建筑马路之卓议》，《国民新报》1912年8月15日第4页。
⑥ 《建筑市街之新猷》，《国民新报》1912年8月28日第4页。
⑦ 《汉口之新马路》，《民立报》1912年10月17日第8页。
⑧ 涂文学：《城市早期现代化的黄金时代——1930年代汉口的市政改革》，中国社会科学出版社2009年版，第378页。

业主会希望尽量减少业主的损失,甚至不愿让宽街道或少让宽街道,这的确存在不顾城市现代化大局自私自利的一面。但是,造成业主会在马路修筑和借款方面与政府意见分歧、矛盾尖锐化的原因,不仅仅在业主会方面;业主会反对政府的行为中也存在非经济因素和无私的成分,也有其合理的一面。

1912年4、5月之交,建筑筹办处强行施工后,业主会重要会员周少垣激愤地说:

> 要知道建筑马路一事,势在必行,该筹办处又甚颟顸,不知世事,不达人情。诸君……不可不急筹办法:一,质问借债,借何国债?以何项抵押?人民有无干预权?一,建筑处办法细则,应否宣布以示大公?①

在同年5月中旬举行的第四次全体业主大会上,身为业主会会员同时也是汉口各团联合会副会长的周允斋愤慨地说:

> 建筑马路,我辈不赞成者,亦非无自。(一)建筑处不与人民接洽;(二)街道前让后展,以后湖荒地享前街权利;(三)不应先拆未烧之屋;(四)建筑必须借债还债之法,仍间接取诸吾民;(五)每以英伦敦、美纽约比汉口,一言不合,辄加我辈以不开通之名;(六)以江河两岸作青皮地(指绿化地,笔者注)固妙,但原在两岸之人以何法安置之;(七)此时以减价买来之地皮,将以贵价卖去,迹近垄断。我辈反对修筑者,不过反对此不良之办法而已。但最近之害,如盗贼、水火,警察之防范虽周,大街小巷,臭气逼人,于卫生大有妨碍,西人每以租界为天堂,以华界为地狱者,此也,则马路之当修不待烦言而解矣。依鄙人之愚见,愿与诸公共酌:(一)业主团体不可误听谣言,致会解散;(二)不可存个人意

---

① 《汉口业主之同盟》,《民立报》1912年5月1日第8页。

第六章 民初汉口官办路政与城市重建问题

见;(三)都督不许人民吃亏,要想不吃亏之办法;(四)办事之人要认真。

周允斋还提出了解决官民分歧的几点建议:

(一)借款要中央政府担任;(二)估价还地必须平均;(三)不拆未烧之房屋;(四)筹办处人员要认真任事;(五)汉口人民公举正人实行监督;(六)会馆要归业户。

对于周允斋的意见,各团联合会的戴仲华亦表示愿尽义务,同负责任。①

从周少垣、周允斋的话语中,不难看出,业主会反对官修马路的原因可以分为三个方面:

第一个方面,认为政府在规划重建和修筑马路时,以不当的方式多方损害了或必将损害业主们的经济利益,如:让宽街道、地价问题、拆屋问题、借款问题。第二个方面,对汉口建筑筹办处人员的处事态度不满,如:办事不认真;对业主态度蛮横,不尊重。第三个方面,对市政当局的不满:建筑筹办处办事不与业主会协商,政府不让业主拥有应有的知情权与参与权。这实际上就涉及民权问题了。

民国建立的最初几年里,业主会与政府之间的矛盾甚至冲突都是围绕这三个方面展开的。我们不妨以此为基点来解析一下当时业主会的不满和要求在多大程度上是合理的。

在这三个方面中,汉口建筑筹办处人员办事不认真是事实,前文已有充分论述,兹不赘述。该处人员出言不逊,有伤商民感情,也是事实。报载,"汉口建筑筹办处开幕以来,对于各业主、商民感情甚薄,故呈报之案,已见多起。昨闻李君祝惠又呈,该处非持论太过,即失于

---

① 《业主会详记》,《国民新报》1912 年 5 月 15 日第 4 页。

过激，暗酿风潮，势成凿枘，亟宜审时度势，平允维持"①。所以，业主会在第二方面的不满是合情合理的，无关于是否自私的问题，而由此产生不利于政府推进路政进行的后果，自然不应专责于业主会。

业主会在让宽街道、地价问题、拆屋问题、借款问题诸方面的不满，均系出于自身利益的考量而产生的。基于这样的考量而提出的维护自身利益的要求，是否都完全出于业主的自私自利呢？其实也有辨析的余地。其中，有的要求显然是自私的，如：不拆未烧之房屋、会馆是否拆要归业户处置、不按政府规划要求让宽街道（最初只允让地3尺，与既定规划退让宽度相差甚远），等等，完全不顾城市建设大局，势必妨碍在现代化原则上修筑马路、重建市区，与汉口城市现代化方向背道而驰。有的要求则未必就是自私行为，如借款问题，这是民国建立之初业主会与政府之间意见分歧的一个焦点：业主会曾经强烈反对没有中央政府担保的外债和中央政府发行汉口商务公债。

业主会并不是一味地反对借款，在政府举借的所有债项中，该会对地方政府举借侨债并不反对。而业主会之所以曾经强烈反对没有中央政府担保的外债，是因为借款合同规定以汉口地方税作抵押，他们担心因此增加汉口市民的负担。况且，在他们看来，"汉口乃天下人之汉口，非湖北之汉口，此项借款，汉口人民实难担任"② ——汉口是因为辛亥革命而惨遭损毁的，不只是为汉口而是为全国进行的，中央政府理应对汉口重建负责，汉口重建经费不应由汉口担负。即使用今天的眼光来看，业主会的反对也不无道理。所以，我们不能将业主会反对无中央政府担保的外债视为自私的行为。况且，黎元洪军政府和湖北省临时议会，最初都是主张外债由中央政府担保，这样做当然是为了避免增加汉口市民负担。只不过是政府在外债担保问题上没有坚持到底，而业主会始终坚持而已。业主会的反对也是从汉口城市利益出发的，不应该视为为了业主个体利益的自私行为。

---

① 《关于建筑之嘉言入告》，《国民新报》1912年5月27日第4页。
② 《业主会反对借款》，《国民新报》1912年6月27日第4页。

第六章 民初汉口官办路政与城市重建问题

业主会之所以反对中央政府发行汉口商务公债，是因为担心该项巨额公债最终难以保息而损害汉口城市本身的利益。按照该项公债规定，在汉口房租及过境、落地税内附加等项议定加筹数目，以足敷还息之数。① 又规定领公债票者先缴七厘半现银。业主会与汉口各团联合会、商界维持会、夏口全属议事会、自治公所等，均认为公债首重保息，商会以过境税及附加捐为准备金，"若任加增过重，商务不能发达，人民隐受其害。况又规定领公债票者先缴七厘半现银，尤为苛扰"，各团体之意"在减轻担负，不致遗祸国家。如照商务总会办法，是五千万之公债票以三十年连本合息计算，共有一万万两，皆汉口人民之担负也，故尔绝对不赞成，且恐将来一失信用，比至六七折转售外人，不独汉口亡，即全国亦亡"②。如果按人均负债计算；若当时汉口市区人口以30万计③，年人均负担约银11.1两，这的确是一项十分沉重的负担。汉口各团联合会、商界维持会、夏口全属议事会、自治公所等组织的一起参与反对，说明业主会的反对具有广泛的代表性。在业主会等组织看来，中央政府与商会一起谋划的汉口商务公债，不但不能补偿汉口城市既有的损失，而且还终将不利于汉口城市的发展和长远利益。诚然，公债条款中有关增加房税以付息等方面的规定，肯定是业主会等反对借款的重要原因，但他们对政府放弃低息侨债不借，而以发行增加汉口商民负担的公债来"补偿"和"支持"汉口重建的做法，表示反对，恐怕也不能仅仅视之为自私或短视的行为。

业主会和业主们对政府没有赋予其知情权、参与权的不满，则更不能视之为自私行为。业主会在汉口势力很大，它曾自称"就张公堤范

---

① 《专电》，《民立报》1912年12月25日第6页；《以公债票救汉口》，《民立报》1912年12月27日第7页；《五千万抚恤之简章》，《国民新报》1912年12月28日第6页。
② 《反对商务公债票》，《民立报》1913年2月11日第8页。
③ 1913年，汉口市区人口为男丁110826人，女口62279人，共计173105人，后湖人口为60881人（徐焕斗修、王夔清纂《汉口小志》，民国四年（1915）铅印本，"户口志"，第1—3页）。1917年夏口县人口调查结果，市区共计人口男丁166812人，女口87250名，共计254062人。未包括后湖人口（《夏口人数调查》，《大汉报》1917年3月16日新闻第3张第6页）。

围内言……实具万分之七八千。就汉口旧市镇言,为本会所有者,比较亦占多数"①。政府在城市重建的过程中,必然涉及拆迁问题,也就不可避免地要与业主发生交涉。然而,黎元洪军政府在谋划汉口重建之初,对于汉口商界,只以商会为联络中介,竟将业主会和汉口各团联合会这两个在城市社会具有显著影响的商界团体,排斥在官民协商机制之外,并企图以军队这样的国家暴力机器压服商民让基筑路,这样的处事方式显然是不妥的。对此,省临时议会曾经提出批评曰:

> 现民力凋敝已极,何堪再受隐亏?若换地办法无一定标准,凭三数人意见,窃恐难免不有因此而失其财产者。现筹办处于此换地重要之事尚未定有完善办法……此项建筑与民间有直接关系,筹办处开办以来,从未闻与民间磋商一切;与闻其事者,仅一商会,故舆论沸腾,反对甚力。且建筑马路、公署、警局等项,经费需款至巨,究竟款由公筹,或借外债,抑由市商协筹,尚无所闻。②

事实上,筹办处就是在这种情形之下贸然开工的,业主和业主会的反对及其与政府的冲突也就难免了。

尤其值得注意的是,辛亥革命之后,民权、民主观念对汉口商界所产生的影响不可小视。黎元洪军政府及直属于它的建筑汉口商场筹办处颟顸行事,不但不能压服汉口商民,反而引起强烈的反对。而黎元洪为了专制汉口,对于省临时议会提出的联络商会和汉口各团联合会,成立市政筹备会以化解汉口重建阻力的建议和做法,又坚决表示反对,则更引起省临时议会和包括汉口商会、汉口各团联合会及业主会在内的汉口商界的广泛不满。为了争取建筑参与权,业主会要求公举代表作为建筑参议。③ 最后,黎元洪同意业主会公举建筑参议6人,与商会及建筑筹

---

① 《建筑商场与后湖业主会》,《汉口中西报》1920年11月16日第3张。
② 《新汉口建筑种种》,《申报》1912年4月20日第6版。
③ 《业主会公举参议》,《国民新报》1912年7月5日第4页;《关于建筑之问答》,《国民新报》1912年7月9日第4页。

第六章 民初汉口官办路政与城市重建问题

办处一起协商建筑事宜。① 此后，业主会虽然在让宽街道、地价、借款等问题上继续要求自身的利益，与政府之间仍存在严重分歧，矛盾也十分尖锐，但再也没有出现像当初那样几乎达到暴力抵制官办马路的情形了。

由此可见，以业主会为主的汉口商界反对势力，对于官府的不满和反对，固然有利益的驱使，但这利益之中既有私利的成分，也有公利的成分，且总的来说是私利的考量，压倒了对城市公益的顾虑，给民初汉口城市重建带来了消极影响。但政府处事不当，伤害了汉口商民的感情，激化了官商之间的矛盾，增加了汉口重建的阻力，自然也导致重建良机的进一步错失。

二 缓慢推进的路政(1916—1926)

1916 年之后，尽管大小规模的汉口重建和市政改良规划仍不断产生②，但是其中与政府主持的汉口重建工作切实相关的，仍然只有马路计划。与此相应，以政府名义主导的汉口重建，实际上依旧非完整意义上的城市重建，其核心仍然是马路建设，马路工程几乎成为唯一具有建设性的工作。即便如此，马路计划实施起来也困难重重，要么是停留在纸面上，要么是大打折扣，汉口城市重建就是在断断续续的规模不大的马路修筑中缓慢推进的。

---

① 《规定建筑参议》，《国民新报》1912 年 7 月 31 日第 4 页。
② 大规模的汉口重建规划如：1920 年时，被任命为汉口商场督办的张国淦曾经对外谈及其汉口重建计划，称"至若举办计划，有与前杨晢子（即杨度——笔者注）所计划者不同之点，则杨系先从旧街衢入手，吾则拟先新后旧"（见《张国淦关于汉口商场之谈话》，载《申报》1920 年 3 月 13 日第 7 版）。至于具体规划如何，则不得而知。1921 年 10 月，美国工程师瓦德受中国交通部请托，完成了《汉口扬子江铁桥建筑计划书》。该计划主张跨长江建 1 桥，联络汉阳与武昌，跨汉水建 1 桥，联络汉口与汉阳，从而达到外联铁路、内联三镇的目的。该计划总预算达 1250 万元。（汤震龙编：《建筑汉口商场计划书》，督办汉口建筑事宜处、督办武阳夏三镇商埠事宜处 1924 年版，第 91—115 页。）其后，有以孙武名义制定的《汉口市政建筑计划书》和汤震龙的《建筑汉口商场计划书》。以上几种市政规划都没有在汉口付诸实施。

· 327 ·

（一）马路规划：不断产生

在1916—1926年这个时段又产生了两个大规模的汉口重建规划，即以孙武名义制定的《汉口市政建筑计划书》和汤震龙编撰的《建筑汉口商场计划书》。

1923年12月，汉口地亩清查局刊印了《汉口市政建筑计划书》，作者署名孙武（当时为该局督办）。该市政计划的主要内容包括：以夏口县为范围规划汉口市政，分甲、乙、丙三部进行，以汉口旧市街及张公堤至舵落口为甲部，开做商场；张公堤外之东西湖至柏泉山为乙部，预作工场，即工业区；此外之地为丙部，辟作农场。甲、乙、丙三部分别对应第一、二、三开发期，分期开发。城市（甲部）又分前、后、上三段，后城马路至江岸、河岸为前段，至张公堤为后段，硚口至舵落口为上段，先辟后段，再辟前段，依次建设。东西3条马路，南北8条直马路，呈方格状，筑路与开河配合。此外，还论及汉口水陆连接规划、清理汉口后湖地区土地计划、汉口各项建筑规划和管理、马路建筑之步骤及预算概数、城市开发建设资金计划、市政建设的一些经营管理政策措施、市政的捐税收入。[①]在该计划将汉口建设区域空前拓展，而且对市政建设经费的筹措进行了详细论述，在商场建设方式上，参照了东西方各国先例，吸收了西方先进的城市规划理论，对城市进行功能分区，重视公园建设，提出了"拓商耕农、交通为首、水陆并举、法政兼施、中西融合、广筹资金、重视管理"[②]的城市建设和管理思想。《汉口市政建筑计划书》应该是民初汉口市政规划中设计理念最前卫的一种。

1924年，汤震龙编撰的《建筑汉口商场计划书》出版。该计划书

[①] 参见武汉市城市规划管理局编《武汉城市规划志》，武汉出版社1999年版，第25—33页。该计划书的部分内容见孙武《汉口市政建筑计划书》（节选），载蒋方淮主编《东西湖文史资料》第2辑（出版地、出版者不详），第1—4页。

[②] 转引自皮明庥主编《近代武汉城市史》，中国社会科学出版社1993年版，第298页。

首先编列了葛雷武的《建筑汉口商场计划书》和瓦德的《汉口扬子江铁桥建筑计划书》，并随时附注，予以解释或发表评论，最后结合当时武汉市政发展的实际情况，对两份计划中论列的具体建设措施提出取舍性意见。因此，汤氏计划只是对葛雷武计划和瓦德计划的完善，它尽管出版于《汉口市政建筑计划书》之后，但在规划理念上却不及前者新锐，其中缺少城市功能分区概念就是明证。

不过，上述两个计划均未对马路建设产生实质性的影响，故不予申论。

至于单纯性质的马路建设规划，并没有现存的结集文本，故只能从可以找到的现存绘图中寻绎。

《支那省别全志·湖北卷》中载有1916年《汉口市区图》。从这幅图中，我们可以看出，在京汉铁路以北、大智门车站以西的后湖内的一片广大地区，作为计划市街，在图中居于十分显眼的位置，计划修筑的横马路有12条，通长的直马路有4—5条（见图6-2-1）。报载，马路工巡处鉴于大智门一带"地势低洼，每逢大雨，污泥壅塞道路，行人至此莫不视为畏途"，1916年"拟筹集的款，将该处辟成马路数十条，藉以振兴商务"。[①]《支那省别全志·湖北卷》所载1916年《汉口市区图》，很可能就是马路工巡处后来拟定的马路计划。

汤震龙编撰的《建筑汉口商场计划书》中，载有1917年《改良汉口市街略图》（见图6-2-2）[②]。与1916年《汉口市区图》相比，此图中的马路计划有了很大变化，图中京汉铁路以南后城马路以北的大片地区，是计划开辟的市场，而后城马路以南至汉江边的华界老市区，亦居于市政改良的显要位置，其马路路线设计，与马路工巡处原有马路计划之间，以及与马路工程专局的马路计划之间，均存在更为明显的承续关系。不过，民初至终，基本上没有按照这两个计划实行马路建设。

[①] 《工巡处扩充马路》，《汉口中西报》1916年11月16日第2张新闻第4页。
[②] 载汤震龙编《建筑汉口商场计划书》，督办汉口建筑事宜处、督办武阳夏三镇商埠事宜处民国十三年（1924）版。

近代汉口市政研究（1861—1949）

图 6-2-1 1916 年汉口市区图

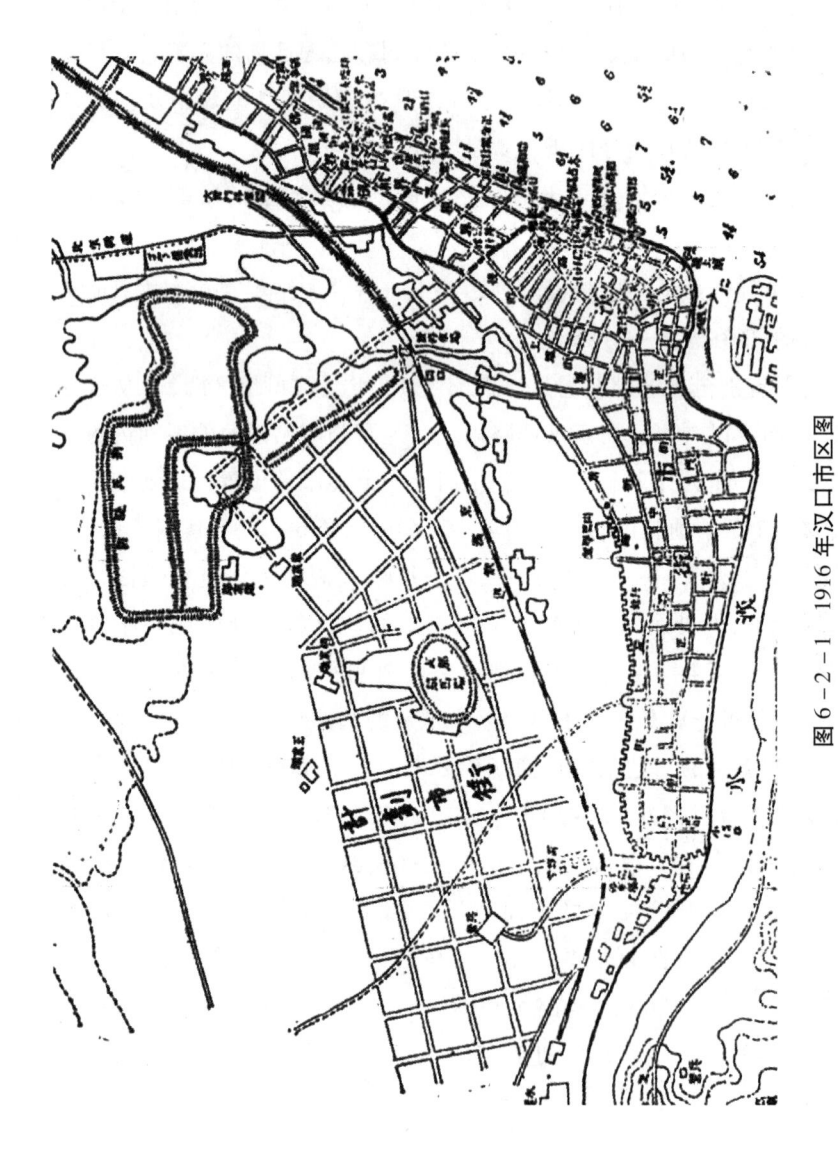

资料来源：[日] 东亚同文会编纂：《支那省别全志·湖北卷》，大正六年（1917）发行。

第六章　民初汉口官办路政与城市重建问题

图 6-2-2　1917 年改良汉口市街略图

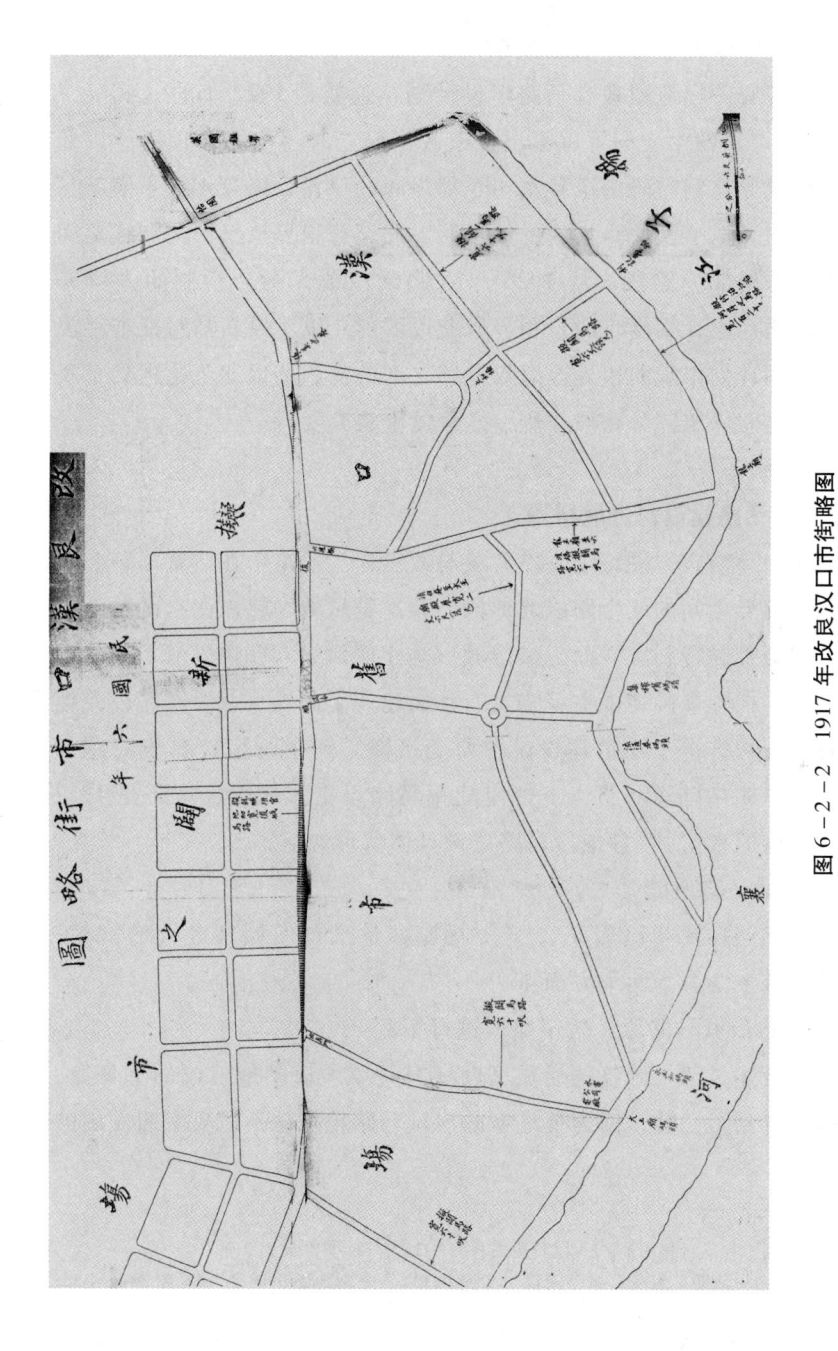

资料来源：汤震龙编：《建筑汉口商场计划书》，督办汉口建筑事宜处、督办武汉阳夏三镇商埠事宜处民国十三年（1924）版。

此后，继马路工巡处之后的汉口马路工程局，打算在后湖开辟新马路 8 条，这一单纯马路计划也没有实行。①

之后还有一幅地图载有马路建设计划，这就是 1922 年的《武汉三镇街市图》。从图中我们可以看出，市政当局当时还打算在日租界以北以西，东至原比利时码头至日军司令部之间的位置，修筑 4 纵 4 横新马路，以及租界至京汉铁路之间的歆生路以北至德租界京汉铁路支线之间的位置，修筑部分路段。从 1926 年《武汉三镇详图》绘制的内容来看，市政当局原计划修筑的日租界以北以西的 4 纵 4 横新马路根本就没有修建，而计划修筑的租界至京汉铁路之间的歆生路以北至德租界京汉铁路支线之间修筑部分路段，则一定程度上得到实行。②

（二）马路建设：进展缓慢

民初中后期官方进行的马路建设与改良，主要集中在后城马路、京汉铁路至租界之间的歆生路以北地段，其次是后城马路以南六度桥至英租界之间地带和特别区。而玉带门城垣马路以西至六度桥以南之间的广大旧市区，在整个民初根本就未见有什么建设。此外，京汉铁路以北地段在整个民初进行了零星建设，主要是培修了广东医院（在华商跑马场旁）至玉带门陆军马路、玉带门陆军马路至王家墩段，这还是 1917 年 9 月之前的事情。③ 各地段马路建设具体情形如下：

1. 后城马路地段

后城马路在民初已属于"老"马路，是汉口旧城区最大的官道，对它的改造主要分为两个方面：

（1）将后城马路原先较窄路段进行拓宽

如前所述，清末修筑的后城马路还只是就城垣基地筑成的毛坯路，并未拓宽。到了民初，因为毛坯型的后城马路越来越不适应交通发展的

---

① 《马路工程局行将取消》，《汉口中西报》1921 年 11 月 10 日第 3 张。
② 武汉历史地图集编委会编《武汉历史地图集》，中国地图出版社 1996 年版，第 53、57 页。
③ 《汉口建筑街路建议案》（续），《汉口中西报》1917 年 9 月 28 日第 3 张新闻第 6 页。

需要，官方对它进行了拓宽，当时称作"扩充路线"①。直到后城马路全线拓展完竣，人们才认为后城马路的修筑真正完成了。

官方拓展后城马路的工作很可能是从由义门往北一带开始的。从《支那省别全志·湖北卷》所载1916年《汉口市区图》看，该路自小桥口直至由义门的这一长段，还是城垣标志（见图6-2-1），说明该路段当时尚未拓宽；而从由义门往北大约至地方法院这一段，被称为"新马路"，说明这段马路才拓宽不久。

自观音阁至贫民工厂段，大约拓展修筑于1916—1917年。1923年4月报载，"汉口后城马路，由观音阁至贫民工厂止，系前工巡处修筑，迄今六七年"②。

1917年4月报载，江汉关监督兼管理汉口工巡处处长吴仲贤在批复有关承办汉口电车的申请时曾经指出，"城垣马路自六度桥以上马路逼窄，断难安设车轨，必须购地填土方可建筑"③。前述的"新马路"、修筑的"观音阁至贫民工厂"段马路，均在吴氏指称的路段范围之内。这更可证明民初官方修筑后城马路就是拓宽后城马路，而且大规模扩充开始的时间最早也在1917年4月之后。

1919年3月，警方在取缔后城马路行驶铁轮车辆时称，"自城垣马路完全成立以来，所有从前行驶之铁轮车辆已由警察厅饬令一律改换皮轮"④，表明后城马路拓宽工作直到1919年春以前才真正完成。

因此，民初城垣马路完成拓宽的时间主要应在1917年下半年至1918年。

拓展后的马路工程质量并不好，因为很快报章就有翻修、新修马路的消息。1921年后城马路又"扩充路线"，扩充哪一段？不得而知。其后，汉口警察厅于1922年应华界人力车行商的要求，准许增加行驶后

---

① 《华界增加人力车》，《汉口中西报》1922年3月1日第3张。
② 《观音阁马路将开工修理》，《汉口中西报》1923年4月23日第3张。
③ 《请办电车之波折》《大汉报》1917年4月3日新闻第3张第6页；《请办电车公司》，《申报》1917年4月7日第6版。
④ 《警察维持路政新令》，《汉口中西报》1919年3月30日第3张。

城马路人力车辆。①

后城马路原先到底有多宽，未见史书记载。它在民初到底扩充到多宽，亦未见记载。不过，从间接的资料我们大致可以推知其部分路段的宽度。1928年，市政府改造后城马路（当时名中山路）六度桥至硚口段之前，该段平均宽7.6米。② 故民初拓展后的后城马路全程平均宽度当在8米左右。

后城马路拓宽的完成，是民初以来汉口马路建设中的单线马路规模最大的工程，也是民初中后期单线马路规模最大的工程。

（2）对后城马路间断性地进行补修

有关民国中后期官方间断性地进行补修后城马路的次数，并无现成统计数据。从报章报道来看，至少有以下几次：1917年4月以前，翻造桥口转角至玉带门段③；1918年10月，马路工巡处鉴于"后城一带马路成立已数载，历年腐朽损坏，培补几乎不及"，"为垂久远而利交通起见，刻特购备坚结红砖，将马路全体翻新，从中练成八宝（约八尺宽），两旁则仍用沙泥建筑"，从歆生路华洋交界之处着手翻修。④ 这次可能并未按计划彻底翻修，因为不到两年时间，后城马路便又"窳败已极"。1920年7月，马路工巡处将张美之巷口修理"成一片坦途"后，又计划将六度桥、满春、观音阁一带赓续修理。一般商民闻讯后，"莫不喜形于色"。⑤ 不过，直到1921年12月，警方才宣布培修后城马路六度桥至观音阁段马路工程将于1月13日（农历十二月初五日）开工。⑥ 而报道所称后城马路于1921年"由马路工程局招商翻修完固"⑦，似应指整个后城马路均获翻修。

---

① 《华界增加人力车》，《汉口中西报》1922年3月1日第3张。
② 涂文学：《城市早期现代化的黄金时代——1930年代汉口的市政改革》，中国社会科学出版社2009年版，第189页。
③ 《省议会质问汉口工巡处案》，《大汉报》1917年4月26日新闻第3张第5页；《汉口建筑街路建议案（续）》，《汉口中西报》1917年9月28日第3张新闻第6页。
④ 《马路翻新》，《汉口中西报》1918年10月7日第3张新闻第6页。
⑤ 《汉口修理马路之着手》，《汉口中西报》1920年7月25日第3张。
⑥ 《翻修马路之警厅布告》，《汉口中西报》1920年12月6日第3张。
⑦ 《后城马路又要修了　前次工费尚未清吗》，《汉口中西报》1922年2月17日第3张。

后城马路号称"翻修完固",然而修路的材质不过是砖石和土,加之数月未予洒扫,以致"阴雨则泥泞阻道,晴明则尘埃蔽天,渣滓粪秽,慢不涤除"。可见,后城马路的历次培修并不"完固",配套管理也没有跟上。该局并入督办汉口建筑商场事宜处后,又有"更新翻修后城马路之说"。① 1923 年 4 月,后城马路观音阁至贫民工厂一带自筑路以来,"从未大加修理,以致高低不平,时有辆车【车辆】伤人之事,住户行人,均啧有烦言,各商团外(此字当为一衍字,笔者注)纷请马路工程局讯饬修理",马路工程局才派工程师前往估勘,预定简省办法,只就路面坑垱及两旁人字沟陷塌之处,着手补修,计需钱八百余串文。拟拨支每月所收牌酒捐款项,克日开工。②

2. 京汉铁路至租界之间歆生路③以北地段

这一带包括特别区(即原德租界),尤其是歆生路以北至原德租界一带,是民初汉口官方新修道路成绩最突出的地段。

1917 年,京汉铁路管理局为改良路政起见,特派工在黄陂滠口堤防掘挖大批山土,由火车装载来汉,将京汉铁路自歆生路至刘家庙一带共计 20 余里的路堤填宽,新辟马路一条,于 6 月初之前已开工,不知该项浩大工程,何时竣工。④

不过,当时负责进行歆生路以北的京汉铁路至租界一带的马路建设与市政改良的官方机构,主要是马路工巡处和特别区(原德租界)市政管理局。

自 1914 年 5 月开办至 1917 年 9 月期间,马路工巡处在自歆生路以北地段新造马路及阴沟有:

---

① 《后城路商人致商会函》,《汉口中西报》1922 年 3 月 20 日第 3 张。
② 《观音阁马路将开工修理》,《汉口中西报》1923 年 4 月 23 日第 3 张。
③ 在 1918 年《汉口市街全图》上,歆生路命名的道路横向的有 2 条,纵向的有 4 条,由北向南依次名为"歆生路""歆生二路""歆生三路""歆生四路",其中第 1 条歆生路与三口正街平行,第 2 条歆生路按顺序实际上就是歆生二路,它南接太平街,在 1922 年《武汉三镇街市图》上,其标名依然为"歆生路",就是今天江汉路。
④ 《路面新辟马路》,《汉口中西报》1917 年 6 月 5 日第 3 张新闻第 6 页。

· 335 ·

（一）华景街马路一条，计长 900 尺，宽 25 尺；

（一）德界三码头沿京汉之路填土路 200 尺；

（一）小华景街涵洞外土路 1668 尺，宽 30 尺；

（一）日界后阴沟长 8 丈 2 尺；

（一）咪哋洋行前门沟 38 丈；

（一）小华景街涵洞、暗沟长 22 尺，明沟长 7 丈 5 尺 10 寸，又阴井 1 处；

（一）小华景街马路旁明沟 4 丈 7 尺 7 寸；

（一）小华景街德界三码头路口、德华里马路口、大来木厂等处造成暗沟长 132 尺 11 寸，又石路 18.05 方；

（一）沿京汉支路阴沟长 764 尺，又阴井 8 处；

（一）大智门及通济里灰石迹【级】计 52.7 方。①

可见，马路工巡处此时新筑的马路零零碎碎，规模不算大，但在马路配套设施——下水道的修筑方面已很是注意了，尽管省议会认为其修筑计划并不完善。当时，在歆生路以北地段培修的道路有歆生二路和小华景街。② 只是不知哪些路段是在 1916 年之后修筑的。

1919 年，马路工巡处又在歆生路至华景街一带修建了几条马路：

一条由英租界城壕外直抵打球厂。工程即将告竣时，警察厅会同警察捐局张贴布告，谕令各车商赶紧更换皮轮赴局报验，以便保护马路。③

一条从大智门玉成公司对面顺铁路直达华景街三元里。该路修筑旨在挽回中国利源，利便华界交通。④

一条由大智门马路沿租界以北的官地至歆生路。报载该路"次第告竣，一由中国银行侧边，一由四成里，皆可直达大智门（现四成里

---

① 《汉口建筑街路建议案》（续），《汉口中西报》1917 年 9 月 26 日第 3 张新闻第 6 页。
② 《汉口建筑街路建议案》（续），《汉口中西报》1917 年 9 月 28 日第 3 张新闻第 6 页。
③ 《警察维持路政新令》，《汉口中西报》1919 年 3 月 30 日第 3 张。
④ 《铁路旁又辟马路》，《汉口中西报》1919 年 3 月 18 日第 3 张。

铁门已撤），不日车马通行并火车货物由此起卸较从前更便利"①。

一条由通益里上首直抵广益保安会。1919年4月马路工巡处鉴于歆生路至三新街地段，日益兴盛，也应该有利便的交通。于是，筹有的款，特地派人勘丈，计划从通益里上首修筑马路，直抵广益保安会。②如果经费真的有保障，该路在民初应该修成。

不难想见，歆生路至大智门一带马路的开辟，大大地便利了华界交通，促进了该地市场的繁荣。

特别区"在德人统治时，一切设施，皆甚美备，外人皆以为租地楷模。该界内不独无娼妓烟赌，即旅馆酒楼，亦几绝迹，路政、沟洫、树木之整齐清洁，不更问可知"③。自1917年收回之后，市政管理较此前大为逊色，其突出表现就是路政不修，沟渠污秽，因之饱受邻近的外国人指谪。该区所属的各段马路，以与华景街毗邻的路段最易损坏。广兴里以下德华里以上各路，变成崎岖之途。1919年9月初，该区雇请工人，购置沙石，开始逐段修理。④ 1923年春，报载"该区现在最易引人注意者，即为街道腐败可怕，其河街现状，与后城马路无异，苟再不修筑，即不能行……市政局泄沓成风，毫不实心办事"⑤。1925年，汉中街、汉景街、一元路各马路，前因年久失修，交通甚不便利。其中，一元路路身，尚属坚结，不过低陷之处较多。四维、五福、六合、三阳等路段，在5月间因连遭大雨冲刷，坎坷满目，不利于行人，欲修无款。市政管理局在无奈之下，只好将原本计划对一元路进行的翻修改为补修，改包工为点工，以便省出工料，用来修补四维等路。至同年8月初，各街路修补工程一律完竣。⑥ 特别区路政的今昔之变，反映出不同市政管理体制对路政影响的差别之大。

---

① 《马路通行》，《汉口中西报》1919年4月17日第3张。
② 《筹筑马路》，《汉口中西报》1919年4月10日第3张。
③ 《特别区市政之腐败》，《汉口中西报》1923年4月23日第3张。
④ 《特别区修理马路》，《汉口中西报》1919年9月3日第3张。
⑤ 《汉口英商会年会详记》，《汉口中西报》1923年4月19日第3张。
⑥ 《市政局请派员验收街道》，《汉口新闻报》1925年8月6日新闻第4张第7页。

3. 后城马路以南六度桥至英租界之间地带

后城马路以南六度桥至英租界之间的地段，在民初一直是汉口旧市区改造计划中的重点，但实际马路修筑成果寥寥。

最初，官方打算在旧市区拓辟横马路5条，首先就张美之巷修筑横马路一条，以便利从江岸通往华界旧市区内。如果张美之巷拓辟马路成功，那么，旧市区改造就有一个良好的开端。但因涉及拆迁而遭业主反对，改建张美之巷修建横马路一事，各团体多次议修，又多次搁置，总难进行。[①] 1919年，马路工巡处以张美之巷需用民地太多，而六度桥路线大半属于港基，且官产处正在进行清理，既无须用钱购买，又可以少费手续，遂临时改变方针，决定从六度桥着手修理。[②] 其后，该处又在后花楼巷至后城马路间，划定修理马路一条。[③] 从1920年版的《夏口县志》所载《汉口街市全图》上，我们可以清晰地看到有一条由堤街通往后城马路名为"六渡桥"的马路，但未见后花楼巷至后城马路间辟有新路。而在1922年《武汉三镇街市图》上，我们也可以清晰地看到由堤街通往后城马路的那条名为"六渡桥"的马路，还可以看到在后城马路与后花楼正街之间辟有一条马路，标识为"新马路"，这条新马路就是今天的交通路。

由此可以推知，六度桥马路修筑于1919年至1920年，"新马路"修筑于1919年至1922年。这两条马路可能就是民初汉口官府改造旧市区的最大的成果。此外，夏口县知事也曾插手汉口道路建设，在1922年修筑了汉口同文中学校前的马路。[④] 官方对汉口华界后城马路以南的旧市区的改造，仅以如此"硕果"而告终，足见其在汉口旧市区市政改良方面绝少作为，以及主导旧市区重建的有名无实。

民初中后期的官方道路建设，就修筑马路的机构而言，既有专门的马路修建机构，如马路工巡处、马路工程局等，又有夏口县、京汉

[①] 《横马路之进行策》，《汉口中西报》1918年10月16日第3张新闻第6页。
[②] 《横马路改变方针》，《汉口中西报》1919年3月12日第3张。
[③] 《创修马路之提议》，《汉口中西报》1919年9月6日第3张。
[④] 《建修马路垫款之摊还》，《汉口中西报》1923年10月29日第3张。

铁路管理局、特别区市政管理局等不同级别的非专门性马路修建机构，它们既有直属于中央政府，也有隶属于湖北省政府的。就马路建设的区域而言，不是侧重于旧市区内道路，而是侧重于旧城区之外、京汉铁路至租界之间的交通冲要地段。就马路建设和管理的角度言，无论是建设还是管理，均缺乏力度——新建道路不多，对既有道路的改造有限，多为应急之举，维护也很不力。就道路建设的影响而言，这个时段的马路建设，促进了汉口交通和市场的发展，也增加了一些就业机会①。因此，总体而言，民初中后期官方道路建设远远不能满足城市发展的需要，不能令人满意。

已经改造的马路屡屡败坏不堪，行人因之责难路政当局。后城马路在民初完成了改造，但在整个民初，它却一直未能得到彻底的修整，市政当局因此饱受批评。1923年，后城马路被作为汉口道路失修的典型见诸报端，当时舆论批评特别区内路政腐败，称该区内"河街现状，与后城马路无异，苟再不修筑，即不能行"②。大智门一带的大智门马路，交通繁忙，后连京汉铁路，前连英、俄租界，因久失修理，高低坑坎，朽坏不堪，附近铺户，啧有烦言，来往行人，莫不嗟叹。③ 1921年冬就计拟培修，但官府至民初之终，亦未能一修。

至于未经改造的旧市区和市郊地段，其街道偏窄或交通不便的总体状况并未得到根本改观，自然更不能令人满意。民国建立最初，汉口路政不修，"大街小巷，臭气逼人，于卫生大有妨碍，西人每以租界为天堂，以华界为地狱"④。民初后期，仍是有的路段无下水沟道，"积水留潴"⑤，有的路段虽有下水沟路而"淤塞浊秽，大碍卫生"⑥。租界、华界市容

---

① 报载1922年，汉口"因马路渐次扩充，车夫日益增多"。见《华界实行增车》，《汉口中西报》1922年3月6日第3张。
② 《汉口英商会年会详记》，《汉口中西报》1923年4月19日第3张。
③ 《马路工程局请款》，《汉口中西报》1923年4月6日第3张。
④ 《业主会详记》，《国民新报》1912年5月15日第4页。
⑤ 陈方之：《汉口市之卫生（内地与租界之比较）》（续前期），《市声周刊》第2期，1923年9月23日第4面。
⑥ 《马路工程局请款》，《汉口中西报》1923年4月6日第3张。

亦因路政优劣不同而呈天壤之别：

  租界道路："其道路之上，均有茂盛街木，外人所居房舍，亦均有相当隙地。其道路之构造，除俄租界外，虽多用细沙，然亦时时扫除清洁，洒水润之。而反顾后城马路则如何？触目者尘土蔽天，跌足者马孛充地……"①

  华界道路："仅能通行包车，车行接踵，侧身以避，不复能容人行矣，故人力车迄今不能开放，以致旅客来往，颇感不便。"②

总之，民初中后期的汉口马路建设，规模不大，力度小，进展缓慢，成绩不佳。

（三）修路经费：就地筹款

  在民初的中后期，汉口的道路建设及路政成绩不佳，很大程度上受制于经费。如：大智门马路，"年久失修，迭经请求路局修治，卒以公款奇绌，未能兴修"③，最后由商会出资培修。后城马路因年久失修，马路工程局于1921年招商翻修，道路修竣后，应付给工匠的工资至1922年时尚拖欠不清。旧市区马路修筑原拟从张美之巷入手，但张美之巷需用民地太多，拆迁费高，只好选择从耗费较小的六度桥、后花楼巷口的新马路着手兴建。而其余广大的旧市区更是因为官方未能筹措到庞大的马路改造资金，加之业主反对（反对的原因之一就是拆迁补偿费过少）等方面的原因，致使马路改造计划流产。经费问题成为民初汉口道路建设的老大难。

---

  ① 陈方之：《汉口市之卫生（内地与租界之比较）》（续前期），《市声周刊》第2期，1923年9月23日第4面。
  ② 周以让：《武汉三镇之现在及其将来》，《东方杂志》第21卷第5号，1924年3月10日，第78页。
  ③ 《培修大智门马路之考虑》，《汉口中西报》1923年10月12日第3张。

民初中后期，官府在马路修筑方面也曾寄希望于举借外债。第一次世界大战结束之后，对英借款问题曾经喧嚣一时。英国三妙尔公司的汉口重建借款合同因第一次世界大战而中止。德国投降后，中方欲赓续前约，1920年时任督办汉口建筑商场事宜处督办张国淦敦促英方如约交款，但该公司本无存款放给，特地派人回伦敦呈请英国政府，发行一种汉口市政债券，以期收入现金，汇往汉口，预为付给。但是意想不到的是，此项债券，英国人很少购买，三妙尔公司一时间筹措不到巨款，因此就不敢如约向中方付款。① 当中方再次向英方催款时，英方以欧战和约尚未正式签订为由，拒不付款，并声称"敝公司担任交款，条约业经签字，照章应即履行，如正式签约后二年，不能交款，敝公司当自认废约，毫无疑虑"。英方如此言行，使得国人感到"吾人所研究之建筑汉口商场，实为办既不能，而不办又不能"。② 张国淦辞职后，中央政府决定停止对英交涉。但不久，报章盛传中央政府中的当权者继续向三妙尔公司交涉，要求该公司先交1000万元，仍以汉口商场作抵。至于借来之款，却要转作选举之用。而中央政府内部的派系之争使得借款最终未能成立。③ 继任督办汤芗铭就职后，当即赴京，先与农商部磋商，继而又与吴佩孚接洽，彼此议定，将洋商借款合同打消，另由农商部会同督办汉口建筑商场事宜处，发行汉口市政公债，用作建筑经费。④ 最终，三妙尔公司借款还是归于流产。从上述情形来看，民初中后期汉口重建借款已沦为政客牟利及政治斗争的工具。1924年，当湖北督军萧耀南欲借汉口重建借款扩充势力的时候，旅沪湖北同乡会全体致电反对云：

---

① 《建筑商场之消息》，《汉口中西报》1920年7月1日第3张。
② 《建筑商场之近讯》，《汉口中西报》1920年11月15日第3张。
③ 《商场借款之黑幕谈》，《汉口中西报》1921年1月12日第3张；《反对商场借款之酝酿》，《汉口中西报》1921年1月15日第3张；《汉口商场督办与各方面》，《汉口新闻报》1921年10月2日新闻第1张第2页。
④ 《建筑商场之经费问题 打消英商借款 发行市政公债》，《汉口中西报》1922年2月5日第3张。

> 报载武昌商埠借款，至为骇然……倘犹执市政之说以相蒙，请查汉口建筑借款成案，当可了然。武汉对峙，一误何堪再误。历年军阀假名借款，非饱私囊，即作军费。此中黑幕，妇孺皆知。鄂人虽愚，岂能长受欺骗……市政果操自外人，祸将波及全国。鄂人纵畏威不敢言，国人亦万难缄默，且渴望和平久矣。该款若成，势必移作军费，再逞武力。十余年来，创巨痛深，谈虎色变，公何忍出此，以祸天下乎？①

可见，当汉口重建借款沦为军阀、政客政治斗争工具的时候，时人已经知觉到，汉口重建借款即使举借成功，也不会对汉口重建有多大裨益。至于发行内债之计划，也不过成了说说而已的事情。在这样的情势之下，汉口重建问题及马路建设经费问题，是不可能得到好的解决的。这再度说明，城市不能自主市政已经成为近代汉口市政发展的严重障碍。

在借款无成的情况下，民初中后期的汉口重建——道路建设，实际上只能就地筹款，在经费严重匮乏之中进行的。其经费来源，除了京汉铁路管理局经费和特别区市政管理局、特区管理局的市政经费以外，其余用于汉口华界马路建设的经费极为有限。1914年5月，马路工巡处（即江汉关管理工巡处）成立之后，该处建筑费，并无确定的款项。至1917年9月，建筑费由财政厅分拨了3次，共计5万元。无奈工大款少，致使各种建设计划不能分别实行。② 值得注意的是，汉口的马路建设经费虽由省财政厅拨款，但在一般情况下，省财政厅所拨之款，实际上还是源自汉口税捐。也就是说，民初中后期的马路建设经常性经费源于汉口地方税捐，只不过这部分汉口地方税捐，一般要先上缴省财政厅，其后再由省财政厅下拨而已。从笔者阅及的资料来看，这些税捐包括以下三个部分：

---

① 《鄂同乡致萧耀南电阻止进行武昌商埠借款》，《上海晚报》1924年2月26日。见《北洋政府京畿卫戍总司令部档案》（1024）882。此件为田子渝教授手抄档案。

② 《汉口建筑街路建议案》（续），《汉口中西报》1917年9月26日第3张新闻第6页。

一是汉口警察捐局征收的马路捐,二是汉口的车辆牌照捐,三是路捐所所收乐户牌酒捐。1920年报载,"培修后城马路,筹备已久。惟因款项过巨,预备匪易。兹闻此项巨款,除已报销张美之巷二千串外,再由警察捐局拨抽三千串,及车照费二千八百元,并路捐所之收入,悉数拨归马路局应用,已由军民两长,训令各该局遵照办理"①,就清楚地说明了当时用于修路的经费的三个来源。

汉口警察捐局征收的马路捐是马路修筑专项经费。1920年有报道云,"马路向由警察厅收捐,已有五六万,解送财政厅核收"。由此可知,至少在1920年以前,警察捐局所收马路捐是修筑汉口马路的主要经费之一,尽管这是汉口马路建设的专项经费,但并不能直接交给马路建筑机构,按规定是应该交由省厅核收之后,才可能用于汉口马路建设。

车辆牌照捐自晚清以来一直是汉口马路修筑经费的来源之一。1907年,后城马路首段修成后,定章只准行驶人力车200辆,因为当时马路工程局经费支绌,就临时决定添车100辆,每辆缴牌照费洋20元,充马路工程局经费。1920年,马路工程局准备翻修六度桥至观音阁段马路,汉口警察厅发布告示云:

> 按准汉口马路工程局函明,查六度桥至观音阁一段马路工程,敝局现定于本月五日,开工翻修,相应函请出示布告人民……再查现时开工在迩,在在需费,并请催令人力车商,克日换照,仍将是项照费,从速汇交敝局济用,俾免困难……②

这说明车辆牌照捐在民初也是汉口马路建筑经费的一个固定来源项。

路捐局路捐也是马路修筑的专项经费,只不过该项经费最初是专

---

① 《马路开工有期》,《汉口中西报》1920年11月30日第3张。
② 《翻修马路之警厅布告》,《汉口中西报》1920年12月6日第3张。

门用于培修后城马路的,且由湖北省在汉口设立的路捐局来征收,所抽税捐为乐户牌酒。路捐局是何时设立的?尚不得而知。1920年,该局所收捐款每月"不过四十【千】余串文"。而自设局抽收以来,每月局用开支,已占收入1/3,而所余之款,又须按月缴解财政厅核收,以致汉口总商会、业主会、慈善会共同要求撤掉路捐局,将所收捐款改由汉口警察捐局派员附带抽收,专款存储。① 嗣后,因为汉口市面萧条,该局所收牌酒捐异常短绌。到了1923年,该项捐款改为由商包缴,但"每月亦仅三千串文,修理各路,款无余存"②。

由于既定的筑路经费有限,而且马路建设经费的批拨权又掌控在湖北省军民两府手中,省财政也十分困难,故民初后期,汉口马路建设经费问题仍然没有得到很好的解决。1923年,大智门马路、张美之巷阴沟和三新街阴沟亟待培修或兴建,预算经费合计为25300余元,马路工程局"具呈省署,令饬财政厅,将所需经费,如数照拨,以便克日动工"③。后来,官修大智门马路经费问题没有解决,改由商修,说明省府并未批准马路工程局的拨款。同年,鄂省为了解决财政困难,尤其是解决军费问题,曾经打算征收汉口房捐,预计额为100万元,以1/4作为汉口市政经费。④ 从民初末期汉口马路建设经费困难的情形来看,汉口并未获得此项建设经费。

除了上述三种来源的经费之外,借垫款也是民初中后期马路经费之一。如:汉口同文中学校前马路系1922年由夏口知事侯祖畬建修,所需工费4900余串,在地方款内设法拨垫。当时曾定期由马路工程局在路捐局经收牌酒各项下,每月提两成归还。后来,马路工程局无款归还,就打算在元生钱庄息借款项,由该局出具借券,分期交还。⑤ 1921年,马路工程局招商翻修后城马路,路工完

---

① 《总商会注重路捐之呈文》,《汉口中西报》1920年11月19日第3张。
② 《建修马路垫款之摊还》,《汉口中西报》1923年10月29日第3张。
③ 《马路工程局请款》,《汉口中西报》1923年4月6日第3张。
④ 《当局拟征收汉口房捐》,《汉口中西报》1923年10月19日第3张。
⑤ 《建修马路垫款之摊还》,《汉口中西报》1923年10月29日第3张。

成后，到1922年该局还拖欠承包公司的经费。拖欠马路包修商的经费，实际上也是借垫款的一种形式。借垫款不是马路修筑经费的主要来源。

民初由于建设经费异常短缺，汉口马路建设因此如病叟迈步，踉踉跄跄，艰难迟缓。

三　从日本东京灾后重建看民初汉口灾后重建良机错失的症结

大正十二年（1923）9月，日本东京与横滨惨遭震灾，死伤失踪者，不下十五六万人。[①] 东京震毁区域，占全面积之半，首善之区，顿成灰烬。在震前，东京市政的改良存在诸多障碍，理想计划，每每难以见诸实行。地震的发生，固然给东京带来了巨大的损失，但同时也给东京的市政革新带来了绝好的机会。

民初的汉口曾为首义之区，人口远不及东京之众，旧市区幅员也与东京不等，在市政方面自然与东京存在着很大的差异。[②] 然而，兵灾与地震使两市的市政境遇一度极为相似：它们都因一度遭遇巨大的灾难和损失而获得千载难逢的市政革新和城市重建机遇。

一样的机遇，汉口与东京灾后重建的结果却是两样。东京发生地震后，时人认为东京非数年间不能恢复。但是到1926年4月，当中国学者去东京参观考察市政时，惊异地发现，东京在灾后很快就成功地实现了市政革新和城市重建。"除见有少数陈迹外，其余不仅恢复旧观，一切设施反较前益为完备，未尝不叹其计划之周密，办事之迅

[①] 据张连科《参观"京都都市计划展览会"记》一文载，他于1924年11月参观时，据悉东京人口数为2173162，横滨人口数为422946人，见陆丹林主编《市政全书》，全国道路建设协会民国十七年（1928）版，"第五编　各国市政概况"，第70～71页。

[②] 东京市的幅员"东西2里26町，南北3里11町"，面积共5.17方里，见马饮冰《日本之六大都市》，载见陆丹林主编《市政全书》，全国道路建设协会民国十七年（1928）版，"第五编　各国市政概况"，第42页。1公里＝0.254日里＝9.617町。汉口市区铁路线以东，南北20余里，东西长度不一，旧市区内东西最宽处也有数里。

捷也。"反观灾后的汉口,虽"建筑汉口之声浪达于吾人之耳鼓","汉口市街建筑亟宜改良,尽人而知,及闻有改良市街之筹备,莫不同声欢舞,希冀迅于落成。讵意自有建筑处以来,人民之欢舞声浸假变为怨谤声",却错失了在现代原则上重建城市、改良市政的良机。这究竟是为什么?

第一,汉口受灾的区域在灾前市政基础设施落后,制约了灾后重建。

灾前的东京在西方人眼中虽然仍旧是一个市政革新方面"成功甚微"[①]的城市,但在中国人看来,其交通发展,"日新月异"[②],基础设施较汉口完善。就道路、电气设施等而言,东京包括下水道、电线、煤气管道在内的地下线路设施,在灾前已十分密集,以至于灾后成为道路改造的一大障碍,但由此足见其在前基础设施远较汉口完善,市政管理水平远较汉口高,因为灾前汉口只有后城马路一条大马路,下水道设施缺乏,电气设施尚不普及。就公园而言,东京在灾前就有多处,汉口则一处都没有。按理说,汉口灾前市政基础设施落后,应该是灾后实现跨越式重建的一个好的条件。不过,其前提是,灾后必须足够的建设资金和良好的市政建设机构作为重建后盾。然而,这前提恰恰是汉口所不具备的。因此,灾害对于东京和汉口所起的作用很不相同:对于东京而言,地震对存在于灾前的市政改良障碍,起着积极的扫除作用;灾害对于本来就缺乏建设资金的汉口而言,其实是雪上加霜。灾前汉口市政基础设施的落后、市政现代化水平不高,增加了它灾后重建的难度。

第二,重建资金匮乏,严重制约重建计划的实施,延误了汉口重建。

东京和横滨发生地震之后,日本政府特地设立了复兴局以图谋两

---

① 查尔斯·A.贝尔德:《东京市自治概观》,余立译,见陆丹林主编《市政全书》,全国道路建设协会民国十七年(1928)版,"第五编 各国市政概况",第67页。
② 黄笃植:《东京市之道路状况》,见陆丹林主编《市政全书》,全国道路建设协会民国十七年(1928)版,"第五编 各国市政概况",第78页。

地市政的复兴,提出了总经费达 573438849 日元的城市重建预算,计划在大正十二年至十七年(即 1923—1928 年)6 年的时间里,完成包括道路、桥梁、运河、土地区划整理等项市政重建任务。其中,凡道路设计宽度在 11 米以上的,人行道和车道均有一定的标准,其具体标准如表 6-3-1。如果道路宽度在 44 米以上的,则视各街道具体情形而定。道路两旁要栽树。拟新建桥梁 136 座,建筑总耗费计划为 3.8 千万日元;在原有公园(共 30 余座)的基础上,新增建 3 座大公园,此外,在市内各小学附近,设小公园 53 座,专供儿童运动、游戏之用,经费达 1 千万日元。土地区划整理,分为居住、商业、工业、仓库等区,且各功能分区内道路的宽度也有一定的标准。虽然我们不知道在东京、横滨复兴计划中,东京的复兴计划是怎样的,但可以肯定的是,东京复兴计划中所规定的道路宽度,比历次汉口重建计划中规定的道路宽度都要宽,整个复兴计划的规模也相当可观,在经费方面还得到了中央政府的支持。

表 6-3-1　1923 年大地震后东京、横滨复兴计划中道路宽度设计表

街道宽度(米)	36	33	27	25	22	20	18	16	15	12
车道宽度(米)	24.0	22.0	18.0	16.6	14.6	13.0	11.0	10.0	9.0	6.0
两侧人行道宽度(米)	6.0	5.5	4.5	4.2	3.7	3.5	3.0	3.0	3.0	3.0

说明:此表依据马饮冰《考察日韩市政纪略》一文所载复兴计划中规定的道路标准表制作,见陆丹林主编《市政全书》,全国道路建设协会民国十七年(1928)版,"第五编　各国市政概况",第 28—29 页。

除了中央政府资助的经费之外,东京市政府自身就有相当可观的市财政收入。明治以来,东京市财政就呈逐年上升趋势,大正十五年(1926)度预算岁入为 290064228 日元,岁出为 274690000 日元。市财源除特有者外,普通财源约计 20 余种,尤以市税、市营业收入为主;其次,市政公债亦为大宗,1925 年市政公债达 265937991 日元,这些经费均用于水道、电气、教育及都市计划等正当事业;此外,受益的市

民负担部分工程费，"乃进行都市计画事业之一大主力"①——也是主要财源之一。正是因为东京重建在经费上有了保障，其重建才得以快速而比较成功。

汉口灾后制定有规划，但汉口重建计划未像东京重建计划那样设定时限——经费缺少保障，自然就缺乏设定重建时限的底气。中央政府也曾介入汉口城市重建和市政改良，但并没有切实在经费上给予多少资助。它的介入，反而导致重建机构的更为频繁地更变，重建计划实施的进一步受挫。至于汉口自身每年的税捐收入，其实际数目也是相当可观的。美商大来公司借款第9款第1条曾规定，该项借款将以汉口7项税捐作为抵押品，共计每年约有银400万两。② 如此之多的税捐收入，即使以1/4用于汉口重建，持续数年，重建经费也相当可观。然而，汉口不是单立的行政单位，没有独立的市财政收入，也就不会有大笔的税捐收入用于城市重建。所以，经费问题一直是制约民初汉口重建的瓶颈，汉口重建自始至终是在经费极为匮乏的困境中缓慢地展开的。

第三，汉口重建缺乏体制保障，是汉口重建延误的深层原因。

经费问题固然是制约汉口城市重建的重要因素之一，然而这并非问题的症结之所在。

东京之所以能够成功地实现重建，其重要原因在重建经费上有保障，城市自身拥有主持城市重建的能力。这种保障和能力的具备，从根本上说，首先不在于中央政府的资助，也不在于东京市民的税捐缴纳能力，而在于东京有一个稳定的市政府。东京拥有当时日本规模最大、组织最宏的市役所——东京市政厅，通常所说的市政府。"市役所为一市之行政中枢"③，东京市役所就是该市市政建设和管理的中枢机构，其组织如图6-3-1。

---

① 马饮冰：《考察日韩市政纪略》，见陆丹林主编《市政全书》，全国道路建设协会民国十七年（1928）版，"第五编 各国市政概况"，第23—36页。
② 《汉口建筑借款合同》（续），《申报》1912年11月24日第6版。
③ 姚兆均：《日本市役所之建筑》，见陆丹林主编《市政全书》，全国道路建设协会民国十七年（1928）版，"第五编 各国市政概况"，第92页。

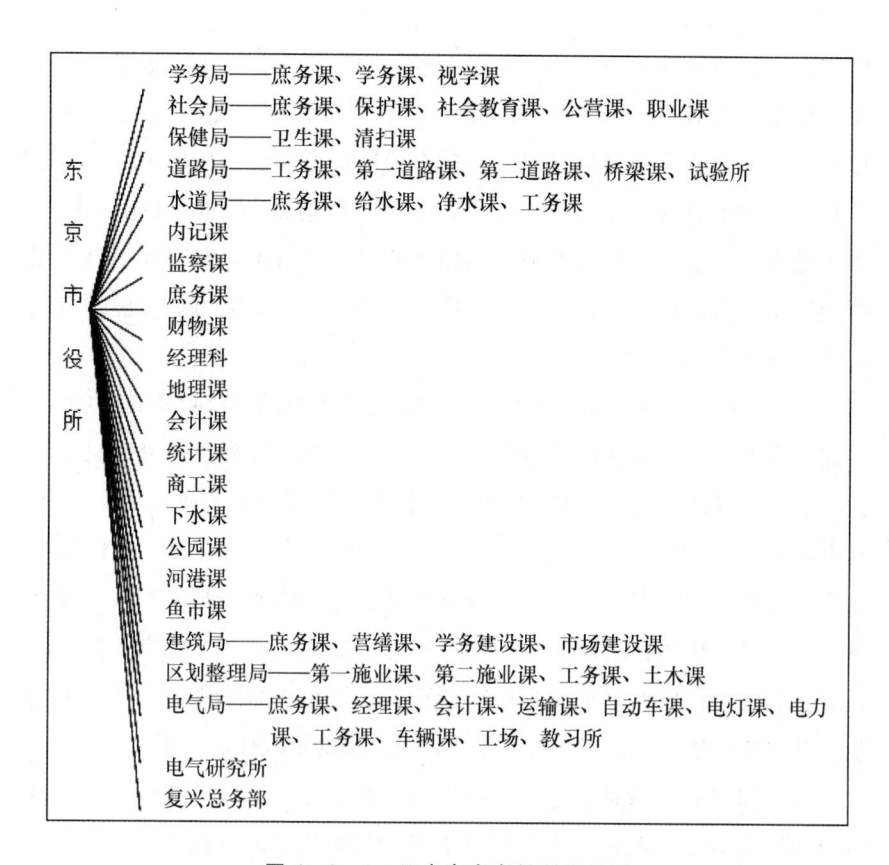

```
          ┌─ 学务局──庶务课、学务课、视学课
          │  社会局──庶务课、保护课、社会教育课、公营课、职业课
          │  保健局──卫生课、清扫课
          │  道路局──工务课、第一道路课、第二道路课、桥梁课、试验所
          │  水道局──庶务课、给水课、净水课、工务课
          │  内记课
          │  监察课
          │  庶务课
          │  财物课
东         │  经理科
京         │  地理课
市 ────────┤  会计课
役         │  统计课
所         │  商工课
          │  下水课
          │  公园课
          │  河港课
          │  鱼市课
          │  建筑局──庶务课、营缮课、学务建设课、市场建设课
          │  区划整理局──第一施业课、第二施业课、工务课、土木课
          │  电气局──庶务课、经理课、会计课、运输课、自动车课、电灯课、电力
          │         课、工务课、车辆课、工场、教习所
          │  电气研究所
          └─ 复兴总务部
```

图 6-3-1　日本东京市役所组织图

说明：此图依据《东京市役所组织表》（参见马饮冰《考察日韩市政纪略》，载陆丹林主编《市政全书》，全国道路建设协会民国十七年（1928）版，"第五编　各国市政概况"，第 29—32 页）制作。

从东京市役所的组织结构图可以看出，东京在灾前就具有一套比较系统完整的市政机构，并且分工细致，早就有区域规划机构，下水课、公园课、河港课直属于市役所，说明市政当局对于市区规划及下水道、公园、河港的建设和管理十分重视。而灾后设立的复兴总务部，只不过是对早先市政机构的补充和强化。

在西方人看来，"东京市市长之权利甚小，一方面受制于市议会之指挥，他方面受市政府及皇室管理之监督"，市政计划须得到皇室管理的许可。尽管如此，然而东京市役所毕竟属于市自治团体，市役所官员的产生，是通过选举产生的，"东京绝对不能有一帝制官长能够管辖一切，保全治安者"，市政府（市役所）是相对独立稳定的行政实体。①因此，当市政重建计划确定以后，就有稳定的市政统辖机构来切实付诸实行，具体市政机构之间的事务可以通过市政府进行协调和统一管理。也正是由于东京市政府具有市自治团体资格，东京市才在财政上具有相对独立性，市政府才可以地方之钱办地方之事，并举借市债来促进市政改良和城市重建。

民初汉口直接负责汉口重建的机构有马路工巡局、汉口建筑筹办处、马路工程专局、督办汉口建筑商场事宜处、江汉关管理工巡处、汉口马路工程局、督办武阳夏商埠事宜处，它们不仅辖属不一，而且反复多变，见图5-2-1。此外，汉口警视（察）厅、夏口县、1912年成立的汉口清丈兼阳夏公产清理局、1923年成立的汉口地亩清查专局、汉口特别区管理局、汉口特区管理局等机构，也参与了汉口重建和汉口市政改良活动，它们使得汉口市政机构更加复杂不一，彼此之间的协调自然存在问题，缺少统一指挥，甚至各行其是。这是典型的市政体制问题。

民初汉口在市政体制上一直没有确立起市自治团体的地位，无论是中央政府还是地方政府，都不想赋予它以相对独立的行政实体地位，都视其为财源之地。汉口以其内陆最大商埠的地位，却一直只能屈居为夏口县辖属下的一镇的地位，夏口县却又对汉口市政重大问题根本就没有决策权。省政府和中央政府有市政决策权，但它们又不想或无力为汉口重建解决经费问题。这样，汉口在重建经费方面既缺少外来资助，又因无独立的财政地位，无法以市税为经费支柱，不能自主地发行市政公债以促进市政改良，也无法通过自身的影响利用当时裕余的侨资作为重建经费，以尽快成功地实现汉口重建。民初汉口重建的延误，直接问题在于经费匮乏。但经费匮乏的症结，则在于市政体制。汉口重建需要突破既有市政体制，取得相对独立的行政实体地位，才能够尽快地实现城市

---

① 查尔斯·A. 贝尔德：《东京市自治概观》，余立译，见陆丹林主编《市政全书》，全国道路建设协会民国十七年（1928）版，"第五编 各国市政概况"，第62、66、67页。

第六章　民初汉口官办路政与城市重建问题

重建和成功地革新市政。

第四，不利的外部环境，也是重建延误的一大原因。

东京在震灾发生的前后，因中央集权体制不断地得到强化，国内的政局比较稳定，国家的国际地位不断地提升，逐渐摆脱了条约体系的束缚，中央政府的威权不断提高，这是东京重建有利的外部环境。

汉口在惨遭兵燹的前后，中央集权恰恰处于"荒废"① 时期，国内政局动荡不安，国家的国际地位低下，国家未能摆脱条约体系的严重束缚，这些不利的外部环境，制约着民初汉口重建，这一点在汉口重建借款问题上，得到了集中的体现。此外，租界的存在，也是一个不利的外部环境——因为租界的存在，汉口重建规划必须充分考虑如何弥补因租界存在丧失的有利交通、运输所形成的区位性缺憾，也促使政府在旧市区实施重建计划受挫的情况下，更多地考虑开辟中心市区（旧市区）之外的郊区或偏僻之地——当然，这种选择也有因城市发展带来的城市化的推动。租界的存在还使得一些在租界拥有房产又只顾私利而不顾城市公益的业主，更加反对政府在旧市区的重建。②

---

① 张东荪：《中国政制问题》，《东方杂志》第21卷第1号（二十周年纪念专号　上册），1924年1月10日，第A17页。
② 这在汉口重建之初表现得尤为明显，当时汉口市房大量损毁而一时又无法重建，汉口商民因为生活或交易的需要，只好暂住租界，使得租界房租涨价，于是有的在租界经营房屋的商人就出来反对旧市区重建。见《时评：新汉口之八面观》，《国民新报》1912年10月28日第4页。

第七章

民初汉口商人自治型市政的发展及商界变革市政体制的努力

一 城市社会经济的进一步发展与商人主体意识的空前强化

在1912—1926年的15年间,汉口城市社会经济的进一步向前发展。汉口在全国四大港口(其他三大港口为上海、天津、广州)间接对外贸易中,有12个年份位居第2位,成为仅次于上海的商贸港口,其在全国的商业地位变得更加重要。杨度在民初曾经这样评价汉口的城市地位说:

> 汉口前为我国四大名镇之一,在昔即为全国商务中心,近来交通发达,水路则江汉交冲,下通于海,汽船林泊,百货云屯。于陆路则京汉、粤汉、川汉三大干线,均以此为终点,阛阓栉比,年盛一年,其地位之优胜,实为我国内地第一商场,比之美国芝加哥,英国利物浦,有过之而无不及。[①]

事实上,民初汉口未必比芝加哥、利物浦有过之而无不及,但它在社会经济方面仍然获得了很大的发展。

[①] 中华民国史事纪要会编:《中华民国史事纪要》(1915年1—12月)(初稿),(台北)黎明文化事业股份有限公司1986年版,第566页。

第七章 民初汉口商人自治型市政的发展及商界变革市政体制的努力

民初汉口业商队伍快速发展壮大。在辛亥革命前,汉口已有茶叶、粮食、布匹、棉纱、棉花、绸缎、华洋百货、绣货、五金、牛皮等商业行业95个,商店总数在7000户。[①] 据《汉口小志》对民初汉口商民营业种类、户数的列表统计,民国建立后最初两年,汉口的商业行业增至168个,商户增至1.2万余户。[②] 另据《夏口县志》载1918年警区内商户分类统计,汉口的商业行业有171个,商户增至1.69万余户。[③] 此时商户数目约为清末的2.4倍,可见商户数目增加之多,业商队伍壮大之快。

随着业商队伍的壮大,民初汉口商人的经济实力也较晚清时期继续增强。他们不仅更多地投资于商业,还更多地投资于房地产业、工业。就房地产而言,商人们投资开发的热情持续增长,开发的规模不断扩大。1917—1925年,刘歆生联络地方官僚和其他买办,修建"模范区",建成房子2000余栋,形成由一个一个的里分组成的住宅区和商业区,较之清末一个里分一个里分相对孤立的开发局面已大为不同。[④] 由此即不难窥见民初汉口商人经济实力增强之一斑。

在经济实力增强的同时,汉口商人的主体意识也空前强化,其主要表现为:自我意识十分显明;城市认同意识明显增强;自治意识日益强烈。

表现之一:自我意识十分显明。

民初汉口商人充分肯定其自身能力和价值。大商人刘歆生曾对黎元洪说:"都督创造了民国,我则创造了汉口。"[⑤] 前半句系吹捧之词,后半句是自豪之语。这话或许也只有他这个"汉口地皮大王"才有资格这么说。其言辞之间流露出的是作为商人个体的刘歆生,他对自身经济实力

[①] 《农商公报》第33期,转引自皮明庥主编《简明武汉史》,武汉出版社2005年版,第175页。

[②] 徐焕斗修、王夔清纂:《汉口小志》,民国四年(1915)铅印本,"商业志",第18—25页。

[③] 《营业种种》,侯祖畲修、吕寅东纂:《夏口县志》,民国九年(1920)刻本,卷十二"商务志",第9—10页。

[④] 胡莲孙:《三镇房地业丛谈》,政协武汉市委员会文史学习委员会编:《武汉文史资料文库·工商经济卷》,武汉出版社1999年版,第507页。

[⑤] 陈师:《汉口地皮大王刘祥的始末》,皮明庥、冯天瑜等编、武汉地方志编纂办公室印行:《武汉近代(辛亥革命前)经济史料》,第253页。

和经营能力的充分自信。而在此前,汉口哪个商人——即便是"八大行"的商业巨头,能讲如此"大话"?尽管刘歆生所言只是个别商人的看法,但这确已显示出,在民国建立之后,汉口商人所具有的强烈自我意识。

民初汉口商人自我意识凸显还表现为,他们作为群体对自身地位的肯定,超越了经济层面,认为自己在国家经济方面贡献大,就理所当然应该享有监督政府的政治权利。他们说:

> 我国之岁入,其取之商税者,实驾田租、地税而上之,故我等商人所负之义务既大,即所享之权利当然不小。惟我国商人素不与闻政事,日惟兢兢业业从事于贸迁之有无,一并权利弃如敝履。我商人既视应享受之权利为无足轻重,斯政府对于我辈商人若无物然……我等不自求胜,不自图强,无怪日夕陵夷,见欺于政府而莫可挽救。方今共和初建,民权始张,我辈既居国民之一大部分,自当振励精神,出其余力,以实行监督政府,拥护共和,决不宜退缩。[①]

在与官府抗争时,综合运用各种手段,以更为强硬的方式来维护自身的政治权益。以下个案就是这样一个典型:

1912年,汉口商会议董张碧泉募款修理街道,工程承包给潘天囚,不意潘天囚偷工减料,致使修理后的街道水路不通,街邻据此拒不向张缴纳捐款,潘向张索款不得,就倚仗自己在夏口地方审判庭做推事(即审判员)的亲戚向某,编造谎言在审判庭控告张。结果,向推事偏袒潘,要求张立限交款,张则坚持潘修通水路之后方愿交款,双方争执不下,向推事判令将张拘押。商会总理李紫云等闻讯,与商会会员会议对策之后,率领全体商会议董、帮董等80人,会见都督黎元洪,要求将汉口地方审判庭贺厅长、向推事撤任,以平商界公愤。黎元洪遂责令司法司长秉公办理,并答应了商会领袖的要求。当时报载:

---

① 《汉口商界之奋起》,《民立报》1913年5月4日第6页。

第七章　民初汉口商人自治型市政的发展及商界变革市政体制的努力

闻当时商会诸董所议决对付办法异常激烈，有不即将贺、向撤任，商会即刻解散，令众商一律挂洋旗，迁入租界，不完纳销场过境一切正、杂捐税，以资抵抗，种种积极手段，颇为严厉。缘自共和成立以后，行政、司法各官，多系新进少年，志傲气骄，每每有蹂躏商界之事，平时积怨已深，故藉张案以大起反抗。

后来，省司法司长令夏口徐知事从中调停，徐知事将张从拘留所迎出，送归商会，本以为就此了事。不料商会方面，以夏口审判庭对于无罪商董滥施刑罚，并唆使拘留所守卫禁卒，任意虐待，剥其皮袍，夺其金表，以勒索私费，而新刑律规定，法官违法凌虐诉讼人，应处以二等至四等有期徒刑，遂据此呈文要求省府按律行事。在呈文被置之不理的情况下，商会开始停止办公，做出解散的姿态。在这种情形下，省民政长夏寿康不得不出面处理此事，指令省司法司将向某立即行撤职，同时指责汉口商会以地方团体主持个人私事，不合事体。①

在这个案例中，商会看上去只是为了保护个体商人的权利，实际上是为了维护汉口商界整体权益——威望、声誉、诚信等，其间运用的手段有法律的（要求依据新刑律惩罚不法者）、组织的（采取集体行动、以解散商会相要挟）、政治的（利用租界的治外法权，以挂洋旗、迁入租界相要挟）、经济的（以不纳税相要挟），向官府抗争，显示商会不再是任由官府摆布的附庸，最终迫使官府妥协，从而维护了商界的权益和商会的威望。而汉口商会所采取的最后通牒式抗争行动，显然又是基于对商人群体——商界经济能力的充分肯定，以及看死了官府对商界的经济依赖，而对官府做出激烈反应。这种采取如此近乎决绝却又和平的方式维护汉口商界权益的行动，在湖北新政之前是从未有过的事情。在这个案例中，汉口商界积极维护自身权益，其主体意识得到了鲜明而充分的展示。

---

① 《汉口审判庭擅押商董之公愤》，《申报》1912年12月4日第6版；《鄂民政厅长判决汉商会与审判庭冲突案》，《申报》1912年12月14日第6版。

表现之二：城市认同意识明显增强。

民初汉口城市社会经济的发展，城市社会组织（如：商会、各团联合会、业主会等）整合能力的增强，尤其随着辛亥革命之后汉口城市影响的扩大，及在全国工商业城市中地位的提高，汉口商人的城市认同意识明显增强。

辛亥革命后，汉口商人显得无比自信，他们认为，"汉口为全国第一商埠"①，声称"我汉口居中国之中央，占商务之要点，居高屋建瓴之势，一呼而全国响应，无有能过之者"②。这种对所在城市的商业地位与政治影响的充分肯定，以及"我汉口"所流露出的城市归属感和显示出的城市主人翁姿态，均表明汉口商界城市认同感明显增强。

反对官府牺牲汉口城市的共同利益，无疑也是汉口商人城市认同意识和主体意识增强的显著表现。1912年，湖北省府准备借款建筑汉口商场，但中央政府拒绝担保，湖北省府只好在借款条约中拟定以汉口税捐等作为抵押，业主会认为此举将对汉口未来发展不利，起而反对。如果说业主会的这次抗争还不足以代表汉口商界全体并充分体现汉口商人的城市认同意识和主体意识的话，那么1921年汉口商界反对政府的商场借款的情形，就有所不同了。1921年，汉口商人听说政府将汉口商场抵押1000万元，作为选举经费，"大动公愤，连日在堤街某宅，开秘密会议，讨论办法，闻其结果，系用公民名义，分函各团联合会、总商会、业主会，请其协同通电全国，暂不承认，一面由该绅等自组请愿团，公推代表赴京，以死抗争，务期达到打消之目的"③。最后，政府不得不放弃这次借款。在这次斗争中，汉口商界一致行动，以主人翁的姿态捍卫共同的城市利益，充分地彰显了他们的城市认同意识和主体意识。

汉口商人城市认同意识的增强，还体现在他们对城市利益的维护没有停留于经济层面，而是如同其自我意识增强一样，上升到了政治层面。

---

① 《汉口各团联合会为汉口市选举区电请增加议员致商会函》，《国民新报》1912年12月9日第6页。
② 《汉口商界之奋起》，《民立报》1913年5月4日第6页。
③ 《反对商场借款之酝酿》，《汉口中西报》1921年1月15日第3张。

第七章　民初汉口商人自治型市政的发展及商界变革市政体制的努力

1912年第一届国会选举，汉口商会致电中央府、院，要求以"商人有营业资本五百元以上"作为选举资格条件，为汉口商人争取参政机会。① 同年12月，汉口各团联合会以"汉口为全国第一商埠"为由，电请商会出面要求政府在汉口市区选举区"特别增设省议会、众议院一员，为开国纪念"②。汉口总商会遂如所请致电中央。当时，工商部指令，以第一届选举万难赶办，令俟修改选举时再行具案呈请。到1921年第三届众议员、省议员选举时，汉口总商会再次提请特设汉口市省议会议员和众议院议员各一名。③ 汉口各团联合会与商会是最具代表性的两大商人社团，它们两次争取特别增设汉口市区议员名额的行动，无疑彰显了汉口商人群体的主人翁意识，也是城市认同意识增强的极好体现。

表现之三：自治意识更为强烈。

民初汉口商人自治意识较清末更为强烈。一方面，他们以商人组织的自治权阻遏官府的侵权行为，或抵制官设组织在地方自治区域内的存在，维护自身的政治权益。

民初夏口县曾在桥口外五甲保安会地段内设立保安团，该保安会"因设立保卫，抽收捐款，于保安会进行有碍，曾经呈请夏口县署将该保卫团迁设他处，未邀允准"。1917年3月，该团又函请各团联合会转请保卫团总公所，讯知该处保卫团另迁别处，以免争执。④ 保安会和各团联合会对保卫团的抵制显然是为了防止其地方自治权益遭到损害。1922年，武阳夏禁烟查缉分处在大火路丁宝田家查抄烟土，该段同益保安会会员黄少吟因过问此事而被查缉分处逮捕。该会当即根据查缉章程第七条，函致查缉分处，声明自治团体，对于地方发售土案，当然有过问之理由，请将其开释。该分处处长朱荣卿，无辞可借，只得将黄少吟开释回家。该会还以查缉分处不但事前不照定章协调团体，团体职员

---

① 《商会电争国会选举》，《国民新报》1912年10月19日第1页。
② 《汉口各团联合会为汉口市选举区电请增加议员致商会函》，《国民新报》1912年12月9日第6页。
③ 《总商会请特设汉口市省议会众议院议员名额各一名之否准》，《汉口中西报》1921年1月21日第3张。
④ 《保卫团之迁设》，《大汉报》1917年3月30日新闻第3张第6页。

过问，反加以非法逮捕，实属专横已极，决定向军、民两署控告。[①] 无论是以商人自治的自治权阻遏官府的侵权行为，或是抵制官设组织在自治区域内的存在，都说明民初汉口商人自治组织的自治意识较清末更为强烈，试图自主地处理城市事务。

另一方面，汉口商人还积极争取建立由商人主导的城市政权，实现汉口城市自治，他们要求中央政府将汉口设为特别市。城市自治是商人自治的高级形态，争取城市自治是清末以来汉口商人日趋强烈的政治梦想，也是汉口商人有史以来对于城市政治权益的最高诉求，这种诉求的实质是以商人主导的民治取代官治，显示了汉口商人城市主体意识的高扬。

不难发现，民初汉口商人较清末商人表现出更多的对商人群体自身政治权益的维护与诉求，以及更强烈的对城市权益的维护与诉求。当他们强烈地向政府诉求城市自治的时候，他们的主体意识已经全面觉醒。

随着城市社会经济的进一步发展，商人主体意识的空前强化，民初汉口商办市政在清末的基础上继续向前发展。

二　商人社团组织的长足发展

民初是汉口商人社团组织恢复、发展、分化、整合并存的时期，也是汉口商人社团组织试图争取城市自治的时期，还是近代汉口商人自治组织最得势的时期。

在1911年的南北战争中，汉口华界市区惨遭摧残，商人自治组织也受到不同程度的冲击，其中很多组织因会员离散而被迫停止工作；有的虽勉强开展工作，但其组织能力大为削弱，要等到时局趋稳之后，才能改观。

民国建立后，全国政坛——从中央到地方，均呈现出令人眼花缭乱的风云变幻之象。武人专政强势，"你方唱罢我登场"，造成全国局势的动荡不安。尽管如此，由于辛亥革命从制度上废除了专制皇权，给旧

[①]《保安会控告查缉处》，《汉口中西报》1922年2月22日第3张。

第七章 民初汉口商人自治型市政的发展及商界变革市政体制的努力

有的政治秩序带来巨大的冲击，城市的政治与社会生活还是较清末多了些民主气息，有着较为宽松的政治与社会活动空间，民初汉口的城市政治与社会生活也因此呈现出一片纷繁复杂而又扑朔迷离的景象，汉口商人社团组织也随着时势的转变在新的历史舞台上得到长足发展。

（一）原有商人社团组织的恢复、重建或扩充

汉口商会、各保安会和汉口各团联合会等原有商人社团组织均在民初得到恢复、重建甚至扩充。

在1911年清军攻占汉口之后，不少商人在汉口的战乱中离散，很多商人社团组织瘫痪。当时只有部分保安会坚持活动，而汉口商会及各团联合会，则因为其负责人李紫云、蔡辅卿、马刚侯、周韵宣等，"均因为在武昌起义后，他们于民军响应号召，输将款项甚多，有赞助民军的嫌疑，始终躲在租界，或逃避乡间，不敢出面"[1]，以致两会陷入半瘫痪状态。南北和议达成后，外逃的商人们纷纷返回汉口，汉口商会、各团联合会及各保安会由重建、恢复而趋向发展。

民国建立后，汉口商会会务很快就恢复正常，报载，到1912年4月时，商会总理蔡辅卿已经主持商会会务超过一个月。[2] 也就是说，汉口商会在1912年3月就恢复议事。大致也在4月，商会改选了帮董。[3] 同年，李紫云和盛竹书分别当选为第五届商会的总协理。由于遭受辛亥之役的破坏和影响，汉口商界的债权、债务关系一时混乱不堪，债权、债务关系的清理成为汉口商界亟待解决的问题。为了促进汉口商务的正常发展，商会成立了"清理汉口各帮债权债务处"。该处至1917年12月奉省长之令将要撤销时，未结之案尚有百余起，足见该处事务的繁难。随后，商会还成立了一个名为"汉口总商会庚续清理债权债务处"的组织，以处

---

[1]《辛亥年汉口大火及其扑灭经过》，杨铎编：《武汉沿革考》，中国档案出版社2005年版，第157页。
[2]《武汉尽情汇述》，《申报》1912年4月6日第6版。
[3]《商会帮董一览表》，《民立报》1912年4月28、29日、5月2、5日第8页。

· 359 ·

理未结之案。① 在1917年12月以前，商会还呈请司法部和农商部核准、大总统批准，设立了"商事公断处"，作为处理商界纠纷和商业案件的常设机构。② 汉口商会习惯上拥有的商事裁判权，由此得到了法律的认可。

值得注意的是，汉口商人早在1912年就想建立市政厅③，希望"凡关于商业案件均归市政厅处理"④。但省府不希望汉口脱离自己的掌控。所以，直到1917年，成立市政厅的希望还是化为泡影，代之而立的是商事公断处。不过商事公断处的权力有限，毕竟不是汉口商界自主处理广泛城市事务的机构；商会呈准成立商事公断处，既是处理商务的现实需要，同时在很大程度上，也是当时汉口商人追求城市自治无望之后退而求其次的无奈选择。政府的法律认可在赋予了汉口商人一定的司法权力，同时也限制了汉口商人自治的发展。1922年，汉口商会还主持筹组了全省商会联合会，召开了第四届全国商会联合会常会南方会议。⑤ 民初汉口商会已经由地区走向全国，在全国商界的影响较清末扩大了许多。

汉口各团联合会在辛亥之役后很快就恢复了正常活动。资料显示，该会至少在1912年6月之前就完成了改选，并且实行会长制，会长为王开庭——他应是第一任会长，而此前为干事制。⑥ 此后，汉口各团联

---

① 《汉口总商会庚续清理债权债务处》，《国民新报》1920年6月6日告白第2页。

② 《汉口之公益团体》，《大汉报》1917年3月20日新闻第3张第6页。《商会理债办法》，《汉口中西报》1917年12月31日第3张新闻第6页。

③ 《市政厅之组织》，《民立报》1912年4月16日第8页。

④ 《市政厅之泡影》，《大汉报》1917年5月18日新闻第3张第6页。

⑤ 当时全国商会联合会内部在开会地点问题上存在分歧，结果当届常会于北京、汉口两地分别举行，出现新旧国会、南北政府对抗之余，全国商会联合会京汉对峙的局面。见《商联会分裂》，《申报》1922年11月3日第7版。我们从中也可窥见汉口商界在全国的影响。

⑥ 报载1912年各团联合会正会长为王开庭（《联合会定期集议国民捐》，《国民新报》1912年6月1日及18日第4页）；王琴甫之子则撰文称，其父王琴甫在1911年汉口各团联合会成立时被公举为正会长（见王新厚《汉口商团保安会纪略》，武汉档案馆藏，档号119—130—114）；而据张寿波《最近汉口工商业一斑》（上海商务印书馆宣统三年[1911]版）所载汉口各团联合会在1911年实行干事制而不是会长制（见该书"第八章 公共之机关"，第16页）。再者，1912年汉口各团联合会自撰的《汉口各团联合会协助民军纪实》亦只载正、副干事长，未载有会长之事，并载王培元字开廷（见中国人民政治协商会议湖北省暨武汉市委员会、中国社会科学院近代史研究所、湖北省档案馆、武汉档案馆合编《武昌起义档案资料选编》上卷，湖北人民出版社1981年版，第247、260页）。而王琴甫字明文。由此可知，汉口各团联合会第一任会长为王开庭（培元），而不是王琴甫。

第七章 民初汉口商人自治型市政的发展及商界变革市政体制的努力

合会会长基本上每3年改选1次。随着城市商业、市政等方面的恢复与发展，该会下属的各分会也忙着恢复、重建、改选甚至扩充。如：1912年夏，堤口下段保安会举行了改选，说明该会已恢复正常状态。到1913年8月，四区公益会、公立保安会、仁义中段保安会、普济保安会等会也得到恢复。① 有的分会不仅得到恢复，而且发展快，如：土垱普济保安会经历兵燹，会员星散。各会员看到大局已定，就逐渐回到汉口。1912年秋，该会正会长鲍子铭邀集会员，讨论恢复普济会，得到会员赞成，随即在土挡设立会所，制备水带等消防器具，以便促进会务进行。② 其后，该会绅商等特派人员前往上海购办洋龙、水袋，以便重整旗鼓。③ 至1919年，该会管辖区域为后城马路一带上自六度桥，下至生成里的地段。因辖区较原先扩大，该会担心遇有火患时难以及时扑救，就在三新街设立藏器分所，并决定设立两个分会。④

在原有保安会部分恢复、发展的同时，民初还产生了一些新的保安会。如，1912年卢小阶在熊家巷一带组织永平公益会；⑤ 商家泰裕顺纠集桥口外五甲邻街就地筹捐组织保安会，以防火患。⑥

由于资料的局限，对于有的保安会，笔者不能断定它们是建立于清末还是民初。但可以肯定的是，它们的确在民初获得了发展。例如，三新街广益保安会以前因经费不甚充足，所有保安事宜没能筹备齐全，后来因为大新街一带均已修造正式房屋，生意日兴月盛，每月捐款总数比从前增加一两倍之多。1918年春，该会约集全体会员开会集议扩充、清匪、防火及一切维持治安等事，共同谋划会务的积极进行。⑦ 再如：五常街广益保安会自开办以来，对于地方消防有贡献。不久前同人邀集街邻，提倡笆斗会，凡附近居户各家置笆斗一只，并添设黄桶十余个，

---

① 《兵火声中鹦鹉洲》，《民立报》1913年8月4日第8页。
② 《普济保安会之规复》，《国民新报》1912年8月6日第4页。
③ 《保安会再张旗鼓》，《国民新报》1912年10月23日第6页。
④ 《设立分会》，《汉口中西报》1919年4月17日第3张。
⑤ 《组织永平公益会》，《国民新报》1912年7月12日第4页。
⑥ 《组织自治保安会》，《国民新报》1912年10月26日第6页。
⑦ 《保安会之进行观》，《汉口中西报》1918年3月6日第3张新闻第6页。

分布陈列地段内，倘遇火患，即将黄桶储存之水运往援救。到1919年7月，街邻正在努力齐备消防器具，以备不虞。① 这说明该会在组织上也得到发展完善。一些保安会还设有商警，以强化地方治安。

到1913年8月，汉口保安会的数目恢复到24个②，1920年版的民国《夏口县志》记录有保安会31个③，直到1922年还保持这个数目④，1923年增至32个⑤。就总数而言，民初保安会的数目可能不及清末之多（36个）⑥。但数量的减少并不能说明民初汉口保安会在组织上没有得到发展，或者比清末倒退。因为汉口华界市区在辛亥战火中损失惨重，有的街区整个被摧毁，加之战后商务和人员方面的变化很大，原有的一些保安会一时难以恢复，在最初可能形成一些真空地带。但随着城市社会的恢复、发展，一些保安会扩展了自己的管辖区域，土垱普济保安会就是如此，前已论及。再如：大智门保安会区域辽阔，加上"房屋渐次造多，水门只有六区，一遇火警，鞭长莫及"⑦。民初频频发生保安会之间争夺地界的情况，也说明各保安会在不断地拓展自己的管辖区。笔者认为，正是因为原有保安会中的一部分在民初管辖的区域较清末更广，而新成立的保安会也极力地拓展自己的地盘，所以，民初汉口市区虽然比清末时更广阔，但是保安会的数量反而有所减少。这种情形在一定程度上也反映了辛亥革命之后城市街区组织的调整。

原有分会个体组织的扩展，新的分会的成立与发展，都表明民初汉口各团联合会下各保安会在组织上得到了发展。

---

① 《笆斗会实行预防》，《汉口中西报》1919年7月18日第3张。
② 《兵火声中鹦鹉洲》，《民立报》1913年8月4日第8页。
③ 《汉口各团联合会》，侯祖畬修、吕寅东纂：《夏口县志》，民国九年（1920）刻本，卷五"建置志"，第18—19页。
④ 《否认电灯直接订约之一致》，《汉口中西报》1922年2月20日第3张。
⑤ 《消防队定期开恳亲会》，《汉口中西报》1923年4月26日第3张。
⑥ 王新厚：《汉口商团保安会纪略》（武汉档案馆藏，档号119—130—114）在1912—1927年汉口各保安会共计有48个，此说不确。因为从文中开列的保安会名单来看，内有新华路保安会、球场街保安会等，新华路成于1932年，球场街也应是民国中期以后才出现的名字。显然，文中将民初以后成立的保安会计入民初保安会之数中。
⑦ 《各团联合会》，《汉口中西报》1920年9月15日第3张。

第七章　民初汉口商人自治型市政的发展及商界变革市政体制的努力

汉口慈善会也是原有商人社团组织中在民初较具影响的一个。1913年，该会进行了改选。其后，由于得到政、绅、商各界的捐助，该会"势力扩张，显有独树一帜气象"，以致引起各善堂的不满。① 如此情形，也反映出该会较清末时有长足发展。

（二）新的商人社团组织纷纷产生

新的商人社团组织纷纷产生，从另一个侧面反映出民初商人社团组织的蓬勃发展。除了前述有保安会新成立之外，民初新立的商人社团组织还有汉口业主会、汉口红十字分会、汉口善堂联合会、赤十字会②、华洋义赈会汉口分会，等等。其中，以汉口业主会的影响最大。

汉口业主会全称为汉口业主集合会，有时又称后湖业主会③，它成立于1912年正月，是民初与汉口商会和各团联合会平行的"独立机关"④。该会曾宣称自己的势力"就张公堤范围内言……实具万分之七八千。就汉口旧市镇言，为本会所有者，比较亦占多数"⑤。由于财大气粗，汉口业主会在民初干预政府市政规划的实施与市政建设的开展，其作为耸动社会视听，地方政府对其也难免退让三分，其社会影响一度不亚于汉口商会和各团联合会。而在自立自主方面，该会比起汉口商会和各团联合会来，又更具独立性质，它在民初汉口城市重建中的作为，因直接利益攸关而在与官府接触的过程中，显示出更多的抗争。在今人看来，这是业主们（实际上，他们中的很多就是商会和各团联合会的成员）过于看重自己的权益，但在当时的业主们看来，向官府抗争，是他们维护自身经济利益、维护民生、民权和实践民主的正义之举，也

---

① 《善堂组织公会》，《汉口中西报》1919年3月29日第3张。
② 赤十字会可能就是红卐字会，与红十字会是两个不同的组织。民初报刊多见红十字会的活动，而少见红卐字会的活动。但有时两会同时参加活动，民国元年就有它们在阳夏之役后一起收埋尸骨的记载。见《租地开办疫所》，《国民新报》1912年7月29日第4页。民国中期，官府材料中也有关于红卐字会的记载。见《关于公益及救济事项》，《汉口市政概况》（1932.10—1933.12），"社会"，第5页。
③ 《建筑商场与后湖业主会》，《汉口中西报》1920年11月16日第3张。
④ 《业主会祗领铃记》，《国民新报》1912年7月8日第4页。
⑤ 《建筑商场与后湖业主会》，《汉口中西报》1920年11月16日第3张。

是维护城市利益的体现。业主会的存在显示出，民初汉口商人社团组织更加注重商人的切身利益和城市公共利益。

汉口红十字分会、汉口善堂联合会先后于1915年8月和1919年3月底4月初成立，它们是汉口慈善会之外的两大慈善组织。慈善性商人社团组织的增加，反映民初汉口商人越来越多地关注城市的社会保障事业。

值得一提的是，1912年汉口成立了一个各会馆公所联合会，这应该是清末整顿会馆活动的继续，因此它只是旧式商人组织的联盟。该会成立后，在汉口城市生活中似乎没有产生什么社会影响，可见民初汉口旧式的商人组织的影响日趋衰微，新兴的商人社团组织更具有生机与活力。

（三）商人社团组织内部民主机制不断健全

1. 商会

清末汉口商会深受官场陋习影响，有的成员"官习极深而又工于舞弊"[①]。民国建立后，湖北省实业司鉴于各地商会"一派官场积习""各商会总、协理之威福陵人"的情况，曾拟定改良商会办法，其中有一条就是"删改官场积习"，规定"凡商会设置正副会长，不必定总、协理之名称，由会选举请部核准即可就职，无须加委任状"。[②]但不知什么原因，最终没有实行。1915年，农工商部颁布《商会法》，规定工商业总汇之大商埠应设立总商会，并应将原有之工业分会归并合组。据此，汉口商务总会将与汉口原有之工业会合组为汉口总商会，总、协理名目也要改为会长、副会长。1916年1月，汉口总商会依法改组。[③]这样，汉口总商会才正式实行会长制（实际上是会董制[④]），俞清澄、王琴甫遂当选为第一任正、副会长。

[①] 《商会理事员四处觅保》，《申报》1910年11月20日第1张后幅第4版。
[②] 《改良商会之伟画》，《国民新报》1912年10月24日第5页。
[③] 《商会》，侯祖畲修、吕寅东纂：《夏口县志》，民国九年（1920）刻本，卷十二"商务志"，第14页。
[④] 参见邓晶《近代汉口总商会研究（1916—1931）》，华中师范大学硕士学位论文2012年，第24页。

第七章 民初汉口商人自治型市政的发展及商界变革市政体制的努力

《商会法》规定,商会选举1年举行1次,汉口商会选举基本上是按规定进行的。1920年汉口商会的选举,是按以下基本程序进行的:先由各帮选出备选会员,由商会印制成各帮当选会员录,作为选票,下发给各帮填选,各帮填好后到商会投入选票柜内,到开会的日期当众开票,以多数票者当选商会会董,再定期选举会长、副会长。① 可见,商会实行的是地道的民主选举。值得注意的是,并不是有财有势者就被视为会长的当然人选。1921年商会改选时,副会长一席人选尚不太确定,报载,"副会长一席,以汪美堂最有希望,但汪氏对于公益,素乏提倡,能否达到目的,尚在两可之间"②。可见,在竞选正、副会长时,只有热心公益者才更被看好。

汉口商会会董还实行会董轮班办事制度。1921年6月,汉口商会事务繁多,"全恃雇员,力有不逮",于是,连任会长万泽生提议请各会董轮班到会办事,会议表决通过。于是排定轮值表如下:

星期一　汪美堂、余永清、苏宾来、高辅成、郑燮卿、黄镜秋
星期二　金德馨、刘少卿、刘银周、陈品燰、秦禝卿、郑慧吾
星期三　陆德泽、胡苕生、萧纯卿、王聘卿、高受程、王义甫
星期四　蔡辅卿、赵典之、徐在山、贺衡夫、李荻心、黄锡九
星期五　蔡瑞卿、龚征寿、李瑞生、陈伯思、金茨屏、张余仲
星期六　陈椿堂、杨松圃、洪梦卿、张康成、王森甫、蓝希周③

万氏此次连任会长,曾遭到商会人士的强烈反对,因为此前他已经连任会长——当然也就连任会董两次。此次他当选为会长,意味着他连任会董、会长3次。而根据《商会法》,会长、会董均为法人,虽可以连任,但

---

① 《总商会选举会董之通启》,《汉口中西报》1920年12月26日第3张。
② 《总商会之特别会议》,《汉口中西报》1921年1月22日第3张。
③ 《商会会董轮班办事》,《汉口新闻报》1921年6月21日新闻第3张第5页。对照侯祖畬修、吕寅东纂《夏口县志》——民国九年(1920)刻本相关记载可知,名单中郑慧吾原文误为邓慧吾,郑协卿应为郑燮卿,兹据以更正。

以2次为限。① 万氏提议商会会董轮班办事，实际上是主动与各帮帮董分享权利，对反对者的一种安抚和妥协。这样一来，汉口总商会集权式会长制有向委员会制过渡的趋势，商会内部的民主机制更为健全了。

2. 汉口各团联合会

民初汉口各团联合会的改选大致是3年1次，选举时也按民主程序办事。1920年之前的选举程序如何，不得而知。1920年12月改选时，该会对改选程序进行了改订，事后再略加修订，形成了正式文本《汉口各团联合会选举规则》。该《选举规则》规定：

（一）凡本会会员均为选举人，届时须亲自莅场投票，不得假手他人。

（一）选举日应请官厅监视。

（一）投票以团体过半数、会员三分之一以上出席、得票数最多者当选。

（一）选举票加盖本会图记，编号内记名并加盖前正副会长私章。

（一）票柜先期请官厅封条，届时当众加固。

（一）投票时间自上午十时起至下午二时止，当众开票，逾时无效。

（一）投票人依照选举名册字式，每格只填一人，不得草书。

（一）选举有票数相同者，以抽签法定之。

（一）其他各节均依照法律办理。②

由所定条文来看，程序是很严谨的，由此可推知1920年选举程序的严密。

---

① 《总商会选举董事志盛》，《汉口中西报》1921年1月12日第3张；《总商会选举进行记》，《汉口中西报》1921年1月25日第3张。

② 《联合会规定改选程序》，《汉口中西报》1920年12月7日第3张；《汉口各团联合会选举规则》，《汉口中西报》1920年12月16日第3张。

第七章 民初汉口商人自治型市政的发展及商界变革市政体制的努力

除了不断完善民主选举的程序之外，汉口各团联合会还不断地完善领导体制的民主化。清末汉口各团联合会成立时的领导体制是干事负责制，1912年该会领导体制由干事负责制变成了会长负责制。1920年该会讨论修改会章时，曾对会长的兼职进行了限制，规定会长只能兼任一个分会会长职，但仍然实行由会长总理会务的集权式会长制。① 这种集权式会长制一直延续到1923年才结束，改变为"合议制"会长制，即委员会制与会长制的组合形态，以期消除竞选时的"争执会长风潮"。② 这样，汉口各团联合会的领导体制开始向委员会制过渡。

各团联合会内部组织在民初也经历了变化。在清末时，会内设有干事、评议、书记等职。1920年11月改选时，该会修订了会章，规定会内设置正会长1人，副会长2人，设审查股、消防股、商防股、教育股、调查股5个股，股员由会长指定，股长由股员互选产生。每股设股长1人，股员6人。③ 各团联合会在此次改选时，自我要求严格遵循"自治选举法规定"④。改选后的各团联合会组织结构如下：

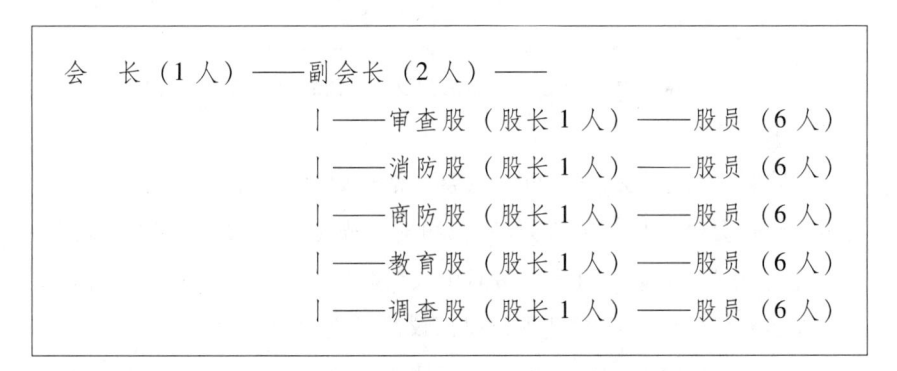

```
会　长（1人）——副会长（2人）——
                |——审查股（股长1人）——股员（6人）
                |——消防股（股长1人）——股员（6人）
                |——商防股（股长1人）——股员（6人）
                |——教育股（股长1人）——股员（6人）
                |——调查股（股长1人）——股员（6人）
```

图7-2-1　1920年改变会章后的汉口各团联合会组织结构图

---

① 《联合会改章概要》，《汉口中西报》1920年11月16日第3张。
② 《各团联合会修改章程续志》，《汉口中西报》1923年4月1日第3张。
③ 《汉口各团联合会章程》，《汉口中西报》1920年12月13日第3张。
④ 《联合会改章概要》，《汉口中西报》1920年11月16日第3张。

1923年修订会章时，该会内部组织有了重大变动。① 此次修订后的各团联合会内部组织结构如下：

```
会长（1人）—副会长（2人）
  |—评议部（28人）
  |—干事部（28人）——|—市政股（干事长1人）—干事（2—3人）
                    |—商防股（干事长1人）—干事（2—3人）
                    |—教育股（干事长1人）—干事（2—3人）
                    |—消防股（干事长1人）—干事（2—3人）
                    |—卫生股（干事长1人）—干事（2—3人）
                    |—文牍股（干事长1人）—干事（2—3人）
                    |—会计股（干事长1人）—干事（2—3人）
                    |—交际股（干事长1人）—干事（2—3人）
                    |—调查股（干事长1人）—干事（2—3人）
                    |—庶务股（干事长1人）—干事（2—3人）
```

图7-2-2　1923年改变会章后的汉口各团联合会组织结构图

各团联合会也依据规章开会议事，常会如果不足法定人数，就不能召开，会长会改为临时茶话会。② 议事时，先由会长报告事务，再由各分会提出议案，交大会讨论，最后由大会公决。③ 1923年的会章规定实行合议制后，公议"凡案件由评议部议决，交由全体大会通过，（全体大会，各团正副会长三代表出席，每团表决只有一权）。由会长指交各股执行之"④。议事的内容十分广泛，除了讨论本会负责的消防、商防（治安）、卫生、教育、会际纠纷、选举事宜、财务，还涉及如何应对

---

① 《各团联合会评议干事两部成立纪盛》，《汉口中西报》1923年8月5日第3张。
② 《联合会议事旁听记》，《汉口中西报》1919年3月19日第3张。
③ 《各团联合会》，《汉口中西报》1920年9月15日第3张。
④ 《各团联合会评议干事两部成立纪盛》，《汉口中西报》1923年8月5日第3张。

第七章 民初汉口商人自治型市政的发展及商界变革市政体制的努力

市场变化和官府税收、市政规划、具体市政建设、外交，以及该会针对国内政治等方面做出的决策、作为与不作为，还讨论分会的事务、对其他社团或组织的交涉及维护汉口城市利益方面的方案，等等。

各团联合会下的各股则分别召开会议议事。其中，有关消防股的议事活动报章报道最多。开会的主要内容就是如何改进消防，例如，第五次消防游（巡）行会议的大致内容如下：

（一）开放私门 嗣后如有失火之处，邻近里门锁闭者，宜即开放，俟火灭后再照常关锁。由各团查明该段内有里门常锁者，报由联合会汇齐，函请汉口警察厅出示晓谕该各主知悉。

（二）划定路线 后城马路及铁路外蓬户比栉，一有不慎，火焰四冲，焚烧无余，以后须由各团函请该管警署，如有蓬户失慎之处，宜划定界线，让宽火路，以防不测。

（三）调查保险 本镇火灾发现，由于失慎者半，由于纵火者亦半，各团急宜将该段内保险牌名号数及所保之何物，是否与保单内价值相符，与在何公司保险，逐一调查明晰，填表报送，由联合会备查并随时注意。其形迹可疑之保险各家，如查有纵火图赔实据，报由联合会函请地方官厅依律惩办，以警效尤。①

消防股议定的方案或提案，可以报告各团联合会大会公决施行。②
以上情形表明，在民初的后期，汉口各团联合会会内的民主机制不断完善，从1923年新订制度及内部组织来看，它不仅比此前的组织更复杂，而且产生了一个引人注目的分支股——"市政股"，明确显示该会对市政的关注。从内部职务的分工来看，评议部掌议决权，会长负执行之责，具体的执行由干事部下的各股进行。这样的各团联合会俨然一个"地方政府"了。

---

① 《消防会议旁听记》，《汉口中西报》1919年4月23日第3张。
② 《消防会议之条件》，《汉口中西报》1919年4月7日第3张；《联合会议案两则》，《汉口中西报》1919年4月16日第3张。

· 369 ·

各团联合会下的各保安会的组织活动也遵循民主程序,它们一般是1年1改选。各会整体改选时也要请官厅监临,当众开票。有时,有的保安会还根据自身需要,局部进行改组——临时改组下级组织,如:堤口下段保安会就曾在会长的亲自监视下,改组了救火股,通过职员互选的方式重新选举了救火股的正、副督理。① 各分会的组织在清末时大同小异,基本上实行会(团)长制。民国建立后,其是否随着各团联合会体制的变化而发生变动,就不得而知了。

3. 其他商人社团组织

其他的商人社团组织,如汉口业主会,其职员也必须严格通过民主选举产生,会长最初采取单选制,到了1920年改选时,有人提出修改。结果,改成了复选制。该会选举时,记者可以前往参观;投票之后,当场开柜,检出当选人员。② 该会也分股办事。平时遇有重大事务,召开全体业主会会议解决,有时甚至邀集其他民间社团组织参与会议。

总之,民初汉口商会、各团联合会、各保安会等颇具影响的汉口商人社团组织,它们不断地完善民主机制,从根本上显示了民初商人社团组织发展的本质特征——民主化,也体现了民初汉口城市社会进一步由传统向现代转化的发展趋势。

三 商人自治型市政的主要作为

民初汉口商人自治型市政组织的市政作为,除了前面章节所述商会规划汉口重建之外,它们还主导城市消防,修建市区道路等公共基础设施,维护公共卫生,管理公用设施,开展社会救济,如此等等,在民初汉口市政建设与管理中发挥了重要作用。

(一) 主导城市消防

民初汉口商人社团组织在市政管理与建设中的作用,在消防方面表

---

① 《保安会救火股改组》,《汉口中西报》1916年12月14日第2张新闻第4页。
② 《两团体职员选出》,《汉口中西报》1920年11月16日第3张。

第七章　民初汉口商人自治型市政的发展及商界变革市政体制的努力

现得最为突出。民办消防事务基本上是市内陆上消防[①]，而最重要的消防力量系"以救火为宗旨"[②]的汉口各团联合会及其下各保安分会，它们组成的消防组织自成体系，成为汉口城市消防的主导力量。汉口各团联合会及其下各保安分会举办的消防，代表了近代汉口商人自治型市政的最高水平。

在清末，汉口各保安分会的基本职能定位就是消防和维持街区治安，它们每个个体本身就是一个消防单位。各分会（团）长就是该会消防的总负责人，其下直接担任救火之责的有救火队长或救火部长、督理、救火督理员（有的直接称督理员）、警场纠察员（有的直接称纠察员、纠察）、救火经理员。[③] 从有限的资料来看，清末各保安会内直接负责消防的人员形成这样的层级：

　　救火队长或督理——一般救火员

而各团联合会作为总会，其下应相应有"消防股"这样的组织作为分会救火组织的统帅，总会与各分会之间的消防组织可能形成这样一个系统：

　　总会消防股（股长）—各保安会救火队（队长或督理）——一般救火员

民初各团联合会的组织在清末的基础上有所调整，但就消防而言，可能没有大的变动。1920年各团联合会修改会章后，总会的消防组织层级是：

[①] 1912年，汉口各团联合会会董鉴于水上失火往往祸及市内的情况，曾经打算开办水上消防，"拟将襄河一带制小轮二只，上置各种救火机器，以备不虞"。但未见结果。见《筹办水上消防之先声》，《国民新报》1912年7月7日第4页。
[②] 《联合会筹议赈灾》，《汉口中西报》1917年9月25日第3张新闻第6页。
[③] 中国人民政治协商会议湖北省暨武汉市委员会、中国社会科学院近代史研究所、湖北省档案馆、武汉档案馆合编：《武昌起义档案资料选编》上卷，湖北人民出版社1981年版，第245—266页。

· 371 ·

消防股（股长1人）—股员（6人）（见图7-2-1）

1923年修改会章后，总会的消防组织层级是：

消防股（干事长1人）—干事（2—3人）（见图7-2-2）

民初各保安会的消防组织内部结构是否进行了调整呢？笔者未见到有关这方面的信息。民初的报刊一般只反映总会的组织情况，而对于分会的组织情况只反映正、副会长的选举情况，绝少深入其内部组织。笔者仅注意到1则报道反映了堤口下段保安会救火组织的情况，称堤口下段保安会"救火股改组，仍旧设置救火正、副督理"[①]。由此推知，该会救火组织的层级是：

救火（消防）股（正、副督理各1人）—股员（若干人）

这大体上应是当时各保安会内救火组织层级的普遍模式。

如果前述情形符合事实的话，那么，民初总会与各分会之间的消防组织层级应是：

总会消防股（股长1人）—股员（6人）—分会消防股（正副督理各1人）—分会股员（若干人）

或

总会消防股（股长1人）—干事（2—3人）—分会消防股（正副督理各1人）—股员（若干人）

有的保安会还组织了笆斗会。[②] 不过，那只是作为既有消防组织的

---

① 《保安会救火股改组》，《汉口中西报》1916年12月14日第2张新闻第4页。
② 《笆斗会实行预防》，《汉口中西报》1919年7月18日第3张。

第七章　民初汉口商人自治型市政的发展及商界变革市政体制的努力

补充而已,并不影响各分会消防组织的整体情况。

这样,整个汉口市区就形成了一个完整城市消防网络,它以各团联合会消防股为消防指挥总部,以各团联合会消防股员或干事为联络员,以各街区性分会为全城消防网结点,以各分会消防队为消防主力。

民初汉口各团联合会与各分会消防组织之间的分工十分明确,各分会消防股直接负责救火任务,当然它肯定也讨论本会内的和总会有关消防的问题。总会消防股负责解决协调、整合各分会消防等问题,而这是通过召集消防股会议来实现的。笔者注意到,大约从1919年2月20日左右开始,总会消防股会议开始形成定例,即举行例行消防游行大会,规定每半月1次,每次所有股员都参加,讨论整顿消防各项事宜,每次会议最后要决定下次会议的地点。因为开会地点是流动、循环的,所有分会都必须参加,所以叫消防游行大会。从1919年2月20日左右至1920年8月初,消防游行会总共举行了40次。后来又重新计算次数,至1922年2月21日,又举行了25次。次月初,举行第26次。其具体情况见表7-3-1。

表7-3-1　民初汉口各团联合会消防股消防游行会议情况表

会议次数	时间（年月日）	地点	会议主要内容
第3次	1919.3.20	洋火厂新兴保安会	决定例行消防游行会嗣后继续进行;消防奖励条件[1]
第4次	1919.4.5	三新街广益保安会	宣示消防股奖励条件十五条;决定仿照外国人进行消防演习竞赛;整顿消防员在警场种种不规则之行为;要求各团清理消防器具备用;决定下次会议地点[2]
第5次	1919.4.20	土垱普济保安会	嗣后如有失火之处,邻近里门锁闭者,宜即开放,俟火灭后再照常关锁。由各团查明该段内有里门常锁者,报由联合会汇齐,函请汉口警察厅出示晓谕该各主知悉;以后须由各团函请该管警署,如有蓬户失慎之处,宜划定界线,让宽火路,以防不测;各分会应将各自管辖段内保险户保险情况调查清楚送联合会备查,其形迹可疑之保险各家,如查有纵火图赔实据,报由联合会函请地方官厅依律惩办,以儆效尤[3]
第9次	1919.7	中段同益自治会	要求各团统一水袋铜头以便衔接水桩;将调查所知各段水门印图送各团备存,以便将来修理;联合会函请警察厅转知各警察署所,谕令警士嗣后有火警时,近场行人须令远避,以免消防队员勇往进行时有错误撞伤或毙命等[4]

续表

会议次数	时间（年月日）	地点	会议主要内容
第15次	1919.9.5	清真自治会	提请联合会大会通过并函请汉口警察厅出示晓谕乘坐包车者绕行火场地点，免生危险；消防奖励及规约应由5名以上之署名团体提案交付联合会大会决议修正；消防员奖章发放情况；决定下次开会地点[5]
第16次	1919.9	永安消防会[6]	
第36次	1920.7.5	公善保安会	本镇军队冲突已平息，为防宵小乘机纵火，扰害地方，各团消防员夜间应勤加巡查；如有火警发生时，由救火员林良栋将火场上下电线一律剪断；建修三义士祠基一案，业经众议，公举义务募捐员18名，两班在各保安会管辖户口收募捐款；决定下次开会地点[7]
第37次	1920.7.	大火路同益下段保安会[8]	
第39次	1920.9.16	华景街夏口四区公益会	调整建修三义士祠义务劝捐员，定19名；决定分4等奖励义务劝捐员；鉴于某公司工匠触电身亡，决定由联合会转请警厅出示晓谕人民防范；报告消防特别调查员曾焕廷已辞职并缴付徽章，应派员补充，消防特别调查员办事规则，由本股起草，俟下次会议通过，交联合会开会公决实行；劝捐员奖章由各团联合会长临时制定，经费由联合会负担；决定义务劝捐员签到办法；决定下次开会地点[9]
第40次	1920.8	义成社[10]	
（新）第25次	1922.2.21	中段同益保安会	永济、义成2分会因救火起衅并诉讼事，讨论消弭各会间消防冲突之办法，决定用游行演讲法，每次消防游行会议时由消防股员6人中的1人，演讲2小时为限，事先通知开会地点，招集全体消防员到会，以交换智识，联络各会感情，讲解消防规约、救火方法；由股长将义士碑、亭建筑图示绘出，交全体职员审查通过后按图建筑；决定下次开会地点[11]
（新）第26次	1922.3	中段同益保安会[12]	

资料来源：1.《消防》，《汉口中西报》1919年3月20日第3张；《联合会各股会议记》，《汉口中西报》1919年3月27日第3张。

2、3.《联合会近事记》，《汉口中西报》1919年4月5日第3张。

4.《消防会议纪事录》，《汉口中西报》1919年7月4日第3张。

5、6、7、8.《消防股会议记录》，《汉口中西报》1919年9月30日第3张。

9、10.《消防会议纪》，《汉口中西报》1920年9月18日第3张。

11、12.《团体消息》，《汉口中西报》1922年2月22日第3张；《消防股消弭冲突之办法》，《汉口中西报》1922年3月3日第3张。

第七章 民初汉口商人自治型市政的发展及商界变革市政体制的努力

从开会讨论的情况来看，主要讨论如何改善消防技术（如使用电剪切断电火源），如何提高临场的消防效率（如整顿消防员在火场种种不规范行为；要求统一各分会接水水袋铜头；火警时开放里巷私门；举行消防演习等），如何更好地预防火灾（如督促各分会清理消防器具备用、调查保险户保险，以防纵火等），拟定消防制度（如将消防游行会作为定例进行下去）、规章（如奖励消防条例、劝募员奖励办法），协调各分会之间的关系（如各分会齐集救火时如何协调、如何避免纠纷），做出相关消防决定（如实行游行演讲法、义务劝捐员签到办法等），以及调动职员，如此等等。不过，总会的消防股会议对于重大的消防问题还没有终决权，它必须将有关消防规章、条例等近于法规性的拟决，以提案的形式移交各团联合会大会表决才能实行。如：消防奖励及规约，应由5名以上之署名团体提案，交付各团联合会大会决议修正；消防特别调查员办事规则，在消防股通过后，交各团联合会开会公决实行。另外，各团联合会消防股做出需要警方配合的决定时，也不能径直与官府（如警厅等）交涉，必须交各团由联合会转请官府（主要是警厅）进行。因此，从整体而言，各团联合会才是各分会之上的最高消防领导机构，各团联合会大会才拥有消防决策的终决权。

民初汉口各团联合会还建立起比清末更为完备的消防报警机制。清末各保安会消防报警主要依靠敲击后城马路水塔上的救火钟和鸣锣报警。不过，由于水塔对于汉口广阔市区的部分街区而言，显得偏远，水塔钟声传播警报覆盖的范围毕竟有限，"每遇火警鸣击，各保安会有闻声、有不闻声之处"[1]，报警的效果有限。随着汉口市区的发展，水塔救火钟报警的缺陷日益显露，以至于市区有的地方失火，"火正炎炎之际，并未闻水塔警钟一响"[2]。为了提高火灾报警效率，汉口各团联合会特地在安徽会馆前面建筑了一座警钟楼，该楼在1919年4月之前就

---

[1]《联合会筹办救火钟之现在》，《汉口中西报》1919年4月11日第3张。
[2]《火警》，《汉口中西报》1918年3月11日第3张新闻第6页。

建好了。而汉口各团联合会的会所就在警钟楼。① 当时，打算在楼顶安设一报警钟，"派人防守，如闻水塔钟声，即继续鸣击，俾处处闻知，均得前往灌救，免致燎原"②。

1921年《武汉指南》记载"团体事业"时曰，"汉口保安会系救火团体，有警则警钟楼鸣钟报告，初将警钟敲鸣三十下，然后视其地段而异其下数"。《武汉指南》还录载了《警钟规则》，其内容如下：

> 一下钟　日本租界洋火厂至华景街，后至铁路局铁路，前至美最时码头止；
> 二下钟　华景街至一码头，前至洋关河街，后至歆生路上【止】；
> 三下钟　一码头至堤口，前至迎宾江馆（笔者按：疑为迎江宾馆）河街，后至城垣马路止；
> 四下钟　堤口至四官殿，前至衣股【服】街河边，后至城垣马路六渡桥止；
> 五下钟　四官殿至沈家庙，前至沈家庙下河本码头，后至满春花园马路为止；
> 六下钟　沈家庙至大王庙，前至电灯厂，后至玉皇阁慈善会；
> 七下钟　大王庙至五圣庙，前至花翎河边，后至九莲码头；
> 八下钟　五圣庙至仁义司，前至杨家河，后至四明公所；
> 九下钟　仁义司至桥口，前至河下，后至铁路外。③

同样内容的《警钟规则》，还载于1920年的《汉口商号名录·汉

---

① 1920年汉口各团联合会会章第四条的内容就是"本会会所现设警钟楼内"。见《各团联合会会章》，《汉口中西报》1920年12月13日第3张。
② 《联合会筹办救火钟之现在》，《汉口中西报》1919年4月11日第3张。
③ 李继曾、施葆瑛编：《武汉指南》，汉口市日刊报馆民国十年（1921）版，第11—12页。

第七章 民初汉口商人自治型市政的发展及商界变革市政体制的努力

口指南》和1926年的《武汉快览》①。《武汉快览》还载曰：

> 遇有火警，瞭望之人，一经察觉，急将警钟乱敲三十下，如在白天扯红旗，夜晚扯红灯，区别为号，俾远近保安会知晓，次观是何地段，异其敲钟之数，以便施救之人，随同赴救。如同时他处有火警，再敲乱钟三十下，如何照章分别地方，如前报告。无论久居及旅寓者，皆不可不注意也。②

1920年《汉口商号名录》也有近似的表述。1921年《武汉指南》一书，还在载述水塔时提到该塔顶层设有警钟。如果一个城市同时有两个报警设施，那么，其报警机制应该是相同的，共享的；否则，就会产生信息错乱，使闻警的保安会消防人员无所适从。

我们查对相关地图发现：《武汉指南》所载警钟规则，与《汉口小志》所载水塔火灾报警规则在火警地段和敲钟响数的对应关系方面，尽管在个别地段的表述上存在差异，然而它们实际上是完全一致的。这说明水塔和警钟楼的报警机制是相同的，可以共享的；汉口各团联合会警钟楼火灾报警机制，至1920年，已如该会所期望的那样建立起来了，它使汉口市区火灾报警机制更趋完备。

民初各团联合会及其下各保安会的外在消防条件和内在消防设备、火灾预防手段，以及临场救火技术与措施方面，均较晚清时期进步。

就消防的外在条件而言，虽然存在前面章节所述的房屋密集等不利条件，但也存在较晚清更为有利的外在条件。进入民初以后，"既济水电公司在各段派人安放龙头，售卖零水"③，渐致"挑水夫多已改了脚"，终至数量可观的传统挑水夫因自来水的缘故，而大多改做了别的

---

① 武汉书业公会编：《汉口商号名录》，武汉书业公会民国九年（1920）发行，"附汉口指南"，第22—23页；刘再苏编：《武汉快览》，世界书局民国十五年（1926）版，第95—96页。
② 刘再苏编：《武汉快览》，世界书局民国十五年（1926）版，第95页。
③ 《议请延时卖水》，《汉口中西报》1916年7月31日第2张新闻第3页。

事，居民即便想抗拒自来水涨价也因"无人挑水"变得不大可能了。①因此，与晚清相比，民初汉口市区自来水普及程度更高，从而为开辟更多的消防水源创造了条件。

消防水门增多，也改善了民初各保安会的消防条件。汉口各处的消防水门是由水电公司安设的，从民初保安会要求增设水门②的情况来看，汉口的水门正随着市区的发展，安设也逐渐增多。由于民初各保安会救火时采用的是新式的洋龙，故救火的能力在很大程度上取决于消防水门的多少及水压的高低。一般而言，消防水门的增多，势必提高消防效率。

民初汉口市区新式建筑较晚清增多，新增的建筑中很多是小洋楼或较高大的建筑，这些建筑由于更多地使用防火材料，如水泥、砖石等，比起板屋和棚屋更具抵抗火灾的能力，它们有时成为天然的防火屏障。此外，民初汉口市区在重建时，业主们出让了建筑基地，使得民初汉口市区街道较晚清稍宽，一旦市区失火，消防力量更易介入，也有利于提高消防效率。

就消防设备而言，民初也较晚清更为进步。这主要应归功于各保安会的自主备置和各团联合会的组织管理。辛亥兵燹中，汉口市区损毁严重，各保安会组织上遭到不同程度的破坏，消防设备必定也因市区的严重损毁而连带受损。民初各保安会相继恢复，消防设备也相应恢复，有的保安会"派人前往上海购办洋龙、水袋"③。有的保安会则在此外还邀集街邻，提倡笆斗会，并添设消防水桶，"分布陈列，倘遇火患，即将黄桶之水运往援救"④。不过，由于民初汉口城市经济较晚清发展，商人的经济实力增强，民初各保安会"消防器材和设备也有扩充和改进，各会大都备有新式消防卡车1—2部，消防效能显著提高，博得广

---

① 《自来水加价值反响》，《汉口中西报》1922年3月22日第3张。
② 如："大智门保安会长陈品三，见该会区域辽阔，房屋渐次造多，水门只有六区，一遇火警，鞭长莫及，此时拟添水门二处"，案经公决，由联合会据情函达水电公司，俟该公司如何复函，再行办理。(《各团联合会》，《汉口中西报》1920年9月15日第3张)
③ 《保安会再张旗鼓》，《国民新报》1912年10月23日第6页。
④ 《笆斗会实行预防》，《汉口中西报》1919年7月18日第3张。

第七章 民初汉口商人自治型市政的发展及商界变革市政体制的努力

大市民的好评和信任"①。

民初汉口各团联合会的统一管理，促进了各保安会消防设备的改进和完善。清末汉口各团联合会虽然也是各保安会的统一领导组织，但当时它更多的是出于应对革命形势的需要才组织起来的，其最重要的作用在于"胚胎革命"，加之它从产生到辛亥革命爆发，不过半年时间，不可能从管理上对各保安会的消防设备有多大改进。进入民初以后，各该会的基本职能才真正是"研究消防、联络感情"②，特别是它的消防股开展游行消防会后，这种作用明显增强。该会及其消防股往往要求各会统一行动，完善和改进消防设备。例如：要求清理各团消防器具，如有损坏者，从速设法补置；③ 要求各分会购置新的救火水袋（带）④；要求各分会统一水袋衔接水门水桩的铜头⑤，等等。这些管理上的要求，无疑有利于提高消防效率。

就火灾预防而言，民初汉口各保安会往往也能够在各团联合会的要求下采取一致行动：

注重预备会内消防设施，尤其在冬防之际。1916年冬防时，汉口各段保安会鉴于时届冬令，大风时常爆发，最应该小心火烛。为注重消防起见，它们要求必须每夜将各救火器具，预备齐全，一遇火警，即前往速行灌救，以免酿成延烧成患。⑥ 1917年冬，石星川、黎天才宣布荆襄自主，北洋政府派兵镇压，战讯传来，商民咸有戒心，诚恐有不逞之徒防火抢劫，扰害治安，汉口各团联合会特通知各段商团保安会，每夜预备水袋，安设水管，以预防火患，确保治安。⑦ 1920年冬防时，各团

---

① 曹策前：《解放前汉口的消防事业》，武汉市地方志办公室主编：《武汉春秋》1982年第3期，第45页。
② 《汉口各团联合会》，侯祖畬修、吕寅东纂：《夏口县志》，民国九年（1920）刻本，卷五"建置志"，第18页。
③ 《消防会议之条件》，《汉口中西报》1919年4月7日第3张。
④ 《购置新水袋之通启》，《汉口新闻报》1919年9月8日新闻第4张第8页；《联合会请购置新袋之通启》，《汉口中西报》1919年9月28日第3张。
⑤ 《消防会议纪事录》，《汉口中西报》1919年7月4日第3张。
⑥ 《冬防中之面面观》，《汉口中西报》1916年11月11日第2张新闻第4页。
⑦ 《联合会严防火患》，《汉口中西报》1917年12月7日第3张新闻第6页。

· 379 ·

联合会议定自冬防之日起，由各保安会分派消防员，于每夜九点钟后，游巡各段，至次日天明为止，并将救火器具，预备齐全，以方便发现火患时取用。①

注重清理消防水门。1917年4月，各保安会鉴于火灾迭见，商民损失财产实属不少，担心水电公司在各处安设的消防水门被无知之徒闭塞或将水门铁盖窃去，特地派商警将水门一一清理，以备不虞。② 1919年7月，在各段消防水门已调查齐全的情况下，各团联合会消防股又决定将消防水门的分布情况印刷成图并转送各分会存查，再由各分会函知总会转请水电公司派工修理被损坏的水门。③ 这显然是为了保障临场消防效率的预防之举。

同样重要的是，各团联合会还能够根据城市社会发展的实际情况，采取预防火患的措施，注重防范投保商户的纵火图赔。1919年4月，该会消防股鉴于汉口火灾一半由于失慎，一半由于纵火，议定各分会迅速将各段内保险牌名号数及所保之何物，是否与保单内价值相符，与在何公司保险，逐一调查明晰，填表报送，由总会备查并随时注意。对于形迹可疑之投保商户，如查有纵火图赔实据，报由总会函请地方官厅依律惩办，以儆效尤。④ 1920年，各团联合会消防股长韩瑞廷鉴于一些商户往往借保险之便，纵火图陪，殃及近邻，遂与各消防员议决根本防患之法：嗣后对于保险商户格外注意，以便于对故意纵火图赔者追究责任。⑤ 各团联合会消防股调查商户保险以防纵火图赔的做法，对于欲借保险纵火图利者而言，势必具有一定的警戒作用。在火灾保险率日益提高的情况下，这种防范措施对于预防火灾的意义是显然的。

就临场救火技术、措施而言，民初汉口各保安会在各团联合会及其消防股的领导下，不断得到改进。各团联合会消防股曾经商同金用公司

---

① 《预防火警之急进》，《汉口中西报》1920年12月28日第3张。
② 《商警清理水门》，《大汉报》1917年4月23日新闻第3张第6页。
③ 《消防会议纪事录》，《汉口中西报》1919年7月4日第3张。
④ 《消防会议旁听记》，《汉口中西报》1919年4月23日第3张。
⑤ 《消防员之根本防患策》，《国民新报》1920年6月19日第6页。

第七章　民初汉口商人自治型市政的发展及商界变革市政体制的努力

经理林良栋（林本身就是一名救火员——笔者注），组设"电器消防队"①，决定在火警发生时，由林良栋将火场上下电线一律剪断，以防止火灾的蔓延。②该会还通过消防股会议（如消防游行会议），整顿消防员在警场种种不规范行为，举行演讲（如游行演讲），招集全体消防员到会，交换消防知识与经验，联络各会感情，讲解消防规约与救火方法，举行消防演习和竞赛，以期提高各保安会消防员临场救火技术和协调能力。此外，在火警发生后，消防股还通过各团联合会转请警方予以协助，由警察为各分会消防队伍开道，由警方通告里巷开放私门、车辆绕行、行人远避，以方便救火，等等。比起基本上处于各自为政的清末各保安会来，民初各保安会临场救火技术、措施及协调能力应该有较大程度的提高。

正是因为民初不论是外在的消防条件，还是内在的消防条件（包括消防设备、火灾预防手段和临场救火技术、措施、协调能力诸方面），均较晚清时期进步，民初各团联合会及其下各保安会的消防实战能力、火灾防控能力逐渐提高，它们在城市消防中的主导作用日益凸显出来。以下是笔者查阅到火灾资料中涉及救火组织（包括官府组织和保安会、善堂）的资料：

1912年6月21日：天将黎明，张美之巷后街庆余德布店不知因何失慎，以致黑烟匝地，红焰冲天，演成难收拾之势，迨各保安会带车至时，该店火威已退……惟当火正炽时，汉口警视厅与该店相距咫尺，适该厅厅长外出未归，各科执事不无恐慌，故拘留所羁押之犯乘间逸去十六人。③

1912年6月22日：晚八（句）钟后，五圣庙上遇字巷正街普同庆药铺失慎，致兆焚如……不可收拾，幸经保安社及各善堂水龙

---

① 《组设电器消防队之办法》，《汉口中西报》1920年7月14日第3张。
② 《消防会议纪事录》，《汉口中西报》1920年7月22日第3张。
③ 《火警志要》，《国民新报》1912年6月22日第4页。

· 381 ·

暨军队、巡警驰往弹压，灌救得力，移时扑灭，只烧该一家。①

1912年9月：汉口自兵燹后，建筑尚未兴工，所有小贸及贫民均搭棚屋在大智门一带居住。本月十五日夜七句钟时，某棚户不戒于火，致兆焚如……竟延烧约计千户。至十句钟，各保安会水袋始得救熄。当时第二师军队及警视厅、夏口县均往弹压。惟闻焚毙老妇、幼孩二名。至十六日下午，循礼门外亦被火烧去棚户十余家，诚劫也。②

1913年3月6日：夜十一时，大智门刘姓棚户因炊饭不慎于火，致兆焚如……有火星飞入铁路线内，燃及新昌里附近之棚户……各段保安会暨警视厅、夏口县、水电公司水袋驰往灌救，陆军第五团军队亦到场弹压，至二时火势始息，计被烧者一千余户。③

1917年2月2日：夜九点钟，江家院失火，一时火光烛天，不可向迩，幸各团保安会纷驰灌救，军、警亦弹压得力，即刻扑熄，只延烧邻舍一家。④

1917年5月21日：上午十二点钟时分，集稼嘴下首宝盛银楼现正值开张之时，门首扎有彩棚，安设电灯甚口，不知因何走电，忽将扎架烧燃，一时火光冲天，不可收拾，当经各保安会闻警速派水龙驰往灌救，幸在白昼人多，登时扑灭，未致延烧房屋，亦云险矣。⑤

---

① 《火警》，《国民新报》1912年6月24日第4页。
② 《汉口大火》，《民立报》1912年9月22日第8页。
③ 《风火甚于盗贼》，《民立报》1913年3月18日第10页。
④ 《火警》，《汉口中西报》1917年2月3日第3张。
⑤ 《火警纪闻》，《汉口中西报》1917年5月23日第3张新闻第6页。

第七章 民初汉口商人自治型市政的发展及商界变革市政体制的努力

1917年9月20：张美之巷陶圣庵居民失慎，殃及邻居数十家，并延烧警察六署教练所与巡警住室及厨房、厕所等处；① 有幸各段保安会救火员极力扑救，使火熄灭。②

1917年12月26日：夜半四点钟，前花楼街某五金店失火，红光烛天，照耀几如白日，虽各保安会洋龙齐集灌救，延烧……七家火势始杀。③

1917年12月30日：晚十点钟，大智门铁路外某饭馆失火，红光烛天，照耀几同白日，虽该处各保安会洋龙竭力灌救……焚毁大小房屋四十余间始熄。④

1922年11月28日：上午，马王庙横巷失火，大有不可收拾之势，所幸永升平高墙抵制，一面由各保安会驰往竭力灌救，约一小时之久，始行扑灭。⑤

1923年8月25日：早六时，观音阁堤街失火；下午九时，维新巷下失火，一时光射四壁，大火冲天，幸仁义上下段水龙灌救得力，只焚烧该号其后两栋，始行扑灭。⑥

（说明：上列有关民初汉口救火的资料肯定不全，但并非笔者刻意筛选而得来的。）

从以上资料我们可以发现以下几点有价值的信息：

---

① 《张美之巷之火警余闻》，《汉口中西报》1917年9月23日第3张新闻第6页。
② 《警察厅函谢保安会》，《汉口中西报》1917年9月20日第3张新闻第6页。
③ 《火警》，《汉口中西报》1917年12月28日第3张新闻第6页。
④ 《一夕两火》，《汉口中西报》1917年12月30日第3张新闻第6页。
⑤ 《马王庙火警》，《汉口中西报》1922年11月30日第3张。
⑥ 《一日两火》，《汉口中西报》1923年8月27日第3张。

第一点：民国建立后的最初两年，发生的火灾有的规模很大，在火灾中烧毁的人户房屋以千计；民初中期以后，火灾的规模总的说来，大为减小，损失一般以数家（间、栋）、数十（间、栋）计，说明民初汉口城市消防形势总体上在好转。

第二点：在民国最初的两年，我们尚可见到官方机构参与救火或维持火场秩序，如夏口县、军队、警厅，但到1917年以后，火场上基本上见不到官方的身影，警厅也未见参与救火了。

第三点：各保安会自始至终参与救火；进入民初中后期，火灾基本上是由保安会扑灭的，而善堂水龙则基本上从报界的视野中消失，说明善堂消防组织的趋于衰微，保安会的消防影响增强。

就上述并未刻意排除官府机构参与救火的资料看来，民初汉口官方在城市救火中的作用已日趋减弱，以至于后来基本上未见报道。1917年《汉口中西报》上的一则报道，其内容竟然是警察厅后院险被火灾殃及，幸亏各段保安会救火得力，警署才免遭鱼池之殃。为此，警方特予感谢保安会。但因又不知是何会参与救火，故警方只好致函汉口各团联合会代为致谢。[①] 可见，此时警方在消防方面反而还要依赖保安会，并且当时根本就没有监临火场。非但如此，警方在"火警发生，各团消防人员驰往灌救时，沿途警士毫不照顾"[②]，毫无消防协作意识。因此，在民初的中期，汉口各团联合会下的各保安会已当之无愧地成为市区救火的主力军，在城市消防中起着主导作用。

民初报刊报道对汉口各保安会防火能力的充分肯定，也能反映出汉口各团联合会及其下各保安会在城市消防中所起的主导作用。1917年12月11日的一则报道这样说："值此风声频惊之际，乘间纵火之事在所不免，自各保安会奉命上街巡查后，日夜川流不息。迩来租界火警既见，汉阳鹦鹉洲亦被匪纵火焚毁千余家，而人烟周【稠】密之汉口，尚未见水塔警钟再响，诚保安会巡防之力也。"[③] 这则报道通过对比的

---

① 《警察厅函谢保安会》，《汉口中西报》1917年9月20日第3张新闻第6页。
② 《消防会议纪事录》，《汉口中西报》1919年7月4日第3张。
③ 《保安会巡防得力》，《汉口中西报》1917年12月11日第3张新闻第6页。

第七章 民初汉口商人自治型市政的发展及商界变革市政体制的努力

形式,充分肯定了汉口各保安会在火灾防控中的主导作用——它将汉口火灾未再现的功劳,完全归之于汉口各保安会而不是警厅。

汉口各团联合会及各保安会在城市消防中的主导作用还体现在,它们通过制定消防管理规则、规章、规范,强化居民的消防意识,成为城市消防事业进步的推动者。

汉口各团联合会(消防股)制定有关消防的内部管理规则、规章,如:《汉口各团联合会褒奖消防条例》(其主要内容是在对保安会消防员救火进行考勤的基础上,确定其消防成绩并给予相应的奖励,目的在于激励勤劳者,激发保安会消防员的责任感、荣誉感,提高救火效率)[1]、消防演讲游行会上宣讲的《消防规约》[2]《消防特别调查员办事规则》[3]。

汉口各团联合会(消防股)还制定面向城市大众的消防管理规范,采取措施强化居民的消防意识。前者如:须由各分会函请该管警署,如有蓬户失慎之处,应划定界线,让宽火路,以防不测;失火之处,邻近里门锁闭者,应立即开放,俟火灭后再照常关锁。由各分会查明该段内有里门常锁者,报由各团联合会汇齐,函请汉口警察厅出示晓谕该各业主知悉;各分会应将各自管辖段内保险户保险情况调查清楚,送总会备查,其形迹可疑之保险各家,如查有纵火图赔实据,报由总会函请地方官厅依律惩办,以儆效尤。[4] 要求警士嗣后有火警时,须令近场行人远避,以免消防队员快速奔向火场时,发生撞伤或撞死行人等事情发生;[5] 要求乘坐包车者绕行火场地点,免生危险;消防奖励及规约应由5名以上之署名团体提案交付各团联合会大会决议修正;消防员奖章发放情况;决定下次开会地点。[6] 后者如:由各团联合会敦促各保安会注意清理水门、预备救火器具以防患未然。这样,各团联合会就通过各保

---

[1] 该条例载《汉口中西报》1919年4月24日、27日、29日第3张。
[2] 《消防股消弭冲突之办法》,《汉口中西报》1922年3月3日第3张。
[3] 《消防会议纪》,《汉口中西报》1920年9月18日第3张。
[4] 《联合会近事记》,《汉口中西报》1919年4月5日第3张。
[5] 《消防会议纪事录》,《汉口中西报》1919年7月4日第3张。
[6] 《消防股会议记录》,《汉口中西报》1919年9月30日第3张。

安会将消防注意事项传达到街区各家各户。

值得注意的是，这些面向城市大众的消防管理规范，本来应该是由官方消防机构——警察厅——来制定，并负责执行或监督执行，现在反而要由汉口各团联合会消防股这样的民间消防组织来制定，再由该会敦促官府——警察厅执行或监督了。这比起湖北新政时期由总督张之洞发布谕令，由下级官府来执行或监督民间遵循消防规则的做法和令行禁止的情形[1]，已大相径庭了。这表明，在汉口城市消防规则的制定方面，官府已经丧失了清末时期的主导地位；在消防规则的执行和监督执行方面，官府也已经由清末的主动变为民初的被动，而商人街区性地方自治组织则反客为主了。

也许正是鉴于汉口各团联合会及其下各保安会在民初汉口城市消防中的重要地位，民国中期的学者在论及民初汉口城市消防时说，"汉口市消防事务，在民国十六年以前，完全由保安公益会（这是民国中期时对汉口各团联合会的一个称呼——笔者注）负责办理"[2]。1929年市政府的市政公报中也说，"汉口方面，一遇火患全赖各保安消防队员"[3]。很可能，汉口警察厅在民初的后期不再参与城市消防，而汉口各团联合会则完全负责城市消防事务。不过，这种说法还是过于夸大了汉口各团联合会及其分会在整个民初汉口城市消防中的作用。毕竟，当时除了汉口各团联合会之外，汉口警厅和善堂[4]等机构或组织也曾参与城市消防活动。

---

[1] 如：官府要求"此后遇有失慎地方，凡临街房屋修建时，应让出官街三尺，即非失慎地方，但系改造房屋，无论铺面、住宅、公所，亦均应让出官街三尺……警察局会同勘明"（《札夏口厅、江汉两县出示展宽街道》，苑书义等主编：《张之洞全集》，河北人民出版社1998年版，总第4377页）；要求市区各铺户商家自备消防器具以便救火，并由保甲局禀请督抚"派员点验，如不照购，或够不如数，定即分别惩罚"（《札江夏县等帖令各户购备水枪以防火灾告示》，苑书义等主编：《张之洞全集》，河北人民出版社1998年版，总第3741页）。

[2] 包民芳：《中国消防警察》，商务印书馆民国二十三年（1935）版，第28页。

[3] 《武汉特别市公安局行政计划大纲》，《武汉特别市市政月刊》第1卷第1号，1929年5月，"计划"，第26页。

[4] 侯祖畲修、吕寅东纂：《夏口县志》，民国九年（1920）刻本，卷五"建置志"，第15页"善堂"条载，善堂的善举之一就是救火，说明当时善堂是参与城市救火的。

（二）建设道路等公共基础设施

民初汉口商人社团组织还自主地建设城市公共基础设施，诸如市区道路、码头、河岸、路灯等。当时，在市区修筑道路的商人社团组织，主要是汉口各团联合会下的各保安会。

由于官府没有足够的能力建设汉口市内各处道路，故市区街道多年久失修，沟渠堵塞。这种状况既不方便行旅，也极妨碍卫生。于是，各保安会便自觉地承担起市区各街区街道修建的任务。

1915 年春，堤口下段商团保安会鉴于花楼街、张美之巷等处街道，数年以来，未曾培修，大多坍塌，且每遇雨雪，变成泽国，加上沟渠不通，秽臭漫溢，于卫生大有妨碍，为了防止行人跌扑，预防酿成疾病，特地招集会员开会，磋商解决问题的办法。结果，该会争取到地段内各商号的支持，准备筹款、估工修筑。① 大约 4 年之后，该保安会地段内街道又出现沟石倾倒、街面低洼不平的情况，该会会长郑慧吾负责将堤口至花楼正街一带估工修理，并打算在此段竣工后，再继续培修各支巷。② 1916 年夏，四官殿下段保安会鉴于该地段一带街道年久失修，沟渠淤塞，每逢久雨，积水成渠，行人每称不便，特筹捐款 11 万元，逐段兴修街道。③ 1917 年夏，沈家庙河街一带共计 130 余丈，年久失修，每逢大雨，积水难消，往来行人莫不视为畏途。该处四段商团保安会为热心公益起见，议决重行修理，招工承修，所有费用由众街邻担任。④ 1919 年，土垱普济保安会经修了所辖地段内的文书巷街道。⑤

除了上述几例单个保安会修理各自辖区内的街道之外，还有两个保安会联手修建街道的，如：后堤街一带，前后街道年久失修，每逢久雨，积水成渠，行人不便。1916 年夏，同益自治会、公善保安会合议

---

① 《疏通沟渠淤积》，《汉口新闻报》1915 年 3 月 14 日第 3 张新闻第 6 页。
② 《会社之建修忙》，《汉口中西报》1919 年 3 月 26 日第 3 张。
③ 《筹款修街》，《汉口中西报》1916 年 7 月 1 日第 2 张新闻第 3 页。
④ 《议决修理河街》，《汉口中西报》1917 年 7 月 28 日第 3 张新闻第 6 页。
⑤ 《修街停滞之原因》，《汉口中西报》1919 年 7 月 29 日第 3 张。

修建。①

  有的保安会在道路培修方面的成绩，深得社会赞许。如义成保安社，"于地方办理消防、建修街道，不遗余力，久为本镇人士所共见"②。

  到了1921年年初，汉口市区"大街小巷，均经各保安会修理平坦，不但往来行人，咸称便利，闻彼双轮包车，亦畅行无碍……核其总数，计达数十万元"③。由此可见各保安会在民初市区街道维护、修建中的积极作用。

  商会也曾参与培修马路。

  大智门马路，年久失修，迭经商会请求路局修治，终因公款异常匮缺，未能兴修。1923年，汉口总商会会员特地为此进行磋商，一致决定推举公正商董，自行筹款培修；由商会具呈省署，要求其令行汉口马路工程局，"妥议办理"④。值得注意的是，商会方面在修路方面为争取马路工程局的技术支持，特地申明这次商修"完全为慈善义务"⑤。

  民初市区马路除警方管理的以外，其余各街巷路灯主要是由各保安会负责安设的。

  汉口的路灯最先是由各善堂、保甲安设的，清末汉口警察局设立后，警察局在日常市政管理中取代了保甲，路灯遂主要由各善堂和警察局安设。既济水电公司电厂建成投产后，曾经免费安设路灯——每根电线杆上安设一盏。其后（当为清末民初之际，具体何时开始尚待考），各保安会开始安设路灯，电费半价。于是，各保安会安设的路灯，逐渐取代了既济水电公司安设的路灯。⑥

---

  ① 《会长垫款修街》，《汉口中西报》1916年7月21日第2张新闻第3页。
  ② 《保安会选定会长》，《汉口中西报》1918年10月22日第3张新闻第6页。
  ③ 《抽收包车公益捐之提议》，《汉口中西报》1921年1月6日第3张。
  ④ 《培修大智门马路之考虑》，《汉口中西报》1923年10月12日第3张。
  ⑤ 《修筑大智门马路并无障碍》，《汉口中西报》1923年10月24日第3张。
  ⑥ 民国时期，汉口各保安会曾打算就路灯免费问题与既济水电公司交涉，他们提出的理由是："路灯原为慈善性质，当各保安会未安路灯以前，该公司原有义务，每电杆上一盏。迨各团安设路灯，自出半费，公司义灯乃减。"（《各团拟向水电公司交涉》，《汉口中西报》1922年2月12日第3张）可见汉口既济水电公司曾经在电线杆上普遍安设路灯。但清末时电灯并不普及，公司电线杆覆盖的范围有限，安设的路灯自然不会很多。

第七章　民初汉口商人自治型市政的发展及商界变革市政体制的努力

汉口市内的路灯在清末时本来设置就少，再经过辛亥兵燹的破坏，分布更显稀少。1912 年，汉口警视厅曾经出示动员居民安设路灯曰："各国市政，电光路灯，通宵达旦……拟仿保甲之制，每十家共一牌灯，挂于适中之地，以补警察暨各善堂路灯之不足"①。民初保安会相继恢复或重建，为便利交通、发达商业起见，它们纷纷按段安设路灯。1917 年 2 月 14 日，下段保安会、清和保安会、小董家巷自治会，以及黄陂街上、中、下三段保安会，将各自街区内的路灯一律安设完竣。②新开辟的大智门铁路外市区，由于路灯缺乏，夜间行路黑暗非常。1919 年，该段公立保安会，在沿途安设了电灯 30 余盏。③

至于路灯电价，最初为居民用电的半价。到 1922 年 3 月，每盏路灯的月费分为甲、乙、丙三种，价格分别为 1 元 8 角、1 元 6 角、1 元 2 角。④ 当时，仅就每盏 1 元 4 角起算，保安会辖区内的路灯费每月也超过了 1000 元。⑤ 如果照这样的路灯总费和每盏路灯的月费推算，汉口各保安会安设的路灯数量大约为 700 盏。

为了共同完成款项巨大的市政工程，汉口的商人社团组织如保安会、商会、业主会之间，或接力修筑，或加强了协作。

汉口的河岸、码头按例应由官府出钱修筑——"向例由征收局一五加捐项下开支（如应缴厘金钱一串文者，另加一百五十文，作为修理河岸经费）。"⑥ 然而，当时汉口河岸修筑的实际状况却是："官吝于财，民苦于力，沿江一带不加修理，任其朽崩"⑦，沿河一带官府也很少过问，河岸（即襄河，汉水汉口段沿岸）发生严重崩塌的情况也不少见。

在官府失职不管的情况下，汉口商人社团组织主动地承担起码头和

---

① 《举办十家牌灯之示谕》，《国民新报》1912 年 7 月 31 日第 4 页。
② 《实行安设电灯》，《汉口中西报》1917 年 2 月 15 日第 2 张新闻第 5 页。
③ 《电灯》，《汉口中西报》1919 年 3 月 20 日第 3 张。
④ 《联合会对于路灯交涉之会议》，《汉口中西报》1922 年 3 月 9 日第 3 张。
⑤ 《请求路灯免费之提议》，《汉口中西报》1922 年 3 月 19 日第 3 张。
⑥ 《集稼嘴河岸之危险》，《汉口中西报》1920 年 9 月 19 日第 3 张。
⑦ 《江岸崩塌之惨剧》，天津《大公报》1921 年 12 月 13 日第 2 张。

河岸的修建的任务。由于修建码头和河岸都需要巨额的经费，单个商人社团组织往往难以担负，故对于需费较多的市政工程，商人社团组织之间，只有接力进行，或协作进行。

汉口沿襄河一带河岸，曾经由绅士余福田经手兴修，一年多后未培修。至1917年2月，八大行绅商（他们一般应是商会帮董）鉴于河工最关紧要，诚恐发生河岸倒塌这样的事情，他们筹捐巨款，定期兴工，很快就预备好进行培修。① 其中，集稼嘴至江河交汇处的龙王庙一带河岸，由于地理的原因，经常崩塌。1919年秋，在集稼嘴河岸发生崩塌后，官府长久没有修筑的表示。但该处河岸被水剥削，日甚一日，情势十分危险，当地商民十分恐慌，呼吁汉口总商会出面要求当局修理。到1920年11月，有的地段已"危如累卵"②，夏口县官员也不出面修理。1921年11月7日，龙王庙一带房屋30余间，上起临江酒楼，下至伍复太水果行店，全部沉入水中，停泊河下的船只被打坏很多，人员伤亡惨重，最后统计，打捞尸体40余具，其余葬身鱼腹，财产损失十余万元。在事故发生、损失惨重的情况下，该段水土果帮自治会长、商会帮董韩瑞廷，召集本段街邻和沿江各保安会会长，筹议修筑龙王庙码头一事。结果，与会者都认为此举关系全镇公益，应当积极进行。对于经费筹措，则商定一方面请汉口总商会出面设法，或拨款，或募捐；另一方面由韩氏向汉口各团联合会提议，转知各保安会，同为发起人——打算由全镇保安会共同负责修筑。但是，这次会议没有结果。到了1922年11月，商会帮董程荣卿、韩瑞廷、杨松圃，以及各保安会负责人郑慧吾、马干臣、樊佐安等（他们也曾充商会董事）一起，又开始讨论修理龙王庙码头一事。③ 此事虽然不知结果如何，但有一点可以肯定，汉口商会与各团联合会及各保安会之间已经开始协作，共同筹划码头修理

---

① 《修理河岸》，《汉口中西报晚报》1917年2月2日第3张；《修理河岸之急进》，《汉口中西报晚报》1917年2月26日第1张。
② 《集稼嘴岌岌可危》，《汉口中西报》1920年11月30日第3张。
③ 《筹修龙王庙码头之会议》，《汉口中西报》1921年11月16日第3张；《筹修打扣巷码头之旧事重提》，《汉口中西报》1922年11月28日第3张新闻第6页。

第七章 民初汉口商人自治型市政的发展及商界变革市政体制的努力

问题。

对于汉口码头的改造，汉口商人社团组织也揽为己任。1918年，招商局汉口分局为了发展航业，计划改造该局船只停靠码头——在张美之巷、熊家巷、蔡家巷3个码头建造洞道。对此，下段保安会、业主会暨其他团体均表示反对，认为这3个码头是汉口公有设施，不能任由该局建造。此事惊动了省长王占元，他饬令商会查复。于是，各团体均至商会磋商对付办法。① 经过交涉，汉口招商局同意停止施工，工程改由堤口下段保安会、业主会等团体修建。各团体遂决定于3月27日开工修筑，招商局已修部分的经费，由各团体筹还。②

除了修路、安设路灯、培修码头、修理河岸之外，汉口商人社团组织建设的城市公共基础设施还有：各保安会在各街巷修建了便池、警钟楼等。

综前所述，我们发现，在修建城市公共基础设施的商人社团组织中，以汉口各保安会的参与面最广，其次才是商会，再次是业主会、善堂。而且，它们对于自身所行之事，往往具有很强的责任感；他们虽然也像古典市政时代那样视修建城市公共基础设施为公益，但是往往不再以"义举"、善举视之③，也多不被视为"义举"（民初视为"义举"的多为慈善公益事业）。这种由道义感向责任感的转化表明，湖北新政以来的商人社团组织办理市政的精神与古典市政时代民办市政组织办理市政的精神已经有了很大的改变：前者体现的主要是公民意识和自立自治的主体意识；后者体现的主要是传统的臣民意识和积善行德的道德意

---

① 《修筑洞道案近讯》，《汉口中西报》1918年3月18日第3张新闻第6页。
② 《码头案已解决》《汉口中西报》1918年3月21日第3张新闻第6页；《酬修码头之筹议》，《汉口中西报》1918年3月26日第3张新闻第6页；《修造码头开工》，《汉口中西报》1918年3月27日第3张新闻第6页。
③ 笔者所阅及的资料中，唯一见到自视修路为义举（善举）只有1次，那就是1923年商会呈请翻修大智门马路时，商会特地说明"贵局管辖马路有年，对于建筑，富有经验，商等筹款修路，完全为慈善义务，所有工程，仍请贵局测量后，绘一细图，并指示办法挪交商等，俾包工估价包工……"（见《修筑大智门马路并无障碍》，《汉口中西报》1923年10月24日第3张）可见，商会方面特地强调这次修路为"完全为慈善义务"，是为了争取马路工程局的在修路技术方面的支持。

识。前者体现的主要是自治的精神；后者体现的主要是德业精神。

（三）维护公共卫生

第一，民初汉口商人社团组织对城市公共卫生的维护，首先表现在维持日常环境卫生方面。

本来，汉口警厅（包括警察厅、警视厅）对城市日常环境卫生有维护之责，但在警政腐败的民初，汉口城市环境卫生很不理想，"厕所林立，污秽不堪"[1]"便池秽气熏蒸"[2]"偏街僻巷，渣滓堆积，并有路毙遗尸数日无人收敛情事"[3]。对此，汉口各团联合会及其下各保安会部分地承担起清洁便池和街道的任务。

汉口各保安会负责街巷环境卫生的是会内的巡警，即商警。堤口下段保安会的巡警雇用扫夫，打扫街巷卫生；[4] 同益自治会在夏令时派巡警督率消防员用消防水袋在各街巷清洁便池。[5] 各保安会的环卫工作受到各团联合会的督促。各团联合会调查股曾要求其属下的股员调查各段水门以及便池是否完全清理，以便劝导。[6] 劝导的对象自然是各段保安会。有时，各团联合会还受警厅委托，要求各保安会清洁便池。不过，当警厅要求各保安会安设水管冲洗便池时，各团联合会出于经费上的考虑，决议"以皂矾每日冲洗一次"[7]。在疫病流行期间，该会还要求各分会每日雇用扫夫，清洁街道。[8] 这说明各保安会商警平常雇用的扫夫，并不是每天都打扫街道。各保安会有时也主动要求各团联合会研究改良厕所卫生的办法，以及替它们出面请警察厅取缔和改良窑户，以保持街巷清洁卫生。[9]

---

[1] 《联合会临时动议之案件》，《汉口中西报》1919年4月6日第3张。
[2] 《水袋洗洁便池》，《汉口中西报》1916年7月12日第2张新闻第3页。
[3] 《卫生科所司何事》，《国民新报》1912年8月5日第4页。
[4] 《商警要求加薪之通启》，《汉口中西报》1922年3月27日第3张。
[5] 《水袋洗洁便池》，《汉口中西报》1916年7月12日第2张新闻第3页。
[6] 《联合会各股会议记》，《汉口中西报》1919年3月27日第3张。
[7] 《联合会第八次常会纪事》，《汉口中西报》1922年3月2日第3张。
[8] 《各团联合会致各团函》，《汉口中西报》1918年3月12日第3张新闻第6页。
[9] 《联合会临时动议之案件》，《汉口中西报》1919年4月6日第3张。

第七章　民初汉口商人自治型市政的发展及商界变革市政体制的努力

此外，公共厕所的修建，下水沟渠的疏浚，也是在各保安会所举办的公益事务之列。①

第二，民初汉口商人社团组织对城市公共卫生的维护，还表现在城市疫防卫生方面。

汉口各保安会及各团联合会积极参与了城市防疫。如汉口廻龙寺十字商防保安会自成立以来，对于救火、防疫莫不协力维持；② 1918年春，汉口肺病、鼠疫流行，防疫形势十分严峻，连日染病而死老少丁男到处皆是。各保安会集议决定：各会各设防疫所及疗疫所各1处，每3日将段内街邻轮流看验1次，居民如出现染病迹象及神色不对的情况，应赶紧送往疗疫所诊治，以除毒害而免传染；③ 同时，各团联合会要求各保安会雇用扫夫，每日清理街道淤积之渣泥，以防疠疫而慎重卫生。④

汉口的慈善组织也参与了防疫。有的慈善组织建有固定医院，如汉口慈善会设有汉口中西医院（1919年建成）；有的在需要时设立临时医院或临时防疫所，如汉口红十字会在1917年曾经为救治战场伤兵，开设了两个临时医院，它们在疫病发生时期，都积极参与防疫。1917年6月，汉口红十字会以时届夏令，天气炎热异常，特令该会中西医务人员赶制防疫药水以应急需，所制药水除赠送各团体随时施救染疫之人外，还照本钱分售，每100瓶只售洋1元5角。⑤ 1918年汉口疫病发生时，一向热心善举的洪益巷培心善堂，在该堂左侧附近设验疫所，以便查验疫病者，分别治疗；⑥ 为了预防疫病蔓延，汉口慈善会负责收殓浮棺。

（四）管理路灯、水门

毫无疑问，公用的路灯和水门是城市公共基础设施的组织部分，民

---

① 王新厚《汉口商团保安会纪略》，武汉档案馆藏，档号119—130—114。
② 《保安会添招商警》，《汉口中西报》1917年9月20日第3张新闻第6页。
③ 《保安会防疫志一班【斑】》，《汉口中西报》1918年3月18日第3张新闻第6页。
④ 《各团联合会致各团函》，《汉口中西报》1918年3月12日第3张新闻第6页。
⑤ 《赶造时疫药水》，《汉口中西报》1917年6月30日第3张新闻第6页。
⑥ 《善堂设立验疫所》，《汉口中西报》1918年3月15日第3张新闻第6页。

初汉口商人社团组织对这些路灯、水门进行的日常管理，自然就成为近代汉口公共基础设施管理的一个组成部分。

民初汉口商人社团组织不仅在街巷安设路灯——主要是电路灯，而且他们还自行管理这些路灯。路灯安设之后，如要长期使用，就必须向既济水电公司缴纳水电费用，需要维修费用。因此，路灯管理的关键是经费问题，其中，又以路灯电费的筹措与缴纳为核心。

民初汉口的路灯最初主要是由各保安会直接管理的，既济水电公司向各保安会收取半费电价，以示优待。① 1917年，王琴甫任各团联合会会长时，因会中经济困难，将各分会所管路灯收归各团联合会办理，以获得的电费差价充作总会会务费。② 于是，这些路灯的管理权就由汉口各保安会转移到各团联合会手中，路灯合同则先由各团联合会与既济水电公司签订一份总合同，再由各保安会与各团联合会分别签订合同。各团联合会与既济水电公司签订合同规定的应缴路灯费，是依据路灯的等次来确定的，即甲等1元8角、乙等1元6角、丙等1元2角。③ 据载，这样的路灯费是按8折计算的。④ 而各保安会交给各团联合会的路灯费，则较此定价略高。合同双方遵循了多年没有改变。但此后各分会所欠之款已达2000余元。⑤ 到1922年，积欠更达五六千元之多。⑥ 由于积欠太多，既济水电公司多次向各团联合会会长催收，时任会长马刚侯未经各团联合会大会决议，即决定以个人身份与既济水电公司议定解除合同，另由各保安会分别与该公司订约。结果，各分会纷纷表示反对，不仅要求马刚侯解释这样做的合法性，还要求马氏交出电灯账目，恢复原先的路灯合同。由于催缴电费未果，既济水电公司宣布与各团联合会断绝关系，不给新装电灯接火。几经交涉，最后，新任联合会会长周韵宣召集各保安会代表议定，马刚侯任内合同及欠费暂时搁置，由新任会

---

① 《各团拟向水电公司交涉》，《汉口中西报》1922年2月12日第3张。
② 《各保安会与电灯公司之交涉》，《汉口中西报》1922年2月6日第3张。
③ 《联合会对于路灯交涉之会议》，《汉口中西报》1922年3月9日第3张。
④ 《路灯合同办法》，《大汉报》1917年4月4日新闻第3张第6页。
⑤ 《联合会议案两则》，《汉口中西报》1919年4月16日第3张。
⑥ 《联合会对于路灯交涉之会议》，《汉口中西报》1922年3月9日第3张。

第七章　民初汉口商人自治型市政的发展及商界变革市政体制的努力

长与水电公司签订合同，规定电价，电费或仍由联合会代收，或由保安会直接缴给水电公司。① 既济水电公司最后很可能接受了这个方案（至于具体电费是由联合会还是由保安会收缴，不确），因为此后未见各团联合会再讨论路灯合同一事。路灯长期欠费说明，汉口各团联合会对路灯的管理并不好。尽管如此，各保安会及各团联合会它们管理着自设路灯，则是不争的事实。

汉口各团联合会与各保安会还负责管理既济水电公司在市内安设的消防水门。民国初元，各团联合会要求既济水电公司开放水门，以便消防。② 此后，各保安会为了防止水门被闭塞或窃去铁盖而影响消防，还要求会内商警清理水门。各团联合会还要求属下调查股调查各段水门是否得到清理，该会消防股则要求各保安会分别调查各自辖区内的水门。③ 各段水门调查齐全后，又计划印刷成图，再行转送各分会以备存查，方便水电公司派工修理水门，从而保障消防用水。这些管理水门的措施应当是很有必要的，也是得法的。

（五）经办慈善事业，开展慈善活动

民初汉口慈善事业主要是由商人社团组织，如汉口的慈善会、各善堂、红十字会等承担的，这些商人社团组织多方位地开展慈善活动，仅民国《夏口县志》所载述各善堂的慈善活动，就包括施药送诊、设船救生、施送板棺、收埋白骨、兴学、种痘、惜字、宣讲、施茶、救火、施粥发米、施送寒衣等，④ 如果再加上其他商人社团组织的慈善作为，民初汉口商人社团组织的慈善活动的范围就更广了。下文将依据民国《夏口县志》及有关报刊资料，论列汉口商人社团组织经营慈善事业、开展慈善活动的概况。

---

① 《保安会电灯纠葛之解决办法》，《汉口中西报》1923年8月3日第3张。
② 《允开全镇救火水门》，《国民新报》1912年6月2日第4页。
③ 《商警清理水门》，《大汉报》1917年4月23日新闻第3张第6页；《联合会各股会议记》，《汉口中西报》1919年3月27日第3张。
④ 《善堂》，侯祖畲修、吕寅东纂：《夏口县志》，民国九年（1920）刻本，卷五"建置志"，第15页。以下有关慈善活动未注出处者，均见该志第15—21页。

收养幼弱孤贫残病等。商育婴敬节局、汉口慈善会在这方面成绩最为突出。商育婴敬节局是商办收养弃婴和守节寡妇的慈善组织,初建于光绪年间,毁于辛亥兵燹。1913 年,绅董蔡辅卿、陈树棠等争取官款重建。后来,官育婴局并入。局中节妇号舍经多次增建,达数百间之多,可见当时收养规模之大。汉口慈善会则收养孤儿、难民,设有孤儿院,年均收养孤儿数十名。到 1922 年,收养孤儿数达 70 余名,该会会长蔡辅卿还打算赴上海参观上海孤儿院,求取收养办法,以便改良。该会每月发给孤贫口食,收养残废 100 余名。此外,该会还留养流民和贫病者。

兴办义学。汉口慈善会鉴于市内贫民极多,因白天忙于生计而失学,于 1921 年开办夜校,效果很好。此前,该会还办有慈幼高等学校、慈幼初等学校各 1 所,免费招收贫民子弟入学。1922 年,该会又计划开设工艺学校,专招贫民子弟入学,教授各种工艺,以便其日后谋生。[①] 用今天的话来说就是通过开办职校,提高贫困子弟的就业率。该会还开设有看护养成所,1917 年招收有学员 40 名。[②] 1922 年,同益中段保安会决定开办同益中段公校,以教养贫寒子弟,普及教育。[③] 有的商办善堂则设有义塾、初等小学、蒙学等慈善学校。商育婴敬节局内还专门设有慈幼学校,延请教师专门教授节妇之子。

设救生船和义渡。汉口救生船和义渡一般设在襄河段,由救生局和善堂、善会开设。救生局由敦实善堂创办于同治年间,辛亥革命后一度中止。1915 年,经堂首商人汪美堂等人努力,才得以恢复。该局在常年派红船(因船身为红色而得名)上下游弋,遇险救生。每当水流汹涌的时候,则于关圣祠、武显庙、集稼嘴、打扣巷四处,设义渡以渡行人。如 1917 年 6 月,该局见襄河上游洪水下泄,集稼嘴至龙王庙一带水势十分汹涌,为注重生命起见,特派救生船多只,在

---

① 《慈善会会议记》,《汉口中西报》1922 年 2 月 14 日第 3 张。
② 《看护养成所开学》,《汉口中西报》1917 年 12 月 1 日第 3 张新闻第 6 页。
③ 《保安会设立义学》,《汉口中西报》1922 年 2 月 12 日第 3 张。

第七章 民初汉口商人自治型市政的发展及商界变革市政体制的努力

襄河一带游弋，遇有失事船只，立即赶往救援。① 1919年，汉口慈善会鉴于武汉江面常有覆舟溺毙人命的事情发生，加以轮渡贪载，冲风破浪，十分危险，特制红船4艘，巡游于武汉江面，以便随时施救而慎重生命。② 至1920年，汉口慈善会红船增至5艘。民国以后，汉口救生船的数量总的说来在逐渐减少，原因是武汉轮渡通行后，渡江溺毙人命的事情日益减少，而红船日需经费又甚巨，各善堂为减少开支，将红船逐渐淘汰。③

收埋、施棺。浮棺和无主尸体的处理，是关系城市公共卫生的一大棘手的问题，汉口慈善会在收埋浮棺方面成绩显著。1918年，汉口暴发瘟疫，染疫而死者极多，一时间，该会的收埋浮棺的工作量很大。从1月至6月底，收埋浮棺达3000余具。从7月至10月半，又收埋浮棺四五百具之多。④ 至1920年，收埋浮棺已达万余具。该会每月还施送棺板，协济贫困人户营葬亡人，每年施送棺板不下数千具，对于冻饿而死的，商办善堂也施棺收殓。1919年，热心善事的粤商梁晋卿，捐资在三眼桥地方倡办潜德善堂。该堂专司送诊、施药、发给贫米、施舍棺板。⑤

救灾赈济。这是汉口各商人社团组织都积极进行的慈善活动。1920年，华北灾民络绎不绝地涌向武汉，当时估计数目达数万人之多。为了赈恤灾民，维护城市治安，武汉各大团体在官府的组织下，于该年12月底筹办大规模赈济。当时，参与其事的汉口商人社团有商会、各团联合会、红十字会、慈善会四大组织。1921年1月，它们与警方分头调查汉口各区署内本籍贫民和外来灾民的数目，以备赈灾之用。而赈济的经费则是首先向各工厂劝捐，其次向各商帮劝捐。⑥ 汉口火灾频繁，对

---

① 《救生局注重生命》，《汉口中西报》1917年6月16日第3张新闻第6页。
② 《慈善会之推广》，《汉口中西报》1919年9月15日第3张。
③ 《江面救生　各善堂已定三办法》，《汉口中西报》1933年9月5日第7张。
④ 《慈善会泽及枯骨》，《汉口中西报》1918年10月27日第3张新闻第5页。
⑤ 《倡办善堂》，《汉口中西报》1919年4月12日第3张。
⑥ 《镇署冬赈会议之详情》，《汉口中西报》1920年12月31日第3张；《冬赈事务所调查灾民记》，《汉口中西报》1921年1月11日第3张新闻第6页。

被火灾民的抚恤也多由商人社团组织承办，汉口慈善会的慈善活动的一部分，就是"发给孤贫口食，设立救生红船，办理冬赈衣米、资遣流落难民，抚恤被火棚户"①，报章表扬其"创办以来，救灾济困，恤死矜贫，无善不举"②。

开办医院、施药、送诊。开办医院是善堂、商会等商人社团组织经营慈善事业的重要组成部分，也是近代汉口医疗卫生事业发展乃至近代化的一个重要方面。前文对商人社团组织开办医院的情况已有论述。施药、送诊的，多是设有固定或临时医院的善堂、善会，如汉口慈善会中西医院、汉口红十字会医院开展的慈善活动。③ 有的保安会也加入施药、送诊的行列。④

开办工厂。这类慈善活动较少见。笔者仅见汉口慈善会开办慈善工厂。该会于1921年6月开设了慈善布工厂，又称残废工厂、慈善大工厂，生产各种"爱国布匹"，很受购买者欢迎。厂中所有艺徒，半系慈幼学校高等毕业生，半系年龄较长的灾孩。1922年，该会又筹款洋5000元，派人到上海购买织布机，以扩充规模。⑤ 开办慈善工厂实际上带有半工半赈的性质，比纯粹的施舍更具积极意义。

（六）创设商警，筹谋建立统一商团和武装警察

关于此点，我们将在后文中进行深入探讨。

---

① 《慈善会收票捐之白话通启》，《汉口中西报》1920年11月9日第3张。
② 《慈善会之推广》，《汉口中西报》1919年9月15日第3张。
③ 汉口慈善会中西医院系常年施药送诊，汉口红十字会医院系夏季临时开设，也施药送诊。武汉书业公会编：《汉口商号名录》，武汉书业公会民国九年（1920）发行，"附汉口指南"，第115—116页。侯祖畬修、吕寅东纂：《夏口县志》，民国九年（1920）刻本称，卷五"建置志"，第5页载，汉口慈善会"每日送诊施药不下数百号"，其中自然有中西医院的劳绩。
④ 如小董家巷保安会于1921年2月24日开职员会时，提出筹办医院一案。经众公决，暂以送诊为前提，如筹有的款，再行施药。2月28日该会拟出送诊章程，并准于夏历二月初一日开诊。见《保安会送诊》，《国民新报》1921年3月3日第6页。
⑤ 《慈善会会议记》，《汉口中西报》1922年2月14日第3张；《慈善会扩充工厂》，《汉口中西报》1922年2月20日第3张。

第七章 民初汉口商人自治型市政的发展及商界变革市政体制的努力

四 商人自治型市政经费的筹措和承担者

民初以街区性自治组织为核心的汉口商人社团组织举办的商人自治型市政，其经费基本上是依靠捐款和房地租金。

（一）捐款

捐款的取得大致有以下几种形式和途径：

其一，组织内部的制度化捐款。汉口各团联合会与各保安会办理市政的主要经费就是这样筹措的。

清末汉口各团联合会成立之时，就对会务经费的筹措做出了规定——"各团捐款，分月捐、特别捐二种，量力助成，以充用费"[①]。可见，该会经费的承担者是各保安会。清末该会这种有关以月捐、特别捐的制度化规定，为民初汉口各团联合会所继承。1920年，汉口各团联合会重新订立会章，规定该会的经费收入分三种：第一种为特别捐，量力捐助；第二种为月捐，量力认定若干，按月缴纳；第三种为入会捐，量力捐助。[②]

在各保安会组织内部，其市政经费的筹措与各团联合会是一种模式，包括常年捐款（月捐其实就是常年捐款）和特别捐两种形式。如：1917年冬，普济保安会因先抽收的房铺捐不敷支出，决定增收经费，及召集"全体街邻"开会，公议于常年捐款外，每铺店每月另抽特捐两元，办理一切事务。[③] 这样的特捐不过是常年捐的附加捐而已，它很可能随着常年捐而常年化。与此同时，清真自治公益会鉴于因时局不靖，又值冬防吃紧期间，筹备各项事务，需费甚巨，于是特地召集"段内铺户、居民"，到该会事务所开会，商议抽特别捐，获得众人赞成，随即与会者各行签认，列表宣布，等捐款收齐后，再将议定的冬防

[①]《汉口各团联合会成立》，《申报》1911年4月15日第1张后幅第3版。
[②]《汉口各团联合会章程（续）》，《汉口中西报》1920年12月16日第3张。
[③]《普济会议加月捐》，《汉口中西报》1917年12月26日第3张新闻第6页。

· 399 ·

办法切实进行。① 这里的特别捐显然是相对于常捐而言。各会筹集的特捐中，相当一部分是用于修街道，如四官殿下段保安会曾"特抽捐款十一万兴修街道"②。

从普济保安会和清真自治公益会两会经费筹措的情况来看，承担会内捐款的，分别是"全体街邻"和"段内铺户、居民"。也就是说，保安会辖区内家家户户都须承担。不过，由于经济能力强弱不同，各自承担经费的多少是不同的。其中，主要承担者是商号和业主。如堤口下段商团保安会筹修街道，"特函邀同人到会磋商进行法则，各商号亦表同情，俟筹备的款，一面估工，经营就绪，即行兴工"③，即先邀集同人商议，争取各商号的同意，才决定如何进行。之所以如此，无非就是先争取各商号承担经费的承诺后，才有把握进行。由此可见，商号是经费的主要承担者。

业主——有的商号就是业主，也是各保安会内经费的主要承担者。1925年，汉口业主会反对警察厅抽收建筑捐时，他们说，"佥谓汉口市政，如修理街道、疏通沟渠、安装路灯，在在均系业主集款筹办"④。有的保安会段内的大业主如果不按规定缴费，街道就修不成，如：1919年，土垱普济保安会修理文书、贤乐两巷街道，"贤乐巷工程告竣，独文书巷尚付阙如。查其原因，该会以乾记公司地主之街，面积数占大部分，曾函知该公司查照修理费用，如数捐款（约计每方40余串），未获复信。惟南洋兄弟烟草公司房东（即现杏初里业主），见该会公函，允许随时动工照数付款。但文书工大费巨，该会无钱垫出，故不能着手修理，免致亏累"⑤。

其二，组织内临时大范围募捐。如：1920年，汉口各团联合会为修建三义士碑、亭，特地组织义务劝捐员，分甲、乙两班，按班对各保

---

① 《公益会议抽特别捐》，《汉口中西报》1917年12月24日第3张新闻第6页。
② 《筹款修街》，《汉口中西报》1916年7月1日第2张新闻第3页。
③ 《疏通沟渠淤积》，《汉口新闻报》1915年3月14日新闻第3张第6页。
④ 《业主会不承认建筑捐》，《江声日刊》1925年7月8日第3张第1版。
⑤ 《修街停滞之原因》，《汉口中西报》1919年7月29日第3张。

第七章　民初汉口商人自治型市政的发展及商界变革市政体制的努力

安会管辖户口收募捐款。① 这次临时募捐的覆盖面就很广了。

其三，组织内会员捐款。如：1917年，汉口慈善会打算组设临时医院，"所有经费由会员担任"②。而该会整个慈善事业费的筹措，其捐款者"以会员为最多"③；1917年，八大行商为了修理汉口河岸，"筹捐巨款，定克日兴工"④。这种捐款的捐助者主要是大商人。

其四，组织外捐款。组织外捐款也有临时捐与常捐之别。

临时捐更普遍。有的是劝捐来的，如：1916年，汉口慈善会为了扩充善举，入京劝捐。结果，大总统黎元洪不仅"令饬交通部转饬京汉铁路局慈善会基地……共拨给二千方，作为永久让与慈善会，以全善举"，为慈善会节省了大笔购地经费，而且个人捐款银洋1万元赞助善举。交通部长许世英也捐助银洋1000元。⑤ 这算是近代慈善史上一佳话。该会还以呈请大总统黎元洪奖给匾额的形式劝捐。如：1923年4月，商民陈蔚南、宋凤翔、吴彭氏、李萧氏，各向该会捐洋3000元，会长蔡辅卿遂照《义赈褒扬条例》，呈请大总统奖给匾额。⑥ 临时捐中也有主动捐款的。如：汉口敬节育婴堂经费支绌，全赖各帮捐助，以资挹注。1917年，由刘子敬捐助300串、吴琴轩送来消遣氏捐助钱216串，才得以维持。⑦ 1919年，大智门公立保安会在铁路外新辟市场安设路灯30余盏，就是由谢荣记肥皂厂主捐资并邀请该会负责安设的。⑧ 1922年，萧耀南曾给汉口红十字会"捐鹤俸洋□千元，以为之助"⑨。组织外临时捐除了个体性捐款，还有组织性捐款，诸如赛马捐、演剧筹

---

① 《消防会议纪事录》，《汉口中西报》1920年7月22日第3张。
② 《议设临时医院》，《汉口中西报》1917年12月15日第3张新闻第6页。
③ 《汉口慈善会》，侯祖畬修、吕寅东纂：《夏口县志》，民国九年（1920）刻本，卷五"建置志"，第19页。
④ 《修理河岸之急进》，《汉口中西报晚报》1917年2月26日第1张。
⑤ 《汉口慈善会》，侯祖畬修、吕寅东纂：《夏口县志》，民国九年（1920）刻本，卷五"建置志"，第19页；《慈善事业片片录》，《汉口中西报》，1916年11月18日第2张新闻第4页。
⑥ 《乐捐巨款奖给匾额》，《汉口中西报》1923年4月13日第3张。
⑦ 《捐助经费》，《汉口中西报》1917年2月15日第2张新闻第5页。
⑧ 《电灯》，《汉口中西报》1919年3月20日第3张。
⑨ 《红会请拨官地之核准》，《汉口中西报》1922年2月18日第3张。

· 401 ·

捐、游艺会筹捐等捐款,均属此种。

组织外捐款,也有常捐。汉口慈善会为了争取常捐,曾向市内各商号劝募月捐,向各轮船公司筹募票捐,"无论上水、下水,每票加收当十铜元两枚……其由轮船写票者,即由轮船代收,其由洋棚写票者,即由洋棚代收",随缴本轮账房转交该会收用。① 票捐实际上相当于营业附加捐。劝募月捐和票捐实际上就是汉口慈善会获得的组织外之常捐。

综上所述可知,组织外捐款的捐助者有官亦有商,有大商人亦有普通商民,等等。

(二) 房地租金及其他

除了捐款之外,汉口商人社团组织还通过以下途径和手段取得市政建设经费:

房地租金。它是商办慈善事业经费的主要来源。因为"善堂惯例,向由发起人募集捐款,购置产业,以为基金"②。《夏口县志》所载诸善堂中,自新堂、依善堂、宝善堂、保安善堂、敦实善堂、复善堂、广济善堂、安善堂、敦仁善堂、愿善堂、惠滋善堂、济生善堂、奠安善堂、道生善堂等善堂,其主要经费都是来自房租。③

市场化营利。如前所述,汉口各团联合会的电灯盈余就属此类。王琴甫任该会会长时,将各分会路灯管理权转移到总会,由该会与既济水电公司订立路灯电费合同,再由各分会与总会订立路灯电费合同,各分会上交给总会的路灯费,较总会缴纳给既济水电公司的路灯费略高。这样,总会就能"取其所余,以备会需",缓解会内经费困难。④ 汉口红十字会"因经费问题发售福引券(即彩票之一种),以博余利……头等

---

① 《慈善会收票捐之白话通启》,《汉口中西报》1920年11月9日第3张。
② 《伪武昌市政府·拟具整理武汉各善堂办法仰祈鉴核示遵由》,武汉档案馆藏,档号18—10—1。
③ 所列相关善堂系参见侯祖畬修、吕寅东纂:《夏口县志》,民国九年(1920)刻本,卷五"建置志",第14—15页所载善堂,对照《伪武昌市政府·汉口市各善堂名称地址负责人姓名财源一览表》(武汉档案馆藏,档号18—10—1)所载善堂及财源。
④ 《各保安会与电灯公司之交涉》,《汉口中西报》1922年2月6日第3张。

第七章 民初汉口商人自治型市政的发展及商界变革市政体制的努力

彩洋四万元，每张十条，售洋十元，零售每条一元"①。这种做法实际上相当于我们今天慈善机构发行福利彩票，以盈利所得充慈善经费。再如：汉口慈善会开办慈善布工厂，生产各种"爱国布匹"，很受购者欢迎。其盈利所得，不外乎投资慈善事业。

请官款补助。如商育婴敬节局因辛亥兵燹被毁，绅商蔡辅卿等禀请夏口知事徐兰如，拨抚恤款洋例银1.25万两予以重建，实际用去银8476两6钱，其余经费用于增加节妇口食、婴孩乳妇月钱和开办慈幼学校。②该会为了扩大慈善事业的规模，扩建孤儿院、慈善大工厂，向湖北省府请拨奖券（也就是彩票）2万元。结果，批准暂拨5000元。③

总的说来，民初汉口商人社团组织主要通过募捐和收取地产租金的形式，筹措市政经费。而经费的捐助，除了汉口各团联合会及各保安会实现了制度化以外，其余的组织办理市政的经费，基本上靠非制度化捐款。捐款又有常捐与临时捐之别。经费的承担者（或捐助者）主要是商人，其次是官僚。在商人中，又主要是有实力的大商人和业主，其次才是一般的商人、业主等。

五　商界变革市政体制的努力

（一）设立治安商警

警察是近代国家机器的重要组成部分，也是城市日常治安的主要力量。设置城市警察、完善城市警察建制则是近代市政的重要内容之一。汉口警厅自晚清创办以来，实际上已经成为一个以维护城市治安为核心职能的综合性日常市政管理机构，是官府在汉口实施治权的最重要的机构之一。然而，如前所述，民初汉口的警力尚不足以保障城市的治安，汉口各团联合会曾设置商警，协助强化城市治安。商警的设置实际上也

---

① 《红十字会发行福引券再志》，《汉口中西报》1918年3月4日第3张新闻第6页。
② 《商育婴敬节局》，侯祖畲修、吕寅东纂：《夏口县志》，民国九年（1920）刻本，卷五"建置志"，第17页。
③ 《准拨慈善会奖券余款五千元》，《汉口中西报》1921年1月21日第3张。

是汉口商界试图取代官警，变革城市市政管理体制，谋求城市自治活动的一个重要方面。

1. 治安商警存在的现实基础

民初中国社会整体上的动荡不安，深刻地影响着汉口城市社会生活。只要战争发生或将发生（不管是否发生在汉口），或是土匪出现，或是其他不安的消息传至，汉口市区内往往风声鹤唳，商民人人自危，迁避不遑，商务每每因之大受影响。同时，民初汉口城市社会经济总体上向前发展，市区人烟日益稠密，街道仍显狭窄，市内火灾迭见，有时火灾还由水上延及江岸、河岸，祸及市区，"汉口人烟稠密，火患最烈，街上消防虽渐完善，而水上稍一不慎，往往延烧岸上"[①]，即此之谓也。频繁的火灾不但使商民财产遭受损失，而且使商民的生命时刻处于严重的威胁之中。此外，由于地势和气候的原因，民初汉口及其周边地区不仅水灾频发，而且干旱等灾害也时常不免，再加上作为发达的商业城市对市外民众所具有的吸引力，汉口往往成为周边难民、来自各地的流民等的乞食地、避难所，以及农村剩余劳动力的谋生场，这更加大了城市治安方面的压力。

社会整体环境的不安宁，对汉口城市安全形成了强大的威胁和挑战。城市自身的发展和灾害带来的社会压力，也给汉口市区治安提出了更高的要求。按理说，地方政府应大力加强治安力量以保卫汉口市区的安全，然而地方政府在警政经费上的无所作为，直接导致汉口警厅只能就地筹款，筹款又无非取自商民，地方官府在城市事务上遂不得不依赖或受制于商民，从而为商民谋求社会参与保留了空间，给商人社团组织的发展造就了机缘。

在警力分布不周、警察素质低下，警力远远不能适应城市治安和社会发展需要的情况下，汉口商会、各团联合会筹谋组设商警，并多次打算举办地方警察或武装警察部队，时论称"倡办商团，以补军警稽查之不及，

[①] 《筹办水上消防之先声》，《国民新报》1912年7月7日第4页。

第七章 民初汉口商人自治型市政的发展及商界变革市政体制的努力

实为保卫治安最善之法"①;"商警之设,原辅官警力之所不及"②。同时,汉口各团联合会及其下的商防力量——各保安会,往往会在警方的要求下,开展治安联防,尤其是在每年冬防期间。故时人谓,"保安各会办商防,补助官家警视忙"③。不过,汉口各保安会对城市治安的维护,既未局限于狭义的治安范围,也未仅限于协助警方的层面。时论谓"汉口各段设立公益保安会名目,大都以保卫地方为宗旨"④。桥口外五甲商民泰裕顺纠集邻街,就地筹捐组织保安会,首要目的就是防火患。⑤ 而商人刘永清等打算在正街组织一个商团保安会,就是"专以救火、保商为宗旨"⑥。为了适应街区发展,有效防火,土垱普济保安会决定设立两个分会。

如此等等,说明民初汉口商人自治组织在城市消防、治安等方面的有所作为,既是官警力量不足赋予其发展的机缘与空间的结果,又是其组织的自治职能所致。正是官方警力不足,政府的行政作为有限,才导致了汉口商会、各团联合会及各保安会等自治性商人社团组织,对地方治安事务的介入,其市政管理向警政范围伸展,从而导致国家部分权力逐渐向社会转移。

总之,民初社会动荡不安,警政不良,汉口治安警力不足,这些均成为汉口治安商警存在的现实基础。

2. 商警的产生

1909年以后,以担任消防为主要任务、兼顾街区治安的商人自治组织——保安会相继产生,它们成为汉口商人掌握的治安力量。在时人的眼中,它们就是商团,只是尚未实现武装化。这些已被时人视为商团的保安会中,有的在辛亥革命爆发之前,就设有名为"商团"的下属组织,如清和保安会,"该会原设有商团一部,所以保卫地方,维持安

---

① 《知事认筹商团经费》,《国民新报》1912年8月5日第4页。
② 《商警梭巡》,《汉口中西报》1916年7月12日第2张新闻第3页。
③ 《保安会》,徐明庭:《民初汉口竹枝词今注》,中国档案出版社2001年版,第50、152页。
④ 《组织永平公益会》,《国民新报》1912年7月12日第4页。
⑤ 《组织自治保安会》,《国民新报》1912年10月26日第6页。
⑥ 《组织商团保安会》,《国民新报》1912年11月17日第6页。

宁者也"；有的在建立之始，就以商团自命，如义成社当时的名字就是"商防义成社"，成立之先就曾拟办"商防保安社"。普济商团自卫社、四段商团保安会等显然也与义成社属于同一类。

促使汉口商人第一次真正拥有了自己的武装——配备有枪支的商团的，是辛亥革命。辛亥革命爆发后，清真自治公益会"联合各团整顿商团"，各团联合会"提议创办商团"，并取得湖北军政府同意，从汉阳兵工厂领取枪1000支，分发各团。这样，不仅原先已下设商团的保安会实现了武装化，原先未下设商团的保安会也专门下设商团，实现了武装化，汉口公益救患会就是其一。当时，汉口商会与各团联合会是密切配合的，汉口各保安会的武装化自然有商会的作用。笔者注意到，当时汉口商会办理的商团，应与各保安会办理的商团不同——它们各自应该是单独的。因为各保安会与商会商团之间对于协助民军曾经做出这样的分工："各保安会担任站段，商会商团供驻军伙食"；而其后各保安会商团才被武装起来。

其实，在1911年辛亥革命中产生的各保安会的武装商团就是武装商警。当时，义成社的王森虎"念商防保安之不克尽其职也，乃复商于其兄琴甫，以商会副董招募商警，请领枪弹。于是其副社长周君秉彝担任财政，募商警三十六名合原有社员人众，选其最称得力社员崔君蔼如、王君森虎为领管"。黄陂街上段保安会"在联合会领枪四十支，当招商警四十名，水夫三十名，日夜梭巡"。也就是说，这两个社的武装力量就是雇用商警。此外，永济消防会也"招募团丁四十名，昼夜梭巡"，其实该会所募团丁就相当于前两社的雇用商警。[①]

总的说来，在没有被武装起来之前，汉口各保安会以及其下的商团其实只是非武装化的保安性社团组织。配备了武装后，各会商团警察化。就汉口各团联合会而言，已经武装有商团的各分会实际上已经近乎武装警察部队了。民初汉口各团联合会最终想建立的，就是这种性质的商团。

---

① 《汉口各团联合会协助民军纪实》，中国人民政治协商会议湖北省暨武汉市委员会、中国社会科学院近代史研究所、湖北省档案馆、武汉档案馆合编：《武昌起义档案资料选编》上卷，湖北人民出版社1981年版，第246—266页。

3. 民初商警的设置及其市政功能

民国建立之初，汉口各保安会派出的会员或招募人员、夫役，他们进行的治安巡防，只是普通的保安性质的巡查，各员并无携带武器的迹象。此后，也未见商警携带武器，这表明辛亥革命时组织起来的各保安会武装商警，已被解除了武装。后来，汉口各团联合会和商会计划建立武装商团，要求督军发给武器，亦说明各保安会原先的商警已被解除了武装。在当时，这些参与治安巡防的人员并未被称为商警。如：1912年7月，汉口义成社各商团于每夜在汉口警视厅领取口号，会同军警严密巡查，以缉匪类而保治安。① 1913年，汉口各保安会鉴于当时谣言纷起，汉口商务因之大受影响，开全体大会，议定由各会自募会丁站岗巡夜，以弥补警察之不足。② 民初汉口各保安会何时开始设置有商警，尚有待考证。

1916年7月，报载：

> 本镇各团商防警员，联合会提议各团商警未能统一，由正会长王琴甫君提出议案，可否由联合会添聘督查长一员，教练各团商警，其经费归各会分担，并须通函征集意见云。③

> 汉口为通商巨埠，商警之设，原辅官警力之所不及。兹因黄安、咸宁各县不靖，湖南亦有警耗传来，各段商团保安会恐有不逞之徒来汉……刻派警严密梭巡，以弭隐患而靖地方。④

这说明至迟在1916年，汉口各保安会均已设有商警。

此后，各保安会商警一直存在。各保安会有权决定自己商警职务，汉口各团联合会商防股对于各会商警具有统一的监管权，如：该

---

① 《商团查街认真》，《国民新报》1912年7月24日第4页。
② 《黄鹤楼头风声鹤唳》，《民立报》1913年6月1日第7页。
③ 《联合会议添督查长》，《汉口中西报》1916年7月7日第2张新闻第3页。
④ 《商警梭巡》，《汉口中西报》1916年7月12日第2张新闻第3页。

会商防股要求各分会更换破烂的商警制服①，而各团联合会大会对商防股或分会有关商警的提议，有议决权，如：中段同益自治会要求各团联合会大会解决该会商警被人力车夫群殴案，各团联合会遂就此事予以议决。

各保安会的商警由招募而来，是有薪水的。堤口下段保安会的商警，就曾因为每月薪工，不能糊口，要求加薪，就是明证。

民初汉口各保安会下的商警，究竟具备何种职能呢？我们考察一下商警平时做什么，就知道了。民初汉口保安会的商警至少承担过以下四项职责：

任务之一：救火。1917年秋，汉口廻龙寺十字商防保安会鉴于秋季久晴不雨，百物枯焦，火患时有所见，而商警又缺少，特地发出布告，添招商警20名，要求年龄在25岁以上，身体强壮，能知晓警章，并请到妥实铺保来会，报名录用，以便救火而保障公共安全。② 同年冬，汉口各团联合会为预防火灾起见，特地通知各段商团保安会加派商警，严密梭巡，预备水袋，以防火患而保治安。③

任务之二：治安巡防。此项职责前文已述及。

任务之三：负责保安会区内街巷清洁卫生。此项职责前文亦已述及。

任务之四：维持保安会区内街巷交通秩序。1922年，中段同益自治会商警队长徐荣卿视察商警勤务，见永宁巷口，停有野鸡包车十余乘，而当地街道狭窄，行人为之裹足，徐队长就向该车夫等交涉，要求他们移往他处，以便通行。结果，车夫们并不服从徐的交通管理，自恃人多，纠众将徐扭住，进行毒殴。④ 可见，商警是有管理街巷交通之责的。

如果我们将民初商警的这些职责与官警的职责进行比较，就会发现

---

① 《联合会各股会议记》，《汉口中西报》1919年3月27日第3张。
② 《保安会添招商警》，《汉口中西报》1917年9月20日第3张新闻第6页。
③ 《商团严防火患》，《汉口中西报》1917年12月28日第3张新闻第6页。
④ 《包车夫群殴商警队长》，《汉口中西报》1922年3月15日第3张。

第七章　民初汉口商人自治型市政的发展及商界变革市政体制的努力

当时商警之所为，其实均应属汉口警厅下之警察职责内的事情。也就是说，民初的商警实质上已经具备了地方治安警察的职能。由于商警是由商办，他们又只是保安身份，不具备官警那样的权威，故而才会发生商警队长遭人力车群殴这样的事件。商警实际上处于名与实异、威权不足因而震慑力不足的窘况，扮演着补官警之不足而又不具有警察同等执法权的"候补"角色。这种境况使得保安性质的商警不足以维护城市街区的治安秩序，促使向往城市自治的汉口商界设法谋求建立更具实力的商办城市治安力量。

（二）筹谋建立统一的商属武装

民初汉口商界并不满足于设置保安性质的未经整合的商警，他们还曾积极筹谋建立统一商团和武装警察。

商警在现实中成为官警的候补，于城市治安居辅助地位，这正是他们能为官府所容忍而得以存在的根本原因，但这同时意味着商界不能确立自己在汉口城市公共安全维护中的主导地位，他们还必须依赖官治才能维护城市自身的利益。事实上，官警并不能很好地保障城市的公共安全，商界的利益时时面临着来自外界的各种威胁，这正是汉口各团联合会和商会最终想建立商属武装的一个重要原因。

汉口商界筹谋建立商属武装的另一个重要原因是，他们不时地要面对地方军阀的讹索，以换取其对于城市安全的庇护。北洋军阀统治时期，驻扎武昌、汉口两地的军队，是军阀赖以维护城市治安的重要威慑力量，也是军阀借以控制汉口商界的重要暴力机器。这些驻军一旦饷糈无着，就可能滋生变乱，转化为城市安全的一大隐患。不幸的是，湖北地方驻军的饷糈就是常常不足。并且，地方军阀也看透了汉口商界厌乱求安的心理。于是，他们每每以维持城市治安为辞，以军队可能因缺饷出现变乱为要挟，对汉口商界进行经济上的讹索。

1920年，王占元以新编湖北第一师军队饷糈无着，召集武昌、汉口两地商会董事20余人宴会。他在席间一味敷陈维持地方治安之困难情形，且极力描述武汉正处于危险之中。商会董事们担心军队发送变乱，遂要求他设法维持。王占元就将所拟增加附加税计划予以宣示，商会董事们对此无可如何。等到宴会散席后，加税告示，贴满了汉口各大街道，而商界每年会因此增加税负40余万元。武昌、汉口两地商会因此特别召开紧急会议，设法筹垫，集款40万元，缴给军署，用以发放驻省军队之欠饷。王占元所为带来了恶劣影响，利用军队可能发送变乱恐吓商民的做法，遂有一发不可收拾之势。"武汉驻军，本年尚告无事，各属变兵之警耗，时有所闻。"① 商界以金钱为代价却并不能真正换取军阀对于城市的安全保障。

1921年6月7日，武昌驻军发生兵变，汉口亦遭波及，人心惶恐。当时汉口驻有第二师2营及镇守使署巡缉队3营，其中巡缉营欠饷。当月15日，镇守使杜锡钧、汉口警察厅长、汉口各团联合会会长、商会会长会议决定，由汉口各银行、钱帮共筹现款10万元，发给巡缉营欠饷，每营军士另外先送去肉100斤。杜锡钧"见欠饷有着，允于汉口秩序极力维持"②。这是在汉口最需要得到当地驻军保护的时候，官府抓住汉口商界惧怕变乱的心理，乘机又敲了汉口一笔竹杠。

王占元对汉口商界的讹索以及兵变之后军方对汉口商界的进一步需索，是民初军阀统治时期官府与城市（商界）之间在经济方面强势讹索与无可奈何的弱势供给关系中的典型，它表明地方军阀统治不能够从根本上维护城市和商界的根本利益。

在官府治安力量不足以保障汉口城市安全以及在军阀并不能真正地维护城市和商界利益的情况下，汉口商界日益意识到只有以城市自治取代官治，才可能真正使城市和商界的利益得到保障。而只有建立一支控制于自己手中的强大而稳定的武装力量，才能摆脱军阀、官僚的控制，真正实现城市自治。所以争取实现城市自治以确保城市和商界自身利益，这是汉口各团联合会和汉口商会最终想建立统一商团、武装警察部队的最根本动因。

---

① 《奉行惟谨之汉口商会》，刘挫尘：《鄂州惨记》，交通印书馆民国十年（1921）版，第13—14页。
② 《武昌城兵变大浩劫》，《申报》1921年6月12日第6版。

第七章 民初汉口商人自治型市政的发展及商界变革市政体制的努力

民初汉口各团联合会和汉口商会筹建统一商团和武装警察部队的活动一共有五次，前后断断续续，又几乎贯穿整个民初。

第一次是在1912年，商会欲办地方警察。

民国建立后，副大总统兼湖北都督黎元洪为了扫除革命党人对其统治的威胁，在"他的统治机制建立后，便露出杀机，镇压革命党人"[①]。1912年7月初，黎元洪在武汉大肆捕杀革命党人，一时间闹得满城风雨，汉口谣言四起，各帮商民大多无心营业，纷纷迁避。[②]至7月将近月尾时，"谣风虽息，人心未定，加之大小飞铁、各种摆队，竟勾结匪徒，肆行妄为，以致商民难安"。在城市社会动荡不安的情况下，汉口警视厅函商汉口各团联合会传知各保安会夜间出巡，会同军警两界协力防范，跟各团联合会和各保安会接连数日照办。但是，各保安会对于巡防一事，有续办仍用会员者，有招用夫役者，有尚未续办者，情况参差不齐。汉口各团联合会担心事难持久，遂与商会总理、协理洽商。商会方面主张筹办地方警察，各团联合会方面则认为此时举办地方警察手续太繁，缓不济急，主张先组织商团，临时保卫市面，将来可以弥补地方警察力量的不足，即先临时办理商团应急，将来再办地方警察。在商会看来，创办地方警察才是长久之计。汉口各团联合会实际上也将组织商团看作是一项重大的市政行动，它要求商会出面召集"夏口全属自治会、城董事会、城议事会、汉口各善堂、各会馆、各团体，妥为研究，藉觇一般之意见，翼助市政之进行"[③]。各团联合会敦请商会出面负责主持办理商团，除了表示推重商会之外，其实根本原因是希望得到商会在经费上的支持。

7月下旬报载，商会总理李紫云等打算招募勇丁500人，"组织商团等司巡查缉匪类，送交地方官厅讯办，以维秩序而保治安"，并征求

[①] 田子渝、黄华文：《湖北通史·民国卷》，章开沅、张正明、罗福惠主编，华中师范大学出版社1999年版，第7页。
[②] 《商团查街认真》，《国民新报》1912年7月24日第4页。
[③] 《汉口各团联合会移商务总会文》，《国民新报》1912年7月28日第4页。

都督黎元洪的意见，当时黎元洪以事属公益，表示赞同，并饬令认真办理。① 而商会在给各团联合会的复函中说，李紫云晋见黎元洪时，黎表示，"现在商情困苦，力恐难支，加以机关增多，时虞冲突，反行窒碍，旧有军警两界尚敷分配，自应力任保护"②。

我们如果再联系当时黎元洪对汉口地方自治进行的态度，就不难确定黎元洪其实是反对商会创办属于自己的武装——地方警察。商会在打算创办地方警察之前，先后曾打算组建自己主导的市政厅和汉口市自治会，但均被黎元洪否决。这次商会乘机提出创办地方警察，分明是暗度陈仓，为城市自治张本。对此，黎元洪自然心知肚明，当然不会同意。因此，黎元洪否准商会创办地方警察，其实质是不允许汉口商界扩大自治权限，不希望汉口脱离自己的控制。

在黎元洪的反对下，民初汉口商界第一次拥有商属武装的努力以无果告终。

第二次是在1913年，各团联合会筹组武装商团。

1913年3月，宋教仁被刺，国民党人与袁世凯集团矛盾激化。就在他们对反袁斗争踌躇于"武力解决"与"法律解决"之际，袁世凯方面则已经"磨刀霍霍"。5月下旬，双方可能动武的消息传开了，武汉方面风声鹤唳，汉口商务已大受影响。③ 7月，孙中山发动"二次革命"，汉口市内更为不安。在这种情况下，汉口各团联合会又出面筹办商团：

> 汉口人民以九江告警，汉埠有连带关系，莫不各怀戒心。各商团保安会……十五号提议在汉口组织商防营，仿照上海商团办法，召集壮丁一千名，专以保商为宗旨，其军用亦向公家购给，其饷款则自行筹备发给。④

---

① 《议办保安商团》，《国民新报》1912年7月26日第4页。
② 《汉口商务总会复各团联合会函》，《国民新报》1912年8月3日第4页。
③ 《黄鹤楼头风声鹤唳》，《民立报》1913年6月1日第7页。
④ 《汉口人民大恐慌》，《民立报》1913年7月21日第8页。

第七章　民初汉口商人自治型市政的发展及商界变革市政体制的努力

看来，这次汉口各团联合会打算组织的商团与上次计划组织的商团不同，上次只是保安商团，而这次是武装商团。

各团联合会这次办理商团虽然得到各保安会的相继响应，但因缺乏商会方面积极协助，经费上很成问题：

> 各团联合会主张组织商团，各团均表同情，团员即就团内推选，以杜滥入……目下担任分段查街者，已有十九团报告一致进行。至后立之四区公益会、公立保安会、仁义中段保安会、普济保安会、日余学会，亦相继而起，除筹定拨用团民三千元外，又有纱麻丝局布四厂代表徐荣廷捐入开办费三百串。①

3000元又300串，对于一支1000人的武装而言，是杯水车薪。汉口各团联合会这次办理武装商团的结果不言而喻。

第三次是在1917冬至1918年春，各团联合会再次筹组武装商团。

1917年10月，孙中山发动了"护法战争"，驻守湖北荆州和襄阳的石星川、黎天才在黎元洪和国民党人的策动下，宣布荆襄自主，响应护法战争。12月，湖北战事正酣。"各团联合会因鉴于时局不靖，拟创办统一商团，选举各段保安会强健会员为马、步、炮、工、辎等队，由联合会聘请洋员教练，并与万国商团联名以卫地方"②。汉口各团联合会的筹组武装商团的具体组织计划是：

> 本团团员一千人，分四支部，分五队，名前、后、左、中、右，每队五棚十人，由十人内提什伍长。团长一人，副团长二人，支部长四人，队长五人，教练五人，由联合会长充任，余均由联合会选举。③

---

① 《兵火声中鹦鹉洲》，《民立报》1913年8月4日第8页。
② 《议创统一团》，《汉口中西报》1917年12月13日第3张新闻第6页。
③ 《统一商团之内容》，《汉口中西报》1917年12月20日第3张新闻第6页。

这次，汉口商会方面也有所动作。事先，商会代理正会长蔡辅卿于12月20日谒见督军王占元，"请求维持治安，并恳早日调停，以期息事宁人，顾全大局"①；其后，商会召开全体大会，讨论维持汉口地方秩序的办法；接着汉口总商会与武昌商会一起呼吁将武汉划出战区②，没有结果；最后，商会转而支持联合会筹办统一武装商团，"联合会正会长王芹【琴】甫等人为发起人捐助巨款"③。

由于得到商会的大力支持，这次联合会筹组武装商团比上次走得更远。1917年12月28日，汉口各团联合会预期于1918年元旦"试行组织成立"④。不久，《联合会组织商团草章》见诸报端。从《草章》上看，商团的主要任务是对付匪，包括抢劫的土匪和纵火者，团员有义务将抓获的匪送"交官厅讯办"⑤。因此，团员实际相当于武装警察，商团实际上就是武装警察部队。但是，汉口各团联合会期待的武装商团并没有诞生。1918年春，汉口各团联合会只好决定采用老一套的联团保卫办法，要求各保安会"各自添招商警，日夜加班站岗"⑥。

这次汉口各团联合会已经基本上筹备就绪的武装商团眼看着临盆在即，为何又胎死腹中呢？1923年，汉口各团联合会与商会再次筹组武装商团时回顾说，"本埠商民谋自卫计，组织武装商团，倡议于王占元督鄂时代。讵王氏深忌鄂人自治团体坚固，故暗中设法破坏"⑦。可见，是专权的王占元不允许汉口商界组设武装商团。

第四次是在1920年，商会筹办武装商团。

1920年，沙宜兵变，商店被抢劫一空，外县兵燹时有所闻，北省灾民云集汉口，汉口总商会遂"筹议组织实力商团"。当时，有会董提

---

① 《商会关心地方治安》，《汉口中西报》1917年12月21日第3张新闻第6页。
② 《武汉商会保全市面之痛切陈词》，《汉口中西报》1917年12月25日第3张新闻第6页。
③ 《商董担任巨款》，《汉口中西报》1917年12月25日第3张新闻第6页。
④ 《统一商团成立期》，《汉口中西报》1917年12月29日第3张新闻第6页。
⑤ 《联合会组织商团之草章》（续），《汉口中西报》1917年12月31日第3张新闻第6页。
⑥ 《保安会联合保安》，《汉口中西报》1918年3月1日第3张新闻第6页。
⑦ 《筹组武装商团之谈话会》，《汉口中西报》1923年8月14日第3张。

第七章 民初汉口商人自治型市政的发展及商界变革市政体制的努力

议仿照上海义勇团办法,当经多数否决,理由是"恐碍主权"。最后,商会决定办自卫团,团员暂定 3000 人,正团长公举杜锡钧,副团长为马刚侯、万泽生;军械已商准王占元发给;军饷均归商担任,士兵分甲、乙、丙三等,饷银分别为 8 元、7 元、6 元,先由商会会长万泽生筹开办费 60 万元;商团的职责方面,规定不干涉地方事件,与巡防营同(巡防营控制的就是军警,也就是武装警察部队)。商会还确定巡防的范围是由桥口至刘家庙,分流段巡防,以公所、会馆、庙宇为驻扎地点,团员必须是本埠商民子弟,不收无业游民及无殷实铺保者。① 显然,商会这次在办理武装商团方面是很讲究策略的,即欲表面上置商团于官府的控制之下,达到实质上建立商办武装警察部队的目的;以自卫为名,达到摆脱军阀、官僚控制汉口的目的。

当时,湖北省长夏寿康正打着"地方自治""鄂人治鄂"的旗帜反对王占元,而汉口商界是支持夏寿康的。商会这次积极出面组织武装商团的目的,除了维持汉口治安之外,应该还有一个一以贯之的东西——以商团取代官警,谋求汉口自治。然而,武装商团还是作罢。

对于这次商会筹办武装商团半途而废的原因,报章上罗列了四点,即年关伊迩、经济困难、无力顾及;在戒严期间、枪械难请;在急迫期间、招集不易、编练尤难;商会已订改选之期,不能及此。笔者认为,其中最根本的原因恐怕还是枪械难请——"王氏深忌鄂人自治团体坚固,故暗中设法破坏"② ——王占元不给枪,武装商团就不可能存立。至于经费、招练、改选三项,都应是动议筹办之先就在预料之中的事情,如果在筹办了一段时间之后以此三项为由而停办,那也只是次要原因。

第五次是在 1923 年,商会、各团联合会联手筹办武装商警。

王占元倒台后,实际控制鄂省政局的是鄂籍军阀萧耀南。1923 年,湖北爆发了京汉铁路工人大罢工,虽然最终被萧耀南镇压了下去,但这

---

① 《组织商团之急进》,《汉口中西报》1920 年 12 月 19 日第 3 张。
② 《筹组武装商团之谈话会》,《汉口中西报》1923 年 8 月 14 日第 3 张。

次罢工肯定给汉口商界以不小的震撼。同年秋，汉口商会、各团联合会开始联手筹议创办武装商团（也称武装商警①），当时商会会长周星棠报告说，"萧督对于此事，极表赞助，并云此举应抱公开主义，本埠法定团体均可加入组织"②。商界甚至还筹划了"不准移作他项用款"的"武装商警经常各费"。③ 但最终，这次由商会出面筹办的武装商团还是没有结果。而就在1923年，由模范区的买办大资产阶级发起组织成立了一个保护该区商民安全的武装组织——"汉口华商商团"。④ 可见，汉口商界内部实际上就成立保卫全汉口武装商团一事并没有达成共识，而与政界有着紧密联系的商界上层更倾向与军政当局妥协。

1923年武装商团没能办成的根本的原因，应该是萧耀南不允许汉口商界拥有借以作为汉口自治资本的独立武装力量。将这次商会筹办武装商团与汉口商界谋求城市自治联系起来似乎有些牵强，但是，从汉口市区自治会对于建立武装商团的态度来看，两者的关系肯定非同一般。当时，汉口市区自治会非常重视武装商团问题，它在商会筹办武装商团尚无眉目的时候，就不无责备地称"总商会对于武装商团，长久放弃"，于8月27日去函催促，请商会提前举办。⑤ 显然，汉口市区自治会是将筹办武装商团看作汉口实现城市自治的题中之义。

萧耀南当时打着自治的招牌，干着官治的事情。他作为督军，本来是不应该直接插手汉口地方自治事务，但他却兼任汉口市区自治筹备处处长⑥，汉口地方自治的进程基本上在其掌控之中。他要求汉口商界对于创办武装商团一事"抱公开主义"，说明他对武装商团的创办是很介意的。从后来汉口地方自治的进程来看，萧耀南根本就没有让汉口实现自治的意思。当汉口商人自治组织极力吁求中央政府赋予汉口特别市资

---

① 《各团联合会常会纪事》，《汉口新闻报》1923年9月14日新闻第3张第6页。
② 《筹组武装商团之谈话会》，《汉口中西报》1923年8月14日第3张。
③ 《各团联合会常会纪事》，《汉口新闻报》1923年9月14日新闻第3张第6页。
④ 程宝琛口述、夏国尧整理：《汉口华商商团》，武汉市工商业联合会工商业改造类档案，武汉档案馆藏，档号119—130—114。
⑤ 《自治会催办武装商团》，《汉口中西报》1923年8月27日第3张。
⑥ 《市自治调查之迂缓》，《汉口中西报》1922年11月1日第3张。

第七章 民初汉口商人自治型市政的发展及商界变革市政体制的努力

格的时候,身为汉口市区自治筹备处处长的萧耀南竟然无动于衷,并无促成汉口自治的实际行动。

从民初汉口总商会和各团联合会历次筹建统一商团或武装警察部队的总体情况来看,它们实际上都想建立一支能够捍卫汉口市区安全的武装警察部队,而且将其与谋求城市自治联系起来。而每次筹办的都半途而废,根本原因在于官府的反对。这再次表明,官方把握着汉口市政体制革新的制动权。同时也说明,对于官治一直处于强势的近代中国,没有官方的授权,商人自治社团组织就不可能演进为城市政府,城市要想实现自治,获得外部权威机构对市民自决权的正式承认是必须,决不是可有可无的。没有这样的正式承认,就不可能产生"一个实质层面上的自治"①(罗威廉所说的自治,就是城市自治)。

(三)建立城市自治共同体的努力

民初汉口商人社团组织并不满足于一般社团组织的地位,它们还积极争取建立汉口城市自治共同体。

1911年年底南北议和之后,黎元洪宣布鄂省原先的自治章程依然有效,于是汉口原有自治组织能恢复的纷纷恢复,新的自治性市政社团组织也相继建立。汉口商会会董们甚至还想建立"市政厅",且多主张由巨商李紫云担任厅长。② 1912年5月,总商会著名董事及商团联合会与胡瑞霖(理财局局长)、张国溶(湖北省临时议会议员)等联合创办了"市政筹备会",蔡辅卿、李紫云等4人为评议员。他们希望借以辅助建筑进行,化导汉口城市重建阻力,掌握汉口市政主导权。但均因黎元洪不愿放弃对汉口城市的直接控制而没有结果。此后直至袁世凯复辟抵制失败,城市共同体性质的市政厅虽未能建立,但城市基层自治性市政社团组织仍旧得到了发展。

1916年6月袁世凯死后,全国地方自治得以恢复进行,不久便有

---

① [美]罗威廉:《汉口:一个中国城市的商业和社会(1796—1889)》,江溶、鲁西奇译,彭雨新、鲁西奇校,中国人民大学出版社2005年版,第413、414页。
② 《市政厅之组织》,《民立报》1912年4月16日第8页。

· 417 ·

汉口媒体称湖北督军兼省长王占元"饬设市政厅"①，仅此而已。这说明该报道只是一个不实的传闻。透过这个传闻，我们可以猜想到很可能发生了这样的事情：当时汉口商界再次要求省府允准建立商人主导的"市政厅"。1917年5月，汉口总商会再次提议创设市政厅，并要求凡关于商业案件均归市政厅处理。当市政厅建立无望时，商会只呈准设立了商事公断处，但它显然不是什么城市自治共同体组织。

此后，以推进汉口市政建设和城市自治运动为目的的商人社团组织仍时有产生。1919年春，由俞清澄、何宅诚、时槭皆、孙武、屈佩兰、蔡辅卿、舒用之、李时谙等商人及退职官员，发起组织了由"汉口商会会长、汉口慈善会会长、汉口各团联合会会长、汉口红十字会会长、汉口业主会会长"联合组织——"汉口市政促进会"。该会宗旨有二："（一）汉口旧市政之改良。（二）汉口新市政之建设。"② 1920年9月，夏寿康出任湖北省长，为了与督军王占元斗法，夏氏高举"地方自治"与"鄂人治鄂"的大旗，以争取商界、政界的支持。③ 于是，"自夏省长就任后，民治运动，高唱入云，所谓自治与选举旗帜下，均有许多社团，应运而生"④。1920年，以马刚侯、周允斋为首汉口各团联合会的商民组织成立的"市政学会"就是其中之一，该会还决定开办"市政研究所"，以培养市政人才。⑤ 1921年7月3日北京政府颁布了《市自治制》，汉口市区自治加紧进行，商人自治社团组织进一步发展，一度中止活动的市政学会"复活"⑥，还成立了"市区自治研究会"。1922年市区自治研究会扩充了内部组织，其下设有总务、教育、劝业、调

---

① 《酝酿中之市政厅消息》，《汉口中西报晚报》1916年11月9日第3张。
② 《市政促进会之进行》，《汉口中西报》1919年4月5日第3张。
③ 夏寿康在1913年为了与黎元洪斗法，也曾打出"自治"牌，他明确地提出，应将"计划汉口市制"纳入鄂省内政改革的议程。他说："现正拟建设马路，力图振兴，然非采收【取】市政制度，终不足以促商业之发达，且马路工程浩大，成果匪易，此后一切筹办管理各事宜，均与市制有密切关系，应即详细研究，预为计划，务期市政实行改良，路工得以早日告竣。"（见《夏省长大出风头》，《民立报》1913年3月13日第8页）
④ 《民治运动之悲观》，《汉口中西报》1920年12月28日第3张。
⑤ 《各团联合会》，《汉口中西报》1920年9月15日第3张。
⑥ 《市政学会复活》，《汉口中西报》1921年11月23日第3张。

第七章　民初汉口商人自治型市政的发展及商界变革市政体制的努力

查、交通、水利、卫生、慈善、商防、消防、建筑诸股，及公共营业处、息讼所、公共保管处，显系一个综合性的市政社团组织。[①] 之后，该会还积极开展劝戒纸烟和抵制日货活动[②]。但以上各会均非处理城市地方市政事务的实体组织，其活动影响并不大，自然达不到成为城市自治共同体的高度。

除了积极成立新的商人社团组织以外，汉口商界还在一股追求地方自治的热潮中积极改选原有的市政社团组织，组织推进内部的民主化，汉口业主会、商会、各团联合会或改革选举制度，或改革领导体制。对于此点，前文已有详论，兹不赘述。

1925年春，江苏省指派淞沪特别市筹备会起草《特别市公约》，但北京政府当时对该公约不予承认（5月13日，才由临时执政下令公布了《淞沪市自治制》，从法律上明确了上海市自治权限）。在上海城市自治运动的影响下，夏口地方自治协进会、后湖业主会等组织也纷纷要求中央政府"援广州成例，仿上海特别市"划汉口市为特别市[③]，汉口总商会要求执政府"明令宣布，准援沪例，将汉口划为特别市之商埠"[④]。它们都希望中央政府也能够像对待上海那样从法律上赋予汉口以明确的自治权限。

从要求建立市政厅至要求将汉口划为特别市之商埠，其意均为争取汉口城市自治资格，说明民初汉口商人不再希望将汉口城市的地方自治停留在低水平的商人自治的层次，而是要求将分散的商人社团组织整合为城市共同体——以商人自治为基础的独立自主的城市政权，其实质就是要以商人主导的市政府取代官府。这意味着汉口商人社团组织在政治上远较晚清时成熟。

以商会为代表的汉口各界这次争取汉口成为特别市的活动，将民初

---

① 《自治研究会内部之扩充》，《汉口中西报》1922年10月9日第3张。
② 《自治研究会之戒烟会议》，《汉口中西报》1922年11月9日第3张；《自治会定期提灯游行》，《汉口中西报》1923年4月28日第3张。
③ 《汉埠划为特区之诉愿》，《江声日刊》1925年2月24日第3张第1版。
④ 《汉总商会请划汉口为特别市》，《江声日刊》1925年3月23日第3张第1版。

・419・

以来汉口地方自治运动推向高潮,也再次将它们自己推向城市民主运动的前端。

从社会的角度看,民初中国城市地方自治运动就是城市争取在国家政治生活中获得最大权益的一场民主运动,也是社会民主思潮在城市政治生活中一种反映。民初汉口地方自治运动是晚清汉口地方自治运动的继续,它的潮涨潮落,实际上从一个方面反映出辛亥革命之后民主思潮是怎样涤荡汉口城市社会,如何逐渐浸润着城市社会并使之开出民主之花。民初汉口商人自治社团组织的恢复、新生与不断壮大,就是民主思潮在汉口这个工商业城市涤荡出的花与果。

从国家的角度看,民初中国城市的地方自治运动在很大程度上是国家对来自城市社会的民主呼声的一种回应(不管是积极的还是消极的),不断地以法律来规范城市社会自治组织的一个过程,也是国家不断规范城市管理权如市政管理权、立法权等国家权力的行为系列。在这个过程中,国家始终不希望汉口产生一个不在国家直接控制下的城市自治共同体。

总之,民初以汉口各团联合会和汉口总商会为主的汉口商界曾经努力改变商界受控于官治的商人有限自治局面,试图建立城市自治共同体,希望建立起由商人主导的城市政权,以城市自治取代官治。令人遗憾的是,由于缺乏权威的认可,民初汉口商界的种种努力均告失败。

六 民初汉口商人自治型市政的特点

民初汉口的商人自治型市政在晚清发育的基础上进一步完善,成为官办市政之外的一个相对独立市政单元,并与官办市政一样在城市建设和管理中具有举足轻重的地位,它具有以下特点:

(一)商人社团组织整合度较高,市政能力较晚清增强

民初汉口商人社团组织的整合程度较清末大为提高,其社会整合能力更强,组织之间的协作也在逐渐加强,各组织办理市政的能力也更

第七章 民初汉口商人自治型市政的发展及商界变革市政体制的努力

强,所办市政规模更大。

历史赋予了民初汉口各团联合会较晚清以更充裕的时间活跃于城市社会的舞台上。有了它,民初汉口各保安会消防力量较清末被更好地组织起来,华界市区范围内形成了较为严密的消防网络体系,全城除了大马路之外的街巷路灯有了比较统一的管理,各保安会之间的矛盾与冲突基本上能够得到较好的解决,市内道路也曾更大范围内得到修理,"大街小巷,均经各保安会修理平坦,不但往来行人,咸称便利,闻彼双轮包车,亦畅行无碍……核其总数,计达数十万元"[①]。这样的市政成绩是古典市政时代商办市政组织市政成绩所无法相比的,也是清末商人社团组织市政成绩不能企及的。

历史同样赋予了民初汉口慈善会较清末以更多展示自身能力的机会,它成为全城最重要的慈善机构,并在慈善事业方面起着领军作用。民初汉口慈善会经营的慈善事业包括:孤儿院、残废工厂、中西医院、施送棺木、收埋浮棺、开办国民学校、栖留养病、发给孤贫口食、设立救生红船、办理冬赈衣米、遣返难民、抚恤被火灾民等,仅前三项的开办经费和常年经费就需款"十万金"[②]。其门类之广、理事之多、规模之大,非清末慈善会、各善堂所理慈善事业所能比,更非古典市政时代会馆、公所、善堂所能望其项背。而其慈善活动已普遍超越狭隘的地缘和业缘的范围,甚至超越了汉口市区范围,这也是此前会馆、公所、善堂甚至慈善会所难相较的。

民初汉口总商会不仅自身较晚清更为硬气,在市政中有所作为和担当,而且它很多时候还成为其他商人社团组织,尤其是汉口各团联合会这个汉口最大的商人地方自治组织开展市政活动的支持者和协作者,在商人地方自治组织内部矛盾激化难调时,也扮演着居间调停者的角色。民初汉口总商会在很大程度上成为城市社会的黏合剂,它的存在无疑在一定程度上促进了商人社团组织的整合度及市政能力的提高。

[①] 《抽收包车公益捐之提议》,《汉口中西报》1921年1月6日第3张。
[②] 《慈善会收票捐之白话通启》,《汉口中西报》1920年11月9日第3张。

（二）商办市政社团的中坚组织越来越具有类政府色彩，但威权不足

既存于清末的商人社团组织诸如保安会及汉口各团联合会、汉口总商会，它们在民初潮涨潮落的地方自治运动中进一步得到发育，并成为商人社团中兴办市政的中坚力量，其次对市政产生影响的才是业主会、汉口慈善会、汉口红十字会等商人社团组织。而曾专以振兴汉口市政或以汉口实现自治为目的商人社团组织，诸如汉口市政促进会、汉口市政学会、汉口市区自治研究会，它们因为不是实体性商办市政组织，在实际市政建设方面几乎无所建树。与此同时，传统士绅逐渐淡出商人社团组织的管理层。

作为民初汉口商人自治型市政组织中坚的汉口各保安会、各团联合会和汉口总商会，它们越来越具有类政府色彩。

汉口各团联合会及各保安会管理着市内街区和居民，它们在组织上不断完善。如果说1920年以前的汉口各团联合会均只有最简单的2级组织形式（各保安会也是如此），初步具有城市基层政权机构的特点的话——当时就有报刊媒体称"保安会"为与官办的警察局等并驾齐驱的汉口三大"市政机关"之一[1]，那么，1923年改选后的各团联合会组织已经演变为3级组织，再加之其下各保安会的2级组织，在形式上已经形成了一个包含市政、消防、教育、治安、卫生等分支部门在内的功能较为完备的现代科层体制，俨然是一个市政府机构了（其组织结构见前文相关组织结构图）。在实际能力方面，各团联合会不仅在会内和对各分会拥有决策权，甚至还干预政府机构的司法，制定针对整个城市的消防规则。联合会及各保安会将市政建设与市政管理的触角伸向整个城区，在城市基层市政管理中起着核心作用。故汉口各团联合会被市民视为"统一公益，代表团体"[2]的组织机构，当时媒体甚至称为"握市政之权衡者"[3]。

---

[1] 记者：《汉口的市政》，《市声周刊》第2期，1923年9月23日第1面。
[2] 《清算联合会之通口》，《汉口中西报》1922年2月26日第3张。
[3] 《时评》，《国民新报》1912年7月7日第1页。

第七章 民初汉口商人自治型市政的发展及商界变革市政体制的努力

汉口商会被汉口市民视为"代表市民之机关"①，商会内部组织中，设置有商事公断处，实际上依法享有部分商事司法权。会外不论是市民个体还是其他的商人社团组织，在重大问题上往往要求商会出面进行处理。即使是汉口各团联合会这样的组织，有时候内部发生矛盾或分歧的时候，也需要商会出面调处。报载1918年联合会改选后，"新会长既不到职，旧会长亦不视事，一切应办事宜废弛，已不堪设想。总商会长王芹【琴】甫君以值此地方多事之秋，诸事急待经营布置，若再长此游移不决，不独不成事体，而且有害治安"，遂"亲诣联合会调查情形，并索阅各团往来函件，预备不日开会维持，以期达到和平解决之目的"。② 稍后，王琴甫令其弟王森甫为代表，邀同联合会部分代表及"九团代表"等连番开会，公决已举会长、会员仍以全体名义催令克日就职。有关干事选举一事，也取得共识。③ 1918年联合会选举危机的化解，显示民初汉口商会在商人社团组织中所具有的不可替代的权威性。如果说汉口各保安会和各团联合会类似最基层的城市地方政府的话，那么，汉口商会则有些类似于其上级政府。

从民初汉口各保安会、各团联合会及汉口总商会办理市政的情形来看，它们已经拥有了一种相当程度的自治权，可以在某些事情上要求全城范围采取共同行动。尽管如此，它们还是缺少法定政府机构那样的强制力，缺乏足够的权威性。前述保安会商警因段内维持交通秩序而被人力车夫群殴事件就是一个明证，该事件说明尽管保安会商警在多方面具备了官警的职能，但是最终无法与官警的威权相较。各保安会修理街道必须依靠业主、商号等的捐助，但当地业主或商家拒绝捐助的时候，它们并不能强制其捐助，修理街道的计划便不得不部分放弃。

无论是汉口各团联合会还是商会，虽然拥有了部分司法权和立法权，但是在处理诸多事务时，还需要官府的支持和配合，需要一纸官文（命令或通告），才真正能够生效。例如：商会计划翻修大智门马

---

① 《后城路商人致商会函》，《汉口中西报》1922年3月20日第3张。
② 《总商会维持联合会》，《汉口中西报》1918年10月18日第3张新闻第6页。
③ 《联合会解决有方》，《汉口中西报》1918年10月19日第3张新闻第6页。

· 423 ·

路之后，对车户抽收养路费，但是需要"禀请警察厅署，出示布告"①。汉口各团联合会及其消防股在城市消防方面已经颇具影响，甚至超过了警察厅在消防方面的影响，但是每一个针对组织外的消防规则制定之后，都必须借助官府的声威，才能得到实行或产生实效，如：为了在蓬户失慎之处让宽火路，各保安会要函请警署划定界线；如果查有商户纵火图赔实据，各保安会报由联合会函请地方官厅依律惩办。② 如此等等。

事实表明，民初汉口各保安会、各团联合会、商会，它们在城市社会中已经具有了广泛的影响，甚至在城市事务的某些方面具备了官府无法具有作用和地位。但它们显然不能从内部产生出具有官府那样的为城市社会广泛认同的公权力，因而威权不足，不能在市政方面实现真正的独立自主。它们必须获得外部权威机构授予的公权力，才可能将既存的威权不足的商人自治转化为具有足够威权的城市自治。换句话说，如果商人自治组织不能获得外部权威机构授予的公权力，那么商人自治自身就无法实现质的超越，上升为城市自治。

（三）市政建设和管理的总体水平不高

民国初元时，汉口商会也曾制定过汉口市政重建的规划，但不为官方采用。之后，包括商会在内的各汉口商人社团组织所办市政，除了消防、商防（治安）两方面之外，多为亡羊补牢之计和救急之举，总体上缺乏计划性、系统性，所以即使是保安会所办市政，时人也批评说，"他们所办的事务，也太没有条理"，甚至认为保安会"不能替市民办理市政"，"没有办理市政的资格和能力"。③

由于民初汉口商人社团组织缺少办理市政的必要权威性、强制性，

---

① 《修筑大智门马路并无障碍》，《汉口中西报》1923年10月24日第3张。
② 《消防会议旁听记》，《汉口中西报》1919年4月23日第3张。
③ 记者的《汉口的市政》一文称："汉口市向来没有正式的市政机关，管理市政的，却是与市政膜不相关的官钱局，和在市政机关中仅占一部分位置的警察局，还有市民自组的保安会。这三个组织是没有系统和相互关系的……"参见《市声周刊》第2期，1923年9月23日第1面。

第七章　民初汉口商人自治型市政的发展及商界变革市政体制的努力

其市政经费主要只能靠劝捐、募捐的形式来筹措，这种经费筹措形式往往导致经费来源的不稳定性，从而导致经费在管理上的缺少预算，支配上缺少计划性，也势必造成其市政建设和管理缺乏计划性、系统性，影响市政规模的扩大和市政水平的提高。

再者，这些商办市政社团它们都不是专业的市政组织，在市政建设方面自然也缺少技术含量和专业性。汉口各团联合会下的消防股算是专门的消防组织，但是它们毕竟不是专业的消防队伍，其消防设备所具有的技术含量毕竟有限，消防员的消防技能并不强。各团联合会下各保安会的消防设备虽较晚清进步，联合会消防股也采取了一些措施以提高消防水平，然而在民国中期的专业人士看来，"汉口各保安会所用消防器具，俱系帆布袋就水门自然水量，压力高度不过二丈，效力极微"，"考其消防用具，则窳败不堪，其消防人员俱未训练，毫无技能，又无组织，非改良办理，难期收效"。[①] 1920 年，汉口各团联合会消防股所打算组织的电器消防队，其负责人林良栋不过是一个电料公司经理，不是专业的电气人员，他认为组设电器消防队的办法，非常简单，所需消防器具只需电剪 3 把，橡皮手套、橡皮鞋各 3 双，所需不过 100 余元。消防队员制服，分单双两季，亦不过数十元。[②] 至于消防员应具备的用电知识和电器消防技能，他并不注重。这样组建起来的电器消防队自然不会专业，进行电器消防的临场应变能力也必定不会很强。而堂堂的汉口总商会，翻修一条马路（大智门马路），特地请马路工程局测绘工程图备用，如此作为表明它不具备修筑马路所必需的基本的建设队伍和建设技术。

上述情形表明，民初汉口商人自治型市政的总体水平并不高。

（四）与官办市政互补共存并低度争锋

民初汉口商人自治型市政与官办市政之间的关系存在着两面性：

---

① 《武汉特别市公安局行政计划大纲》，《武汉特别市市政月刊》第 1 卷第 1 号，1929 年 5 月，"计划"，第 26—27 页。
② 《组设电器消防队之办法》，《汉口中西报》1920 年 7 月 14 日第 3 张。

一方面，民初汉口商人自治型市政与官办市政相互依赖，互补共存。它在具体的市政建设、管理方面实际上与官办市政存在着一定分工。如：它管理市内绝大多数街巷的路灯、水门，修建市内街巷，负责市内街巷卫生，主导市内消防和慈善事业，管理街区内交通，辅助治安；而官办市政负责修建大马路，管理官修马路路灯、交通，负责城市治安，为汉口商人自治型市政提供公权力支持，协助其在卫生、消防、道路修筑、慈善事业等方面的展开。同时，民初汉口商人自治型市政在市政经费上做到了自筹自用，可以完全独立自主，不受官府的控制或干预，故民初汉口商人自治型市政又具有相当程度的独立性，得以与官办市政并存。不过，它还是没有足够的能力单独主导汉口市政。结果，它与官办市政似乎谁也离不开谁。

另一方面，它在发展过程中又与官办市政相互排斥和冲突。民初以商会为代表的汉口商界制定的汉口重建市政规划不为官府所接受，同时以汉口业主会、各团联合会为主的商人社团组织也不认同官定汉口重建规划，甚至在官办市政机构依照官定规划开展马路建设时与之发生激烈的冲突，最后双方互有妥协。不过，民初官商之间在汉口市政方面如此针锋相对的激烈冲突并不常见。以汉口商会和各团联合会为代表的汉口商界，均想建立由商界主导的城市治安力量和市政机构，争取城市自治，摆脱官府对商界和城市的控制；而官府则掌控着国家暴力机器，握有变革市政体制的制动权。双方在潮涨潮落的城市自治运动中进行着控制与反控制、自治与反自治的斗争，结果均以汉口商界的妥协与失败告终。总之，民初汉口商人自治型市政与官办市政之间的冲突因为其相互间存在的依赖性而在整体上并不激烈。

民初汉口商人自治型市政与官办市政既并存又互补、既相互依赖又相互排斥的互补共存且低度争锋的状态，正是民初汉口官府居政治强势而经济处弱势，商界处经济强势而居政治弱势，双方既相互斗争又相互依赖的城市社会现实的生动反映。同时这种状态也体现了民初汉口市政建设和管理中官治与民治协作并存和低度争锋的特点。

此外，汉口商人社团组织以"欧美各国对于公共卫生为振兴市政切要之图"① 为鞭策,积极维护城市公共卫生,督促警察厅改良厕所卫生;"仿照外人救火方法"②,召集消防员开展消防演习比赛以提高消防技能,创办警政;不懈地追求城市自治。如此等等,均显示民初汉口商人自治型市政因其市政主体主动接受西方市政体制、市政观念而深受西方市政文明影响的特点。

七 阻碍民初汉口商人自治迈向城市自治的内在因素

清末民初汉口商人社团组织,包括商人地方自治组织和商会等具有相当自治性并参与市政建设和管理的商人社团组织,它们获得了长足的发展,在处理城市治安、消防、公共卫生、社会救济、公共设施管理等方面事务的自治度大为提高,商人自治不断地向前发展。然而,汉口商界多年以来的城市自治梦却没有因此变为现实。那么,民初汉口日益扩展的商人自治为何不能升格为高度自治的城市自治?是哪些因素制约着清末民初汉口商人自治进一步向前发展呢?

前文已经论述了官府不允许汉口各团联合会或商会独立拥有城市治安力量——武装警察部队,以便始终将汉口置于官方的控制之下,使得汉口商界试图摆脱控制、实现城市自治的努力直至民初终了也未能开花结果。前文还论述了清末民初官府不允许商会建立总理城市事务的市政厅,对汉口商界的城市自治诉求始终不予法律认可,使得汉口最终未能成为法定的城市自治实体,城市自治因之一直处于筹备阶段。由以上论述可知,掌握着汉口市政体制革新制动权的官府,是阻碍清末民初汉口商人自治进一步发展成为享有城市治权的城市自治的外在因素。

除了上述因素之外,清末民初汉口商人自治组织自身存在的缺陷也

---

① 《联合会临时动议之案件》,《汉口中西报》1919年4月6日第3张。
② 《消防会议之条件》,《汉口中西报》1919年4月7日第3张。

足以制约商人自治的发展。其主要缺陷有以下两个：

(一) 帮派意识

帮派意识始终严重制约着汉口商人社团组织的整合，也妨碍了不同利益群体和阶层之间的地方认同感，制约了民初汉口向城市自治迈进的步伐。

汉口商会是由原来的各会馆、公所的商帮整合而成，帮派意识尤其是帮派的地缘意识始终浓厚。清末时汉口商业性行帮的地缘意识逐渐减弱，业缘意识逐渐增强，行帮越来越以职业为基础。民初汉口新建商人组织中有同业会、同乡会身影，而据民国《夏口县志》载，汉口存有会馆、公所共计179所中，民初新建的有确切建立时间的会所有6个，全部为同业会，但这只是当时同业会所的一部分，因为还有不知确切建立年代的可能也成立于民初。[1] 这说明民国时期汉口行帮的地缘意识在清末的基础上继续减弱，业缘意识逐渐增强，但这只是问题的一方面；另一方面，商会内部的地缘性帮派意识仍旧浓厚，在特定时期各地缘性帮派之间矛盾易于激化，而斗争的展开往往以本帮与客帮的形式展开。

在清末汉口，财力雄厚的本地大商人少，"在上中层商人中，来自广东、浙江和上海的商人占优势。本地商人除个别者之外，资金有限，本省籍绅商少，财大势大者几乎没有"[2]。这种本帮弱势、客帮强势的帮派格局，深深地影响了本帮与客帮的关系和商会一年一度的改选。宣统二年（1910）腊月，本帮商人蔡辅卿当选为商会总理，外帮浙籍商人孙涤甫当选为协理。报载新总理不协人望：

蔡君系湖北咸宁县人，由某洋行糖栈掌称出身，毫无知识，惟

---

[1] 《各会馆公所》，侯祖畲修、吕寅东纂：《夏口县志》，民国九年（1920）刻本，卷五"建置志"，第22—35页。

[2] 罗福惠：《湖北通史·晚清卷》，章开沅、张正明、罗福惠主编，华中师范大学出版社1999年版，第408页。

第七章 民初汉口商人自治型市政的发展及商界变革市政体制的努力

巴结官长,联络富室为能,上届由运动得充协理,外帮商人几欲兴讼,此次被选为总理,全出本帮之力,现外帮各商均不承认,倡言攻击,而以洋行帮为最甚,咸谓蔡某承充我帮贱役,今总理商会,我帮不能听其指挥,蔡因众怒难犯,闻有辞职之意。①

在蔡辅卿正式接事的当天(1911年2月17日),官、绅、商、学各界莅临商会聚会,前商会协理浙帮商人汪炳生以商务纠葛未能结案,出而发难:

(汪炳生)意颇愤愤,当场欲辞议董之职,而浙帮中人又多不满意于蔡总理,故该帮议董盛竹书等三君,亦继之宣言退会。蔡总理见此情形,深恐江苏帮亦步浙帮后尘,则大局瓦解,立即登台演说……其词极谦和柔媚,大有摇尾乞怜之概,而江浙帮积怨已深,多拂衣不顾而去。②

从这两则报道不难看出,本帮商人在商会中很受挤压,财大气粗的江、浙帮商人对本帮商人很看不起;为了争取地位,本帮人士不得不走上层路线,"巴结官长,联络富室",还不得不对外帮低声下气,屈意求取和解。其后,报章又载:

汉口生意尚称发达,为商会总理蔡辅卿君开议匝月,尚无头绪,其司事人等,多系鄂人,大率不知商务,以是商界颇有责言。③

言词虽未尽属实,但却道出了本帮为外帮所轻视的根本原因:本帮在经商方面不如外帮。

---

① 《商会新举总理之不协人望》,《申报》1911年1月26日第1张后幅第4版。
② 《商会新总协理任事之态度》,《申报》1911年2月24日第1张后幅第4版。
③ 《武汉尽情汇述》,《申报》1912年4月6日第6版。

《申报》的这三次有关本帮商人的报道显然均有刻意贬低之处。蔡辅卿在当时汉口商界怎么说也算是有头有脸的人物,还不至于"毫无知识",其手下协助办事者也不至于"大率不知商务","摇尾乞怜"则更从人格上对蔡氏予以贬低。像《申报》这样在中国城市社会影响极广的媒体报道刻意贬低鄂商,张扬江浙商,很大程度上反映出当时江浙人士对鄂商的普遍鄙视态度。

这次外帮人士对本帮人士蔡辅卿当选总理的强烈不满与反应,足以说明商会中帮派意识的浓厚以及本帮与外帮之间矛盾的深刻。

进入民初,本帮商人势力虽有所发展,但本帮中大商人仍是凤毛麟角,外帮势大、本帮势小的基本格局并未改变,根深蒂固的帮派意识仍然没有大的改变,如此情形在每年改选会长时则更显突出。清末民初历次商会选举结果(见表7-7-1,这份表格应该是所有登录汉口商会历次当选领袖表格中最全面的一份)显示,商会正、副会长的选举必须在本帮、外帮之间达成平衡,印证了这样一个不成文的铁定规矩:"如本帮人当选为正会长,则须客帮人为副会长。无论如何份子,多方运动,决不能出此范围之外。"[①]

表7-7-1　　　　清末民初汉口商会领袖人物表

当选时间(年)	总理或会长及其籍贯		协理或正副会长及其籍贯					资料来源
	姓名	籍贯	姓名	籍贯	姓　名	籍贯	
1907	卢鸿沧	浙	刘歆生	鄂			
1909?	齐湘琴	鄂	汪炳生	浙			
1910	卢鸿沧	浙	蔡辅卿	鄂			
1911	蔡辅卿	鄂	孙涤甫	浙			*1
1912	李紫云	鄂	盛竹书	浙			
1913	吴干廷	皖	苏善夫	鄂			
1914	俞清澄	鄂	王琴甫	皖			
1915	王琴甫	皖	万泽生	鄂			
1916	万泽生	鄂	郑似松	浙			

---

① 《总商会之特别会议》,《汉口中西报》1921年1月22日第3张。

第七章 民初汉口商人自治型市政的发展及商界变革市政体制的努力

续表

当选时间（年）	总理或会长及其籍贯 姓名	籍贯	协理或正副会长及其籍贯 姓名	籍贯	姓　名	籍贯	资料来源
1917	俞清澄	鄂	王琴甫	皖			*2
1918	王琴甫	皖	万泽生	鄂			*3
1919	万泽生	鄂	?				*4
1920	万泽生	鄂	?				*5
1921	万泽生	鄂	郑似松	浙			*6
1922	万泽生	鄂	郑似松	浙	汪美堂	皖	*7
1923	周星棠	浙	万泽生	鄂			*8
1924	周星棠	浙	?				*9
1925	周星棠	浙	郑燮卿	鄂			
1926	周星棠	浙	郑燮卿	鄂			*10
备　注	\multicolumn{7}{l}{1907年汉口商务总会成立，1915年农商部颁布的新《商会法》规定汉口为工商总汇之大商埠，应设立总商会，原有之工业分会亦须归并合组，于是改汉口商务总会为汉口总商会，同时规定应将商会领袖原称总理、协理分别改为会长、副会长。1916年1月，汉口商会依新《商会法》改组}

资料来源：

*1 《汉口商务总会总协理正副会长表》、《补遗》，分别见侯祖畬修、吕寅东纂《夏口县志》，民国九年（1920）刻本，卷十二"商务志"，第15页、"补遗"，第25页。

*2 《武汉商会保全市面之痛切陈词》，《汉口中西报》1917年12月25日第3张新闻第6页。1917年12月，蔡辅卿曾代会长，见《日本法官来汉》，《汉口中西报》1917年12月30日第3张新闻第6页。

*3 《商会长之谋猷》，《汉口中西报》1918年10月18日第3张新闻第6页；同时参考《汉口商会发展历程简表》，杨宁：《汉口市商会研究（1931—1938）》，华中科技大学硕士学位论文（时间不详）。

*4 《令知修正商会法》，《汉口中西报》1919年9月6日第3张。

*5 《商务会决议三要案》，《汉口中西报》1920年11月7日第3张；《总商会定期乔迁》，《汉口中西报》1920年12月4日第3张；《镇署冬赈会议之详情》，《汉口中西报》1920年12月31日第3张。

*6 《总商会会长产出》，《汉口中西报》1921年1月29日第3张。

*7 《代会长之产出》，《汉口中西报》1922年2月20日第3张。万泽生奔母丧时，由蔡辅卿代会长。

*8 《汉商会将二次改选》，《汉口中西报》1923年4月1日第3张；《筹组武装商团之谈话会》，《汉口中西报》1923年8月14日第3张。副会长本为鄂籍陆德泽，辞职，再选。同时参考《汉口商会发展历程简表》，杨宁：《汉口市商会研究（1931—1938）》，华中科技大学硕士学位论文。

*9 《商办汉镇既济水电股份有限公司紧要启事》，《汉口中西报》1924年5月15日第1张。

*10 《上海银行汉口分行·汉口总商会来函》，武汉档案馆藏，档号61—1—291，第21页。

·431·

商会的帮派意识还影响到其在重大问题上与汉口各团联合会的协作，这突出表现在统一商警（有时称统一商团，有时称武装商团，有时称武装警察）的筹建方面。我们不妨将商会会长的情况与商会对于办理统一商团的情况进行对照（见表7－7－2）：

表7－7－2　　　　民初汉口商会办理统一商团的态度表

时间	商会总理或会长	籍贯	商会对于办理统一商团的反应
1912年	李紫云	鄂	1912年商会主张办地方警察，与联合会主张不一，后来又转而表示支持联合会办理统一商团而未予实质性支持
1913年	吴干廷	皖	不主动筹办统一商团，也毫无支持联合会筹办统一商团的表示
1917年	俞清澄	鄂	商会对联合会办理统一商团予以积极支持，皖籍副会长王琴甫带头发起捐款——王此时兼任联合会副会长[①]
1920年	万泽生	鄂	主动出面办理统一商团
1923年	周星棠	浙	与联合会联手请办统一商团，但从汉口市区自治会催促商会办理武装商团的情形来看，商会的态度并不积极

从表7－7－2中我们可以看出，当本帮人士为商会总理或会长时，对于办理统一商团，或积极主张办理，或主动出面办理，或支持各团联合会办理；当外帮为总理或会长时，或者态度不积极，或者完全消极对待。由于帮派意识，商会在如此重大的城市市政问题上，不能与各团联合会保持一致，直接影响两会之间的积极整合，自然也影响到汉口迈向城市自治的步伐。

汉口各团联合会内部是否也存在帮派意识呢？关于此点，尚缺乏足够的资料作为判断的依据。

以商会为代表的汉口商界的这种此疆彼界的帮派意识，不仅制约着商会内部的整合，而且还浸及整个城市社会，进而影响整个城市社会内部相互的认同。这一点从民初汉口既济水电公司的内部斗争及一般市民

[①]　《商董担任巨款》，《汉口中西报》1917年12月25日第3张新闻第6页。

第七章　民初汉口商人自治型市政的发展及商界变革市政体制的努力

与既济水电公司的斗争中得到了反映。

民初既济水电公司内部派系斗争十分激烈。（历届）商会人士有很多就是既济水电公司的大股东，为公司董事等职，各帮股东为了争夺总、协理及董事等职，斗争激烈，尤其是在本帮与江浙帮之间。不但如此，就连既济水电公司的工人之间也存在帮派斗争。1923年，既济水电公司发生宁波帮殴辱本帮及本帮反抗宁波帮之械斗。① 这说明公司下层之间也存在浓厚的帮派意识和不认同感。这种帮派意识其实是既济水电公司上层帮派意识的弥漫到下层的结果，也折射出以商会为代表的汉口商界帮派意识的浓厚。

1917年，汉口市民反对既济水电公司水电加价，他们说：

>……所以他公司的，见了有这种机会，卡马吃车，就要涨价。他公司虽然大，总算是营业，垄断独登，不但欺我们用户，简直欺汉口无人。他既不顾公益，顶好一个法子，望我们汉口有钱的人，集一个电灯公司，集一个机器水公司，再来仝他公司办交涉。如有说这法子不好，我们用户内股东不少，可向总理大人开会查帐……②

这话显然是说给当时在既济水电公司一手遮天的浙籍总理、浙帮大老宋炜臣听的，普通市民自以为自己是汉口人，竟将已经入汉20年左右的这位"老汉口"视为外人——非汉口人，反映出汉口城市社会内部不同利益层之间"地方认同危机"。后来，由于公司内外都要求查账，宋炜臣只好交出公司账册，结果，他被查出假公济私巨额水电费，只好将公司总理的位置让出给另一大股东湖北汉阳人万撝伯。

1922年，汉口市民再次反对水电加价，但这次他们没有再像上次

---

① 《水电公司两厂工人之激斗》，《汉口中西报》1923年10月5日第1张。
② 《反对水电加价》，《大汉报》1917年4月22日新闻第3张第5页。

· 433 ·

那样将公司领导人看外,因为此时公司的总理是本帮汉阳人万摅伯。[①]这从反面映衬出帮派意识是如何撕裂城市社会内部,威胁到城市社会内部的相互认同的。

帮派意识导致汉口城市社会内部的出现地方认同危机,势必影响城市社会内部的整合,妨碍城市共同体的形成。

(二)组织上整合不够

商人社团组织之间整合不够,以致未能形成商人自治市政共同体。

清末民初汉口各商人自治组织,以汉口商会的权威性最高,商会之外的商人社团组织除了部分善堂外,都是由商会人士发起或主持的。保安会最初就是由商会直接、间接发起成立的,首先,演说自治戒烟会就是于1909年"由戴仲华、关少尧首先发起于商务总会",而后"汉口社会各团之组织"又多由演说自治戒烟会会员出而发起。[②]汉口各团联合会的重要发起人、1911年成立时的副干事也是关少尧,正干事马刚侯则与商会人士关系密切,共同参与宪政同志会。公益救患会会长关少尧、堤口上段保安会副会长吴玉山、商团永清保安会会正孙理和、商团永安社会正蒋沛霖、下段仁义保安会副会长罗佑之,这些人都是汉口商会2—4届议董。[③] 1910年,作为汉口善堂的整合组织汉口慈善会的主发起人中,蔡辅卿、汪志安、吴干廷等人也是商会中人。因此,商会实际上成为汉口各商人地方自治组织——保安会直接或间接的领袖。不过,各保安会后来并不愿归商会的统辖。1910年,汉口各保安会(当时也称救火会)就曾经

---

① 《自来水加价值反响》,《汉口中西报》1922年3月22日第3张。
② 《汉口各团联合会协助民军纪实》,中国人民政治协商会议湖北省暨武汉市委员会、中国社会科学院近代史研究所、湖北省档案馆、武汉档案馆合编:《武昌起义档案资料选编》上卷,湖北人民出版社1981年版,第259页。
③ (清)张寿波:《最近汉口工商业一斑》,上海商务印书馆宣统三年(1911)版,"第八章 公共之机关",第8—16页;《汉口商务总会历届总协理、正副会长表》,侯祖畲修、吕寅东纂:《夏口县志》,民国九年(1920)刻本,卷十二"商务志",第14—15页。

第七章 民初汉口商人自治型市政的发展及商界变革市政体制的努力

组织"汉口各段救火会联合商团,定于二十四日选举总团长及各执事人等,以期独立,咸不欲归商会统辖",只是由于商会人士的反对,未能成事。①

民初汉口商人社团组织在清末整合的基础上,有新生,也有一定的整合,还有分化,发展渐趋复杂化。

业主会自成立之始就显示出强烈的独立性,尽管有的业主本身就是商会中人,但他完全独立于商会之外,也不从属于其他组织。

民初汉口慈善组织在清末整合的基础上又有所分化,慈善机构之间也存在着裂痕。1910年成立的汉口慈善会本来为各善堂统帅机构,进入民初后,"该会势力扩张,显有独树一帜气象",一些善堂于是筹划成立汉口善堂公会。② 而在此之前的1915年,汉口各团联合会会长王琴甫发起,商会人士赞成,又成立了汉口红十字会。此后,三大商人社团组织更无整合的迹象。

专门以促进市政或谋求城市自治为目的的几个主要的商人社团组织之间也呈现分立之势。汉口市政学会统辖于汉口各团联合会,由汉口各团联合会领袖人物马刚侯、周允斋等发起;③ 汉口市区自治研究会内部组织成员如韩瑞廷、晏晓峰、程亚东、马干臣、陈远超、祝福亭、魏春廷等同时为汉口各团联合会内部组织的成员④,说明两会关系密切,当然也有少数成员是商会中人,如王义甫。从人员关系上看,汉口各团联合会似乎有与汉口市区自治研究会整合的趋向。汉口市政促进会由俞清澄、何宅诚、时樾皆、孙尧钦、屈竟存、蔡辅卿、舒用之、李时谐发起⑤,他们主要是商会中人和赋闲的官员。然而事实上,这三个自治组

---

① 《救火会亦有暗潮》,《民立报》1910年10月26日第3页。
② 《善堂组织公会》,《汉口中西报》1919年3月29日第3张。
③ 马刚侯先后任该会正干事、理事,周允斋任副会长,会长由官员或退职官员挂名,马刚侯和周允斋是汉口各团联合会正副会长。见《市政学会之进行》,《汉口中西报》1920年7月30日第3张;《市政学会之新进行》《汉口中西报》1920年11月8日第3张。
④ 《各团联合会内部之组织》,《汉口中西报》1921年1月9日第3张;《自治研究会内部之扩充》,《汉口中西报》1922年10月9日第3张。
⑤ 《市政促进会志进行》,《汉口中西报》1919年4月5日第3张。

织，是三套班子，互不统属。

　　相较之下，汉口各团联合会算是整合得还算不错，尽管各分会之间仍不时发生争夺地界等纠纷，如：1917年，万全保安会与义成社因争管区界以致互殴，经联合会调处无效，呈控夏口地方检察厅；① 1918年，土垱普济保安会与三新街广益保安会因收捐事互争三新街地段；② 1919年，中段同益保安会与仁义下段发生区域纠葛；③ 1921年，敦乐保邻会与普济保安会争界；④ 1922年，义成社与永清消防会因争水门提起诉讼。⑤ 但这些纠纷最终在各团联合会的协调下基本上得到了解决，这一方面说明汉口各团联合会内部的整合性在不断加强；另一方面又说明该会内部整合得还不够。随着汉口各团联合会内部整合性的不但加强，在地方自治事务尤其是市政建设和管理中的作用和影响加大，它越来越不甘处于商会的影响之下。

　　至于商会方面，除了保持商务方面的领袖地位之外，它不仅或多或少地保持着对其他商人自治组织的影响，而且还试图在汉口的地方自治事务方面保持领袖地位，尽管它越来越显得力不从心。

　　由于组织、人员方面的关系，民初汉口所有的商人社团组织中，以汉口商会和各团联合会对汉口地方自治事务最具影响力。如果它们能够整合起来，那将对于汉口商人自治共同体的形成具有决定性意义。然而，它们并没有实现很好的整合。

　　商会作为汉口商界的上层，力图把握汉口商人自治的主导权。从1912年到1917年间曾试图建立由商会主导的市政厅，未获结果。它也曾积极规划汉口市政，试图主导民国建立最初汉口的市政重建，但不为政府所接受。对于关系汉口城市公共安全和地方自治的警政，商会也不时予以关注，并就领导权问题与各团联合会产生矛盾。

---

① 《保安会争界之激烈》，《汉口中西报》1917年2月10日第2张新闻第5页。
② 《保安会互争地界》，《汉口中西报》1918年3月2日第3张新闻第6页。
③ 《联合会之干事会议》，《汉口中西报》1919年4月11日第3张。
④ 《两保安会争界纠葛》，《汉口中西报》1921年11月16日第3张。
⑤ 《联合会将开常会》，《汉口新闻报》1922年2月6日告白第3张第6页。

第七章 民初汉口商人自治型市政的发展及商界变革市政体制的努力

1912年，商会主张建立商办的地方警察，而各团联合会主张建立统一商团。两者之间的分歧看似缓急之分，但从各团联合会致商会的信函中可以看出，它们之间根本的分歧实际上在于谁把握所建组织的领导权。联合会在信中说：

> 静候玉音，浃旬未获。贵会负汉口商场完全责任，于维持公益、保护安宁，均隶范围。敝会不过因尊务殷繁，稍事补助，勉其能力，择一二能办到者，为之尽一分子之天职，故各段保安会为分组而敝会为结合，原以分贵会之焦劳、周贵会之思虑也。①

这段话表明各团联合会当时名义上还处于商会的领导之下，而商会不希望各团联合会的行动超出这个关系架构。

尽管各团联合会努力表示无意挑战商会在汉口地方事务上的领导地位，但是商会最终因为不能办理地方警察、只能办统一商团而丧失办理统一的商界治安组织的兴趣。因为若办统一商团，商会必须借助各团联合会的力量，就不能实现对统一商团的直接领导。

我们再看看表7-7-2民初商会对于办理统一商团态度表，就会发现，每当商会能够把握武装商团领导权的时候，商会就对办理武装商团表现积极；否则，就表现不积极或完全消极。

值得注意的是，尽管各团联合会在筹办统一商团或武装警察部队问题上居较被动地位，但它在其他重要地方事务方面却是敢于对商会说不的，也当仁不让地要与商会争"执牛耳"。1922年，商会撇开各团联合会、汉口市区自治研究会等组织，联合业主会，打算组织一个监督汉口警察厅的警察董事会，规定业主会设董事6人，商会设董事9人。商会此举无疑是想建立自己干预地方警政的主动权。消息见诸报端后，汉口市区自治研究会等组织及各团联合会重要分子群起反对，"其反对理由，则以汉口警察厅经费，乃全汉人民所捐集，但属团体，均有监督之

---

① 《汉口各团联合会致商务总会函》，《国民新报》1912年7月31日第4页。

权。今总商会与业主会,以少数人自由支配,万难承认。决定于本届常会内,提出议案,请求联合会全体大会,讨论对待之法,一面提出理由向总商会质问"。永平公益会向各团联合会提议迅予召集全体会议,研究办法,称各团联合会"为市民集合之总团体,对于此等重大事件,理应参加,以尽职责"。① 各团联合会明显有与商会争领导权的架势。商会在这样重大的事务上本来可以整合多个商人地方自治组织参与的,但是它撇开各团联合会和汉口市区自治研究会,显然缺乏整合多数汉口商人社团组织的意识。最终,汉口警察董事会仍只是由商会和业主会组成,汉口各团联合会等组织均被排斥在外。② 但可以肯定此事进一步扩大了汉口商界内部的裂痕,不利于汉口商界内部的整合。

从历史的渊源上看,汉口商会和各团联合会这两个最大的商界社团组织确实存在着整合的可能。但是随着保安会对城市事务影响的日益增强,商会影响的相对削弱,两者在地方自治事务方面互争短长,最终未能进行更高层次的整合。

与此相应,市民及城市社团对这两大商人自治组织也没有一致的认同。1923 年,各团联合会"前会长周允斋、王民仆,不知何故,被夏口知事,名请实拘,外间谣传奇离",当各团联合会听说"有公民数团,恳请总商会,速开全镇商民大会,讨论救济方法"的时候,遂在各团联合会常会上表示,"本会系全镇人民代表机关,极应设法维持",大有与商会争领导地位的意思。③ 而此前后城马路商人称要求商会出面要求马路工程局注意洒扫以重视后城马路交通和公共卫生时,称"商民为组合市埠之原素,钧会为代表市民之机关"④ 的时候,不知各团联合会有何反映? 市民的认同分歧生动地表明:不论是商会还是各团联合会,都未能成为唯一被市民广泛认同的汉口商人自治共同体。

---

① 《组织警察董事会之反响》,《汉口中西报》1922 年 10 月 14 日第 3 张。
② 《上海银行汉口分行·汉口总商会来函》,武汉档案馆藏,档号 61—1—291,第 18 页。
③ 《各团联合会常会纪事》,《汉口中西报》1923 年 10 月 27 日第 3 张。
④ 《后城路商人致商会函》,《汉口中西报》1922 年 3 月 20 日第 3 张。

第七章 民初汉口商人自治型市政的发展及商界变革市政体制的努力

民初以汉口各团联合会和商会为核心的商人社团组织未能很好地进行整合，商界内部最终未能形成统一的商人自治共同体，而官府又从外部阻碍汉口实现地方自治。汉口商界组织存有的内在缺陷与其外在环境的欠缺一起，共同影响着民初汉口城市自治发展进程，制约着汉口的商人自治的向前跃进，使得晚清以来的汉口商人社团组织始终只拥有处理城市事务的部分自治权，地方自治在汉口因之定格于缺乏广泛城市治权的商人自治层次，始终不能达到城市自治的高度，商人自治型市政自然也不能转化为城市自治型市政了。

第八章

民初汉口商营型市政的积极展开与城市现代化进程

民初汉口商营型市政较之湖北新政时期规模更大，发展也更为积极，其突出表现为：既济水电公司的水电事业恢复并以空前绝后的良好态势发展着，极大地促进了城市社会的进步；新的街道和规模更大的城市街区在商界的努力下相继产生，加速着城市化进程；新式的水陆交通业在市场竞争中快速发展，进一步推进了城市公共交通的现代化；兴建大型综合性公共游艺场，积极推动大众娱乐休闲生活的现代化。所有这一切都极大地激发了汉口这座商业中心城市的生机活力。

一 既济水电事业的恢复、发展与汉口城市社会的进步

经历了辛亥兵燹的汉口既济水电公司，元气大伤。进入民初以后，经过几年的艰难恢复，才逐渐步入发展的快车道，成就了该公司历史的辉煌，也成就了武汉民族资本主义水电事业的骄人业绩。既济水电公司水电事业究竟是在什么样的管理体制下运作的？又是如何从事业的低谷走向事业的黄金时代的？当时的地方政府又是如何管理既济水电公司的？既济水电公司自开创以来又是如何促进城市社会的进步的？这些问题是本节将要探讨的。

第八章　民初汉口商营型市政的积极展开与城市现代化进程

（一）民初汉口既济水电公司的管理体制

1. 总理（经理）独裁制

当一种新的管理体制从原生地被引入异地后，它在最初面临着新的社会经济环境的时候，往往不免因受制于环境，在具体的管理形式方面不同程度地发生变异。清末民初既济水电公司的管理体制就曾经历过这种情形。

既济水电公司在 1906 年建立时，规定每 10 元为 1 股，每股得 1 股权，拥有 1000 股以上者才可以当选董事和监事。经过改组后，改为拥有 500 股以上者可当选董事，250 股以上者可当选监事。当时章程规定：董事、监事、经理人选由第一次股东大会选举，计总理、副总理和董事 5 人，查账 2 人。经理、副经理任期 4 年，董事 2 年，查账 1 年。[1]同时公司章程还规定，"由董事互选正副经理各一人"[2]，故经理实际上由董事会董事兼任。这种董事兼经理的管理体制，为经理独裁、独占经营创造了可能的条件，同时也为董事们争夺经理职位埋下了祸根。

依据章程规定，既济水电公司实行董事制，股东大会具有最高决策权。但在公司管理的实际运作中，董事及董事会不尊重股东权利，股东大会有名无实。

1909 年，公司由于偿还债务及扩充业务的需要，由股东会决定招股 200 万元，但是由于社会金融呆滞，仅募得股金 46.5 万余元。[3] 1910 年，董事会不经股东会同意就举借日债 150 万元，引起股东们的疑虑和不满，当时有股东"某某君集同数人，谓宋炜臣借款并不于事前开股东会议，有违《公司律》，拟即具禀上控"[4]，甚至外间纷纷传言水电公

---

[1] 武汉地方志编纂委员会主编：《武汉市志·工业志》，武汉大学出版社 1993 年版，第 93 页。
[2] 《水电公司股东提议书》，《汉口新闻报》1928 年 5 月 19 日新闻第 3 张第 5 页。
[3] 贺衡夫：《汉口既济水电公司的由来和演变》，《中华文史资料文库》第 12 卷"工商经济编"，中华文史出版社 1996 年版，第 233 页。
[4] 《呜呼水电公司》，《民立报》1910 年 11 月 21 日第 4 页。

司"已归日本改造"①。1916年，公司再次未经股东大会同意举借日债100万元。1917年，公司也没有召开股东大会就决定水电加价，此点成为用户反对水电加价的理由之一。② 1923年，公司董事会变更定期召集股东会之训令，违背公司条例有关股东会选任董事、监察人之规定，发出通告，将应行召开的股东会改为选举会。③ 同年，股东方立斋等300余人针对公司管理上的积弊，提出处理董事舞弊营私案、开除董事案等8条议案，计划在当年的股东大会上议决，但最终未能如愿。④ 如此等等，均说明既济水电公司股东大会的最高决策权有名无实。

既济公司董事会本身也存在严重问题，总董（总理）专权，董事之间，既斗争激烈，又相互苟合。

既济水电公司主要由江浙、湖北、江西三地的巨商发起成立，三地商人各自结成三大派，时称江浙帮、本帮、江西帮。董事会主要由三帮巨商组成，董事会内部一直存在派系斗争。其中，以宋炜臣为首的江浙帮势力最大，与以万撝伯为首的本帮之间的角逐最为激烈，江西帮的周命之则处于三派斗争的另一角。宋炜臣从1909—1920年，一直担任公司总理，并兼任经理，长期掌握着公司的人事大权，"独占营业，欺蔑股东"⑤。对此，其他派系的董事和股东极为不满。1917年，公司宣布水电价加，汉口市民进行强烈反对，他们为了抵制加价，遂提出要求——清查公司账务。以此为导火线，董事会内部以及以董事会为代表的大股东与小股东之间的矛盾激化。本帮与江西帮遂积极推动清查公司账务，最终迫使宋炜臣交出公司账目。清查结果：宋炜臣"侵占公款，至九十余万之多"。宋氏因此下台，江浙帮受挫，本帮万撝伯于1921年成为公司新总理兼经理，江西帮周命之亦当选要职。从此，董事会内部的斗争更趋激烈。"自周命之、万撝伯等当选之后，公司中之党，连宋

---

① 《又借日款一百廿万》，《民立报》1910年11月27日第4页。
② 《再记反对水电加价》，《大汉报》1917年4月26日新闻第3张第7页。
③ 《注意汉口既济水电公司股东特别紧要通告》，《汉口中西报》1923年8月24日第2张。
④ 《水电公司提出之八种议案》，《汉口中西报》1923年8月14日第3张。
⑤ 《既济股东之质问》，《汉口中西报》1918年10月5日第3张新闻第6页。

第八章 民初汉口商营型市政的积极展开与城市现代化进程

伟【炜】臣,遂鼎立而三,因互相竞争之故,各自趋使党徒,彼此攻讦。前次选举,互攻尤烈。万、周合作,共对一宋"①。1923年10月,新一届经理选举期将至,董事会内部三派斗争趋于白热化。报载,"汉口既济水电公司,近来发生种种不祥之事,如检查资产,互相攻讦,于公司前途,影响极大。此种事实之发生,由来已久,原因复杂。然最近不过万揖伯、宋伟【炜】臣、周命之三党竞争,其最甚者则为宋、万两派,有不两立之势,周则沉寂而坐收渔人之利"②,"暗斗甚烈"③。此后,既济水电公司一直是在风潮扰攘中度过的。

不过,董事会董事之间尽管斗争,然而董事之间的合作是公司管理得以有效运作的必要条件,故三派之间虽然不断斗争,有时甚至趋于白热化,但是由于体制的制约及共同的利益需要,他们之间又难免苟合。当宋炜臣被查侵占公司巨额利益后,时为监察人的万揖伯和周命之,都对此"不但不加追究,反以个人九万九千股之资格,投票否认,竟将此项巨款,无形打消"④。显然,三派董事在面临众多股东尤其是小股东的强大压力时,又联起手来,对付小股东了。

依据公司章程,董事会为决策机构,经理负执行之责,但在公司实际管理过程中,整个公司权力向总理、经理倾斜,从而形成总理或经理独裁管理。

由于经理以董事互选的方式产生,所以经理本身就是董事。这种体制使得经理既有决策权又有执行权,易于形成经理独裁。在1909年第一届股东大会上,宋炜臣当选为经理。⑤ 他同时还是公司的第一任总理。这样宋炜臣为公司总理董事兼经理。继宋氏之后,万揖伯亦以总理董事身份兼任经理职位。总理兼经理,使得总理或经理可以左右董事会,集公司大权于一身,从而使总理或经理独裁成为可能。

---

① 《水电公司小股东会之崛起》,《汉口中西报》1923年10月17日第3张。
② 《水电公司捣乱之内情》,《汉口中西报》1923年10月2日第3张。
③ 《水电公司之暗潮犹烈》,《汉口中西报》1923年10月29日第3张。
④ 《水电公司诉讼近闻》,《汉口中西报》1922年2月17日第3张。
⑤ 武汉地方志编纂委员会主编:《武汉市志·工业志》,武汉大学出版社1993年版,第93页。

公司其他的方面规章制度不健全，也为总理或经理独裁提供了条件，如：公司规章对于预算、决算无切实规定；用人、薪资无一定之规；没有编订办事细则；表册账目含混不清，等等，这些都给经理上下其手提供了便利，强化了经理独裁。

公司根本体制存在问题，规章极不健全，导致总理或经理独裁制的形成，使得"汉口既济水电公司，自开办以来，公司内一切事完全由总理个人主持"①。宋炜臣如此，万揽伯亦如此。

1909年，既济水电公司开始发息。② 此后，息金发至庚戌年（1910）农历七月底止。③ 从此直至1918年10月，总理兼经理宋炜臣独裁公司要务。公司两次借举日债，均不通过董事会，十年来不发息，也不报账，"违背《公司条例》，蔑弃《商律》"。对于股东的"索息、保本、查账、清弊"要求，宋炜臣均置之不顾。④ 而且，企图以拖延来应付股东查账。时人称"总理跋扈，揩账不报，迹近不法"⑤。由于小股东始终联合一致，依法律行事，宋炜臣才不得不交出账册。万揽伯上台后，为了拉拢股东，收揽人心，召集董事会，决定提前发给1920年股息。并且，违背公司章程，给公司全体工人分发红利。

不仅如此，经理（兼总理）还把持公司薪资与人事，尤其是宋炜臣任经理时期。"公司创办之初，经理宋炜臣，协理王予坊皆浙江宁波人，用人行政悉听主持，江西、湖北二帮，除分占几席董事外，并未推荐较多的实职人员。水电两厂厂长，工程师及内部拥有权力的高级人员，十有八九皆浙省籍，技术工人更是清一色的。"宋、王去职时，公

---

① 《水电股东请改董事制》，《江声日刊》1925年3月31日第3张第1版。
② 1909年10月，既济水电公司曾经发布广告，通知股东将每年发息日期由章程规定的九月初一日起至十月底止，改为十月初一起月底至（《汉口既济水电公司广告》，载《申报》1909年10月24日第1张第2版）。
③ 《汉口既济水电公司发息广告》，《汉口中西报》1918年10月27日第1张新闻第2页。
④ 《既济股东之质问》，《汉口中西报》1918年10月5日第3张新闻第6页。
⑤ 《既济股东查账之第一日》，《汉口中西报》1918年10月16日第3张新闻第6页。

司在人事方面已经"根底盘深，积重难返"。① 故公司薪资，由董事之爱憎，任意出入，用人营业，皆不经董事会通过。

经理或总理独裁给既济水电公司发展造成了以下四大消极后果：

其一，人事浮滥，公司开支增加。

薪资一项，1923年比1920年增加90134.23元，比较1919年增值117334.25元，"就职员每月每人五十元计算，浮滥用人，超出二百人以上"②。

其二，引发竞选风潮，影响公司股票价格，从而波及股东利益和公司营业利益。

由于经理独掌公司大权，故而"发现种种黑幕，皆莫非为经理之位置"③。又由于经理职位导致的竞选风潮，致使公司股票价值大起大落。1919年，公司股东公告称，由于总理（经理）长期不按《公司条例》召集股东会及改选关系，违背《商律》，欺蔑股东，使"股东血本亏折至五成以下"④。1923年之后，公司因竞选而发生风潮，至1924年选期一再展延，而内部暗斗更加激烈。到5月中旬，竞争之焦点仍在争购股票。致使连日股票自1600元，已涨至将近2000元。于是，股东担心将来选举结束后，股票必定一落千丈，对于公司及股东两方面而言，危险万状。⑤ 到1925年，股东们将"近来营业退化，股票低落，以致演成上年选举总理之争，至今不能解决"的原因，归咎于经理把持公司。⑥

其三，经理营私，侵吞公司利益。

宋炜臣任经理时，其开设的燮昌公司输用既济水电公司之电，公司

---

① 贺衡夫提供资料、张冀云撰稿整理：《关于既济水电公司的几点琐记》，武汉档案馆藏，档号119—130—117。
② 《水电公司提出之八种议案（续）》五，《汉口中西报》1923年8月19日第3张。
③ 《水电公司股东提议书》，《汉口新闻报》1928年5月19日新闻第3张第5页。
④ 《汉镇既济水电公司各股东公鉴》，《汉口新闻报》1919年1月10日告白第1张第2页。
⑤ 《水电公司股票继涨不已》，《汉口中西报》1924年5月18日第3张。
⑥ 《水电股东请改董事制》，《江声日刊》1925年3月31日第3张第1版。

售电市价每度为 1 角 5 分、1 角 8 分，而他擅自减价，竟以每度 3 分的价格自卖自售。结果，公司因此损失 633582.45 元。① 其他方面，宋炜臣也假公济私，数额达 20 余万元。② 故宋炜臣总计"侵占公款，至九十余万之多"③。万撝伯担任经理后，也侵占公款，"得意外之利益，营私舞弊，有帐可查"。

其四，引发工潮。

经理任用私人，结党把持，结果引发工人械斗风潮。④ 既济水电公司的工人主要分为两帮，一为宁波帮，一为本帮。技术工人是清一色的宁波帮，时称"机器匠"；本帮工人为普通工人，时称"小工人"。前者月薪优厚，后者月薪与之相差悬殊。更有甚者，机器匠只管扩充本身权利，对于小工则毫不关照，而小工人多年来受机器匠之压迫的情形"擢发难数"，他们对后者积怨很深。1922 年，水电小工人终于罢工，公司向外水电供应几乎因之停止。罢工之后，小工人的地位仍未有大的改善，机器匠"依然享受每月百数十元之重薪，小工仍只每月六串至十串文"⑤。小工人与机器匠之间的积怨进一步加深。而且宁波帮工头朱阿才对本帮工人刘老二在罢工时出面维持，使灯、水两项未至停顿一事，怀恨在心，屡思报复。就在江浙帮与本帮竞选斗争渐趋白热化的时候，因水厂工人，与灯厂工人调班，朱阿才偏袒宁波帮，刘老二不满，与之发生纠葛，于是发生宁波帮殴辱本帮及本帮反抗宁波帮的激烈械斗。⑥ 工人之间的械斗及工潮势必影响公司的生产与营业。

经理（总理）的独裁引起了公司股东的极度不满，他们强烈要求改变公司体制。1923 年，在股东大会召开前夕，股东们要求按照《公司条例》，改善公司规章，提出议案 8 种，要求公司编订办事细则、编

---

① 《汉口既济水电公司检查人通告第二号》，《汉口中西报》1923 年 10 月 1 日第 1 张。
② 《汉口既济水电公司检查人通告第三号》，《汉口中西报》1923 年 10 月 2 日第 3 张。
③ 《水电公司诉讼近闻》，《汉口中西报》1922 年 2 月 17 日第 3 张。
④ 《水电公司提出之八种议案（续）》，《汉口中西报》1923 年 8 月 27 日第 3 张。
⑤ 《水电工人之监督团》，《汉口中西报》1922 年 10 月 2 日第 3 张。
⑥ 《水电公司两厂工人之激斗》，《汉口中西报》1923 年 10 月 5 日第 1 张。

第八章　民初汉口商营型市政的积极展开与城市现代化进程

制预决算以统一收支、规定工资及薪金、交出借贷对照表及各种表册等。① 1925年，股东强烈要求地方官员出面组织召开全体股东大会，重新组织董事会，由"董事会修订公司章程，改行董事制，以后公司用人、营业等事，均须交董事会通过"②。

不过，既济水电公司的管理体制问题直至民初之终也未能解决。而这种体制在进入民国中期之后，还在一段时间内得以延续。后来，南京国民政府颁布了《修正公司条例》，为公司体制变革提供了依据。1928年，久已不满的股东据此强烈要求修改公司章程，"经理一职，由董事会聘任，完全以雇佣关系在董事会之下，专司业务，不干行政"。他们认为，"公司因章程不良，历年酿成选举竞争，纠纷迭起，报复相循"，"公司原有章程，在表面上虽采用董事制，而实际上实一经理独裁制，故每因竞争经理或以金钱贿买，或以暴行胁迫，种种不法，莫可言状。且每经一次选举，动用数万金，一点一滴，莫非股东之血本。经过事实，在在可考。而攫得经理之人，结党专横，无所顾忌"。③ 这正道出了清末民初既济水电公司管理体制不良的症结之所在。

2. 效率较高的日常生产与经营管理体制

尽管既济水电公司在根本的管理体制方面存在严重的问题，但是其日常生产与经营管理体制总的来说还是效率较高的。

既济水电公司水电两厂的日常生产管理实行的是经理、协理统率下的厂长—工头制。由厂长节制总工头，"再由总工头节制各部领首，由各部领首节制各部工人"（如图8-1-1所示）。

例如：1924年，电厂厂长为张守仁，其下有总工头1人朱阿才，总工头下有顾纪生、唐珠宝、黄秀林、满家楷、杨宗保、张友三6个领班，再由这6个领班节制其下的机器工人（技术工人）与手工工人。由于厂长、总工头、领班、机器工人（技术工人）为清一色的

---

① 《水电公司提出之八种议案》，《汉口中西报》1923年8月14日第3张。
② 《水电股东请改董事制》，《江声日刊》1925年3月31日第3张第1版。
③ 《水电公司股东提议书》，《汉口新闻报》1928年5月19日新闻第3张第5页。

· 447 ·

宁波人，易于管理，即使本帮的小工人不满、抗争，也无济于事，不能从根本上生产触动日常生产管理体系，前述小工人罢工未能改变工厂现状原因就在于此。加上公司薪资及福利待遇较一般工厂为优，诸如：电厂工人有公共食堂及宿舍，可以分一成半红利，最高工资100元，最低工资也有5元，年老工人"给以相当之工作并相当之工资"，而当时汉口的最低生活费为每日约计300文。此外，工人还可以在工余学校接受补习教育。既济电厂登记表中称，"本厂工资甚优，工人颇知奋勉，管理上极称便利"①，反映出多数工人愿意为公司效劳，生产管理效率较高。

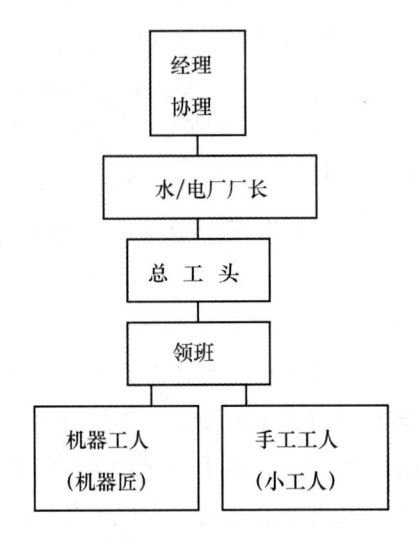

```
        ┌─────────┐
        │  经 理  │
        │  协 理  │
        └────┬────┘
             │
        ┌────┴────┐
        │ 水/电厂厂长 │
        └────┬────┘
             │
        ┌────┴────┐
        │ 总 工 头 │
        └────┬────┘
             │
          ┌──┴──┐
          │领班 │
          └──┬──┘
        ┌────┴─────┐
   ┌────┴───┐  ┌───┴────┐
   │机器工人│  │手工工人│
   │(机器匠)│  │(小工人)│
   └────────┘  └────────┘
```

图 8-1-1　民初汉口既济水电公司水、电两厂生产管理体系图

说明：此表参考《湖北工厂统计表甲表》，《湖北实业月刊》第2卷第10期，1924年8月，"统计"，第11—13页。

既济水电公司水电两厂的日常经营管理体制：经理—主任负责制。既济水电公司日常经营管理部门，主要有总务处、电务处、水务

---

① 《湖北工厂统计表甲表》《湖北工厂统计表乙表》，《湖北实业月刊》第2卷第10期，1924年8月，"统计"，第11—15页。

第八章　民初汉口商营型市政的积极展开与城市现代化进程

处、会计处，各处各置主任一人，其下为股员，无定额。① 各处直属于经理、协理之下，各处长直接由经理任命，形成垂直管理、集权于经理的管理体制（如图8-1-2所示）。

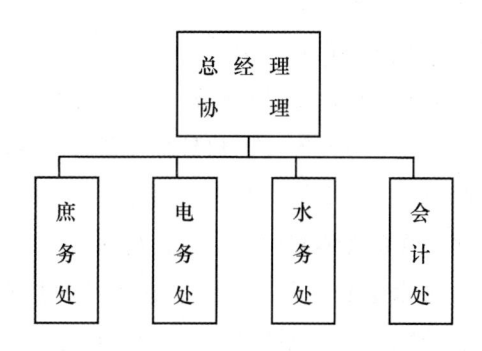

图8-1-2　民初汉口既济水电公司日常经营管理主要组织简图

尽管这种体制由于经理或董事的任用私人，增加了公司的开支，但大体可行，故效率还是较高的。笔者虽然没有找到直接证明这一点的资料，但是，民国中期既济水电公司对日常经营管理体制的改革，间接而有力地证明了这一点。1929年，既济水电公司改变了民初时的管理组织，将原有的水务处和电务处合并为营业处，其下又设水务营业股、电务营业股，会计处改为收费处，另设有工程处、稽查处。结果，"施行数载，渐感不适，不惟承转频繁，办理迂迟，且精神涣散，责任不专"②。而问题的关键在于营业处"直辖水务、电务两股，每一事件，由股转处，多有辗转稽延之弊"。1933年，经公司董事会决议，一方面裁员，一方面将营业处撤销，恢复水务处、电务处直属于经理的组织格局，同时撤销工程处，"将该处工程师，视事实之需要，分配与水电及其他方面"。经过改革，"上项组织，仍恢复民十五以前状况"③，"试

---

①　《水电公司提出之八种议案（续）》五，《汉口中西报》1923年8月19日第3张。
②　《既济水电公司昨开十五届股东大会通过二十一年决算二十二年预算变更内部组织统系增加股本刘绍卿等六人当选监察》，《汉口中西报》1933年5月26日第7版。
③　《既济水电公司新锅炉装竣定期举行　开幕日情武汉各界参观　裁去两处冗员百四十人》，《汉口中西报》1933年3月14日第7版。

· 449 ·

办已届数月,颇觉顺利"。于是,公司总经理刘少岩正式向股东大会提出变更公司章程,改革公司日常经营管理组织:营业处改为水务、电务两处,水务处以原有之水务营业股,及工务处之水务工程股属之;电务处,以原有之营业股,及工务处工程股属之;收费处改属会计处;核算股改属总务处;工务处及稽查处撤销。[①]

民国中期既济水电公司改变民初日常经营管理组织后,感到日常经营管理效率降低;当公司转而恢复民初日常经营管理组织之后,公司的日常经营管理反而"颇觉顺利"。这一反一正的反复,有力地说明民初既济水电公司日常经营管理体制的效率是较高的。

也正是因为既济水电公司拥有一套效率较高的日常生产与经营管理体制,所以,在公司董事会制遭到扭曲的情形之下,公司的生产和营业虽因兵燹而遭遇重大挫折,却仍旧能够起死回生,取得较好的成绩。

(二) 水电事业的恢复与发展

民初汉口华界水电事业主要包括两个部分:一部分是1919—1922年间由德商美最时电灯公司的电业改为湖北官办的电业;另一部分是以既济水电公司为代表的华界水电事业,它是华界水电事业的主体,且仍为商办。

民初汉口既济水电公司的水电事业继续向前发展,其发展过程可以分为两个阶段:第一阶段,从1912—1916年,为时约5年。这一阶段为恢复阶段。第二阶段,从1917—1926年8月,为时近10年,为既济水电公司水电事业快速发展阶段,也是既济水电公司发展的黄金时代。

1. 恢复阶段:弥补损失,走出低谷(1912—1916年)

关于恢复阶段既济水电公司的发展情形,相关资料较少,但也可粗略概见当时的生产与营业的发展态势。

---

① 《既济水电公司昨开十五届股东大会通过二十一年决算二十二年预算变更内部组织统系增加股本刘绍卿等六人当选监察》,《汉口中西报》1933年5月26日第7版。

第八章 民初汉口商营型市政的积极展开与城市现代化进程

就设备而言，公司添置大件生产设备，实现了主要生产设备的改进。

从1912—1915年，公司所购大件设备有：发电用锅炉1座，民国四年（1915）装竣，双汽筒水管式，受热面积350平方米，蒸发量为4吨/小时。[1] 用于起水的有马达船1艘——也装置于民国四年（1915），备有115马力之电力离心帮浦（即水泵）2座，每座在80尺水投下，每小时出水20万加仑，130匹马力、每小时出水20万加仑者1座。该船总计360马力，每小时出水60万加仑。这是既济水电公司建成以来的第一号马达船。[2] 公司原有的起水设备是2座直井，遂废而不用。原来的压气起水机，"容量过小"。[3] 改用淀泊式马达船之后，容量增加，起水船可随水面的变化而上下浮动，起水受水面升降变化的影响，效率自然提高。这次设备的改进应当是该公司自来水生产设备改进史上的一件大事，而当代一般记述既济水电公司设备改进的文、著均未见记载，故特予详记。

以上两种设备都是水电生产时的主要设备，故公司在生产方面的投入一定不小。从水电生产设备的改进来看，公司生产处于积极的恢复发展中。

此外，在设备方面，公司在恢复阶段肯定对于兵燹中遭受破坏的输水送电设备进行了修复，因为这是其维系营业、求得生存和发展所必须采取的补救措施。

就生产与营业而言，此期水电生产量和营业额的情况也表明，既济水电公司正处于恢复发展之中。

从1912—1916年，公司电力最高负荷逐年上升，具体情形见表8-1-1：

---

[1] 《汉镇既济水电股份有限公司电气事业年报》（1946年1月1日至12月31日），见《电气事业年报》，武汉档案馆藏，档号117—1—25。
[2] 施林吉：《汉口水厂报告书》，《既济水电公司·自来水厂报告书》，武汉档案馆藏，档号117—1—12。
[3] 《既济水电股份有限公司概况》，武汉档案馆藏，档号bN6/13，第4页。

表8-1-1　　1912—1916年汉口既济水电公司电力最高负荷表　　　单位：千瓦

年份	1912	1913	1914	1915	1916
最高负荷	101	432	686	940	1200

说明：此表据《1912—1948年既济水电公司最高负荷表》制作，见武汉地方志编纂委员会主编《武汉市志·工业志》下，武汉大学出版社1993年版，第1626页。

而从1912—1914年公司电费收入也迅速增加，具体情形如表8-1-2：

表8-1-2　　1908—1923年汉口既济水电公司电费收入表　　　单位：万元

年份	1908.8—1909.9.8	1912	1913	1914	1917	1919	1923
电费收入	10.61	6.89	14.70	23.43	49.33	78.82	120.22

说明：此表依据《1918—1929年既济公司用电户统计表》（见武汉地方志编纂委员会主编《武汉市志·工业志》下，武汉大学出版社1993年版，第1594页）及《既济水电公司癸亥（民国十二年）分损益表》（见汤震龙编《建筑汉口商场计划书》，督办汉口建筑商场事宜处、督办武阳夏三镇商埠事宜处民国十一年（1924）发行，第55—57页）制作。

从表8-1-2可以看出，1912年公司电业收入因受兵燹影响跌入低谷，比起电营业的第一年还要少收入近4万元，而在1912—1914年，尽管电营业收入在稳步快速的上升，但是自来水还没有恢复到1911年的水平。1913年，"汉口旧市场及各国租界每日用水二百五十万加仑，总计用水费一月当达25000元"①。按这样的估算，1913年既济水电公司自来水用量也只是与1911年相当。

在1912—1915年，公司生产和营业虽有较大的发展，但是没有发息，更没有派发红利，故1915年的竹枝词称："汉皋创后倍繁华，水电今时用更奢，依旧公司无起色，不闻红利派东家。"② 1918年的公司发

---

① 《自来水计划》，汤震龙编：《建筑汉口商场计划书》，督办汉口建筑商场事宜处、督办武阳夏三镇商埠事宜处民国十一年（1924）发行，第50页。
② 罗汉：《水电公司》，徐明庭辑校：《武汉竹枝词》，湖北人民出版社1999年版，第221页。该竹枝词为1915年江汉采风诗社征集汉口竹枝词的应征制作，见蔡叔龢《新注汉口竹枝词（一）》之篇首语，载《武汉日报》1936年6月3日第2张第2版。

第八章 民初汉口商营型市政的积极展开与城市现代化进程

息广告中称,"因辛亥兵燹,损失太修【惨】……幸经公司将财产上所损失者节节规复,已于前年(即1916年,笔者注)一律完全有余,并设法扩充,上年营业即获进步"①。1920年的公司的月份广告中说,"本公司资辛亥年兵燹损失后,迨至丙辰年(即1916年,笔者注)修补、备置一律完全,营业恢复前状"②。可见,直到1916年,既济水电公司生产和营业才从整体上恢复元气,走出了低谷。

也就在1916年,因为"营业渐旺"③,公司总理宋炜臣禀请财政部担保,再次借日本兴业会社日金100万元,以便添置新机,扩充生产与营业。至此,公司产业原值530余万元,除损失亏耗外,实值490万元,加上此次用于添置新机的100万元,全部产业共计实值590万元,"以之抵押新借款一百万、旧欠一百五十万,不但无绌,并且盈溢债额一倍有余"④。

在辛亥兵燹中,既济水电公司直接损失达70余万元。从1912—1916年,这个资本总额达数百万元的大公司,历时5年之久,才从辛亥兵燹之后的低谷中彻底走了出来。为什么会这样呢?其主要原因除了生产设备和水电输送设备遭受破坏,严重地影响了生产与营业之外,还有一个原因就是水电营业在很大程度上受到居民生活程度与市场荣衰的制约。

辛亥兵燹以后,汉口城市重建进程迟缓,严重影响了居民生活的稳定和市场恢复和发展的速度。如前所述,汉口旧市区的复建在1912—1913年远未完成,至1914年虽然达到80%,然系因陋就简,市场的开拓有限,公司水电事业也难以拓展。后来的一份有关既济水电公司的资料中说,"辛亥一役,汉口全镇被焚,直接、间接损失约共一百五十万

---

① 《汉口既济水电公司发息广告》,《汉口中西报》1918年10月27日第1张新闻第2页。
② 《汉口商办既济水电公司开股东大会广告》,《国民新报》1920年4月15日告白第1页。
③ 《既济水电股份有限公司概况》,武汉档案馆藏,档号bN6/73,第3页。
④ 《水电公司借款案》,《汉口中西报》1916年12月16日第2张新闻第4页。

元。民一、二、三年商业凋敝，（公司）入不敷出"①，正好印证了1912—1914年间既济水电公司水电事业恢复、发展与汉口市场荣衰的紧密关系。至1915年，汉口旧市区才基本复原。再至1916年，旧市区之外，汉口商人开始在一些地区"大兴工作"②，规模性地开辟马路，建设新的市街，公司水电营业市场自然随之而拓展。故从1914年开始，公司水电营业才有较大起色，至1915年才有所谓"汉皋创后倍繁华，水电今时用更奢"之说。可见，既济水电公司营业的恢复与汉口城市本身的恢复与发展直接相关，并深受后者制约。该公司曾在广告中从兵燹与市场两方面总结了公司营业归复时间持久的原因，谓"因辛亥兵燹，损失太修【惨】，数年来市廛零落，营业又极淡薄，兼以修补支持，愈行困难"③，其所言大致属实。

2. 快速发展阶段：渐入佳境，走向兴盛（1917—1926年8月）

在本阶段，既济水电公司的水电事业得到了快速发展。

从1917年开始，公司的水电事业不断取得进步，尤其是1920年公司偿清外债后，"营业蒸蒸日上，渐入佳境"④，公司的发展步入了快车道，生产与营业呈现出一派欣欣向荣的景象。

公司资产额随营业发展而快速增加。既济水电公司最初资产额为300万元，后增资至500万元。1914年之后，才开始规模性增资。1916年以后，公司持续增资，至20世纪20年代之后，因为营业进步，"公司资产日增，已达千万元之巨"⑤。营业进步与资产的迅速增加同步，说明既济水电公司生产与营业处于快速而良性发展之中。

生产量快速增长。1917—1926年电力最高负荷的激增就说明了这一点，具体情形见表8-1-3：

---

① 胡焕宗：《楚产一隅录》，乾记印书馆民国九年（1920）版，第35页。
② 《马路兴工》，《汉口中西报》1916年11月9日第2张新闻第4页。
③ 《汉口既济水电公司发息广告》，《汉口中西报》1918年10月27日第1张新闻第2页。
④ 《既济水电股份有限公司概况》，武汉档案馆藏，档号bN6/13，第3页。
⑤ 《水电公司提出之八种议案（续）》，《汉口中西报》1923年8月26日第3张

表 8-1-3　1916—1926 年汉口既济水电公司电力最高负荷表　　　　单位：千瓦

年份	最高负荷	年份	最高负荷	年份	最高负荷
1916	1200	1920	2630	1924	4950
1917	1450	1921	3000	1925	6970
1918	1610	1922	3300	1926	7990
1919	2050	1923	3825	—	—

说明：此表系截取《1912—1948 年既济水电公司最高负荷表》而得，见武汉地方志编纂委员会主编：《武汉市志·工业志》下，武汉大学出版社 1993 年版，第 1626 页。

由上表可知，公司电力的最高负荷：1917 年约为 1912 年的 14 倍，1919 年约为 1912 年的 20 倍，1920 年则升为 26 倍，1922 年升为 33 倍，1923 年至 1926 年分别上升为约 38 倍、49 倍、69 倍和 79 倍，呈加速上升趋势。公司电力最高负荷量的激增，说明电力产量的剧增。

自来水产量也十分惊人。这一点从日用水量的剧增就可以知道。1913 年时，每日用水 250 万加仑。[①] 1923 年夏，日用水量达 700 万加仑，几乎为 1913 年的 3 倍。[②]

与此相应，公司发电燃煤煤耗量也激增。1906 年，公司计划每日煤耗量为 30 吨，结果，水电开始营业时，营业额不如预期之多，其煤耗量当不及 30 吨。1912 年，公司电费收入不及 7 万元，更低于 1908—1909 年度 10.61 万元的水平。与此相应，1912 年的煤耗量肯定大大低于每日 30 吨的水平。1920 年，"每月平均煤炭消费额一千五百吨"[③]，即日均耗煤 50 吨。到 1923 年，"每日约需煤百吨"，有时一次性订购煤炭 1 万余吨，舆论据此评论说"水电公司营业发达可见一班【斑】矣"。[④]

水电营业区域扩大。1917 年之后，既济水电公司的营业区域不断扩大。在自来水营业方面，开辟了水上业务，开始用轮船售水。1926

[①]《自来水计划》，汤震龙编：《建筑汉口商场计划书》，督办汉口建筑商场事宜处、督办武阳夏三镇商埠事宜处民国十三年（1924）发行，第 50 页。
[②] 胡焕宗：《楚产一隅录》，乾记印书馆民国九年（1920）版，第 34 页。
[③]《既济水电股份有限公司概况》，武汉档案馆藏，档号 bN6/13，第 4 页。
[④]《电灯公司定购大批日煤　中国岂无煤乎》，《汉口中西报》1919 年 7 月 23 日第 3 张。

年增设长 22000 尺经（后来建成的）中山公园达水塔附近的口径为 30 寸的输水钢管 1 根①，水营业区域遂由旧市区向市郊后城马路及京汉铁路以西地区大范围扩展。在电营业方面，新辟市街尤其是像"模范村"这样的市郊开发区，也用上了电，成为新的营业区域。

  为了开拓新的电业营业区域，公司还与租界电厂展开了价格战。华景街以下万家庙至刘家庙一带，既济水电公司与英商汉口电灯公司，尤其是日本大正电灯公司，展开了激烈的竞争，原先接受英、日租界电业服务的用户，纷纷转而接受既济水电公司提供的电业服务。结果，自华景街以下万家庙至刘家庙一带，基本上成为既济水电公司电业营业区域。1923 年，日租界大正电灯公司，在东至江边，西至万家庙一带华界区域内，擅栽电杆数十根之多，安设电灯，装线接火。由于该公司"既不取装置工价，而电费又殊便宜，故该地居民图此便宜，多有装置者"。该公司还陆续将杆线牵长至华界范围内的麻阳口及新兴街等处，侵入铁路界内直达刘家庙及比利时码头地方。大正电灯公司所为，侵害了华界水电事业的权益，妨碍了既济水电公司在这些地段开拓市场。②此外，英商汉口电灯公司也越界在华景街至刘家庙一带开展电灯营业。对此，既济水电公司决定，"住户如愿点用包灯者，每盏每月只收电费一元，电泡以五十支光为度，不收押款，并由公司装灯，亦不收装灯费。此议一倡，华景街以下，逐日报装包灯者，接踵于门，即原点英、日各公司电灯者，亦一律改用该公司电灯"，既济水电公司的营业区域、市场范围大为扩张，自然增加了营业收入。

  随着营业区域的拓展，水电使用需求的增加，公司水电营业客（用）户不断增多。1919 年以后，电灯用户每年以千计增长，具体情形见表 8-1-4：

---

  ① 综合参考《既济水电股份有限公司概况》（武汉档案馆藏，档号 bN6/13，第 3 页）以及施林吉《汉口水厂报告书》（《既济水电公司·自来水厂报告书》，武汉档案馆藏，档号 117-1-12）。

  ② 参见《再志日商越界安设电灯之交涉》，《汉口中西报》1923 年 4 月 1 日第 3 张；《日人擅在内地安设电灯》，《汉口中西报》1923 年 4 月 12 日第 3 张；《三志日商越界安设电杆之交涉》，《汉口中西报》1923 年 4 月 18 日第 3 张。

表 8-1-4　　　1918—1926 年部分年份汉口既济水电公司
用电户数统计表　　　　　　　　　单位：户

年份	1918	1919	1921	1923	1926
用户数	3785	4476	7329	11937	16725

说明：此表依据《1918—1929 年既济公司用电户统计表》制作，见武汉地方志编纂委员会主编：《武汉市志·工业志》下，武汉大学出版社 1993 年版，第 1595 页。

电灯数量也不断增多。1913 年英国工程师葛雷武制定的汉口重建计划中，电灯预算情况为：最大电量为 16 支光 2.7 万盏，实际使用电量为 16 支光 1.8 万盏。[①] 这是民国建立之初设计的理想的电灯盏数。在接近 1920 年，电灯数目为 16 支光 8.5 万盏[②]，约为民初重建计划使用电灯数量的 5 倍。到 1923 年，电灯数量"已过十余万盏"，以致电线负荷太高，公司感到"原有总线，为数过少，拟即增加总线，以免发生危险"。[③]

随着水电营业形势的变化，汉口居民心中的既济水电公司营业服务形象也发生了变化："先前电灯、机器水，不能普及的时节，巴结我们用户安设。现在安设的多了，他一天一天的专横起来。别的不说，就是到公司的去挂号，那一般总理大人的全乡司事老爷，大模大样，好容易他老人家点一个头。"[④] 由此也不难想见当时既济水电公司水电营业发展之快。

公司营业收入不断增加，数年持续保持盈利状态。1917 年、1919 年，公司的电费收入分别为 49.33 万元和 78.82 万元。[⑤] 1923 年更高达

[①] 《电灯预算》，汤震龙编：《建筑汉口商场计划书》，督办汉口建筑商场事宜处、督办武阳夏三镇商埠事宜处民国十三年（1924）发行，第 50 页。

[②] 胡焕宗：《楚产一隅录》，乾记印书馆民国九年（1920）版，第 34 页。

[③] 《电灯营业之发展》，《汉口中西报》1923 年 10 月 28 日第 3 张。

[④] 《反对水电加价》，《大汉报》1917 年 4 月 22 日新闻第 3 张第 5 页。

[⑤] 《1918—1929 年既济公司用电户统计表》，武汉地方志编纂委员会主编：《武汉市志·工业志》，武汉大学出版社 1993 年版，第 1594 页。

120.22万元。① 1923年报载,"近年来,营业进步,公司资产日增,已达千万元之巨,每年营业收入,亦有二百余万之多"②。1919—1923年,公司的营业盈余情况见表8-1-5:

表8-1-5　1919—1923年汉口既济水电公司营业盈余表　　　　单位:元

年份	1919	1920	1921	1922	1923
盈余	62435.36	355771.19	558140.94	812820.11	520299.08

说明:1.1919年之前尚有东汇盈余洋585401.88元;2.1923年为除去公积金外的纯利润

资料来源:《水电公司提出之八种议案》(续),《汉口中西报》1923年8月15日第3张;《既济水电公司癸亥(民国十二年)资产负债表》,汤震龙编:《建筑汉口商场计划书》,督办汉口建筑商场事宜处、督办武阳夏三镇商埠事宜处民国十三年(1924)发行,第53页。

由于营业状况好,公司不仅应时发放了股息,还补发了清末以来拖欠的股息。1922年,公司还给全体职员发放了红利,所有工人也拿到了一份红利。③ 据说,这次分红在既济水电公司历史上是空前绝后的事情——它既是有史以来第一次分红,也是唯一一次分红。因此,从年收益盈余的角度看,既济水电公司水电事业的发展进入兴盛期。

1927年以后,公司经济日绌;1931年空前水灾以后,亏损累累;1933年添置新发电机后,经济周转更加困难;1937年增资重组后方有起色,而抗战军兴,公司拆迁,其后陷入日本侵略者之手长达7年之久,机件损失严重;抗战胜利之后,水电价格始终跟不上物价飞涨的速度,加之弊蠹丛生,时局动荡,遂连年亏损。

1949年5月的一份回顾既济水电公司的资料称,"自民二十年后,公司经济,始终处于风雨飘摇之境"。"民十年至十五年间之五年,营

---

① 《既济水电公司癸亥(民国十二年)分损益表》,汤震龙编:《建筑汉口商场计划书》,督办汉口建筑商场事宜处、督办武阳夏三镇商埠事宜处民国十三年(1924)发行,第55—57页。
② 《水电公司提出之八种议案》(续),《汉口中西报》1923年8月26日第3张。
③ 《既济水电公司全体工人敬谢总理、副理分发红利》,《汉口新闻报》1922年8月26日告白第1张第1页。

第八章　民初汉口商营型市政的积极展开与城市现代化进程

业最盛，盈余亦丰，为公司唯一之黄金时代。"①

不过，如果不只是考虑收益盈余，还考虑到1916年公司恢复元气之后，从1917—1926年公司持续不断投资建设的话，那么，我们评判中的既济水电公司历史上的"黄金时代"，为期可能更长。因为仅从收益盈余的角度不足以展示公司营业发展的原初情况。例如，从表8-1-5显示的数据看，1919年公司的收益盈余仅为62435.36元，而此前公司即有盈余585401.88元，也就是说，1919年的收益盈余还远远赶不上1917年、1918年。而事实上，1919年公司收益盈余之所以远较前后年份少，是因为当年公司在生产设备方面进行了巨额投资（后文将论及）。在进行了巨额投资的情形之下，公司还存有余利数万元，足见当年营业之盛。所以，如果综合地考虑公司的投资与收益，那么我们可以这样说：至少民初的最后大约10年（1917—1926年），是既济水电公司历史上的黄金时代。

促使1917—1926年既济水电公司的水电事业快速发展的原因主要有以下几点：

其一，城市经济的发展，扩大了水电消费市场。

1917年之后，城市开发的速度加快，不仅旧市区内"房屋建筑日增，人烟愈行稠密"②，而且在京汉铁路外及介于京汉铁路至旧市区及租界之间偏僻或较偏僻的地段，除了官府修筑马路之外，一些商人或公司投入巨资，将旧市区之外的低地或湖淌填平，先后新辟多处市街、市场，如模范村、新市场等，新的马路和街市的不断出现，进一步繁荣了城市经济。

现代商贸也呈现繁荣发展的态势，尤其是在20世纪20年代以后，其突出表现是汉口的进出口贸易净值和间接对外贸易总值持续不断地增长。

工业化的进程也在加快，第一次世界大战结束以后，湖北出现了一

---

① 《既济水电股份有限公司概况》，武汉档案馆藏，档号bN6/13，第3页。
② 《既济水电公司装管规则通告》，《国民新报》1917年7月6日告白第1页。

个投资建厂高潮，其中有相当部分工厂建在汉口，如汉口福新面粉厂、汉口申新第四纺织厂、胜新面粉厂、福中汉口桐油厂等。

　　城市化进程的加快，城市工商业的发展，刺激了城市水电消费——水电用量不断增长。1917年，汉口居民在反对水电加价时说，"他公司电灯马力，是二百二十磅，现在只有一百七十磅"①，反映出当时用电供不应求的情势。故此后既济水电公司大力投资于水电生产，以满足城市日益扩大的水电市场需求量。至1922年，"汉上人烟繁盛，近来水电，需用者日多"②。随着城市工业的发展，工业用电尤其是动力用电不断增加，成为此后城市电力消费的一个重要组成部分。如宋炜臣开办的燮昌制磷公司就较早地使用既济水电公司提供的电力。1923年以后，汉口的工厂逐渐改用电力作为动力。不过，从总的看来，民初华界工业使用电力作为生产动力的工厂和行业还较少，其中也只是部分使用既济水电公司提供的电力。③但工业用电客户的增多，意味着水电市场的扩大，水电营业量的增长，则是无可质疑的。

　　其二，公司不断地加大水电生产及输送设备方面的投资，注意设备改进，从而不断提高水电生产量和生产效率。

　　水电市场的不断扩展，水电量的供不应求，意味着市场不断对既济水电公司的生产提出了新的要求。而在1917—1926年，既济水电公司也不失时机地加大水电生产及输送设备方面的投入——其总数目以百万元计，以满足不断增长的市场需求。公司历年购买的制水设备如下列年表：

1917—1926年汉口既济水电公司制水设备改进大事记

　　　　1923年，增加130马力水泵2部，同时停用容量过小的压气机，其后又增设172马力浑水泵2部。

---

　　①《反对水电加价》，《大汉报》1917年4月22日新闻第3张第5页。
　　②《水电公司之扩充》，《汉口中西报》1922年2月23日第3张。
　　③［日］外务省通商局编印：《在汉口帝国总领事馆管辖区域内事情》，大正十三年（1924）版，第153页。

第八章 民初汉口商营型市政的积极展开与城市现代化进程

1924年,添设起水马达船1艘,上装配水泵2部,另添设直流清水马达泵2部。

1925年,添造大定水池3座,计容量870万加仑。

1926年,增设30寸输水钢管1根,经(后来建成的)中山公园达水塔附近,长22000尺。①

大马力水泵、马达起水船及其配套设施的购用,增加了起水量,增强了起水效率。大定水池的添造增加了制水原料的蓄容量。输水管的添设则大大加强了自来水输送能力,适应了日益扩大需求的自来水市场。

在同一时期,公司历年购买的发电设备如下年表:

1917—1926年汉口既济水电公司发电设备改进大事记

1917年,购置500千瓦交流发动机1部、斯特林水管锅炉2座。

1919年,购置1500千瓦奇异3相交流机2部、大型拔柏葛锅炉2座、500千瓦电动交流机2部,将旧机所发直流,全部改为交流供电。配电方式,采用单相3线式,此项改革工作,至1920年完成。

1921年,再购奇异1500千瓦交流机1部。

1923年,订购卜郎比3000千瓦3相交流机2部,克拉克蒸发量3万磅/小时之水管锅炉1部,奇异2300伏至6600伏250K.V.A(即千伏安)之单相升高变压器6具,作为输送供给水厂电流之用,在电厂与水厂及水塔之间,各设6600伏输电线路2路。其中水塔2路,完全采用地下电缆,水厂2路,除内街用地下电缆以外,余皆为空架线,并于3处各建变压房1所。

1924年,又订购奇异2300伏至6600伏250K.V.A之单相升高

---

① 综合参考《既济水电股份有限公司概况》(武汉档案馆藏,档号bN6/13,第3页)以及施林吉的《汉口水厂报告书》(《既济水电公司·自来水厂报告书》,武汉档案馆藏,档号117—1—12)。

· 461 ·

变压器12具、同比3相者1具，分置于水电两厂及水塔，1925年，新机装成时，此项输电工程也同时完成。

1925年，电厂所发一部分电力得以升高电压，分送至水塔和水厂。

1926年，加装克拉克锅炉1部。

因此，至1926年，既济水电公司"供电设备，已初具规模"。

1917—1926年，发动机、锅炉等发电设备的增购，直接增加了电的生产量。至民初之末，当时5部电机总容量计10500千瓦，为既济电厂最初发电容量的整整7倍，对华界用电因此"供应颇有裕余"。而新设备的采用，自然也增强了发电的效能。新的交流发电机陆续增加并取代原有直流发电机后，"燃煤消耗，逐渐减低"，达到了既增加电力产量，又降低能耗，节约发电成本的目的。至于输电线路的增多，输电电压的增强，则使既济水电公司所发之电更多、更安全地由产品转化为可以为公司创造利润的商品。①

其三，公司不断通过改进营业服务来巩固和开拓市场。

为了拓展自来水市场，公司增加了自来水的营业形式——轮售。1925年，对水上船户用两艘船送水，按量收费。② 至此，既济水电公司自来水销售形式共有四种，即无表包月、装表计费、水桩零售与轮售。

1917年夏，公司在前三种收费方式的基础上，根据汉口定居居民因节省安装水管经费而未能用上自来水及流动居民不愿出资装管而未能使用自来水的情况，变通自来水销售服务，决定：

> 以六个月为期，如有自愿出资装管者，仍照向章办理，其有不愿先给管资而需用此水者，尽可至本公司挂号，将装管之家姓名、坐落地段及门牌号头、人口数目，均请书明报告，本公司派人接洽

---

① 《既济水电股份有限公司概况》，武汉档案馆藏，档号 bN6/13，第4—5页。
② 武汉地方志编纂委员会主编：《武汉市志·城市建设志》上卷，武汉大学出版社1996年版，第480页。

第八章　民初汉口商营型市政的积极展开与城市现代化进程

后，按号先后次序，代为安设。装管十丈以内，概不收取管资，除每月水费照章付给外，只须纳管租。计装四分小管，月纳租洋一角，六分小管每月纳租洋一角五分，一寸小（管）唯月纳租洋二角；管逾十丈以外再另议。①

这样，部分因吝惜装管经费而未能用上自来水的居民，尤其是流动居民，自然比较乐于使用自来水了，公司的自来水市场因此进一步拓展。

对于自来水新用户，以价格优惠的方式稳住他们。1922年，公司决定提高水电价格，汉口居民起而反对。为了稳住新用户，公司决定，对于当年新安水管用户，不予加价。②

对于老自来水用户，公司派人调查水龙头损坏的情况，特登报通告，"如有龙头损坏者，务必立时来公司报告或通知"，"当即派匠修理，不取分文"，并公布了公司的维修电话——257。③这种免费服务既是出于巩固原有的用水量的需要，又不失为吸引新用户的举措。

其四，公司拥有高度市场化的营业自由度，适时地调整水电价格，并抓住市场机遇清偿外债。

民国中期，政府机关不仅干预公司电价，还带头欠缴或拒缴水电费，使公司营业大受影响。民国末期，政府为了减少民怨，以水电系属公用事业为由，在通货膨胀十分严重的情况下，仍然要求既济水电公司依照相对低的政府定价收取水电费用，使公司水电价格不能与物价成比例调整，这显然是违背市场规则、牺牲公司利益以为政府财政及施政减压的做法。结果，既济水电公司营业一直亏损累累，加之战事等因素的影响，公司不得不限制水电使用时间，汉口居民的生活由此大受影响。相比之下，民初既济水电公司在营业方面享有高度的自由。

---

① 《既济水电公司装管规则通告》，《汉口中西报》1917年6月28日第1页告白第1张；亦见《国民新报》1917年7月6日告白第1页。
② 《自来水加价》，《汉口中西报》，1922年3月8日第3张。
③ 《既济水电公司修理龙头免费通告》，《江声日刊》1925年7月1日第2张第3版。

在民初，各级政府除了征税之外，尽管从未在行政、军事方面放弃对汉口城市的控制，甚至不时以治安需要、军队欠饷为理由，对汉口商会、业主会等商业组织或社团提出经济上的要求，如有偿或无偿的借款，但是它们基本上不动用超经济强制手段直接干预汉口市场内部的运作，这是与民国中后期显著不同的地方。

1926年革命军进驻汉口之后，政府立即对汉口市场实施干预，结果"有人说财政部弄钱的方法比军阀更坏，一方面要钱，一方面要来妨碍"①。所谓"妨碍"，当然是指政府利用行政、军事等手段干预公司内部运作和市场。1933年，既济水电公司在回顾自身的营业历程与市场遭际时说，"本市在民十五年以前，各种营业，尚称发达，且**属完全市场**，住户极少，以故偷漏水电之事极少"②。这从反面说明了民初汉口市场的自由度远远高于民国中期。正是在高度自由化的市场状态之下，既济水电公司得以依赖市场运作，渡过难关，并在民初获得快速发展。

1914年以后，汉口市场因深受第一次世界大战的影响，"生活费用暴涨"，各种电料物件价格猛涨，水电生产和营业的成本大增。就燃煤一项而言，涨势就十分惊人，1914年就上涨180%。至1917年春，"煤价飞涨，比之以前市价竟加一倍之多"③。第一次世界大战结束后，物价进一步上涨，"尤其是1920—1921年，由于政局动荡，汉口市场的供应跟不上，物价暴涨"④。

为了应对新的市场形势，既济水电公司曾于1917年、1922年两次自主地调整（增加）了水电价格，而且调整幅度均较大。1917年，既济水电公司鉴于市场与营业成本上涨以及上海等埠水电两业"早经增

---

① 郑自来、徐莉君主编：《武汉临时联席会议资料选编》，武汉出版社2004年版，第236页。

② 刘少岩、李荻心：《本季检查偷漏水电》，《水电季刊》第15期，1933年10月，第17页。黑体为笔者所加。

③ 《商办武昌电灯公司广告》，《国民新报》1917年4月19日第5页。

④ ［英］穆和德：《海关十年报告——汉口江汉关（1882—1931）》，李策译，香港天马图书有限公司1993年版，第139、140、131页。

第八章　民初汉口商营型市政的积极展开与城市现代化进程

价"，决定所有用水各户，无论系以房屋估计，或以人数照算，从前每月凡用水计费洋 1 元者，今每元照加 2 角 5 分，多则均准此递加；装表计算者，前每千加仑计洋 8 角，今每千加仑照加 2 角。电灯包灯以 50 支光起码，从前每盏每月计费洋 2 元者，今每盏照加 4 角；电表前每度计洋 1 角 5 分，今每度照加 3 分。① 故水电价的涨幅分别为 25% 和 20%。其中，包灯电价比同期武昌电灯公司的要高，后者电灯包灯 50 支光需价只 2 元②，而既济水电公司则需 2.4 元。既济水电公司此次所定的水电价格，一直维系到 1922 年 8 月。③ 以上系指私用电灯而言。至于公用的路灯电费，由汉口各团联合会向公司缴付，按 8 折计算④，比清末时的 5 折上涨了 3 成。此外，据民国十年（1921）《武汉指南》载，"汉口水价分商户及家用二种"⑤，但不知其详。

1922 年，既济水电公司总理万撝伯，鉴于百物昂贵，自来水厂工人工资及煤料价格，增加 1 倍，决定实行自来水加价——除本年新安水管者，不得加价外，凡属先年普通用水之户，照定价（每月 1.25 元）之外，每月增加 2 角 5 分，即涨价 25%。⑥ 此次自来水加价并非全镇一刀切，而是主要针对包月用户中"有日需水量较多而纳费数目较水表收费取之过少者"，以示公平。并且，加价之后，自来水价格"当比较用户汲购江水取资为廉"。公司还表示，"本公司所收取水费向系按照随时情况酌量变更，此次扯平价目亦系仿照前例办理"。⑦ 由此我们也

---

① 《商办既济水电公司广告》，《国民新报》1917 年 4 月 19 日第 5 页。胡焕宗：《楚产一隅录》，乾记印书馆 1920 年版，第 34 页载，"每月包用十六支光灯，全夜大洋四元八角，半夜大洋二元四角"。可见包灯电费分全夜用户与半夜用户两种，广告中所说的包灯价格系指半夜用户而言。

② 《商办武昌电灯公司广告》，《国民新报》1917 年 4 月 19 日第 5 页。

③ 《汉口既济水电公司检查人通告第二号》，《汉口中西报》1923 年 10 月 1 日第 1 张。

④ 《路灯合同办法》，《大汉报》1917 年 4 月 4 日新闻第 3 张第 6 页。此前路灯价格分为甲、乙、丙 3 等，价格分别为 1.8 元、1.6 元、1.4 元（见《联合会对于路灯交涉之会议》，载《汉口中西报》1922 年 3 月 9 日第 3 张）。但不知对应的路灯瓦数分别是多少。

⑤ 李继曾、施葆瑛编辑：《武汉指南》，汉口行市日刊报馆民国十年（1921）版，第 12 页。

⑥ 《自来水加价》，《汉口中西报》1922 年 3 月 8 日第 3 张。

⑦ 《既济水电公司启事》，《汉口中西报》1922 年 3 月 30 日第 2 张。

· 465 ·

可以得知此前公司水费收取的原则。为了实现取费公平原则，公司还对用户划分等级。①

不言而喻，以上两次较大幅度地自主调整水电价格，大大地增加了公司的营业收入，公司得以有更多的资金投入营业之中。

在这一发展阶段内，既济水电公司还准确把握住了当时于己极为有利的国际金融形势，不失时机地清偿了外债。第一次世界大战之后，"外汇暴跌"②，而且是"东西洋各国对华汇款换算率一直暴落"。结果，既济水电公司所两笔欠日债共250万日元，只需中国白银100万两，便可全部偿清。③正好此时华界商家手头握有余资，既济水电公司遂向徐荣廷（楚兴公司负责人）等华商借款银100万两，偿清了日债。公司因此摆脱了日本人对水电公司的羁绊，营业蒸蒸日上，渐入佳境。

其五，汉口商界民族主义意识的高涨，也促进了公司的发展。

第一次世界大战之后，中国作为战胜国却仍不能在巴黎和会上分享胜利，日本得以在青岛享有原先德国所享有的权益，由此激起中国各界的不满，五四运动由此爆发，中国国内的民族主义意识日益高扬。汉口作为五四运动展开的主要城市之一，商界的爱国精神得以激发，反日意识较此前更加强烈。

1920年，公司所借日债中的100万元到期，"股东等鉴于外债之危险，多方设法，主张缓发官息"④，不仅于该年还清了这笔债款，而且偿还了其余的债款。1923年，日本大正电灯公司越界安设电灯，扩张其营业区域，夏口第四区公益会率先起而反对，呈请湖北省署、夏口洋务公所，要求中方向日商提出严正交涉。⑤正是在这种情势之下，既济水电公司积极调整营业，以比日商更为优惠的电价和安装优惠，赢得了

---

① 《反对自来水加价四志》，《汉口中西报》1922年3月29日第3张。
② 《既济水电股份有限公司概况》，武汉档案馆藏，档号bN6/13，第3页。
③ 贺衡夫提供资料、张翼云撰稿整理：《关于既济水电公司的几点锁记》，武汉档案馆藏，档号119—130—117。
④ 《水电公司提出之八种议案》（续），《汉口中西报》1923年8月26日第3张。
⑤ 《再志日商越界安设电灯之交涉》、《日人擅在内地安设电灯》，分别见《汉口中西报》1923年4月1、12日第3张。

第八章　民初汉口商营型市政的积极展开与城市现代化进程

原日商具有的华界营业区域的营业权。

上述事实说明，汉口商界民族主义高扬的意识，推动着既济水电公司提前摆脱了日人的羁绊，积极影响着既济水电公司扩张华界营业区域。

其六，公司内部体制民主化的增强，对于公司管理起到促进作用。

宋炜臣对既济水电公司的独裁式管理，激起了上至董事下至一般股东的不满，从1918年开始，股东及反对宋炜臣的董事坚持清查公司账务。在强大的压力之下，宋炜臣步步退让，不得不给股东发息，并不得不交出账目，接受查账，总理（经理）独裁制受到了严重的挑战，在处理公司重大事务方面，宋炜臣不再能如先前那样独断专行，1920年宋炜臣的偿还日债借款方案，遭到其他董事及查账人等的反对，就是一个很好的例证。

1920年，既济水电公司所借日债到期，而公司一时又无款还债。如果是在遭受查账压力之前，宋炜臣不会过多地考虑其他董事及股东代表等的意见，此前公司两次举借日债都是由宋炜臣说了算。在承受强大的查账压力、股东强烈要求账务透明的、管理民主化的压力之下，此次总理宋炜臣召集了全体董事及查账处人员等开会，并向他们报告了借款方法。当时，宋炜臣打算向浙江兴业银行借款，其借款条件为：债额100万元；利率25%；分三批偿还；由总理、董事担负责任；应依限偿还；如逾期两年半内还时，即将公司动产、不动产作抵；合同三份，分别存于公司、银行、夏口县立案。结果，蒋沛霖、胡治初、周命之、徐荣廷，以"条件过苛，利息太重"为由，纷纷反对宋炜臣的还款方案。胡治初主张，改借短期借款，借款转期，一俟查账事竣，始借长期，手续较为周到。周命之愿借10万元，徐荣廷愿借40万元，以为抵制兴业银行之武器，赢得了多数赞同。于是，宋炜臣的借款计划被打消，公司借款改借短期。① 这样，既济水电公司债务负担较轻，对公司发展更为有利。

---

① 《既济水电公司借款会议详志》，《汉口中西报》1920年7月18日第3张。

· 467 ·

正是得益于1917年之后汉口整体经济不断向前发展，高度市场化的经济环境，汉口商界民族主义意识的张扬，也正是由于公司自身能够不断地增加生产与营业投入，改善营业服务，抓住国际金融方面的有利时机，及公司内部管理民主化的增强，既济水电公司才能够不断地提高生产效率，增加水电产量，以适应汉口水电市场的需要，才能够不断地拓展水电销售市场，摆脱巨额日债羁绊，使民初汉口的水电事业不断地向前发展，将近代汉口华界的水电事业推向发展的顶峰。

（三）官府对既济水电事业的管理

清末官府对于华界水电事业持积极鼓励与扶持政策。既济水电公司在开办之初，当时商务专利章程尚未颁布，故官府预许以专利权，要求公司向政府缴纳电业营业税——"俟商埠专利章程实行再行宽订年限准予专办，或年限已满准予续请展限。至于营业税一层，亦俟照外国公司章程再行参酌咨商部核定"。后来，张之洞依据规定，给予既济水电公司营业专利权。当时，张之洞还下令筹拨官款30万元作为股本，以示官府提倡之意，"委派大员一员总司管理该公司弹压、保护、稽查三项事务"，同时表示"公司内用人、理财诸事，官不干涉，以清事权"。[①] 所以，贺衡夫说："初创的既济水电公司尚可称为官方支持的商办企业。"[②]

民初地方政府机构对既济水电公司的管理，可以归结为四点：

第一点，基本上依照法律与相关规定管理公司。

民初政府对既济水电公司的管理，首先体现为法律规范。既济水电公司成立的前后直至民初，政府先后颁布了《商人通例》《公司律》《公司注册试办章程》《商会法》等工商业管理法规。这些法规成为各级政府管理既济水电公司的依据。

---

① 《批职商宋炜臣等禀创办汉口水电公司》，苑书义等主编：《张之洞全集》，河北人民出版社1998年版，总第4838—4839页。

② 贺衡夫：《汉口既济水电公司的由来和演变》，《中华文史资料文库》第12卷"工商经济编"，中华文史出版社1996年版，第232页。

第八章 民初汉口商营型市政的积极展开与城市现代化进程

监督公司选举，维持选举秩序，也是政府依法管理既济水电公司的又一重要表现。湖北地方各级政府在既济水电公司选举行时，其行使管理职能的基本做法，是派出代表监督选举过程，并派警察维系选举会场秩序。①

官方还依法评判、协调有关选举各方、公司与股东之间的纠纷。1920年，公司股东对原定公司章程不满，"特呈请省长公署，饬令改定"。结果，省长何佩瑢只是批示，"禀后仰即令行该公司，遵照公司条例，将原有章程，一律改正，呈候核定，以杜争端可也"②，并不格外干预其事。1923年，既济水电公司选举争端又起。其间，曾发生选举舞弊之事，股东因此在股东会提出万撖伯舞弊营私案，万撖伯则在夏口地检厅具诉，控告方立斋等股东"散布流言，妨碍信用"。结果，夏口地检厅认为，方立斋等以股东资格，在股东会提出万撖伯舞弊营私案，请求公决，原为法律所赋权限，自与刑律散布流言、妨碍信用有别，宣布方立斋等不负刑事责任。③ 夏口地检厅依法判决，维护了股东权益。对于既济水电公司选举舞弊一事，省署认定"未尽合法，饬令择期改选。关于整顿各事宜，并饬仍由股东按照《公司条例》，公同取决"，即表示不进行行政干预。

但是，湖北省府政府有时不免违法行事，强行介入公司高层管理人事纠葛与纷争。

1923年，湖北省府一面表示对于既济水电公司事务"无待官厅越俎而代"，而一面又发出股东会改为选举会，变更定期召集股东会之训令，被股东斥为"违背条例股东会选任董事、监察人之规定，根本违法"。④ 1924年5月，公司召开股东大会进行改选事宜。结果，到会股东未及半数，会议流产。当经到会会议监督——实业厅长杨会康呈报省

---

① 《水电公司补选董事监察详记》，《汉口中西报》1923年8月28日第3张。
② 《水电公司章程改正之批示》，《汉口中西报》1920年7月15日第3张。
③ 《水电公司之暗潮犹烈》，《汉口中西报》1923年10月29日第3张。
④ 《注意汉口既济水电公司股东特别紧要通告》，《汉口中西报》1923年8月24日第2张。

长萧耀南鉴核，萧训令将改选日期改为夏历4月12日举行。这种官府指定召集股东会日期的做法，显然也是违背公司条例的。结果，遭到了公司董事会一致抵制。而宋（炜臣）系人士——公司监察人胡淮琴等，依然登报宣布定于十二日召集股东改选。由此情形看来，宋炜臣在此事中显然得到萧耀南的支持。[①] 事后，公司非宋系股东继续清查宋炜臣任总理时经手的账目。而公司监察人胡淮琴（按：胡此前为宋侵占公司资产案的辩护律师）竟捏造事实，向省府呈控公司（负责查账的）监察人周允斋（按：周在1921—1923年曾担任汉口各团联合会副会长，此时卸任不久；还是汉口市区自治筹备会的副会长，而萧耀南为正会长）、王民仆、罗达三。省长公署竟不顾事实，下令逮捕了周允斋、王民仆等人，致使查账事务中断。[②] 此举显系省府出面为宋炜臣解围之举，严重地干预了公司事务。同时，也使公司避免陷入分崩离析的状态之中。

由于省府的干预，既济水电公司管理上层人物之间、公司与股东之间有史以来最大的一次冲突与人事危机就此被强行喝止，在一定程度上平衡了公司内部派系斗争的力量。然而，在当时复杂的派系斗争中，我们又可以清楚地看出，公司内部体制民主化要求成为推动各派角力的一个重要因素，各派之间的权利之争，在相当程度上体现为公司经营体制的专制与反专制之争。从这个意义上说，省府的强行干预实际上在相当程度上又阻遏着民初汉口既济水电公司内部管理体制的民主化进程，从而妨碍着公司内部管理的跟进与营业的发展。因而，我们应该注意民初地方政府对于既济水电公司发展所起作用的两面性。

第二点，地方政府并不直接插手干预公司水电事业的内部经营。

首先，政府不再像清末那样委派大员总司管理干预公司事务。

其次，不干预公司对水电价格的确定，对于事关汉口居民饮食起居

---

① 《汉口既济水电公司监察人周允斋罗达三王民仆紧急通告》，《汉口中西报》1923年10月3日第3张。

② 《水电公司之暗潮犹烈》，《汉口中西报》1923年10月29日第3张。周允斋遭到逮捕一事，很可能与萧耀南有意打击汉口城市自治运动势力有关，参见第七章相关内容。

的饮水与用电问题,完全交给市场。

1917年既济水电公司决定提高水电价格之后,汉口居民及街区性地方自治组织的联合体——汉口各团联合会起而强烈反对,但未见地方政府机构发表意见。1922年,当公司再次提高自来水价格的时候,汉口居民及很多团体一致反对,他们一方面不承认加价,不办加价手续;一方面决定将其否决"该公司任意加自来水价值"情形呈禀汉口警察厅、夏口县知事公署,备案施行,呼吁地方政府出面干预,取消自来水加价;一方面威胁既济水电公司,不吃自来水,募工挑水吃,"俟市政公所成立时,请求将水电营业收归公营"。① 尽管汉口居民与各团体在反对自来水加价一事上闹得沸沸扬扬,然而终究未见地方官府出面干预此事。

此外,政府对于公司内部其他与生产和营业相关的具体经济与人事管理事务,诸如:公司水电生产与管理的规章制度、中下层管理中人事安排,公司的福利待遇,营业时间、方式、区域等方面,均不加干涉。

第三点,维持正常的水电经营秩序,惩罚违法使用水电者。

对于非法使用水电的不法之徒,被既济水电公司查获并送交警察厅后,警察厅要实行"讯究",对于假冒公司名义为用户借用水电者,官方也在公司的要求下予以"究治"。②

第四点,向公司征取营业税。

清末民初既济水电公司向政府缴纳电业营业税是一样的,即"除了提供免费路灯、支付官利6分之外,公司要将盈利的1/20交给政府"③。

(四) 既济水电事业与汉口城市社会的进步

水电与城市社会的关系至为密切,它关乎每个城市居民个人的衣(如洗衣)、食(如饮用、食物洗涤)、住(如居家照明)、行(如方便

---

① 《反对自来水加价之坚决》、《各团与水电公司之两项交涉》,分别见《汉口中西报》1922年3月25、28日第3张。
② 《汉口既济水电公司通告慎防旧烂水管》,《汉口中西报》1924年5月1日第3张。
③ [日]东亚同文会编纂发行:《支那省别全志·湖北卷》,大正六年(1917)版,第766页。

出行的路灯、电车）等。而作为公用事业的水电，其基础设施就是一个现代化城市所必不可少，其功能的发挥又关乎城市社会整体的进步。水电事业与城市发展的关系是如此的紧密，以至于民国时人论及汉口既济水电公司的社会作用时说：

> 市场之发展，端在市政之完善，而市政之最关重要者，厥为水、电两项，吾汉口自创办既济水电公司而后，市面日臻发达，全市居民，固莫不感激创办水电公司诸公之力矣。①

实际上，既济水电公司在近代汉口所发挥的社会作用远不止于此。既济水电公司水电事业的诞生，本身就意味着近代汉口城市工业化进程大大向前迈进了一步；而既济水电事业的发展，不仅从方方面面推动近代汉口华界社会的进步，而且推动着包括租界在内的整个汉口城市社会生活以更快的步伐向前迈向。

1. 既济水电公司自来水事业与汉口城市社会的进步

在既济水厂的输水水管第一次输出清洁的自来水之前，整个汉口城市居民的饮用水水平，一直停留在传统的汲食自然水源及明矾清水的阶段。

在雍乾时代的汉口，沿襄河（即汉江、汉水的汉口段，亦俗称小河）一带，"家少凿井，多仰汲于襄河"，由挑水夫挑运河水到各家各户以供饮用。由于市区人烟稠密，故在市区内开辟水巷，以方便挑水夫挑卖饮用水。汉口竹枝词云，"坐空向满一沙滩，士女哄嗔行路难。九达街头多水巷，炎天时节不曾干"，就是当时情形的真实写照。② 沿江一带居民则多饮用长江水。这样长江和汉江之水，成为汉口城市居民的主要饮用水源。一直到改用自来水之前，汉口居民饮用水主要靠挑水夫

---

① 《为查明汉口商办既济水电公司行将破产警告各股东书》，见《银行·上海银行汉口分行·业务往来函电》，武汉档案馆藏，档号61—1—310。
② 徐志：《汉口竹枝词》，见徐明庭辑校《武汉竹枝词》，湖北人民出版社1999年版，第6页。

第八章 民初汉口商营型市政的积极展开与城市现代化进程

运送售卖的江河水,并且挑水夫是"按日供给"① 用水的。

日本人水野幸吉曾经详细载述了清末既济水电公司自来水事业诞生前夕整个汉口城市居民饮用水的情形:

> 支那人不待论,即侨寓诸外国人,亦不得不使用长江之浊水也。然非即此为饮用,乃以口径二尺、底一尺三寸、深一尺五寸位之水瓶,吸入扬子江之浊水,然后以口径二三寸、长二尺四五寸位之竹筒,于其下部,穿上下二列之小孔,凡十个,从上部入以明矾,插入于水瓶,五分钟许,搅乱水瓶中,则水中之有机物,与明矾共沉淀于下部,约十分钟时候,浊水稍变为半透明之清水,支那人普通汲取之,用为饮料及洗涤器物。但如此所成之水,尚非全为清水,于饮料不无障碍,以尚渚滞几分之不洁物,及有害物也。外国人更注于精巧之水滤器接,始为使用之。
>
> 又支那人有以上设备者,为中流以上。至下等社会,仅于小瓶,投以明矾,以竹片或本片搅乱之,甚至有不投明矾者,使沉淀水中之沙士【土】而饮用之。②

也就是说,当时外国人普遍使用明矾清水,甚至还用过滤器过滤明矾清水后再食用;而华界社会只有中上层使用过滤后的明矾清水,广大的下层社会普遍使用明矾清水,甚或使用只是经过自然沉淀后的江河水。

另据载,在租界,英商汉口电灯公司还曾生产少量的净水(清水),以供饮用。③ 因此,在自来水产生以前,租界居民的饮用水水准总体上高于华界。

---

① 《四十年前:旧汉口》,《大楚报》1944年3月15日第4版。
② [日]水野幸吉:《汉口:中央支那事情》,刘鸿枢等译,上海昌明公司光绪三十四年(1908)发行,第73—74页。
③ 武汉地方志《汉口租界志》编纂委员会编纂、袁继成主编:《汉口租界志》,武汉出版社2003年版,第376页。

从1909年8月4日开始，既济水厂自来水免费在华界送水1个月，此后方正式向华界居民有偿输送自来水，汉口华界因之先于租界开始饮用自来水，居民的日常饮料才开始逐渐摒弃传统的饮用水料。在1911年，汉口各国租界步华界之后尘，也先后用上了清洁的自来水。并且，宗关水厂所制之水，将近1/2为各国租界所用。①

在清末民初的汉口，自来水推广经历了一个渐进的过程。

如前所述，既济水电公司自来水在推广之初，因危及传统挑水夫的生计而并不顺利。但是，公司通过对居民晓之以理，导之以利，吸引居民饮用，自来水还是逐渐推广开来，所谓"先前口说是安自来水可以救火，可以卫生，大便宜哩，以那些好处，谎我们大家吃他的水……我们先前未吃他的水，劝我们吃他的水的时候，起码每月只要六角"②，正是这种情形的生动反映。

售水方式的增多，也是自来水饮用得以推广的重要原因。除了通过水管向市区各处输送自来水外，既济水电公司在市区各段派人安放龙头，售卖零水（即水桩售水），以便利居民。其售水时间每天自早晨七点钟起，至中午十二点钟关闭。到了夏季，挑卖自来水的挑水夫还会要求公司延长卖水时间，以方便自来水买卖。③ 水桩售水极大地方便了无力装设自来水管的居民使用自来水，从而大大地提高了市区居民饮用自来水的几率。而前文已经述及的租管售水、轮船售水，无疑也提高了市区居民饮用自来水的几率。

此外，前述既济水电公司不断拓展营业区域，在营业上灵活对待新老用户，改善服务质量，以吸引了更多居民使用自来水，自然也逐渐提高了市区居民饮用自来水的几率。

自来水饮用之所以能够不断地在清末民初的汉口得到推广，还有一个至关重要的原因，那就是自来水廉价。外国人曾载述民初汉口居民饮

---

① 《汉口商业一览》（1924年），转引自武汉地方志《汉口租界志》编纂委员会编纂、袁继成主编《汉口租界志》，武汉出版社2003年版，第376页。
② 《自来水加价值反响》，《汉口中西报》1922年3月22日第3张。
③ 《议请延时卖水》，《汉口中西报》1916年7月31日第2张新闻第3页。

第八章 民初汉口商营型市政的积极展开与城市现代化进程

水的情形时说,"汉口距离河流远的地方吃水的费用甚高,居民生活因之感到困难",而引用自来水较挑吃江河之水低廉。① 正因为饮用江河水不一定比饮用自来水划算,所以,自来水并不像当时的电灯那样"仅利富户",而是能够"兼惠贫民"②,为越来越多的城市居民所接受。

当然,自来水清洁且取用方便,也是它逐渐能够为城市居民接受的一个重要因素。

传统挑水夫的逐渐消失,则直接反映出自来水饮用在汉口市区的推广进程。1917 年,汉口居民反对水电加价时称,"先前电灯、机器水,不能普及的时节,巴结我们用户安设。现在安设的多了,他一天一天的专横起来……至于机器水一层,挑水夫(这是指传统的挑水夫,笔者注)多已改了脚"③。市区内传统挑水夫数量的迅速减少,表明自来水在市区推广速度加快。

在同一年稍后的时间里,既济水电公司在推广自来水时说,"汉口为通商大埠,土著客籍,户口本极繁多。近年房屋建筑日增,人烟愈行稠密。本公司前因地方卫生起见,开办自来水以来,早承各界乐用,无待赘述。但现经调查,尚未获普及,应用欠然"④。这说明汉口城市的不断发展,使得市区内自来水推广、普及始终只是一个不断发展的动态拓展过程。到 1922 年,也是反对自来水加价,汉口居民说,"先前未吃他的水时间,还可以天天有人挑水上门,或可以雇人挑水吃。列位,现在他们把穷人的生计夺去了,无人挑水"⑤。"无人挑水"(按:无人挑送江水),或许失之过于夸张,而传统的挑水夫基本上"改了脚",则是极有可能的。

传统的挑水夫,他们从身为城市社会生活中的要角,为汉口市区

---

① [日] 东亚同文会编纂发行:《支那省别全志·湖北卷》,大正六年(1917)版,第765—766 页。
② 《既济水电公司》,侯祖畬修、吕寅东纂:《夏口县志》,民国九年(1920)刻本,卷十"实业志",第 2 页。
③ 《反对水电加价》,《大汉报》1917 年 4 月 22 日新闻第 3 张第 5 页。
④ 《既济水电公司装管规则通告》,《国民新报》1917 年 7 月 6 日告白第 1 页。
⑤ 《自来水加价值反响》,《汉口中西报》1922 年 3 月 22 日第 3 张。

居民提供日用所必须的饮用水,到他们"多已改了脚",再到他们作为一种传统的职业载体在市区内的基本消失,这一切就发生在1909—1922年短短十余年的时间里。昔日为市区居民饮水所赖的传统挑水夫的身影的日渐消隐,从一个侧面生动地展示了清末民初自来水在汉口市区逐渐推广的历程,传递着当时汉口城市社会向前大步迈进的历史信息。

自来水作为清洁的日常饮料逐渐取代传统的日常饮料,是近代汉口城市饮用水史上的一场革命,它既是汉口城市居民日常生活质量提高的最重要的表征之一,又是近代汉口城市居民生活逐渐迈向现代化的重要标志之一。

随着自来水的推广使用,既济水电公司自来水事业所发挥的社会功能也逐渐增强。

在华界,随着自来水的产生与推广,新的城市社会组织得以发育。"汉口自有水电公司以来,各街遂组织救火会以作为商防"①。救火会等这样的街区性自治组织伴随既济水电公司的产生而产生,发展而发展,自来水事业的发展与汉口城市自治运动的兴起基本同步,这是历史机缘的巧合?还是汉口城市社会内部自身发育的结果?很可能,二者兼而有之。到1910年10月,各段救火会甚至准备组织联合商团,只是由于商会人士的反对而未能如愿。②后来,这些救火会在1911年4月终于结为一体,这就是汉口各团联合会,它在辛亥首义中,组织各段救火会、保安会、消防会等积极响应民军,"纷纷出队儿威风"③。到民初的时候,它们成为汉口城市消防的主力军。

在近代汉口,消防事业越来越依赖于自来水。从清末开始,既济水电公司在各处安设消防水门,"为救火取水所必要"④,与此配套的新式

---

① 《救火会诬人放火》,《民立报》1910年12月6日第4页。
② 《救火会亦有暗潮》,《民立报》1910年10月26日第3页。
③ 罗汉:《汉口竹枝词》,见徐明庭辑校《武汉竹枝词》,湖北人民出版社1999年版,第214页。
④ 《商警清理水门》,《大汉报》1917年4月23日新闻第3张第6页。

第八章 民初汉口商营型市政的积极展开与城市现代化进程

灭火机也开始出现在汉口。在此之前，汉口消防的备水之具为防火水缸（又称太平池）、消防水桶（大桶容水量为 10 担，小桶容水量 1—2 担不等），乃至市内天然的小水塘。[①] 消防水门的安设，强化了汉口市区消防基础设施建设，而自来水以其输送的源源不绝，远远优越于传统的消防水源，成为近代汉口城市消防的利器和推动城市消防设施更新的主要动力之一。

对于自来水在汉口城市消防方面的作用，民国时人已有深刻认识。民初人认为"自来水之便民、救患，尤为民生之必不可少"[②]。民国末期有人曾以其切身经历作了如下论证：

> 在汉口未创设水厂以前，武昌居民，往往夜间看见西北天空发红，大家都说，汉口又失火了！又不知要烧几十家呢！因为汉口人烟稠密，时常失火，每次失火，往往一烧几十家，几百家，不以为奇。曾记前清光绪二十二年发生大火一次，一夜之间，将永宁码头一带，烧成一片焦土，共烧八千余家。又于光绪二十五年阴历八月十六日，发生空前大火，从天一阁到集稼嘴，烧了几万家，烧死几千人，这是多么可惨的事！因为那时不但无自来水，并且救火的水龙，也是老式的，手摇龙，人挑水，一切迟笨，所以一烧几十家，几百家，并不算奇事。后来有了自来水，到处装置水门，新式救火机，也就逐渐置备起来，水塔顶上，设有瞭望哨，装有警钟，哨中日夜有人瞭望，一见火起，马上敲起警钟，报告地段，救火机闻警而至，不过烧一两家，火便扑灭了。试想自来水每年所救护的财产有多少呢？[③]

[①] 陈新立：《清代汉口火灾研究》，武汉大学硕士学位论文，2006 年，第 37 页。
[②] 《既济水电公司》，侯祖畬修、吕寅东纂：《夏口县志》，民国九年（1920）刻本，卷十"实业志"，第 2 页。
[③] 石苏：《水电与生命财产之关系》，载《水电月刊》第 2 期，见《〈水电季刊〉申请登记》（1947 年），武汉档案馆藏，档号 9—15—198。

文中所说自来水的消防功能有夸大之嫌,因为民初汉口安设水门的市街地段遭受火灾的就有很多不止烧一两家的。但汉口市区火灾损失因自来水的产生而大幅减少则是不争的事实,凡是在安设水门的街段,在失火时只要既济水电公司能够及时输送自来水的,一般都没有造成大的财产损失和人员伤亡。

随着自来水在市区的逐渐普及,自来水的消防功能日益增强。自来水在消防领域的应用,标志着也推动着汉口城市消防朝着现代化大步迈进。

城市公共卫生也随着自来水的逐渐推广而大有改善,居民的公共卫生观念也因之发生了变化。"自来水的引入,刺激了人们在住宅区和商业区装备厕所的愿望"①,人们的居住的卫生环境得到改善。人们开始用自来水冲洗街巷内的厕所。租界用自来水洒润街道,以保持道路的整洁。华界的后城马路也有官方市政机构负责洒水,以遏制灰尘的飞扬。汉口的公共环境卫生因自来水而有了改观。1921年,当负责洒水的马路工程局失职,"久不洒水"时,竟然有"一班商民为公共卫生起见","在督省两署呈控该局局长"。② 而在自来水产生以前,商民们是不可能因为不洒水而对官办市政机构进行呈控的。这说明汉口居民的公共卫生意识在自来水产生以后明显增强了。

自来水在汉口的逐渐推广,对于减少市区内传染病也起到了重要的作用。霍乱是自来水产生前汉口最可怕的常见传染病——瘟疫之一,当时人们称之为"虎列拉",它主要通过水源传染。1902年夏,汉口暴发霍乱,"死亡者已不少"③。自来水产生后,霍乱传染的危害大大杀减。对于自来水能够减少瘟疫的这种作用,当时的武汉人早有觉察。有人回忆说:

---

① [英]穆和德:《海关十年报告——汉口江汉关(1882—1931)》,李策译,香港天马图书有限公司1993年版,第137页。
② 《商民注重公共卫生》,《汉口中西报》1922年2月18日第3张。
③ [日]水野幸吉:《汉口:中央支那事情》,刘鸿枢等译,上海昌明公司光绪三十四年(1908)发行,第68页。

第八章 民初汉口商营型市政的积极展开与城市现代化进程

曾记民国初年间,我住武昌城内,当那年夏秋之交,武昌城内外,瘟疫流行,因瘟疫而死的人的确不少。那时想到汉口人烟,比武昌稠密得多,何以反无瘟疫?我心中不免觉得很奇怪!有一天,过看一位名医,我就把这个问题来问他。他答道:"汉口有自来水,武昌没有自来水,凡是距离江边近的居民,汲水方便,有江水喝,那距离远的人,汲井水湖水塘水作饮料,这些水里微生物多,又不清洁,喝进肚内,如何不害病?如何不死?所以瘟疫盛行。汉口虽然人烟稠密,因为有自来水,自来水是过滤的,消过了毒的,极其清洁,喝了不生病,所以瘟疫就绝迹了。"[①]

说汉口因有自来水而瘟疫"绝迹了"显然失之夸张,但这种通过亲身经历来夸大地讲述自来水防疫作用的做法,其本身就很能说明问题:民初武汉人已经深切认识到自来水有利于防疫;汉口因有了自来水而较处一江之隔但没有自来水的武昌更少疫病流行之苦。一句话,自来水的推广普及对清末民初汉口城市疫防公共卫生起到了积极的作用。

自来水的产生在汉口还催生了新的营业类别的商店——经营自来水和自来水器具的商店。特别区(即原德租界)五码头的李泰兴、新庆里对面的宝庆公司,俄租界汉成北里的美隆公司,法租界伟英里的汉华公司,英租界洞庭街的顾法利等属此类商店。[②]

此外,值得一提的是,作为自来水输送辅助设备的水塔,它不仅成为了火警瞭望台,而且以其鹤立鸡群、足以凭眺三镇的高大身躯,以及在当时极具魅力的现代化工业生产的标志性身份,成为清末民初汉口乃至武汉三镇的一道亮丽的风景,故《汉口小志》(民国四年,1915年)及《武汉指南》(民国九年,1920年),分别将其载入汉口

[①] 石苏:《水电与生命财产之关系》,载《水电月刊》第 2 期,见《〈水电季刊〉申请登记》(1947 年),武汉档案馆藏,档号 9—15—198。

[②] 《汉口商业一览》(1924 年),转引自武汉地方志《汉口租界志》编纂委员会编纂、袁继成主编《汉口租界志》,武汉出版社 2003 年版,第 376 页。

和武汉三镇的"名胜"之列。

综前所述可知，自来水的使用不仅革命性地提高了清末民初汉口城市居民饮用水质量，而且积极促进了汉口城市消防、社会组织、城市居家乃至公共卫生等方面发展，提升了清末民初汉口城市现代化水平，在近代汉口城市社会发展进程中占有不可忽视的一席之地。

2. 既济水电公司电业与汉口城市社会的发展

在既济水电公司的电业大规模开展以前，汉口租界已经有了英商汉口电灯公司和德商美最时电灯公司。前者建成于1906年，最初装机容量仅为125千瓦，后者开办于1907年，装机容量（1937年）为857.5千瓦。该厂于1919—1922年一度改归湖北官办，成为华界电业的一部分。其后，日本大正电灯公司于1913年开办，其装机容量（1935年）为505千瓦。在清末民初，各国租界由这3家电厂供电，故既济水电公司的电业未能如其自来水事业那样覆盖汉口华租两界，而是基本上局限于汉口华界。[①]

既济水电公司的电业给汉口华界市区的进步与社会的发展，产生了深刻的影响，它宣告了汉口华界电气化时代的全面到来。既济水电公司供电以后，华界市区的社会生活发生了很大的变化，具体而言，主要体现在以下几个方面：

第一，华界家居和商铺日用设施趋向电气化，市民日常生活质量提高。

家居、商铺日用开始电气化的显征，就是电灯的日渐推广。电灯的数量和用户的用电率，是分析照明用电推广和普及程度的两个重要指标。据《支那省别全志·湖北卷》记载，既济水电公司最初的最大电容量为"25000盏"[②]，此当为电灯16支光的盏数。而前文已述及，1913年计划使用电量16支光电灯1.8万盏。这说明在1913年以前，日用照明电灯盏

---

① 参见武汉地方志《汉口租界志》编纂委员会编纂、袁继成主编《汉口租界志》，武汉出版社2003年版，第374—376页。

② [日] 东亚同文会编纂发行：《支那省别全志·湖北卷》，大正六年（1917）版，第766页。

第八章 民初汉口商营型市政的积极展开与城市现代化进程

数不会超过1.8万盏，因为16支光是最小的单盏电灯电容量了。到1923年，电灯数量已超过10万盏了。至1926年，电灯盏数肯定又增加了不少，因为此时既济电厂的用电最高负荷，较1923年增加了1倍有余。电灯数量的快速增加，可以说明其在家用和商用中得到快速的推广，但还不足以看出电灯在整个华界中的普及率。

推算用电普及率的最好办法，一般而言，应该是确定市区用电户数与市区总户数之间的比率。由于需要相同年份的这两种户数的数量，所以推算起来很是困难。从民国九年（1920）修成的《夏口县志》中，我们可以得知1919年汉口市区的户数：第一、二、三、四区（这4个区就是行政上的市区），总户数为90394户（704390人）。而1919年既济水电公司的用电户数总计为4476户，这些用户显然绝大多数集中在老市区。这样我们可以推算出1919年汉口整个市区范围内的用电率约为5%。如果不包括第四区，计算其余三区就是后城马路以东、以南范围内的老市区的户数，则总计为55347户（527493人），且将老城区用户约记为4000户的话，那么，老城区按户计算的用电率约为7.2%。1926年，用电户数达到16725户，较1919年增加了2.7倍，即为1919年的3.7倍。① 而整个市区的户数似乎不大可能增加1倍，因为那样人口将近140万左右，整个民国时期汉口的人口也没有超过此数。如果以增加5万户计，则人口也在100万左右，整个汉口市按户计算的用电率也当超过10%。

这3个百分数数据表明：虽然晚清民初汉口市区照明用电推广得很快，但是其普及率并不高，且肯定远远低于自来水的普及程度。这与用电代价远高于使用自来水代价有关。前文述及，1917年未加价之前，普通用户每月用水需花费1元，而包灯以50支光起码，每盏每月计费洋2元。以使用电灯1盏计，其代价为使用自来水代价的2倍，此尚指一般用户只使用半夜计算，若使用全夜，则为4倍（即4元）。而当时

---

① 参见侯祖畲修、吕寅东纂《夏口县志》，民国九年（1920）刻本，卷三"丁赋志"及《1918—1929年既济公司用电户统计表》（见武汉地方志编纂委员会主编《武汉市志·工业志》，武汉大学出版社1993年版，第1595页）。

一个工人1个月食品的费用也不过6元左右。① 显然，电价相对于普通人户的经济承受能力而言显然偏高，这无疑是制约用电普及率提升的主要因素。故《夏口县志》云，"电灯仅利富户，自来水兼惠贫民。"②

尽管如此，晚清民初汉口市区照明用电的推广和普及率的提高，还是极大地改变了汉口的日用照明环境。在汉口，由于人烟稠密，房屋密集，"家家密接而相连，街幅狭隘，屋栋甚高，且多为里长屋之建设，光线射入甚恶"③，加之照明所用多为菜油灯、煤油灯或蜡烛，条件好的使用煤气灯。如此一来，光线既暗，烟尘亦多，照明条件差。所谓"店铺与戏院常利用煤气灯，堂班则洋烛，普通住户则油灯也，故入夜黑暗异常，非复人间"④，就是电灯事业产生之前汉口华界照明情形的真实写照。而电灯照明既卫生，亮度一般而言又较油灯高，照明质量当然大大提高。

除了使用电灯之外，一些商号及富有人家还用上了电扇，这一点在汉口当时报纸广告上有反映，例如，1920年既济水电公司完全将直流电改为交流电，使得"此前老电风扇概不合用"，公司通告"各商号、公馆有老电风扇者"尽快到公司商量处理办法。⑤ 这说明早在1920年以前汉口的商号与富户就用上了电扇。

据穆和德的江汉关《海关十年报告》（1922—1931年）载，当时"用电器材的需求在缓慢而稳定地上升，装备电力的城镇越来越多，大量用电器材为富有阶层买走，较高级的中国旅馆和大型私人住宅已装上

---

① ［英］穆和德在其第4个海关十年报告《海关十年报告之四》（1912—1921年）中说，一战开始后，汉口的生活费用大幅上涨，"1911年一个工人每月食品的花销为2.2元，现在至少要支付5.60元"（见该氏《海关十年报告——汉口江汉关（1882—1931）》，李策译，香港天马图书有限公司1993年版，第139—140页）。
② 《既济水电公司》，侯祖畲修、吕寅东纂：《夏口县志》，民国九年（1920）刻本，卷十"实业志"，第2页。
③ ［日］水野幸吉：《汉口：中央支那事情》，刘鸿枢等译，上海昌明公司光绪三十四年（1908）发行，第75页。
④ 《四十年前：旧汉口》，《大楚报》1944年3月15日第4版。
⑤ 《既济水电公司通告》，《国民新报》1920年4月27日告白第1页。

第八章 民初汉口商营型市政的积极展开与城市现代化进程

了加热设备"①，这虽然可能更多地指进入民国中期以后的事情，但是作为当时中国名列前茅的商业大都市的汉口，在民初少数巨富家中已经用上了加热电器应该是很有可能的事情。

电灯的逐渐推广与普及，居民日常照明质量的大大提高，电扇、电热等电器的使用，提高了汉口华界居民的生活质量和生活水准，成为汉口城市社会生活现代化的一个重要的表征。

第二，华界城市公共基础设施趋向现代化，市区交通和治安状况得到改善。

电灯不只可以作为家居、商铺日用照明之具，也被用作公共照明之具，其集中体现就是电路灯的安设日益普遍。路灯作为汉口城市公共基础设施之一，在近代以前就已经存在，只不过那时多为油路灯。嘉庆、道光年间的《汉口竹枝词》曰，"码头到处明如昼，一桶松香雨里燃"②，说明汉口的码头就有松油路灯。华界电业发展以后，推动华界采用电路灯。前文已述及，汉口的路灯最初由既济水电公司在电杆上安设的，是免费的。清末自治运动展开之后，各慈善组织及街区性的地方自治组织保安会、救火会等，纷纷安设电路灯取代原先的油路灯和水电公司安设的免费路灯，新辟市区也逐渐安设了电路灯，以"便利交通、发达商业"③，故有所谓"各公益团体装设路灯，日多一日"④，"街巷愈广，路灯愈多"。

电路灯的安设与增多，方便了华界居民及车辆的通行，对于改善交通产生了积极的作用。而电路灯逐渐取代传统的油路灯，也标志着汉口华界公共照明开始趋向电气化，进一步促进了汉口城市公共基础设施的现代化。

路灯对于城市而言，除了具有照明、交通功能以外，还有辅助社会

---

① [英]穆和德：《海关十年报告——汉口江汉关（1882—1931）》，李策译，香港天马图书有限公司1993年版，第149页。
② 叶调元：《汉口竹枝词》，见徐明庭辑校：《武汉竹枝词》，湖北人民出版社1999年版，第59页。
③ 《实行安设电灯》，《汉口中西报》1917年2月15日第2张新闻第5页。
④ 《既济公司清理电灯》，《汉口中西报》1920年9月21日第3张。

治安的作用。1922年报载,"汉口市面,自有路灯以来,民间窃案,已成绝无仅有之事"①,说明电路灯逐渐取代油路灯以后,汉口华界市区的社会治安亦因之大为改善。

第三,华界娱乐生活开始现代化,市民消费活动趋向多样化,商业发展获得了新的助力。

对于晚清民初的汉口城市而言,电是时尚与现代化的象征。因此,电在汉口城市社会生活中的应用,更多地意味着时尚与新奇。这一点,在华界的公共生活空间中得到了充分的体现。

电影就是清末民初汉口华界应用电的时尚产物之一。当时,电影被称为"电光活动影戏"或"电光影戏""活动影片",被视为新奇的事物,"居然弄假俨成真,芥子须弥细似尘。影戏却疑先汉代,姗姗曾见李夫人"②,现代娱乐技术使电影给人们以变幻莫测的神奇感。正是这种神奇感,使电影成为清末民初汉口城市娱乐的时尚,同时也是公共娱乐场所最吸引人的娱乐时尚之一。

早在清末,汉口就有众多的公共娱乐场所和丰富的娱乐生活,并开始有了电影娱乐;而一江之隔的武昌由于禁令森严,绝少游观之所,更没有电影娱乐。于是,就有人考虑到武昌去"演电光影戏"(即放电影),结果吃了闭门羹。③ 汉口的第一家电影娱乐场所在后花楼影戏园(位于今花楼街),是1907年由法商建成的。④ 也就是说,电影在汉口最先出现在租界,其后华界才有了电影娱乐。

进入民初,电影开始出现在更多的汉口华界公共娱乐场所,并成为商家吸引顾客的利器。例如,1917年汉口消闲俱乐部(在一码头中国银行后)广告称:"本部特向外国订定头等新式近时欧战时事以及侦探、滑稽、爱情各种活动影片,连宵接演,其中真水真火,犹如亲临其

---

① 《请求路灯免费之提议》,《汉口中西报》1922年3月19日第3张。
② 罗汉:《影戏》,见徐明庭辑校《武汉竹枝词》,湖北人民出版社1999年版,第236页。
③ 《鄂垣开办电光影戏之不准》,《申报》1911年6月2日第1张后幅第4版。
④ 罗汉《影戏》之"题解",见徐明庭辑校《武汉竹枝词》,湖北人民出版社1999年版,第236页。

境，兼有中国人事影片……此种新片汉上从未到过……"① 再如汉口模范村花园广告中称，该院有"文明电影厂一处，露天电影两处"②。当时，汉口的大型旅馆和酒楼均设有娱乐场所，电影就是其中的娱乐项目之一。汉口大旅馆（按：地址在今江汉路花楼街口）广告中称，设置该旅馆屋顶的娱乐场所——楼外楼中，"影戏新奇"③。如此等等，不一而足。

电梯是清末民初汉口华界又一应用电的时尚产物。汉口大旅馆就安设有电梯，也被人们视为新奇之物。民初罗汉所撰《汉口竹枝词》云："楼外楼高第五层，不烦跨步自升腾，请君放胆青云上，牢系天梯有玉绳。"作者原注称，"楼外楼即今扬子江饭店原址，旧时于旅社之外，兼有游戏弹子房，武汉第一家用电梯升降者，该楼最先创用，昔曾轰动一时"。④ 当时，有乘坐电梯上该旅馆者，每人交费400文。⑤ 1919年建成于汉口后城马路边（即中山大道贤乐巷口）并于民初兴盛一时的一流娱乐场地汉口新市场，其大门圆厅就有电梯通七层圆顶。⑥

作为现代医学应用技术的X光，竟然也出现于当时的娱乐场所，如新市场的各种游戏中，就有一种是"爱克司光"，也就是X光。⑦ 这在今天看来，这种娱乐形式简直令人感到不可思议。然而在当时，它却正是人们新奇感之所致。

此外，电灯、电扇、电铃、彩色电光也常见于民初的报刊广告之中，冰冻食品也在出现在娱乐广告之中⑧，皆说明当时的公共娱乐场所

---

① 《汉口消闲俱乐部（广告）》，《汉口新闻报》1917年8月5日告白第4张第7页。
② 《汉口模范村花园广告（二）》，《汉口新闻报》1924年7月21日告白第2张第4页。
③ 《汉口大旅馆特别改良广告》，《汉口新闻报》1917年8月8日告白第2张第4页。
④ 《楼外楼（电梯附）》，《武汉日报》1936年7月23日第2张第2版。词亦见徐明庭辑校《武汉竹枝词》，湖北人民出版社1999年版，第227页。
⑤ 刘再苏编：《武汉快览》，世界书局民国十五年（1926）版，第76页；亦见武汉书业公会编《汉口商号名录》，武汉书业公会民国九年（1920）发行，"附汉口指南"，第118页。
⑥ 章志杰：《汉口的"新市场"——"民众乐园"介绍之一》，载武汉地方志编辑室编《武汉春秋》1984年第2期。
⑦ 武汉书业公会编：《汉口商号名录》，武汉书业公会民国九年（1920）发行，"附汉口指南"，第118页。
⑧ 见《汉口消闲俱乐部（广告）》，《汉口新闻报》1917年8月5日告白第4张第7页。

已经开始使用电器制冷等设备。

　　无论是看电影、乘坐电梯，抑或是一睹 X 光的新奇，还是享受有电灯、电扇、电铃、冷冻食品的时尚服务，无不说明晚清民初汉口华界的娱乐档次在提高，公共娱乐空间正不断拓展，人们的娱乐生活和消费活动更趋多样化，更具现代色彩。可以说，电的日益广泛的应用，给汉口华界商业的发展增加了新的助力。

　　第四，华界工业发展因获得新的动力而迈向电气化。

　　以电力取代蒸汽机等作为工业生产的动力，工业生产的电气化，是城市工业现代化的重要标志之一。近代汉口华界工业便借助于既济水电公司提供的电力而迈向电气化，加快了工业现代化步伐。

　　1908 年，既济水电公司送电时即欲承揽以电气作为动力的业务，但是无人问津。事实上，最早使用既济水电公司电力进行工业生产的，应该是该公司自己的水厂。从民国中期既济水电公司电力消费的情况来看，既济水厂所使用的电力，占既济电厂发电总量的相当可观的一部分。宋炜臣开办的燮昌制磷公司，可能是汉口使用既济水电公司提供的电力的最早工厂之一，它在 1916—1917 年农历二月，共用电 116552 度之多，月均用电量约为 8325 度，日均用电量约为 278 度。而在 1917 年 3 月至 1922 年农历七月，用电量更高达 4300642 度之巨，月均用电量高达约 67200 度，日均用电量约为 2240 度。[①] 可见该厂用电量增加之快。1923 年，既济水电公司赠给顺兴恒米厂 1 部 15 匹马力电动机，该公司于是开始采用电力加工制米，"因效果良好，各厂纷纷改用电力作动力"[②]，其中部分工厂就是由既济水电公司提供电力。1923 年之后，既济水电公司电力最高负荷逐年快速增长，应该与越来越多的工厂使用该公司提供的电力直接相关的。当时，包括既济水电公司在内的 5 家电厂，"向市民提供照明和工业用电，据认为，它们是最成功的

　　[①]《汉口既济水电公司检查人通告第二号》，《国民新报》1921 年 3 月 3 日告白第 6 页。亦见《汉口中西报》1923 年 10 月 1 日第 1 张。

　　[②] 武汉地方志编纂委员会主编：《武汉市志·工业志》，武汉大学出版社 1993 年版，第 1598 页。

第八章 民初汉口商营型市政的积极展开与城市现代化进程

几家企业"①。华界工业得益于既济水电公司所提供的电力而获得发展,而既济水电公司也因用电需求的增加而更好地发展,这本身也是汉口华界工业现代化发展的一个体现。

此外,医疗也可能开始步入电气化时代。在晚清民初汉口,电开始应用到医疗领域,也将汉口医疗带入电气化的新时代。只是华界医疗何时开始电气化进程,似乎还是个疑问。

1912年,汉口《国民新报》上登载了这样一份广告:

> 冯君济群用电气医治风瘫、筋骨潮湿及一切痨瘵吐血、遗精等症,无不立见奇效,日来治好者不下数十人,俱是历年不可医治之症,真世界第一神妙奇方。鄙人等或因脚气,或因肩癣,均蒙冯君用电治好,如同再生。特用敬登报纸,以申鸣谢。凡我同胞,有抱沉疴者,幸勿交臂失之。冯君仍住《国民新报》馆,迳往敦请可也。②

当时,《国民新报》报馆馆址在汉口苗家码头横街,在华界地域。但是,该冯姓医生只是住在该报馆里,他行医之处是否就在华界,就不得而知了。所以,这则广告反映的信息,只能说明汉口华界可能采用了电气医疗手段,华界医疗可能开始电气化。

当然,电业的发展并不总是给华界城市生活带来福祉,它有时也带来了灾难,这主要表现为因电灯、电线走电而引发火灾。不过,这种影响与其所产生的积极影响相比要小得多,故不予多论。

总之,华界电业的产生和应用,促进了汉口华界日用设施、公共基础设施、娱乐设施、工业生产等方面的电气化,促进了交通和治安状况的改善,提高了华界市民生活质量的提高,加快了汉口城市社会发展的现代化进程。

---

① [英] 穆和德:《海关十年报告——汉口江汉关(1882—1931)》,李策译,香港天马图书有限公司1993年版,第131页。
② 《请看电气治病第一神妙奇方》,《国民新报》1912年11月22日第2页。

二 兴建街道街区与汉口城市化进程的加速

建设居民区形成街道街区的行为其实早已存在，清末汉口华商在华界和租界均曾实施了这样的行为，不过，这样的行为多很难归入商办市政的范围，因为这些行为基本上没有超出商业的范围。

民初汉口华商已经具有比较明确的市政意识。他们在清末目睹了租界市政的繁荣，也经历了地方自治运动，参与了地方自治事务，实际上就参与了市政，并且其市政意识逐渐形成。

民国建立之初，汉口华商更为积极地参与到城市重建中来，主动规划城市重建，并希望建立商人主导的市政厅。这表明，汉口商人已经具有明确的市政意识。

由于兵燹的缘故，民国建立之初，汉口华界房荒严重，德、法、日租界房租"数倍于昔"，俄、英租界"大兴土木，几无空隙地，外国人乃得坐收我利权"。[①] 华界房荒使得城市商贸重心更向市政一向发达的租界倾斜，市区亟待重建的华界，其商业发展大受影响。如此等等，均给汉口华商以刺激。于是，汉口的华商在热心房地产投资的同时，也心怀着振兴市政的热望，而建设与租界区相媲美的华界街道与市区的愿望，也因之在民初部分地变成了现实，其突出表现就是兴建街道和街区。

因此，民初汉口华商的建筑活动具有明确的市政意识，他们在华界兴建街道和街区，既是一种商业行为，也是一种市政行为。同时，他们兴建街道和街区的行为，实际上在很大程度上履行了本应由汉口华界市政当局履行的市政职能。正是在这两重意义上，笔者将民初汉口商人兴建街道和街区的行为，归入商办市政的范围。

（一）新建街道、街区概况

在民初的最初3年里，汉口建房日多一日。不过，华商们此时尚多

---

① 《时评：新汉口之八面观》，《国民新报》1912年10月20日第4页。

第八章 民初汉口商营型市政的积极展开与城市现代化进程

忙于旧城区房屋的复建，较少大规模投资建房。

1914年之后，老城区复建接近尾声。而就在此时，第一次世界大战爆发，外国资本对汉口市场的控制松弛，民族资本主义经济得到较好的发展，汉口商人的经济实力增强，他们纷纷购地建房，一些官员也纷纷侧身其间。笔者综合《中国近代建筑总览·武汉篇》《武汉历史地图集》及相关文史资料，将民初汉口商人建房的情形表列如下（表8-2-1）：

表8-2-1　　　　　　　民初汉口商人部分建房表

业主姓名	里分	建成年代	栋数	地理位置
桑铁珊	保和里、保安里	1914	124；60	均在模范区内，今宝成路以北
周五常	五常里	1914	43	今永康里
蒋广昌	四成里、三分里	1914	—；45	两里均在模范区，分别在今江汉二路、前进五路
刘歆生	义祥里	1916		汇通路，在模范区内
韦紫封	管记里	1916		
杨坤山	坤元里、坤厚里、慈德里	1917	—；96；40	分别在今民生路、一元路、吉庆街。慈德里在模范区内。坤厚里在（原）德租界
韩永春	永贵里	1917	8	在法租界以西华界，今车站路
刘子敬	辅堂里、辅义里、辅仁里、方正里、辅德里	1917　均在民初	102；66；29；55；20	分别在今车站路、黄石路、中山大道兰陵路口、民生路、后花楼。辅堂里跨华界及（原）德租界。辅义里在模范区内
王柏年	昌年里、泰宁里	1917—1925		昌年里在英租界，今海寿街。泰宁里在模范区内
蒋沛霖	德润里	1917—1925	57	在模范区内，今铭新街
黄少山	咸安里	民初	12	在租界，今在胜利街
袁观海	长怡里、长乐里、长安里	民初	61；46；21	长怡里、长乐里均在模范区内，今宝成路以北。长安里在法租界以西，今车站路
何佩瑢	尚德里、辅德里	1920		尚德里中法租界以西华界，今大智路与友谊街口

· 489 ·

续表

业主姓名	里分	建成年代	栋数	地理位置
王耀武	**庆平里**	民初	22	在模范区内，大智路西侧
刘佐龙	八元里	民初	21	在华界，今前进一路

说明：1. 此表主要依据《官僚房地产》《洋行买办房地产》《资本家房地产》3 表（载李传义、张复合、[日]村松伸、寺原让治主编《中国近代建筑总览·武汉篇》（中国建筑工业出版社 1992 年版，第 24—26 页）；武汉市建筑总公司修志办公室整理《武汉著名的近代建筑概况（1861—1949）》（1986 年）；《汉口市街全图》（1918 年）、《武汉三镇街市图》（1922 年）、《武汉三镇详图》（1926 年），载武汉历史地图集编纂委员会编《武汉历史地图集》，中国地图出版社 1998 年版，第 49、53、57 页）。

2. 表中人物袁观海、何佩瑢、王耀武、刘佐龙都曾是官场中人。

3. 表中黑体字里分皆在模范区范围内。

需要补充说明的是，至少从民初汉口地图所反映的资料来看，民初商人在汉口兴建的房屋远不只此。

20 世纪 20 年代前后所建房屋，在旧式里弄的基础上进行了改进，住宅功能更为齐全，平面利用率也有了提高，平面布局仍属石库门式，是一种更为新式的里弄住宅。民初"模范区"房屋就是这种典型的新式里弄住宅。

清末民初新建房屋除了小部分别墅之外，多为多栋联排式房屋。随着一个一个的里分、里弄——多个多栋联排式房屋的建成，新的街道、街区的快速形成。

清末民初汉口商人们投资建造的新式里弄有一个共同的特点，即商家往往在兴建这些里弄之前，就规划了街道的走向，然后再建里弄。如：1916 年 11 月，在歆生路京汉铁路上首一带"划出路线，新筑横直马路数十条，为振兴商务之地步，刻正大兴工作，不日将造竣"[①]。1917 年 4 月，刘歆生为扩充街市，兴辟利源起见，将后城马路毗连之地，共计 3000 余方，绘具图说，中间修筑马路一条，直达土垱，横通

[①]《马路兴工》，《汉口中西报》1916 年 11 月 9 日第 2 张新闻第 4 页。

猪行巷、笃安里各1条，共市房、号房、住房计780间，业已招商汉协盛承领建筑，业经破土。① 1917年5月，清前公司所购后城马路六渡桥下首低洼地皮计4000余方，筹款填高，"俟土坚结再建市房，内开马路横直三条，将成一极大市场。土方工程，已由刘万顺承包填筑，不日大兴工作"②。1921年1月，刘歆生推土将后城马路外三新横街后一带填平，租给协记公司建筑正式房屋，业已划就街道7条，在汉协盛营造厂包订房屋600间，正大兴土木。③ 以上情形一致表明，清末民初的新式里弄建设奉行了先确定道路，再依道路修建街道的原则。

这样，在清末民初多栋联排式房屋建设的过程中，自然形成一条条街道和一个个小街区，再由一个个小街区集合，形成大街区。如：笃安里就是一个小街区，它与生成里、方正里、厚生里一起就构成了一个较大的街区；辅堂里、永贵里、文昌里它们各自是一个小街区，结果连成一片，形成一个较大的街区。而模范区正是这样较大的小街区连成一片所形成的大街区，也是清末民初所形成的新街区中的典型。

（二）刘歆生与汉口模范区建设

1912年，中华民国临时大总统孙中山令实业部通告汉口商民建筑市场，重振商务，他期待首义之区，变为模范之市。而作为汉口商民之一员的刘歆生，在汉口华界市区的局部，将孙中山的期待变成了现实。

刘歆生是清末民初汉口筑路最多的商人，也是因此与汉口众多街道、街区发生联系的商人。他在清末购置了汉口上自舵落口，下迄丹水池，西至张公堤，南至铁路边这一广大区域内的大约1/4的土地，因而获得"地皮大王"的美称。当时，这些地段多为水域和低洼之地。在1901—1902年，刘歆生就开始大规模投资运土填基，将毗连或接近市区的低洼之地逐步填平。达到一定屋基标准后，就大兴土木，建设房

---

① 《新辟街市近讯》，《大汉报》1917年4月4日新闻第3张第6页。
② 《预备建筑市场》，《大汉报》1917年5月15日新闻第3张第6页。
③ 《后湖又辟市场》，《汉口中西报》1921年1月14日第3张。

屋，生成里就是这样建筑起来的。此后，他在继续运土填基的过程中，往往通过让基筑路的方式，来抬高其所拥有地皮的价值。

在整理今江汉路及生成里一带土地的同时，刘歆生承包了英租界的填基筑路的土方工程。当时英租界很想从一码头太平街（原为广利巷，为今江汉路的东段，东起江汉关，西至鄱阳街口），由后花楼街口向西延伸，修筑一条连接湖南街（今胜利街）、湖北街（今江汉路以北之中山大道之一段），以便利界内交通，繁荣界内市场。而该地段为刘歆生所有，工部局遂与刘歆生磋商。由于刘歆生欲借此抬高该路两边地基的价值，最后他与英租界工部局达成一致，他让基并承包筑路，英租界拥有路权，路名定为"歆生路"。随后，英方在该路段派设岗哨，使得原本不属于英租界的地段实际上归属英租界管辖。

紧接着，刘歆生越过后城马路（今中山大道）向西延伸筑路直至铁路边，亦名歆生路，使之与这条路垂直、南北向开辟的歆生一、二、三路（今江汉一、二、三路）等路连接起来，即与模范区联系起来。

大约在1917年，刘歆生发起建设模范区。前述民初汉口的那些新建住宅，部分建于租界，还有相当一部分建于华界，华界房屋主要集中在租界沿边地段，尤其是集中于南起歆生路（今江汉路之一段），北至大智门马路（今大智路），东至保华街、湖北街（今中山大道），西至铁路边（今京汉大道）的这一地带，也就是模范区。

在刘歆生发起模范区后，由华商总会的富商、买办组成的商团，组织了专门的事务所，与警察厅磋商，拟将该地段划为"特别模范区"，取孙中山在民初设想将汉口建为"模范之市"之义。1922年11月，警察厅正式宣布在该处创办特别警察所1所，模范区这才正式被纳入警察管辖的范围之内。[①]

刘歆生自己在让基筑路的同时，还曾邀约华商总会会长蒋沛霖等人出面，串结武汉"将军团"中的显要和绅商参与建房。于是，商人、官僚们纷纷投资建房，在表8-2-1中，杨坤山、刘子敬、王柏年、蒋

---

① 《模范市区之创办》，《汉口中西报》1922年11月21日第3张。

第八章 民初汉口商营型市政的积极展开与城市现代化进程

沛霖、袁观海、王耀武,均为其中要人。

经过几年建设,华界官商在刘歆生所有的这块地皮上,修建了包括前述慈德里、辅义里、泰宁里、德润里、长怡里、长乐里、庆平里等在内的大量里弄,共计房屋 2000 余栋,建成丹凤街(今江汉一路一段)、华商街(今江汉二路一段,因华商总会大楼坐落于此间而得名)、铭新街、吉庆街、泰宁街、保成路、会同路(今汇通路)、伟雄路(伟雄系刘氏长子名,该路即今南京路西段)云樵路(今黄石路)、瑞祥路、交易街等路与街,从而形成了一个大规模的街区。

模范区是当时华界最大的新式街区,也是典型的华界富人聚落区和新兴的商业区,华界居处时尚之所在。区内的房屋均有一定的标准,茅屋和板房一律不得修建,均须建成甲级砖木结构或质量较好的房子。由于区内里弄多系联排式建筑,临街铺面开阔,且为开放型的大铺面,所以与凌乱的老城区建筑相比,模范区房屋自然更显整齐可观。此外,区内还有一些大楼和别墅。街道则一般为 10—12 米宽,路面铺以碎石,各街道都修建有下水道。

不过,比之租界,模范区还是逊色了许多,更不用说与当时欧美的时尚城市建筑相比了。时人曾撰文批评模范区曰:

> 尤可怜者,为各地新造之里房,其建造之主,绝不稍留余地,以苏息民气。房屋之排列,有若义冢,此等形式,欧美谓之长屋,流氓乞丐居之。而在我国,则督军省长入其间,行长会长入其间。抑且居之不疑,处之若夷,其意若曰,高堂大厦也。[①]

即批评模范区房子密度过大,区内缺少绿化,不合卫生,不够舒爽。

物换星移,到民国中期,虽然模范区街道和建筑依然整齐,但随着汉口城市社会的快速发展和市政设施的不断改进,当年的模范区显得落

---

① 陈方之:《汉口市之卫生(内地与租界之比较)》(续前期),《市声周刊》第 2 期,1923 年 9 月 23 日第 4 面。

后了。刘文岛担任汉口特别市市长时期,初步将该区下水道改为钢筋水泥管。① 到吴国桢执掌汉口市时期,决定分 6 期改造模范区下水道。② 模范区下水道最后改成了砖砌马蹄形和 U 形暗沟,区内环境得到进一步改善。

(三) 新建街道街区与汉口城市化进程的加速

地价、房租、房价的不断翻涨攀升,是清末民初汉口城市化进程加快的显著表现。

随着清末民初汉口城市经济的发展,人口的增长,城市社会对于住房和商业经营场所量的需求不断地增加,质的要求不断提高,推动着城市房地产的发展,商人们在汉口有意识地投资建设房屋和街道,他们得到了丰厚的回报。在建房热中,汉口地价一再翻涨,拥有地皮和房产的业主因街道和房屋建设后地价大涨而大发横财。例如,1912 年建筑义成里时,每平方丈地价为银 100 两,几年后即升至 360 两。1914 年五常里修建时,每平方丈地价为银 50 两,1915 年涨至 200 两,1917 年涨至 1000 两。江汉路填土时每平方丈地价亦为银 50 两,1915 年亦涨至 200 两,1917 年更高达 1000 两。最初这些地段都是水域或低洼之地,购买地价十分便宜。开发后的地价比之最初购买时的地价,何止市利十倍,甚至何止市利百倍! 卖地皮的业主固然大获其利,拥有房产的业主当然也获利颇丰。业主所建房屋,除了一部分用于自家居住、享受以外,多数是属于商业型的住宅或店铺。业主们有时将整个里分都出租。房租与地价是水涨船高的关系,地价翻涨,房租自然高涨,业主自然获利丰厚,房价的翻涨也就不言而喻了。而地价、房租、房价的不断翻涨攀升,又进一步刺激房地产业的发展,推动着汉口市区的扩张,加速了汉口城市化进程。

新街道、街区的快速形成,更是清末民初汉口城市化进程加快的典

---

① 吴国柄:《我与汉口中山公园及市政建设》,政协武汉市委员会文史学习委员会编:《武汉文史资料文库·工商经济卷》,武汉出版社 1999 年版,第 466—467 页。
② 《汉口市建设概况》(1934.1—1935.6),"工务",第 3—5 页。

第八章　民初汉口商营型市政的积极展开与城市现代化进程

型表现。新街道、街区绝大部分处于汉口旧城区边缘即近城区和近郊，汉口的人居集中区因此迅速由旧城区拓展到这些地区，市区的范围随着新的街道、街区的快速形成而不断扩展。

不但如此，这些新建街道、街区还迅速市场化、商业化。清末民初商人们投资建筑的新式里弄，其住宅的底层多为商店铺面，从而改变着传统街坊前店后寝的布局，对市区内形成新型商业街起到积极促进作用。所以，人们将建造成批的房屋视同新建市场。每当正式建筑具一定规模的房屋之先，报章就称"不日将有一市场出现"[①]，"不日将造竣，又成一绝大市场矣"[②]，"将成一极大市场"[③]。1919年，华景街上首新近开辟横马路一条，从1922年《武汉三镇街市图》上看，此街应该是华景后街。这一带属于商业街区，该路应该是商人建筑的。该街两边的地基皆系刘歆生的产业，刘氏在沿马路两旁建筑店铺，"甚属精致，租赁店面，颇壮观瞻"。与此同类，该年在大舞台（地址在大智门）对面三码头地方新修了一条马路，该路以北之地系高朗亭的产业，"均依普通图样建筑市房，甚为整齐，至晚如同白昼，颇行热闹"。[④]显然，路成，市街亦成。市场化、商业化发展进程与新的街道、街区的形成同步，这既是当时汉口城市建设缺乏整体规划、缺少功能分区的典型体现，也是商办市政快速推动近代汉口城市化进程的突出表现。

从清末民初汉口市政发展的整体形势来看，清末民初商业化住宅的建设和居民区的出现，在一定程度上实现了街道建设的有序化。如前所述，清末民初的新式里弄建设奉行了先确定道路，再依道路修建街道的原则，使得单元的街与道的建设都明显具有计划性。但是，局部建设的有计划，未能改变当时汉口城市整体上缺少规划、建设无序的市政格局。因此，尽管商人在清末民初充当了建设汉口商业性住宅区和市街的主力，然而也未能改变汉口华界街市布局凌乱的状况。

---

① 《后湖又辟市场》，《汉口中西报》1921年1月14日第3张。
② 《马路兴工》，《汉口中西报》1916年11月9日第2张新闻第4页。
③ 《预备建筑市场》，《大汉报》1917年5月15日新闻第3张第6页。
④ 《新辟之商场》，《汉口中西报》1919年7月25日第3张。

导致上述情势的根本原因在于市政体制的制约。清末湖北省政府主导汉口市政，商人没有独立规划汉口市政的机会，华界新的街道、街区基本上局限于后城马路至旧市区的范围内，不可能对汉口市政格局有大的改变。民初地方政府和中央政府都不允许汉口组建由商人主导的市政机构，不同意商会制定的市政规划。而商界又不愿遵从政府既定的市政规划进行建设，更多地依从其经商的利益原则行事。结果，政府没有能力从宏观上实现汉口市政的有序化，而商人也因受制于市政体制而无力推行自己的汉口市政规划。从这个意义上说，尽管汉口商人主导了民初的汉口旧市区的复建和新市区的兴建，但是，他们并没有完全主导民初汉口市政。

三 商营水陆交通事业的快速发展与汉口城市公共交通的现代化进程

民初商营水陆交通事业快速发展，使新式公共交通当之无愧地成为了汉口水陆公共交通的主角。

就陆上公共交通而言，一方面出现了不同于清末的新气象，这就是除了原有的人力车行和马车之外，还产生了用于新式的出租的汽车和脚踏车。另一方面也留下了令人遗憾的事情，电车一直未能如上海、天津那样作为公共交通工具成为大街上的一道亮丽而迷人的城市风景。

就水上公共交通而言，轮渡行业竞争激烈，又较清末有了较大的进步，但在管理方面又不尽如人意。

（一）商营新式陆上公共交通事业的快速发展

民初汉口商营的新式陆上公共交通事业包括人力车业、马车业、出租汽车业与出租脚踏车业，而电车业未能从市民的期待变为现实。

1. 人力车业和马车业的发展

进入民初，华、租两界的商营人力车业均有较大的发展。

第八章 民初汉口商营型市政的积极展开与城市现代化进程

就租界而言，1912 年，"人力车又加 400 乘，共计 1200 乘"，车商欲增加车租，结果导致人力车夫罢工。① 1913 年，报载租界人力车数量更达到 1500 乘，再次导致人力车夫要求减租的罢工。② 到 1920 年，因先后转让关系，租界人力车行有利通、飞星、鼎怡、裕通、汉通、楚通、步记、元亨利、金记、联华等 10 家。③ 1921 年，租界内的人力车行和人力车数目都增加了，"利通、飞星、华通、华青、协隆、富记、源成、合兴等营业人力车行者，共计 18 家，内惟利通车 450 台、飞星 280 台，最占多数，其余最少者亦有五六十台，共合计大约 1600 台内外"。当 1921 年车商又一次决定加租时，就再次引起了人力车夫的罢工。④

不过，在 1922 年，租界人力车数量因人力车夫罢工而大幅减少。这一年，租界人力车夫因要求增加工资而罢工。作为劳资双方谈判结果之一，租界永久性和临时性人力车执照由 1500 辆降为 1200 辆，各车行分配数量如下（表 8-3-1）：

表 8-3-1　　1922 年汉口租界人力车行及人力车数量表

车行名称	行主姓名	车辆数	车主背景
利通	梅旎	336	法租界工务局董事
飞星	—	250	希腊人
步记	游沪生	130	法国领事馆翻译
富记	杜老五	130	两湖巡阅使杜锡钧之弟
裕通	鄢霖生	109	夏口公署职员

---

① 《汉口车夫同盟罢工之抵制》，《时报》1912 年 9 月 2 日，转见《中国工人阶级的早期斗争和组织》（刘明逵、唐玉良主编：《中国近代工人阶级和工人运动》二），中共中央党校出版社 2002 年版，第 333 页。

② 《人力车夫叫苦》，《民立报》1913 年 4 月 13 日第 10 页；《车夫声声叫苦》，《民立报》1913 年 5 月 4 日第 8 页。

③ 鄢少霖：《武汉市人力车业概况》，武汉市工商联合会编：《工商业改造文史资料》，武汉档案馆藏，档号 119—130—93。

④ 《租界车夫罢工》，《汉口新闻报》1921 年 5 月 5 日，转见《五四运动前后的工人运动》（刘明逵、唐玉良主编：《中国近代工人阶级和工人运动》三），中共中央党校出版社 2002 年版，第 446 页。

续表

车行名称	行主姓名	车辆数	车主背景
汉通	马筱梅	100	夏口县知事侯祖畬之亲戚
元亨利	杜丽南	80	稽查处稽查
望记	李绍依	65	英工部局翻译
合计		1200	

说明：此表依据《1922年租界区人力车分配及数量表》（武汉地方志《汉口租界志》编纂委员会编纂、袁继成主编《汉口租界志》，武汉出版社2003年版，第361页）和鄢少霖：《武汉市人力车业概况》（武汉市工商联合会编：《工商业改造文史资料》，武汉档案馆藏，档号119—130—93）制作。

　　相对于清末而言，华界人力车交通的发展较大。有关这一点，从华界人力车停车点数量的增加就可以看出来。到1917年，华界人力车停靠点共有16处之多，它们是怡园、张美之巷、杏初里、六渡桥、凤舞台、满春茶楼、自新堂、循礼门、苏湖公所、玉皇阁、观音阁、操场角、居仁门、劝工院、玉带门、铁路边。[①] 不难看出，它们不再局限于居仁门，而是集中分布在后城马路沿线及后城马路内侧靠近旧市区的分支马路或交接马路线上。由此也可以想见，后城马路修筑以来汉口城市交通发展及城市化进程的快速。

　　从华界人力车数量来看，它在民国建立后最初的几年里发展不大，但与租界相比却后来居上。1914年，汉口有车夫2157人，其中贸易人力车夫可能不到2000人。[②] 据日本人统计，1917年华界"新旧人力车共计一千辆，车费大约为上海的半数"。[③] 据汉口警察厅统计，1918年，华界贸易人力车和包车共计1056辆，车行43家。到1926年前后，由于城市经济发展，市区逐渐扩展，华界人力车供不应求，汉口警察厅又增加开放人力车500辆。这样，华界人力车总数达到1556辆，开始超过租界人力车的数量。当时较

---

① [日]东亚同文会编纂：《支那省别全志·湖北卷》，大正六年（1917）发行，第50页。

② 《汉口民人身分调查统计表》，徐焕斗修、王夔清纂：《汉口小志》，民国四年（1915）铅印本，"户口志"，第3—4页。

③ [日]东亚同文会编纂：《支那省别全志·湖北卷》，大正六年（1917）发行，第50页。

第八章 民初汉口商营型市政的积极展开与城市现代化进程

大的华界出租人力车行有：昌记张碧泉、椿记祝春山、维新韩幼卿、李兴发李云卿、陈茂兴陈福堂、杨森记杨幼珊、协记吴协堂等户。①

汉口租界人力车行商与华界人力车行商运营出租人力车行业的方式是很不相同的。

最初华界运营人力车行业的车商，除了经营野鸡包车的散商之外，就是人力车行商。散商和行商都必须通过取得人力车牌照（即购买营业执照）并按官府规定的日期进行人力车登记（即缴纳车捐）的方式，获得官府对自己车辆所有权和运营资格的认可。1916 年，汉口警察厅规定，凡人力车、双轮货车，每辆应领牌照1 张，每3 个月更换1 次，每次每车缴牌照费银洋6 元，如无此项牌照或满3 个月尚未换照而仍在马路上行车的，一经警察查获，由就近警署罚办。② 也就是说，当时华界人力车商每年必须缴纳车捐常捐银洋24 元，才有资格运营自己的出租人力车。

经营野鸡包车的散商，对于车辆自拉自营，他们的车辆大半停靠在怡园、新市场附近以及各处码头等处，在华界和租界都可以通行。但是由于华界、租界两分的缘故，人力车散商必须分别购买两界的执照才能方便营业。③ 当时各租界（有的后来收回成了特区）的车牌是蓝色的，而华界的车牌则是白色的。这种交通上的人为分隔，使汉口市内交通情形更为复杂化，故至民国中期，当汉口市政府调查得知人力车业的详细情形后，不无讥讽与愤慨地评论说道：

> 汉口的人力车，几乎同中国人的思想一样复杂！有所谓蓝牌车，通行于法租界及所谓特别区，白牌车只在几条华界马路上跑，野鸡包车则大街小巷还可通行。小小的汉口市，初到的人简直觉得五花八门，莫名其妙！④

---

① 鄢少霖：《武汉市人力车业概况》，武汉市工商联合会编：《工商业改造文史资料》，武汉档案馆藏，档号119—130—93。
② 《警厅取缔双轮货车》，《汉口中西报》1916 年11 月20 日第2 张新闻第4 版。
③ 刘再苏编：《武汉快览》，世界书局民国十五年（1926）版，第61 页。
④ 粹：《统一全市人力车》，《新汉口》第1 卷第4 期，1929 年10 月，第127 页。

直到1931年，汉口市内的人力车牌照才取得了统一。

有关人力车行商经营车业的具体情形，据鄢少霖回忆，汉口与武昌"无甚差别"。而武昌方面的情形如下：

人力车行商每天将每辆人力车分上、下两班出租给车夫，上班车夫的工作时间是从清晨起至上午12点钟，下班车夫的工作时间是从上午12点钟至深夜。人力车行商投资经营后，靠收取人力车夫缴纳的车租获得收益。每辆人力车的投资，以钢丝汽轮胎为准，按物价稳定年份估计，每辆车的成本约为92元：按银币计算，车身木料、工资20元，铁件工料8元，油漆工料6元，帆布篷和油布工料8元，靠背坐垫、布套工料8元，背心号衣工料8角，车轴、轴承全套工料14元，钢圈和丝工料6.50元，老人头内外胎全副20.70元。而每辆车每年的消耗费用，除年捐季捐系以车辆为单位缴纳外，其他消耗管理费用，如按常年情况，平均摊算，约需102元，包括：年捐2元，季捐8元（每季2元），外胎20.70元（按保用期计算其消耗），内胎5.40元，添配零件估计24.00元，大检查时，油漆修理15元、雨篷布套等添补9元、管理费18元），全年车租以每天4角计算，共约144元，除去开支，车商每辆车每年可盈利42元（临时捐款和公债未计）。按原始投资金额92元计算其利润率，合年息40%以上。"在当时的市场上能有如此的利润，是比较优厚的，因此吸引了一般中小商户向这个行业投资，使这个行业由初步的形成而迅速地在武汉三镇发展起来。"①

上述武昌方面人力车行商经营人力车业的情形，自然可以作为汉口人力车行商经营人力车业情形的参考。不过，从笔者阅及的资料来看，汉口与武昌的出租人力车行经营的情形并非"无甚差别"，而是存在很大差别。总的来说，差别主要有两点：其一，两地人力车季捐差别大。汉口方面1916年季捐就年需24元，为物价稳定年份时武昌的3倍。仅此一项即可见两地行商在投资方面存在的差别之大。其二，两地行商分

---

① 鄢少霖：《武汉市人力车业概况》，武汉市工商联合会编：《工商业改造文史资料》，武汉档案馆藏，档号119—130—93。

第八章　民初汉口商营型市政的积极展开与城市现代化进程

配人力车的班次差别大。汉口方面，1922年华界日分5班①，租界日分4班②；而武昌方面才日分2班。班次越多，意味着行商从每辆车身上所获的租金越多。两地班次差别如此之大，各自行商的收益自然可能大不相同。可见，回忆性质的归档资料，我们在采用时需慎重行事，不可迷信。

　　汉口华界人力车行商有时候并不能确定自己能够派驶人力车辆的数量，尤其是在特殊时段（如马路翻修时期）。他们在这方面必须听从汉口警厅的决定。如：1917年9月之前，车商合记等车辆"被警察厅减去不少"，警方"规定须俟汉口马路扩充，始准被减车辆，一律开驶"。③1920年、1921年翻修后城马路时，警厅又大幅减少行驶的车辆。④

　　汉口华界人力车行商不能自行确定车租或随意增加车租。如：1923年，"人力车商蔡义兴，因百物昂贵，原料均是洋码，工资日高，合算有亏损之累"，向来出车每日每乘700文，拟加涨100文，每日租价计钱800文。遂具禀呈请警察厅核准。结果，警察厅长批示将原料价值除外，再行核示。⑤可见，车租的最终确定权在警察厅。

　　1919年，华界车商（包括行商和散商）组织了车业公会，它开始参与华界人力车业的管理，主要发挥这样的作用：统一行业运营行为，协调行商与人力车夫之间的关系，及协调行商与警厅之间关系。例如，1922年，华界车业公会出面代表华界人力车商，要求警厅将以前停驶的人力车恢复行驶。结果，获准恢复行驶240乘。⑥

　　当汉口华界出租人力车业得到相程度发展的时候，人力车牌照商产生，并加入到华界出租人力车行业之列。这类商人专营车牌照，将所持

---

　　①《翻修马路之车商呼吁》，《汉口中西报》1920年12月15日第3张。
　　②《租界人力车罢工风潮之激烈》、《可怜的车夫罢工》，分别见《汉口新闻报》1921年12月3日、4日，转见《第一次全国工人运动的高潮》，刘明逵、唐玉良主编：《中国近代工人阶级和工人运动》四，中共中央党校出版社2002年版，第150、151页。
　　③《车商呼吁无效》，《汉口中西报》1917年9月8日第3张新闻第6页；《华界增加人力车》，《汉口中西报》1922年3月1日第3张。
　　④《翻修马路之车商呼吁》，《汉口中西报》1920年12月15日第3张。
　　⑤《人力车商要加价》，《汉口中西报》1923年4月13日第3张。
　　⑥《华界实行增车》，《汉口中西报》1922年3月6日第3张。

有的车牌照出租给车行，车行凭车照制出车辆，出租行驶。有时候人力车牌照商还随照附有破旧车身，一并出租，每月取租费2元。车牌照的年捐由牌照商负担，每年可获利22元。至于马路季捐和附捐则由车行行商缴纳。这项牌照的价值，最高时达200元左右，低时也在120元上下，经常有转让情形。因为经营牌照的利润比市场利率高，所以牌照无形中成为了一种有价证券。人力车牌照商是寄生于人力车行业之中辅助人力车行商运营车业的中间商。

从上述情形可知，民初前期汉口华界的人力车业运营，主要由行商进行，其次才是散商。民初后期又增加了人力车牌照商和华界车业公会。

在汉口租界，营运人力车业的也包括散商和行商。散商的运营情形与华界并无不同，而租界行商运营出租人力车业的情形则有其显著的特点，行商经营人力车业的方式，实行的是经理—包头制。具体而言，无论是车行的投资人是洋商还是华商，均不是亲身经营，而是设置专人代为管理。又以其所拥有的车辆数量较大，如果直接发租给人力车夫个人，管理上诸多不便。于是，雇用"包头"（又名"领班人"），以层层节制。这种制度在租界内各车行普遍实行。以拥有车辆最多的利通车行为例：利通车行在法商梅旎的主持下，设华人经理1人，其他从业人员5—6人，修理工8—10人，雇用包头6—8人。雇用的方式，是由华人经理与包头订立合同，每辆预缴押金除铜元80文作为佣金之外，其余车租逐日缴清，并请殷实商号盖章担保。故车行的车租是固定而有保障的，而包头是中间经理人。[①] 他们也是出租人力车行业中的中间剥削者。不同的是，租界出租人力车行业中的这些中间剥削者——包头（领班人），他们存在于车行管理层中，而华界出租人力车行业中的中间剥削者——人力车牌照商，则存在于车行外部。

因此，就租界单个的出租人力车行而言，其经营管理的层级如下：

[①] 鄢少霖：《武汉市人力车业概况》，武汉市工商联合会编：《工商业改造文史资料》，武汉档案馆藏，档号119—130—93。

第八章　民初汉口商营型市政的积极展开与城市现代化进程

　　车夫→包头→经理→人力车行商

而华界单个的出租人力车行的经营管理层次则很简单，即，

　　车夫→人力车行商

这种差异可能与两界车行拥有人力车的数量的多少有关系，租界人力车行商拥有的车辆普遍较华界的多，车行的规模大，故管理层级较华界的多。

当然，租界内商界对人力车行业的管理，除了各行商、经理、包头之外，也有对车行车商进行管理的行业性组织，这就是设在英租界工部局内的租界车业公会。① 只是它在租界人力车行业中所起的作用十分有限。

租界人力车行商因为洋商尤其是法商利通势力大，所以对于租界车租的多少有较大的决定权。如1912年，租界人力车夫因反对增车加租而罢工，华商最早与人力车夫达成妥协，"允从罢工者之要求"，而洋商"坚意不允"。② 显然，洋商是这次租界增车加租的主谋。再如1921年，租界人力车夫因发动加租而举行同盟罢工风潮，报载"此项风潮，纯粹利通公司所酿成……该公司大股东梅某，首先倡议涨价"，其余各车行从中附和。③

不过，租界人力车行商对车租也不能独自确定，他们受制于各租界工部局及以英租界工部局为首的租界工部局董事会。如1923年租界人力车行商鉴于人力车先前配置的橡皮气轮使用寿命短，修理又大费手

---

① 《人力车夫罢工详情》，见《汉口新闻报》1921年12月3日，转见《第一次全国工人运动的高潮》，刘明逵、唐玉良主编：《中国近代工人阶级和工人运动》四，中共中央党校出版社2002年版，第149页。
② 《公电》，《民立报》1912年9月5日第5页。
③ 《人力车夫罢工详情》，见《汉口新闻报》1921年12月3日，转见《第一次全国工人运动的高潮》，刘明逵、唐玉良主编：《中国近代工人阶级和工人运动》四，中共中央党校出版社2002年版，第150页。

续,为了减少运营成本,纷纷改用廉价耐用免于打气的实心硬橡皮轮胎,并将更换轮胎的费用转嫁给车夫,而此时人力车夫又正酝酿增加车费以提高工资。于是各方展开协商。结果,租界人力车行业在英国工部局的主持下,发布告示,规定:人力车涨价之法定数目,限于5月1日施行,以免乘客与人力车夫等,有争多论少之弊,起码半英里之内,小洋5分,乘车1点钟之内,小洋3角。等候过1点钟,小洋2角5分。①

人力车从晚清出现于汉口租界,发展于华租两界,而于民初成为汉口市内最重要的公共交通工具,人力车业也取代了轿子而在城市陆上公共交通事业中占据最重要的地位。1923年5月,租界人力车夫罢工时,报载诸人力车行"实为租界内最紧要之交通机关,不可一时缺乏"②,正是当时汉口城市陆上公共交通情形的真实反映。并且,人力车业在民初汉口公共交通事业中的绝对优势地位,一时难以打破。同年10月,汉口英租界工部局鉴于上海方面创办三轮人力车,稳、快而省力,行之数月,成效颇著,就在租界发起创办三轮人力车。结果,拥有人力车牌号最多的法捕房方面,对于此事表示反对,其余各租界代表则一致赞成。当时各租界讨论的结果,由英租界工部局出资,从上海购买三轮人力车200乘,运至汉口,招工学习3个月,即行试办。试办有效,则责成租界以内各车行,一律改用三轮人力车,原有的拉式人力车限期取消,以归一律。③ 但是,此事后来未见下文,说明英租界倡导的拉式人力车改三轮人力车计划流产。租界如此,华界则更未见有改行三轮人力车的风声。由此不难看出,出租人力车业在民初汉口城市公共交通事业中优势地位的稳固(表8-3-2)。

---

① 参见《租界人力车改用洋码》,《汉口中西报》1923年4月12日第3张;《租界人力车加租问题之解决》,《汉口中西报》1923年4月19日第3张;《租界人力车涨价》,《汉口中西报》1923年4月21日第3张。

② 《租界车夫罢工》,《汉口新闻报》1921年5月5日。《五四运动前后的工人运动》,刘明逵、唐玉良主编:《中国近代工人阶级和工人运动》三,中共中央党校出版社2002年版,第446页。

③ 《英租界创办三轮车》,《汉口中西报》1923年10月4日第3张。

第八章　民初汉口商营型市政的积极展开与城市现代化进程

表8-3-2　1924年汉口华、租两界人力车指定地点价目约定表

起点至终点	力资（铜元）	起点至终点	力资（铜元）
怡园—英租界一码头（武汉轮渡码头）	8枚	怡园—英租界六码头	10枚
怡园—法租界大舞台	8枚	怡园—法租界火车站	12枚
怡园—怡和轮船码头	8枚	怡园—太古轮船码头	10枚
怡园—日清轮船码头	12枚	怡园—宁绍轮船码头	14枚
怡园—俄租界青年会	8枚	怡园—江汉关公署（原德租界内）	10枚
怡园—中华邮务管理局（原英租界内）	8枚	怡园—中国电报局（原英租界内）	8枚
怡园—日租界三元里	18枚	怡园—日租界各地	20枚
怡园—华景街	12枚		

资料来源：《武汉游览须知》（1924年5月版），转见武汉地方志《汉口租界志》编纂委员会编、袁继成主编《汉口租界志》，武汉出版社2003年版，第360页。

有关民初马车业的发展的资料较少，但可以知道的是，随着汉口市街建设的逐渐进行，至1917年，"整个租界都建设了，支那市街逐渐改筑，自动车（指汽车，笔者注）、马车的数量增加了"①。当时的马车车价，按时间长短或路程远近计算。乘坐一大圈最多须2000文，最少只需1元。若以时间计，1921年，包车每小时车价为600—700文；1924年、1926年，每半小时车价为500—600文，搭乘散客每里需洋1角5分。可见，在民初后期，马车车价已经上涨。到了赛马的时候，一向宜价的出租马车，由于乘客的陡增，车价比平时高2—3倍。总的说来，马车车价较人力车便宜，一般为人力车的1/2。② 由于出租马车车价便

---

① ［日］东亚同文会编纂：《支那省别全志·湖北卷》，大正六年（1917）发行，第50页。

② 参见武汉书业公会编《汉口商号名录》，武汉书业公会民国九年（1920）发行，"附汉口指南"，第90页；李继曾、施葆瑛编辑《武汉指南》，汉口行市日刊报馆民国十年（1921）版，第29页；刘再苏编《武汉快览》，世界书局，民国十五年（1926）版，第60页；《武汉游览须知》（1924年5月版），转见武汉地方志《汉口租界志》编纂委员会编、袁继成主编《汉口租界志》，武汉出版社2003年版，第362页。

宜，速度快，因而受到城市大众的欢迎，出租马车因此往往成为贸易人力车和野鸡包车的营业竞争对手。

不过，马车的营运成本高，商营马车行数量远不及商营人力车行的数量多，马车的数量也远不及人力车的数量多，加之马车占用的空间较人力车大，对于道路宽度的要求也较人力车高，人力车可到的地方马车不一定能到，出租马车营业自然较人力车受到更多的限制，如人力车可在前后花楼街行驶，而马车按规定于"前后花楼各街亦不能推行"①。故出租马车尽管车价远较人力车便宜，但乘坐出租马车并没有成为民初汉口占主导地位的公共交通形式。

2. 出租汽车业和脚踏车业

出租汽车业与脚踏车业是民初兴起的商营型公共交通事业。

汽车（当时又称为摩托车）和脚踏车（即自行车）最初都是作为私家交通工具而出现在汉口的。汽车的优势在行驶速度快。脚踏车最初是前轮大，后轮小，其优势在对道路的要求不高，行动自由。它们的出现都给人以十足的新奇感，《汉口竹枝词》以传神的笔调描述汽车的神速曰，"汽车活泼在司机，猛鼓双轮去似飞。拨拨一声刚入耳，举头人影望依稀"②；摹写人们骑脚踏车时的那种便捷自在的运动状态曰，"一轮高耸一轮低，爱逐香尘趁马蹄。来去不烦推挽力，自由行动任东西"③。

在清末民初的汉口，不论是脚踏车还是汽车，都是舶来品。1903年，驻汉英国领事购进了一辆名为"来路卡"的美制福特牌小篷汽车，这是汽车首次亮相汉口。1908年之后，租界内洋人和华人又陆续购买了汽车。至辛亥革命前夕，汉口共有汽车20多辆，其中2/3为洋人所有，而华人中又以大买办刘子敬最先拥有汽车。

---

① 武汉书业工会编：《汉口商号名录·汉口指南》，民国九年（1920）版，第90—91页。

② 罗汉：《汽车》，徐明庭辑校：《武汉竹枝词》，湖北人民出版社1999年版，第244—255页。

③ 罗汉：《脚踏车》，徐明庭辑校：《武汉竹枝词》，湖北人民出版社1999年版，第246页。

第八章 民初汉口商营型市政的积极展开与城市现代化进程

进入民初，汉口的汽车数量逐渐增多。① 不过，直到1917年，报章还指出，"汽车为租界有之，风追电逐，行人避易"②，这意味着当时华界区域仍无汽车行驶，有点让人难以置信。

尽管早期出现在汉口的汽车发动靠手摇，照明靠车前悬挂的煤油灯，尚未电气化，但是，机动汽车在汉口的出现，标志着汉口市内交通进入了新的时代——机器动力时代，汉口交通的现代化又向前迈进了一大步。

脚踏车在1914年以前就有输入，其样式有男、女两种，女式矮而短，无横轴，初学者多用女式。当时，脚踏车主要从英国进口。民初以后，汉口市场的脚踏车需求量逐年增加，日产脚踏车在汉口市场上占有的份额越来越大。第一次世界大战结束后，日产脚踏车的输入增加，一般形制为22寸式和24寸式。③ 脚踏车的出现并增多，使汉口人力交通形式更趋多样化。

最初，乘坐出租汽车的只是极少数买办和富商巨贾，而且出租汽车只能在租界行驶，脚踏车也不是一般人所能有。其后，出租汽车和脚踏车才逐渐增多。对于绝大多数汉口市民而言，不论是脚踏车还是汽车（按：1921年每辆约三四千元④，1926年每辆汽车价约两三千元⑤），都是奢侈品，从而又都是令人企羡的交通工具。在这种情况下，如果付出可以承受的较小代价，就能够享用脚踏车或汽车所带来的快乐，那么，那些虽买不起脚踏车或汽车，但又具有一定经济能力的人们，显然是乐于一试的。出租汽车和脚踏车正是因为满足了汉口交通市场的这种需要，而成为促进清末民初汉口市内公共交通发展的另外两种形式，出租

---

① 参见罗汉《汽车》之"题解"，徐明庭辑校：《武汉竹枝词》，湖北人民出版社1999年版，第244—255页。
② 《论武汉》，《汉口中西报晚报》1917年2月26日第1张。
③ 日本外务省通商局：《在汉口帝国总领事馆管辖区域内事情》，大正十三年（1924）版，第88页。
④ 李继曾、施葆瑛编辑：《武汉指南》，汉口行市日刊报馆民国十年（1921）版，第28页。
⑤ 刘再苏编：《武汉快览》，世界书局民国十五年（1926）版，第60页。

汽车业和出租脚踏车业才成为民初新式的公共交通行业。

汉口的出租汽车行首先是由洋商开办的。1912年，法国商人利通人力车行老板梅旎，在汉口歆生路开办了第一家出租汽车行，该行有小坐汽车6辆。其后，英商在英租界开办了中央车行，俄商也在租界开设了汽车行，这些车行的出租汽车均在租界内行使。1916年，美最时洋行买办王柏年的司机盛东生，在阜昌街（今南京路之一段）开办了上海汽车行，培养了一批司机和修理技术骨干，名声大噪，成为出租汽车业的老大。同年，沪商董宝甫（福）在列尔宾街（今兰陵路）开办了保亨车行，鄂商罗洪喜在扬子街开办了扬子街车行。这3家车行共有汽车10余辆。后来，鄂商胡许吉在租界开办了东方汽车行。后城马路修通后，出租汽车才开始驶出租界。车行也日渐增多。① 至于到民初至终时，汉口的出租汽车行和出租汽车的具体数量究竟有多少，则未见有记载。不过，在1916年，汉口至少有汽车45辆，因为该年11月22日第45号汽车"亦因行速伤人"②。

汉口出租汽车的租价依据汽车的大小和租用时间长短而定，1920—1921年，可以乘坐6—7人的大汽车，每小时租金6元；可以乘坐4—5人的小汽车，每小时租金4元。③ 这种大汽车的租价与1914年上海的头号车第一小时的租金还要贵1元，而小汽车租价则与1914年时上海的二号车第一小时的租金相同。④ 1926年，汉口可以乘坐6—7人的大汽车，每小时租金5元；可以乘坐4—5人的小汽车，每小时租金3元；如果租用的时间较长或长期租用，租金面议，每小时租金较短期租用少，大约时间越长，租金越少。⑤ 显然，对绝大多数市民而言，每小时

---

① 武汉地方志《汉口租界志》编纂委员会编纂、袁继成主编：《汉口租界志》，武汉出版社2003年版，第364页。

② 《汽车肇祸》，《汉口中西报》1916年11月22日第2张新闻第4页。

③ 参见武汉书业工会编《汉口商号名录》，武汉书业公会民国九年（1920）发行，"附汉口指南"，第90页；李继曾、施葆瑛编辑：《武汉指南》，汉口行市日刊报馆民国十年（1921）版，第28—29页。

④ 《上海指南·汽车》，1914年版，转见薛理勇《旧上海租界史话》，上海社会科学院出版社2002年版，第129页。

⑤ 刘再苏编：《武汉快览》，世界书局民国十五年（1926）版，第60页。

花费租金 3—6 元是一件过于奢侈的事情，乘坐出租汽车在当时只能是权贵者的一种享受。从 1920—1926 年，租用大小相同的汽车，每小时租金减少了，这可能与汽车购买价格的降低有关，也可能与出租汽车行业的竞争有关。同时，这也意味着出租汽车这种交通形式为更多的市民所接受。总的说来，出租汽车在民初不可能成为大众化的交通工具，但乘坐商营出租汽车行或公司的出租汽车，已经成为民初汉口城市上层市民社会生活的一部分。

与乘坐出租汽车的人相比，乘坐出租脚踏车的人肯定更多，因为出租脚踏车的租金远比出租汽车的租金便宜，其价格每小时约小洋 2 角，租用 1 天，也只需 2 元。[①] 从 1920—1926 年，脚踏车的租用一直稳定在这个价位。这个价格对于中等之家应不成问题，就是平民偶尔乘坐，也未必不可接受。经营车行的商家对于不熟悉的租用客户，要求须有店保，方可租用。

在民初，不论是出租汽车业，还是出租脚踏车业，其规模均不及出租人力车业，故出租汽车和出租脚踏车，只是当时汉口城市公共交通的一个补充。

3. 商营电车事业为何呼之不出

尽管民初汉口的市内公共交通工具已经趋于多样化，也出现了像出租汽车这样的现代化公共交通工具，然而，汉口的市内公共交通现代化的水平总体上并不高。在民初的上海，"交通工具发展为市民生活提供了多档次的便捷服务。公共交通从清末单一有轨电车营运，逐步增设无轨电车、公共汽车，出租车辆有轿车（即小汽车，笔者注）、人力车"，此外还有轿子、独轮小车、马车，在市中心区便捷的公共交通网络已初具规模。[②] 相比之下，民初汉口的公共交通工具显然不及上海那样多样化，公共交通服务档次明显偏低，因为至民初之终，汉口都没有产生公共汽车和电车这样大众化的公共交通工具，由此不难看出，在城市公共

[①] 李继曾、施葆瑛编辑：《武汉指南》，汉口行市日刊报馆民国十年（1921）版，第 29 页。

[②] 罗苏文、宋钻友：《上海通史·民国社会》，上海人民出版社 1999 年版，第 12 页。

交通方面，汉口与上海之间尚存在着很大差距。

就汉口本身的条件而言，它在民初是中国内地最大的商埠和转运市场，在1923年，其人口数量（不包括流动人口）就已经超过70万。[①]而且它从晚清开始就拥有全国最大的民营电厂，撇开公共汽车不谈，电车这种现代化、大众化的交通工具，没能在清末民初的汉口市区出现，多少有点令人感到遗憾和不解。1917年出版的《支那省别全志·湖北省》就曾这样载道：

> 现在整个租界都建设了，支那市街逐渐改筑，自动车、马车的数量增加了，然而市内还没有设置电车，这真是大都会里非常遗憾的事情。[②]

清末民初，汉口的商人们曾经在市内创办了诸如出租性质的新式公共交通事业，诸如人力车业、马车业、自行车业、汽车业，难道就没有考虑在市内开设电车，举办电车事业？答案是否定的。

事实上，从清末开始，汉口就出现了创办电车的呼声。1917年，报载"汉口创办电车之说，在清季已经风传，入民国后，又迭有人倡议"[③]。窥诸史实，此言不虚。

1911年，"地皮大王"刘歆生、留日学生颜寅亮等就曾集资组织公司，呈请在汉口创办电车，或曰因"街道太窄，后城马路亦只能容单轨，迁延不能兴办"[④]，或曰"经夏口自治会议，以汉口马路狭窄，恐伤行人，故未准办"[⑤]。总之，清末商办汉口电车的请求没有得到批准。

民国初建，官方确定的重建汉口的初步计划中，就有修筑宽大马路的计划，并有创办电车的打算。官府的汉口重建计划还认为，电车与电

---

① 《市区自治之造册忙》，《汉口中西报》1923年4月12日第3张。
② ［日］东亚同文会编纂：《支那省别全志·湖北卷》，大正六年（1917）版，第50页。
③ 《覃寿堃请办电车》，《申报》1917年3月13日第6版。
④ 《新汉口建筑种种》，《申报》1912年4月20日第6版。
⑤ 《汉口创办电车之议复活》，《申报》1912年3月4日第6版。

第八章 民初汉口商营型市政的积极展开与城市现代化进程

灯、电话、自来水、自来火（指煤气）等项一起，"应由鄂军政府许可之公司举修"。① 这一吸引民间投资汉口市政建设的计划，立即引起了汉口商界的兴趣。于是，商人等争相呈请创办电车。

1912年年初，颜寅亮又筹集资金银元二十万元，以"汉口自经兵燹，改良市政非开办电车无以利交通而惠行旅"为由，再次呈请创办电车。夏口知事一方面认为电车应该创办，另一方面又认为汉口重建这样的整体性的市政问题尚未解决，一切手续不便预定，故只是表示愿意将创办电车一事，具禀交通部和汉口建筑筹办处商酌办理。② 同年4月报载，胡文遞等人集股500万元，呈请都督府筹办电车。都督黎元洪批饬湖北省交通司会同建筑筹办处核议办理。报道并称湖北省交通司已经参照各国轨道法规，拟定现行轨道条例9条，附敷设轨道招商承办规则49条（即电车承办规则），呈复黎元洪核交议会议复。③ 这说明鄂省府方面还真有意将汉口电车事业交由商办。7月，鄂省民政长刘心源依据省临时议会议决，咨复曰，"此项轨道敷设，应以汉口市街建筑为前提，一切设施方能妥帖。现在市街建筑尚未切实解决，轨道敷设应即缓办"④，即决定将办理电车计划搁置。

至1912年11月，已呈请承办汉口电车的，有侨商，有颜寅亮，有胡开泰（应该就是胡文遞）等5起。当时，因对美汉口重建借款——大来借款成功在望，鄂省府对汉口重建抱有信心，民政长夏寿康认为电车是责成1人承办，或是5人分段办理，还是5股合办，应从速决定，并于该月17日饬令湖北省实业司仿照开标法，齐集呈请承办电车的各商和商会总理、协理，用投票法决定，再从5商家中选择1家承办。⑤ 其后，大来借款告吹，其他汉口重建借款交涉，均告无成。1913年7月，新成立的马路工程局将先前拟定的轨道条例和电车承办规则（条

---

① 《新汉口之大建筑》，《申报》1912年3月26日第6版。
② 《汉口创办电车之议复活》，《申报》1912年3月4日第6版。
③ 《新汉口建筑种种》，《申报》1912年4月20日第6版。稍后，《国民新报》对此也有所报道，见《敷设电车之先声》，《国民新报》，1912年5月28日第4页。
④ 《创办汉口电车之波折》，《申报》1914年9月30日第6版。
⑤ 《国民新报》1912年11月19日第5页。

例）废止。

　　杨度主持汉口重建事务之后，提出了新的重建计划。于是，有个叫何茗青的人，呈请承办电车。为此，他特地成立了一个"商办汉口全埠电车股份有限公司"，呈请江汉关管理汉口工巡事宜处，"恳查旧案，准其开办"（此语说明他先前就曾呈请承办）。结果，该处处长（即江汉关监督）丁士源做出了批示，其大意是：旧案已经废止；关于市政事宜正在筹办之中，电车为市政之一，应否开办，本监督自当权衡缓急行事；从所呈请开办电车的相关各图表、预算来看，具禀人对于开办电车一事"毫无研究，苟如各该具禀人所意计，非徒无益公众，且恐有碍私人财产，所请碍难照准"。① 官方再次否决了商办电车的计划。

　　时隔两年之后的1917年年初，任职于教育部的前鄂省议会议长覃寿堃，以公民身份向鄂省长公署及江汉关监督兼管汉口工巡处呈请集股创办电车，并声明，现在汉口改建马路未成，碍难动工，请准其先行筹办。显然，覃寿堃试图在呈请筹办电车一事上夺得先机。但是，最终得到的答复是，后城马路部分路段逼窄，须购地填土方可建筑，总计资本太巨，恐未易集，且交通部对电气事业限制极严，覃寿堃所呈既未将公司性质说明，且连章程也未拟定，其呈请转核，"实无从办理"。地方官府还表示，只有覃寿堃将公司筹备完全，接受资本实数查验之后，才愿意转核其电车计划。② 最后，覃氏电车计划无果而终。

　　此后，又有报道称，汉口"创办电车之说，屡起屡辍。前有某西商亦拟在各租界创行此事，亦因经费过巨中止"，又有某西商在三码头洋商商务总会提议实行创办。③ 报道中透露出一个重要信息，即此前所以创办电车计划未果，有一个共同的原因，就是由于所需经费过多；其后，洋商又计划在租界创办电车，但此事也无下文。

　　综合上述可知：民初汉口商界呼吁开办电车未能成功的原因，至少

---

① 《创办汉口电车之波折》，《申报》1914年9月30日第6版。
② 《请办电车之波折》，《大汉报》1917年4月3日新闻第3张第6页。《请办电车公司》，《申报》1917年4月7日第6版。
③ 《电车之又一声》，《大汉报》1917年11月3日新闻第3张第6页。

第八章 民初汉口商营型市政的积极展开与城市现代化进程

有以下几点（以下情形主要是就 1917 年之前而言）：

第一点，城市道路建设严重滞后。

清末时，汉口虽然修筑了后城马路，但该马路仅就城垣地基而修，有的路段只可以容下单轨，有的路段如"六度桥以上马路逼窄，断难安设车轨"①，而市内道路更是狭窄。在这种情况下，商界开办电车的呼求自然不会有什么结果。及至民初，汉口市区重建问题长时间得不到较好的解决，尤其是重建经费问题没有得到解决，开办电车所需的配套性设施——市内道路建设，在相当长的时段内没有跟上。在这种情况下，官方认为开办电车还不是汉口市政建设或市内公共交通建设的当务之急。所以，尽管华商一直呈请创办电车，但均无果而终。

第二点，商界一直没有很好地解决电车开办经费问题。

不论是华商，还是洋商，多是如此。承办资本不足，自然难以得到官方的批准。

第三点，华商电车开办计划不周，难以得到官方的认可。

不过，以上三点还不足以说明：为什么民初商界呈请开办汉口电车未获结果。因为到 1919 年，后城马路已经基本上完成了线路拓宽工程，歆生路及租界内的一些马路较宽，还是可以安设电车轨道的。既然如此，为什么就没有申请成功呢？如果说 1917 年之前，商界资本还不够充裕的话，那么，到了 1917 年之后，尤其是到了 20 世纪 20 年代之后，情况就很不相同了，这一点从商界大规模地投资于汉口房地产业，就可以知道，经费在后来并不是问题。那还会不会有其他的什么原因呢？

一则有关创办电车的报道，给我们提供了重要信息，该报道云，"汉口创办电车之说，在清季已经风传，入民国后又迭有人倡议，皆以需款过巨、招股不易，而通过租界又难得外交团之同意，若仅办华界后城一线，获利又无把握，故未见诸实行"②。也就是说，租界的存在导

---

① 《请办电车公司》，《申报》1917 年 4 月 7 日第 6 版。
② 《覃寿堃请办电车》，《申报》1917 年 3 月 13 日。

· 513 ·

致汉口马路交通的分隔，以及租界当局对华商开办电车事业的阻挠，使得华商在承办电车一事上，没有获利的把握。对于洋商而言，他们的遭遇其实在很大程度上是一样的。租界不同意华商在其界内开办电车，华界官商自然也难以同意洋商的电车穿越华界，尤其是在五四运动之后汉口商界民族主义高涨的情形之下，更是如此。如果洋商将电车事业局限于租界，那么，他们也不会有盈利的把握。况且，投资其他行业也可以获得高额利润，如投资房地产业就是如此。商人们既不可能将投资的眼光局限于电车事业方面，也没有必要在电车事业这棵树上吊死。所以，华商和洋商最终都放弃了创办电车的打算，致使汉口至民初之终亦未能产生电车这种市内公共交通事业。

此外，笔者认为还有一个重要因素很可能也妨碍了汉口商界承办电车，这就是人力车夫的就业问题。日本驻汉领事水野幸吉曾对汉口商办轮渡腐败不堪而又不予改良一事，不无感慨且予以批评，其中就论及开办电车与人力车夫的关系问题，他以痛惜的口吻评论曰："然则贤明如总督张之洞，何故不图改良乎？曰：'业武汉间之渡船者数千，若改良汽船，更招顾客，则失多数人民之生业。'此正因保护人力车夫，而反对电车，因汲水苦工之生计，而妨碍水道之类耳。虽然（,）今日之支那，此种理论，尚为有力，其奈之何也。"[①] 可见，早在晚清时，地方官府就曾为了维持城市社会的稳定，他们考虑更多的是众多人力车夫的生计问题，而不是提高市内公共交通的服务层次。正是这种施政理念与做法成为开办电车的严重障碍。事实上，到了民初，尤其是五四运动之后的20世纪20年代的前期，汉口的工人运动高涨，并成为全国工人运动的中心城市之一，而汉口的人力车夫又曾多次发动罢工，更使得当时的城市社会不安稳，增加了湖北地方当局对汉口城市社会失控的担忧。在这种情形之下，湖北地方当局更是不会顾及汉口城市发展的需要而牺牲城市社会的稳定的。

---

① ［日］水野幸吉：《汉口：中央支那事情》，刘鸿枢等译，上海昌明公司光绪三十四年（1908）发行，第173—174页。

第八章 民初汉口商营型市政的积极展开与城市现代化进程

（二）商营过江轮渡业的继续发展

如果说清末政府对商营汉口过江轮渡还有所限制的话，那么，民初不论是中央政府还是地方政府，从总体情况来看，它们均给商营汉口过江轮渡提供了自由竞争的市场环境。

民国建立最初，行驶于武汉附近各镇市及武汉的渡江小轮共约数十艘，均为湖北省交通司征用了。至1912年6月2日，此前各征用当差的商轮虽分别发还，但是官府设置种种限制，"非厚贿之，不准复驶从前航路"。从前的厚记、利记、荣记三公司，至此时仍不准复驶。这种情况实际上限制了商营汉口轮渡。[①]

而交通司下属的船政局一度试图实行官轮官营。1912年5月，有的商人通过租借交通司的渡轮，开办了汉昌武汉轮渡公司，经营武汉过江轮渡，获利甚丰。船政局因羡嫉其利，遂强行撕毁官商之间的租赁合同，将轮渡收归官办，而押款月租又概不退还。对于船政局的违约强收、依势捐款行为，该公司赴都督府控告船政局。[②] 结果，都督黎元洪与民政长刘心源都认为，"官办性质，流弊滋多"，不同意将轮渡收回官办。[③] 此后，船政局再也没有直接插手经营过江轮渡，而中央政府在整个民初也没有出台限制商营轮渡的政策。所以，黎、刘轮渡商营的决定，实际上确定了民初鄂省府权限范围内武汉三镇过江轮渡商营的基调。从此，汉口过江轮渡进入了商营快速发展的时代。

民初汉口过江轮渡的发展与营运，具有以下三大特点：

1. 商营轮渡公司规模不断扩大，营运竞争激烈

民初汉口商营过江轮渡公司的规模不断扩大，相互之间的竞争日趋激烈。根据当时公司规模与相互之间竞争的情形，我们大致可以将汉口商营过江轮渡公司的发展划分为两个阶段：

第一阶段为自由竞争时期，时段为1912—1920年。

[①]《鄂交通司之罪状》，《申报》1912年6月2日第6版。
[②]《船政局之风潮》，《国民新报》1912年8月12日第4页。
[③]《汉昌公司复活》，《国民新报》1912年8月18日第4页。

在这个阶段，不仅存在汉口—武昌营运线，还产生了专营汉口—汉阳线的商营轮渡公司，相关公司之间运营竞争激烈，但遵循自由竞争原则。

1912年5月，汉昌轮船公司与交通司订立了6个月的租赁合同，租定武汉码头和10艘小火轮，并以小轮中一部分营运过江轮渡，每月资金2000元。结果，获利颇丰。① 有个叫周廷瑞的人，见此情形，就组织了利汉公司，承租小轮，并经交通司将平湖门外码头借给该公司使用，但不取租金，每月仅于所得盈利内提出1/10充国民捐，作为报酬。② 由于汉口商务日渐恢复，因战乱平息逃离的人员日渐返回，到汉口营生或做生意的人也日渐增多，汉口的过江轮渡生意趋于兴隆，商营过江轮渡和筹办商营轮渡公司的增多。至7月，报载：

> 其来往过渡者络绎不绝，值此江流湍激，凡热心行业、慎重民命者，莫不组织轮渡公司，故较前清时多增数倍，兹调查于下，计：利记4艘；普济4艘；济众2艘；利汉2艘；汉昌3艘；楚汉3艘。③

不过，由于交通司的出尔反尔——毁约自营，商营利汉轮渡计划化为泡影。而原来被收归官办的冯启钧的轮渡，发还后由冯转租给合记公司经营。④ 该公司设在汉阳东门外。⑤ 据载，在1915年时，合记公司有小轮9艘，普济轮船局（应就是普济轮船公司）也有小轮9艘。⑥ 两公司都可能只以部分小轮作为过江轮渡。1916年，由于该年冬季水势如

---

① 《商轮优待军人》，《国民新报》1912年5月28日第4页；《船政局之风潮》，《国民新报》1912年8月12日第4页。
② 《增设武汉小轮》，《国民新报》1912年7月15日第4页。
③ 《武汉轮渡发达》，《国民新报》1912年7月29日第4页。
④ 《轮渡营业之竞争》，《汉口中西报》1917年6月9日第3张新闻第6页。
⑤ 李继曾、施葆瑛编辑：《武汉指南》，汉口行市日刊报馆民国十年（1921）版，第15页。
⑥ 杜恂诚：《民族资本主义与旧中国政府（1840—1937）》，上海社会科学院1991年版，第493页。

第八章 民初汉口商营型市政的积极展开与城市现代化进程

夏令时一样盛,渡划过江艰难,合记公司过渡武昌汉口之间的 3 艘轮渡营运非常火爆,"有应接不暇之势"。①

1914 年,安合轮局(应该就是安合公司)在汉口成立,有小轮 12 艘。② 至 1916 年 11 月,报载"武汉渡江小轮,向仅安合、济川两公司,而安合则文昌(门)、汉阳(门)、平湖门均设趸船,且兼渡汉阳之行旅,较诸济川仅由白鳝庙渡六码头者,已占优胜"。"武汉渡江小轮,向仅安合、济川两公司"一说不确,因为合记也营运武汉之间的轮渡,但透过此语可知,此前济川存在已有一段时间了,安合公司至少用部分船只经营汉口过江轮渡,而且安合公司和济川公司之间的竞争仍旧激烈。安合公司为谋营业上之发展,特租定壁源等 3 艘快轮,专由汉阳门外等驾坡渡汉口俄租界二码头(六码头下少许),一时渡客踊跃。③ 但行仅两日就停止,因为"经一再调查,系受某某之影响,盖某某初受其影响,故旋以是报之",所以安合公司由汉阳门外驾坡渡汉口俄租界二码头计划受阻的原因,很可能就是由于济川公司的阻挠。安合公司只好移换轮渡停泊地方,禀请在新泰砖茶栈码头安设趸船。济川公司不甘落后,尽管行驶六码头的 3 艘小轮生意也很火红,但鉴于"不敷装载,且有迟慢之嫌",故赶紧增开快轮 1 艘,以便竞争。④ 就这样,两轮渡公司在汉口过江轮渡的营运方面,你争我夺,展开了拉锯战式的激烈竞争。

1917 年,合记公司与永济公司也就汉口过江轮渡展开了激烈竞争。合记公司见"永济下段营业发达,又得汉口德租界收回接管之故",首先打破了其与永济公司在武昌汉口轮渡运营方面"双峰并峙,各守各界,不越雷池"的局面。本来,永济公司运营由武昌方面至汉口渡六码头一线,合记公司运营汉口至汉阳门、平湖门、文昌门线路。但合记

---

① 《冬行夏令之水势》,《汉口中西报》1916 年 11 月 14 日第 2 张新闻第 4 页。
② 杜恂诚:《民族资本主义与旧中国政府(1840—1937)》,上海社会科学院出版社 1991 年版,第 492 页。
③ 《安合轮渡之竞争》,《汉口中西报》1916 年 11 月 14 日第 2 张新闻第 4 页。
④ 《轮业丛编》、《安设趸船立案》,分别见《汉口中西报》1916 年 11 月 18 日、25 日第 2 张新闻第 4 页。

公司在汉口租得七码头作为起岸点，同时开办下段轮渡，以致永济公司运营大受影响。双方争执不下，在官厅互控。据说，后来双方经人调停，永济补填合记数月来亏折，合记即将七码头轮渡抛弃，全由永济经营下段。① 合记公司与永济公司之间的汉口过江轮渡营运之争，这才算告一段落。

正当武昌、汉口间过江轮渡营运竞争日趋激烈之时，汉口、汉阳间过江轮渡开始产生了专门的营运公司——大庆公司。汉口生产铸铁和蒸汽轮船的周恒顺机器厂②，于1917年6月开始创办汉口、汉阳间的轮渡，预定线路从汉口米厂至汉阳东门，刚刚组设就绪，并定期行驶。不料，一经开办，即遭到汉阳东门码头各划户群起反对——他们认为该公司定价低廉，一旦行驶，其生计必定马上断绝。由于划户的反对，大庆公司在这个满水的夏秋季节，本应获得可观盈利，其营业却大亏折，不得不于9月初停止运营。稍后，大庆公司又将在汉阳的起岸码头，设在河街水警厅上首，并于同月恢复营运汉口—汉阳的轮渡。结果，"坐客颇为发达，商旅俱庆便利"。③ 河街水警厅上首即汉阳东门。自此直至民初终了，大庆轮渡一直运营汉口—汉阳轮渡。

1912—1920年，参与汉口过江轮渡运营竞争的公司，总计有利济、普济、济众、利汉、汉昌、楚汉、合记、安合、济川、永济、大庆等十余家。经过激烈的竞争之后，至1920年，营运武昌—汉口轮渡的公司只有安合公司和济川公司，运营汉口—汉阳轮渡的公司则只有大庆公司。④

1920年以前，湖北内河小轮"营业尚可竞争，航线则任意行驶，

---

① 《轮渡营业之竞争》，《汉口中西报》1917年6月9日第3张新闻第6页。
② 《晚清湖北民营工厂简况一览表》，罗福惠：《湖北通史·晚清卷》，章开沅、张正明、罗福惠主编，华中师范大学出版社1996年版，第347页。
③ 《阳夏轮渡之阻力》，《汉口中西报》1917年6月28日第3张新闻第6页；《轮轨交通之消长》、《阳夏轮渡复活》，分别见《汉口中西报》1917年9月7日、21日第3张新闻第6页。
④ 武汉书业工会编：《汉口商号名录》，武汉书业公会民国九年（1920）发行，"附汉口指南"，第92—93页。

第八章 民初汉口商营型市政的积极展开与城市现代化进程

船价亦格外便宜"（按：轮渡在小轮之列）。1921年之后，在阳（汉阳）—夏（汉口）线，大庆公司一枝独秀，运营自然可以视为稳定，而武（武昌）—汉（汉口）线的营运竞争，1912—1920年所形成的双峰并峙局面，不但没有就此稳定下来，而且进入了新一轮的更为激烈的竞争之中，形成一度三足鼎立，或四强并立，而终归三足鼎立的格局。所以，我们可以断定1920年以前武汉轮渡营运基本上处于自由竞争阶段。

第二阶段为寡头垄断竞争时期，时段为1921—1926年。

从1921年开始，先前的自由竞争局面开始被打破。这一年，安合公司将武（武昌）—汉（汉口）线轮渡营运让渡给和春公司[①]，但和春公司因为资本日益增加，而营业范围却仅限于武（武昌）—汉（汉口）过渡，为维持永久计，也为了防止有第三者竞争起见，该公司以每年报效省府捐款一万串为代价，换取了不准再有和春、济川之外的其他轮渡公司参与武（武昌）—汉（汉口）线运营的政府禁令。于是，行驶湖北内河的轮船公司，如汉黄鄂公司（按：其轮行驶于黄州、鄂州间），"援以为例，自认为专利营业"；行驶襄河航线中的6个公司合并为汉襄德公司（不久又改为汉襄安公司），"为免除竞争之危险起见"，亦援例立案，并业行驶（并非专利）。[②] 由此揭开了湖北包括轮渡在内的内河小轮寡头垄断竞争[③]的序幕。

尽管和春公司力图防止武—汉线轮渡有第三者参与营运竞争，但是

[①] 有资料表明，先前曾为合记公司租赁的冯启钧所有的轮渡，后来又成为和春公司运营用的船只，冯氏还是该公司的"股夥"。此外，该公司的"股夥"至少还有周文伯、江秉诚、赵子安（见《处理逆产案之经过详情及逆产案清册》，载《新汉口》第2卷第9期，1930年3月，第76页）。

[②] 黄既明：《汉口之航业》，《银行杂志》（1925年8月1日）第2卷第17号，第1、2页。

[③] 寡头垄断是指几家大企业生产和销售整个行业的极大部分产品，在这种市场里，竞争只在几家大企业之间展开。一旦寡头垄断市场形成，其他企业要进入该行业就存在较大的障碍。寡头垄断市场可以实现规模经营，同时价格比较稳定，便于政府对于行业的管理，还有利于行业进步。参见胡惠林主编《文化产业概论》，云南大学出版社2005年版，第105—106页。

武（武昌）—汉（汉口）线轮渡营运还是产生了第三者，这就是后起之秀——公济公司。1921年4月版的《武汉指南》尚未载有公济公司，而1923年8月版的《武昌要览》则载曰："汉阳门外乘和春公司轮渡江至汉口华界；乘济川、公济两公司轮渡江至汉口租界……甚为快捷。"① 可见，该公司大致成立于1921年4月至1923年8月。公济公司是在已经形成寡头垄断的情形之下，进入武—汉线轮渡营运市场的，由此不难想见该公司的经济实力和经济实力之外的运作能力。公济公司对武（武昌）—汉（汉口）线轮渡营业的介入，自然引起新的竞争波澜。

公济公司成立以后，"积极筹备进行，不遗余力"。1924年年初，它便与和春、济川两公司，以营业上冲突之故，曾经呈请省署，恳予制止，以便获得专利。省署为调和起见，批令和春与公济合并办理。而公济以营业各有独立性，未便合并，具呈驳辩，并派董事面谒萧耀南，详述一切。萧面嘱两公司各办各事，并不相妨。若有不能合并情形，即照原意进行。时人评估曰，"合并之说，乃绝对不成问题"②。不过，和春一直存在，而1925年的报章，还登载有名为《公济武汉轮渡股份有限公司发给股息通告》的广告，说明至少到做这个广告时，公济公司一直保持独立营业，在竞争中存活了下来。③ 直到1926年，公济公司才从武汉轮渡公司的名单中消失。总的说来，公济公司也可算是民初末期武（武昌）—汉（汉口）线轮渡营运市场上的一大寡头了。而其以强势进入民初武（武昌）—汉（汉口）线轮渡运营市场最终又不免消隐退出，足见民初末期武—汉线轮渡营运市场竞争之激烈。

在民初末期，原先退出的武（武昌）—汉（汉口）线轮渡营运市场的安合公司，又卷土重来，披甲上阵，忝列营运武（武昌）—汉（汉口）线轮渡的轮渡公司的名单之中。它仍旧行驶其原先的线路——王家巷—汉阳门一线。而资料表明，和春公司则至迟在1923年7月以

---

① 文士员编：《武昌要览》，武昌亚新地学社民国十二年（1923）版，第18页。
② 《公济轮渡公司积极进行》，《银行杂志》（1924年1月16日）第1卷第6号，第6页。
③ 载《江声日刊》1925年2月27日第3张第2版。

前，就已改行龙王庙—汉阳门一线。① 安合公司重返武（武昌）—汉（汉口）线轮渡营运市场的时间，很可能就是和春公司改变行驶线的时间。1926年汉口至汉阳和武昌两地的轮渡航线及营运公司情况见表8-3-3：

表8-3-3 1926年汉口过江轮渡航线及营运公司情况简表

轮渡公司	营运线路
安合公司	汉口王家巷—武昌
济川公司	汉口六码头—武昌汉阳门
和春公司	汉口龙王庙—武昌汉阳门
大庆公司	汉口米厂—汉阳东门

资料来源：《轮船公司码头一览表》，载刘再苏编《武汉快览》，世界书局民国十五年（1926）版，第35—36页。

因此，在1921—1926年8月，参与武（武昌）—汉（汉口）线轮渡营业市场竞争的公司有和春、济川、公济、安合四家。其间，自公济公司成立后，市场竞争基本上保持三足鼎立或四强并立的态势，最后鼎足而立的为和春、济川、安合三大寡头。

在1921—1926年8月，体现武（武昌）—汉（汉口）线轮渡营业市场寡头垄断特点的，除了营业专利出现、市场竞争激烈、竞争对手有限诸点之外，就是轮渡市场价格的基本稳定。

在阳（汉阳）—夏（汉口）线，大庆公司每日约每半小时开行一次，每人渡资来去均为60文，这是1920年的价位。② 此后，1921年版的《武汉指南》和1926年版的《武汉快览》，均有关于大庆公司营运阳（汉阳）—夏（汉口）轮渡的记载，但奇怪的是都没有该公司营业定价的记载。该两书记载武（昌）—（汉）阳线营业价位都是60文，

---

① 和春公司曾在1923年8月初的广告中宣布提高龙王庙—汉阳门一线的渡资。见《和春轮船股份有限公司启事》，载《汉口中西报》1923年8月1日、8月14日第3张。
② 武汉书业公会编：《汉口商号名录》，武汉书业公会民国九年（1920）发行，"附汉口指南"，第92页。

估计大庆公司的阳—夏线营业价位也就稳定在 60 文这个水平。①

在武（武昌）—汉（汉口）线，相同子线路上各公司营运价格是一样的。1920 年，由汉口赴武昌小轮有两处，一为俄租界六码头，一为王家巷，均至汉阳门为止。六码头月隔 1 小时开行一次，船资每人来 110 文，去 100 文。王家巷约隔半小时开行 1 次，船资每人来 80 文，去 70 文。安合公司经营王家巷—汉阳门一线，而济川公司经营六码头—汉阳门一线。② 而此前的 1917 年，武（武昌）—汉（汉口）线渡资只需 50 文。③

1921 年，安合公司将运营权让渡给和春公司营运后，和春公司并没有立即变动渡资，只是规定王家巷—汉阳门一线对于无票上船者，上水于原价 8 枚之外加收铜元 2 枚，下水于原价 7 枚之外加收铜元 3 枚，而对于有票上船者渡资仍旧。④ 直至 1926 年，王家巷—汉阳门一线依旧为半小时开 1 班，来去（即上下水）分别为 80 文和 70 文。（据此亦可知，当时渡资征收的铜元为当 10 铜元。）

六码头—汉阳门一线直至 1926 年，仍为每 1 小时开 1 班，来去分别为 110 文和 100 文。

武—汉线的另一支线清佳楼⑤（龙王庙）—汉阳门一线是较后开辟的，其渡资曾经有过 1 次上涨。1923 年，和春公司决定从该年 6 月 1 日起，该线渡资上水加铜元 2 枚，连原价共取铜元 12 枚，下水加铜元 2 枚，连原价共取铜元 10 枚。⑥ 即由原价上下水分别为 100 文和 80 文，

---

① 李继曾、施葆瑛编辑：《武汉指南》，汉口行市日刊报馆民国十年（1921）版，第 15、19 页；刘再苏编：《武汉快览》，世界书局民国十五年（1926）版，第 36、37、42、43 页。

② 武汉书业公会编：《汉口商号名录》，武汉书业公会民国九年（1920）发行，"附汉口指南"，第 53、92 页。

③ [日] 东亚同文会编纂：《支那省别全志·湖北卷》，大正六年（1917）发行，第 50 页。

④ 《汉口和春轮船公司广告》，《国民新报》1921 年 3 月 3 日告白第 6 页。

⑤ 清佳楼即清佳茶楼，在华界河街邱家巷，即龙王庙附近。见《汉口闭市开市情形纪详》，《申报》1908 年 5 月 20 日第 1 张第 4 版。

⑥ 《和春轮船股份有限公司启事》，《汉口中西报》1923 年 8 月 1 日、8 月 14 日第 3 张。

分别增高为 120 文和 100 文。不过，在 1926 年版的《武汉快览》中，只有关于和春公司轮渡行驶该线路的记载，而在《渡江轮船价目表》中却没有该线路渡资的信息。①

从总的情况来看，1921—1926 年，汉口过江轮渡市场中武（武昌）—汉（汉口）线支线的营运价格（即渡资）是比较稳定的。

为了增强竞争实力，诸轮渡公司还增添了新的船只。如：和春公司在 1923 年自称"近年敝公司接办船只加大，招待更周，搭客较前稳速"②。到 1926 年，该公司属下船只至少有 19 艘，包括：股东江秉诚名下的 3 艘——飞凤、飞龙、飞鹰，赵子安名下是 5 艘——华平、安平、吉星、康平、海平，以及冯启钧名下的 11 艘——楚裕、楚德、楚武、楚善、楚盛、利湘、利江、璧源、和平、和安、昌平。1 个商营公司拥有轮渡近 20 艘，规模真不小了。而不愿与和春公司合并的公济公司，为了与和春、济川两公司竞争，在 1924 年年初"派董事吴、萧、韩赴沪，购置轮船四艘，以便在旧历腊月中开班"③。行业巨头因竞争需要而增加新的轮渡，改进基础设备，自然也扩大了各公司的运营规模，促进了民初汉口过江轮渡业的发展。这也反映出 1921—1926 年汉口过江轮渡市场的寡头垄断特点。

2. 大大便利了过江交通，但一直不能满足汉口渡江交通的需要

交通与城市社会经济的发展关系密切，它们互相促进。同时，交通的便利与否是衡量城市市政乃至城市社会发展整体水平的一个重要指标。对于汉口这样一个形如岛屿的大型工商业城市和中国内陆最大的商品转运中心而言，水上交通就显得格外重要，其过江轮渡的商业价值就不仅仅局限与汉口的短途航运业，而且对于整个城市社会经济发展具有非同寻常的意义。

清末民初商营汉口过江轮渡的发展，大大地方便了往来汉口的行

---

① 刘再苏编：《武汉快览》，民国十五年（1926）版，第 36、37、42、43 页。
② 《和春轮船股份有限公司启事》，《汉口中西报》1923 年 8 月 1 日、8 月 14 日第 3 张。
③ 《公济轮渡公司积极进行》，《银行杂志》（1924 年 1 月 16 日）第 1 卷第 6 号，第 6 页。

旅，报载，"武汉自创办轮渡以来，交通颇觉便利"①，"往来上下游之小轮，营运素极发达，行旅亦称便利"②，人们感到过江交通"甚为快捷"③。在阳（汉阳）—夏（汉口）线，大庆轮渡公司复驶后，"商旅俱庆便利"④；在武（武昌）—汉（汉口）线，"武汉长江天堑，风波最险，全赖轮渡以资便利"⑤，而合记公司轮渡营业发达时，"武汉交通之便利亦属空前"⑥。

清末武（武昌）—汉（汉口）线轮渡曾开有夜班，商业由此"大为活跃"，后来夜渡因戒严长期停驶。到了1922年，商界提议恢复小轮夜渡，"以愈【预】谋商业之开展"。⑦汉口过江夜渡的开行，促进了商业的繁荣；停驶，引发了商界为发展商业而试图恢复夜渡的诉求。人们出于发展商业的需要所表现出的对过江夜渡的期待，从一个方面反映出当时汉口商营过江轮渡业的发展对城市社会经济发展的积极作用。

但是，在清末民初，汉口商营过江轮渡服务一直不能满足汉口渡江市场的需要。

从总体而言，清末以来汉口的定居人口和流动人口均增长迅速。1888年的保甲册载，汉口市区人口为180980人。⑧ 1913年警署统计"烟民"（应该指定居人口）为233986人，这还不包括渔民、船户。⑨1917年增至254062人，这个数字应该没有包括流动人口。⑩ 1920年市区正附户人口达704390人，其中附户有18789户（附户当指流动人

---

① 《和春轮船股份有限公司启事》，《汉口中西报》1923年8月1日、8月14日第3张。
② 《小轮之投机营业》，《汉口中西报》1917年12月16日第3张新闻第5页。
③ 文士员编：《武昌要览》，武昌亚新地学社民国十二年（1923）版，第18页。
④ 《阳夏轮渡复活》，《汉口中西报》1917年9月21日第3张新闻第6页。
⑤ 《轮渡议定加价》，《大汉报》1917年3月24日新闻第3张第6页。
⑥ 《利湘轮渡之命祸》，《汉口中西报》1918年10月21日第3张新闻第6页。
⑦ 《武汉轮渡恢复夜班之动机》，《汉口中西报》1922年2月16日第3张。
⑧ 《丁户》，侯祖畲修、吕寅东纂：《夏口县志》民国九年（1920）刻本，卷三"丁赋志"，第1页。
⑨ 徐焕斗修、王夔清纂：《汉口小志》，民国四年（1915）铅印本，"户口志"第1—2页。
⑩ 《夏口人数调查》，《大汉报》1917年3月16日新闻第3张第6页。

口），约计 10 万人。所以当时市区定居人口约 60 万人①，而 1923 年不包括流动人口在内，市区人口已经超过 70 万人。② 日益壮大的人口规模，无疑增加着过江人口的数量，要求轮渡增强载客的速率。

随着工商业的长足发展，交通发展——市内马路增多，京汉铁路通车，汉口自身的吸引力日益增强，使得外地人大量涌向汉口，成为更多流动人口的吸纳地。清末时，外国人就指出，武汉随着轮船、火车等交通设施的改善，流动人口将会持续上升；随着劳动力需求的增加以及吸引力的增强，吸引着越来越多的人离开家园。其中一些人在此定居下来，更多的人根据家庭农事的需要走走停停。到民初时，武汉的劳动力一直供不应求，它对周边那些为营生而犯愁的人具有的魅力也经久不衰。③ 而隔江相望的粤汉铁路的部分开通，进一步导致了汉口过江人流的激增。1918 年，粤汉铁路武昌—蒲圻等段通车后，汉口客商感到"殊为不便"④。后来，京汉铁路管理局开办了京汉、粤汉两路联运轮渡，行旅称便。及至京汉官轮停办，商旅又"均感不便"⑤。但直至民初终了，这种联运轮渡也未能恢复。也就是说，伴随着汉口城市自身的发展，以及汉口与武昌、汉阳城际间相互沟通的需要，过江轮渡需求不断地扩大，城市发展对商营轮渡交通提出了更高的要求——增加轮渡数量、加快运输速度、改善服务质量以适应日益增大的人流需要。

然而，清末民初汉口过江轮渡数量十分有限。1907 年汉口商营过江轮渡只有小蒸汽船 4 只⑥——当时只运营武昌—汉口线。到了 1911 年 6

---

① 《丁户》，侯祖畲修、吕寅东纂：《夏口县志》民国九年（1920）刻本，卷三"丁赋志"，第 1 页。1920 年与 1917 年汉口定居人口数量差距太大，很可能是 1917 年的统计方式与 1920 年的存在差别。1917 年的统计方式应该与 1915 年的差不多。

② 《市区自治之造册忙》，《汉口中西报》1923 年 4 月 12 日第 3 张。

③ ［英］穆和德：《海关十年报告——汉口江汉关（1882—1931）》，李策译，香港天马图书有限公司 1993 年版，第 104、138 页。

④ 《添设夜渡》，《大汉报》1917 年 3 月 10 日新闻第 3 张第 5 页。

⑤ 《铁路联运轮渡行将恢复》，《汉口中西报》1923 年 8 月 16 日第 3 张。

⑥ ［日］水野幸吉：《汉口：中央支那事情》，刘鸿枢等译，上海昌明公司光绪三十四年（1908）发行，第 173 页。

月，武汉有渡江轮船数艘，"来往如织"①。其中，还包括了少数官轮。1912年7月统计的武汉轮渡数量共计18艘，但它们并不是都被官府授权行驶的。②大约在1915—1916年，武昌—汉口线轮渡只有利江、利津、同安、江东、汉东、利湘、楚武、楚裕、楚盛。汉口商营过江轮渡，加速了汉口市内人流、物流、信息流，促进了汉口社会经济的发展。在清末，武汉渡江小轮，开放夜班，商业因之大为活泼。在民初，因时局纷扰，武汉经常处于戒严之中，当局经常禁止夜渡。萧耀南当政后，"商界中有恢复轮渡夜渡9只"③。此后，汉口商营过江轮渡的数量可能在不断地增加。仅和春公司的渡轮就至少有19只。④但直到1925年，报章报道称，"武汉自轮渡兴后，交通虽较便利。然小轮太少，非等候费时，即拥挤不堪"，以至于有军官和商人计划合伙开办汽船公司。⑤

民划的大量存在也反衬出商营轮渡数量的过少。在1917年，阳（汉阳）—夏（汉口）线各码头渡船彼此竞争，交通繁忙。⑥到了1920年，武汉渡江划船还约计不下1000艘。⑦

由于过江人流量日益增大，而商营轮渡所增数量又很有限，因此过江人流量与商营轮渡数量极不相称，这种状况反映在营业方面，就是轮渡营业异常火爆，轮渡往往超载，使得本来安全性能较好的轮渡在载渡时安全系数大为降低。1912年武汉来往过渡者络绎不绝；⑧1916年年

---

① 《两湖公司添驶武汉轮渡》，《申报》1909年5月30日第2张第4版。
② 《武汉轮渡发达》，《国民新报》1912年7月29日第4页。
③ [日]东亚同文会编纂：《支那省别全志·湖北卷》，大正六年（1917）发行，第288页。该书载，前3只为森记所有，后6只为厚记公司所有，而厚记为冯启钧所办，如前所述，曾经转租给合记，1917年报章有关合记公司的记载，但无厚记公司的记载，1918年又有合记公司属下利湘轮渡的报道（见《利湘轮渡之命祸》，《汉口中西报》1918年10月21日第3张新闻第6页），这说明，该书所载厚记公司轮船应该就是合记公司的轮渡。
④ 《处理逆产案之经过详情及逆产案清册》，载《新汉口》第2卷第9期，1930年3月，第76页。
⑤ 《将有汽船公司出现》，《江声日刊》1925年3月29日第2张第3版。
⑥ [日]东亚同文会编纂：《支那省别全志·湖北卷》，大正六年（1917）发行，第50页。
⑦ 《渡船帮建设公所》，《汉口中西报》1920年12月4日第3张。
⑧ 《武汉轮渡发达》，《国民新报》1912年7月29日第4页。

第八章　民初汉口商营型市政的积极展开与城市现代化进程

底，江汉海关发现"武汉轮渡每因渡客拥挤，不无有逾额之时";①1917年年底，搭客异常拥挤;②1919年汉口慈善会"以武汉江面常有覆舟溺毙人命，加以轮渡贪载，冲风破浪，危险堪虞"，特制红船4艘以便救生;③1921年年初，武汉轮渡"搭客异常踊跃，盛暑水涨之时，每次上水动辄装载二三百人之多"④;1922年年初，"武汉各轮，每每多载客人，行驶水面，危险迭见"⑤;直到1925年，还拥挤不堪。如此等等，均反映出当时商营过江轮渡营业畸形火爆，说明商营渡船数量实在是过少。

非但如此，民初汉口商营过江轮渡普遍性地因为贪图厚利，而往往置渡客之安全与便利于不顾。譬如，民初时武昌—汉口线的轮渡公司，有的线路长期（至少从1920—1926年）实行半小时开1班，如王家巷—汉阳门线，有的线路如六码头—汉阳门线，长期（至少从1920—1926年）实行每1小时才开1班，都不肯缩短开班时间，这显然是为了延长候客时间，使每1班次尽量多装人，减少运营成本，实现单位时间内营运效益的最大化。然而，乘客则感到等候费时，渡江交通不便。更有甚者，商营轮渡公司还为减少成本，贪图厚利计，往往少开船只，违章多载装人之外，又加装货物，故而危险时有发生;⑥甚至"往往图利杀班，置渡客之安全与便利于不顾"⑦。如此只顾盈利而不顾公益的行径，使得本来就难以令人满意的轮渡服务，更是不能满足渡江交通需要。因为追求最大商业利益，而极度忽视社会公益，这对于实际上承担着公共交通职能的汉口商营过江轮渡公司而言，这也是服务不佳的一个表现方面。

---

① 《航业近史》，《汉口中西报》1916年12月9日第2张新闻第4页。
② 《小轮之投机营业》，《汉口中西报》1917年12月16日第3张新闻第5页。
③ 《慈善会之推广》，《汉口中西报》1919年9月15日第3张。
④ 《轮渡实行整顿》，《汉口中西报》1921年1月25日第3张。
⑤ 《江汉关取缔小轮满载》，《汉口中西报》1922年2月14日第3张。
⑥ 黄既明：《汉口之航业》，《银行杂志》（1925年8月1日）第2卷第17号，第2页。
⑦ 湖北省政府建设厅编纂：《湖北建设最近概况》，民国二十二年（1933）版，"航政"，第22页。

此外，从腐败不堪的木制官渡的继续存在，我们也可以看出汉口商营过江轮渡服务存在的问题。官渡在晚清时产生并发展，到民初时，一般天气情况下并不参与渡江营业，只是在风浪较大时才开班。1926年，时人称"官办之武汉公渡局，不过有名无实"[①]。有公（官）渡局，就说明官渡存而未废。官渡存而未废，它说明还有存在的必要和合理性，这"必要和合理性"无非就是官渡有较高安全系数。人为导致安全系数不高、以机器为动力的商营轮渡，还不足以完全替代人力操控的木制官渡，也足以反映出商营轮渡服务质量方面存在的严重问题。

综前所述，民初汉口商营轮渡的发展，给乘客带来了便利，但船只过少，服务的质量不高，一直未能满足城市社会经济发展的需要。

3. 总体上看，各层次的管理皆不善

清末民初汉口商营过江轮渡的管理由内至外可以分为三个层次，即商营轮渡公司内部管理、行业管理和政府管理。从当时的情形来看，不论哪一个层次的管理都存在严重的缺陷。

第一层次，各公司内部管理：好坏参半。

有关商营轮渡公司内部管理情形，笔者获得的相关资料很少，难以窥其全貌，更遑论得知各公司内部管理的详细情形了。但从这极为有限的资料中，我们可以了解到以下信息：

晚清时期，商营轮渡公司有的是独力出资办理，如冯启钧经营的厚记和利记公司的渡江轮船，皆为冯氏之产业。[②] 当然也可能有的是合资集股办理，其中多数公司是购有小轮进行经营的，也有部分公司是承租轮船经营的，如两湖轮船公司商营时期就是这样的。它们内部管理的情形不详。

民国时期，由于竞争的日趋激烈，参与市场竞争的汉口商营过江轮渡公司，其资本越来越多，经营的规模不断扩大，以独力经营公司参与汉口过江轮渡运营竞争的可能性越来越小，汉口商营轮渡公司基本上为

---

① 黄既明：《汉口之航业》，《银行杂志》（1925年8月1日）第2卷第17号，第2页。
② 《汉口闭市开市情形纪详》，《申报》1908年5月20日第1张第4版。

第八章 民初汉口商营型市政的积极展开与城市现代化进程

股份有限公司。例如：合记公司和春公司在广告中自称为"和春轮船股份有限公司"①；公济公司在广告中称"公济武汉轮渡股份有限公司"②。而且，民初的轮渡公司，有的本身既经营中程水运，又经营轮渡，如：济川公司；有的在经营轮渡与经营中程水运之间摇摆，如安合公司。这些公司也是股份有限公司。

公司的轮船管理大致情形则是："轮船上的管船员代表船主之责任，工人为包活制，舱面由大副负责，舱里由大车负责。"③

有的公司管理可能较好，如和春公司。最初，由于乘客异常踊跃，该公司对于渡客，并不要求登船之前买票。结果，导致在船上补票的很多。为了加强营业管理，该公司经理打算"自（1921年）春节起，实行所谓无票上船加倍收取之成法，责成司员认真办理，以杜渡客取巧之弊"。最后公司决定，对于无票商船者，上水于原价80文之外加收铜元20文，下水于原价70文之外加收铜元30文。而对于向来只付半价的下等苦力以及小贸之流，则表示如果确系赤贫，仍可以通融。④ 1923年，该公司董事会决定渡资涨价，同时还宣称，它接办武汉轮渡以来，"接办船只加大，招待更周，搭客较前稳速"⑤，说明该公司服务质量得到改善。这可能是由于该公司董事会能够较好地发挥管理作用的缘故。

有的公司管理则很是不善，如公济公司。公济公司自成立以后，内部职员多系筹备时自行推定，并未开股东大会正式组织。经理陈达五营私舞弊，劣迹多端，他竟然以该公司所租船只私自另外组设普济公司，以致引起同业公愤，引发竞争风潮，危及该公司营业前途。该公司董事会、监察员及推定的清账员，不能履行职责。当股东大会决定抛弃

---

① 《和春轮船股份有限公司启事》，《汉口中西报》1923年8月1日、8月14日第3张。
② 《公济武汉轮渡股份有限公司发给股息通告》，《江声日刊》1925年2月27日第3张第2版。
③ 黄既明：《汉口之航业》，《银行杂志》（1925年8月1日）第2卷第17号，第2页。
④ 《轮渡实行整顿》，《汉口中西报》1921年1月25日第3张；《汉口和春轮船公司广告》，《国民新报》1921年3月3日告白第6页。
⑤ 《和春轮船股份有限公司启事》，《汉口中西报》1923年8月1日、8月14日第3张。

1925年春组设的临时委员会而另组临时委员会，对陈达五及公司营业实况开展调查的时候，经理陈达五及司账、庶务员、文牍员等避不接受调查，并揑账不交。① 显然，这种情形绝似宋炜臣主持汉口既济水电公司时期的情形，该公司管理不善的症结自然也在于经理专制，董事会、股东大会等丧失最终决策与监督功能。1926年，公济公司遂退出汉口过江轮渡运营。

因此，从总体情形来看，清末民初汉口商营过江轮渡公司的内部管理，似乎是好坏参半。

第二层次，行业管理：有名无实。

汉口有关航业的行业性管理组织建立于20世纪初年。光绪二十九年（1903），为兴、汉、郧三府商船公会，会址在濒临襄河（汉江）的天宝巷河沿。② 1917年，武汉各轮渡公司都因为欧洲战事发生，煤炭价涨，无不大受亏折。于是，"各轮渡公司会议"，决定无论上、下水，一律涨价10文。③ 就连渡价，也是先由各轮渡公司确定或由各公司协商确定后，再"呈请官厅出示晓谕"④，该会也无权过问。这些情况说明武汉航业公会有名无实。可见，行业管理是通过各公司之间的协调来实现的。

1922年11月的一报道云，"属会前奉交通部指令，改组为武汉航业公会"⑤。同月的另一则广告云，江汉关函转交通部指令，"将商轮公会着改为武汉航业公会……无论轮帆商人及与航业有关系之工商人员，均可前来取阅会章"。⑥ 这说明商轮公会于1922年以前就已经成立（具体时间不确），商营轮渡自然在其管辖之内；武汉航业公会则成立于1922年，它虽不是专门管理某种船只的行业公会，但商营轮渡很可能

---

① 《公济公司之通启》，《国民新报》1925年10月9日第6页。
② 参见《各会馆公所·商船公所》，侯祖畲修、吕寅东纂：《夏口县志》，民国九年（1920）刻本，卷五"建置志"，第31页。
③ 《轮渡议定加价》，《大汉报》1917年3月24日新闻第3张第6页。
④ 《汉口和春轮船公司广告》，《国民新报》1921年3月3日告白第6页。
⑤ 《取缔小轮新章之呈请》，《汉口中西报》1922年11月8日第3张。
⑥ 《武汉航业公会第一次广告》，《汉口中西报》1922年11月25日第2张。

第八章 民初汉口商营型市政的积极展开与城市现代化进程

属其管辖。

令人奇怪的是，在1920年版的《汉口商号名录·汉口指南》、1921年4月版的《武汉指南》和1926年的《武汉快览》中，与行业有关的公会都只载有"商船公会"，地址分别为兴隆巷（濒临襄河）、兴隆街。1922年的一则报道中提到"湖北商轮公会"请求修改取缔小轮的新章程，批评"江汉关所订汉口小轮限制章程"为"摧残轮业之酷法"。[①] 1924年5月的一份报道中，提到管理汉口外江内河之小火轮的组织为"商轮公会"。两则报道应证商轮公会就是湖北商轮公会。这是否意味着商船公会就是（湖北）商轮公会甚至武汉航业公会的前身，以至于人民眼中的商船公会就是（湖北）商轮公会、武汉航业公会呢？不是的。时人黄既明的《汉口之航业》一文曾明确指出，武汉航业公会在五常里，其中轮船帮势力大。工人方面，长江上下水各轮，有海员公会；内河外江之小轮，则有武汉轮工公益会，会设万安巷河边。[②] 可见，商船公会与（湖北）商轮公会是两个分别的航业组织，它并不管轮船，（湖北）商轮公会才管理轮船。

由此看来，直至民初的中期，汉口商营过江轮渡公司才有了行业性的管理机构，它们先后是（湖北）商轮公会和武汉航业公会，而时人一般就将武汉航业公会仍称为商轮公会。

不过，武汉航业公会的权力十分有限。1923年10月，它曾经试图获得"小轮改驶航业，或新请航线，及建造新船"的审查和出具证明书的资格，但交通部以"与例未合，自难照准"为由，予以拒绝。[③] 而此前，该会呈请政府取缔军队拉差，但还是发生了军警强迫登轮致使商船贪载受罚这样的事情。[④] 在这种情形之下，商营汉口过江轮渡公司很难获得高效的行业性管理。

---

① 《取缔小轮新章之呈请》，《汉口中西报》1922年11月8日第3张。
② 黄既明：《汉口之航业》，《银行杂志》（1925年8月1日）第2卷第17号，第2页。
③ 《航业公会整理航业》，《汉口中西报》1923年10月4日第3张。
④ 《航业公会呈请取缔军队拉差》，《汉口中西报》1923年4月6日第3张；《取缔小轮新章之呈请》，《汉口中西报》1922年11月8日第3张。

· 531 ·

第三层次，政府管理：机构众多，宽严失当。

鄂省江港小轮，向无专管机关。清末时"因轮船营业，关系约章，且船钞征收，系属海关管理范围，乃将行驶沿海沿江中外大小商轮，令由交通司委托江汉关理船厅代为管理"①。而成立于 1865 年长江水师下属汉阳标中营，负责武汉三镇水上治安，对于商营轮渡自然也有治安管辖权。1909 年，湖北当局从驻汉水师中抽调力量，单独组设了一支快炮队，负责三镇水上治安，商营轮渡的治安遂处于这支水师快炮队的职司之下。②

自辛亥首义后，所有武汉渡江及行驶黄州等处小火轮，均划归鄂省交通司下属的船政局管理。③ 但大约 5 个月后，各轮均被发还。不过，鄂省交通司有出租武汉公共码头的权力④，对于渡资也有核定权。⑤

民初管理汉口商营轮渡的政府机构，除了交通司及其下属的船政局之外，还有江汉关及其下属的理船厅，以及水警厅与鄂省军、民两府等。

水警厅即 1912 年 10 月由驻汉水师改组而成的水上警察总厅，它负责水上治安。1924 年，水警厅改为湖北省江防局，并在汉口的王家巷、皇经堂等主要口岸设置江防派出所，专门管理过往船舶，并设江防队及舰队，负责三镇水上治安，轮渡自然在其巡防范围之内。⑥ 水警厅等对

---

① 湖北省政府建设厅编纂：《湖北建设最近概况》，民国二十二年（1933）版，"航政"，第 1 页。
② 武汉市水上公安志编委会编纂：《武汉市水上公安志》，内部发行，1997 年版，第 4 页。
③ 《船政局之风潮》，《国民新报》1912 年 8 月 12 日第 4 页。
④ 《利汉轮渡成泡影》，《国民新报》1912 年 8 月 30 日第 4 页。
⑤ 报载，汉昌公司"拟定行驶长水火轮，恪遵司章规定价目外，其有武汉渡江轮船，仿照各国优待军人之例，凡著有军服、军帽者，一律减半收纳，等情。昨特赴交通司呈请出示"（《商轮有待军人》，《国民新报》1912 年 5 月 28 日第 4 页），武汉轮渡"向日渡江，每人船价每照定章"（见《轮渡议定加价》，《大汉报》1917 年 3 月 24 日新闻第 3 张第 6 页）；1921 年，和春公司决定渡资涨价后，又呈请"官厅出示晓谕"（《汉口和春轮船公司广告》，《国民新报》1921 年 3 月 3 日告白第 6 页），这个官厅应该就是交通司。
⑥ 武汉市水上公安志编委会编纂：《武汉市水上公安志》，内部发行，1997 年版，第 6 页。

第八章 民初汉口商营型市政的积极展开与城市现代化进程

于轮渡有监视之责,对于轮渡开班、收班的时间予以监控;防范"奸仇";负责渡船登记——发卖牌照,每年1次。①

江汉关理船厅对于轮渡有派艇巡逻、取缔超载之责②,对于安设趸船有核办权③,对于轮船设备及安全有查验及勒令停驶不安全轮船的权力。④ 汉口检舶所很可能就是江汉关理船厅的下属机构。该机构负有对轮船的安全检查之责。⑤ 对于规范商营轮渡营业的章程,则多由江汉关会同水警厅一起制定。⑥

至于鄂省军民两府、督军和民政长（省长）,都可以直接发号施令,干预轮渡航行的时间。民初湖北政局不稳,当局经常宣布戒严,以致时常重新规定轮渡航行的时间。如:1917年6月武汉戒严,督军王占元限令渡江轮船每晚6:00即须停驶,如渡江小划则由水警监视,亦须于每晚8:00停驶;⑦ 同年12月武汉再次戒严,当局规定将夜渡停止时间由12:00改为下午7:00。⑧

省府还直接决定汉口商营过江轮渡行业的经营政策。如1921年,和春轮渡公司以每年报效省政府捐资1万串为代价,呈请省府不再允许在武（武昌）—汉（汉口）线开办轮渡公司,以防止第三者参与营业竞争,获准。结果,其他小轮公司亦援例呈请。⑨

省府甚至直接介入商营汉口过江轮渡公司之间的营业纠纷。如公济轮渡公司与和春、济川两公司在营业上发生冲突,就呈请省署予以制止,以便获得营业专利,省署为调和起见,批令和春与公济合并办理。

---

① 《取缔渡江小轮》,《汉口中西报》1917年6月12日第3张新闻第6页。
② 《航业近史》,《汉口中西报》1916年12月9日第2张新闻第4页。
③ 《安设趸船立案》,《汉口中西报》1916年11月25日第2张新闻第4页。
④ 《续订取缔轮船法》,《汉口中西报》1916年12月8日第2张新闻第4页。
⑤ 《楚盛轮又炸汽管》,《汉口中西报》1917年7月21日第3张新闻第6页。
⑥ 参见《防范小轮危险法》、《对于小轮四禁令》,分别见《汉口中西报》1916年11月27日、12月1日第2张新闻第4页;《续订取缔轮船法》,《汉口中西报》1916年12月8日第2张新闻第4页。
⑦ 《取缔渡江小轮》,《汉口中西报》1917年6月12日第3张新闻第6页。
⑧ 《禁止夜渡之时间》,《汉口中西报》1917年12月17日第3张新闻第6页。
⑨ 黄既明:《汉口之航业》,《银行杂志》(1925年8月1日)第2卷第17号,第2页。

而不愿意合并的公济公司又派董事某君等面谒督军萧耀南进行斡旋,萧又表示两公司若有不能合并情形,即照原意进行。①

上述情形表明,清末民初管理汉口商营轮渡公司的政府机构众多,而这些机构又都在省府的管辖之下,或者省府对其有节制之权,夏口厅、夏口县在管理中未能有何作为,说明省府在根本上把控着汉口水上公共交通的管理权。

在上述众多的机构中,负责对汉口商营过江轮渡进行日常营运管理的,主要是江汉关和水警厅。总的来说,这两个机构对于汉口商营过江轮渡的管理是宽严失度。

所谓管理"严",首先是指所订管理章程越订越严密和严厉。就1915—1922年这个时段内而言,笔者所知由江汉关颁布的有关小轮(包括轮渡在内)的管理章程先后有《防险章程》(1915年正月订定,其内容不得而知)②、《防范小轮危险法》(由水警厅会同江汉关颁布于1916年11月)、《小轮四禁令》(由江汉关与水警厅会同颁布于1916年11月31日)、《续订取缔轮船法》(1916年12月8日前)、《限制小轮章程》(1920年颁布)、《修改续订限制汉口小轮新章十三条》(1922年5月1日),这些章程一个比一个严密厉苛,故民初之末,时人谓"内河小轮章程取缔固严"③。

《防范小轮危险法》,内容共8条,主要内容可归结为4点:其一,规定小轮必须具备的安全设施与重要设备标准,如轮身四周安设铁栏,设备救命圈、救火水筒、锅炉气压表、塞门、气门必须具备或另有备用者,必须符合安设标准。其二,禁载危险物品,私载火油(煤油)者每件罚银20两,载火药类违禁品者将小轮扣留,并重罚私带者。其三,小轮机件完好才能开驶,中途出险应停驶或尽量帮助乘客脱险,违者重

---

① 《公济轮渡公司积极进行》,《银行杂志》(1924年1月16日)第1卷第6号,第6页。
② 该章程仅见有报道提及(见《续订取缔轮船法》,载《汉口中西报》1916年12月8日第2张新闻第4页)。
③ 黄既明:《汉口之航业》,《银行杂志》(1925年8月1日)第2卷第17号,第1页。

罚船主和领江。其四，小轮应将载客限额以小牌标示船舱上，以便查验，逾额超载则"照章罚银500两"，如果出险则还要另议严办。夜间行船疏忽导致失事，则惟船主是问。①此法令是对于前有章程如《防险章程》等的补充、完善。而"照章罚银500两"说明原有超载罚则就比较严厉，此次罚则更加完善，也就更加严厉。

《小轮四禁令》与《防范小轮危险法》几乎同时颁布，其内容共4条，即禁逾额多载（防止商轮通过书面涂改报关人数作弊而超载），禁中途停驶（防止沿途加载），禁借故过载（防止借口机器故障，在行驶途中将一轮中的乘客加载到另一轮中，导致严重超载），禁漠视坐客（要求固定座位数以免拥挤而发生危险）。②此禁令直接针对小轮营业的突出超载弊端而制定，可谓对症下药。它是对《防范小轮危险法》中有关超载内容的补充，因而也更加严密。

《续订取缔轮船法》内容共12条，此法除进一步完善商轮营业规范（如：小轮停泊是最多只准排列2排；对于设立码头有明确规定；不许当街强行拉客；舵工如觉危险，不论超载还是不满额，账房——小轮经理必须听从等）以外，其突出之点在于处罚更为严苛。如：对于未按规定在船内悬挂《防险章程》及本章程的，或查验官员索阅章程拒不出示者，均罚关平银50两；小轮苛索乘客酒资，每次最多可罚关平银350两之多；若查出小轮司机、舵工系滥竽充数者，罚船主关平银500两；查出超载者，即使多载1人，也要罚船主关平银500两，并将账房、舵工交地方官从重惩办；经理船厅安检应停驶或经安检后损坏不能行驶而蒙混行驶，一经查出，罚船主关平银500两，并严惩司机及舵工。③

《限制小轮章程》及其后的《修改续订限制汉口小轮新章十三条》，较此前各章程更为严厉，以致引起湖北商轮公会的强烈抗议并呈请改订章程。1922年湖北商轮公会的呈中云：

---

① 《防护小轮危险法》，《汉口中西报》1916年11月27日第2张新闻第4页。
② 《对于小轮四禁令》，《汉口中西报》1916年12月1日第2张新闻第4页。
③ 《续订取缔轮船法》，《汉口中西报》1916年12月8日第2张新闻第4页。

考世界各国规定违警之处罚,均极轻微。即英国取缔轮船制度,亦只有逾越定额每人罚银二两之规定。所以从轻罚者,其目的不在罚金,而使人知所警惕……无果违警罚法,尚采世界制度规定,惟江汉关所订小轮限制章程,近年以来,一再变本加厉,致令预防危险之关章,变为摧残轮业之酷法,不但违警罚则之原理,相去甚远,且较新刑律所订罚金额,更为加重。属会同人,受此苛章痛苦,对于九年颁布之《限制小轮章程》,曾经联名向江汉关一再请愿,请求修改在案……本年五月一日,江汉关又公布《修改续订限制汉口小轮新章十三条》,除一、二、三、四、五、六等条,尚可通行无阻外,其余各条,均较前章更为峻厉。施行甫及数月,而内河外江各小轮,受新章之苛罚,停班歇贸,迄今不能复业者,比比皆是。①

从商轮公会的诉愿不难看出,当局所订管理章程越订越严密和苛厉。

所谓管理"严",还指有时执行管理章程严,尤其指严厉执行管理时对违章行为的处罚特别严苛,前引湖北商轮公会的请愿呈辞就很好地说明了这一点。而在特定情况下或时段内,当局执行管理章程又较平常严厉。譬如说,戒严期间,事关(当局关切的)治安的时候,就严厉执行得停班,所谓"水警厅对于武汉渡划及他项船只取缔素严,盖虑奸仇匿迹也"②,"当斯戒严起见,禁止夜渡……不得似前,任意行驶……违者即予究惩,盖虑奸仇混迹也"③,就是这两种情况下执行管理"严厉"的生动反映。

还有一种情况下执行管理"严",就是危险迭见后。如,1916年报载,"小轮容量各有定额,不得逾额多载,致濒危险,刻下武汉轮渡每因渡客拥挤,不无有逾额之时,故近日江汉关理船厅对于轮渡,非常注

---

① 《取缔小轮新章之呈请》,《汉口中西报》1922年11月8日第3张。
② 《取缔划户之新牌照》,《汉口中西报》1917年7月24日第3张新闻第6页。
③ 《禁止夜渡之时间》,《汉口中西报》1917年12月17日第3张新闻第6页。

第八章 民初汉口商营型市政的积极展开与城市现代化进程

意,不时在中流查点人数,如果发现多装事实,即照章执行处罚"①。1922年2月,江汉关"以武汉各轮,每每多载客人,行驶水面,危险迭见。该关刻又接外界来函,谓轮船贪载,请加取缔"。于是,该关于该月13日派出差轮汉霆,梭巡于各轮船码头,取缔轮船贪载。②

由此可知,前述所谓的执行管理严也只是间断性地严,不是一以贯之地严。

然而,在多数时候,当局对于违章情事不是严格按管理章程行事,而是睁一只眼闭一只眼,极度放任。对此,时人已有评述:

> 外江行驶者均为大轮船……内河及内港,均为小轮,但一律须遵守海关章程……小轮则每日只报人数,不报装货之事。有时装人过多,则所报之数相差悬远,海关明知有故,但查不胜查,偶而查出,照章取罚。
>
> ……各公司为减少成本,贪图厚利计,往往少开船只,违章多在装人之外,又加装货,危险虽时有发生,官厅从无彻底之究办。③

因此,江汉关和水警厅对汉口商营轮渡的管理,从总的方面来说宽严失度,并没有很好地履行官方对于汉口商营过江轮渡的管理职能。结果,正如前文所述的那样,商营轮渡图利,每每故意少开船只、杀班、超载,营业更显得异常火爆,服务质量差,运营时危险迭见,置乘客之便利与安全于不顾,营运的安全系数较正常情况下大为降低,甚至"已坏之轮照样行驶,所有汉口检舶所大约从不过问"④。在晚清乃至民初之中,时被外国人惊叹为"老朽不堪"和"老朽的"的利记、厚记

---

① 《航业近史·海关抽查小轮》,《汉口中西报》1916年12月9日第2张新闻第4页。
② 《江汉关取缔小轮满载》,《汉口中西报》1922年2月14日第3张。
③ 黄既明:《汉口之航业》,《银行杂志》(1925年8月1日)第2卷第17号,第1、2页。
④ 《楚盛轮又炸汽管》,《汉口中西报》1917年7月21日第3张新闻第6页。

渡江轮渡[①]，至民初之终仍照样行驶，直至被划为"逆产"为止。汉口商营过江轮渡营运的种种不规范甚至危险的作为，从另一个方面表明，官方对商营轮渡监管不力，管理过于松弛，严厉的管理章程往往沦为一纸空文。

民初汉口商营过江轮渡运营竞争激烈，参与竞争的商营轮渡公司的规模不断扩大，显示出民初汉口水上公共交通不断向前发展并促进城市社会经济发展的一面。但是，民初汉口商营过江轮渡数量过少，各个层次的组织主体对于汉口商营轮渡公司的管理均不尽如人意——公司内部管理良莠不齐，轮商重视商业利益而忽视社会公益，营业服务质量不高；行业管理由于政府不肯放权而有名无实；地方政府手执太阿但又宽严失度，不能很好地规划和规范汉口商营过江轮渡市场，未能充分地关注汉口水上公共交通与城市社会经济发展，这更促使轮商只顾眼前利益而忽视城市公共交通利益，如此等等，均制约着民初汉口商营过江轮渡交通的发展，从而也制约了汉口社会经济的发展。

商营过江轮渡于清末就很快确立了其在汉口过江轮渡营运市场中的主导地位，并显示出较好的发展势头。在民初，除了短暂的官营时期以外，商营过江轮渡也成为经营汉口过江轮渡交通的最重要的主体。虽然最终商人主导着民初汉口水上公共交通事业，但是汉口一直缺乏以市区为专管区域的专门机构进行有效管理，和方便水上公共交通的码头建设，因而未能很好地纳入城市规划，成为市政改良的关注点，从而制约了民初汉口水上公共交通进一步发展的步伐。直到市政府建立之后，尤其是刘文岛执政时期，才加强码头建设，一改汉口"码头凸凹污乱"[②]的情势，注重市区道路建设与水上交通的连接，汉口的水上公共交通才有了显著的进步，水陆联运才进入了一个新的发展阶段，整个城市的公

---

① ［日］水野幸吉：《汉口：中央支那事情》，刘鸿枢等译，上海昌明公司光绪三十四年（1908）发行，第173—174页；［日］东亚同文会编纂：《支那省别全志·湖北卷》，大正六年（1917）发行，第50页。

② 湖北省政府建设厅编纂：《湖北建设最近概况》，民国二十二年（1933）版，"航政"，第22页。

共交通因此而得以飞跃式的发展。

民初汉口商营水上公共交通的情形再次表明，市政的发展如果不能突破体制的束缚，实现市政体制与城市社会经济的协调发展，就很难充分地体现城市本身的发展要求，实现城市自身利益的最大化。

四 兴建大型综合性公共游艺场与大众娱乐休闲生活的现代化

如果说营建于清末的华商夜总会所体现出娱乐休闲的公共性还不够广泛的话，那么，民初建立的老圃、新市场和怡园，则是公共性十足的综合性娱乐休闲场所，不断趋新的陈设与雅俗共赏的文化品位，使它们成为了汉口大众时尚休闲娱乐的代表。而广告中的汉口模范村夜花园则以清雅自居，显系殷实官、商的休闲娱乐场，展示了民初汉口大众娱乐的另一面。

（一）不断拓展趋新的老圃

老圃是汉口最早的综合游乐场所，其前身为爱国花园——民国三年（1914）初建，与歆生路（今江汉路之一段）头处京汉铁路北面汉口最著名的私家花园——刘园隔路相望。后来，园内于1916年又添设了用于演出的舞台，爱国花园逐渐演变为大众娱乐场地。不过，该园经营状况并不好。1917年，湖北剧学会主席、新剧名家朱双云，邀集汉口商界，集资改建了爱国花园，并改名为老圃游艺场。经爱国花园改造而来的老圃，园内设有4个舞台：可以容纳2000观众的大型剧场——西舞台及东舞台、南舞台、笑舞台3个中型舞台，此外，还设有茶廊、小吃部、写真馆、小卖部等。[①]

该园采取招商经营的形式进行商业性运作，国内戏剧名家、民间艺

[①] 参见涂文学主编《武汉通史·中华民国卷》下，武汉出版社2006年版，第269—270页。

人的杂技、曲艺，以及国内外电影大片，均为老圃商业运作过程中用以吸引游乐者而与竞争对手争夺顾客的上手牌。

不过，老圃作为汉口最早的综合性游乐场所，其地位在20世纪20年代为另一座更大的综合性游乐场所所取代，这就是新市场。

（二）令人耳目一新的新市场

新市场初名汉口新世界（Hankow New World），是民初汉口最大最著名的综合性公共娱乐场地，也是当时全国大型综合性游乐场所之一。20世纪20年代出版的有关汉口或武汉的介绍性读物，在介绍汉口的游艺场时，总是先重点介绍新市场，后略及其他。1920年版的《汉口商号名录·汉口指南》、1921年版的《武汉快览》及1926年版的《武汉快览》，莫不如此，足见当时新市场实为汉口乃至武汉三镇公共娱乐时尚之翘楚。

新市场位于当时后城马路以东、土垱街以西、贤乐巷以北（即今天中山大道以东、统一街以西、六渡桥一带）的夹角地带内，并靠近后城马路。该地段在早先的时候为黄陂、孝感两县民船经过黄孝河到汉口起岸的终点，为可通舟船的水码头。后来，河道淤塞，逐渐形成陆地，被德商咪吔洋行牛皮厂用作晒牛皮的场地。这块地后来被华商购得，用以建筑新市场。

既有的研究认为，时任稽查处处长的刘友才为新市场的最初发起人，由他出面召集汉口商界和政界中的头面人物，诸如：政界中人有大军阀、湖北督军王占元、官僚杜锡钧（曾任汉口镇守使）；商界中人有华商总会中的大买办，大商人王柏年、刘象曦、蒋沛霖、周星棠、陈文生等。他们集资筹组成两大公司，一个为"汉口新市场协利股份有限公司"，另一个为"协兴房地产公司"。[①] 笔者所见报载，最先发起建设新市场的是巨商刘歆生和杜树棠（堂）等[②]。

[①] 章志杰：《汉口的"新市场"——"民众乐园"介绍之一》，武汉地方志编辑室编：《武汉春秋》1984年第2期，第24页。

[②] 《新市场之工程》，《汉口中西报》1918年10月30日第3张新闻第5页。

第八章 民初汉口商营型市政的积极展开与城市现代化进程

新市场是仿照上海大世界设计的,从民国七年(1918)农历八月开始动工兴建①,最初估计建筑费用为20万元,不料到1918年10月底的时候,"除由刘君经手筹集股款二十万元及【其】他各股东所认二十万元,共四十万元,尚不敷甚巨"②。所以,新市场在建设的过程中仍在不断地集股筹资。新市场建筑分前后两部分别进行,前半部包括正面大门、七层圆顶大厅及其左右两侧三层楼房,和中间的杂技厅——"雍和厅",由协利公司承建;后半部包括大舞台、新舞台以及贤乐巷、协兴里一带住房20余栋,由协兴公司承建。建筑的材质为钢筋水泥。③前半部大约在1919年农历四月中旬告竣。④后半部于1920年阴历二月建成。全园占地面积12187平方米,规模十分可观。全部建筑都租给协利公司统一经营。⑤

在新市场前半部即将建成的1918年4月中旬,当事者就已经确定新市场于该年五月初四日开市,并定制壁式绘画广告和悬挂式广告,以大事张扬。一时间,宣传新市场的广告,遍及汉口大街小巷的墙壁上或各街巷路口,以为新市场的开张张目。⑥新市场开始营业时,三镇士女老少"联袂而来","趋趋跄跄,车水马龙,门庭若市,创汉口空前之奇观",游者以为极尽"娱乐之妙境"。⑦

新市场内的各项设施和经营方式完全仿照上海大世界的做法,场内布置有用以上演旧戏、文明新戏、杂技、魔术的三个剧场,两个书场,以及哈哈亭(即哈哈镜)、X光、电梯、机器游戏、动物园、陈列室、喷水池、弹子房、中西餐厅等,集游乐、观光、娱乐、购物等功能于一身。

---

① 《新市场之成立期》,《汉口中西报》1919年4月11日第3张。
② 《新市场之工程》,《汉口中西报》1918年10月30日第3张新闻第5页。
③ [日]内田左和吉:《武汉巷史》,(中日文化协会武汉分会委托)思明堂1944年发行,第230页。
④ 《新市场之成立期》,《汉口中西报》1919年4月11日第3张。
⑤ 章志杰:《汉口的"新市场"——"民众乐园"介绍之一》,武汉地方志编辑室编:《武汉春秋》1984年第2期,第25页。
⑥ 《市场现在》,《汉口中西报》1919年4月17日第3张。
⑦ 严铁颜:《恭祝纪念庆贺节喜》,转引自《武汉文化史料》第3辑(内部资料),1983年,第132页。

新市场每天营业时间为上午 11：00 时至午夜 12：00 时，门票每人铜元 24 枚。如果要购中餐券，每人 0.5 元；要购西餐券，则每人 1 元，内中均含门票费。① 对于普通市民而言，每人每次 1 元或 0.5 元这样的高消费固然难以接受，但以每人每次铜元 24 枚这样的普通价位，而得于此一享耳目声色之虞，大开眼界，还是可以接受的。

(三) 推陈出新的怡园

除了前述新建的娱乐场所之外，清末民初的汉口还存在着由旧式娱乐设施改造而成的新式娱乐设施，以及在原有娱乐场所的基础上翻新而来的新式娱乐设施。

旧式的娱乐场所多为一些以卖茶水为经营主要手段的茶园，他们在民初逐渐改为新式的娱乐场所——新式戏院，其功能虽不及老圃和新市场全，但也是当时汉口新式娱乐设施的主要组成部分之一。这些新式的戏院，有的名实具改，如 1914 年天仙茶园率先改名天仙大舞台，1919 年新名茶园改为美商大舞台，二者均不再以卖茶水为主，而以卖戏院入场券为主。还有一些虽未改名而实已改为新式戏院的茶园，如丹桂茶园、天一茶园、清正茶园等，而怡园就是其中典型的以旧改新的公共娱乐场所。

怡园在今中山大道江汉路口，建于 1903 年，初名群仙茶园，后改新式戏院，不过只上演女戏。其女班戏十分出名，有诗云，"为爱女儿声色好，马车夜夜到怡园"②。怡园广告也自称"汉皋第一名剧场，开演女班戏十余年"。1917 年，怡园再次以经过改造的新面孔出现，宣布改演有益国家社会之新剧，聘请新剧界中称第一之顾无为等戏剧界名流演出新戏，室内装饰"彩景焕然一新，色色鲜明，样样精致。礼聘中

---

① 参见章志杰《汉口的"新市场"——"民众乐园"介绍之一》，武汉地方志编辑室编：《武汉春秋》1984 年第 2 期，第 25 页；武汉书业公会编：《汉口商号名录》，武汉书业公会民国九年（1920）发行，"附汉口指南"，第 118 页。

② 《髦儿戏》之"题解"，徐明庭辑校：《武汉竹枝词》，湖北人民出版社 1999 年版，第 235 页。

国第一大书家王悲厂先生任绘画。不惜巨资,由外洋新购彩景材料,五色美丽电光,活动布景";剧场宽敞,座位适宜,满装电扇;招待殷勤,无慢客之弊。[1] 至此,怡园形质俱变,成为更为新式的公共娱乐场所和汉口新式文化艺术的传播地之一。

(四) 广告中的汉口模范村夜花园

汉口模范村夜花园,可能是民初后期经改建翻新而成的又一新式公共娱乐场所。1924年,京汉铁路以西建于清末的德国球场(原由德国工部局建,位于铁路外鸭蛋壳,后改为亚单角,今万科广场),被湖北地方当局收回。在未收回之前,"华人窥墙有禁……可望而不可及"。德国球场经德国人经营二十余年,环境很是不错,据称"清幽旷洁","参天高树,到处成林;细草如茵,弥望一碧"。收回之时,鄂省当局正高唱"自治",汉口商界计划在此再建设一座模范村,并美其名曰"为鄂自治之先导"。计划中的新模范村将一改德国球场之遗迹,预定建设时间为当年秋后。[2]

在正式建筑该模范村以前,汉口商人们在此建成了"模范村夜花园",在原有设施的基础上,添设电影院(文明电影厂1处,露天电影2处)、滑冰场、网球场、阅报室、茗座、棋簃、西餐、中酌,以及冰水、鲜菜、藤椅、竹榻。该园开放3个月——自农历六月十五日至九月十五(阳历7月16日至10月13日),以作为收回球场之纪念。该园对于游园者,"薄收游资,以供招待之费"。

与一般的游乐场所相比,该园格调比较高雅。据该园广告称,"管理章程严肃,不至演有伤风败俗之事";"不设备项杂耍"。[3] 从园内摆设及这两点告白来看,其娱乐功能和大众化的程度是远不及老圃和新市场的。只是不知该村在后来是否动工,该园后来状况如何。

---

[1] 《请看今后之怡园》,《汉口新闻报》1917年8月5日告白第4张第7页。
[2] 民国中期,汉口市政府在该地建设了公共住宅区,亦名模范村。
[3] 《汉口模范村花园广告(一)》《汉口模范村花园广告(二)》,《汉口新闻报》1924年7月21日告白第2张第4页。

此外，一些大型旅馆均附设有新式的娱乐设施，一码头的汉口大旅馆就是这样的场所。

清末民初商营型新式场馆的建设，新式娱乐设施的建立，以及新式娱乐形式的大量引进，拓展了汉口这个传统的商业城市和新兴工业城市社会的公共活动空间，使近代汉口城市文化更趋多元化，娱乐生活多样化，汉口城市社会生活更为丰富多彩，更富现代气息。而随着这些新式场馆的商业化运作的展开，汉口城市商业活动也变得更为频繁，城市交通及服务行业等的更加发展，城市社会经济也由此进一步向前发展。

第九章

民国中后期市政府市政主导权的确立与汉口商人自治型市政的蜕变

民初汉口商人社团组织未能确立起其对汉口市政的绝对主导权，官办市政也无法确立起其对汉口市政的绝对主导权，汉口一度形成了民治（商人自治）与官治并存，地方政府与民间社团争相主导市政的局面。然而，从总体上看，它们均没能成功地办理汉口市政。在这样的情势之下，民初汉口市政建设与市政体制变革一误再误，汉口市政亟须打破因官府与商界争相主导而出现的双轴低效运转局面。

进入民国中期，新兴的政治势力显然无意将城市控制权全盘委让给曾经希望建立城市自治政权的汉口商界，但要退回到旧式的国家专制城市的局面，又显然是不可能的。于是，一种既不同于原有官治又不同于既有民治（商人自治）的新的城市管理体制与市政模式——城市政府主导市政的市政模式在汉口产生了。与此同时，先前的商人社团组织则在被刷新的汉口市政舞台上，无可奈何地卸下"自治"衣装，在新时期的汉口市政建设和管理中名副其实地扮演着配角，商人自治型市政随之淡出汉口历史舞台。

一 市政府市政主导权的确立

城市政府市政权主导的确立，必须具备两个前提：

其一，市制的确立。这是城市政府主导市政的最基本前提，因为无市制就不可能有市政府，也就无所谓市政府主导市政。在民国中期以前，汉口虽然"早已存在一种传统的、相对独立的城市管理体系"①，但它毕竟只是省、府、县、厅辖区内一个大市场或大商场，而不是相对独立的行政实体。故民初葛雷武和汤震龙制定的汉口市政计划都名为《建筑汉口商场计划书》，汉口市政借款被名为"汉口商场借款"。也正是由于官府仅仅将汉口作为辖区内的一个特别经济区域对待，并无意放弃对它的直接控制，汉口才一直没有成为单立行政市，或者成为市行政实体下的区域，汉口市区内的组织——不论是官方机构还是民间社团，一直无法主导市政。民国中期，宁波、安庆、芜湖、苏州等城市先曾建立市制和市政府，后因国民政府将其市制取消，这些城市的市政无法市办，"各处的市政，多成了无声无臭"②。清末民初汉口、宁波等城市的情形说明，要实现城市政府主导市政，就必须建立以市区为辖域的城市政府，必须确立市制。

其二，作为统辖市区的单立行政实体——市政府具有主导市政的合法资格。这是确保城市政府主导市政的又一重要前提。晚清政府曾专设夏口厅管理汉口镇，从辖域来讲，夏口厅是具有单立行政区性质的行政实体；从建制级别来讲，夏口厅大体相当于城市政府了。然而在事实上，夏口厅因一直未被授予统一管理汉口市政的资格，根本就无法主导汉口市政。这说明城市政府要主导市政，还必须获得权威授予的主导市政的合法资格。

上述两大前提，实际上是一个问题的两个方面：一存则俱存；一废则两废。

民国中期以后，汉口市制尽管多变，但自建立以后，就一直延续存在，除了特殊时期——沦陷时期以外，其市政主导权均有法律保障，市政府主导市政的市政体制遂确立了下来。

---

① ［美］罗威廉：《汉口：一个中国城市的商业和社会（1796—1889）》，江溶、鲁西奇译，彭雨新、鲁西奇校，中国人民大学出版社2005年版，第47页。
② 董修甲：《中国的市政问题》，《道路月刊》第49卷第3号，1936年3月15日，第13页。

第九章　民国中后期市政府市政主导权的确立与汉口商人自治型市政的蜕变

（一）1927—1936年市制在全国范围内确立

从武汉国民政府时期开始，市制就被纳入政府行政布局的视野，武汉三镇成为新政府推行市制的第一站。从1927年4月18日南京国民政府建立至1928年6月，南京、上海、北平、天津、安庆、宁波、杭州、南昌、梧州等城市纷纷成立市政府。这些市政府的成立，是国家法律——权威认可的结果。

从1928年开始，南京国民政府先后颁布了多种全国性的市组织法规：1928年7月颁布了《特别市组织法》和《市组织法》，1930年5月颁布了《市组织法》，1932年颁布了《市参议会组织法》，等等。这些全国性市组织法规的颁布，标志着"市"作为一种新的地方行政体制于法律层面上在全国范围内确立了。[①]

在1928年《特别市组织法》和《市组织法》颁布至1930年新的《市组织法》颁布之前的这段时间里，全国又有一批城市建立了市制，成立了市政府，如青岛、苏州、开封、郑州、九江、成都、兰州、南宁。从1930年《市组织法》颁布至1936年，复有一批城市成立了市政府，诸如：贵阳、汕头、重庆、济南、长沙、昆明、厦门。随着新的《市组织法》颁布，一批已经建市的城市，其市制发生了变化：有的由国民政府直辖的特别市改为由国民政府行政院直辖的院辖市，如南京、上海、北平、天津、青岛、汉口；有的由特别市降为普通市，如天津院辖市因河北省会由北平移设天津而于1930年11月降为河北省辖市，广州特别市亦因系省会所在地而于1930年8月降为省辖市，汉口亦于1931年5月由院辖市改为省辖市；有的则恢复旧市制或恢复设市，如：1935年6月河北省会移迁保定，天津恢复院辖市地位，1936年1月开

[①] 民初北京政府颁布的《市自治制》只是第一个市制法规，而"市"作为一种新的地方行政体制并未依法得到普遍推行。江苏省政府与临时执政府之间在淞沪特别市市宪制定上的反复较量，多个城市申请设立市或特别市难得中央政府认可，已制定市组织法规的又并未真正得到施行，而南方政权又在南方推行其认可的市制，仅此几点就可以说明民初颁布的《市自治制》，只是为设市提供了一定的法律依据，但市制在法律层面上并未在全国确立起来。

封恢复设市；也有的市政府被撤销，如：安庆市、郑州市、宁波市、南昌市、九江市、梧州市。有关 1927—1936 年特别市市政府的建置沿革的情况见表 9-1-1，有关普通市的设置、存废的详细情况，请参阅赵可《市政改革与城市发展》中的相关内容。

表 9-1-1　　　　1927—1936 年特别市市政府建置沿革简表

名称	始置时间	沿革
南京市	1927 年 5 月	1927 年 5 月批准、6 月建立南京特别市；1930 年 7 月改为院辖市
上海市	1927 年 7 月	1927 年批准为上海特别市，1930 年 7 月改为院辖市
北平市	1928 年 6 月	1928 年 6 月设置北平特别市，1930 年 7 月改为河北省辖市（因河北省会设于北平）；河北省会迁至天津后于 1930 年 11 月改为院辖市
天津市	1928 年 6 月	1928 年 6 月设置天津特别市，1930 年 6 月改为院辖市，11 月，河北省会移驻天津，遂降为河北省辖市；1935 年 6 月河北省会移往保定，遂又恢复为院辖市
青岛市	1929 年 5 月	1929 年 5 月公布设置青岛特别市，1930 年 7 月改为院辖市
广州市	1930 年 1 月	1930 年 1 月定名为广州特别市；1930 年降为省辖市
汉口市	1929 年 6 月	1929 年 6 月设立汉口特别市；1930 年 6 月改为院辖市；1931 年 6 月行政院决定改为湖北省辖市，7 月 1 日正式改为省辖市

说明：1. 此表依据《特别市（或院辖市）设置及沿革表》（见赵可《市政改革与城市发展》，中国大百科全书出版社 2004 年版，第 196—197 页）简化制作，并对其中有关汉口市沿革的情况进行了订正。

2. 1930 年《市组织法》规定省政府所在城市直辖于省政府；特别市直辖于国民政府行政院，特别市的名称去掉"特别"2 字，直接称"××市"。

虽然 1927—1936 年间全国建市城市的市制总体上变动频繁，甚至有的城市被废除市制，但是这些情况都没有从根本上动摇南京国民政府时期的市制。大批市在全国各地建立起来，成为国民政府治下的行政实体，并且多数城市立市后市制得到了延续，"市"从此已不仅是国家法律条文中的行政组织，还是国家现实政治行政体制的实实在在的组成部分。如此情形表明，从 1927—1936 年，市制在全国范围内确立起来了。

第九章　民国中后期市政府市政主导权的确立与汉口商人自治型市政的蜕变

（二）汉口市制的创建及演变

1926年9月7日，国民革命军攻占了汉口。随后，蒋介石任命刘文岛为汉口市市长。武汉国民政府成立后，汉口与武昌汉阳同属京兆区。之后成立的湖北省政务委员会制定并颁布了《汉口市暂行条例》。该条例共8章47条，规定新设立的汉口市"直隶于湖北省政府，不入于夏口县行政范围"。从此，汉口市区才彻底地从县行政的管辖下解放出来，真正成为单立的行政区域。汉口成为1926年以后最早成立市政府的中国城市。

汉口市政府的下属机构，除第一特区（原德租界）管理局、第二特区（原俄租界）管理局之外，还成立了财政、工务、公安、教育、卫生、统计6个局，以及秘书、审计两个处，各局各设局长一人。同时，设立由市长及各局局长组成的汉口市政委员会，以市长为主席。市政委员会委员及市长均由国民政府任命，各局局长除审计处长由湖北省政府任命之外，其余各局长均由市长呈请湖北省政府任命。汉口市的行政事务由市政委员会议决执行。根据该条例，汉口市还设立了代表市民辅助市行政的代议机关——参事会。[1]

1926年10月7日，汉口市政府正式成立。在第一任市长刘文岛的主持下，第一届汉口市政府成立了起来。时人评论说，"依据《汉口市暂行条例》，汉口市之市制，除细枝末节外，大体与广州差不多"[2]。而汉口市政府的实际组织情形也的确如此，故曾任广州市长的孙科说："汉口市政委员会的组织大体和广州市差不多。"[3]

---

[1]《汉口市暂行条例》，《市政周刊》（1927年1月）第1卷第1期，第7页。事实上，湖北省政府由于迁都之争等原因，直到1927年4月10日方告正式成立，此前，代表湖北省政府综理全省政务的一直是成立于1926年9月下旬的湖北政务委员会。见田子渝、黄华文《湖北通史·民国卷》，章开沅、罗福惠、张正明主编，华中师范大学出版社1999年版，第167、684页。

[2] 希荣：《我国现行市制述评》，《市政周刊》（1927年1月）第1卷第4、5期合刊，第5页。

[3] 孙科：《市政问题》，《市政周刊》第1卷第2期（1927年1月）。亦见武汉地方志编纂委员会办公室编、田子渝主编《武汉国民政府史料》，武汉出版社2005年版，第357页。

近代汉口市政研究（1861—1949）

第一届汉口市政府组织的大体情形如图 9 – 1 – 1（附广州市政厅组织结构图 9 – 1 – 2）：

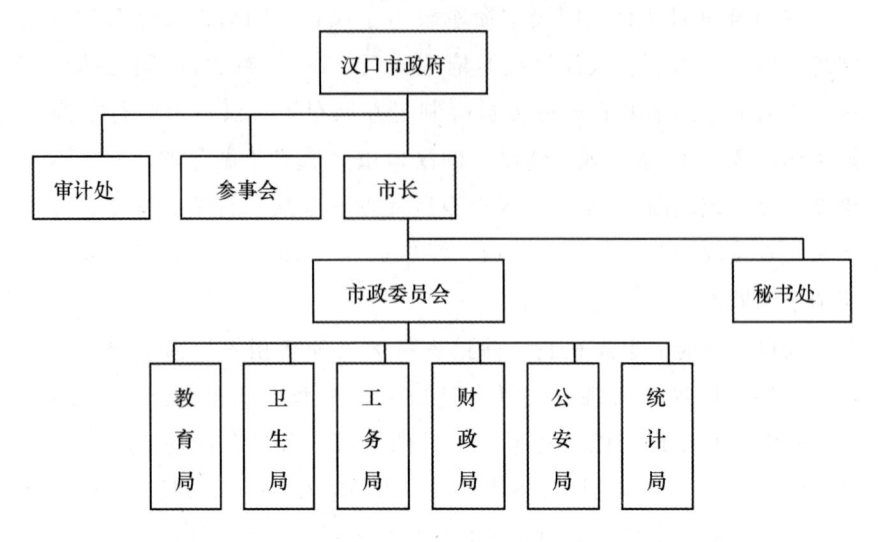

图 9 – 1 – 1　汉口市政府（1926.10—1927.3）组织结构图

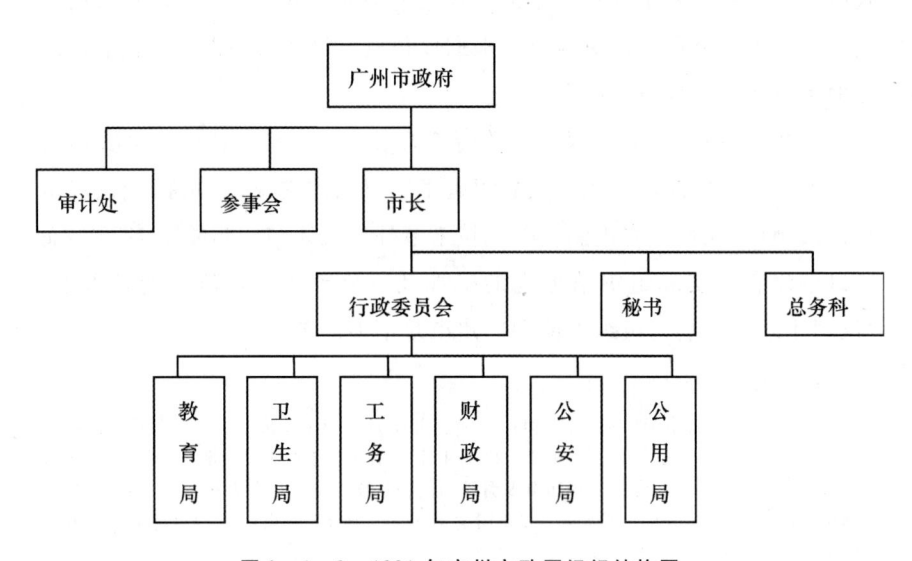

图 9 – 1 – 2　1921 年广州市政厅组织结构图

说明：此图绘制依据《广州市政厅组织结构图》，该图载黄炎培《一岁之广州市》，中国商务印书馆民国十一年（1922）版，第 22 页。

第九章 民国中后期市政府市政主导权的确立与汉口商人自治型市政的蜕变

汉口市政府的建立，是近代中国市政改革过程中的又一重大事件，也是广州市政改革影响不断向全国扩展的反映，它标志着汉口在市政方面开始系统地借用西方城市的管理模式，也标志着现代城市市政体制在汉口初步形成。

不过，汉口市制并未就此稳定下来，而是屡经变更，并在归入武汉市建制之内的一段时间之后，才又重新单立为市。

汉口市政府建立之后不久，孙科曾建议武汉三镇合组市政委员会，建立三镇一体的市政府，以便指导三镇市政，该建议得到了国民党中央武汉临时联席会议的赞同。[①] 但是因湖北省政府尚未正式成立，设立武汉市政委员会的计划一时未能现实。1927年4月10日，湖北省政府成立。[②] 之后，建立三镇一体的武汉市政府的设想才开始变为现实。在国民党中央的指令下，由国民党中央党部推举陈公博和苏兆征，国民政府推举陈友仁，省党部推举吴士崇、何羽道，湖北省政府推举张国恩，汉口市党部推举詹大悲、李国瑄，省工会推举向忠发，汉口市商会和汉口市商民协会分别推举周星棠、郑慧吾，共计11人，组成武汉市政委员会，于4月16日在汉口慈善会举行就职宣誓，武汉市政府方告成立。[③] 陈公博、吴士崇、李国瑄被推为常务委员。武汉市政府建立后，汉口市政府撤销。

继武汉市政府之后的，先后为武汉市计划委员会（1927年12月成立）、武汉市工程委员会（1928年5月成立）和武汉市市政委员会（1928年11月成立）。至此，国民党政权在汉口（武汉）建立的市政府均为委员制市政府。

武汉市计划委员会仅设公安局和事务、计划两部，市财政则控制在湘鄂临时政务委员会财政处手中，机构不健全，市政方面难以作为。武

---

① 《中国国民党中央执行委员会国民政府委员会临时联席会议第七次会议记录》，见郑自来、徐莉君主编《武汉临时联席会议资料选编》，武汉出版社2004年版，第148—149页。
② 报载："湖北省政委会已于省政府成立日撤销，特发出通告云：湖北省政府于四月十日成立，敝会遵照国民革命军总司令部颁布湖北政务委员会条例第十一条之规定，同时撤销……"见《政委会通电撤销》，《汉口民国日报》1927年4月13日第3张新闻第1页。
③ 《武汉市政府昨日成立 各委员在汉口慈善会举行就职宣誓典礼》，《汉口民国日报》1927年4月17日第3张新闻第1页。

汉市工程委员会仅设总务、工程、拆迁三处，其市政作为仅限于工程方面，且无具体计划。武汉市市政委员会时期，曾经调整市政机构：1929年元旦，工程事务归工务局办理，社会教育事项归社会局办理，卫生事项归卫生局办理，并撤销第一、二两特区管理局，其纳税事项归财政局，其警察署由公安局接收，分别改为警察第十一、第十署。① 这样，在市政分支机构的建置上，实际上在向汉口市政府时期回归。但因各委员均有兼职，致使市政无专人负责，难以施展。

于是，湖北省政务委员会第17次会议决定，以武汉市市政府取代武汉市市政委员会。鉴于"委员制责任不专"，改委员制为市长制。② 武汉市市政府照旧设立公安、社会、财政、工务、卫生五局，后又于1929年3月设立土地登记清丈处，设处长一人。③ 1929年2月1日，桂系人物潘宜之出任市长。从此，汉口进入了市长制市制时代。

在武汉市计划委员会至武汉市市政府期间，湖北军政大权均在桂系控制之下，因而这四个市政府都是桂系市政府。不久，蒋桂战争爆发，战争以蒋介石军政集团的胜利而告终，桂系市政府随着桂系势力退出武汉而瓦解。

1929年4月5日，国民党中央军进抵武汉，改武汉市市政府为武汉特别市政府，刘文岛被任命为市长，以武汉三镇为辖域。但是武昌为湖北省政府所在地，而1928年7月8日公布的《特别市组织法》的规定——"第一条 特别市直辖于国民政府，不入省县行政范围"④，省市之间的矛盾不可避免，市政遂难有作为，武、汉分治势在必行。而市长刘文岛早在宣誓就职之前就主张"武、汉分治，把汉口划为特别市"⑤。1929年6月20日，武汉特别市政府改组为汉口特别市政府，汉口重新获得单立建市的资格。

---

① 《汉口市政府概况》（1932.10—1933.12），"汉口市政府之组织"，第3页。
② 《市政宣传周纪盛》，《武汉市政公报》第1卷第5号，1929年4月5日，第50页。
③ 《汉口市政府建设概况》（1929.4—1930.4），"总务"，第17—18页。
④ 《特别市组织法》，《湖北建设月刊》第1卷第3号，1928年8月20日，"法规"，第10页。
⑤ 《庄严灿烂 刘市长宣誓就职》，《武汉中山日报》1929年5月14日第7版。

第九章 民国中后期市政府市政主导权的确立与汉口商人自治型市政的蜕变

汉口特别市政府成立时，在武汉特别市设有公安、社会、财政、工务、卫生5局和秘书处、土地登记清丈处、采办委员会①的基础上，改土地登记清丈处为土地局，正式成立采办委员会，并增设教育、公用2局。这样，汉口特别市政府在成立之始共有8局、1处和1委员会。1929年8月1日，又成立了以市长为议长、旨在"消除政府与人民隔阂"的市临时参议会。② 后来，为了节省行政费用，又于1930年元旦将土地、公用两局事务分别暂时归并于财政、工务两局办理。1931年2月，因再次缩减行政开支，将卫生局裁撤，成立卫生管理处。③

以下是武汉特别市政府组织结构图和1930年元旦前后汉口特别市政府组织结构图：

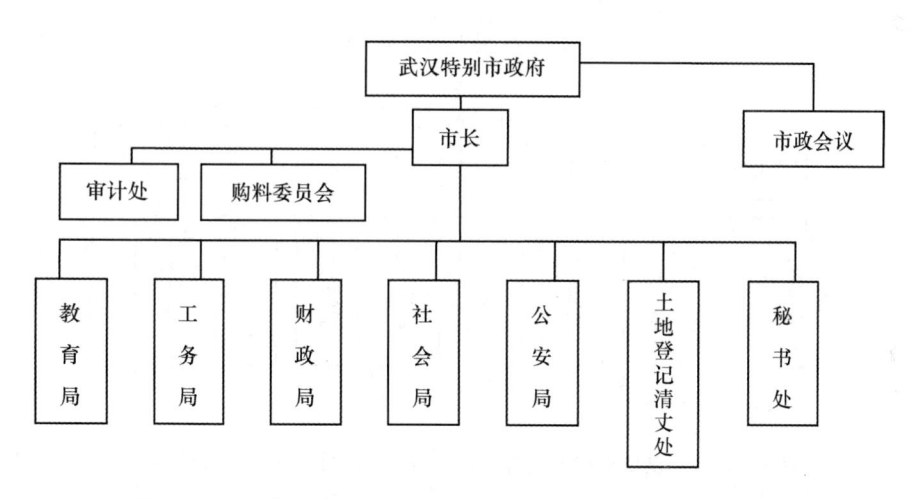

图9-1-3 武汉特别市政府（1929.4—1929.6.30）组织结构图

说明：此图据《武汉市市政府组织图》绘制，见《武汉市政公报》第1卷第5期，1929年4月5日。

---

① 武汉特别市政府为节省市府各局、处及附属机关购置物料的成本，于1929年4月设立的总采办处，同年5月，决定改组为采办委员会。见《汉口市政府建设概况》（1929.4—1930.4），"总务"，第32页。
② 《汉口市政府建设概况》（1929.4—1930.4），"总务"，第27页；《本府成立临时参议会的意义》，《汉市市政公报》第1卷第3期，1929年9月，"特载"，第1页。
③ 《汉口市政府建设概况》（1929.4—1930.4），"总务"，第18页；《汉口市政府概况》（1932.10—1933.12），"汉口市政府"之组织，第1—2页。

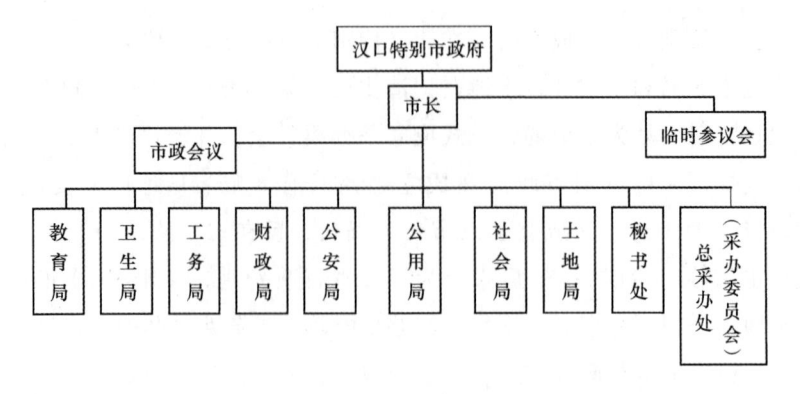

图9-1-4　汉口特别市政府（1929.7.1—1929.12.31）组织结构图

说明：汉口市临时参议会成立于1929年8月1日。

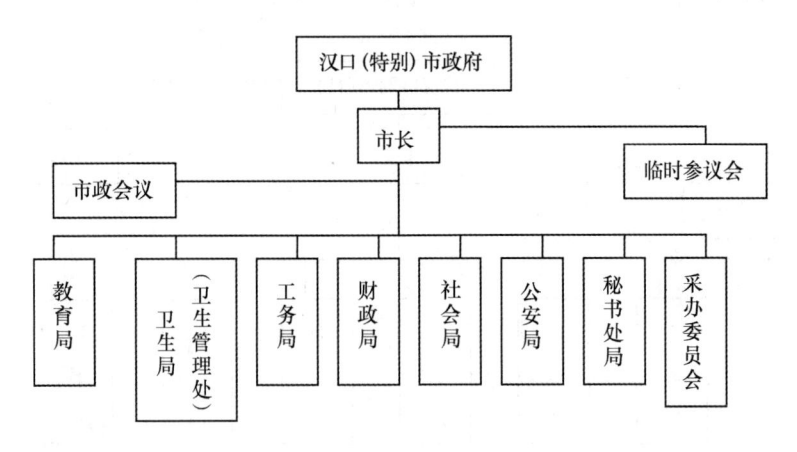

图9-1-5　汉口特别市政府（1930.1.1—1931.6.30）组织结构图

汉口特别市政府时期是民国时期汉口城市地位高涨的时期，也是汉口市政发展的黄金时期，但是它的存在也不过两年时间。而此间的湖北省政府在中央政府的要求下，承担了大量的"剿匪"费用，仅1931年5月省库开支的"剿匪"经费就达60万，省财政则月月亏空，省政府因之施政困难。①

为了解决湖北省财政问题，也为了继续"剿匪"以消弭"匪祸"，

---

① 《鄂省财政上月亏数及弥补办法》，《湖北中山日报》1931年5月11日第3张第3版。

第九章　民国中后期市政府市政主导权的确立与汉口商人自治型市政的蜕变

1931年6月9日，南京国民政府行政院第25次国务会议议决，将汉口市由特别市改为省辖市。① 7月1日，汉口市政府改组。改组后的汉口市政府机构因财政预算锐减而大幅缩编，直属机构仅设秘书处、卫生管理处及一、二、三科（第二科由社会局改称，第三科由工务局改称）。汉口市公安局改属于湖北省政府，改称为湖北省汉口公安局，财政局由省财政厅接收，教育局由省教育厅接收。原有附属机关如市立医院、贫民教养所、中山公园建筑事务所、妇女救济所保留，火葬场改为火葬场管理委员会。其余直属及附属机关，或裁撤，或为省府等机关接收，市府职权因之大为削弱。加之改组后不久，汉口市遭遇罕见的大水灾，市财政异常困难，市政难以施展。1932年4月，市府再次改组，裁撤卫生管理处，增设第四科，清洁事务划归公安局办理，公安局"并受市政府指挥"——同时受辖于省府和市府。因缺乏独立的财政权，灾后城市元气大伤，这次调整没能对汉口城市的恢复、发展起到显著的促进作用。

1932年，蒋介石的亲信杨永泰出任豫鄂皖三省"剿匪"总司令部秘书长，负责整顿三省财政，他代表"总部"明确提出让汉口财政独立，"将湖北省与汉口市，划分清楚，各不相混，从湖北支出项目划出二十六万四千余元，归汉口市负担，也从省库收入方面，划出相当的数目，归汉口市自行经营"。② 1932年10月11日，汉口市政府再次改组，仍辖属于湖北省政府。实际上，1932年汉口市制的这些变动都是在蒋介石的授意下进行的。③

"总部"的改革意图被贯彻到这次改组中，湖北省奉令将公安局、税捐稽征处及各校馆园，均划归市政府管辖，财政、土地、教育、公用等局事务，也仍旧由市政府办理，但为节省经费起见，均不另设局，并将原有办理卫生行政之第四科裁撤，增设技正室，市立医院、贫民教养

---

① 《丛录》，《湖北省政府公报》第147期，1935年，第90页。
② 《杨永泰报告总部对三省政治之改革》（续），《汉口中西报》1932年11月5日第7版；亦见豫鄂皖三省剿匪司令部印行《总部新颁法规的精义及豫鄂皖政制改革与财政整理——杨永泰讲演》，武汉档案馆藏，档号bB4/1。
③ 贾士毅：《湖北财政史略》（出版信息不详，根据内容推断，出版时间当在1937年之后，因为其中有民国二十六年度［1937］的相关统计表），第171页。

· 555 ·

所（1933年9月15日改组为乞丐收容委员会）、中山公园建筑事务所（1932年10月14日改组中山公园董事会）、妇女救济所则仍被接管为市府附属机关。后来，又呈准成立了临时参议会（1932年12月3日成立）。到1933年12月底，市府直属机关还增设了购料委员会（1933年2月6日成立），附属机关还增设了度量衡检定分所（1933年5月10日成立）、土地发照注册所（1933年10月3日成立）。这样，汉口市政府的组织规模，"较之其他普通市，似犹紧缩，而政务之繁赜，实无殊于特别市"①。

自此直至1938年10月汉口市政府撤离，汉口市政府附属机构虽有增有改，而直属机构则少有变更。②

以下是1933年汉口市政府主干组织图和附属机关系统图：

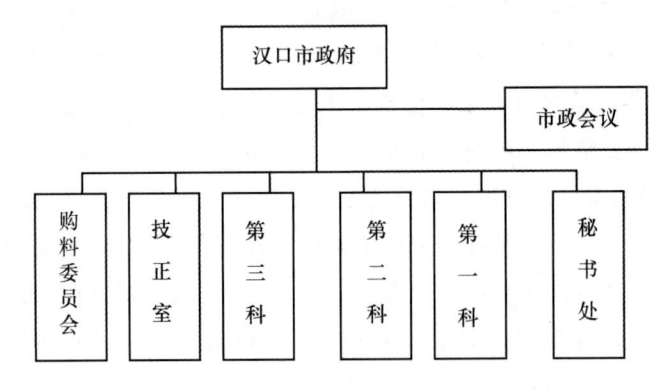

```
                    汉口市政府
                    ┌─────┬──────┐
                    │     │ 市政会议 │
        ┌────┬────┬─┴──┬────┬────┐
       购料  技正  第三  第二  第一  秘书
       委员  室    科    科    科    处
        会
```

图9-1-6　1933年汉口市政府主干组织图

说明：此图据《汉口市政府组织表》绘制，参见《汉口市政府概况》（1932.10—1933.12），"汉口市政府之组织"，第8页。

---

① 《汉口市政府概况》（1932.10—1933.12），"汉口市政府"之组织，第2—3页。
② 1936年6月汉口市政府附属机关有：公安局、税捐稽征处、土地登记处（由土地发照所改）、度量衡检定分所、市立医院、救济委员会（由妇女救济院、乞丐收容委员会改组扩充）、浮棺收葬委员会、中山公园董事会、广播无线电台、码头业务管理所、工商人学校经费监理处、各初级小学校官员会计统一办事处、民众教育委员会、体育委员会、义务教育委员会和码头个人公益金征收处。参见《汉口市政府附属机关系统表》和《公益及救济》，分载于《汉口市政概况》（1935.7—1936.6），"汉口市政府之组织"，第2页，"社会"，第76页。

· 556 ·

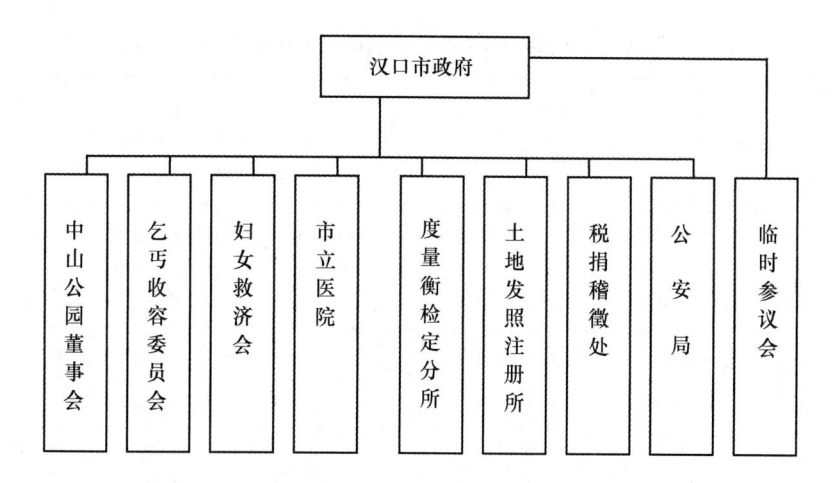

第九章 民国中后期市政府市政主导权的确立与汉口商人自治型市政的蜕变

图 9-1-7 1933 年汉口市政府附属机关系统图

说明：1. 此图绘制依据《汉口市政府附属机关系统图》，见《汉口市政府概况》（1932.10—1933.12），"汉口市政府之组织"，第 9 页。

2. 吴国桢执政时，汉口市临时参议会成立于 1932 年 12 月 3 日。

从 1938 年 10 月 25 日至 1945 年 8 月近 7 年的沦陷期中，汉口经历了短暂的武汉治安维持会时期，其后历伪武汉特别市政府、伪汉口市政府、伪汉口特别市政府及伪汉口市政府时期，虽也有所谓的普通市与特别市之争，但仍实行市制。必须指出的是，在日伪统治之下，由于市政府只是日本占领军控制下的傀儡政权，市政府根本就没有独立行政权，其对汉口市政有主导之名，无主导之实。

抗战胜利后，汉口市政亦经变动，先为普通市，继为院辖市。

民国中后期汉口城市建制总的来说是多变的，但在多变种又存在着一个基本不变，那就是实行市制。

为了补正既往研究之不足，方便我们了解民国中后期汉口市制变动的总体概况，笔者颇费精神地编列了下表（见表 9-1-2）：

表 9-1-2　1926 年 10 月—1949 年 5 月汉口城市建制变动一览表

市名		市制形式	市长或常务委员、委员长	任职时段（年月日）	市属性
汉口市政府		委员会制	刘文岛	1926.10.20—1927.3.6[1]	京兆区省辖市
			张笃伦（代理）	1927.3.7—1927.4.15[2]	
武汉市	武汉市政府	委员会制	陈公博、吴士崇 李国暄	1927.4.16—1927.11	普通市
	武汉市政计划委员会	委员会制	龚村溶、周星棠、李翊东	1927.12.31—1928.5	普通市
	武汉市工程委员会	委员会制	石瑛	1928.5—1928.10	普通市
	武汉市市政委员会	委员会制	胡宗铎	1928.11—1929.1	普通市
	武汉市市政府	市长制	潘宜之	1929.2.1—1929.4[3]	普通市
	武汉特别市政府	市长制	刘文岛	1929.4.5—1929.6.20[4]	特别市
汉口市	汉口特别市政府	市长制	刘文岛	1929.6.20—1930.6.30	特别市
	汉口市政府	市长制	刘文岛	1930.7.1—1931.6.30[5]	特别市
	汉口市政府	市长制	何葆华	1931.7.1—1932.4[6]	普通市
	汉口市政府	市长制	万声扬	1932.4.20—1932.10.10	普通市[7]
	汉口市政府	市长制	吴国桢	1932.10.11—1938.10.24[8]	普通市
武汉治安维持会时期		会长制	计国桢（会长）	1938.11.25—1939.4.20[9]	—
武汉特别市政府		市长制	张仁蠡	1939.4.20—1940.9.19[10]	伪特别市
汉口市	汉口市政府	市长制	张仁蠡	1940.9.20—1941.3.27	汪伪特别市
	汉口特别市政府	市长制	张仁蠡	1941.3.28—1943.10.31[11]	汪伪特别市
	汉口市政府	市长制	石星川	1943.11.1—1945.8[12]	汪伪省辖市
	汉口市政府	市长制	徐会之	1945.10.1—1947.7[13]	普通市
	汉口市政府	市长制	徐会之	1947.8—1949.2.4[14]	特别市
	汉口市政府	市长制	晏勋甫	1949.2.13—1949.5.15[15]	特别市
备注			1. 1926 年 12 月制定的《汉口市暂行条例总则》第三条规定："汉口市直隶于湖北省政府，不入于夏口县行政范围。"（见武汉地方志编纂委员会办公室编《武汉国民政府史料》，武汉出版社 2005 年版，第 219 页。）同月 13 日武汉国民政府成立之后，汉口与武昌、汉阳三镇同为武汉国民政府京兆区。1927 年 4 月 10 日湖北省政府之后，汉口市政府正式归湖北省政府管辖。故同时为京兆区和省辖市，其辖属性质十分特殊 2. 在 1930 年 6 月 20 日以前，特别市直辖于国民政府；之后直辖于行政院		

说明：1. 1926 年 9 月 17 日国民革命军总司令部第 33 号任命状任命刘文岛为汉口市市长（《市长呈报就职文》，《市政周刊》第 1 卷第 1 期，第 15 页）。10 月 7 日，汉口市政府成立（《汉口市政府建设概况》（1929.4—1930.4）"总务"，第 15 页）。10 月 20 日，汉口市市政委

第九章　民国中后期市政府市政主导权的确立与汉口商人自治型市政的蜕变

员会方告成立，刘文岛"就市长职"，见《刘文岛就市政局长》，《楚光日报》1926年10月22号第4版，转见田子渝、黄华文著《湖北通史·民国卷》，章开沅、罗福惠、张正明主编，华中师范大学出版社1999年版，第169页。

2. 报载，1927年3月，刘文岛"赴俄考察政治，已于七日首途，所有职务，委汉口市公安局长张笃伦代理。"见《刘文岛赴俄考察政治　张笃伦代理汉口市政厅长》，《汉口民国日报》1927年3月10日第3张新闻第1页。

武汉市政府于1927年4月16日，见《汉口市代理市长张笃伦呈中执会》（国民党党史馆档案，汉0641号），转引自武汉地方志编纂委员会办公室编、田子渝主编《武汉国民政府史料》，武汉出版社2005年版，第359页；《武汉市政府昨日成立》，《汉口民国日报》1927年4月17日第1张新闻第1页。

3. 1927年10月西征军到汉，武汉市政府各委员纷纷离职。到12月由湘鄂临时政务委员会派员接收，并该武汉市政府为为武汉市政计划委员会。有关武汉市政计划委员会、武汉市工程委员会、武汉市市政委员会、武汉市市政府时期的情况，均见《汉口市政府建设概况》（1929.4—1930.4），"总务"，第16—17页。

4. 自桂系军队退出、中央军进抵汉口的次日，即1929年4月5日，刘文岛就被任命为武汉特别市政府市长。（《刘市长表示极力缩减开支务求市经费收支适合》，《武汉中山日报》1929年5月10日第7版）；《武汉特别市市政月刊》（第1卷第1号"纪事"，第26页）载，"四月五日奉国民政府主席兼海陆空军总司令蒋，任命刘文岛先生代理武汉特别市市长"。1929年6月20日武汉特别市政府第十次市政会议依据国民政府的函令，决定于即日将武汉特别市政府改名为汉口特别市政府，并决定各局处将关于武昌方面的事项准备于7月1日移交省府。7月1日，汉口市公用局、土地局、教育局成立。（《武汉特别市政府第十次市政会议议决案》，《汉口市政公报》第1卷第1期，1929年7月，"市政会议"，第28页；《武汉分治　市府即日更名"汉口特别市政府"　武昌各该管事项七月一日移交——昨开第十次市政会议》，《武汉中山日报》1929年6月21日第3张第2页；《市公用局今后工作方针》，《武汉中山日报》，1929年7月2日第3张第3页。）

5. 汉口特别市政府于1930年7月1日改名为汉口市政府（见《市府今日改组　分函各机关及布告民众周知　并令各局一律除去"特别"字样》，《湖北中山日报》，1930年7月1日第3张第2版）；1931年6月行政院决定改为湖北省辖市，见《湖北省政府公报》，第147页，1935年，第90页；1931年6月30日刘文岛还在市府理事，见《市府昨开第一零四次会议》，《湖北中山日报》1931年7月1日第3张第4版）。

6. 见《新市长何葆华昨视事》，《湖北中山日报》1931年7月2日第3张第3版。

7.《武汉市志·总类志》和涂文学主编《武汉通史·中华民国卷》（武汉出版社2006年版）之《武汉建制及其演变》部分中，都载述1932年4月，汉口市由普通省辖市改为特别市（院辖市）。事实上，万声扬执政时期汉口仍旧为省辖市，《汉口市政府概况》（1932.10—

· 559 ·

1933.12）载，"二十一年四月，裁撤卫生管理处，府内增设第四科，所有清洁打扫事项，划归公安局办理，公安局并受市政府指挥，苗圃十五亦由建设厅移交市政府接管……二十一年十月十一日，重行改组，仍直隶于湖北省政府"。可见1932年4月只是部分地调整了省府和市府的机构设置，并未从根本上改变汉口市的省辖市属性。报载万声扬上任的日子是4月20日，他是由湖北省政府选任的（《省府昨开第二次会议决以万生扬继任》，《武汉日报》1932年4月13日第2张第3版），此期汉口市政府向省财政厅请款（《汉市府将呈财厅 请拨款维持 全部职员今日可发表》，《武汉日报》1932年4月22日第2张第4版），也说明市为省辖。

8. 报载吴国桢于1932年10月11日上任，见《吴国桢昨接市长》，《汉口中西报》1932年10月12日第7版。1938年10月25日，武汉沦陷之前1日，汉口市政府撤离武汉。

9. 武汉治安维持会建立的时间，据陈中平回忆为1938年11月（见陈中平：《抗日战争时期武汉沦陷区的敌伪政经设施》，《湖北文献》第7期），涂文学主编《沦陷时期武汉的社会与文化》（武汉出版社2005年版）一书中摘录档案中为1938年11月（见该书第96页），田子渝、黄华文《湖北通史·民国卷》（华中师范大学出版社1999年版）之"大事记"载为1938年11月25日。

10. 《武汉特别市政府周年纪念特刊》（"弁言"，第1页）载，伪武汉特别市市政府成立"于中华民国二十八年四月二十日"；《武汉特别市政府布告定期改称汉口市政府 自本月二十日起实行 仍直辖于国府行政院》，《大楚报》1940年9月18日第5版。

11. 《汉口市政府遵令改称汉口特别市》，《大楚报》1941年3月28日第5版。

12. 《汉口市政府训令》新二字第387号中称"钧府系自本年十一月一日成立"，见《汉口市政府公报》（1942年度第2期），第43—44页；1943年10月19日改张仁蠡去天津当市长，石星川任汉市市长，汉口特别市改为普通市，见《汉口特别市改为普通市》，《武汉报》1943年10月20日第1版。

13. 在徐会之之前，吴国桢曾被任命为汉口市市长，但国民政府于1945年9月11日免去吴国桢汉口市市长职务，由徐会之继任。同年10月1日，汉口市政府正式成立，为省辖市（田子渝、黄华文《湖北通史·民国卷》，华中师范大学出版社1999年版，第608页）。

14. 1947年3月26日，经国防最高委员会第225此会议，决定将汉口市改为院辖市（田子渝、黄华文《湖北通史·民国卷》（华中师范大学出版社1999年版，第608页）。同年8月，汉口市正式改为院辖市，徐会之仍为市长，直至1949年2月4日去职。

15. 1949年1月31日，蒋介石下令"徐会之准免本职，由晏甫勋代理汉口市市长"，又以"汉口地方重要"，责令在晏甫勋未到任以前，仍由徐会之负责主持政务（《汉市长辞职照准 政院令派晏甫勋继任》，见《武汉日报》1949年2月3日第3版）。晏甫勋于1949年2月13日到任，直至汉口市政权易帜。

第九章　民国中后期市政府市政主导权的确立与汉口商人自治型市政的蜕变

（三）法制保障与市政府市政主导权的确立

在民国中期以前，汉口市政一直不是由城市政府主导的，因为办理汉口市政的公共权力机关不是城市政府，而是不同层级的非城市政府性质的行政机构。市制建立以后，市政府——不论是"汉口"市政府还是"武汉"市政府——开始主导汉口市政。

在民国中期，市政府主导市政的格局不是城市民主自然发展的结果，而是以国民党为首的新兴政治势力在夺取城市政权后，强势介入城市事务的结果。市政府的市政主导权主要是通过国家强制确立起来的，其集中体现就是以立法形式确定市政府对市政的统一的也是最高的管理权。

就全国范围而言，从1928—1938年，南京国民政府通过颁行市组织法规、市自治法规、宪法（前两种法规在当时都被称为自治法规）确立起市政府的市政主导权。

1928年7月8日颁布的《特别市组织法》和《市组织法》，是国民政府颁布的两个影响最大的市组织法规。这两个市组织法规不仅均对市的职务进行了列举式的规定，诸如：市财政；市公产之管理及处分；市土地；市农工商业之调查、统计、奖励、取缔；市劳动行政；市公益慈善；市街道、沟渠、堤岸、桥梁建筑及其他土木工程；市内公私建筑之取缔；市河道港务及船政管理；市交通、电气、电话、自来水、煤气及其他公益事业之经营取缔；公安、消防及户口统计等；市公共卫生及医院、菜市、屠宰场、公共娱乐场所之设置取缔；市教育、文化、风纪；以及中央不直接办理时委托市政府办理的事项，等等。这些市政项类在特别市分别由财政局、社会局、工务局、公安局、土地局、卫生局、教育局（有时还可依据实际情形设立公用局）负责办理，在普通市分别由财政局、社会局、工务局、公安局、土地局、卫生局、教育局、港务局负责办理。

这两个市组织法还规定：市政府"依中国国民党党义"及中央法令、（普通市还要依照）省法令，"综理全市行政事务"；"对于不抵触中央法令范围内，对于全市行政事项，得发布命令及单行规则"；市长"指挥并监督"市政府所属职员。①

1930年5月20日颁布的《市组织法》规定，市的职权包括以下24项内容：户口之调查及登记；育幼、养老、济贫、救灾等之设备及管理；粮食储备及调查；农、工、商业之改良及保护；劳工行政；造林、垦牧、渔猎之保护及取缔；民营公益事业监督；合作社及互助事业之组织及指导；风俗改良；教育文化及其他文化；公安；消防；公共卫生；医院、菜市、屠宰场、公共娱乐场所之设置取缔；市财政收支及预算决算之编造；公产之管理及处分；公营事业之经营管理；地政；公用房屋、公园、公共体育场、公共墓地等建筑修理；市民建筑之指导及取缔；道路、桥梁、沟渠、堤岸及其他公共土木工程；河道港务及船政管理；上级机关委办事项；其他依法律所定由市办理事项。与1928年公布的两个市组织法相比，1930年颁布的《市组织法》除了增加合作社及互助事业之组织及指导、上级机关委办事项之外，其余事项大致相同。

该法还规定"市设市政府，依法令掌理本市行政事务，监督所属机关及自治团体"；"市于不抵触法令范围内，得发布市令制定单行规则"；"市政府设市长一人，指挥监督所属职员"。市政府设立社会局、公安局、财政局、工务局，以及于必要时呈准设立教育局、卫生局、土地局、公用局、港务局分理各项市政。②

1934年12月18日，国民政府行政院第85次院会通过《市自治法》。《市自治法》明确规定，市政府职权范围内的事务为"市自治事项"，共计20项。与1930年《市组织法》相比，减少了农、工、商业之改良及保护、造林垦牧渔猎之保护及取缔等内容，增加了振兴国货、名胜古迹之保存两项内容。该法还规定，市政府设立社会局、公安局、财政局、工务局、教育局、卫生局，以及必要时设立地政局、公用局、港务局分理各项市政，市长"受上级机关之监督办理全市自治事项"，

---

① 《特别市组织法》《市组织法》，分别见《湖北建设月刊》第1卷第3号，1928年8月20日，第10—12、18—20页。

② 冷隽：《地方自治述要》，中正书局民国二十四年（1935）第3版，第221—224页。

第九章　民国中后期市政府市政主导权的确立与汉口商人自治型市政的蜕变

"受上级机关之指挥执行中央或省委办事项"。① 因国民党延长训政期限，该法直到1937年1月才被修正公布，定名为《修正市自治法》。该法继承了1930年《市自治法》有关市行政职权范围——市自治事项的有关规定，再次对市政府的市政主导权进行了法律确定。

作为母法的国家宪法，也确定了市政府的市政主导权。1936年5月5日，南京国民政府公布了《中华民国宪法草案》（简称《五五宪草》），该《草案》规定市长负责办理市自治。② 这实际上再次确认了市政府的市政主导权。

就地方而言，湖北省方面和汉口或武汉市政府方面，也订定了相关条例和章程，进一步落实市政府的市政主导权。

首个确定市政府对汉口市政主导权的地方性法规，是1926年10月由湖北省政务委员会颁布的《汉口市暂行条例》。这个条例明确地规定市政府行政的范围为：（1）市财政及市公债；（2）市街道、上水道、下水道、运河、桥梁之建筑及其他关于土木工程事项；（3）市公共卫生及公共娱乐事项；（4）市公安及消防、火灾、水患事项；（5）市教育、风纪及慈善事项；（6）市交通、电灯、电话、电车、汽车、上水、煤气及其他关于公用事业之经营及取缔；（7）市公产之管理及处分；（8）市户口、物价、劳动状况及市民生计、财产之调查及统计事项；（9）国民政府及湖北省政府委托办理事项。同时，该条例规定，"汉口市置市长一人总理全市行政事项"。

《汉口市暂行条例》还对市府下属的各市政机关——财政局、工务局、公安局、教育局、卫生局、统计局的具体责权进行了规定。如工务

---

① 1934年通过的《市自治法》规定的市行政事项包括：户口之调查及登记事项；育幼养老济贫救灾等之设备及管理事项；粮食储备及调查；劳工；合作社及互助事业之组织及指导；风俗改良；振兴国货；公安及消防；市财政；市财产之管理及使用收益处分；市营事业之管理；地政；公共土木工程及其他建筑营缮；市民建筑工程之指导及取缔；公用事业之设备管理及监督指导；港湾河道码头仓栈船舶之管理及取缔；教育文化及其他文化；名胜古迹之保存；公共卫生；以及其他属于市自治事项。见中央地方自治计划委员会编《地方自治法规辑要》，中正书局民国二十五年（1936）版，第265—266、271页。

② 中央地方自治计划委员会：《地方自治法规辑要》，中正书局民国二十五年（1936）版，第33页。

局掌理市政事项为：（1）经理市工厂上之测量及绘图；（2）规划新市街之建筑及旧市街之改造；（3）建筑及修理街道上水道、下水道、运河、桥梁、码头；（4）取缔各种房屋之建筑及改造；（5）关于现有商办公用事业之取缔；（6）清丈全市公私有土地；（7）经理公园及各种公共建筑；（8）其他关于土木工程事项。对于其他各局掌理的市政事项，该条例也进行了明晰的列举。① 汉口市政府就是据此分类分机构地管理市政，这显示汉口市政开始朝着专门化的方向发展。

依据这个条例，汉口市各局又分别制定章程，对于各局内部组织及各科职责等又进行了详细的规定。仍以工务局为例，《汉口市工务局章程》不仅规定工务局下分四科：总务科、设计科、建筑科、取缔科，还对各科掌理的事务予以列举式的规定，如总务科掌理事项有三：文牍、会计、庶务。② 这样，依据《汉口市暂行条例》而建立的汉口市政府，从市长经各局以至各科，形成了一个综理全市市政的分层分科垂直管理的科层化体系。

《汉口市暂行条例》的颁布及汉口市政府的建立，标志着市政府主导市政的市政体制与市政管理模式在汉口初步建立。

继《汉口市暂行条例》颁行之后，还产生了诸如《武汉市市政委员会暂行条例》《武汉市组织暂行条例》《武汉特别市政府暂行条例》《汉口市政府组织条例》等地方性市政法规，它们无一例外地确认了市政府综理、主导汉口市政的职权。

民国中期，中央政府及地方政府先后颁布的多个有关市政府的组织法规，确保了市政府对汉口市政的主导权，市政府主导市政的市政体制与市政管理模式得以在汉口确立。

（四）"还是官治"：市政府主导市政的本质分析

大约在中国清末民初这一时段，欧美国家通过市政改革运动，打破

---

① 《汉口市暂行条例》，《市政周刊》第1卷第1期，1927年1月，第6—9页。
② 《汉口市工务局章程》，《市政周刊》第1卷第1期，1927年1月，第10—11页。

第九章 民国中后期市政府市政主导权的确立与汉口商人自治型市政的蜕变

了地方自治与城市政府的壁垒,将两者熔铸为一体,实现了自中央到基层社区的国家行政一体化和官僚化。[1] 这意味着改革后的欧美市政实现了自治。相比之下,当时的中国是将自治和官治视为并行不悖的两种体制,市政独立化(市政自治)尚需时日。

在20世纪20年代末至30年代中期,中国市政一度获得了长足发展,城市现代化水平大幅提升,但市自身利益最终必须视国民党一党的利益为转移,城市管理的民主化严重滞后,"保育主义"的官治压制着民治,阻遏了城市实现自治。

20世纪40年代后期,中国的市政革新已日见衰颓,如强弩末势,市政难易官治本质。受大环境的影响,汉口在民国中期虽然实现了市政府主导市政,市政府获得了一定的地方自治权,但至民国之终也没有实现城市自治,汉口市政管理的实质还是官治。

有关市政府市政主导权的本质问题,我们可以从以下方面展开论析:

首先,在国民党一党专政之下,市政府权能和城市自身利益缺乏根本保障,汉口从根本上无获得自治之可能。

1931年6月1日公布的《中华民国训政时期约法》规定:"训政时期由中国国民党全国代表大会行使中央统治权";"中国国民党全国代表大会闭会时,其职权由中国国民党中央执行委员会行使之"。[2]《训政约法》以根本法的形式,确立了国民党一党专政的政治体制,由此修改的《中华民国国民政府组织法》组织成立的政府,是"以蒋介石为'党国'的'最高领袖'的独裁政府"。1936年颁布的《五五宪草》虽然规定国民大会为最高权力机关,但是《国民政府组织法》又规定,国民党中央执行、监察委员及候补委员为当然国民大会代表。这样,"'国大'仍然是国民党的点缀品"。虽然《五五宪草》比《训政约法》前进了一些,在形式上规定了一些类似资产阶级政治制度的条文,但该草案是国民党一党包

---

[1] 赵可:《市政改革与城市发展》,中国大百科全书出版社2004年版,第282页。
[2] 《中华民国训政时期约法》,见中央地方自治计划委员会编:《地方自治法规辑要》,中正书局民国二十五年(1936)版,第11页。

办制定的，它肯定了国民党一党专政和蒋介石独裁统治。①

在这样的政治体制之下，"省并非地方自治单位，完全代表中央监督自治"②，省府每每侵夺市权，以至于"一查市政经费，除少数市府勉强足自给外，其余许多市府，非一筹莫展，即债台高筑。每市经费之收入，法律早经明定，各有专款，无如省府往往挹此注彼，致有少数市府，经费数额，反不及公安局之丰裕"③。省府置法律于不顾，侵夺市政经费，是市政未能自治的明证之一。而事实上，省府之所以可以如此，又是授意于中央政府而为之的。

市虽然在法定的政府组织层级中有确定地位（见图9－1－8），但在实际的政治运作中，中央政府以国民党的利益为转移，对市缺乏一以贯之的行政层级定位，市的利益终因必须服从中央政府，更确切地说是国民党的利益，而消蚀了它的行政主体性，市的行政地位和权能因之缺乏根本的保障。

就汉口而言，南京国民政府时期汉口市的层级属性频频变动：最初为普通市，为时近2年又6个月；其后改为特别市，为时也不过两年又2月余；再由特别市改为普通市，时间较长，亦不过6年，但这却是汉口市制持续未变时间最长的一次——其间虽曾略起波澜而终无所变动；④抗战胜利后，汉口市初为普通市，不到两年又改为特别市。

---

① 袁继成、李进修、吴德华主编：《中华民国政治制度史》，湖北人民出版社1991年版，第360—362页。
② 孙科：《制宪经过及宪法中的几个重要问题》，秦孝仪主编：《孙哲生先生文集》（第2册），中国国民党中央委员会党史委员会出版，1990年，第342页。
③ 张又新：《中国市政之根本问题》，《市政评论》第5卷第1期（中国市政问题专号），1937年1月16日，第20页。
④ 1931年，就汉口市政府的存废问题，湖北省主席何成浚与汉口市长兼湖北省民政厅长刘文岛曾"一再磋商"，最后，"由何主席领衔，电请中央撤销汉市政府。藉将汉市所减经费，移作省费，以资挹注"。（《何主任等电请中央撤销汉市府 市会设立与否俟中央决定》，《湖北中山日报》1931年6月5日第3张第4版。）之后，何成浚又赴京磋商，但未获准。（《汉市府问题中央仍令依法组织 市长人选正物色中 何主席回鄂后即交省务会议决定》，《湖北中山日报》1931年6月23日第3张第4版。）1932年，何葆华辞职后，"关于汉口市政府，有谓将改为特别市者"，最后结果是仍不改制。（《市府并不改制》，《武汉日报》1932年3月31日第2张第3版。）不知此次"有谓将改为特别市"，是系空穴来风的猜测，还是风吹草动的传闻。

第九章 民国中后期市政府市政主导权的确立与汉口商人自治型市政的蜕变

实际上，当时汉口在人口方面并未达到特别市的相关要求。而影响此间汉口市制变动尤其是市的辖属性质变动的因素主要有：不同军政利益集团的利益之争；"剿匪"；省市之间的利益冲突。当代表中央政府利益的蒋介石军政集团与代表地方利益的桂系军政集团发生冲突时，汉口为普通市；当蒋介石军政利益集团控制了湖北之后，立马改武汉市市政府为武汉特别市政府，汉口随之成为特别市的组成部分；当1931年中央和省政府因"剿匪"利益得不到保障时，汉口又由特别市变为普通市；接下来就发生省府侵夺汉口市权的现象。

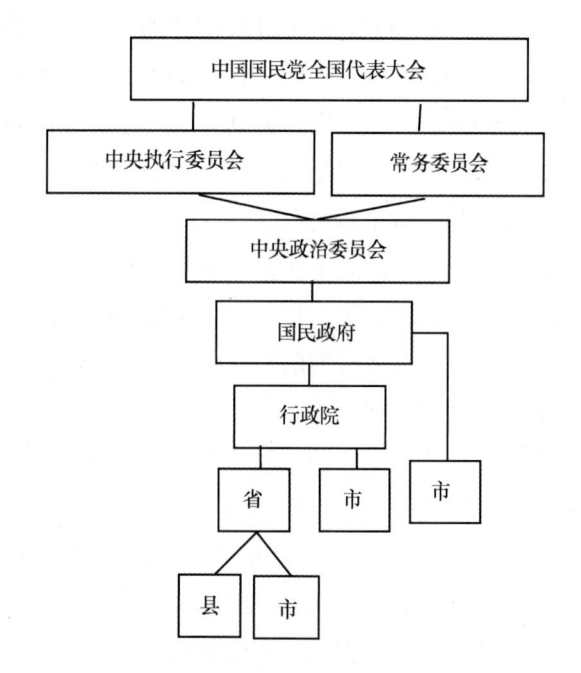

图9-1-8 市在南京国民政府组织层级中的地位图

说明：1. 1930年6月颁布的《市组织法》规定特别市直辖于行政院。而此前特别市直辖于国民政府。

2. 此图据《国民政府组织系统图》（见袁继成、李进修、吴德华主编《中华民国政治制度史》，湖北人民出版社1991年版，第367页）制作。

1931年，本已严重受累于"剿匪"的省财政，又因是年元旦遵令裁厘，省库骤失巨款，财政极感困难，以至于年度预算案"因收支差额过巨，无法如期编定"，"由是中央为维持省政起见，始将汉口市改隶于省府之下，而以该市原有收入，补充省库之不足"。后来，蒋介石鉴于"汉口居全国之中心，为国内贸易之巨擘，市政设施，亦当积极改进"，于 1932 年决定汉口市收入从当年 10 月开始实行"独立之制"。实际上，经过"核定"的实行财政"独立"之后的汉口市的财政收入，仍较汉口为特别市时期大为减少，市财政年收入约为原来的 64%。①

国民党为了保障湖北省有足够的财力"剿匪"，由中央政府以行政命令的形式，将汉口由特别市改为辖属于湖北省府的普通市，以便剥夺市库弥补省库——这正是省权侵夺市权的绝好例证。同时，这也是"党国"利益至上、城市利益缺乏主体性的典型表现。可见，汉口市制的变动和城市地位的升降，完全视中央政府或国民党的利益为转移。所以，从本质上讲，市政府不过是中央政府和国民党在汉口的利益代表，汉口市制多变及由此导致城市地位的频繁升降，体现的是汉口在全国地位的定位之变，以及一党专政之下执政党利益之所需。在市政府权能和城市利益缺乏根本保障的情况下，汉口市政从根本上无自治之可能。

其次，城市在国民党专政时期的特殊经济、政治和军事地位决定了汉口不可能真正获得城市自治。

中国的城市历来是官府重点控制的对象，重要的城市更是战略控制要点。"国民党专政期间，创造了一个高层机构，总算结束了军阀混战，但是全靠城市经济维持。"② 与城市作为国民党政权存在的经济根基地位相应，国民党政权施政采取以城市为中心的政治、军事战略，城市成为国民党军队的军事战略据点，各大城市更是国民党军队控制的重中之重，汉口在当时就是一个军事、行政机关林立的城市。1931 年 2 月公开的统计数据表明，汉口市区内仅各级政府的行政机关就达 208 所，其中市行政机关 72 所，中央及省政府辖属机关 136 所。③

---

① 贾士毅：《湖北财政史略》（出版信息不详），第 74、171 页。
② [美]黄仁宇：《万历十五年》，中华书局 1982 年版，第 265 页。
③ 《本市市内政府机关一览表》，《新汉口》第 2 卷第 8 期，1931 年 2 月，第 117—130 页。

第九章　民国中后期市政府市政主导权的确立与汉口商人自治型市政的蜕变

由于城市为国民党政权根本利益之所在，因此市的自治进程视国民党的政治、军事利益为转移。1930年《市组织法》颁布后，汉口像其他城市一样推行地方自治。但是不久，汉口推行自治的活动被中央政府叫停，以致到1932年秋，湖北省筹备自治委员会开会讨论时称，"汉口市地方自治，迄今尚未着手筹备，衡以普遍义意，则有偏枯，较之上海、天津，办理已有显著成绩者，则未免落后……且该市临接省会，亦能就近督促指导，以竟事功，而为各县之先导"，并决定敦请省府举办汉口市地方自治。① 可见，汉口市当时是完全有条件举办地方自治的。1933年2月，国民政府内政部奉行政院命令，要求鄂省缓设自治筹备会。② 这样，汉口市自治工作一时自然不能重启。同年年底，豫鄂皖三省剿匪总司令部不准在汉口设立自治会，理由就是没必要。③

对于中央政府中止汉口市地方自治的原因，1935年出版的《地方自治纲要》一书这样载述道：

> 国民政府制定《市组织法》公布后，该项组织法所规定之应行办理事项，经由内政部督促进行，截至二十三年止，及区、坊、间、邻组织及户口调查已经办竣报部者，有天津一市，已经划分自治区，而坊、间、邻尚未编竣者，有上海及南京两市；区、坊、间、邻户口将次编竣者，有威海卫行政区及济南市；广州市则先已划定一部分，其余尚在调查筹划中，其他各市，**除汉口市因属剿匪区域，现已停办外**，亦均在进行中。④

这说明国民党政府是以汉口市属于"剿匪区"为由停办自治的，显然是为了避免因推行汉口自治妨碍国民党的当下利益——确保国民党

---

① 《自治筹委会函请省府举办汉市地方自治》，《汉口中西报》1932年9月21日第8版。
② 《鄂省缓设自治筹备会　内部奉院令咨请查照》，《汉口中西报》1933年2月6日第7版。
③ 《总部否准市设自治会》，《汉口中西报》1933年12月20日第8版。
④ 黄哲真：《地方自治纲要》，中华书局民国二十四年（1935）版，第111—112页。黑体为笔者所加。

政权对汉口这个财源重地和政治、军事战略据点的严密控制,巩固"剿匪区"内部的社会稳定,使汉口城市利益服从服务于"剿匪"。

在汉口处于国民党军队的绝对控制的情况下,国民党政府完全可以像在其他城市那样将汉口的地方自治推向前进,但它却一味要求汉口牺牲城市的地方自治权益,以确保其整体政治、军事权益,汉口市政府的自治权能因之变得十分有限,以至于一度市财政无法自主,城市日常治安要由省府控制下的公安局负责。即便后来市财政能够"自主",但经过中央政府剜肉补疮式的强制性削减市政府财力以补充省库以后,市政府的市政主导作用因受制于财力而难以充分发挥。这样的市政主导根本就不是城市自治。

为确保各大城市的安全,国民党政府在各大城市中派驻了军队、特务、宪兵等机构,它们与城市市政管理机构互不统属,甚至凌驾于市政管理机构之上。这种情况同样也制约了市政府市政主导作用的充分发挥,阻碍城市自治。在汉口,警察怕兵,不敢管违章的兵,"警察先生见了武装同志,虽公安局规章至严,不但不敢阻止,倘若稍逆其意,恐怕还要赏五指雪茄(指用巴掌扇耳光——笔者注),一支火腿(指用脚踢——笔者注),那才是吃不完兜了走哩"[①]。汉口的公共汽车上,真正能够维持秩序的往往不是乘务员,也不是保安,甚至也不是警察,而是宪兵,因为只有宪兵才能够管理乘坐公共汽车的兵。市政府及下属市政管理机构之外的军、政机构侵蚀和超越市政管理权,致使市政府无法以城市利益代表的身份办理市政,这样的市政当然就不是城市自治。

再次,中央政府在市自治问题上游移不定、敷衍行事,市政府因之对汉口市政自始至终实行"保育主义"的官治。

与前两点相应,中央政府在市的自治单位资格问题上患得患失,敷衍行事。不论是1928年公布的《特别市组织法》和《市组织法》,还是1930年公布的《市组织法》,都没有明确规定市为自治单位或法人。1934

---

① 《交通路之交通与武装同志》,《碰报》1929年11月19日第3页。

第九章　民国中后期市政府市政主导权的确立与汉口商人自治型市政的蜕变

年 2 月 21 日，国民党中央政治会议审查通过并交由行政院颁行各省市遵办的《改进地方自治原则》3 项，其中第一项"确定县与市为自治单位"①。然而 1934 年年底行政院院会通过的《市组织法》，却又没有确定市为自治单位。该法虽未公布，但由此不难推知先前的《改进地方自治原则》停留在了纸面上。1936 年公布的《五五宪草》明确规定县为地方自治单位，但对于市的地方自治单位资格问题采取模糊处理，它并不明确规定市为地方自治单位，而是规定市之自治除相关规定外"准用关于县之规定"。中央政府在市自治地位问题上敷衍和缩减市职能、扩充县的职能的做法，受到了时人的批评："各国均以市而不以县为地方自治单位，县仅处理关于乡、区建设事务与指导、监督规模较小的村镇政府的责任，我国则以县为建设地方事业唯一的机关，不论城市或乡村事业，均对其直接兴建。"② 这说明时人就已经认定，中国的市还不是建设地方事业的自治单位，而是代表中央处理地方事务的行政机关。

抗战胜利后，"国民大会"于 1946 年年底通过了《中华民国宪法》，它"标榜'均权'与'地方自治'，实际却是中央集权制"③，还是没有明确给予市自治单位资格，其中有关市自治的规定亦间接、含糊：规定省辖市之自治准用县之规定，院辖市之自治以法律定之。对此，市政学家张锐不无讽刺地说，"这次宪法中关于'市'的规定，虽极简略，而从'省''县'相关条文中不难看出市自治的轮廓"④。由此可见国民党中央政府在市自治问题上进不欲、退不能的忸怩之态。1948 年秋，还有学者棒喝，"市万不宜准用县之规定"⑤。可见，市至民国之终也没有真正取得地方自治单位的资格。

---

① 黄哲真：《地方自治纲要》，中华书局民国二十四年（1935）版，第 111—113 页。
② 薛伯康：《对中国市政的观感》，《道路月刊》第 53 卷第 3 号，1937 年 1 月 15 日，第 29 页。
③ 袁继成、李进修、吴德华主编：《中华民国政治制度史》，湖北人民出版社 1991 年版，第 597 页。
④ 张锐：《论都市民治》，《市政评论》第 9 卷第 6 期，1947 年 6 月 15 日，第 2 页。
⑤ 孙克宽：《市万不宜"准用县之规定"》，《市政建设》第 1 卷第 1 期，1948 年 10 月 15 日，第 9 页。

民众对市政的参与度是权衡市政是否自治以及市政本质为官治还是民治的最重要的尺度。中央政府在对待人民的市政参与权问题上（如：市参议会、市民大会的设置、选举）虽均有明确的规定，但在实际的政治运作中，中央政府对相关事宜，均拖沓行事：

1930年《市组织法》规定"本法施行期间以市自治完成之日为限"①，但市自治完成之日并不确定。

1934年2月通过的《改进地方自治原则》三项中，第二项规定地方自治进行分为三期：第一，扶植自治期——市长依法由政府任命，市设参议会，市参议员由市长聘任一部分专家为议员，负责筹备和执行自治；第二，自治开始期——市长依法由政府任命，市议会由人民选举；第三，自治完成期——市长民选，市议会民选，人民开始实现罢免、创制、复决各权。②依照这样的分期，市离实现自治可能遥遥无期，因为每一期均未明定期限。

1936年公布的《五五宪草》规定，"促进地方自治之程序以法律定之"③。次年1月通过了《修正市自治法》，"但也与《市组织法》一样，只停留在条文上，到抗战胜利后都没有实现"④。所以在1937年时，学者们纷纷批评曰，"现时吾国市长，全系委任，并非民选"⑤；"市参议会，未见实践"⑥；"市政府是市政府，市民是市民，十年之期，尚未造成一二有权参与市政之公民"⑦。

直到抗战胜利后，汉口市才产生了民选的市参议会。

---

① 冷隽：《地方自治述要》，中正书局民国二十四年（1935）第3版，第245页。
② 黄哲真：《地方自治纲要》，中华书局民国二十四年（1935）版，第111—113页。
③ 中央地方自治计划委员会编：《地方自治法规辑要》，中正书局民国二十五年（1936）版，第39页。
④ 涂文学：《城市早期现代化的黄金时代——1930年代汉口的市政改革》，中国社会科学出版社2009年版，第86页。
⑤ 冯秉坤：《论今后改革我国市政之途径》，《市政评论》第5卷第1期（中国市政问题专号），1937年1月16日，第21页。
⑥ 张又新：《中国市政之根本问题》，《市政评论》第5卷第1期（中国市政问题专号），1937年1月16日，第19页。
⑦ 殷体扬：《十年来我国市政之简评》，《市政评论》第5卷第6期，1937年6月16日，第4页。

第九章　民国中后期市政府市政主导权的确立与汉口商人自治型市政的蜕变

深谙民主真义并作为国民政府制宪主要负责人之一的孙科，他对于国民党政府推行地方自治的拖沓与当时中国政治的本质，曾经有着这样的痛切陈词：

> ……**自治的反面就是官治。到目前为止，中国的政治还是官治，这种方式是过去的方式**……
>
> 训政的目的就是要达到宪政。我们过去十几年对于训政的工作努力不够，对于训练人民行使四权及地方自治的事项，也不曾认真注意……如此一年拖一年，十几年过去了，地方自治的基础还未能完全建立起来……
>
> 民主宪政的标准，最紧要的，就是看人民有没有参与国家的政事……十几年来，人民不曾行使四种民权，就是选举权也还没有实行。有人说，这是因为人民程度太差，地方人民不能担负地方的责任……其中不少甚至是以扶助地方自治的资格来破坏地方自治，以为如果养成老百姓选举的智识能力，一级一级的选起来，连自己所担任的县长、省委、主席的地位都不能保障。[①]

就汉口而言，其市政是否由官治进而自治呢？曰：官治而始，官治而终。

1927年1月，也就是汉口的第一个市政府——汉口市政府建立不久的时候，孙科在谈到汉口市政问题时说：

> 中国是向来没有市政的，所以中国人可说对于市政没有经验。我们要办市政，在历史上也没有成例可以依据。即如对于市制和市政府的组织，也完全没有可以参考的成例，完全要自己研究出一种适合的制度。**市政所办的都是地方事情，依理是应由地方市民自己**

[①] 《向民主宪政的大道前进——民国三十三年五月三日在中央训练团党政训练班讲》，秦孝仪主编：《孙哲生先生全集》第3册，中国国民党中央委员会党史委员会，1990年版，第124—125页。黑体为笔者所加。

> 起来负责办理的，可惜中国的人民无论在什么地方都没有市政的常识，都是莫名其妙的。所以在办市政的时候，就要市民自己来负责，事实上是不可能的……**由政府任命市政委员，叫他们负责去办市政，权利集中，办事方无牵掣。这实在是过渡时代不得已的办法，不如此简直不能办市政。**
>
> ……
>
> 汉口市政委员会的组织大体和广州市差不多……①

孙科当初说这话的意思是：汉口办理市政是依照广州的市制模式行事的，其实质不是民治，这是过渡时代不得已而为之的事情。事实上，广州的市制当时就被批评为"偏重官治，未能与民治潮流适合"，后来被人称为"保育主义之市政委员会制"。② 广州市制是"保育主义"的市制，市政非民治，依照广州行事的汉口市政，自然也是"保育主义"的官治了。

1929年4月，武汉特别市成立，此后汉口的市政建设才真正大规模展开。在刘文岛就职宣誓典礼上，监誓人萧萱训词曰：

> 市政是要人民自己出来做的。试看欧美各国，市长多是市民选出，再由政府加委，我国现在训政时期，人民政治知识，比较薄弱，所以用政府力量来办。③

言下之意，武汉市政实行官办是不得已的做法。萧萱毫不讳言训政时期的市政必须采用官办的思路，与孙科如出一辙，他们都以身历者的身份道出了当时汉口市政的官治本质。

---

① 孙科：《市政问题》，武汉地方志编纂委员会办公室编、田子渝主编：《武汉国民政府史料》，武汉出版社2005年版，第357页。黑体为笔者所加。

② 希荣：《我国现行市制述评》，《市政周刊》第1卷第4、5合刊，1927年1月，第2页。

③ 《庄严灿烂 刘市长宣誓就职》，《武汉中山日报》1929年5月14日第7版。

第九章　民国中后期市政府市政主导权的确立与汉口商人自治型市政的蜕变

在整个南京国民政府时期，不论汉口市制如何变动，汉口市政实际上都没有改变"保育主义"的官治性质，市政府的各级官员和职员，上至市长，下至科长、技正，均由任命而不由选举产生。这样的市政府不过是省政府或中央政府在地方的代理者。在"保育主义"的市政体制下，市政府主导的市政不可能是自治行政。曾经有人这样评价南京国民政府治下的市政体制说：

> 我国现行市制，略似美法之集权市长制，不过市政及官吏由上级政府委任而已。就其行政而言，纯为上级政府之代表机关，只对上级政府负责而已，十余年来，市政进步亦大，离达自治团体之资格尚远也。[①]

这个评价同样适合于当时的汉口。

市参议会是代表民意的机构，是市民参与市政的重要形式，也是市政民主的一个象征。不过，市参议会的设置，并未改变民国时期市政府主导汉口市政的官治本质。

赵可指出，"以市参议会为核心的民主立法机关的长期滞后，是南京国民政府时期市政体制的突出特点之一"[②]。对于汉口而言，也不例外。刘文岛和吴国桢执政时期，都曾主动呈准建立了临时参议会——前者在1929年8月1日，后者在1932年12月3日。前后两个汉口市临时参议会都只是汉口市政府的附属机关，议长又都是由市长兼任的，议员是由市长在指定的民间社团和组织中聘任的。刘文岛时期汉口参议会的职权为："一、建议本特别市兴革事宜；二、讨论市长交议咨询事件；三、讨论市长交议市民请愿事件；四、审查本特别市行政之成

[①] 董赓材：《我国先行市政之评论》（未刊稿），四川大学图书馆，转引自赵可《市政改革与城市发展》，中国大百科全书出版社2004年版，第281页。

[②] 赵可：《市政改革与城市发展》，中国大百科全书出版社2004年版，第195页。

绩。"① 文中所谓的"建议""交议咨询""审查",我们借用一下1948年国人对当时经过选举产生后的中国城市市议会的评价来定位其本质,即"只有咨询性质,而非决用,行政首长例能支配一切"②。市参议会既为市政府的附属机关,议长又是市长,议员即为市长的僚属,这样的市参议会虽然能起到在一定程度上反映民意、沟通市民与市政府的作用,但是终究不能从根本上起到民主监督市政的作用。市政体制在实际操作运行中就成为"市政独任制"③,市政大权基本上由市长独揽。

在刘、吴执政时期,真正决策市政的是市长主持的市政会议。当时的报章对历次市政会议的详细情况,报道每每长篇累牍,而对于市临时参议会的会议情况,报道次数既少,其篇幅较之报道市政会议的篇幅,又不啻小巫与大巫。由此亦见市政决策中心之所在。市临时参议会职权的过于弱小,反映出当时汉口市办市政的官治本质。

抗战胜利后,正式的汉口市参议会虽由民选产生,市议员也敢于批评市政,当时报章常用"开炮"一词来形容市议员对市政府的工作所发批评的尖锐。但是,由于内战的爆发,市参议会曾经的"开炮",也没能促使汉口市实现城市自治。1948年1月,汉口市市长徐会之在汉口市第一届参议会第五次大会上致辞说:

> 政府宪政的国策,"剿匪第一",本人站在政府立场,所有一切行政措施,自不能不与剿匪戡乱相配合,因为这样,对于参议会上次各项决议案,实行的步骤与时间,不得不稍有变移,因之也就不能做到"按时记功"的地步,深为抱歉。记得在上次大会闭幕的时候,本人曾提到在匪患严重的时期,政府物力要集中全力于治安保障及武力自卫方面,其他的许多工作,恐怕不能如期完成,证

---

① 《设立临时参议会》,《汉口市政府建设概况》(1929.4—1930.4),"总务",第27页。
② 刘乃诚:《抗战后市政建设上之新问题》,《市政建设》第1卷第1期,1948年10月15日,第4页。
③ 赵可:《市政改革与城市发展》,中国大百科全书出版社2004年版,第192页。

第九章　民国中后期市政府市政主导权的确立与汉口商人自治型市政的蜕变

之近来三个月工作表现，真是"不幸而言中"，就如三十六年度的国民义务劳动服役，根本没有遵照原议案执行，而且改作了国防工事，增加了市民许多负担……

徐会之的讲话，明确地反映出这样的事实：在民国末期，汉口市政府因为市政府奉行中央政府的内战政策，市政府以施政依"国策"为转移，军政压倒了市政，市政因之变了调，市参议会的市政决议每每不能执行。

市参议会对于市政的态度又如何呢？议长张弥川的致辞可见一斑：

本会为适应当前需要，策动戡乱动员以及有关救济工作，并倡导组织市民自卫武力，以及遵从军事当局计划，建筑防御工事。在此两三阅月中，本会莫不贯注全力协助政府及治安机关，以安定汉口为第一，尤本有钱出钱、有力出力之旨，集中全市力量配合戡乱建国之要求……①

可见，市参议会"开炮"归"开炮"，但归根结底也是以"党国"利益为重，遵从国民党中央制定的内战国策，与汉口市政府同进退，听任市政服从军政，议案得不到执行，这样的市参议会对市政实际上根本起不到民主监督的作用。

市参议会对市政府的民主监督流于形式，与市政府一起，都不过是中央政府在地方的忠实代表，故民国末期市政府主导汉口市政的本质不是城市自治与民治，而是孙科所说的"还是官治"。

城市自治的核心是城市政治体制的民主化。20世纪20年代末至40年代后期，经历过市政改革的中国城市，被赋予了一副并不完整的城市自治骨架、一个集权政治的中枢神经系统，这样搭建起来的市政体制，

---

① 汉口市参议会秘书室编辑：《汉口市参议会第一届第五次大会会刊》，汉口市参议会发行，1948年9月版，第2—4页。

多民主之形，少民主之神；居自治之名，行官治之实。"还是官治"，这就是国民政府统治时期市政府主导市政的本质。

当然，比起民初市政的官治，国民政府统治时期市政的官治还是积极主动得多。毕竟，它使得中国城市管理容纳了更多的现代民主的因子，一度积极促进了中国城市现代化的发展。

二　汉口商人社团组织的重组与商人自治型市政的蜕变

民国中期，在市政府主导市政的市政模式和市政体制逐渐确立的同时，汉口商人社团组织也完成了重组，原先的商人自治型市政亦发生蜕变。这一"确立"一"蜕变"，共同构成了近代汉口市政发展史上的富于转折性的一段。回溯民国中期汉口商人组织的重组与商人自治型市政蜕变的历程，我们不仅可以看到那个时代汉口市政和城市社会复杂而丰富的另一面，还可以借此认识当时市政府主导汉口市政的实质。

下面将论述民初三大商人社团组织——汉口商会、汉口各团联合会及其下各保安会、慈善组织，在民国中后期的重组、变化，以此解析民初汉口商人自治型市政是如何在民国中期以后发生蜕变的，并透过商人自治型市政的蜕变，反观民国中后期汉口市政府主导市政的实质。

（一）汉口商会的改组及其市政角色的转变

武汉国民政府时期，由于工人运动、商民运动的高涨和政府政策的变动，晚清以来一直作为汉口商界领袖的汉口商会的地位受到严重冲击，代表中小商人、店员等中下层商人利益的商民协会试图取而代之。汉口商会与汉口商民协会的同时存在及它们之间的矛盾冲突，意味着汉口商界的分裂。

1929年6月，国民党三大通过了《人民团体组织法案》。根据该法案，商会与农会、工会等团体一样，接受党部的领导。1929年8月15日，新的《商会法》公布，商会的基本性质得以确定。同年9月1日

第九章 民国中后期市政府市政主导权的确立与汉口商人自治型市政的蜕变

和11月13日，南京国民政府又先后公布了《商会组织的原则及新商会法运用之方法要点案》和《商会法实施细则》，它们规定商会在正式成立之前必须接受国民党党部的领导。1930年1月，《工商同业公会法》和《工商同业公会法实施细则》又先后出台。[①] 以上一系列法令的出台，重新确立了商会在商界的领导地位。其后，国民党中央执行委员会第10259号训令规定，汉口、青岛等市商人团体改组应依照以下条款办理：（甲）商人团体之改组，须于国民政府核定之期限内办理完竣；（乙）商民协会须于奉到中央颁布本办法后半个月内，一律结束；（丙）由当地党部指挥原有商会，加入商民协会之商店行号，及法律规定应加入同业公会之商店行号，依据《商会法》及《工商同业公会法》改组。[②] 汉口商民协会大约在1930年4月中旬以后依法撤销。[③] 汉口商民协会撤销后，汉口商会才重新成为汉口商界的唯一法定代表性组织，同时也意味着它必须接受国民党地方党部的控制。

1931年2月22—24日，汉口商会依据国民党中央指令，依限于1931年2月25日之前进行了改选，商会由会长制（第七章已述及汉口商会在民初的后期已经由会长制开始向委员会制过渡）改为委员会制，商会内部的民主机制更为健全。新商会以同业公会为基础，这对于进一步弱化汉口商会会员个体的地缘观念、强化其业缘观念，势必起到积极作用。同年3月，汉口市党部民众训练委员会决定，由该会组织科与社会局一起拟定汉口市商会组织细则。[④] 汉口市政府为了进一步整顿汉口工商业，于1933年4月组织了行规审查委员会。[⑤] 该委员会的成立，

---

① ［日］小浜正子：《近代上海的公共性与国家》，葛涛译，上海古籍出版社2003年版，第232、233页。

② 《商人团体改组办法　省训练部奉饬各县市遵照》，《湖北中山日报》1930年7月11日第2张第3版。

③ 报载湖北省商民协会于1930年4月中旬正在办理结束（见《省商协办理结束》，《湖北中山日报》1930年4月12日第2张第3版），汉口商民协会撤销的时间应该差不多。

④ 《汉市商会组织细则　民训会决议同社会局拟定》，《湖北中山日报》1931年3月23日第2张第4版。

⑤ 《市府续组行规审查会　派徐文光胡光炳等七人为委员》，《汉口中西报》1933年4月27日第7版。

意味着汉口市政府对汉口商会的监控进一步加强。

伴随着各级政府一步步加强对汉口商会的改造和监控，汉口商会的商务权限日趋缩小。民初曾经建立的处理商业纠纷与案件的商事公断处，进入民国中期以后，竟然被取消，其职能为武汉商事法庭所取代。① 直到1934年6月召开的第四次汉口市商会代表大会的时候，才有商会代表提请设立商事公断处。② 而上海市商会早于1930年改组以后就设立有商事公断处。③ 商会的每次改选和召开代表大会，除了事后要将结果上报备案之外，还必须事先将代表名单呈送汉口市政府和汉口市特别市党部（按：汉口市为普通市时期，市党部依然称特别市党部）备案和审查，开会之前必须邀请市政府和市党部派员"监视"④ 或"指导"⑤，开会时必须在会场设立国民党党旗、孙中山遗像，以及行三鞠躬礼和宣读"总理遗嘱"。而在民初，虽然商会也须将选举结果呈请官府备案，请各级政府官员"监选"，但会议代表人选事先不必由官方审查，官方并不直接干预选举，整个过程也没有党务系统的监控。

汉口商会方面对于自身权力的缩小既感到不满，又十分无奈，商会主席陈经畲在汉口商会第四次代表大会开幕致辞时，就深有感触地说：

> 自上年三月二日，任职以来，忽忽已十五个多月，在此十五个多月当中，无日无时，不是战战兢兢，诚惶诚恐，良以才力庸愚，恐负各会代表之期望。所幸上承长官指导，复承各会员代表随时监督，得以稍维现状。不过，执行案件，顺利执行者固多，而少数不能执行者亦有。细察不能执行之原因，大部分固然是经畲等知识不敷，小部分亦因**商会权力不足**，缘商会对上则用请求方式，对平行

---

① 《武汉商事法庭今日审理德胜钱庄债务案》，《武汉中山日报》1929年5月29日第10版。
② 《汉商会代表大会昨开幕》，《汉口中西报》1934年6月26日第7版。
③ 《汉商会设商事公断处案》，《汉口中西报》，1934年7月21日第8版。
④ 《商会呈请党政机关派员监视代表大会》，《汉口中西报》1934年6月8日第7版。
⑤ 《汉商会分呈市府党部　请派员莅会指导改选》，《汉口中西报》1935年2月18日第7版。

第九章　民国中后期市政府市政主导权的确立与汉口商人自治型市政的蜕变

则用商量方式，请求与商量，均非一面所能执行，其次会务不能尽量发展，事业之不能充分进行，虽是经畲等才力不足，**然经济之不充裕**，亦系阻碍原因之一。①

陈经畲所言，实际上委婉地表达出商会人士对于汉口商会因受党、政两方面制约而导致权力缩小、经济权能压缩的不满。

在受制于地方党政机构的同时，汉口商会实际上也在主动向党政权力系统靠拢。1929 年 6 月，在湖北省商会联合会上，以余蓉樵为代表的汉口商会明确表达了追随国民党的意愿，并提议商人一致加入国民党：

吾侪商人，从前咸守闭关主义，【、】在商言商的存见，现已大都觉悟，知参加政治运动的重要。【，】不拘泥于迂腐之谈。然文明进化，突飞猛进，我辈必须研究国民党党义之奥旨，及先总理遗教之精髓，方能立于商场不败之地，以谋联农工商学兵联合战线之团结，巩固国民革命之基础……欲求商人进步之阶，是参加政治运动，实为我侪切要之工作，但非空言奋进，专事宣传所能成功。蓉樵以为第一步进行方法，应立即一致加入中国国民党，接受党国先进的训练和指导，自与政治径途，日进一日，对党国既能增加革命力量，于自身人格之健全，智识之增长，经济之裕如，俱有莫大裨益。②

其实，汉口商会早在清末之时就已经超越"在商言商"的思想层次，汉口商会的这次整体性"觉悟"，既是国民党政权对汉口商界实施"党化"政策的结果，也是汉口商界普遍趋附国民党政权、接受"党治"现实的结果。

汉口商会人士还应市政府之请，部分地实现了直接参与城市政治权力、实施民主政治的愿望。刘文岛主政汉口时期，汉口市成立了临时参

---

① 《汉商会代表大会昨开幕》，《汉口中西报》1934 年 6 月 26 日第 7 版。黑体为笔者所加。
② 《省商联提案汇志》，《武汉中山日报》1929 年 6 月 11 日第 3 张第 2 页。

议会，商会人士万泽生、郑燮卿、蓝熙周等人成为市临时参议会的成员。吴国桢执掌汉口市政府以后，也组织了汉口市临时参议会，贺衡夫、陈经畲、郑燮卿厕身其中。这些商会人士与市临时参议会其他成员一起，担负起"监督"市政府施政的职责，成为汉口市政治运行轮毂中的一分子。

总之，经过改造后整体接受党治的汉口商会，已然变成带有鲜明党派意识的职业团体，商会领袖人士也厕身政界，成为国民党汉口市政权权力机体内的一分子，从而弱化了其作为工商自治组织的身份。而20世纪30年代不断的内乱与日益升级的民族危机，更强化了汉口商会对国民党集权统治的认同，一定程度上也消蚀着汉口商会原有的自治意识。

此外，即便在名义上，汉口商会也不再能够如民初那样作为汉口各保安会及其联合会的统帅组织了。

随着汉口商会在城市政治生活中所扮演角色的变化，其参与汉口市政的途径和形式发生了重大改变。民国中期，汉口市商会主要通过以下途径和形式参与汉口市政：

第一，通过市临时参议会影响汉口市政。

例如：在城市道路修筑过程中，拆迁问题总是一个令政府棘手的问题，刘文岛主持汉口市政府时期，民权路的拆迁就受到路线内住户的抵抗。1930年3月18日，刘文岛主持召开汉口市政府时期的第一次临时参议会。在会上，市临时参议会针对相关问题——民权路拆迁的补偿费、拆迁户安顿的办法以及拆迁的期限，做出了三项重要决定：酌量增加拆迁补偿费现金成分；准备被拆市民迁移地点；在不妨碍工程进行的情况下适当延长拆迁时间。[①] 这三项决定既迁就了拆迁户，又照顾到市政工程的实际情形，合理而富有弹性。结果，均被市政府采纳，转化为市政举措。[②] 拆迁的阻力随之逐渐化解。虽然我们不能将市临时参议会

---

① 《修筑民权路民房拆迁问题 市临时参议会议决办法三项》，《武汉中山日报》1930年3月20日第3张第3页。
② 《民权路住户特别注意 市府布告依限拆迁 万不得已强制执行》，《湖北中山日报》1930年5月15日副刊《市政周刊》第13期。

第九章　民国中后期市政府市政主导权的确立与汉口商人自治型市政的蜕变

的决定完全归功于该会中的商会代表，但其中肯定有商会代表的贡献。再如：民生路开辟以后，沿路"房租高昂，甲于全市"①，而且"挖费奇重"，各商店生意萧条，呈请市政府救援，市社会局也曾拟定减租标准，历时数月，但"因参议会久延不决，以致莫所遵从"。② 市临时参议会对市政问题迁延不决，消极对待，也影响了汉口市政府的市政举措，商会代表的态度肯定也在其中产生着影响。

第二，通过承销市政公债，帮助汉口市政府筹措市政经费。

发行市政公债是市政府筹措市政建设经费的常用手段之一，但经费的最终取得还在于市政公债有购买者。民国中期，在刘文岛和吴国桢执政时期，汉口市政府都曾发行过市政公债。当时市政公债的销售是市政府通过行政命令摊派的，商会就是汉口市政府摊销市政公债的主要对象之一，同时也是市政公债的主要承销者之一。1930年汉口市政府发行的市政公债，其支配摊派的份额中，商会担任25万，至该年8月份，商会已向汉口市政府交款15万。③ 显然，商会在市政公债销售的过程中是被动的。因此，承销市政公债主要是汉口商会被动参与市政进行的一种形式。

第三，参与政府组织下的各种公益性质的委员会。

如乞丐收容委员会和汉口市救济委员会④、冬赈委员会⑤、湖北水

---

①　《民生路民不聊生》，《碰报》1930年2月6日第3页。
②　《民生路之商艰　生意萧条房租高昂挖费奇重　各商店又呈请市府救援》，《湖北中山日报》1930年5月28日第3张第4版。
③　《吴国桢谈：汉市财政近况》，《湖北中山日报》1930年8月17日第3张第2版。
④　乞丐收容委员会成立于1933年10月3日，由武汉警备司令部、汉口市政府、公安局、保安联合会、善堂联合会、华洋义赈会、红十字会、红卍字会，以及市商会、业主集会办事处、银行业同业公会、华商赛马公会，分别派员组成。见《汉口市政概况》（1932.10—1933.12），"汉口市政府之组织"，第3页。汉口市救济委员会成立于1934年，是并改乞丐收容委员会与妇女救济院而成的组织，实际上参与的机构与团体未变。见《汉口市政概况》（1934.1—1935.6），"社会"，第2页。
⑤　该会于每年冬成立。例如，1935年冬，由武汉警备司令部、汉口市政府、公安局、保安公益会、善堂联合会、红十字会、万国慈济会、红卍字会、市商会、钱业同业公会、银行业同业公会、业主集会办事处等机构派员，共同组成了冬赈委员会。参见《汉口市政概况》（1935.7—1936.6），"社会"，第84页。

灾救济委员会①、湖北堤工经费保管委员会②、汉口市堤工委员会③、汉口市浮棺收葬委员会④，等等。这些组织涉及的领域多为慈善公益事业，其次才是堤防建设与管理。值得注意的是，这些委员会成立时，商会的参与都是由政府指定要其参与的，不属于自主参与性质。

第四，汉口市商会举办慈善公益事业。

一是以自主身份独立地慈善公益事业，如：商会头面人物开办了汉口慈幼院⑤、孤儿院⑥、育婴敬节堂⑦，收养孤儿、婴儿、救助无助寡妇；二是与其他商人组织一起举办慈善公益事业，如：1933年汉口市区操场角发生严重火灾之后，市商会由贺衡夫、陈经畲、苏汰馀等主动出面，联合汉口红十字会、汉口善堂联合会等慈善团体，发起组织"临时火灾急赈会"，紧急救济被灾民众。

此外，商会还通过临时向市政府提建议的形式参与汉口市政，如：

---

① 该会成立于1931年，参与该会的商会人士有贺衡夫、赵典之等。见《湖北水灾善后委员会工赈专刊·序》，武汉档案馆藏，档号 bB15/7。

② 该会成立于1932年12月，由湖北省政府代表2人、财政部代表1人、全国经济委员会1人、汉口市商会代表1人组成。商会主席贺衡夫作为商会代表，并被国民经济委员会委员长蒋介石指定为常务委员。（见《堤工专款保管会成立》，《汉口中西报》1932年12月17日第7版。）此后，汉口商会改选，则由新的主席取代上任主席作为该会委员。

③ 该会往往于汉口有必要防汛时组织起来。1935年，汉口发生水灾，湖北省政府下令组织汉口市堤工委员会，并指定参加机构和组织为：江汉工程局、汉口市政府及汉口市商会、业主会和农会。

④ 该会成立于1935年4月，内设委员7人，包括市府委派2人及市临时参议会、市公安局、市商会、善堂联合会、市立医院各推派1人。该会专门负责浮棺收葬。见《汉口市政概况》（1934.1—1935.6），"社会"，第1页。

⑤ 该会成立之初主要为了收养水灾孤儿，由绥靖公署办公厅主任兼灾区工作组武汉办事处专员陈光组，及水灾会常委贺衡夫、陈经畲于1932年7月发起，以陈光组、贺衡夫、陈经畲等5人为筹备委员。当时预定基金为20万元，已筹集到善款6万元。见《计划中之汉口慈幼院预定基金廿万已募六万 由陈光组贺衡夫等筹备》，《汉口中西报》1932年7月12日第8版。

⑥ 该院成立于1932年，董事会成员均为当时的商界名流，由贺衡夫（董事长）、陈经畲（正院长）、苏汰馀（副院长）、李德斋（院主任）主其事。见《孤儿院董事会昨成立》，《汉口中西报》1932年12月18日第8版；《汉钱业界领袖李德斋生前事迹（一）》，《武汉日报》1936年7月15日第2张第2版。

⑦ 该堂在民国中期一度解散，后在贺衡夫、李德斋等人的努力下重建。见《汉钱业界领袖李德斋生前事迹（二）》，《武汉日报》1936年7月16日第2张第2版。

第九章　民国中后期市政府市政主导权的确立与汉口商人自治型市政的蜕变

1934年,商会建议市政府安置抽水机抽排后湖积水,市政府据此决定拟具提案交市临时参议会讨论。①

在民国中期,汉口市商会主要是一种附从的辅助者身份,而不是像民初那样作为以相对独立的市政主体,参与汉口市政,其所办理的市政,也就不复为商人自治型市政。

(二) 汉口各团联合会与各保安会的改组及其市政自主权的丧失

1926年,北伐军抵达汉口后,城市政权发生鼎革,汉口市不仅新成立了一些社团组织,原有的一些社团组织也纷纷改组,汉口各团联合会就在改组的社团之列,改组后的汉口各团联合会改称为汉口市保安联合会。不过,此后的报章上有时仍称为汉口各团联合会。

与商会不同,民国中期的汉口市保安联合会及其下各分会,其组织上最初的演变,更多的是因受时潮的影响而主动做出的反应。1927年1月报载,汉口市保安联合会"原属会长制,兹为顺应潮流起见,拟改为委员制,次及于各保安会"②。2月17日,汉口市保安联合会决定,各会改为委员制。这样,不仅各保安会体制得以由会长制转变为委员会制,汉口市保安联合会体制也由原先的集权式会长制,在历"合议制"会长制后,得以转变为委员会制,内部组织也更趋民主化。经过自我改造的汉口市保安联合会及各其下分会,还有接连不断的外部改造在等着它们。

1929年7月,汉口特别市政府规定:"本市民众团体,须由市党部许可,方准立案。"③ 不过,此时汉口市保安联合会及各分会,由于得到了汉口市社会局的"保护",并没有按规定呈请市党部立案或呈请政府备案。因此,在民国中期的最初几年里,它们在组织上一直"维持

---

① 《商会呈请市府赶办抽水机排后湖积水　市府以拟具提案将交参议会讨论》,《汉口中西报》1934年5月14日第7版。
② 《汉口各团联会改委员制　将于初六日会议表决》,《汉口民国日报》1927年1月10日第3张新闻第5页。
③ 《市政府第十二次例会详志》,《武汉中山日报》1929年7月6日第3张第3版。

· 585 ·

现状"。

　　随着政府对民众团体控制的不断加强，汉口各团联合会及各保安会最终还是被正式纳入市政府决定改造的民众团体之列。1933年6月，汉口市政府召集汉口市保安联合会及各保安会、市公安局开会决定，汉口市保安联合会和各保安会必须将各自组织和工作情形及收支数目，按市政府制发表式，限期填报。其后，经市政府第25次市政会议决定交付审查，并拟具整理意见三项：其一，决定统一各保安会名称；其二，鉴于各该会内部组织简单，职权不清，由市政府规定组织大纲及其职权，除委员会外，应组织会员代表大会，由会属各户各推代表1人组成，该代表大会有选举、罢免及议决章则、预决算、提案等职权；其三，由市政府规定整理各该会收支办法，以区域大小，事务繁简为标准，分别定额收月捐，每户至多不得超过4元，至少1角，无力捐助者免，临时经费应先呈请市政府核准才能收取，并按月呈报公布。这些办法经第26次市政会议通过后，汉口市政府又函请市党部，在指导各团联合会筹备改组时，查酌办理。这次会议意味着汉口市保安联合会及各保安会原有的经费自主权开始受到限制，其自治性质必将大为削弱。其后，由市党部改定该会名称为"汉口市保安公益会"。1933年11月，汉口市保安联合会呈准改组为汉口市保安公益会，各原有之39个保安会，一律改为分会，即第1—39分会。①

　　代表官方意见的市政刊物评论说，汉口市保安联合会及各保安会"依法改组，渐趋正轨，不独为现时地方最大公益之团体，亦且为将来办理地方自治之根基"②。这说明，在地方政府看来，这次改组才意味着保安联合会及各保安会迈出了组织上合法化的第一步。但对于保安联合会及各保安会而言，这次改组标志着其原有自治权的进一步丧失而不是扩大。

---

　　① 保安公益会还经常被当时的报刊称为保安联合会，各保安会有时也被称为保安公益分会。
　　② 《汉口市政概况》（1932.10—1933.12），"社会"，第1—2页。《汉口市政概况》（1935.7—1936.6），"社会"，第83页。

第九章 民国中后期市政府市政主导权的确立与汉口商人自治型市政的蜕变

在汉口市党部的指导下，汉口市又成立了汉口市保安公益会改组委员会及各分会改组委员会，并于 1934 年 11 月预定分期整改。① 不过，直到 1936 年 7 月，保安公益会还"未改组完竣、正式成立"。在市政府的敦促下，由汉口市党部和市政府各派职员 4 名，逐日分途会同前往各会指导监选。② 1936 年 8 月上旬，各保安会分别改选完成后，保安公益会才于是月中旬完成改选。而选举的方法，是由汉口市党部和市政府决定的。③ 9 月 7 日，保安公益会的执行委员和监督委员就职，汉口市党部特派委员在对他们致就职训辞时称，"保安公益会的沿革，虽说是很有历史，但是组织不甚完备，差不多是各自为政，今天才算合法组织正式成立的一天"。训辞还要求保安公益会"在党政机构的指导之下，担负汉市公益，及协助政府维持地方治安"。④ 保安公益会的"正式成立"，标志着它从组织上彻底地丧失了原有的独立自主性，由原先具有较强自治性的社团组织，蜕变为受汉口市党政当局监管，并依它们所定规范行事，而不再拥有地方自治权的社团组织。

汉口各团联合会及各保安会的进一步改组及自治权的丧失，还体现在具体的市政事务中：

其一，在消防管理方面，汉口各团联合会及各保安会由城市消防的主导组织，变成了被领导、受支配、近乎官方消防机构的附属组织。

武汉国民政府时期，尽管汉口各团联合会及各保安会会务一度"无形停顿，不过救火工作，仍旧照常办理"⑤。1927 年 6 月，武汉市政府第 9 次会议决定，关于救火事件，由公安局指挥。⑥ 随着专门的消防

---

① 《市保安改委会积极整理会务　力求各分会工作进展》，《汉口中西报》1934 年 11 月 19 日第 8 版。
② 《汉口市政概况》（1935.7—1936.6），"社会"，第 83 页。
③ 《汉口保安公益会员昨选总会执监委》，《武汉日报》1936 年 8 月 16 日第 2 张第 3 版。
④ 《保安公益会新执监委就职　江述之任执委主席　陈泮岭亲莅指导致训》，《武汉日报》1936 年 9 月 7 日第 2 张第 3 版。
⑤ 《汉口各保安会改委员制　简章在起草中》，《汉口民国日报》1927 年 2 月 17 日第 3 张新闻第 2 页。
⑥ 《市政府第九次会议记录（续四日）》，《汉口民国日报》1927 年 6 月 6 日第 3 张新闻第 2 页。

警察的建立及市公安局消防力量的增强①，官方对各会的指导和控制也日益强化。

市政府对各保安会消防的整顿，是从1929年上半年开始着手的。1929年5月，市政府计划改良并监督保安会等民间救火组织，因为它认为"汉口各保安会，所收年月捐款，为数甚巨，考其消防用具，则窳败不堪，其消防人员俱未训练，毫无技能，又无组织，非改良办理，难期收效"，其改良、监督的办法是："各保安会消防人员，须受本局训练，并听本局指挥，其所收款项，须报告本局监视用途"。②

官方对各保安会及其联合会消防方面的指导和控制，最初是通过市公安局主持的全市消防会议来实现的，"汉口市消防会议，为全市防患火灾之重要事宜，各段保安会亦藉此为指导机关，所有关于消防事业，

---

① 有关汉口市消防警察建立的情况，1927年4月5日《汉口民国日报》（第3张新闻第2页）载，"消防警察，关系市民之生命财产，重要且大，汉口公安局向无此项组织，限由消防科长拟具简章，先设消防队一队，以树基础而应急需，一俟政府财力稍为充裕，再图逐渐扩充。"不过，1927年7月11日武汉市政委员会报告武汉市公安局（1927年4月武汉市政府成立时，汉口市公安局改为武汉市公安局）的现状和计划时，提到其内部组织有消防队的设置，计划"筹设消防队若干人，分住【驻】相当地点，购置救火车，遇有火警迅速营救"，见《武汉市政府行政概况》，载武汉地方志编纂委员会办公室编、田子渝主编《武汉国民政府史料》，武汉出版社2005年版，第360—361页。1927年8月4日《汉口民国日报》（第2张新闻第4页）报道武汉市公安局消防队扩充说，"原有设备，力量似嫌简单，兹闻昨已添备德国双管机龙一架，大力扩充"。说明1927年国民政府已经在汉口市区设置有消防队，并且消防力量在逐渐扩充。据包明芳《中国消防警察》（商务印书馆1935年版，第27—28页）载：汉口市公安局消防队成立于1928年10月，其组织设队长1人，副队长1人，技士、技副各1人，录事1人，司机4人，班长5名，队士69名。消防队之下，设第一派出所及第二派出所两所，分配驻扎于第十分局及第十一分局内，受消防队之指挥及调度。1929年7月，汉口特别市公安局呈请扩充消防组织的呈文中说汉口方面消防组织具备雏形。（《扩充消防组织》，《汉市市政公报》第1卷第2期，1929年8月，第69页。）至1930年3月止，汉口（特别市）公安局消防队已经拥有射水高程达80英尺（约27米）的先进灭火机7部，并附有便于居高灭火的升降梯（见《汉口市政府建设概况》[1929.4—1930.7]，"公安"，第33页），消防能力大为增强。至1933年，汉口市公安局消防队有职员4人，长警士兵79人，夫役6人，合计89人。见《汉口市公安局内外各部职员长警夫役人数统计表》，载《汉口市政概况》(1932.10—1933.12)，"公安"，第3—4页。

② 《武汉特别市公安局行政计划大纲》，《武汉特别市市政月刊》第1卷第1号，1929年5月，"计划"，第27页。

第九章 民国中后期市政府市政主导权的确立与汉口商人自治型市政的蜕变

应兴应革之各种统筹办法,均赖此会为讨论之所"①。在 1930 年 12 月的全市消防会议上,保安联合会与汉口市公安局会议并做出了两项重要决定:其一,为了避免火警发生后各保安会消防队与市公安局消防队抢架水门,发生冲突,市公安局消防队到达火场后,各保安会消防队应将已用水带改放于水缸内,将水门让出,以为挹注水量之用,并负责指定机器龙放列位置。这样,在官民两支救火力量同时救火时,政府的消防队处于消防优先地位,而各保安会消防队被置于补充地位,因为水门的水可以源源不绝地供应,而水缸的水毕竟有限,这种安排也是与各自拥有的消防设备(尤其是消防设备射水的高程很大程度上决定着消防效能)相称的。其二,各保安会每月一次的消防研究会,市公安局消防队须派员参加,以资联络。这意味着官方开始监视保安联合会会消防会议,市政府继市党部之后也开始将其监控触角伸向其组织内部。

汉口市消防委员会的成立,进一步强化了市公安局对各保安会消防队的控制。1933 年年初,在汉口市公安局主持下,召集日法租界、特三区及保安联合会开联席会议,成立了汉口市消防委员会,以便对各保安会消防队统一指挥,加强与租界及特区之间的互助合作。根据消防委员会组织章程,由市府召集相关法团与机构推选出委员 15—21 人,从中推出常委 3—5 人,再从常委中推出主席 1 人,执行日常事务。消防委员会每月应开常会 1 次,由主席委员召集。② 至于最终推选哪一机构或组织的代表作为主席委员,笔者阅及的载记和报道消防委员会开办的官方市政刊物和报刊,都没有对此做出明确说明。根据当时各机关、团体消防力量拥有的情形,最有可能成为主席委员的只有保安联合会或市公安局,尤其是市公安局。即便市公安局不被推举为主席委员,但是消防委员会成立后,该会每月召开的常会势必取代原先保安联合会主持召开的每月消防常会,市府对保安联合会消防事务进一步加强监控的目的

---

① 《全市消防会议决议添装水门联络消防各队》,《湖北中山日报》1930 年 12 月 25 日第 3 张第 3 版。
② 《汉市消防!组织消防委员会》,《汉口中西报》1933 年 1 月 25 日第 7 版;《汉口市政概况》(1932.10—1933.12),"公安",第 69 页。

· 589 ·

就达到了。

　　保安联合会及各保安会改组为合法团体——汉口市保安公益会及各分会之后，市政府不仅规定了各会征收捐费的多寡，还在水门安设及购置其他消防设备方面对各会加强了支配和监控。1934年，先由市政府市政会议决定增设水门，再由市政府于10月24日召集市警备司令部、市公安局、保安公益会、水电公司、市商会、业主会开会决定，紧急装设消防水门28处，所需经费3366.9元由各保安会担任，但是款项筹集办法须先呈请市府核准才能征收。① 此后，增修水门，市府也要求由保安公益会担任，但款项筹集办法亦须先呈请市府核准。

　　在市政府对保安公益会及其分会——各保安会消防经费加强控制的过程中，各保安会曾试图保有原来的经费自主权，但最终归于失败。1934年部分保安会如第31、32、33分会，以购置消防汽龙的名义，未经核准，派员按照房租12%抽收捐款，第27分会事先并未向市府呈报筹备汽龙的事，也派员收捐。10月下旬，汉口市政府依据改组后的各会简章第10条的规定（保安公益分会征收特别捐，应由执行委员会事先召集会员代表大会议决，并呈准本府后，方得实行），特令市公安局勒令各会立即停收，并将收款账簿、存根等件，一并交由该局，以便会同市党部派员清算，其余35个分会，一律查明，如有类似情况，亦分别照案执行。② 鉴于会员代表大会不易召开，市政府与市党部就商定变通办法：由各分会印送开会通知，各会员代表在通知簿上签名盖章后，交由市政府核定，始准开会。结果，上述各分会均遵照办理。③ 其中，第32分会（按：资料的标题和内容中的会名分别为第23分会和第32分会，依据前情，应为第32分会），重新履行市政府规定的手续，召开了会员代表大会，并决定"俟汽龙购就后，即将收支账目，印就报

---

　　① 《增设太平门　急装者二十八处　缓装者七十六处》，《汉口中西报》1934年10月25日第7版。
　　② 《市公安局奉令制止保安分会擅自收捐　令将收据簿折等件一并呈缴清算》，《汉口中西报》1934年10月27日第7版。
　　③ 《汉口市政概况》（1934.1—1935.6），"社会"，第1页。

第九章 民国中后期市政府市政主导权的确立与汉口商人自治型市政的蜕变

告单,分户送达,以资考核,并呈报层峰备查"①。可见,在这次有关消防设备经费的监控与反监控斗争中,保安公益会及各保安会败下阵来,被迫接受市政府与市党部的监控,从而进一步丧失了市政经费的自主权。

随着中日战争形势的变化,汉口市政府为了预筹应对战时消防措施,于1935年下半年至1936年上半年间,决定对全市消防进行统筹管理,统一消防指挥,市公安局遂规定将全市划分为4个消防区,全市设消防总队1个,区队4个,总队承市公安局之命总览全市消防事宜,各保安会消防队分别被划入各消防区中,与各官方消防队一起接受市公安局的分期消防培训和消防管理。② 至武汉会战失败前后,各保安会消防汽龙由市警察局③"集中办理",加之路灯收费又委托给既济水电公司代办,以致保安公益会"所有一切工作,均已停止活动",市警察局训令既济水电公司按月将所代收路灯捐款"以二百元拨保安公益会充维持费"④,后经既济水电公司和保安公益会争取,才改为400元。⑤ 至此,民初一直主导着汉口城市消防的汉口各团联合会及各分会,其在消防方面的自主权,几乎被剥夺得干干净净,其在组织方面已沦为市公安局消防队的附庸。

其二,在路灯管理方面,汉口各团联合会及各保安会保有一定的管理权,但在经费方面受到市政府的监控。

与消防方面的自主权几乎被完全剥夺不同,汉口各团联合会与各保安会在路灯事务方面尚能够保有一定的管理权。

在路灯管理方面,汉口市政府对于该联合会及各保安会凌乱不堪的

---

① 《保安公益廿三分会筹备购置汽龙》,《汉口中西报》1934年12月24日第7版。
② 《汉口市政概况》(1935.7—1936.6),"公安",第64—66页。
③ 从1937年1月1日起,汉口市公安局改称警察局。
④ 《汉口市警察局训令政字》(第4983号,1938年8月23日);《汉口市政府指令》(利字第8822号,1938年9月12日),《既济水电公司·路灯电费》,武汉档案馆藏,档号117—1—301。
⑤ 《为呈请赐将各保甲营收路灯捐款规定示遵并明关于收路灯捐令示补充四点拟具办法请赐核准及抄呈修正路灯合同请鉴核由》(1938年9月30日),《既济水电公司·路灯电费》,武汉档案馆藏,档号117—1—301。

路灯管理很不满意,早在1928年7月市公用局成立后,市政府就准备收回路灯管理权,由公用局办理路灯事宜。但不久公用局裁撤,工务局接管该局事务。工务局遂于1930年6月拟订了全市路灯整理计划,交市政会议审查通过。市政府指令工务局就收回路灯管理权一事与各保安会接洽,要求各保安会应将每月所收公益捐的一部分,作为路灯费,按月缴解财政局。也就是说,市政府既想收回保安管理权,又要求各保安会负担路灯管理费用。市工务局与各保安会商定,从1930年8月起,市政府收回路灯管理权。不过,在同年11月上旬,当市公安局召集工务局、财政局、保安联合会等机构和组织,再次讨论市政府收回路灯管理权问题时,其中关于路灯经费问题的讨论结果,却是"由财政、公安两局协商后再定"[1]。由此可以断定,市政府既收回路灯管理权又不负担路灯管理费的计划,一定程度上遭到了保安联合会及各保安会的抵制:各保安会虽然同意放弃路灯管理权,但是同时并不愿意负担路灯管理费。1931年7月,公安局(按:此时工务局的路灯管理权已划归湖北省汉口公安局;汉口市公安局已于同年6月改称湖北省汉口公安局,直隶于湖北省而受民政厅监督指挥),再次打算将路灯一律收归官办。[2]但因市库支绌,公安局与各会达成妥协,"除少数马路外,所有内街路灯,仍由各保安会负责办理"[3]。此外,还有部分大马路的路灯,也由保安会管理,中山路怡园段就是其一。

汉口市政府不但没有收回保安联合会及各保安会手中的路灯管理权,甚至还因经费困难,不得不将市政府掌握的部分路灯管理权移交给各保安会。例如:府东一路一带(自六度桥至府北一路止),共有路灯10盏,一向归公安局管理,从1931年大水后,因市库支绌,市政经费大幅缩减,改由各保安会接收管理。[4]

---

[1]《统一本市路灯 公安局召集会议讨论》,《湖北中山日报》1930年11月12日第3张第3版。
[2]《公安局最近行政计划 添设第十二至十九等署署员 整理全市路灯并遍装设警铃》,《湖北中山日报》1931年7月2日第3张第4版。
[3]《汉口市政概况》(1932.10—1933.12),"公用",第4页。
[4]《汉口市政概况》(1934.1—1935.6),"公用",第12页。

第九章　民国中后期市政府市政主导权的确立与汉口商人自治型市政的蜕变

直到汉口沦陷之前为止，汉口市政府也未能收回各会手中的路灯管理权。1934年12月，全市路灯（不包括特三区与租界）共计4843盏，其中由汉口市公安局管理的仅354盏，由汉口市保安公益会下各分会管理的多达4489盏，约占全市路灯的93%。[1] 汉口沦陷前夕，全市路灯总数达7000余盏，各会经管路灯的数量为5000盏。[2]

不过，由此也可知，自1935年以后，市公安局管理的路灯数目迅速增加，而各会管理的路灯数目几乎无甚增加，说明汉口市区路灯的绝大部分虽然由各会负责日常管理，但是汉口市政府方面对路灯的管理还是在逐渐加强。

同时，各会负责市区绝大部分路灯的日常管理，也并不意味着汉口市政府放弃了对这部分路灯的管理权。当市公安局因内街路灯管理不善（如路灯不亮、白昼燃灯）而受到市民指责时，该局便要求保安公益会在限定的时间内，将所管路灯损坏者一律修复，适当更添路灯，以增强亮度，并派专人负责按时开关路灯。分会所管中山路怡园段及府东一路，共有路灯36盏，损坏很多，且式样陈旧，光度微弱，市公安局也要求保安公益会迅速更换。[3] 市政府进而要求保安公益会组织"路灯管理委员会"，办理内街路灯事宜，由公安局指挥监督，制订关于全市路灯详细的整个计划。[4] 这显然是鉴于各会未能很好地按要求改善路灯管理而进一步采取的监管举措。

就路灯管理经费而言，汉口市政府从1932年5月就开始监视保安联合会征收的路灯费。前文已经提到，早在1930年，市政府既想收回各会手中的路灯管理权，又想要各会负担路灯管理费，结果遭到各会的

---

[1] 《汉口市政概况》（1932.10—1933.12），"公用"，第4—5页。
[2] 《汉口市保安公益会及汉镇既济水电公司函呈》（1938年9月5日）；《汉口市政府指令》（利字第8822号，1938年9月12日），《既济水电公司·路灯电费》，武汉档案馆藏，档号117—1—301。
[3] 《整顿内街清洁及路灯　公安局昨召保安公益会代表谈话》，《汉口中西报》1934年4月6日第7版；《整理路灯及内街清洁　市府令保安公益会办理》，《汉口中西报》1934年5月19日第8版。
[4] 《汉口市政概况》（1932.10—1933.12），"公用"，第4页。

抵制。从 1932 年 5 月开始，各会开始征收路灯捐，以作为路灯管理费。路灯捐收取的金额，由市政府规定，每季按捐户户等分为 3 等，即 3 角、6 角、9 角，保安联合会每年"按季汇齐灯捐收据存根送交警察局册报收数，其应开支管理等项用费亦经按照呈准预算数目造报支出"，然后再由市政府核销。① 从路灯捐收支的程序上看，市政府对保安联合会实行了全程监控。

不过，由于捐户等级没有确切的标准，保安联合会（保安公益会）在收取时，还有一定的操控余地。所以，到了汉口沦陷前夕，市政府还试图通过干预保安公益会与既济水电公司之间的路灯合同，严密监控该会及各分会对路灯的管理权。既济水电公司与保安联合会曾于 1930 年 8 月订有路灯合同，但至 1937 年 6 月，该会（当时已改称保安公益会）积欠路灯电费达 91760 元。② 1938 年，既济水电公司以该合同"施行不易，几等具文"，于该年 6 月与保安公益会重新订立路灯合同，呈请市政府鉴核、备案、备查，并请转令市警察局协助办理。该合同中规定：

> 第三条 公益会为收取本市路灯捐便利起见，将规定向各户征收之捐款额，全部委托公司代办收费事宜。
>
> 第四条 公司代收路灯捐，以实数为准，每季提国币壹仟捌佰圆，为公益会协助办理路灯公费，其余者，以半数为公益会还欠路灯电费，半数由双方保存，为添装及修理路灯之用，如上项电费分配，或除【余】额不敷添装修理费时，由双方商筹之。③

---

① 《保安会请免缴旧欠路灯费由》（1938 年 3 月 21 日交存），《既济水电公司·路灯电费》，武汉档案馆藏，档号 117—1—301。

② 《保安会请免缴旧欠路灯费由》（1938 年 3 月 21 日交存）；《汉口市警察局训令》（政字第 4983 号，1938 年 8 月 22 日），《既济水电公司·路灯电费》，武汉档案馆藏，档号 117—1—301。

③ 《为本商公司现与汉口市保安公益会订立路灯合同呈送备案备查并请转饬警察局协助办理由》（1938 年 6 月 25 日），《既济水电公司·路灯电费》，武汉档案馆藏，档号 117—1—301。

第九章 民国中后期市政府市政主导权的确立与汉口商人自治型市政的蜕变

汉口市政府审核后,针对合同中的这两条,对于路灯捐额征收和捐款分配的办法做出了具体批示:

> 路灯捐额 ……应将全市路灯盏数由该局(指警察局)督同保安公益会与既济水电公司共同切实查照其盏数暨规定之电灯费额,核定每月全市路灯应付之电费照本市征收保甲经费办法,由保安公益会委托既济水电公司代为收取,所用收据仍先送该局盖印,并于每月之中将所收捐款列表呈报该局复核,庶市民担负不致偏枯,捐款或资稽考。
>
> 捐款分配 新订合同对于电灯捐款之分配除扣应付之电费既【暨】每季提壹仟捌佰圆拨保安会充办公费外,关于偿还旧欠及修理暨添配路灯材料等费,均含混叙载,各以余款之半数拨充,殊不足以昭翔实而便勾稽,且保安公益会自消防汽龙经该局集中办理,路灯事务现又委托既济水电公司代办,所有一切工作,均已停止活动,自无再需如斯巨额开支……兹将每月所收电灯捐款规定先由该公司提扣路灯电费外,另按月提四百元以二百元拨充保安公益会充维持费,以二百元存既济水电公司作修理及添配材料之用,并先将捐户应认捐额按每月电费总额及此项维持费、材料费汇齐,重新摊定,以资核实。至旧欠电费则由本府以专案规定,候本市市场繁荣,另责令保安公益会设法筹还,新订合同不备列载。①

于是,既济水电公司根据市政府核示,重新于1938年9月20日与保安公益会订定合同,新的合同将原条款修订为:

> 第三条 公益会遵照市府制定收取路灯捐办法,具列预算,呈请厘定捐额,(在新捐额未规定前,暂照旧定捐额收取)将收捐事

---

① 《汉口市警察局训令》(政字第4983号,1938年8月22日),《既济水电公司·路灯电费》,武汉档案馆藏,档号117—1—301。

项，全部委托公司代办，并由双方呈请汉口市政府及警察局协助收捐。

  第四条 公司代收路灯捐，以实数为准，收到后即照第三条所开预算表，按额分配，如有不敷，由双方另行筹商呈报核办。①

  如果依照这样的路灯合同，市政府将不仅从灯捐征收、分配和使用的程序上，而且将从实际运作的每一个具体环节上，将真正实现对保安公益会路灯费的严密监控，保安公益会及各分会将完全丧失对路灯经费的控制权。1938年10月，汉口沦陷，该合同遂自动告废。不过，从合同订定过程中所反映的情况可以看出，汉口市政府不失时机地设法在经费方面强化对保安公益会的控制，说明至汉口沦陷前夕，保安公益会在经费方面还保有一定的自主权，只是这一定的自主权，已经远远不能与民初各团联合会享有的路灯经费管理的完全自主权相比。

  其三，在环境卫生管理方面，汉口各团联合会与各保安会保留了部分管理权，但因受到市政府监控而丧失了自主权。

  关于这方面，其具体情形主要可以归结为两点：

  第一点是汉口各团联合会下所有保安会清道夫，均被纳入市政府的管理系统之中。

  南京国民政府成立之初，各保安会所雇佣的清道夫仍旧自管，汉口市政府并未予以干涉。1929年5月，市卫生局与各保安会议定，"所有保安会清道夫，统由卫生局管辖"；便池、渣箱的设置及整理，由保安会自行负责。②不久，市政府裁员简政，裁撤卫生局。1931年5月，市政会议又议决，"拟将各区保安会清道夫，一律划归各区卫生事务所整饬管理，以一事权，所需工饷，仍由各保安会按约拨发"③，说明各保

---

  ①《汉口市政府指令》（利字第8822号，1938年9月12日），《既济水电公司·路灯电费》，武汉档案馆藏，档号117—1—301。
  ②《公共卫生 市府请添水门冲洗街道 卫生局昨召集清洁会议》，《武汉中山日报》1929年5月28日第10版。
  ③《路灯与清道夫会同整理四局一处》，《湖北中山日报》1931年5月24日第3张第4版。

第九章　民国中后期市政府市政主导权的确立与汉口商人自治型市政的蜕变

安会清洁夫最初划归市政府管理时，这些清道夫的工资就是由保安会拨付的。1931年7月，汉口已由特别市改为普通市，清洁卫生事宜划归公安局（按：此时公安局全称为湖北省汉口公安局）管理。① 于是，各保安会所雇清道夫，又改由各警察分署卫生长警直接管理指挥。② 市政府这种既想主导各保安会清道夫管理权，又不支付这部分清道夫工资的做法，导致了市政府和各保安会对这部分清道夫的双重管理。不过，从政府刊印的《市政概况》来看，实际上所谓的官方卫生局、所、署对各保安会的"管辖""直接管理指挥"，并没有落到实处，市政府对保安会清道夫的管控基本上停留在街道清洁规则、里巷清洁规则等书面卫生规章上，在实际的清洁管理中，这部分清洁夫还是由保安会管理。结果，管理效果并不佳，内街里巷地面不洁，往往受到市民指责。有趣的是，市民往往指责政府机构而不是保安会。因此，报章称内街清洁方面"事权既不统一，办事诸多隔阂"。1934年4月，汉口市公安局召集保安公益会代表谈话，要求各保安会方面"每日责令夫役运除二次""各里巷便池，每日洗刷一次""随时饬夫役疏浚流通""各里分内及内街偏僻小巷地面污秽，每日须严督夫役打扫推运净尽"。③ 从市政府公布的资料来看，1934—1936年，汉口内街、公有里巷的清洁卫生，或是"偏街里巷住户门前由各段保安会雇夫打扫"④，或是"内街公沟由公安各分局督饬各保安公益会随时饬夫疏浚""各该保安公益会雇夫打扫"。

由上述情形可知，汉口市政府对各保安会清道夫并没有实现直接有力的管理。其症结还在于，市政府既想强化对内街里巷的卫生管理，但是随着市政规模的日益扩大，"马路日益加辟，原有清道夫人数殊成不

---

① 《市卫生处拟保留　清洁事宜划归公安局》，《湖北中山日报》1931年7月11日第3张第3版。
② 《汉口市政概况》（1932.10—1933.12），"卫生"，第20页。
③ 《整顿内街清洁及路灯　公安局昨召保安公益会代表谈话》，《汉口中西报》1934年4月6日第7版。
④ 《汉口市政概况》（1934.1—1935.6），"卫生"，第16页。

敷分配，惟市库支绌，不能尽量增加"①。既然无力给各保安会所雇清道夫发工资，就只好将这部分清道夫的直接管理权留给各保安会。

第二点就是在内街里巷甚至是全市的便池、厕所、渣箱及其配套设施的整理、建置方面，汉口市政府最初是责成各保安会办理，但至迟自1930年始，尽管有时仍由市政府相关机构督饬各保安会负责办理，然而在多数时候，还是市政府主动与各保安会"会同""办理"，经费则或由各保安会单独负责，或由市政府相关机构会同各保安会募捐。② 对于各保安会而言，会办既意味着接受市政府的指导，又意味着必须接受市政府的监督，同时又都意味着卫生自主权的丧失。

此外值得一提的是，20世纪30年代中期推行于汉口的新生活运动，也曾对保安公益会及各分会的清洁卫生事务起到一定的监督作用。汉口新生活运动会规定每年的5月15日、12月15日，后来又增加了3月15日、9月15日，作为全市卫生大扫除日。在大扫除前市政府在全市进行动员，事后市政府要进行清洁卫生大检查，检查时"均注重街道里巷之清洁"③。保安公益会负责的街道里巷自然也在其列。为了迎接检查，保安公益会在市政府大检查之前，开会预定一日期，作为该会对管辖区内的清洁卫生进行大检查的日期。这自然是市政府所开展的新生活运动督促的结果。在新运会开展期间，蒋介石曾经视察过汉口、武昌，对于武汉街道的清洁卫生情况并不是很满意，他说："就街道整洁而言，现在各处的道路，一般都比较整洁，但是如果看道路两旁的僻

---

① 《湖北省汉口市政府二十四年份实施整洁情形报告表》，《汉口市政概况》（1935.7—1936.6），"卫生"，第18—19页。

② 《汉口市政概况》（1932.10—1933.12），"卫生"，第6页；《公安局昨议决全市便池分三期建筑》，《全市厕所便池由卫生建设会专责办理》，分别见《汉口中西报》1932年7月6日、7日第8版（说明："卫生建设会"是"汉口市卫生建设委员会"的简称，它由公安局、各公安分局及保安联合会一起组织，该组织成立的根本目的就是筹措修建全市厕所便池的经费，而筹措缴费的原则是按照警捐比例劝募）；《汉口市政概况》（1932.10—1933.12），"卫生"，第14—16页。

③ 《清洁事项》，《汉口市政概况》（1935.7—1936.6），"卫生"，第21—22页。

第九章 民国中后期市政府市政主导权的确立与汉口商人自治型市政的蜕变

处,仍就【旧】不免有脏的地方,说明纸屑垃圾都是随便乱散。"①"道路两旁的僻处"正是保安公益会及各分会负责的清洁区,这说明汉口的新生活运动并没有深入到城市的各个角落,对汉口的清洁卫生管理的触动不大,市政府对保安公益会及各分会其监督、促进作用是有限的。

总之,保安公益会及各分会不能再像民初汉口各团联合会及各分会那样独立自主地办理街道里巷的清洁卫生事务,但它们还保有对所雇清道夫的直接管理权,与市政府共同拥有市区清洁卫生事务的管理权。

至于其他市政方面,保安联合会(或保安公益会)及各分会最多只有在官府办理市政时充当配角的份。在街道修筑方面,一方面街道修筑作为市政府市政建设的最主要的内容之一,也是市政府主导市政的重要象征之一,市政府不允许民间自行修筑街道,其所制定的有关城市建筑的单行法规就限制了民间组织建筑的自由;另一方面,市政府统筹规划着全市道路,成立了专门性的负责道路等市政工程建设的市政机构及专业化的工程队,保安联合会(或保安公益会)及各分会再也不可能以独立主体身份,大规模地介入城市道路修筑。在这样的情况下,保安联合会(或保安公益会)及各分会对于城市道路建设的参与是不能自主的,它们只是在市政府修理旧有街道时,给予配合而已——如应市政府之请,共商修筑旧有街道的办法②;甚至只是在官府认为必要时,受命充当填土升高路基这样简单的市政工程的承办者③;或者在国家实施人民服役政策、给市区修路或筑堤时,受政

---

① 《蒋委员长在总司令部扩大纪念周演词——题为:"如何推进湖北政治"》,《湖北省政府公报》第 55 期,1934 年,"特载",第 3 页。
② 《修理全市旧道 工务局与保安联合会会办》,《湖北中山日报》1930 年 5 月 31 日第 3 张第 3 版。
③ 1932 年,湖北水灾善后委员会工务股防水工程中的"汉市升街疏沟防水工程"就是"责成各段保安会承办"的。见《湖北水灾善后会工赈专刊》(1934 年),武汉档案馆藏,档号 bC15/7,第 93 页;《湖北水灾善后委员会启事》,《汉口中西报》1932 年 8 月 5 日第 3 版;《市防水工程请保安会协助》,《武汉日报》1932 年 5 月 19 日第 2 张第 3 版。

· 599 ·

府之命充当服役商民的召集人。① 因此，在街道建设方面，保安联合会（或保安公益会）及各分会已经名副其实地沦为配角和被支配者。在城市治安方面，市政府属下的公安局或警察局（个别时候公安局不隶属于市政府，但仍旧管理市区相关事务）、保安队等，已经成为负责汉口日常治安的最主要的力量，官府不再如民初那样需要或允许存在一支独立于政府控制之外的城市治安力量。1930年，汉口市商会与保安联合会准备"组织商民自卫团"，并希望武汉行营核准，但是没有下文，而市长也坚信"武汉治安绝对无虞"。② 这就说明保安联合会及各分会在城市治安方面，充其量只能当个配角。

要而言之，至汉口沦陷前夕，汉口各保安会及其总会，在组织上要服从党政两方面的管控，在经费上直接受到政府的监控，在市政活动方面受政府的指挥、监督，尽管它们仍保有一定的市政管理权，然而已从根本上丧失了原有市政自主权，其所办市政也就不再是民初那样的商人自治型市政了。

（三）慈善团体的重组及其在慈善公益事业中的仆从角色

与民初相比，汉口的慈善团体最大的变化是汉口善堂联合会取代了慈善会成为汉口各善堂的领袖，各慈善团体的慈善活动受到了政府的干预，被市政府强制纳入其主导的慈善机构中，成为在市政府监控之下的哺育汉口慈善公益事业的乳母。

在武汉国民政府时期，汉口有的善堂被政府占用③，有的慈善团体被视为"封建"旧事物而在取缔之列，如敬节堂在当时就被视为吃人

---

① 根据汉口市人们服役管理办法，汉口市区需要服役的商民由保安公益会各分会召集。见《汉口中西报》《汉口新闻报》《武汉日报》相关报道。
② 《汉口商会保联会决议组织商民自卫团》及《武汉治安绝对无虞　刘文岛在市府纪念周演讲》，《湖北中山日报》1930年8月5日第3张第2版。
③ 如汉口市政委员会第十次会议就议决通过"借汉口市会馆、庙宇、善堂为校址案"。见《市政周刊》第1卷第4、5合刊，1927年1月，第29页。

第九章 民国中后期市政府市政主导权的确立与汉口商人自治型市政的蜕变

礼教的产物,应当成为革命的对象。① 加之当时一些大资本家逃往江浙尤其是上海,以致有的善堂因失去经费支持而生存困难。因此,在武汉国民政府时期,汉口的慈善团体不同程度地受到了冲击。在这种情况下,它们曾于国民政府未整理之先自行整合。1927年,汉口慈善会集合各善堂、善会,组织了一个以其为核心的"汉口慈善协会",但"办理未久,遽告中止"。1928年,又成立了"汉口善堂协会"。②

而政府方面,直到武汉国民政府快要结束的前夕,虽然知道当时社会慈善事业亟待办理,也有心整顿汉口各慈善团体,但一直无力顾及也无暇顾及:政府当时把救济失业工人作为解决汉口城市社会救济问题的重心,对于其他的社会救济则很少顾及,故政府只成立了乞丐教养委员会,而在办理乞丐救济时又不无障碍③;刻不容缓应当解决的严重影响城市卫生的浮棺问题,是由市公安局和市党部敦促汉口慈善会和红十字会进行收埋,才得以解决的;④ 而计划作为整顿慈善团体的"清理武汉各慈善团体委员会",直至1927年6月上旬还没有正式成立。⑤ 同时,政府也因为有求于彼而对善堂的整顿未予着手。

南京国民政府成立以后,市政府在整顿慈善团体问题上日益显示出政治强势,不断对汉口各慈善团体主要是善堂进行整顿。从1928年至汉口沦陷前夕,市政府对汉口慈善团体的整顿大致可以分为三个阶段:

第一阶段,从1928年至《监督慈善团体法》及其实施规则公布

---

① 1927年6月的武昌市代表大会上,就有人提出"破除吃人的礼教,例如敬节堂等应当废除"(见《(武昌)市代表大会闭幕》,《汉口民国日报》1927年6月12日第3张新闻第6页),在当时的情势之下,这是一种广为革命人士认同的"革命思想",它不独影响着武昌的市政建设,也影响着汉口的慈善事业的兴废。从后来贺衡夫等人重建育婴敬节堂这一事实来看,汉口的育婴敬节堂即使在武汉国民政府时期没有立即被勒令中止慈善活动,但至少其善务会大受冲击。

② 《汉口市善堂联合会·汉口市各善堂创立沿革及事业情况》,武汉档案馆藏,档号bC15/13。

③ 《汉市收容乞丐之障碍》,《汉口民国日报》1927年4月6日第3张新闻第2页。

④ 《市党部埋浮棺》,《汉口民国日报》1927年6月17日第2张新闻第3页;《市政府公安局二次局务会议》,《汉口民国日报》1927年8月24日第2张新闻第3页。

⑤ 《市政府第十次会议记录》(续昨),《汉口民国日报》1927年6月12日第2张新闻第3页。

之前。

在这期间,市政府颁布了《汉口特别市善堂组织章程》《汉口特别市政府管理本市各善堂暂行通则》《善堂联合会组织章程》《善堂及办理善务人员组织章程》及《善堂及办理慈善事业规则》。其中,前两个章则为整顿的基本章则,其核心内容有三点:第一,规定各善堂均受社会局之指挥和监督;第二,各善堂实行委员会制,委员名额由善堂自定,各善堂下设总务、财务、善务三股;第三,善堂财务公开并接受清理武汉各慈善团体委员会及市社会局的监督,诸如:账目每月须经社会局核准、榜示善堂门首,并于年终汇齐刊印征信录;善堂募款须经社会局核准方能实行,并须制定收据缴核三联券册,呈社会局盖印并缴一联存查;禁止迷信活动;社会局有权纠正善堂财务,并依法处理非法行为如营私舞弊等。政府还在其他章则中对善堂应办理慈善事业的范围进行了规定,即将善堂善务限定为以下9项:设立育婴院、义务学校、消防队、残废养老院、救生船,及施棺施冢、施医施药、施米、施茶。① 此外,市政府还在汉口取缔了10个被认为从事迷信活动的慈善团体。② 对于修补道路,市政府认为自己已经举办,打算让善堂停止,"免致叠床架屋之嫌"③,所以未列入其中。可见,政府虽未借整顿介入各善堂组织内部,但对善堂的管理必将因整顿而大大加强。

对于政府的立案政令,有"各善堂均遵照改组,呈准备案"之说,实际上只是大多数善堂依法立了案。其中,汉口善堂联合会在1929年呈请立案,其组织章程经社会局核定后,由市政府公布,其在汉口市各善堂中的领导地位因此得以确立。

第二阶段,从《监督慈善团体法》等章则公布至1936年3月。

这一阶段市政府试图进一步强化监控慈善团体,但遭到顽强抵制。本来,在前期的整顿中,汉口市的各善堂"多经先后呈报"市社会局

---

① 《汉口市政府建设概况》(1929.4—1930.3),"社会",第13页。
② 《善堂管理》,《新汉口市政公报》第1卷第4期,1929年10月,第199—101页。
③ 刘文岛:《汉市之现在与将来》,《中国建设》第2卷第5期,1930年11月1日,第52—53页。

第九章 民国中后期市政府市政主导权的确立与汉口商人自治型市政的蜕变

（按：1931年7月汉口市改为普通市后，该局改为市政府第二科[①]）立案，但不久，国民政府又先后颁布了《监督慈善团体法》及其实施规则、《各地方慈善团体立案办法》，市政府遂不得不宣布将此前颁布的章则作废，再次要求过去已立案、未立案的慈善团体，一律依法重新立案。值得注意的是，这次立案的要求与上次有一个很大的不同，那就是慈善团体必须经过汉口市党部许可才能立案。

然而，此次各善堂态度较上次大为不同，它们拒不立案，其总会——善堂联合会直到1933年终"亦未具备立案手续，任意活动"。市党部对此大为光火，特地派员与市政府协调整顿。市临时参议会也议决：应依法取缔，限期立案。[②]尽管如此，直到1936年4月，多数善堂仍"未遽遵办"[③]，"未呈请立案"[④]。市政府在立案问题上的前后反复，本来就令善堂反感，而此前社会局设立的由市政府、善界与社会局共同组织的慈善团体财产整理委员会，对慈善团体财产的调查、评估与整理，已涉及善堂生存的根基，这比起整顿之初的监核善堂账目与监控善款的募集，更难令善堂接受，已经导致慈善团体对官府的严重不信任。此次又被要求重新立案，各善堂自然倾向抵制。再者，政务系统之外又束缚以党务系统的做法，以及市政府执行的监管政策，也与民初政府那种善堂组织自治的政策，和一任善堂自行其是的做法，大相径庭，如此更令善堂感到前后形势的悬隔，不愿依法立案。况且，在这一阶段，由于种种原因，市政府在财政能力上大不如前，故而在慈善事业方面更加依赖于各慈善团体。各慈善团体自然也可以借此抵制立案。

第三阶段，从1936年4月至汉口沦陷之前。

在此阶段，市政府再次要求各慈善团体重新依法立案。1936年4月，市政府呈奉省政府核定，再行抄同立案办法及条文，"令饬"善堂

[①] 《汉口市政概况》（1932.10—1933.12），"汉口市政府之组织"，第2页。
[②] 《汉口市政概况》（1932.10—1933.12），"社会"，第10页。
[③] 《汉口市政概况》（1935.7—1936.6），"社会"，第83页。
[④] 《本市善堂多未呈请立案 市府党部将会同取缔》，《汉口中西报》1933年10月15日第7版。

联合会，定期召集各善堂开会筹办，并由市政府派员前往出席指导，"责令"限期5月底一律重行呈请核定立案，"如再违延，即行依法解散"。于是，善堂联合会"呈以变更组织，重订章程，每多开会讨论愆期"，一再请准展期。最后，市政府限定"限至六月十五日截止，不得再延"。在市政府的最后通牒式的威压之下，善堂方面最终屈服，至1936年7月为止，先后送交章则到市政府呈请立案的善堂达61处。[①] 至于到汉口沦陷之前，最后有多少善堂合乎政府的立案要求，就不得而知了。

官府监管之下的各慈善团体的市政作为，可以分为两大类：

一类是在官方的直接监管下开展慈善活动。这类活动的主要形式有两种：一种是在官设的各种委员会办理善政，各慈善机构的参与资格是被指定的。另一种是直接受政府指令开展某方面的慈善活动，但不参与官设组织。自1929年7月至汉口沦陷前夕，汉口慈善团体的浮棺收葬活动，就很好地体现了汉口慈善团体在官方直接监管下开展慈善活动的境况。

1929年7月，市政府组织火葬场管理委员会，指定善堂联合会与市卫生局（后来改组为市卫生管理处）合组该委员会。市政府还先后颁布了1929年10月第27次市政会议通过的《汉口特别市火葬场管理委员会组织暂行章程》[②]，和1930年2月第90次市政会议通过的《修正火葬场管理委员会组织章程》[③]。依据该《暂行章程》规定，该委员会设委员15人，其中，市政府方面3人，善堂联合会方面12人；但常委3人中市政府方面却占2人，善堂联合会方面只占1人。另外，《修正火葬场管理委员会章程》还规定，由市政府2常委中的1人驻会。在经费方面，分经常费和临时费，经常费由市政府与善堂联合会对半分担，但每月收支由市政府核销。该委员会的任务是：办理官厅交付火葬

---

① 《汉口市政概况》（1935.7—1936.6），"社会"，第83页。
② 《新汉口市政公报》第1卷第5期，1929年11月，第152—153页。
③ 《汉口特别市火葬场管理委员会组织暂行章程》，《新汉口市政公报》第1卷第5期，1929年11月，第152—153页。

第九章　民国中后期市政府市政主导权的确立与汉口商人自治型市政的蜕变

事宜；审查死亡亲属请求火葬事宜；厉行收埋浮尸露棺事宜，计划火葬场事宜。善堂联合会被罗致到火葬场管理委员会中后，办理的情形究竟如何呢？看看1930年冬这则善堂联合会的筹款启事就知道了：

> 敬启者，客岁因本市浮尸露棺，抛置累累，举办掩埋、收殓事宜，呈准政府，准予发行游艺券，邀蒙各大善长热心赞助，筹款三千余元，及各善长分担一部分掩埋费用，左支右绌，勉维经年。现在罗掘已穷，浮露未已，又不能以无款而停止掩埋，使死者露骨原野，生者有妨卫生，加以救济事项（笔者按：善堂联合会还被政府指定参与社会救济等慈善事项，故如此措辞），需款亦复至殷，均属不办不可，欲办不能，左右思维，苦无办法，因是仍照旧岁筹款办法，呈请社会局核准，发行游艺券，俾劝募各善长稍节唇舌，其所募款项总额，及各善长乐捐，芳名揭载报端，藉志佛肠，该款推由培新、安善两堂保管，刊布征信录，以期款不虚糜，功归实际……①

由此可见，善堂联合会既苦于筹措善费，却又不能置身事外；既受制于市社会局，又不得不争取善界谅解，实在是委曲求全，处境窘迫。启事中提到筹措掩埋经费的情况，但并未提及政府拨款之事。1935年的汉口市政刊物载称，"本市浮尸露棺，向由本市善堂联合会在外募款，负责办理"②。因此，火葬场管理委员会实际上是一个受市政府监控、由善堂联合会筹措善务经费的组织。

1932年1月，湖北水灾善后委员会决定，由汉口红十字会暂时取代善堂联合会担任浮棺掩埋工作，并对红十字会进行一定的经费补助，时间是3个月。当3月期满水灾会再行要求红十字会继续办理1个月时，红十字会答复说，历年办理掩埋工作，筋疲力尽，如果水灾会以后

---

① 《掩埋浮尸露棺费用善堂联合会罗掘俱穷　别辟蹊径将举行游艺会》，《湖北中山日报》1930年11月23日第3张第4版。
② 《汉口市政概况》（1934.1—1935.6），"社会"，第1页。

继续予以经费资助,就可以考虑续办。但是,水灾会以自身系临时性质,不可能长久资助掩埋浮露这样的永久性的善举。况且,水灾会即将结束,也无款可拨。这样,汉口市浮尸露棺的掩埋工作在红十字会停办后,仍交由善堂联合会办理。①

然而,汉口在经过1931大水灾后,市面萧条,善堂联合会募款不易,汉口市政府此时在经费上十分困难,难有财力支持掩埋事务。而仅凭借善堂联合会的力量,又无法解决收埋浮尸露棺问题。在这种情况下,汉口市政府不得不另筹办法。1935年4月,汉口市政府出面组织了"汉口市浮棺收葬委员会"。该委员会设委员7人,由市府派2人,市临时参议会、商会、善堂联合会、市公安局、市立医院各派1人组成,常委由市政府2委员中的1人担任,经费由市政府每月拨50元,其余由义务赛马收入充之。浮棺收葬委员会成立后,当月收埋浮棺即达2246具,其后两个月降至每月收埋数百具,市区浮棺才"颇少抛露"。② 善堂联合会终于摆脱了"不办不可,欲办不能"的窘境。

上述善堂联合会和红十字会收埋浮棺的情况中,善堂联合会的活动属于在官方的直接管控下开展慈善活动的第一种形式,红十字会的活动属于第二种形式。不论哪种形式,慈善团体参与收埋活动都不是出于自愿,缺少民初那样的自愿担任收埋工作的主动性,给人以政令之下不得已而为之的感觉。这说明市政府只要求慈善团体尽义务而不赋予其自治权利,将民间慈善组织视为官方仆从的做法,已经严重地挫伤了慈善团体办理善务的积极性,也很难促进城市社会公益意识的张扬。

汉口的慈善团体如善堂联合会、红十字会、红卍字会、华洋义赈会等,它们在政府的指定下,除了参加火葬场管理委员会和浮棺收葬委员会,还参加了冬赈委员会、乞丐收容委员会、汉口市救济委员会。善堂联合会还在政府的指令下,劝募于各善堂及热心慈善事务的士绅,遍设

---

① 《汉市掩埋工作仍请善联会担任》,《武汉日报》1932年4月29日第2张第4版。
② 《汉口市政概况》(1934.1—1935.6),"社会",第1—2页;《保障市民健康 市府设浮棺葬委员会并拨义务赛马款项为葬费》,《汉口中西报》1935年2月23日第8版。

第九章 民国中后期市政府市政主导权的确立与汉口商人自治型市政的蜕变

茶棚施茶,供苦力车夫饮用。①

参加浮棺收葬委员会、乞丐收容委员会、救济委员会、冬赈委员会等官设慈善性质委员会的这些慈善组织,它们一方面成为这些政府的临时组织(如冬赈委员会)或附属机构(如浮棺收葬委员会、乞丐收容委员会、救济委员会)② 组成部分;另一方面又继续作为民间组织而存在。因此,它们实际上已经半官方化,这是政府强势管控民间慈善组织活动的结果。

另一类是不在官府的直接管控下开展的慈善活动。这类慈善活动,既不在官设委员会组织下进行,也不在政府指令下进行,只是依照政府相关慈善章则进行,从事这类慈善活动的组织多为善堂联合会下的各善堂,以及其他民办慈善组织如汉口慈幼院、孤儿院、育婴敬节堂和其他的临时性的或持久性的慈善组织。其中,以各善堂慈善活动的范围最广。这一点,我们从1929年4月—1930年6月汉口市(包括汉阳在内)慈善团体种类及数量表(表9-2-1)就不难看出:

表9-2-1 汉口市(含汉阳)慈善团体种类及数量表(1929.4—1930.6)

种类	送诊	施药	种痘	防痘	义塾	惜字	施米	施茶	恤孤	救贫	救火	义渡	救生	施棺	掩埋	义塚	收埋露棺	收水面浮户	培修荒塚	培修道路	设立路灯
数量	32	55	32	1	37	14	29	36	30	8	23	7	3	33	8	37	6	1	3	4	11

资料来源:刘文岛撰《汉市之现在与将来》,《中国建设》第2卷第5期,1930年11月1日,第34页。

虽然我们并不能由此表断定当时依法立案的汉口善堂到底有多少,但我们由此可以清楚地看出当时汉口的善堂到底进行了哪些慈善公益

---

① 《汉口市政概况》(1935.7—1936.6),"社会",第95—96页;《汉市府令善堂联合会遍设茶棚 共计百八十八处》,《武汉日报》1936年7月5日第2张第3版。
② 见《汉口市政概况》(1932.10—1933.12)及《汉口市政概况》(1935.7—1936.6)之《汉口市政府附属机关系统表》。

活动。

在市政府举办第一次善堂登记后，各善堂对于市政府限定的善务9项，除了施棺施冢和设立育婴院两项慈善事业一时因经费困难未予筹办外，其他如设立义务学校、消防队、残废养老院、救生船、施医施药、施米、施茶这7项，均在政府"切实整顿"[①]后进行。比较整顿前后善堂所办善务可知，整顿之后所办善务种类减少了路灯、修路、种痘、防痘等项，这主要是因为市政府将这几项纳入到官办市政的范围而不容民间社团再介入。

从重组至汉口沦陷之前的汉口慈善团体，它们或是直接在市政府的管控下为政府举办的慈善公益事业筹集善款，办理善务；或是在接受政府监督的情况下开展慈善公益活动。虽然它们仍旧如民初那样，是从事汉口慈善公益事业的直接主体，但却不再是民初那样的主导慈善公益事业自治组织，而是无可奈何地沦落为政府主办的慈善事业的仆从，成为在市政府监控之下的哺育汉口慈善公益事业的乳母。

汉口沦陷之后至民国末期，市政府（包括伪政权）对汉口商人社团组织的改组和控制并未停止。在沦陷时期，商会、保安会、慈善组织等商人社团组织，不过为伪政权驱使的工具而已，商人自治无从谈起，更遑论什么商人自治型市政。

民国后期，汉口商人社团组织又经历了一次重组，这次重组不是改变而是恢复了沦陷之前商人社团组织作为官办市政的附庸、仆从角色和辅助地位。

因此，从总体上看，民国中后期的汉口商人社团组织从它们接受政府改造开始，就在组织上逐渐丧失原有的独立自主性，在市政管理方面受到来自官方的种种约束、限制而难以真正独立自主；民初作为相对独立的市政模式——商人自治型市政，亦随着商人社团组织的蜕变——独立自主性的逐渐丧失，而不复存在。

---

① 《汉口市政府建设概况》(1929.4—1930.4)，"社会"，第13页。

第九章　民国中后期市政府市政主导权的确立与汉口商人自治型市政的蜕变

（四）官治压制了商人自治

如果说清末地方自治运动的兴起，是对正在发生酵变的汉口城市社会进行了一次趋向现代化的催生的话，那么，民国中期市政府市政主导权的确立，实际上是对继续迈向现代化的汉口城市社会进行了一次大调整：它将本来已经发育到相当程度的商人自治，用官方定制的模子，强力压制打包，不容分说地置于市政府运作的机器之中，使其丧失自主性而被迫脱离了民初的发展轨道，清末以来发展起来的商人社团组织至民国中期发生蜕变，沦为市政府的附庸或仆从，一度存在于民初的商人自治型市政遂成为明日黄花。

与此相应，民初遗存下来的具有自治传统的诸商人社团组织，在民国中期本来应该成为政府推行城市自治的组织基础，却因集权的强化，而逐渐被排斥在新时期的城市自治的基础组织之外。

1930年，国民党中央政权颁布的《市组织法》规定，市的基础组织为邻、间、坊、区，汉口市政府也曾依据这样的规定，由市社会局筹办全市自治。当时筹划的情形是：全市共13万余户，应分为28区，每区5000户。分为10坊，每坊分20间，每间分5邻。截至1930年8月3日止，已划分6区。[①] 8月底，全市分区已全部告竣。[②] 这种新的城市基层组织区划实际上已经打破了汉口市区既有的市街基层组织。其后，因汉口属"剿匪区"，汉口市自治停办，故直到1936年，汉口市区还"无坊长"[③]，汉口市自治活动实际上没有取得实质性进展。

吴国桢执政时期（1932.10—1938.10），市政府曾欲以保安公益会作为汉口推行城市自治的根基，政府刊印的《汉口市政概况》称，汉口市保安公益会"先后呈请备案，依法改组，渐趋正规，不独为现时地方最大公益之团体，亦且为将来办理地方自治之根基"[④]。1936年，

---

① 《社会局筹办全市自治》，《湖北中山日报》1930年8月4日第3张第3版。
② 《汉市政府最近之设施》，《湖北中山日报》1930年8月28日第3张第4版。
③ 《市保安公益会分会选举今可竣事》，《武汉日报》1936年8月9日第2张第3版。
④ 《汉口市政概况》（1932.10—1933.12），"社会"，第2页。

报载"大部分市民均曾参加"保安公益会①,"该会系一全民团体,代表三十万会员",且该会也自称"本会系地方公益团体,依照法令组织,会员达三十万人,分会共三十九所,协助政府,办理公益"。②吴国桢欲以这样具有广泛民众基础的商人社团组织,作为推行汉口城市自治的基础,自然是切合汉口城市社会实际的合理考量。

1936年7月,国民政府通过了由行政院内政部、军政委员会及中央地方自治计划委员会共同拟定的《地方自治原则八项》。该原则规定,县、市自治法修正公布施行后,现行县、市下之乡、镇、区仍照旧,但闾、邻将改为保甲。其主要精神是"将自治与自卫打成一片,容纳保甲于自治组织之中"③。这一精神在1937年1月通过的《修正市自治法》中得到体现。

在20世纪30年代,中央政府以保甲为推行城市自治最基本单位的做法或取向,显然漠视存在于城市社会内部的自治传统与要求,既不切合汉口城市社会的实际,在很大程度上亦与城市社会民主化进程相悖。

尽管如此,以吴国桢为首的汉口市政府还是遵照中央政府的规定,从1937年开始,在汉口推行以保甲为最基本组织的"地方自治",原拟作为"办理地方自治之根基"的保安公益会,至此已彻底被排斥于地方自治基层组织之外。中央政府不顾地方实情而越俎代庖的划一做法,表明以保甲为基础推行的地方自治,实际上是在强化中央集权,推行官治。而以吴国桢为代表的汉口市政府,屈意按中央法令行事,则表明市政府不过是官治的地方代表,故市政府依葫芦画瓢式地推行的"城市自治",其实质还是官治。

抗战胜利后,国民党政权赖以推行城市自治的基层组织依然是保甲,而不是其他的组织,汉口市商会、汉口市公益联合会④及其下各

---

① 《市保安公益会分会选举今可竣事》,《武汉日报》1936年8月9日第2张第3版。
② 《汉商会三电争职业代表名额》,《武汉日报》1936年5月22日第2张第3版。
③ 《修正县市自治法》,《武汉日报》1936年8月1日第1张第4版。
④ 汉口市保安公益会到民国末期更名为汉口市公益联合会。见《汉口市消防组织》,载《汉口市政府统计要览》(1947年度),汉口市政府统计室编印,第64页。

第九章　民国中后期市政府市政主导权的确立与汉口商人自治型市政的蜕变

分会、汉口的各慈善团体,它们依然未能成为"办理地方自治之根基"。

国民政府一方面想要城市原有的商人社团组织协助管理城市,另一方面却又不想予之以自治权,而汉口市政府本欲借助原有商人社团组织以推行城市自治,却又无法按己意行事。最终,商人社团组织被置于官治的管控之下。这实际上意味着清末培育起来的并在民初已经具有一定内生性的城市商人自治,至民国中期已告终结,代之而起的是以保甲为基础组织的新一轮的自上而下的所谓"城市自治"。在很大程度上,这种更替是对清末自治运动兴起以前集权体制的一种回归。

在具体的市政运作方面,民初政府虽然不容许商人所期许的城市自治,但却容允商人社团组织拥有相当程度的自治权,即便政府与商人社团组织介入同一市政领域,如卫生、路灯管理、道路修筑、消防诸领域,政府也不直接干预商人社团组织对自筹经费的支配,并且,在通常情况下,政府也不干涉其内部事务和组织变革,允许它们在组织上和经费筹支方面独立自主。也就是说,只要商人自治不触及城市根本治权这个底线,政府就允许商人自治与官治并存。相比之下,民国中期市政府与汉口商人社团组织也共同介入消防、路灯与环境卫生管理等市政领域,尽管商人社团组织介入市政的程度,最终也取决于市政府能力的大小,然而当时的基本情况是,市政府凭借中央法令赋予的市政主导权,建立科层化的现代市政管理体系,并不时借助中央和地方政府颁行的法令法规,不断压缩商人自治在市政领域施展的空间,强行据有各市政领域的主导权。透过民初和民国中期汉口市政运作方面的差异,我们不难看出,尽管城市公共事务伴随着城市社会的发展而不断扩张,然而随着国家政权的强化,官治能力的增强,受到压制的商人社团组织对市政领域的影响呈现出收缩的态势,官治在不断蚕食商人自治,从而形成官治压倒商人自治的局面。民国末期,这种局面没有得到根本改观。

张东荪曾于民初这样说过,"中国的社会不发展,根本原因有两

· 611 ·

种：一是集权的荒废；一是军阀的专横"①。其所言是否确当，姑置不论。不过，可以肯定的是，民初汉口商人自治和商人自治型市政的存在，正是"集权荒废"之下城市社会发展的现实。民国中期以后，集权不是"荒废"，而是强化，商人自治的空间缩小，商人自治型市政作为一种特有的市政模式失去了存在的条件。

从清末到民国中后期汉口城市自治的发展进程来看，地方政府或市政府与商人自治的关系，要么是弱政府下商人自治呈强势，官治与商人自治并存，要么是强政府下商人自治呈弱势甚至无商人自治，官治指导着或吞噬了商人自治，近代汉口一直没有形成强政府、强自治的城市社会运行机制。

民国时研究地方自治的专家冷隽，在其专著《地方自治述要》一书中这样论述自治与官治的区别说：

> 官治的构成分子为官厅和官吏，自治的构成分子为自治团体和自治员。而且官治是集权的作用，自治是均权的作用，官治是人民为被动，自治是人民为主导；官治是专制的表现，自治是民治的基础，两者的地位是对待相反的。②

这段话也可以作为我们判别民国时期市政府主导汉口市政之官治本质的按语。

当然，我们确认民国时期市政府主导汉口市政的官治本质，并不是要全盘否定市政府主导汉口市政本身。民国中期市政府主导市政的市政体制和模式在汉口的确立，是中国集权政治体制与西方中央与地方均权的近代城市自治政治体制和市政模式相嫁接的产物和体现，是对民初商人自治型市政和官办市政的扬弃。这种扬弃意味着汉口乃至中国的官办市政模式发展到一种更高级的形态。但是，城市的现代化和城市社会的

---

① 张东荪：《中国政制问题》，《东方杂志》第21卷第1号（二十周年纪念专号 上册），1924年1月10日第A17页。
② 冷隽：《地方自治述要》，中正书局民国二十四年（1935）第3版，第3页。

第九章 民国中后期市政府市政主导权的确立与汉口商人自治型市政的蜕变

顺利转型很大程度上取决于市政体制创新的力度,集权的国家政治体制下官治性质的市政府主导市政,制约着民国时期市政创新的力度,最终制约着城市现代化的进程和城市社会的顺利转型。"市政制度创新的力度及对城市发展客观要求的适应程度,成为决定市政改革运动成败的关键因素之一。"[①] 近代汉口市政改革最终不算成功,很大程度上就在于制度创新的不足,在体制上没有走出官治强则自治弱或无自治,官治弱则自治强、自治与官治并存的老路子,以致地方政府和城市政府的市政作为均不能充分体现城市自身的利益。我们今天应该吸取历史的经验教训,在市政体制方面不断开拓创新,以促进我国城市的现代化和城市社会的顺利转型。

---

① 赵可:《市政改革与城市发展》,中国大百科全书出版社2004年版,第282页。

第十章

结　语

一　近代汉口市政并未超越中外城市发展常轨而实现城市自治

在城市政府建立以前，中国城市在相当长的时间内由不同层级的政府共同进行管理，掌握着城市的根本治权，而城市商人势力则直到在君主专制集权制社会的晚期才得到长足发展。19 世纪以后，中国市政的发展开始接受欧美及日本市政体制影响，市政改革也于 20 世纪初随着全国范围内政治改革的推行，地方自治运动的兴起，而逐渐广泛展开，城市商人社团组织的自治性不断增强，其中的一部分就是以街区为单位的基层地方自治组织，它们不仅在政府组织下参与市政管理，还开始独立自主地管理部分城市事务。随着城市化进程加快，地方自治运动的进一步发展，商人社团组织和工商业经济实体在民初进一步得到发展，它们纷纷参与市政，前者日渐不满官方对城市的控制，大城市要求自治的呼声因之日高，而广州则成为当时中国市政改革的先驱，首次尝试着建立起相对独立自主的城市政府。由此可见，欧美市政体制也随之更广泛、更深刻地影响着中国城市，中国的市政体制进一步发生着变化。

进入民国中期，由于受欧美市政改革的影响，以及城市发展的内在需要和有识之士的大力推进，市政改革运动一度在全国蓬勃展开，市政府纷纷建立，市制和市政府的市政主导权得以确立。其间，美式城市自治市政体制和模式，尤其是"强市长型"市长暨议会制对民国时期中国市政体制的影响最大。尽管在此后乃至整个国民政府统治时期中国城市依法取得了较以往更为独立的地位,然而其自治权限和民主化程度远远不能与欧美自治城市相比。

在这样的大背景之下,近代汉口市政波澜起伏地向前发展。从市政发展的过程来看,近代汉口市政并未超越中外城市发展的常轨而实现城市自治。

在湖北新政以前,官府可以容许汉口绅界、商界在官治的架构下,在市政方面有所作为,但汉口始终没有脱离官府的直接控制;汉口商人虽曾积极参与汉口市政管理,但从根本上说,他们未具有与官府分庭抗礼的主体意识,更没有自立门户而取代官府控制城市的治权意识。

至湖北新政时期,汉口商人的主体意识随着城市工商业的快速发展和地方自治运动的兴起而日益彰显。不过,国家法律标的的地方自治只是官治的辅助和补充,并且当时汉口市政总体上是处于以湖北省府为核心的官府的主导下,商人不可能确立起其在城市管理中的绝对主导地位。在这种情形下,汉口不可能成为自治城市。

民初汉口商办市政一度在城市公共事务的诸多方面,如消防、公用水电、旧市区重建、公共交通、新街区建筑等,占据主导地位,然因汉口处于夏口县的行政辖区之内,国家一直没有赋予城市以法律上的自治地位,与此同时,以省府为首的地方政府阻遏汉口自治,城市社会内部的商人社团之间——主要是汉口商会与汉口各团联合会之间,亦未能很好地实现整合,市民对这两个举足轻重的商人社团组织认同不一,地方自治始终停留在低层次商人自治的层次,汉口始终未能取得相对独立的法律地位,建立起由商人主导的城市政权,成为自治城市。

进入民国中期,汉口虽然成为单立的行政区,赢得了相对独立的城市地位,但市政府辖属性质视中央政府和湖北省政府的利益为转移,市制因而呈现出多变与反复的特点,在省辖与直辖之间摇摆不定,市政府的具体组织形式也不得不随之一变再变,城市民主化进程严重滞后。

民国中期以后的汉口与中国其他的城市一样,都没有在法律上、更没有在现实中确立起市自治团体的地位,最终未能真正实现城市自治。

从市政发展的长时段来看，近代汉口因市政体制变革最终未能突破官治的根本束缚而实现城市自治，这很大程度上正是全国市政发展的大环境——国家未从法律上赋予城市以自治权或者一度从法律上赋予却并未真正落实——被不同层面的执政机关认可、推行，从根本上制约汉口市政发展这个小环境的结果。这个结果表明，权威认可自始至终在近代中国市政发展过程中具有举足轻重的地位，绝非可有可无的事情。从这个意义上说，近代汉口市政并未超越城市必须经由权威认可才能实现自治的中外城市发展常轨。

二 商人有限市政主导和市政府主导市政均不表明近代汉口实现了城市自治

从近代西方城市发展的经验来看，自治城市的市政就是市自治团体——市政府主导的市政，市政府是通过民主选举产生的，市民随时都可以参与市政以体现市民公意，市政府是代表城市自身利益而主导市政的。因此，西方市政府主导市政体现了官治与民治一体化的趋向。

在近代汉口，商人的有限市政主导和市政府主导市政，均不表明近代汉口实现了城市自治；市政管理中即便体现出较强的民治，民治也是与官治两分的。

首先，商人对市政的有限主导，并不等于近代汉口实现了城市自治。

近代汉口商人从来没有获得绝对的市政主导权，其对市政的有限主导，大致可以分为两个层次：

第一个层次是在官治之下主导市政的某些方面。湖北新政之前汉口商办慈善事业、救火（而不是整个消防事务）、邮电业、车轿业，湖北新政时期和民初商营型市政下的华界陆上公共交通业、水电业、公共娱乐业，都属于这个层次。商人在主导上述项类市政的时候，要接受政府的管理，并且对城市治权没有主动诉求，对官治也未形成威胁或挑战，不构成独立的民治形态。尽管其中商人社团组织在市政管理的某些方面带

第十章 结语

有相当程度的自治性，但仍不是城市整体意义上的自治。

第二个层次是在地方自治的旗帜之下主导市政的某些方面。湖北新政时期商人自治型市政之下的救火，民初商人自治型市政之下的消防，码头及内街道路建设，路灯、水门以及环境卫生和慈善事业的管理，均属于这个层次。商人在主导上述项类市政的时候，不受政府干预，实际上取得了城市的部分治权。非但如此，他们进而寻求更多、更大的城市治权，如要求由保安会惩治火头，建立商人控制的武装警察部队，成立商人主导的市政机构——市政厅。不过，在商人主办自治型市政的同时，官方主导着城市规划，并始终控制着城市的根本治权，诸如司法、立法、保障城市公共安全等。在地方自治旗帜之下的商人有限市政主导，是社会与国家对城市公共事务进行的一定程度上的分工管理的体现。因此，它实际上是与官治并立的民治，也不等于城市自治。

其次，市政府主导市政也不等于近代汉口实现了城市自治。

从20世纪20年代后期开始至40年代末，除沦陷时期以外，汉口的市政主导权均掌握在市政府手中。市政府不断强化市政立法，全面主持汉口市政建设和市政管理：制定城市规划，以市财政收入为市政建设的基本经费，以城市道路建设为基点，建设路桥、下水道、堤防，开辟公园，绿化市区，发展公共卫生和公共交通事业，改革消防体制，加强对民办公用事业的管理，等等。[①] 同时，借助国家强制，市政府不断地改造原有的商人社团组织，原先的商人自治型市政的主办者——主要是汉口各团联合会、汉口商会、汉口各慈善团体等，均因此发生角色转变，成为市政府主导市政的辅助、附庸或仆从。在市政府的主导之下，近代汉口市政建设和市政管理，进一步朝着专业化、科学化、法制化、民主化的方向推进。

尽管如此，汉口（武汉）市政府因受制于国家赋予的市政权限，始终未能成为近代西方城市那样的法定"市自治团体"。市政府对于市

[①] 参见涂文学《城市早期城市现代化的黄金时代——1930年代的汉口市政改革》，中国社会科学出版社2009年版。

政的主导权与中央政府控制的城市管理权之间，"只是事务执行上之分配，而非治权系统之划分"，市政府作为一级地方政府，"只是中央在地方的办事机关"。① 在一党专政体制之下，在政局动荡和战争危机之中，城市更是中央政府试图牢牢控制的对象，市政府的市政主导权不断地迫于严峻的政治、军事形势而遭到扭曲，城市民主也被扭曲，城市民意屈从政府的意志，官治吞噬了商人自治，城市自治仍然是一个可望而不可即的城市社会理想。当市政府的市政主导不能充分体现城市民意的时候，我们当然不能说近代汉口实现了城市自治。

三 市政是影响近代汉口城市社会变迁的重要因素，市政发展是近代汉口城市社会转型的必要环节

从城市社会发展的角度来看，市政无疑在近代汉口城市社会变迁和社会转型过程中，具有重要的影响。

（一）近代汉口市政发展与城市兴衰紧密相关

市政发展本身就是城市发展的一种体现，市政兴衰自然与城市兴衰息息相关。就汉口而言，市政的兴与衰深深影响着近代汉口城市发展的兴与衰。

汉口开埠以后，各国租界纷纷发展市政，建立新的市政管理体制，修筑堤防、马路、码头等公共设施，发展公共交通、电业、邮电通信等公共事业，汉口沿江一带因此迅速地发展起来，整个城市的经济中心地带由原先的沿河（即襄河、汉水）转向沿江。租界市政发展给汉口城市经济和局部市容带来的巨大变化，使得汉口市内华租两界呈现出显然的差距，激发了华界官、商发展市政和振兴华界市区的愿望。

---

① 袁继成、李进修、吴德华主编：《中华民国政治制度史》，湖北人民出版社1991年版，第598页。

第十章 结语

　　张之洞督鄂之后，推行新政，开始注重发展汉口市政。在他的主持下，在汉口设立了夏口厅，建立了近代警察制度，兴筑了堤防，在市郊开辟了现代化的大马路，为近代汉口市政发展定下了一个粗略的大框架。同时，官府对旧市区的建筑、道路进行修整，还鼓励商办市政——发展水陆公共交通事业、水电事业、邮电通信事业，如此等等。华界市政的快步迈进，导致城市环境发生了沧桑巨变，迅速地带动了近代汉口城市社会经济的发展，大大地刺激了城市土地资源的开发和市政的勃兴，加速了商业化、城市化进程。张之洞因此成为汉口人乃至武汉人深深感念的历史人物。而张之洞的继任者在市政体制的变革方面迈开了更大的步子，不但进一步推动了官办市政的发展，而且促使商人自治型市政在汉口的诞生，城市社区的日常管理由此进一步发生变化，城市社会的活力进一步增强。

　　民初汉口市政发展呈现出一片纷繁复杂的景象，在政治威权跌落和法理威权尚未建立的同时，国家对于社会控制的力度有限，商办市政一度呈现出欣欣向荣的发展态势。同时，由于政府在汉口市政方面不但投入极少，而且消极对待市政体制变革，以至于汉口市政体制相对于城市社会发展呈现出严重滞后的局面，给汉口市政发展带来巨大的消极影响，城市重建因之一误再误，将就行事。租界市政则仍显示出优于华界市政的态势继续发展。

　　当今研究武汉民国史的专家注意到，尽管民初汉口遭到军阀的残酷统治，城市重建极不成功，但城市社会经济还是呈现出向前发展的势头。那么，民初汉口城市社会经济的发展是否与市政建设两不相干呢？答案是否定的。城市社会经济发展是一个综合性的问题，它受到多重因素而不是单一或个别因素的影响，这些因素既来自城市社会内部，也来自城市社会外部。导致民初汉口城市社会经济尤其是民族资本主义经济发展一度呈现出良好发展势头的关键因素，学术界公认是由于第一次世界大战时帝国主义列强无暇东顾，放松了对汉口城市经济的控制。不过，这并不表明民初汉口城市发展与市政建设毫不相干。一方面，民初商人自治型市政的发展在很大程度上弥补了官办市政对汉口旧市区市政管理的不足，商营性市政促进了城市公共交通、水电事业、公共娱乐业等的发展。民初商办市政在清末的基础上，进一步促进了城市居民生活质量的提高，加快了城市生活的节奏，改变着汉口人的生活方式，推动着汉口的工业化、商业化、城市化的发展，而工业化、商业化、城市化就是民初城市社会发展的直接体现。另一方面，从整体上看，由于官办市政的疲沓、市政重建的延误，不仅使汉口错失了在现代原则上重建城市的机会，还直接影响了汉口商务的积极展开，城市经济的恢复发展由此只能建立在较低的市政起点之上，加之滞后的市政体制又制约了商办市政的充分发展。故总的说来，民初汉口商办市政的发展在很大程度上促进了城市社会经济的发展，而官办市政则在很大程度上制约了城市社会经济的发展。

民国中后期汉口市政发展仍然起伏不定。从市制建立到沦陷之前，汉口市政发展朝着专业化、科学化、民主化、法制化方面大步迈进。其间，刘文岛执政时期是汉口市政快速发展的时期，城市现代化迅速向前推进。后刘文岛时期，此前制定的市政规划很多都未能按计划完成，汉口市政现代化建设处于徘徊状态。[①] 至沦陷时期，汉口市政扭曲变形，完全不能自主，市政水平远远落后于沦陷之前：道路破败，交通困难，绝大部分居民饮水困难，电力照明供给极为紧张且不稳定，城市绿化严重破坏，市民基本上没有自由的休憩、娱乐的公共空间，如此等等，城市社会发展呈现出极度残破衰败的景象。在这样的情形之下，汉口城市现代化严重受挫，社会发展处于民国以来的最低谷。到了民国末期，汉口市政在复员之初有所发展，市政府制定了恢复性市政发展规划[②]，市政当局也曾为实施市政发展规划付出了积极的努力。然而由各种因素（包括全国性的战争、日益加剧的通货膨胀、能源供应匮乏、市政府的腐化等）导致的城市经济发展不景气，制约了汉口市财政能力的扩张，

---

① 涂文学：《城市早期现代化的黄金时代——1930年代汉口的市政改革》，中国社会科学出版社2009年版，第141页。

② 1945年汉口市政府制定的行政计划就是一个旨在恢复城市社会发展的市政规划。见《汉口市政报告》（1946年1月），武汉档案馆藏，档号bB4/16。

加之中央政府不仅无力顾及汉口市政发展,还要求汉口市政府优先建设军事工程,以适应国民党应对内战的需要,致使市政规划无法按时完成。市政发展受挫,反过来又消极影响城市社会的发展。1947年以后,汉口成为院辖市,但汉口市政并未因此得到改观,反而每况愈下,城市社会由复员之初的恢复发展转向急剧衰退。

近代汉口市政及城市社会发展的兴衰历程表明:市政兴则促进城市社会的发展,市政衰则制约城市社会的发展,市政的发展变化是影响近代汉口城市社会变迁的重要因素。

(二) 市政发展促进了近代汉口城市日常治安管理的现代化

在社会转型时期,城市社会在运行过程中存在诸多不稳定性因素,社会控制因之变得更为复杂,促使城市日常治安管理做出应对。城市日常治安管理状况如何,直接反映着城市社会控制状况。对于转型时期的近代汉口而言,维护城市日常治安管理是社会控制至关重要的一个方面,也是城市公共事务不可或缺的一个重要方面。因此,考察维护城市社会日常治安管理组织的发展演变,可以从一个侧面了解近代汉口市政发展与社会转型之间的关系。

由于流动人口的逐渐增加,城市规模不断扩大,加之变乱频仍,城市周边社会不稳定,近代汉口城市社会治安管理的难度越来越大,从而给市政管理造成了强大的压力。为了维护城市社会公共安全,汉口市政当局和民间市政组织在治安管理上不断地采取措施,加强社会控制,由此导致近代汉口城市社会日常治安管理组织不断地发生变化。

在开埠之初,汉口赖以维护城市社会日常治安的管理组织,是半官方性质的保甲组织以及商办的消防组织,其中,保甲为主导,商办的水龙局等消防组织是辅助。商办消防组织辅助维护汉口城市公共安全,说明保甲组织此时已经难以胜任维护城市公共安全的任务。至张之洞督鄂前夕,传统保甲组织已经腐败不堪。

张之洞督鄂之后,为了加强对城市社会的控制,遂借鉴西方城市的市政管理经验,先后在武昌、汉口等地推行警察制度,在汉口设立了警察局，以官办的正式的警察制取代半官办的保甲制，并开办警察学校，培养警察，以增强城市警力。这种制度为民国地方政府所继承，警察成为此后维护汉口城市社会日常公共安全的基本组织和力量。

警察制度成立后，由于警力有限，汉口城市社会治安状况时有恶化。为了加强城市社会治安能力，汉口民间社会在1909年左右开始以街区为单位，组织保安会、消防会、救火会等街区性商人地方自治组织，以办理消防，维护城市治安。1911年，各保安会的联合组织——汉口各团联合会成立，它在很大程度上是为了维护汉口城市的公共安全而成立的。汉口各保安会和各团联合会平时办理消防、维护城市治安等。这样，维护汉口城市日常治安的管理组织，除了官办警察以外，还有商办保安会及其联合体这样的街区性商人地方自治社团组织。

民国初年，政府威权跌落，国家的法理威权在城市又没有很好地建立起来，有限的警力更难以胜任维护城市治安的重任。于是，各保安会除了办理消防之外，还设立了商警，以维持各街区的交通秩序，加强治安管理。因此，民初维护汉口城市日常公共安全的基本力量是官警和商警，基本格局依然是官办警察组织与民间治安力量并存。

随着近代国家威权的逐步树立，社会控制法制化程度的提高，城市社会控制体系中的制度性控制较此前变得更为有效。市制建立以后，市政府主导着汉口城市公共事务的管理，警察担当起汉口城市日常治安管理的任务，各保安会以及其联合体（——先后为保安联合会、保安公益会），此时对城市公共事务的参与基本上局限于消防（——配合消防警察，执行消防任务）、市区部分路灯管理、内街环境卫生管理。商会和保安联合会曾经在汉口城市治安状况不佳的时候，呈请市政府批准建立保安商团，结果没有下文。说明纯粹的民间力量不仅不能在城市日常治安管理中占有一席之地，就是在非常时期，也会被排斥在治安管理组织之外。

民国中后期，半官方性的保甲体制曾经一再被强化。不过，此时警察早已成为汉口城市社会日常治安管理的最基本的组织，保甲至多不过是辅助警察治安的力量而已。

由上述可知，近代汉口城市社会日常治安管理组织的发展变化，是近代汉口城市社会发展需要和市政改革的结果。近代汉口城市日常治安管理组织总体上经历了以保甲为主向以警察为主的转变，这一转变既是近代汉口市政现代化的一个重要表征，又是市政发展积极促进近代汉口城市社会转型重要表现。

（三）市政发展也促进了近代汉口城市社会结构的现代转型

在市政发展的过程中，商人社会地位的变化，流动人口的变化，以及市政管理层人员的变化，清晰地反映了近代汉口城市社会结构转型的镜像。

市政发展促使近代汉口商人的社会地位大幅提高。晚清湖北地方财政因无法承担巨额市政开支，在汉口市政建设方面不得不仰赖商界的支持，汉口商人在城市社会中的地位迅速提升，他们甚至在湖北新政时期参与制定城市规划，已经从传统社会的"四民"之末一跃而为城市社会的中坚，与传统士绅在城市社会生活中的地位已经难分伯仲了。民初随着地方自治运动的深入开展，众多的商办市政项类在该市政领域中居主导地位，汉口商人的社会地位空前提高。民国中后期，在市政府主导市政的格局之下，汉口商人的社会地位又有所回落。但是，就大趋势而言，近代汉口商人的社会地位较传统社会中商人地位大幅提高。

市政发展导致近代汉口的流动人口增多或定居化。近代汉口由于水陆交通业、市街建筑业等方面的发展，加入到汉口交通、建筑、娱乐休闲等行业中来的人，如人力车夫、船夫水手、建筑工人等越来越多，他们中的相当一部分成为近代汉口城市社会中的流动人口，一部分定居下来成为城市居民的一分子，他们居于城市社会的下层，成为近代工人阶级的重要构成部分。

市政发展促使越来越多的具有专业知识的新式知识分子，进入市政管理层。市政的发展需要人才，那些接受了新式教育的知识分子开始进入市政管理层，他们担任市政官员、警察（——清末相当一部分

· 623 ·

警察就是在专门的警察学堂毕业的）和技术人员。在民初汉口重建过程中，不懂市政管理外行（如建筑汉口商场筹办处总理左德明及部分同僚），与具有市政专门知识的市政管理人员（如总工程师金振声、继任总工程师容觐彤等）之间，产生了尖锐的矛盾和冲突。这种矛盾与冲突是市政发展导致的市政管理人员的结构性变动的结果与表现之一。进入民国中期，越来越多的新式知识分子走到市政建设与管理的岗位上，市长（如刘文岛、吴国桢）多为具有新的市政理念的高级知识分子，市政府下属的各专门市政机构的各级负责人多为具有市政专长的知识分子（如陈克明、吴国柄等），有的甚至还是全国鼎鼎大名的市政专家（如董修甲），市政的主要管理人员总体上由晚清时的传统政治型知识分子占绝对多数，转变为以具有专业知识的新式知识分子占多数。

总之，市政发展促进了商人社会地位的大幅提升，工人队伍的集结，市政管理机构中新式知识分子逐渐取代缺乏专长的官员。所有这些转变都是近代汉口城市社会结构转型的显著表征。

（四）市政体制民主化滞后阻碍了汉口城市社会民主化进程

城市社会民主化是城市现代化的核心内容之一，也是近代城市社会转型的题中之义。在近代汉口，市政体制民主化滞后对城市社会民主化的消极影响越来越大。

在湖北新政之前，除却租界之外，虽然城市社会内部组织已经具有相当程度的自治性，其中的一些组织在绅士或商人的领导下参与市政活动，但这些活动均没有触动旧有的市政体制。租界的开辟，带来了西方的市政体制，近代汉口市政在局部范围内开始了民主化进程，对华界社会起着示范作用。不过这种示范作用因华租两界的人为分隔，以及当时汉口华界社会尚对西方民主普遍缺少了解，缺乏接受西式市政民主的社会环境，而没有很快地产生广泛的示范效应。因此，就整个城市范围而言，湖北新政之前的汉口城市社会民主化进程尚未展开。

第十章 结语

在湖北新政时期，作为立宪运动的重要组成部分的地方自治运动在汉口展开后，该运动落实到城市实处的最主要体现就是促使市政体制发生根本性的变化：1909 年，由汉口绅商头面人物组成的汉口地方自治议事会、董事会依法成立，它们是汉口地方行政事务的代议机构；1909 年以后，街区性商人地方自治社团组织纷纷产生，它们是汉口最基层的地方自治组织，可以依照有关地方自治法规独立自主地举办城市公共事务，商人自治型市政由此展开。这些基层的地方自治组织的产生，也是整个城市市政体制变革中的一个重要组成部分，其民办立场则显示近代汉口市政民主化进程开始了，近代汉口社会民主化进程也真正地开启了。而此前作为近代城市管理制度标志之一的警察制度，虽然已被引入汉口，但因缺乏民间力量的参与，并未很好地带动市政体制的民主化和社会的民主化。1911 年，以警务为事务范围、官绅商一体的市政管理机构"汉口市政会"的成立，在有限的时段内推动着近代汉口市政民主化。可见，市政体制的民主化进程加速，城市社会的民主化也会取得积极进展。

辛亥革命之后，民初汉口城市社会民主的发展进程在市政体制的演进中得到根本体现。一方面，由于辛亥革命推翻了专制君主集权体制，民主共和的观念在城市社会逐渐深入人心，加之地方自治运动的进一步展开，汉口城市社会组织民主化进程加快，商人社团和工商业组织通过选举产生领袖的组织形式，变得越来越普遍，汉口商人社团组织及参与市政建设和管理的商办公司，其组织民主化程度均有所提高；另一方面，中央政府和湖北省府都不肯放弃对城市的直接控制，对于汉口商界建立商界主导的统一市政机构的诉求予以压制、消解，阻遏了汉口市政体制民主化进程。民初汉口商人自治型市政的发展，固然反映出近代汉口民治程度提高，然而这种民治没有上升为城市公权力，停留在商人自治的低层面。民初汉口市政体制民主化进程受阻，也意味着城市社会民主化进程遭遇挫折。

市政府主导市政的市政体制建立以后，"市政府事务的议决，突出了民主化、公意化的特征"，"并初步出现了民意机关牵制行政机关的格局。城市现代化管理机制初步形成"。① 但市政府主导市政的运作机制并不健全，市参议会并未能很好地履行立法与监督职能，分权制衡的民主原则得不到切实体现。究其根由，在国民党一党专政的政治体制之下，市政府的市政独立缺乏法律保障，从根本上制约了汉口市政体制的民主化。为了保障执政党的根本利益，国民党中央政府不断要求城市利益服从党国利益，通过在体制上加强中央集权来强化对城市的控制，其突出表现就是在城市警察系统之外，更增以军、特、宪三大系统，凌驾于市政府之上，使市政受制于党政、军政；同时，又不时地申严保甲体系，加强对城市基层社会的控制，国家又不断加强对城市社团组织的改造。最终，商人自治型市政因市政管理主体逐渐丧失了独立自主性而发生蜕变，商人社团组织参与市政的主动性与积极性因之也大不如前。到沦陷前夕，由于反侵略战争的需要，城市利益和城市民主在民族主义的张扬中让位于党国利益，城市政要们也无暇顾及市政体制的民主化，城市社会的民主化自然难有起色。

而沦陷时期的汉口市政不过是日伪政权军、政利益的巴儿狗，城市民众生存尚时存危机，社会民主更无从谈起。

抗战胜利后，全国城市自治的呼声再起，市参议会议长选举闹得沸沸扬扬，民选区长在汉口也成为现实，市政的民主化和社会民主化进程似乎大有向前推进的迹象。然而，时局紧张，战争的阴霾最终笼罩了一切，城市利益不得不再一次服从国民党一党专政的党国利益，市政民主化沦为退而求其次的事情，城市社会的民主化最终也被国民党的政治、军事利益挤兑到一边。

由此观之，在市政府建立以后，市政体制的民主化进程也是与城市社会的民主化进程一致的，并且市政体制的民主化进程从根本上制约着城市社会的民主化进程。总之，近代汉口市政体制民主化的滞后，严重影响了城市社会民主化进程，制约着近代汉口城市社会转型的步伐。

---

① 涂文学：《城市早期现代化的黄金时代——1930年代汉口的市政改革》，中国社会科学出版社2009年版，第75页。

第十章 结语

综前所述，近代汉口市政发展与近代汉口城市兴衰休戚相关，其本身就是城市社会发展的一个重要方面；市政发展促进了近代汉口城市日常治安管理的现代化和城市社会结构的现代转型，市政体制民主化滞后则阻碍了汉口城市社会民主化进程。所有这些共同表明：市政自始至终是影响近代汉口城市社会变迁的一个重要因素，市政的现代化既是近代汉口城市社会发展的需要和城市社会转型的结果，又是进一步促进城市社会转型的关键因素。因此，市政发展是近代汉口城市社会转型的必要环节。

参考文献

一 基本史料和文献

（一）历史档案

1. 贺衡夫提供资料、张翼云撰稿整理：《关于既济水电公司的几点锁记》，武汉市工商业联合会工商业改造类档案，武汉档案馆藏，档号9—130—117。
2. 《伪武昌市政府》，武汉档案馆藏，档号18—10—1。
3. 《上海银行汉口分行·汉口总商会来函》，武汉档案馆藏，档号61—1—291。
4. 《银行·上海银行汉口分行·业务往来函电》，武汉档案馆藏，61—1—310。
5. 《既济水电公司·自来水厂报告书》，武汉档案馆藏，档号117—1—12。
6. 《电气事业年报》，武汉档案馆藏，档号117—1—25。
7. 《COPY》（Aug. 22. 38），《既济水电公司·水电增加非常时期》，武汉档案馆藏，档号117—1—77。
8. 《既济水电公司·一九四七年营业报告及接收英电灯公司》，武汉档案馆藏，档号117—1—121。
9. 《既济水电公司·路灯电费》，武汉档案馆藏，档号117—1—301。
10. 《既济水电公司·暂订抄表日期及收费程序办法》，武汉档案馆藏，档号 117—1—436。

11. 鄢少霖：《武汉市人力车业概况》，武汉市工商联合会编《工商业改造文史资料》，武汉档案馆藏，档号 119—130—93。

12. 王新厚：《汉口商团保安会纪略》，武汉市工商业联合会工商业改造类档案，武汉档案馆藏，档号 119—130—114。

13. 程宝琛口述、夏国尧整理：《汉口华商商团》，武汉市工商业联合会工商业改造类档案，武汉档案馆藏，档号 119—130—114。

14. 《总部新颁法规的精义及豫鄂皖政制改革与财政整理——杨永泰讲演》，豫鄂皖三省剿匪司令部印行，武汉档案馆藏，档号 bB4/1。

15. 汉口市善堂联合会整理委员会刊印：《汉口市善堂联合会暨各善堂成立沿革及事业情况》（1946 年 9 月），武汉档案馆藏，档号 bC15/13。

16. 《既济水电股份有限公司概况》，武汉档案馆藏，档号 bN6/13。

17. 外交部汉口第三特别区管理局编印：《中华民国二十一年市政报告》，上海市档案馆藏，档号 wi－OA－116。

18. 故宫博物院明清档案部编：《清末筹备立宪档案史料》下册，中华书局 1979 年版。

19. 中国人民政治协商会议湖北省暨武汉市委员会、中国社会科学院近代史研究所、湖北省档案馆、武汉档案馆合编：《武昌起义档案资料选编》上卷，湖北人民出版社 1981 年版。

（二）报刊杂志

1. 《湖北官报》
2. 《民立报》
3. 《民呼报》
4. 《申报》
5. 《国民新报》
6. 《江声日刊》
7. 《正义报》
8. 《大汉报》

9. 《汉口新闻报》

10. 《汉口中西报》

11. 《汉口中西报晚报》

12. 《碰报》

13. 《汉口民国日报》

14. 《汉口中山日报》

15. 《湖北中山日报》（按：其前身为《汉口中山日报》）

16. 《武汉日报》

17. 《大公报》（天津）

18. 《大公报》（长沙）

19. 《大楚报》

20. 《武汉报》

21. 《东方杂志》

22. 《银行杂志》（汉口）（按：第1卷第1—5期为周刊，此后为半月刊）

23. 《汉口商业月刊》

24. 《中国建设》（月刊）

25. 《道路月刊》

26. 《水电月刊》

27. 《水电季刊》

28. 《市声周刊》

29. 《市政周刊》

30. 《市政评论》

31. 《新生月刊》

32. 《湖北实业月刊》

33. 《湖北建设月刊》

34. 《湖北省政府公报》（月刊）

35. 《武汉市政公报》（月刊）

36. 《汉市市政公报》（月刊）（按：1929年9月的《汉市市政公报》

与《新汉口》异名同刊）

37. 《新汉口》（月刊）（按：从第 1 卷第 4 期起亦名《新汉口市政公报》）
38. 《汉口市政府建设概况》（1929.4—1930.4）
39. 《汉口市政府概况》（1932.10—1933.12）
40. 《汉口市政概况》（1934.1—1935.6）
41. 《汉口市政概况》（1935.7—1936.6）
42. 《武汉特别市市政月刊》
43. 《武汉特别市成立周年纪念特刊》（1940 年）
44. 《武汉特别市成立两周年纪念刊》（1941 年）
45. 《武汉特别市成立三周年纪念刊》（1942 年）
46. 《汉口特别市政府四周年市政概况》（1943 年）
47. 《汉口市政府公报》（1945.10—1945.12）
48. 《汉口市复制专刊》（1947 年）
49. 《中国工程学会武汉分会复会纪念特刊》（1947 年）
50. 《汉口市参议会第一届第五次大会会刊》（汉口市参议会秘书室编辑，汉口市参议会发行，民国三十七年［1948］9 月版）
51. 《武汉文史资料》
52. 《武汉春秋》
53. 《湖北文献》

（三）方志

1. （清）黄式度修、王柏心纂：《同治汉阳县志》，同治七年（1868）刻本。
2. （清）濮文昶修、张行简纂：《汉阳县识》，光绪十年（1884）刻本。
3. 徐焕斗修、王夔清纂：《汉口小志》，民国四年（1915）铅印本。
4. 侯祖畬修、吕寅东纂：《夏口县志》，民国九年（1920）刻本。
5. ［日］东亚同文会编纂：《支那省别全志·湖北卷》，大正六年（1917）发行。

6. 吕调元、刘承恩修，张仲炘、杨承禧等纂：《湖北通志》，民国十年（1921）刻本。

7. 郐宗莫主编：《武汉堤防志》，武汉防汛指挥部办公室1986年印。

8. 武汉市公安局史志办公室编：《武汉市公安志》，1988年印。

9. 武汉公用事业志编纂委员会编：《武汉公用事业志》，武汉出版社1990年版。

10. 武汉排水编辑委员会编：《武汉排水》，武汉市市政建设管理局1990年版。

11. 武汉地名委员会编：《武汉地名志》，武汉出版社1990年版。

12. 武汉港口志编纂委员会编：《武汉港口志》，武汉出版社1990年版。

13. 武汉地方志编纂委员会编：《武汉市志·大事记》，武汉大学出版社1990年版。

14. 武汉地方志编纂委员会编：《武汉市志·卫生志》，武汉大学出版社1993年版。

15. 湖北省地方志编纂委员会编：《湖北省志·交通邮电志》，武汉出版社1995年版。

16. 武汉地方志编纂委员会编：《武汉市志·城市建设志》，武汉大学出版社1996年版。

17. 武汉地方志编纂委员会主编：《武汉市志·对外贸易志》，武汉大学出版社1996年版。

18. 武汉市水上公安志编委会编纂：《武汉市水上公安志》，内部发行，1997年版。

19. 武汉市市容环境卫生管理局：《武汉市容环境卫生志（1900—1995）》，内部发行，1997年版。

20. 朱文尧编：《汉正街市场志》，武汉出版社1997年版。

21. 武汉地方志编纂委员会编：《武汉市志·交通邮电志》，武汉大学出版社1998年版。

22. 武汉地方志编纂委员会编：《武汉市志·总类志》，武汉大学出版社1998年版。

23. 武汉地方志编纂委员会编：《武汉市志·政权政协志》，武汉大学出版社1998年版。
24. 武汉地方志编纂委员会编：《武汉市志·工业志》下，武汉大学出版社1999年版。
25. 武汉市城市规划管理局主编：《武汉市城市规划志》，武汉出版社1999年版。
26. 湖北省地方志编纂委员会编：《湖北省志·城乡建设志》，湖北人民出版社1999年版。
27. 湖北省地方志编纂委员会编：《湖北省志·卫生志》，武汉出版社2000年版。
28. （清）陶士偰、刘湘煃纂：乾隆《汉阳县志》，《湖北省府县志辑》①，江苏古籍出版社2001年版。
29. 汉口租界志编纂委员会编、袁继成主编：《汉口租界志》，武汉出版社2003年版。

（四）官方文书、文集、笔记、资料集等

1. （清）张寿波：《最近汉口工商业一斑》，上海商务印书馆宣统三年（1911）版。
2. 胡焕宗：《楚产一隅录》，乾辑印书馆民国九年（1920）版。
3. 武汉书业公会编：《汉口商号名录》，武汉书业公会民国九年（1920）版。
4. 李继曾、施葆瑛编辑：《武汉指南》，汉口行市日刊报馆民国十年（1921）版。
5. 文士员编：《武昌要览》，武昌亚新地学社发行民国十二年（1923）版。
6. ［日］日本外务省：《在汉口帝国总领事馆管辖区域内事情》（日文），日本外务省通商局大正十三年（1924）版。
7. 汤震龙编：《建筑汉口商场计划书》，督办汉口建筑事宜处、督办武阳夏三镇商埠事宜处民国十三年（1924）版。

8. 刘再苏编：《武汉快览》，世界书局民国十五年（1926）版。

9. 熊亨灵编：《湖北建设概况》（1928.4—1929.5），民国十八年（1929）版。

10. 《湖北省概况》，民国二十年（1931）版。笔者见复印件，未见著作者标识。

11. 湖北省建设厅编纂：《湖北省建设最近概况》，民国二十二年（1933）版。

12. 申报馆编：《申报年鉴》，民国二十二年（1933）版。

13. 申报馆编：《申报年鉴》，民国二十五年（1936）版。

14. 周亚荣、王书常等编：《武汉指南》，民国二十二年（1933），出版社不详。

15. 湖北省建设厅编纂：《湖北省建设最近概况》，民国二十二年（1933）印。

16. 湖北省政府秘书处统计室：《湖北省概况十种》，民国二十五年（1936）编制。

17. 《湖北省统计年鉴》，民国二十五年（1936）版。（按：笔者仅见复印件）

18. 中央地方自治计划委员会编：《地方自治法规辑要》，中正书局民国二十五年（1936）版。

19. 湖北省政府：《鄂省纪要》，民国三十三年（1944）编印。

20. 《新武汉指南》，武汉文化出版社民国三十五年（1946）版。（按：编者不详）

21. 许同莘：《张文襄公年谱》，商务印书馆民国三十三年（1944）重庆版。

22. 张继煦编：《张文襄公治鄂记》，湖北通志馆民国三十六年（1947）版。

23. 汉口市政府统计室编印：《汉口市政府统计要览》（1947年度）。

24. （清）刘献廷：《广阳杂记》，中华书局1957年版。

25. （清）朱寿朋编：《光绪朝东华录》五，中华书局1958年版。

26. 光复大陆设计研究委员会秘书处：《汉口市重建方案草案》1958年印。

27. 《十年来之中国经济建设（1927—1937）》，中国国民党中央委员会党史委员会藏本，1976年影印版。

28. 《汉口市土地发照所实习报告》，（台湾）成文出版社有限公司、（美国）中文资料中心1977年印行。

29. 《武昌汉口汉阳实地调查日记》，（台湾）成文出版社有限公司、（美国）中文资料中心1977年印行。

30. 《汉口市实习调查日记》，（台湾）成文出版社有限公司、（美国）中文资料中心1977年印行。

31. 《汉口市住宅问题》，（台湾）成文出版社有限公司、（美国）中文资料中心1977年印行。

32. 皮明庥、冯天瑜等编：《武汉近代（辛亥革命前）经济史料》，武汉地方志编纂办公室印行。（按：未标出版时间）

33. 武汉大学历史系中国近代史教研室编：《辛亥革命在湖北史料选辑》，湖北人民出版社1981年版。

34. 《孙中山全集》第2卷，人民出版社1983年版。

35. 曾兆祥主编：《湖北近代经济贸易史料选辑（1840—1949）》第1辑，湖北省志贸易志编辑室1984年编印。

36. 《孙中山全集》第6卷，中华书局1985年版。

37. 孙武：《汉口市政建筑计划书》（节选），载蒋方淮主编《东西湖文史资料》第2辑。

38. 政协武汉市委员会文史资料委员会编：《张之洞遗事》，《武汉文史资料》1986年第1辑。

39. 辛亥革命武昌起义纪念馆、政协湖北省委员会文史资料委员会合编：《湖北军政府文献资料汇编》，武汉大学出版社1986年版。

40. 中华民国史事纪要会编：《中华民国史事纪要》（1912年1—6月）（初稿），（台北）黎明文化事业股份有限公司1986年版。

41. 中华民国史事纪要会编：《中华民国史事纪要》（1915年1—12月）

（初稿），（台北）黎明文化事业股份有限公司1986年版。

42. 湖北政法史志编纂委员会编辑：《武汉国共联合政府法制文献选编》，农村读物出版社1987年版。

43. 曾兆祥主编：《湖北近代经济贸易史料选辑（1840—1949）》第5辑，湖北省志贸易志编辑室1987年版。

44. 皮明庥、李权时主编：《武汉通览》，武汉出版社1988年版。

45. （清）乾隆敕纂：《清朝文献通考》，浙江古籍出版社1988年版。

46. 陈戍国点校：《周礼·仪礼·礼记》，岳麓书社1989年版。

47. 秦孝仪主编：《孙哲生先生文集》第2册，中国国民党中央委员会党史委员会，1990年版。

48. 秦孝仪主编：《孙哲生先生全集》第3册，中国国民党中央委员会党史委员会，1990年版。

49. 吴剑杰主编：《湖北咨议局文献资料汇编》，武汉大学出版社1991年版。

50. （清）贺长龄、魏源等编：《皇朝经世文编》，中华书局1992年版。

51. ［英］穆和德：《海关十年报告——汉口江汉关（1882—1931）》，李策译，香港天马图书有限公司1993年版。

52. 政协全国委员会文史学习委员会编：《中华文史资料文库》第12卷《工商经济编》，中华文史出版社1996年版。

53. 罗元铮总主编：《中华民国实录》第5卷上卷，吉林人民出版社1998年版。

54. 苑书义等主编：《张之洞全集》，河北人民出版社1998年版。

55. 武汉历史地图集编纂委员会编：《武汉历史地图集》，中国地图出版社1998年版。

56. 政协武汉市委员会文史学习委员会编：《武汉文史资料文库》第3卷《工商经济卷》，武汉出版社1999年版。

57. （清）范锴：《汉口丛谈校释》，江浦等校释，湖北人民出版社1999年版。

58. 徐明庭辑校：《武汉竹枝词》，湖北人民出版社1999年版。

59. 武汉档案馆编：《大武汉旧影》，湖北人民出版社1999年版。
60. 武汉档案馆、武汉市博物馆：《武汉旧影》，人民美术出版社1999年版。
61. 政协武汉市委员会文史学习委员会编：《武汉文史资料文库》第7卷《历史人物卷》，武汉出版社1999年版。
62. 徐明庭：《民初汉口竹枝词今注》，中国档案出版社2001年版。
63. 涂文学主编：《武汉老新闻》，武汉出版社2001年版。
64. 冯天瑜、肖川评注：《劝学篇·劝学篇书后》，湖北人民出版社2002年版。
65. 刘明逵、唐玉良主编：《中国近代工人阶级和工人运动》之二《中国工人阶级的早期斗争和组织》，中共中央党校出版社2002年版。
66. 刘明逵、唐玉良主编：《中国近代工人阶级和工人运动》之三《五四运动前后的工人运动》，中共中央党校出版社2002年版。
67. 刘明逵、唐玉良主编：《中国近代工人阶级和工人运动》之四《第一次全国工人运动的高潮》，中共中央党校出版社2002年版。
68. 王葆心：《续汉口丛谈　再续汉口丛谈》，陈志平等点校，湖北人民出版社2002年版。
69. 韩兆海主编：《武汉史料篇名索引》，湖北辞书出版社2003年版。
70. 郑自来、徐莉君主编：《武汉临时联席会议资料选编》，武汉出版社2004年版。
71. 武汉地方志编纂委员会办公室编纂、田子渝主编：《武汉国民政府史料》，武汉出版社2005年版。
72. 涂文学：《沦陷时期武汉的经济与市政》，武汉出版社2007年版。
73. 涂文学：《沦陷时期武汉的政治与军事》，武汉出版社2007年版。
74. 宋传银：《武汉历史研究论著索引》，武汉出版社2014年版。

二　著作

1. ［日］水野幸吉：《汉口：中央支那事情》，刘鸿枢、唐殿熏、袁青选译，上海昌明公司光绪三十四年（1908）发行。

2. 刘挫尘：《鄂州惨记》，交通印书馆民国十年（1921）版。

3. 董修甲：《市政新论》，商务印书馆民国十三年（1924）版。

4. 陆丹林主编：《市政全书》，全国道路建设协会民国十七年（1928）版。

5. 董修甲：《京杭沪汉四大都市之市政》，上海大东书局民国二十年（1931）版。

6. 王云五、李圣五主编：《市政问题》（《东方杂志》三十周年纪念刊），商务印书馆民国二十二年（1933）版。

7. 包明芳编：《中国消防警察》，商务印书馆民国二十四年（1935）版。

8. 刘垚、谈凤池编：《中国都市交通警察》，商务印书馆民国二十四年（1935）版。

9. 冷隽：《地方自治述要》，中正书局印行民国二十四年（1935）第3版。

10. 黄哲真：《地方自治纲要》，中华书局民国二十四年（1935）发行。

17. 贾士毅：《湖北财政史略》，出版情况不详（按内容推测在1937年之后）。

18. ［日］内田佐和吉：《武汉巷史》，中日文化协会武汉分会委托思明堂1944年发行。

19. 潘新藻：《武汉市制沿革》，湖北人民出版社1956年版。

20. 湖北省历史学会编：《辛亥革命论文集》，湖北人民出版社1981年版。

21. ［美］黄仁宇：《万历十五年》，中华书局1982年版。

22. 刘继增、毛磊、袁继成：《武汉国民政府史》，湖北人民出版社1986年版。

23. 刘明翰主编：《世界史·中世纪史》，人民出版社1986年版。

24. 皮明庥：《辛亥革命与近代思想》，陕西师范大学出版社1986年版。

25. ［美］R.E. 帕克等：《城市社会学》，宋峻岭等译，华夏出版社

1987 年版。

26. 苏云峰：《中国现代化的区域研究 1860—1916 湖北省》，（台湾）"中央研究院"近代史研究所 1987 年修订版。

27. 陈钧：《儒家心态与近代追求——张之洞经济思想论析》，湖北人民出版社 1990 年版。

28. 陈钧、任放：《世纪末的兴衰——张之洞与晚清湖北经济》，中国文史出版社 1991 年版。

29. 杜恂诚：《民族资本主义与旧中国政府（1840—1937）》，上海社会科学院出版社 1991 年版。

30. 冯天瑜、何晓明：《张之洞评传》，南京大学出版社 1991 年版。

31. 费成康：《中国租界史》，上海社会科学院出版社 1991 年版。

32. 皮明庥主编：《新编武昌起义史》，中国文史出版社 1991 年版。

33. 袁继成、李进修、吴德华主编：《中华民国政治制度史》，湖北人民出版社 1991 年版。

34. 朱英：《辛亥革命时期新式商人社团研究》，中国人民大学出版社 1991 年版。

35. 皮明庥、欧阳植梁主编：《武汉史稿》，中国文史出版社 1992 年版。

36. 方明、陈章华编：《武汉旧日风情》，长江文艺出版社 1992 年版。

37. 李传义、张复合、[日]村松伸、寺原让治主编：《中国近代建筑总览·武汉篇》，中国建筑工业出版社 1992 年版。

38. 皮明庥主编：《近代武汉城市史》，中国社会科学出版社 1993 年版。

39. 武汉港史编纂委员会编纂：《武汉港史》，人民交通出版社 1994 年版。

40. 隗瀛涛主编：《中国近代不同类型城市综合研究》，四川大学出版社 1998 年版。

41. 池莉著文、中国第二历史档案馆、武汉档案馆供稿：《老武汉：永远的浪漫》，江苏美术出版社 1999 年版。

42. 罗苏文、宋钻友：《上海通史·民国社会》，上海人民出版社 1999 年版。

43. 皮明庥：《汉口五百年》，湖北教育出版社1999年版。
44. 涂文学：《涂文学自选集》，华中理工大学出版社1999年版。
45. 田子渝：《武汉五四运动史》，湖北人民出版社1999年版。
46. 张海林：《苏州早期城市现代化研究》，南京大学出版社1999年版。
47. 罗福惠：《湖北通史·晚清卷》，章开沅、张正明、罗福惠主编，华中师范大学出版社1999年版。
48. 田子渝、黄华文：《湖北通史·民国卷》，章开沅、张正明、罗福惠主编，华中师范大学出版社1999年版。
49. 韩延龙、苏亦工：《中国近代警察史》，社会科学文献出版社2000年版。
50. ［美］施坚雅：《中华帝国晚期的城市》，叶光庭等译，陈桥译校，中华书局2000年版。
51. 肖志华、严昌洪主编：《武汉掌故》，武汉出版社2000年版。
52. 张永桃主编：《市政学》，高等教育出版社2000年版。
53. ［美］菲利普·李·拉尔夫等：《世界文明史》上卷，赵丰等译，商务印书馆2001年版。
54. 皮明庥：《一位总督·一座城市·一场革命：张之洞与武汉》，武汉出版社2001年版。
55. 王守中、郭大松：《近代山东城市变迁史》，山东教育出版社2001年版。
56. 杨念群：《中层理论：中西方思想会通下的中国史研究》，江西教育出版社2001年版。
57. 张岂之总主编，张国刚、杨树森主编：《中国历史·隋唐辽宋金卷》，高等教育出版社2001年版。
58. 冯天瑜、陈锋主编：《武汉现代化进程研究》，武汉大学出版社2002年版。
59. 王雅莉主编：《市政管理学》，中国财政经济出版社2002年版。
60. 薛理勇：《旧上海租界史话》，上海社会科学院出版社2002年版。
61. 张仲礼、熊月之、沈祖炜主编：《长江沿岸城市与中国近代化》，上海人民出版社 2002 年版。

62. 陈智永:《中国古代社会治安管理史》,郑州大学出版社 2003 年版。

63. 陈锋、张笃勤主编:《张之洞与武汉早期现代化》,《人文论丛》特辑,中国社会科学出版社 2003 年版。

64. 任放:《明清长江中游市镇经济研究》,武汉大学出版社 2003 年版。

65. [日] 小浜正子:《近代上海的公共性与国家》,葛涛译,上海古籍出版社 2003 年版。

66. 涂文学主编:《武汉史话丛书》,武汉出版社 2003 年版。

67. 董鉴泓主编:《中国城市建设史》,中国建筑工业出版社 2004 年版。

68. 扬铎编:《武汉沿革考》,中国档案出版社 2004 年版。

69. 方方:《汉口的沧桑往事》,湖北人民出版社 2004 年版。

70. 党明德、林吉玲主编:《济南百年城市发展史》,齐鲁书社 2004 年版。

71. 何一民主编:《近代中国城市发展与社会变迁(1840—1949)》,科学出版社 2004 年版。

72. 李天钢:《人文上海:市民空间》,上海教育出版社 2004 年版。

73. 徐明庭等:《武汉地名丛谈》,中国档案出版社 2004 年版。

74. 赵可:《市政改革与城市发展》,中国大百科全书出版社 2004 年版。

75. 韩少林主编:《城市记忆——记者镜头里的武汉》,武汉出版社 2005 年版。

76. 胡惠林主编:《文化产业概论》,云南大学出版社 2005 年版。

77. 李军编著:《近代武汉城市空间形态的演变》,长江出版社 2005 年版。

78. [美] 罗威廉:《汉口:一个中国城市的商业和社会(1796—1889)》,江溶、鲁西奇译,彭雨新、鲁西奇校,中国人民大学出版社 2005 年版。

79. 皮明庥主编:《简明武汉史》,武汉出版社 2005 年版。

80. 张东刚等主编:《世界经济体制下的民国时期经济》,中国财政经济出版社 2005 年版。

81. 皮明庥、邹进文：《武汉通史·晚清卷》上、下，武汉出版社2006年版。

82. 涂文学主编：《武汉通史·民国卷》下，武汉出版社2006年版。

83. 王旭：《美国城市发展模式：从城市化到大都市化》，清华大学出版社2006年版。

84. ［美］罗威廉：《汉口：一个中国的城市冲突和社区（1796—1895）》，鲁西奇、罗杜芳译，马钊、萧致治审校，中国人民大学出版社2008年版。

85. ［美］魏斐德：《讲述中国历史》下卷，梁禾主编，东方出版社2008年版。

86. 涂文学：《城市早期现代化的黄金时代——1930年代汉口的市政改革》，中国社会科学出版社2009年版。

87. 周德钧：《汉口的租界：一项历史社会学的考察》，天津教育出版社2009年版。

88. 刘剀：《晚清汉口城市发展与空间形态研究》，中国建筑工业出版社2010年版。

89. 宋亚平等：《辛亥革命前后的湖北经济与社会》，中国社会科学出版社2011年版。

90. 赵志飞：《首义警事》，群众出版社、中国人民公安大学出版社2011年版。

91. 孙静：《民国警察群体与警政建设研究：武汉：1945—1949》，人民日报出版社2015年版。

92. 武汉市档案馆编，宋晓丹、张嵩主编：《武汉印记》，武汉出版社2015年版。

93. 冯天瑜、陈勇编：《国际视野下的大武汉影像（1838—1938）》，人民出版社2017年版。

三 论文

（一）已刊论文

1. 连横：《汉口建筑问题》，《民立报》1912年6月14日第12版。
2. 毗舍耶遗民：《论汉口建筑有三大利》，《民立报》1912年6月22日第12版。
3. 李复几：《重建汉口商埠之计划》（*The Hankow Reconstruction Scheme and Extensions*，by Li Fo Ji），《南洋》1915年第2期。
4. 蔡天祚：《汉口商场借款详论》，《汉口中西报》1921年11月6—9日，各日第1版连载。
5. 记者：《汉口的市政》，《市声周刊》1923年第2期第1面。
6. 陈方之：《汉口市之卫生（内地与租界之比较）》（续前期），《市声周刊》1923年第2期第4面。
7. 周以让：《武汉三镇之现在及其将来》，《东方杂志》1924年第21卷第5期。
8. 润华：《武阳夏市政计划与财源问题（其二）征税问题》，《银行杂志》1924年第1卷第15号。
9. 张东荪：《中国政制问题》，《东方杂志》1924年第21卷第1号（二十周年纪念专号 上册）。
10. 黄既明：《汉口之航业》，《银行杂志》1926年第3卷第17号。
11. 孙科：《计划武汉三镇市政报告》，武汉地方志编纂委员会办公室编《武汉国民政府史料》，武汉出版社2005年版。
12. 孙科：《市政问题》，《市政周刊》1927年第1卷第2期。
13. 希荣：《市民对于市政应有的认识》，《市政周刊》1927年第1卷第1期。
14. 茂石：《改良汉口市之各问题》，《市政周刊》1927年第1卷第4、5合期。
15. 希荣：《我国现行市制述评》，《市政周刊》1927年第1卷第4、5

期合刊。

16. 方逖生：《理想之大汉口如何实现》，《市政周刊》1927 年第 1 卷第 8 期。

17. 董修甲：《各国市行政之发达史》，陆丹林主编《市政全书》，全国道路建设协会民国十七年（1928）版。

18. 张连科：《参观"京都都市计划展览会"记》，陆丹林主编《市政全书》，全国道路建设协会民国十七年（1928）版。

19. 黄笃植：《东京市之道路状况》，陆丹林主编《市政全书》，全国道路建设协会民国十七年（1928）版。

20. 臧启芳：《市政和促进市政之方法》，陆丹林主编《市政全书》，全国道路建设协会民国十七年（1928）版。

21. Charles A. Beard：《东京市自治概观》，余立译，陆丹林主编《市政全书》，全国道路建设协会民国十七年（1928）版。

22. 谢宅山：《汉口电车路商权书》，陆丹林主编《市政全书》，全国道路建设协会民国十七年（1928）版。

23. 吴宝春：《武汉市政建设意见书》，《湖北建设月刊》1928 年第 1 卷第 3 号。

24. 刘永耀：《城市发达之趋势及建设武汉财政问题》，《新汉口汉市市政公报》1929 年第 1 卷第 1 期。

25. 葛之莖：《武汉市民死亡统计与救济办法》，《新汉口》1929 年第 1 卷第 3 期。

26. 粹：《统一全市人力车》，《新汉口市政公报》1929 年第 1 卷第 4 期。

27. 贺幼吾：《市自治问题》，《中国建设》1930 年第 2 卷第 5 期（市政专号）。

28. 刘文岛：《汉市之现在与将来》，《中国建设》1930 年第 2 卷第 5 期（市政专号）。

19. 张锐：《中国市政史》，《中国建设》1930 年第 2 卷第 5 期（市政专号）。

30. 张锐：《促进市政的基本方策》，《中国建设》1930年第2卷第5期（市政专号）。

31. 朱月波：《市政问题之研究》，《中国建设》1930年第2卷第5期（市政专号）。

32. 钱慕宁：《汉口既济水电公司自来水概况》，《中国建设》（《自来水专号》上）1930年第3卷第1期。

33. 朱有骞：《中国自来水状况》，《中国建设》（《自来水专号》上）1930年第3卷第1期。

34. 《武汉轮渡改进概要》（未冠名），《中国建设》（《湖北省建设专号》上）1931年第3卷第5期。

35. 《湖北民营电气事业状况概要》（未冠名），《中国建设》（《湖北省建设专号》上）1931年第3卷第5期。

36. 顾敦鍒：《中国市制概观》，王云五、李圣五主编《市政问题》（东方杂志三十周年纪念刊），商务印书馆民国二十三年（1934）发行。

37. 陈绍博：《二十三年度汉口市财政之回顾》，《汉口商业月刊》1935年第2卷第9期。

38. 唐应长：《租界制度与市政建设》，《市政评论》1936年第4卷第6期。

39. 郑元龙：《武汉市防水工程之进步》，《市政评论》1936年第4卷第8期。

40. 董修甲：《中国的市政问题》，《道路月刊》1936年第49卷第3号。

41. 薛伯康：《对中国市政的观感》，《道路月刊》1937年第53卷第3号。

42. 张又新：《中国市政之根本问题》，《市政评论》1937年第5卷第1期（中国市政问题专号）。

43. 冯秉坤：《论今后改革我国市政之途径》，《市政评论》1937年第5卷第1期（中国市政问题专号）。

44. 殷体扬：《十年来我国市政之简评》，《市政评论》1937年第5卷第

6 期。

45. 米展成：《武汉区域规划报告》，《市政评论》1946 年第 8 卷第 10 期。
46. 张锐：《论都市民治》，《市政评论》1947 年第 9 卷第 6 期。
47. 石荪：《水电与生命财产之关系》，载《水电月刊》1947 年第 2 期。
48. 刘乃诚：《抗战后市政建设上之新问题》，《市政建设》1948 年第 1 卷第 1 期。
49. 孙克宽：《市万不宜"准用县之规定"》，《市政建设》1948 年第 1 卷第 1 期。
50. 陈中平：《抗日战争时期武汉沦陷区的敌伪政经设施》，《湖北文献》1968 年第 7 期。
51. 苏云峰：《从汉口市的发展看湖北都市现代化的症结》，（台湾）《史学评论》1981 年第 3 期。
52. 李国祁：《由上海、汉口与青岛三都市的形成论近代我国通商口岸的都市化作用》，《台湾师大历史学报》1981 年第 10 期。
53. 曹策前：《解放前汉口的消防事业》，《武汉春秋》1982 年第 3 期。
54. 潘元运：《汉口水塔记》，《武汉春秋》1982 年第 3 期。
55. 龙良超、廖广生：《人力车和轿子》，《武汉春秋》1983 年第 4 辑。
56. 萧敬长：《汉口民信局始末》，《武汉春秋》1983 年第 5 期。
57. 章志杰：《汉口的"新市场"——"民众乐园"介绍之一》，《武汉春秋》1984 年第 2 期。
58. 郭莹：《清末武汉地区的地方自治》，《湖北大学学报》（哲学社会科学版）1985 年第 6 期。
59. 吕烺芬：《汉口市改制特别市的经过》（1964 年撰），《武汉文史资料》总第 22 辑，1985 年。
60. 皮明庥：《武昌首义中的武汉商会商团》，载皮明庥《辛亥革命与近代思想——近代历史研录》，陕西师范大学出版社 1986 年版。
61. 王永年：《论晚清汉口城市的发展和演变》，《江汉论坛》1988 年第 4 期。

62. 孙科：《制宪经过及宪法中的几个重要问题》，载秦孝仪主编《孙哲生先生文集》第 2 册，中国国民党中央委员会党史委员会 1990 年版。

63. 虞和平：《近代商会的法人社团性质》，《历史研究》1990 年第 5 期。

64. 皮明庥：《武汉建市的历史考察》，《江汉大学学报》1994 年第 5 期。

65. 王笛：《晚清长江上游地区公共领域的发展》，《历史研究》1996 年第 1 期。

66. 朱英：《关于晚清社会研究的思考》，《历史研究》1996 年第 4 期。

67. 严昌洪：《梦想，还是理想？——从孙中山关于武汉近代化建设蓝图看〈实业计划〉的可行性》，《近代史研究》1997 年第 2 期。

68. 董明藏：《汉口地皮大王刘歆生》（1964 年撰），载政协武汉市委员会文史学习委员会编《武汉文史资料文库》第 7 卷《历史人物卷》，武汉出版社 1999 年版。

69. 何一民：《中国近代城市史研究的进展、存在问题与展望》，《中华文化论坛》2000 年第 4 期。

70. 何一民：《中国近代城市史研究述评》，《中华文化论坛》2001 年第 1 期。

71. 李百浩、王西波、薛春莹：《武汉近代城市规划小史》，《规划师》2002 年第 5 期。

72. 李百浩、薛春莹、王西波、赵彬：《图析武汉市近代城市规划（1861—1949）》，《城市规划汇刊》2002 年第 6 期。

73. 张建民、周荣：《汉口近代前夜的社会保障》，载冯天瑜、陈锋主编《武汉现代化进程研究》，武汉大学出版社 2002 年版。

74. 罗福惠：《张之洞对商人群体的扶持维护》，载陈锋、张笃勤主编《张之洞与武汉早期现代化》，《人文论丛》特辑，中国社会科学出版社 2003 年版。

75. 涂文学、宋晓丹：《张之洞"湖北新政"遗产的历史命运》，载陈锋、张笃勤主编《张之洞与武汉早期现代化》,《人文论丛》特辑,中国社会科学出版社 2003 年版。

76. 皮明庥:《曾为沪京穗汉民营电厂之首"百岁"既济电气灯厂将拆除》,《长江日报》2004 年 6 月 16 日第 2 版。

77. 陈锋:《清末民国年间日本对华调查报告中的财政与经济资料》,《近代史研究》2004 年第 3 期。

78. 皮明庥、陈钧:《汉口开埠　武汉新政》,《学习与实践》2005 年第 7 期。

79. 赵凌云、屈永华:《随机性宪政及其对北洋政府时期经济发展的制约》,载张东刚等主编《世界经济体制下的民国时期经济》,中国财政经济出版社 2005 年版。

80. 虞和平:《民国初年经济发展主导力量民间化的政府原因分析》,载张东刚等主编《世界经济体制下的民国时期经济》,中国财政经济出版社 2005 年版。

81. 欧七斤:《略述中国第一位物理学博士李复几》,载《中国科技史杂志》2007 年第 28 卷第 2 期。

82. 涂文学:《民国时期汉口市政改革概说》,《武汉文史资料》2007 年第 4 期。

83. 袁继成:《武汉三镇统一建市的历史意义——纪念武汉三镇统一建市和国民政府建都武汉 80 周年》,《世纪行》2007 年第 5 期。

84. 邱红梅:《试论近代汉口市民的市政主体性意识》,《湖北社会科学》2007 年第 8 期。

85. 邱红梅:《董修甲与近代汉口的市政建设述评》,《信阳师范学院学报》(哲学社会科学版) 2007 年第 5 期。

86. 范秀林、张楠:《〈尤里乌斯自治城法令〉译注》,《古代文明》2007 年第 4 期。

87. 汪志强、胡俊修、闵春:《近代市政设施中的公共管理之难——以汉口中山公园 (1929—1949) 为表述对象》,《湖北行政学院学报》2007 年第 6 期。

88. 胡俊修、曹野：《长江轮渡与近代武汉市民生活》，《湖北社会科学》2008年第7期。

89. ［美］魏斐德：《清末与近代中国的公民社会》，梁禾主编，魏斐德著：《讲述中国历史》下卷，东方出版社2008年版。

90. 方秋梅：《堤防弊制、市政偏失与1931年汉口大水灾》，载冯天瑜主编《人文论丛》2008年卷，中国社会科学出版社2009年版。

91. 涂文学：《上世纪三十年代的市政改革人文价值与历史启示》，《光明日报》2009年3月31日第12版。

92. 涂文学：《近代汉口市政改革对租界的效法与超越》，《江汉大学学报》（社会科学版）2009年第4期。

93. 涂文学：《集权政治与专家治市：近代中国市政独立的艰难旅程——1930年代汉口个案剖析》，《近代史研究》2009年第3期。

94. 方秋梅：《强化与异化：沦陷时期的汉口堤防》，载吕一群、于丽主编《海峡两岸纪念武汉抗战七十周年学术研讨会论文集》，长江出版社2009年版。

95. 郭建、李彩、李百浩：《武汉近代城市规划管理机构的形成及其特点》，《武汉理工大学学报》2010年第1期。

96. 方秋梅：《张之洞督鄂与湖北省府主导汉口市政改革》，《武汉大学学报》（人文科学版）2010年第1期。

97. 邹俊杰：《南京国民政府时期的武汉警政改革》，《湖北警官学院学报》2010年第3期。

98. 龚喜林、邱红梅：《从传统到近代：汉口城市管理体制变迁的历史考察》，《九江学院学报》（哲学社会科学版）2010年第4期。

99. 方秋梅：《湖北新政前夕的汉口官办市政研究——兼论罗威廉的"国家间接领导作用说"》，《江汉论坛》2010年第10期。

100. 涂文学：《开展中国近代市政史研究的思考——以1930年代的汉口为中心》，《城市史研究》第26辑（2010年）。

101. 胡俊修：《近代中国城市的底层民生与市政冲突——1908年汉口摊户风潮探析》，《湖北社会科学》2011年第1期。

102. 童乔慧、卫薇：《汉口城市化建设的先行者——忆吴国柄先生》，《新建筑》2011年第2期。

103. 方秋梅：《从民间市政参与看辛亥革命对民初汉口商界的积极影响》，《湖北大学学报》（哲学社会科学版）2011年第2期。

104. 胡俊修、钟爱萍：《民国地方政府对文化娱乐场所的管理——以汉口民众乐园为中心（1919—1949）》，《湖北行政学院学报》2011年第6期。

105. 方秋梅：《湖北新政前夕汉口的民间市政参与问题研究——兼论罗威廉的"19世纪汉口自治说"》，《江汉大学学报》（人文版）2011年第5期。

106. 方秋梅：《辛亥革命与近代汉口市政体制转型》，《江汉论坛》2011年第11期。

107. 彭南生，胡启扬：《近代城市社会管理中的市民参与——以民国汉口保安公益会为例》，《江苏社会科学》2012年第1期。

108. 向明亮：《公益与私利：近代城市公用事业发展的历史困境——以汉口水电事业为例》，《江汉大学学报》（人文版）2012年第6期。

109. 张天洁、李百浩、李泽：《中国近代城市规划的"实验者"——董修甲与武汉的近代城市规划实践》，《新建筑》2012年第3期。

110. 刘元：《近代（1888—1938）武汉善堂发展与慈善事业述略》，《重庆文理学院学报》（社会科学版）2012年第5期。

111. 刘宝生、张友海：《汉口培心善堂与武汉社会慈善事业》，《武汉文博》2013年第3期。

112. 宋晓丹：《1927年武汉市政府级位与特点辨析》，载《城市发展与中华民族复兴暨中国城市史研究会首届年会论文集》，2013年6月。

（二）未刊论文

1. 杨宁：《汉口市商会研究（1931—1938）》，华中科技大学硕士学位论文，时间未标明。

2. 向威：《武汉近代城市规划研究》，武汉理工大学硕士学位论文 2000 年。

3. 邱红梅：《董修甲的市政思想及其在汉口的实践》，华中师范大学硕士学位论文 2002 年。

4. 徐胜：《民国武汉城市警政研究（1927—1937）》，湖北大学硕士学位论文 2006 年。

5. 陈新立：《清代汉口火灾研究》，武汉大学硕士学位论文 2006 年。

6. 周启明：《论转型中的武汉公共卫生建设（1927—1937）》，华中师范大学硕士学位论文 2006 年。

7. 方文：《试论武汉善堂的发展：1888—1938》，湖北大学硕士学位论文 2007 年。

8. 黄冬英：《近代武汉环境卫生管理研究（1900—1938）》，华中师范大学硕士学位论文 2007 年。

9. 艾智科：《公共汽车：近代城市交通演变的一个标尺——以 1929 年到 1931 年的汉口为例》，四川大学硕士学位论文 2007 年版。

10. 李玉炜：《抗战胜利后汉口警察研究（1945—1949）》，华中师范大学硕士学位论文 2009 年。

11. 刘琼：《1945 年 8 月—1949 年 5 月武汉消防事业研究》，华中师范大学硕士学位论文 2009 年。

12. 郭明：《战后武汉区域规划研究》，武汉理工大学硕士学位论文 2010 年。

13. 喻婷：《近代武汉城市规划制度研究》，武汉理工大学硕士学位论文 2011 年。

14. 王栋剑：《战后武汉社会救济事业研究（1945—1949 年）》，华中师范大学硕士学位论文 2011 年。

15. 邓晶：《近代汉口总商会研究（1916—1931）》，华中师范大学硕士学位论文 2012 年。

16. 胡启扬：《民国时期的汉口火灾与城市消防（1927—1937）》，华中师范大学博士学位论文 2012 年。

17. 王欣：《董修甲的城市规划思想及其学术贡献研究》，武汉理工大学硕士学位论文 2013 年。
18. 邓晶：《近代汉口总商会研究（1916—1931）》，华中师范大学硕士学位论文 2012 年。
19. 吴娜：《刘歆生的人生和经营研究》，华中师范大学硕士学位论文 2013 年。
20. 朱滢：《汉口租界时期城市的规划法规与建设实施》，清华大学工学硕士学位论文 2014 年。
21. 路彩霞：《近代汉口公共卫生机制演进研究》，武汉大学博士后出站报告 2009 年。
22. 方秋梅：《近代中国民间市政参与研究（1900—1949）——以上海、汉口为中心》，华中师范大学博士后出站报告 2014 年。

后　　记

"该写一个后记了！"这是我改完文稿后的心声——它并不全然是一种脱稿后的成就感。

想想博士毕业至今，已经有好几个年头了。在这期间，我的导师几次有意无意地提醒我尽快将博士论文修改出版。2012年，我到台湾"中央研究院"近代史研究所做短期访问的时候，张朋园先生也提醒我早点将博士论文出版，以免我博士论文的研究成果被后来人覆盖。在每年科研文著海量呈现、新的研究领域很快就会遭到"围剿"的今天，这样的担忧并非杞人忧天。所幸的是，他们忧心的"覆盖"并未发生。

其实，我也很想尽快将博士论文出版，但却又不得不推迟出版。究其原因，除了我当初有"沉淀沉淀"一下自己，再回头来可能更易着手修改的想法之外，还因为我那时也难免世故，思想着尽快上项目评职称，就以博士论文为基础，申报了国家社科基金青年项目。项目倒是申报成功了，但接下来的研究出乎我的意料：我发现，博士论文尚不足以支撑起这个项目，我还必须补充查阅大量的报刊资料才行！不，岂止是补充资料而已，我必须另起炉灶——再撰写一部专著才行！项目做到实在很累的时候，我疲沓了好一阵子，甚至有过放弃的念头。最终，项目是延期结题的，而博士论文修改也只好随着这结题延期再"沉淀沉淀"了。只是经由这几年的沉淀，博士论文修改出版之事，仿佛已经变成了一块沉甸甸的石头，压在我心头。因为国家项目结题要有前期成果做支撑，所以，我只好暂时"牺牲"一下博士论文——先期发表了其中的部分内容。这是我必须说明的。对于博士论文中涉及的一些问题，我在后来的研究中有了进一步的思考。不过，我并未就此进行大幅修改。我想，一个阶段的学术研究有一个阶段的轨迹，博士论文并不代表我学术思考的终结，它只是学术研究的一个阶段性总结与交代，大致保留这样的轨迹，也算是学术忠实的一种表现吧。

"该写一个后记了！"还因为我在完成博士论文的过程中，得到过很多师友的指教和帮助，这是我始终不能忘怀的。

我的导师陈锋教授在讲授《明清经济史料学》课程时，曾经这样说："做学问有两点很重要：一是要有眼光，譬如陈寅恪先生就很有眼光，他的研究不仅能够做到常中见异，还能很好地以诗歌、小说、笔记证史；一是要善于发现新材料，通过田野调查和查阅档案就是两种很好的发现新材料的途径。"有一次，我向他请教博士论文写作的事，他提醒我，理论是应当关注的，但不能落于空谈，一定要注重实证，扎扎实实地做。末了，他温和而有点严厉地对我说："不管怎样，你的学位论文让别人看了之后，人家要觉得你到底还是陈锋指导的学生。"这两句话深深地印在我脑海中。

秉遵导师的教诲，我在准备论文写作的过程中，努力发掘新资料，查阅了大量报刊——包括纸媒的、电子档的和缩微胶卷（当时，查阅数据库的条件还十分有限）。其间，我还断断续续地查阅了两年多的档案。不过，在撰写博士论文的时候，我所引用的资料大部分是报纸杂志——它们有的只在档案馆存有但被引用的时候并不必标注档号，所引用的档案只占到查阅档案总量的一小部分。回头再想想，其实那些没有被采用的档案资料，对我的博士论文写作也是很有好处的——它们同样帮助我了解了近代武汉，并且随着我对它们的熟悉而融入我的写作和学术生命之中了。同时，我也觉得，报刊资料很生动，它们是研究近代城市社会史必不可少的东西。在理论方面，限于学力，我只能勉力在实证的基础上给予关照，说理尽量做到历史的与逻辑的统一。我的研究是否入了"陈氏法门"纵然不好说，但这些收获受益于陈老师的指导，则是毫无疑问的。对于陈老师的指教，我是始终铭感于心的。

后 记

　　冯天瑜先生是一位博学而谦和的史学大家，他研究的领域不仅包括思想文化史、历史文化语义学，还包括武汉史和辛亥革命史。1994年9月，我进入湖北大学思想文化研究所读研。没多久，冯先生就转而就职于武汉大学了。不过，我对于他的景仰依旧，我们之间的联系并未就此而止。正是他对于武汉史研究的关注及对本土学人的期望，坚定了我做近代汉口城市史的选择。记得那是在武汉市政协主办的纪念武汉建市80周年的学术研讨会上，冯先生发言谈到武汉城市史研究的现状时，不无遗憾地指出，有关汉口的最有影响的研究成果竟然出自国外学者而不是我们武汉人自己之手；罗威廉有关汉口在19世纪就实现了自治的论说，好像与中国城市社会的实际不符。他不无期待地说："我们能不能进行深入的研究，把这个问题研究清楚？"如果说我的论述中有那么一点问题意识的话，那么，这是受了冯先生的启示与激发的结果。在论文写作的过程中，我也曾请益于冯先生。对于冯先生，我感到谢不足以致诚，唯愿仁者寿！

　　田子渝教授是中共党史研究和武汉地方史研究方面的著名专家，他并没有教过我，但我倚着外子邹爱华的关系——田教授以外子为得意门生，与他交往逐渐多了起来。当他发现我对于自己的研究有些着迷时，就高兴地为我的"迷劲"叫好——他用武汉话曰"媚劲"。他认为，搞研究有了"迷劲"，学问才可能做出来、做得好。他不仅慷慨地给我提供了手头有关近代汉口市政的宝贵资料，还介绍我去武汉市方志馆查阅资料。因了他的相助和鼓励，我收集资料的进程大为加速，范围也扩大了不少。每念及此，唯有感激。田教授还是一位幽默而富有激情的学者，与他交流，你会感到生命充满活力，生活充满乐趣。

　　涂文学教授是研究近代城市史的知名专家，我初次拜见他时，对武汉城市史尚无兴趣。后来，他就职于江汉大学并建立了城市研究所。在读博期间，我曾多次请教他，受益颇多。记得他建议我注意研究武汉警政，提醒我做城市史不要局限于地方史的做法。他的赐教潜移默化地影响着我的写作，特此致谢。

　　在论文评阅和答辩的过程中，严昌洪教授及赫治清、朱英、王日根、吴剑杰、张建明、谢贵安诸位教授，对论文提出了宝贵的修改建议。在此，我一并致以诚挚的谢意！

我还要感谢就读湖北大学思想文化研究所时的三位老师：我的硕导周积明先生和何晓明教授、郭莹教授。他们在我硕士毕业后一直关注我在学业上的成长，而我市政史研究中的社会史视野，正是得益于他们对社会史的关注与课程讲授。

武汉市档案馆的陈芳、邢文华、付宝琴、尹建芳、李萍女士和宋晓丹先生等，武汉市图书馆的徐老明庭先生及杜宏英、王刚、梁芳、谢玉、于世海诸位职员，武汉市方志馆的吴明堂先生和黄红萍女士，湖北大学图书馆的丁美华、张蓉、陈杰、方敏诸位老师，武汉大学图书馆古籍部及华中师范大学近代史研究所资料室的诸位老师，他们在我查阅资料的过程中，热情服务，敬业尽职，给我留下了深刻的印象，我向他们表示深深的感谢！杜宏英女士特地费心帮我校订文稿中的错别字，特再致以谢诚！

感谢任放、杨国安、周荣、杜志章、廖艳彬、徐斌、陈新立、王美英、王红、柳素萍等师兄弟和学姐妹们，他们都曾在我研读的过程中，给予过积极的鼓励或热心的帮助，我的研读生活因之多了几分乐趣，少了几分孤独。感谢那些帮助我关爱我的同事们！

当然，我还要感谢安芳女士等编校人员为本书出版付出的辛劳。

最后，感谢外子和婆婆对我的支持与帮助！

方秋梅
2017 年 4 月 27 日于一统阁